장마당과 ★ 선군정치

'미지의 나라 북한'이라는 신화에 도전한다

장마당과 ★ 선군정치

North Korea: Markets and Military Rule

★ ★ ★ ★

헤이즐 스미스 지음

김재오 옮김

창비

미하일에게
묘향산에서 하느님의 땅, 요크셔까지…

1945년 한반도 분단 이후 북한에서 일어난 사회·경제적 변화를 분석하는 이 책은, '과학과 학문의 관습적 방법으로는 북한을 알 수 없으며, 이해하기 불가능하다'라는 생각에 대한 도전이다. 나는 과학과 학문의 방법으로 북한 사회와 국가 모두를 잘 알 수 있다는 점을 이 책에서 보여주려 한다. 우리는 여느 나라를 분석할 때 사용하는 방식으로 똑같이 북한을 분석할 수 있다. 만약 분석가들이 몇년간 조사연구에 매진할 준비가 되어 있다면, 분석에 근거가 될 만한 자료는 충분하다. 이는 다른 어떤 나라를 진지하게 연구할 때와 동일하다.

물론 쓸 만한 자료를 얻기 어려운 사회·경제·정치적 측면이 존재한다. 북한에서 국가적 의사결정은 여섯개 정도의 가문에 의해 이루어지는데, 이에 관한 자료가 특히 그렇다. 하지만 북한이 유별난 것은 아니다. 정치적 혼란에 휩싸인 전시(戰時) 국가들과 대부분의 권위주의 국가들에 관해 조사연구를 한다는 것은 어렵기로 악명이 높다.

사회·경제적 변화에 관심을 가진 사람들에게 지금은 활용할 수 있는 풍부한 (하지만 아직 연구자들이 충분히 활용하지 않는) 자료가 존재한다. 이 자료는 20년간 평양에서 활동하고 있는 유엔 같은 국제기구에서 제공한 것이다. 이 자료를 전통적인 과학적 도구로 분석한다면, 젠더,

연령, 출신 지역, 직업, 사회계급 등 어떤 것으로 정의되든 상이한 사회계급의 변화하는 운명에 관한 상당한 통찰을 얻을 수 있을 것이다. 예컨대 이 책의 일부에서도 지난 20년에 걸쳐 일어난 시장화와 함께, 특권층이 김일성 시대의 순수했던 정치 엘리트에서 어떻게 지난 몇년에 걸쳐 정치/기업 엘리트라는 혼합된 계급으로 변모해왔는지를 확인할 수 있다.

북한을 어느 한 수준에서 이해하기는 무척 쉽다. 북한은 군사적 권위주의 정권에 의해 지배되는 약 2500만 인구 — 호주의 인구와 동일한 규모 — 의 국가이고, (정치는 아니지만) 사회는 지난 20년의 시장화에 의해 몰라볼 정도로 변모해왔다. 오늘날 북한에서 성장하는 젊은이들과 한 세대 전에 북한에서 성장한 젊은이들의 관점 차이만큼 이러한 변화를 더 잘 보여주는 예는 없다.

나이 든 북한 주민들은 김일성주의 기획 아래 성장했다. 김일성주의 기획이란 식량 구입에서 직업 선택과 정보에 대한 접근에 이르기까지, 모든 일상을 국가가 오만하게 통제한다는 것을 의미했다. 김일성주의 기획 아래서 국가가 통제하지 않는 식량·고용·정보 등은 그야말로 존재하지 않았다. 오늘날 30세 이하의 북한 주민 누구에게도 이러한 삶의 방식은 옛날이야기다. (마지막 냉전 갈등이라고도 하는 그림자 속에 살아야 하는 남한 청년들에게는 애석하게도 그렇지 않지만) 비슷한 연배의 모든 유럽인들에게 냉전이 이미 옛날이야기이듯 말이다. 북한은 여전히 권위주의적이지만, 정권은 1990년대 중반에 주민들의 일상생활을 통제하던 전방위적 능력을 상실했다. 경제 위기가 김일성주의 모델을 붕괴시켰고, 정부는 주민들에게 더이상 생활임금을 지불할 수 없었으며, 식량을 포함한 기본 생필품을 제공하지도 못했다. 그때 이후로 개인들과 그 가족들은 생존의 방편으로 시장기회에 접근하기 위해 스스로 경제적 결정을 내리고 자신의 수완에 의존해야 했다. 결과는 생존주의 문화와 함께 경쟁과 자조라는 자본주의 규범에 의해 규정된 사회로의 변화였다. 이러한 사회는 1945년 이후 김일성주의의 특징이었던 강제적이고 위계적인, 강요된 대중동원보다는 수백년 된 자발적인 공동체 결속 덕분에 출현했다.

이 책은 북한의 변화가 왜 일어났는지를 다룬다. 아마도 이러한 변화가 극심한 갈등을 겪는 두 한국의 미래에 무엇을 의미하느냐는 다른 책에서 물어야 할 것이다. 이웃 나라 중국과 남한에 비해 자신들이 겪는 경제적 불이익이 크다는 사실을 알아가고 있는 가난한 주민들, 정부의 성명이 일상생활의 현실과 거의 혹은 전혀 일치하지 않는 정치체제에 분통을 터뜨리는 주민들, 깡패 자본주의와 혈연에 기반한 정치적 특혜의 유독성 혼합물이라는 묘사가 가장 어울릴 법한 체제에 적응하면서 민첩하게 상황에 대처하게 된 주민들. 남한이 이들과 함께 나란히 살아간다는 것의 함의는 무엇인가? 바로 이 북한 주민들은 한민족이라는 일반적인 민족주의뿐 아니라 별개의 북한 민족주의를 발전시켜왔다. 이는 정치 조직과 사회가 주도해 남한에 흡수되는 방법의 문제 해결책을 전혀 고려하지 않는다는 뜻인데, 남한의 정책입안자들은 어떻게 미래의 통일을 위한 전략을 수립할 수 있을까?

이 책은 정책 설명서를 제공하지 않는다. 이 책의 목적은 북한 사회와 정권이 시간이 지나면서 어떻게 발전해왔는지를 추적해, 가능한 일의 범위와 한계를 보여주고자 하는 것이다. 북한이라는 복합적인 사회는 남한 사회와 공통점이 많지만, 실제적으로 구조적 차이가 있다. 이 책은 이런 차이가 김씨 세습가문의 피상적인 구성물만은 아님을 보여준다. 따라서 현대 북한의 이야기를 역사적 맥락에 위치시키되 분단 이전 시기인 '조선', 즉 무엇보다도 한양에 기반을 둔 조정으로부터의 정치적·사회적·지리적 거리로 말미암아 현재 북한 지역에서 나름의 특징을 가진 일련의 사회적 관계들이 형성되었던 시기를 출발점으로 삼는다. 이 책은 1945년 이후 김일성이 주도한 새로운 하향식 사회정치 조직의 부상과 1990년대 중반 끔찍했던 기근의 대재앙을 추적한다. 기근으로 100만 명 가까이 사망했지만 그 결과 '아래로부터의' 급진적인 사회·경제적 변화가 추동되었다. 이 책은 고난의 행군 시기 이후 북한의 '정치적 자유화 없는 시장화'가 어떻게 생존이데올로기 말고는 다른 이데올로기가 존재하지 않는 사회를 가져왔는지를 살펴본다. 이러한 사회에서 중요한 것은 가문의 정치적 연줄과 기업가적 수완, 그 수완을 사용할 수 있는 기회였다.

이 책에서 나는 학계뿐 아니라 일반 독자를 대상으로 하기에 전문용어를 과도하게 사용하지 않았다. 하지만 일반 독자를 대상으로 한다 해도 이 책의 구성 방식과 방법론을 언급하는 것은 중요하다. 사실을 다룬 어떤 책이라도 그 독자는 저자가 증거기록에 대한 엄밀한 논리를 갖춘 공정한 해석을 제공했는지 여부를 판단하기 위해 저작의 출처를 확인할 권리가 있다. 또한 저자가 현존하는 대안적 설명을 논박할 때조차 그러한 설명을 독자에게 제공하는 게 옳다. 전문적 학술 작업의 기본적인 신조를 구성하는 것은 이러한 세부 원칙들—주장을 입증할 것, 출처를 적절하게 인용할 것, 자료의 범위를 넘어서서 일반화하지 않을 것, 대안적인 설명을 인정할 것—이다. 이러한 방법론이 없다면, 개인적 경험과 일화와 추측—이 모두가 흥미로울 수는 있다—에 의해 아무리 잘 뒷받침되더라도, 우리는 단지 사견만을 가질 뿐이다. 이러한 사견은 지식이 아니고 과학적 분석도 아니다.

모든 현대 학문에 영향을 끼친 오스트리아 출신 영국 철학자 포퍼(Karl Popper)는 학자가 탐구하려고 선택한 연구 주제가 개인적이고 윤리적인 선택, 때로는 종교적이고 정치적인 선택, 종종은 무의식적인 선택 등 여러 선택이 혼합되어 나타난 결과물이라고 주장했다. 이 주장은 옳았다. 하지만 포퍼는 연구 주제가 일단 선택되었을 때, 연구 결과물이 과학적 지식의 위상을 지니려면 연구 방식은 엄격한 프로토콜(관찰과 기록)을 따라야 한다고도 주장했다. 의미상 과학적 방법은 편향성을 개입시키거나 이미 정해진 관점에 맞추기 위해 자료를 왜곡하는 행위를 하지도 않고, 할 수도 없다. 전문적인 학술 작업을 하는 연구자는 지난하며 종종 고통스럽기까지 한 철저한 조사와 분석 과정에 매진할 책임이 있다. 그렇게 하지 않는 것은 학술 작업의 직업윤리를 배반하는 것이고, 저자 대신 독자가 학술적인 수준을 감시하고 점검하게 한다는 점에서 매우 부당한 짓이다.

불행히도 북한 연구에서는 증거에 기반하지 않은 연구가 '정상'으로 받아들여져왔다. '우리는 북한에 대해 어떤 것도 알 수 없고, 그래서 모든 사람의 생각이 거기서 거기다'라는 변명이 따라붙었다. 서로 다른 생각·믿음·관점 간의 논쟁이 모든 건강한 민주주의 사회에 필요한 소중한 기초를 제공하는 것은 사실이다. 그러나 주장에 근거한 지식이 서로 동등한 가치를 갖는다고 주장하는 것은 사실도 아니고 도움도 되지 않는다.

이러한 이유로 이 책에서 나는 북한을 탐구하기 위해 사회과학의 방법론과 역사적 설명 방식을 사용했다. 여느 학술 작업에서와 마찬가지로 실수와 오류가 있을 것이다. 일부는 불충분한 자료 때문인데, 새로운 자료가 발견되면 역사기록에 대한 재해석을 진작시킬 것이다. 따라서 나는 다음 세대의 북한학 연구 작업을 기대하고 있다. 바라건대 이 책의 논점들을 검토하면서 지식의 공백을 메우고, 장차 증거에 기반해 북한의 사회·경제적 변화에 대한 새로운 해석을 제공했으면 한다. 러커토시(Imre Lakatos)와 쿤(Thomas Kuhn)의 연구에서 알 수 있듯이, 이는 모든 학문이 발전하는 방식이다.

나는 과학적이고 엄밀한 지식을 추구한다 해서 학자가 당대의 도덕적·윤리적·정치적 쟁점에 개입하지 말아야 한다고 주장하는 것이 아님을 강조하고 싶다. 많은 훌륭한 학자들은 어떤 지식이 당대의 정치 분위기를 거스를 때에도 그 지식을 추구하는 일에 전념했다. 그중 많은 이들은 지배적인 분위기에 편승하는 게 개인적으로 더 안전하고 편했겠지만, 권력을 향해 진실을 말하는 용감했던 기록이 있다. 북한을 연구하는 우리 가운데 많은 이들은 정치적 혼란의 수렁을 벗어난 자유롭고 잘사는 안전한 북한이 출현하길 마땅히 고대한다.

따라서 이 책은 정치학 분야의 저작이긴 하지만 '정치적인' 책은 아니다. 전문성과 과학적 방법이 학술 작업의 성격과 가치를 제공하는 데 중요하다는 점을 강조하는 것 말고는, '서구적'이든 '여성적'이든 '유럽적'이든 간에 어떠한 '개인적 관점'도 채택하지 않았다. 전문성과 과학적 방법은 거의 보편적으로 공유되고 있고 —— 확실히 이 가치들은 남한, 중국, 미국, 일본, 러시아, 유럽에서 연구 수행의 기초를 제공한다 —— 중요하다. 이러한 가치를 고수하는 것은, 정치적·개인적 어젠다를 위해서라든지 때로는 이미 결정된 시각을 '입증'하기 위해, 그리고 저자가 아는 게 얼마 안 되는 이유로 연구를 왜곡하려고 하는 것을 막는 데에도 도움을 준다.

요즘 같은 과열된 분위기 속에서는 누구나 북한에 관한 얼치기 전문가 행세를 할 수 있는 듯하다. 이는 북한 역사·정치·사회의 복잡한 측면을 실제로 이해하는 사람들의 목소리가 때때로 소음과 분노에 잠식되어버린다는 의미다. 따라서 나는 여기에서 북한을 이해하려고 노력하면서 훌륭한 연구 작업을 수행해왔고, 지금도 수행하며 나에게 계속해서 많은 가르침을 준 전세계 곳곳의 동료들에게 감사의 마음을 전하고 싶다. 문정인 교수(연세대)와 캐시 문(Kathy Moon) 교수(브루킹스 연구소)의 저작, 김병연 교수(서울대)의 저작은 각각 북한의 안보와 경제동학을 이해하기 위해 반드시 읽어야 한다. 와다 하루끼(和田春樹) 교수(토오꾜오대학)와 에이드리언 부조(Adrian Buzo) 교수(매쿼리대학)의 연구는 북한 정치의 발전 과정을 사유하는 데 기준점이 되는 독법을 제공한다. 브루스 커밍스(Bruce Cumings) 교수(시카고대학)는 반드시 거쳐야 하는 한국전쟁 전공 학자라는 위상을 보유하고 있다. 김선주 교수(하바드대학)와 배형일 교수(캘리포니아대학)는 20세기 이전 한국에 관한 선구적인 연구 작업으로 영감을 주었다. 이석 박사(한국개발원)와 권태진 박사(GS&J 연구소)는 각각 누구보다도 북한의 경제와 농경제를 잘 이해하고 있다. 모스끄바의 게오르기 똘로라야(Georgy Toloraya), 알렉산데르 제빈(Alexander Zhebin), 푸단대학의 렌 샤오(Ren Xiao), 워싱턴 DC의 알렉산더 만수로프(Alexander Mansourov), 빈대학의 뤼디거 프랑크(Rüdiger Frank)는 계속해서 동시대 북한 정치에 관한 상당히 긴요한, 냉철하고 정통한 분석을 제공한다. 나는 여기에서 북한이라는 주제에 몰두하는 재능있고 진지하며 윤리적인 수많은 박사과정 학생들과 함께 연구할 수 있어 얼마나 대단한 행운이었는지를 꼭 언급해야겠다. 성기영, 김지영, 최용섭, 문경연 등과 함께 연구를 수행한 것은 특별한 기쁨이자 특전이었다. 잔루까 스뻬짜(Gianluca Spezza)와 프리실라 킴(Priscilla Kim)은 현재 북한에 관한 획기적인 지식을 더해주고 있다. 이들이 앞으로 해나갈 모든 일에 최고의 결과가 기다리고 있기를 기원한다.

북한에 체류하며 일했던 2년, 일본에서의 2년, 미국에서의 근 5년, 여러차례의 중국과 남한 방문 등을 포함해 지난 약 20년에 걸쳐 최고위급 정치인들부터 북한의 가장 외딴 지역에 사는 극빈층 가족까지, 이 국가를 망라하는 수많은 사람들과 대화를 나눴다. 그들이 보여준 통찰과 신뢰에 감사드린다. 또한 더 나은 미래를 뒷받침하기 위해 북한에서 묵묵히 계속 일하고 있는 내 동료와 친구들에게 감사를 표한다. 그대들은 그대들이 누구인지 알고 있다.

　마지막으로 케임브리지대학 출판사에서 출간된 이 책을 번역·출간하는 영광을 베풀어준 위대한 학자이자 윤리적 활동가의 전범인 백낙청 교수와 창비 출판사에 무한한 감사를 드린다. 이 책을 번역해준 김재오 교수에게 특별히 감사의 마음을 전하고 싶다. 이러한 특전을 준 데 감사드린다.

2017년 8월 몰타에서
헤이즐 스미스

감사의 글

  북한이라는 주제는 많은 빛이 아니라 많은 열기를 발생시킨다. 이 책이 북한에 관한 어떤 실마리라도 준다면, 운 좋게도 내가 여러해 동안 자기 시간과 전문지식을 기꺼이 내주었던 수많은 사람들과 함께 일한 덕분이다. 동료들은 정보와 생각을 공유해주었고, 그중 몇몇과는 친구가 될 수 있었기에 나로서는 갑절로 운이 좋았다. 특히 비판적이면서도 건설적인 토론과 대화가 가능했던 여러 토론회가 워싱턴 DC와 서울에서 조직되어 연구와 저술에 반드시 필요한 작업인바, 아이디어를 재구상하고, 정교하게 다듬고, 가끔씩은 철회하는 데 큰 도움을 받았다.

  이 책을 만드는 데 오랜 시간이 걸렸고, 감사해야 할 이들이 많다. 나는 미국에서 정책 담당자들에게 많은 것을 배울 수 있었으며 지금도 배우고 있다. 그들은 변덕스러운 정치 사이클에도 불구하고, 북한에 관한 수많은 사회적 토론을 에워싼 과장된 태도와 허세를 피하고자 끊임없이 노력하면서, 한반도 비핵화와 평화 정착에 기여하고 북한 주민들의 미래에 번영과 자유를 가져다줄 수 있는 현명한 정책을 찾으려고 애써왔다. 도널드 P. 그레그(Donald P. Gregg) 전 주한미국대사는 워싱턴 DC에서 인기가 별로 없는 평화정책을 추진하기 위해 끊임없이 노력했다. 그레그 전 대사의 훌륭한 활동은 여전히 공직을 중요하게 여기는 사람의 본보기가 되었다. 그의 분명한 진실성은 남북한 정치에 대한 정통하고 섬세한 이해를 뒷받침해준다. 존 브라우즈(Jon Brause), 밥 칼린(Bob Carlin), 알렉산더 만수로프, 마크 메이닝(Mark Manyin), 패트릭 매키천(Patrick McEachern), 제임스 퍼슨(James Person)은 북한 문제에서 세계적 권위자들이다. 이들의 일관되게 수준 높은 조사와 분석에 경의를 표한다.

외부에서 미국 정부를 묘사할 때, 일관성과는 거리가 먼 것으로 캐리커처를 그린다. 그러나 이와 반대로 '미국의 국익'이라는 관점에서 진지하게 북한 관련 정책 개발이 진행되는 것을 볼 수 있는 수많은 사람들이 국무부, 국방부 그리고 다른 여러 기관에 존재한다. 그러나 이들이 큰소리로 말하는 경우는 거의 없다. 이들의 목소리는 북한에 대해서는 전혀 모르지만 인터넷이나 언론에 자기 이름을 알리는 방법에 대해서는 모든 것을 알고 있는 사람들의 목소리에 묻힌다. 그래서 나는 워싱턴 DC에서 수행한 고도로 전문적이고 비판적인 분석을 기록하고 싶었다. 이를테면 의회조사국, 미국국제개발처(USAID), 미국국무부정보조사국(INR), 갈등과 안정 운용국(Bureau of Conflict and Stabilization), 국방부 등에서 이뤄진 전문적이고 반성적인 분석(reflective analysis)에 대한 나의 경험을 기록하고 싶었다. 안타까운 것은 이런 지식과 식견이 최고 수준의 의사결정에는 스며들지 않았다는 점이다.

미국에 있을 때, 호놀룰루의 동서문제 센터(East-West Center)와 워싱턴 DC의 우드로 윌슨 국제학술 센터(Woodrow Wilson International Center for Scholars)는 연구에 알맞은 분위기와 매우 고무적인 연구 환경을 제공했다. 2008년 하와이에서 연구를 수행할 수 있도록 '포스코(POSCO) 연구지원금'을 제공해준 포스코에 감사드린다. 그리고 2012년부터 2013년 사이 9개월 동안 방문연구지원금을 제공해준 우드

14

로 윌슨 센터에 감사드린다. 로버트 M. 해서웨이(Robert M. Hathaway)는 아시아 연구 분야에서 모범적인 학자이다. 나는 우드로 윌슨 센터에서 그와 함께 작업한 것을 행운으로 생각한다.

한국에 있을 때 서울대학교에서는 윤영환 교수가, 동아시아재단에서는 문정인 교수가 조직한 세미나 덕분에 이 책의 일부를 '세상 밖으로 드러내는' 혜택을 누렸다. 두 세미나 모두 나에게 커다란 도움이 되었다. 서울대학교 세미나를 거치며 지역적 구별에 대한 기술적(descriptive) 접근을 폐기해야 했고, 동아시아재단 세미나를 거치며 시장화를 단일 원인으로 설명하면 어떻게 되는지 다시 생각해야만 했다. 이석 박사는 북한의 시장화 진행에 관해 논의할 수 있는 수많은 공식적·비공식적 방법을 제시해주었다. 대단히 적절하고 큰 도움이 되었던바, 나는 경험주의적 연구가 철저히 이뤄져야 함을 깨달을 수 있었다. 김용호 교수는 연세대학교 북한연구원에 편안한 연구 공간을 마련해주었다. 그의 친절함과 아량에 깊이 감사한다. 이제는 자랑스러운 동료가 된 최용섭, 김지영, 문경윤, 성기영 네명의 박사과정 학생들은 북한학의 미래뿐 아니라 어쩌면 남북관계의 미래도 새로운 세대의 학자와 분석가들에게 결정적으로 달려 있다고 날마다 일깨워주었다.

나는 북한에 두세명의 동료 혹은 친구가 있다. 1998년 북한에서 처음 연구를 시작한 이래 그들과 연락을 유지해왔다. 그들이 곤경에 처할 수도 있어 그 이름을 언급하지는 않겠다. 북한과 북한 주민들이 자유로워지는 발전의 소소한 결과 중 하나로, 체제의 모든 방해에도 동포의 삶을 개선하려 열심히 노력한 수많은 사람들의 이름을 밝힐 수 있길 바란다.

유럽에서는 뤼디거 프랑크, 짐 호어(Jim Hoare), 게오르기 똘로라야, 알렉산데르 제빈에게 감사의 말을 전하고 싶다. 이들 모두는 북한에 관해 무엇을 말할지 알고 있었고, 나는 여러해에 걸쳐 이들과 함께 연구할 수 있는 기쁨과 특권을 누렸다.

이 책의 출간을 제안해주고, 원고가 매우 늦었음에도 참고 기다려준 메리골드 애클랜드(Marygold Acland)와 루시 라이머(Lucy Rhymer), 그리고 케임브리지대학 출판사의 모든 관계자들에게 깊이 감사드린다. 또한 익명의 검토자들에게도 감사의 뜻을 전한다. 나는 이들의 철저한 분석을 곁에 두고 원고를 편집했다.

이 책 작업을 도와준 가장 가까운 공동 연구자들과 친구들에게도 감사를 전하고 싶다. 이 기획에 너무 오랜 시일이 걸렸지만, 그들은 내가 작업을 계속할 수 있도록 격려를 아끼지 않았다. 10년 가까이 북한에 체류한 영양학자이자 선임급 인도주의 활동가 존 오데아(John O'dea)에게 고마움을 전한다. 그와 계속해서 주고받은 아이디어는 큰 도움이 되었다. 윤리적 기반을 갖추고 고도로 지적이며 정통한 분석을 계속 제공해준 프레드 케리에르(Fred Carrière)에게 감사드린다. 2장을 검토해주어 나를 자기 함몰에서 구해준 헨리 엠(Henry Em)에게 감사드린다.

나이가 들면 더이상 곁에 없는 사람에게 고마움을 전해야 하는 경우가 생긴다. 나와 수많은 이들에게 학자의 본보기로 남아 있는 프레드 할리데이(Fred Halliday)의 지원과 동료애가 없었다면, 나는 전문가로서 뭔가를 집필할 엄두를 못 냈을 것이다. 전쟁을 피하고 평화를 가져오는 방법에 대한 이해를 증진시키는 일에 평생을 바친 제이콥 버코비치(Jacob Bercovitch)의 우정과 명민함이 그립다.

마지막으로 이 책의 모든 작업은, 다양한 방식으로 계속해서 지원을 아끼지 않은 나의 멋진 가족, 특히 남편 미하일 덕분에 가능했다. 우리는 1990년 묘향산에서 만난 이후로 근 25년간 이 작업의 대부분을 시작부터 함께했다. 무엇이 중요하고 무엇이 중요하지 않은지에 대한 그의 판단은 그냥 그대로 두어야 할 부분과 당분간 남겨둘 부분을 결정하는 데 커다란 도움이 되었다. 그는 원고를 읽고, 논평하고, 오자를 찾고, 거의 모든 페이지를 여러차례 검토해주었다. 좋은 부분은 그의 몫이고 그 나머지는 명백히 나의 책임이다.

차례
★ ★ ★

3부
시장화와 군사통치

★

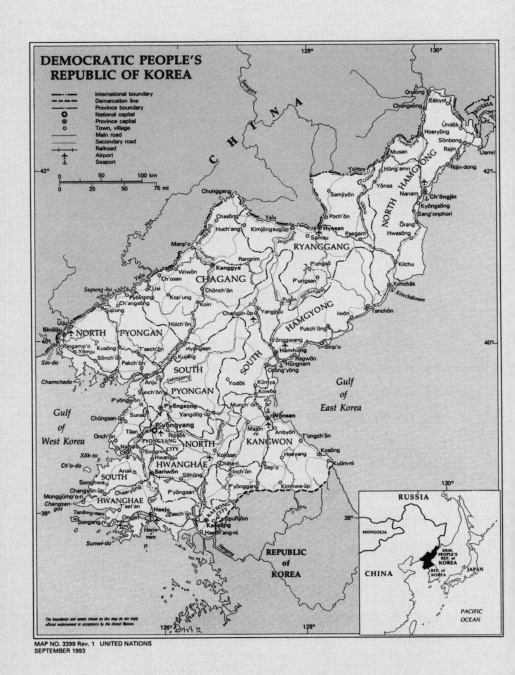

MAP NO. 3399 Rev. 1   UNITED NATIONS
SEPTEMBER 1993

지도 번호 3399 Rev I. 유엔. 1993년 9월.
이 지도에 제시된 경계선과 지명. 사용된 명칭은 유엔의 공식적인 보증과 인정을 받은 것이 아님.

북한의 정치, 경제, 사회

북한은 미치기도 했고 나쁘기도 하고 애처롭기도 하다.[1] 북한 정부는
유독 사악하고 악의적이며 호전적이다. 북한은 핵폭탄을 장착한 미사
일로 알래스카를 폭격하려고 계획 중이다. 북한 주민은 정치적으로 세
뇌된 로봇이다. 그들의 최고 야망은 자식들이 끝없는 궁핍 속에서도, 신
과도 같은 국가지도자의 모습을 한 김정은(金正銀, 金正恩)에게 엄격히
헌신하는 삶을 살며 조국에 봉사하는 것이다.

보통 북한이라고 부르는 조선민주주의인민공화국(Democratic People's
Republic of Korea, DPRK)을 지구에서 멀리 떨어진 우주공간에 있는
무언가로 생각하는 태도가, 이른바 세계 주요 언론의 거의 모든 북한 관
련 보도에 등장한다. 북한에 관한 수많은 주장들 또한 그런 주장에 묘
사된 모습만큼이나 기이하고 터무니없음에도 현실은 그렇다. 북한에는
2400만명 이상의 사람들이 살고 있다. 이 수많은 사람들이 정말로 똑같
은 생각을 하고 있단 말인가? 북한에 관한 '사회적 통념'이 지배하면서
다른 관점은 봉쇄된다. 합리적 식견을 가진 평균적인 일반인이 북한을
외따로 떨어진 불가해한 국가라고 자동적으로 생각하지 않는다면 오히
려 놀라운 일이다.

그러나 북한은 결코 유별나지 않다. 설명하기 매우 어려운 나라도 아

니다. 북한에는 경제적으로 악전고투하는 사회를 지배하는 독재정권이 있다. 북한은 가난하고, 나이가 많고, 연줄이 없고, 종교적인 사람이, 혹은 정치적으로 반체제적인 사람이 살 만한 사회는 아니다. 혹시라도 북한 주민들이 정부에 대한 정치적 비판에 가담할 만큼 용감하거나 우매하다면, 그들은 투옥이나 국내 유형(流刑)을 포함한 잔혹한 처벌에 직면하게 된다.

21세기 초의 다른 많은 국가들처럼 북한은 사회주의에서 자본주의로 이행을 경험하고 있다.[2] 진행과 중단을 반복하는, 북한이 다소간 마지못해 하고 있는 이 과정은 그럼에도 매우 중대한 사회변화를 나타낸다. 북한 정부의 정치철학과 정치적 수사에는 기본적으로 사회주의적 수사의 흔적이 여전히 남아 있다. 그러나 북한 경제는 돌이킬 수 없을 정도까지 시장경제로 전환되었다. 제 기능을 발휘하지 못하는 많은 국가들에서처럼, 북한의 지도자들은 정치적 수사와 경제적 고난에 진절머리가 나 환멸을 느끼는 주민들을 계속해서 통치해야 하는 상황이다. 따라서 권위와 정당성을 유지하려 애쓴다. 외부적으로 북한 정권은, 한 진영의 사회주의 독재국가들과 다른 진영의 자본주의 독재국가들이 옛 소련과 미국이 주도한 양극적 세계 분할구도 속에서 두 강대국으로부터 받을 수 있었던 보호를 더이상 받지 못하는 새로운 적대적 세계에 직면해 있다.

북한에서 사회적·경제적 변화의 중요한 시점은 1990년대 중반에 시작된 최악의 대기근, '고난의 행군'이었다. 북한 정부가 더이상 생활임금이나 식량배급을 확실히 보장할 수 없게 되자 개인이나 가족은 물론 각종 공동체는 자생하는 법을 배웠다. 북한 주민의 자발적 활동은 '아래로부터의' 시장경제를 창출했다. 상품과 서비스의 가격은 수요와 공급 관계에 의해 결정되었다. 국제적으로 결정된 시장가격이 모든 경제적 거래의 기초가 되는 국정가격을 대체했다. 이 같은 많은 거래가 비국가적 채널을 통해 이뤄졌고, 국가기구가 활용될 때조차 상품을 공급하고 가격을 매기는 일이 더이상 정부에 의해 통제되지 않았다. 1990년대 말 이후로 합법적, 비합법적, 그리고 그 사이에 있는 다양한 시장 기능은 대부분의 북한 주민에게 필수적인 식량과 여러 생필품을 공급했다.

고난의 행군 이후 '아래로부터의' 시장화는 정치적 자유화를 가져오지 않았고, 조직화된 정치적 반대의 출현도 낳지 못했다. 정치적 반대를 무자비하게 탄압하는 독재정치와 이에 더해 경제적 생존을 위한 몸부림은, 북한 주민에게 정치적 행동이나 저항에 나설 만한 시간·에너지·기회가 없었음을 뜻한다. 개인들은 합리적 선택을 했다. 체제전복(regime change) 활동은 위험했다. 또한 체제전복 활동으로 일상생활에서 변화를 성취할 가능성이 적었다. 반면 '장마당/암시장' 활동에 종사함으로써 미미하나마 생활이 향상될 수 있었다. 북한 주민의 일상생활은 불가해한 자력갱생 이데올로기와 제국주의와의 투쟁을 공개적으로 천명하고, 핵무기 개발을 통한 정권 생존에 우선권을 두는 정부와 점점 동떨어지게 되었다.

북한을 세운 김일성(金日成)에서 1994년 아들 김정일(金正日)로, 김정일에서 다시 2011년 손자 김정은으로 권력의 세습이 원활하게 진행되었다. 그러나 서른살 정도 되는 북한 주민은 부모나 조부모와 경제·사회적으로 매우 다른 세상에서 성인이 되었다. 김일성이 통치한 시기는 오늘날 북한 젊은이들에게 역사적으로 멀리 떨어진 시기다. 일제강점기가 1945년 해방 이후 자라난 그들 부모에게 그랬듯이 말이다.

이 책의 초점

이 책의 목적은 이제는 잘 알려진 1990년대 초중반 북한의 국내외적 충격 이후 북한 사회에서 사회적·경제적·정치적 변화가 어떻게 그리고 왜 일어났는지를 보여주는 것이다.[3] 나는 이전에 발표한 기사, 국제 기구 및 정부 정책 보고서, 크고 작은 논문, 단행본[4]에서 관련 주제를 많이 논의했으나 이 책은 또다른 새로운 시도다. 이 책은 북한 정권 자신의 정치적 궤도를 거의 변화시키지 않았음에도, 북한 경제와 사회가 탈냉전 시기에 어떻게 그리고 왜 변모했는지에 관한 실증적 분석을 제공하는 것을 목표로 한다. 따라서 사회적·경제적·정치적 변화에 관한 전체적인 설명의 맥락에서 이 주제들을 검토하지만 북한의 외교정책, 국제관계, 역사적 기원 등에 관한 책은 아니다.[5] 이 연구의 중심에 놓인 핵심 질문은 다음과 같다. '정권의 공식적인 발언과 정책이, 어떻게 그리고 왜 일상생활과 철저하게 따로 놀게 되었는가? 그리고 이러한 괴리가 북한의 미래에 대해 갖는 함의는 무엇인가?'

이 책은 '조선민주주의인민공화국은 미지수'라는 언론매체의 신화에 도전한다. 한편 북한의 정치·경제·사회에 관한 수많은 분석[6]의 특징이기도 한 지루하고 쓸모없는 상투적 인식에 기반한 논쟁에서 벗어나는 것을 목표로 한다. 이러한 정형화에는 '북한에서는 정권이 주민의 모든 행동을 통제한다' '북한 사회는 결코 변하지 않는다' '북한은 동일한 관심과 관점을 가진 사람들의 단일한 집합체에 불과하다' '북한은 여타의 국가들과 같은 방식으로 연구될 수 없다' 등의 가정이 포함된다.[7] 이런 상투적 인식은 사실을 호도한다. 어떠한 국가나 사회도 동질적이거나 불변적이지 않다. 아무리 유능한 정권이라도 구성원의 생활을 구성하는 모든 국면을 통제할 수는 없다. 정형화된 상이 가장 많은 오해를 불러일으키는 지점은 지난 25년 동안 모든 북한 주민에게 기본적인 삶의 사실이 되어왔던 극적인 사회·경제적 변화에 관한 근시안적 사고다. 사회과학의 가장 기본적인 교의(敎義)는 (그 사회의 정권이 변하지 않는다고 해도) 모든 사회가 변화한다는 점이다. 북한에 관한 판에 박힌 한가지 가정은 국가 수립 이후로 정치철학이 크게 바뀌지 않았기 때문에 북한은 변하지 않는 사회이자, 사회변화가 중요하지 않은 사회라는 것이다. 북한 주민은 1990년대 초반 이후 대기근을 겪는 동안 그리고 그 이후에 사회적 격변을 경험했기 때문에, 정체된 사회라는 가정은 특히나 수긍할 수 없는 공허한 소리에 가깝다.

북한은 사회주의에서 자본주의로 이행한 다른 아시아 사회 및 저개발 사회와 직접 비교할 수 있다. 이 책에서 나는 논리적 평가 과정을 통해 사실적인 데이터에 대한 평가를 시도하는 전통적 혹은 '실증주의적' 사회과학의 개념들을 활용했다. 이를 통해 조선민주주의인민공화국이 지식에 대한 전통적인 접근법을 통해 이해될 수 있음을 보여주려 했다.[8] 전제를 하나 덧붙이자면 북한은 동시대 사회·정치적 환경을 역사·문화적 맥락에 자리매김할 때 가장 잘 이해될 수 있다. 이러한 역사적 틀은 남한과의 주요한 차이점을 설명할 때와 마찬가지로 공통점을 설명하는 데도 긴요하다.

정책의 관점에서 이 작업은 좋은 분석은 좋은 정책을 만들어낼 수 있다는 옛 자유주의 수사(修辭)에 의해 뒷받침된다.

변화의 주역으로서 북한 주민

이 책은 북한의 사회와 경제가 어떻게 그리고 왜 명령경제(command

economy)에서 시장경제로 면모했는지, 그 상황에서 주민들이 어떻게 그리고 왜 자신들의 정부와 점점 따로 놀게 되었는지를 보여줄 것이다. 북한 정권이 계속해서 주민들과 한 약속을 이행하지 못하고, 북한 주민들은 자신들이 가난한데 이웃나라 사람들은 부유해지고 있다는 사실을 인식함에 따라, 정치체제의 권위가 어떻게 실추되었는지도 보여줄 것이다. 또한 북한 정권이 '아래로부터' 일어난 북한의 사회·경제적 변화를 어떤 이유로 수용하지 못했는지, 그리고 주민들에게 안정된 미래를 제공해줄 수 있다는 믿음직하고, 효과적이며, 지속 가능한 정책들을 어떤 이유로 제공하지 못했는지 검토할 것이다. 북한은 민주주의 국가가 아니다. 그러나 북한도 다른 모든 사회들처럼 서로 다른 관심·가치·역사·기회를 가진 다양한 사회적·정치적 그룹으로 구성되어 있다. 나는 사회적 계급, 직업, 출신 지역, 젠더, 연령에 따라 북한 주민이 얼마나 다른 경험을 가지고 있는지를 설명하고 증명할 것이다.

이 책에서 나는 북한 주민 전체를 전지전능한 정권 앞에 놓인 무기력한 희생양으로 보는 방식, 북한에 관한 판에 박힌 '상식'이 되어온 캐리커처들을 분석하려 했다. 기존의 관점으로 보면 북한 주민은 악당이거나 희생양일 따름이다. 이 책의 목적은 북한 주민들을 역사의 복합적인 주체로 소개하는 것이다. 윤리적·정치적 초점은 정권 책임자들과 별개로 그들 자신의 역사를 만들 수 있는 북한 주민들의 잠재력에 있다. 다시 말해 북한 주민들은 북한에서 일어나는 변화의 주역이다.

자료

이 책은 내가 북한에 관해 25년간 진행한 연구조사에 기대고 있다. 이 연구조사는 대체로 정부 보고서, 국제기구 및 비정부기구(NGO) 보고서 등 공개적으로 접근 가능한 자료에 기반하고 있다. 또한 방대한 양의 책, 보고서, 신문기사를 영어로 번역해 출간하려는 북한 당국의 놀라운 성향이 큰 도움이 되었다. 나는 이런 자료를 여러해 동안 북한에서 입수했지만, 요즘에는 일부 전문 수입업자가 웹사이트나 한국학 학술대회에서 판매한다. 정부에 의한 전면적인 출판 통제가 함축하는 바는 이런 모든 출판물이 어떤 종류의 공식적 방침을 전달한다는 것이다. 따라서 이 자료들은 일정 기간 동안의 역사·문화·정치·사회·경제의 다양한 측면에 관한 정부의 시각을 보여주는 대표적인 자료를 제공하는 데 기여했다.

1990년대 식량·경제 위기가 시작된 이래 조선민주주의인민공화국에서 활동한 다양한 정부, 비정부기구, 국제기구에서 북한 사회의 상이한 측면에 관한 수많은 보고서를 출판·유통해왔다.[9] 특히 유용했던 보고서는 유엔의 식량농업기구(FAO), 세계식량계획(WFP), 유엔아동기금(UNICEF), 유엔개발계획(UNDP), 세계보건기구(WHO), 유럽연합(EU), 국제적십자사연맹(IFRC), 스위스개발협력청(SDC), 국제 까리따스(Caritas Internationalis)에서 나온 것들이다. 놀랍게도 이러한 자료들은 해당 기구에서 별로 활용하지 않고 있다. 예컨대 유엔개발계획은 사회·경제 개발에 관한 가장 기본적인 국제 비교 자료 말고는 신뢰할 만한 자료를 제공하기 힘든 소수의 국가들 중 하나로 북한을 분류한다.[10] 그러나 유엔개발계획은 1995년 이후 유엔이 북한에서 수행한 방대한 연구조사의 책임기관으로 활동하기도 했고, 영양·식량·농업 부문을 매우 상세히 평가한 연구조사의 일부를 출판하고 전파했다.

남한의 분석과 데이터는 또다른 중요한 자료를 제공한다. 그렇지만 남한의 분석가나 학자는 국내정치와 법에 의해 일상적으로 제약을 받아왔는데, 북에 동조하는 것으로 추정해볼 수 있는 어떠한 형태의 활동도 형사적 처벌을 통해 금지되었다. 2000년대 남북관계 회복을 계기로 이러한 제약이 제거되었지만, 2000년대 말부터 한반도에 새롭게 조성된 대결 국면 때문에 부분적으로는 자기검열이 작용하여 북한에 관한 연구조사가 풍부해지지 못했다.

이 책을 쓰면서 북한 안팎에 사는 주민들과 수없이 대화하며 많은 것을 알게 되었다. 나는 1990년 이후 조선민주주의인민공화국을 정기적으로 방문했고, 1998년에서 2001년 사이 거의 2년 동안 북한에 살며 일했다. 그들로부터 이 책의 자료로 사용해도 좋다는 허락을 받지 못했기 때문에 그 대화들을 인용할 수 없었다. 또한 내 관찰의 상당 부분은 사회과학에서는 입증된 자료로 여기지 않는 단순 관찰일 따름이다. 그렇지만 다른 자료를 제공할 수 없는 경우, 그리고 그 정보가 독자에게 중요하다고 생각되는 경우 나의 분석에서 이러한 배경자료(background data)를 활용하는 데 주저하지 않았다. 이런 식의 활용으로 조선민주주의인민공화국에 관한 다른 작업에 대해 나 자신이 비판하는 결함을 범할 수 있음을 알기에 그 개입을 최소화하려고 노력했다. 하지만 내가 할 수 있는 한 최대한 편향성을 경계하면서, 단일하거나 입증되지 않은 자료에 근거한 지나친 일반화가 이루어지지 않도록 했다.

이 책은 때때로 정보기관, 북한이탈주민, 북한을 방문한 외국인으로부터 흘러나온, 출처가 확실치 않은 정보를 언급하지만 거기에 의존하지는 않는다. 정보기관들은 분명 기밀안건을 보유하고 있지만, 늘 투명하고 객관적인 분석을 포함하는 것은 아니다. 북한이탈주민들의 진술은 외부 관찰자가 거의 직접 경험해볼 수 없는 북한 사회의 측면을 이해하는 데 도움이 되지만, 나는 북한이탈주민 정보에 기반한 분석을 발전시키지는 않았다. 가령 북한이탈주민의 진술이 형벌 제도에 관한 주요

한 정보를 주는데, 이는 북한 정권이 외부의 면밀한 조사에도 드러나지 않도록 막아놓은 정보다.[11]

북한이탈주민 공동체는 역사적으로 남한 정보기관, 외국 및 남한 비정부기구, 외국 공저자들을 매개로 간접적으로 발언해왔다.[12] 하지만 최근에는 서울에 거주하는 북한 출신 사람들의 자생적인 조직이 생겨나고, 그들이 직접 운영하는 블로그와 직접 쓴 글이 공표됨으로써, 공공의 무대에서 이전에는 보지 못했던 북한 정치의 미묘한 차이에 대해 훨씬 더 유용한 통찰을 얻을 수 있다.[13] 북한이탈주민에 대한 전문적인 분석과 인터뷰 또한 유용한 사실적 정보를 생산해냈다. 그러나 유감스럽게도 이 자료는 국제 언론매체들이 부수를 늘리기 위해 주기적으로 채집하는, 입증할 수 없는 일화 비슷한 선정주의적 '정보'뿐 아니라 북한이탈주민들에 관한 비과학적인 '조사'(survey)와도 공공의 무대에서 경쟁하고 있는 상황이다.[14] 북한이탈주민의 일화는 보도에 '색깔'을 입혀주지만, 이 책은 일반화할 수 있는 분석을 제공하기 위해 이런 정보를 대부분 멀리했다.

나는 조선민주주의인민공화국을 방문해 몇개월씩 체류한 개인들이 내놓은 수많은 일차적 설명이나 여행기에 의존하지 않았다. 이런 것은 기껏해야 독자에게 저자의 개인 경험을 알려줄 뿐이다. 직접적인 관찰과 제한적 논평에서 곧바로 도출된 것이어서 포괄적인 지식이 될 수 없다. 더 부실한 정보는 신문이나 가끔은 신뢰할 수 없는 다른 출처에서 가져온 정보를 오려 붙여 한반도의 역사에 대해 하나 마나 한 설명을 제공한다.[15] 전직 외교관이나 공무원의 설명은 나름대로 정보를 주는데, 이들 정보는 조잡한 당파성에서 종종 놀라울 정도로 벗어나 평양의 일상생활에 대한 소중한 경험적 통찰을 제공해줄 수 있다.[16]

로드맵

이 책은 광범위한 독자를 대상으로 쓰였다. 따라서 이론에 구애받지 않았고 북한이나 사회과학적 개념에 대한 어떠한 지식도 전제하지 않았다. 그러나 연구자나 학생을 위해 방대한 주석을 달았다. 역사를 다룬 장에서 다룬 내용은 한국 역사학자들에게는 낯설지 않은 사실일 것이다. 그러나 현대 북한 정치를 형성한 민족정체성의 개념들이 역사성을 함축하는 점을 고려할 때, 현대 정치를 설명하기 위해 필요한 부분이다. 또한 더 최근의 북한 역사를 이해하는 것이 주된 관심이지만 역사적 맥락을 아직 모르는 독자들에게는 필요한 정보이기도 하다.

1장에서는 '상식'이 된 가정들이 21세기 북한과 북한 주민에 대한 왜곡되고 잘못된 상을 제공하기 때문에 비판적으로 검토할 필요가 있다는 점을 보여준다. 2장에서는 한(韓)민족이 공동의 과거와 문화와 민족을 공유한다는 관념을 포함하여, 종족적 민족정체성에 대한 역사적 이해가 어떻게 남과 북의 사람들에게 자연스럽게 받아들여졌는지를 보여준다. 이렇듯 정치적으로 강력한 개념들은 남과 북의 지도자들이 공동의 미래와 통일국가에 도달하는 방식에서 견해를 달리할 때에도 공유하는 것이다. 이 장은 또한 1945년 분할 이전에도 두드러진 한반도 북쪽 지역의 정치적·경제적·사회적 특수성을 소개한다. 북한의 역사 기술에서는 한민족의 동질성이라는 공식 방침을 강조하기 위해 북쪽의 특수성을 경시하곤 한다. 물론 동시에 역사적으로 북이 남보다 우월하다는 추정적인 주장을 펼치지만 말이다.

다음 여섯개 장에서는 북한 주민의 행동과 사고를 지배하는 완전한 패권이나 다름없는 야심을 가진 독재정치의 통합시스템으로서 김일성주의의 흥망을 평가한다.

3장에서는 일제강점기(1910~45)에 범한국적인 민족정체성이 어떻게 생겨났고, 북쪽의 빠른 산업화가 어떻게 급진적 사고와 사회주의 이념을 촉진시켰는지 설명한다. 이 장은 식민통치가, 정치적 사고의 상당한 근거를 항일무장투쟁의 경험에서 얻은 가르침에 두고 있는 김일성이 발흥할 수 있는 환경을 제공했다는 점에서, 그것이 현대 북한의 형성에 얼마나 커다란 영향력을 미쳤는지 보여준다. 이 장에서는 1945년 해방 이후 외부에 의해 한반도가 두개의 정치적 독립체로 분할됨으로써 어떻게 거대한 이념적·지리적 단절이 이뤄졌고, 이런 단절을 통해 어떻게 1948년 두개의 개별 국가가 수립되었으며, 북쪽에서 김일성의 권력이 부상할 수 있는 절호의 환경이 조성되었는지를 보여준다.

4장에서는 동족상잔으로 한반도 인구의 10퍼센트에 해당하는 약 300만명의 목숨을 앗아간 파괴적인 한국전쟁이, 어떻게 북한 주민 전체의 항구적인 대중동원에 기반한 김일성의 전후 재건정책에 근거와 시련의 장을 제공했는지 논의한다. 5·6·7장에서는 정치 제도·경제·사회를 각각 통제하고 조직하는 것을 목표로 삼았던 정치적 기획을 김일성이 어떻게 구상했는지 평가한다. 이 장들의 순서는 의도적인 것이다. 김일성주의 기획은 정치적 우선성에 의해 추동되었다. 8장에서는 김일성주의가 기근, 경제 붕괴, 옛 동맹국들과의 정치적 단절, 정부의 실패에 따른 불가피한 '자생적인 시장화'(marketisation by default, 여기서 'by default'는 '불가피한 상황에서 자생적으로 이뤄지는'이라는 의미다 ——옮긴이) 등으로 얼룩진 중대한 트라우마 시기로 이행하면서 북한 역사에서 어떻게 막을 내리는지를 보여준다.

나머지 장들에서는 선군정치 시기를 시장화라는 특징과 더불어, 전략적 사고와 계획과 정책의 핵심에 정권안보 정치를 심어놓은 군사통치의 제도화라는 특징으로 분석한다. 9장에서는 시장화가 어떻게 당과 치안기구와 가족을 집어삼키는 사회적 과정으로 발전하게 되었는지를 추적해 보여준다. 10장에서는 선군정치 시기에 역점을 두었던 정권안보의 우선성을 짚어본다. 또한 시장화를 작전상 필요한 것으로 받아들였지만, 전략적 혹은 기본적 개혁은 수용할 준비가 되어 있지 않았던 경제정책의 모순을 살펴본다. 11장에서는 사회정책이 어떻게 선군정치를 우선하는 정책과 시장 현실의 함수관계로 발전하게 되었는지를 보여준다. 우선성은 식량안보와 공중보건에 있었고 결과는 엇갈렸다. 아동의 영양실조 비율은 현격히 감소했으나 여성, 특히 엄마들의 건강은 여전히 위태로웠다. 12장에서는 시장화와 선군정치가 북한의 사회구조에 어떤 의미를 갖는지, 그리고 어떤 사회집단이 잘 버텼고 어떤 사회집단은 그렇지 못했으며 그 이유는 무엇인지를 살펴본다. 13장에서는 선군정치를 내세운 정권이 생존을 도모하는 과정에서 어떻게 '핵무장'을 하게 되었는지 평가한다. 14장에서는 세계, 특히 미국이 조선민주주의인민공화국의 핵무장을 막고 인권 개혁을 진작하려는 시도가 실패로 돌아가는 과정에서 선군정치의 북한과 어떻게 교섭했는지를 고찰한다. 15장에서는 책의 주장을 요약하고 잠정적으로 미래를 전망하는 짧은 후기로 마무리한다.

핵심 개념

나는 북한 사회를 생각하는 한 방편으로 '시장화' 개념을 자주 언급하고 시장화의 '제도화'라는 개념을 사용한다. 이 용어들이 무엇을 의미하는지 간단히 일러둔다.

시장화

북한에서의 '시장화'는 대체로 물리적 장소로 존재하는 시장을 나타내지 않는다. 북한에서의 시장화는 사회 전체를 통한 시장 역학의 제도화로서 더 잘 이해될 수 있다. 북한에서의 시장화는 경제 운영의 원칙이자 경제 과정의 원칙으로 이해되어야 한다.[17]

1990년대 이후로 가격이 더이상 국가에 의해 결정되지 않고 수요공급관계에 의해 결정된다는 의미에서, 시장화는 북한의 기본적인 경제 원칙을 제공한다. 또한 경제의 여러 측면들이 다양한 정도로 시장화되고, 시장화 정도는 시간이 지남에 따라 변한다는 점에서 하나의 과정이다. 2002년 북한 정부의 경제개혁(7·1경제관리개선조치)을 통해 시장의 가격평가가 경제 조직의 기본적인 원칙으로 허용된 이후 상품을 사고파는 것은 완전히 시장화되었다. 한편 2002년 경제개혁에서 임금 향상이 시도되었지만 여전히 공식임금은 명목상에 불과했다는 점에서 노동력을 사고파는 것은 부분적으로만 시장화되었다. 따라서 북한 주민들은 시장을 중심으로 이뤄지는 활동으로 수입을 얻는 방향으로 내몰렸다. 토지와 재산은 공식적으로 사적인 매매가 불가능하다는 점에서 공식적으로 시장화되지 않았지만, 시장이 책정하는 가격으로 자산 이전이 (불법적으로) 이뤄지는 회색지대(grey area)가 성장했다.

제도화

이 책에서 '제도화'는 행위를 지배하는 일련의 규범·관행·절차의 확립을 가리킨다. 이는 유형의 조직으로 형식을 갖추거나, 형식적으로 성문화되거나, 심지어 언표화될 필요가 없다. 그렇지만 상당한 지속성과 힘을 지닐 수 있다. 이런 의미에서 제도는 사회집단이 활동할 수 있는 구조를 제공하는 일련의 관행들로 구성된다. 그것들은 '사회적 상호작용을 조직화하는 확립된 일반적인 사회규범들의 체계'[18]이다. 내가 이 책에서 시장화의 제도화를 언급할 때, 그것은 이러한 특정한 의미에서의 제도화다.

연대기적 틀

나는 비교분석을 위해 두개의 핵심적인 시기를 규정한다. 한국전쟁 이후부터 1990년대 초에 이르는 김일성주의 시기와, 1990년대 말 이후의 선군정치 시기이다. 나는 1990년대 중반을 중요한 정치적·경제적·사회적 이행기라고 특징짓는다.

이런 시기 구분은 분석의 틀로서 북한에서의 변화를 이야기하는 데 도움을 줄 것이다. 따라서 이 시기들이 연대기적 혹은 기술(記述)적 관점에서 명백하거나 급속한 단절을 나타내지는 않는다. 김일성주의 시기는, 예컨대 아들이자 정치적 최종 승계자인 김정일이 이미 정치적 의사결정에서 주도적인 역할을 하고 있던 1980년대를 포함한다. 또한 이 책은 김일성주의 시기가 1994년 김일성의 사망 이전인 1990년대 초반에 냉전 종식과 함께 끝난 것으로 이해한다. 이와 유사하게, 선군이라는 강령으로 선군정치 시기를 분류한다 해서 이것이 정부와 국가의 선군정책으로 경제적·사회적 관행이 결정되었음을 의미하는 것은 결코 아니다. 실상 이 시기의 이야기는 정권 주도의 선군정치가 어떻게 선군정치 시기의 사회·경제적 역학을 형성하려다가 실패했는가다. 그럼에도 분석상의 구분은 북한의 정치·경제·사회사에서 사회경제적 변화가 어떻게, 어느 정도로, 왜 두 시기 사이에 일어났는지를 체계적인 틀로 설명하는 데 유용한 발견적 장치(heuristic device)를 제공한다.

두 시기는 국내적·국제적 계기들에 의해 형성되었다. 김일성주의 시기는 국내적으로 사회주의·반제국주의·민족주의의 정치적 기획에 의해 형성되었다. 국제적으로 김일성주의는 양극적인 냉전적 국제정치에 의한 것이다. 선군정치 시기는 국내적으로 정권 생존의 정치와 경제적 재건에 대한 열망에 의해 형성된 것이다. 국제적으로 선군정치 시기를 설명하는 핵심 요소는 외국의 상품과 사상이 북한 사회에 침투할 수 있게 되고 침투하게 되는 전지구화된 세계체제였다.

분석틀

이 책은 기본적으로 북한 정부/정권(government)과 북한 사회(society)를 구별한다. 북한 정부/정권은 정부 정책과 관행에 동의하거나 동의하지 않는 주민들을 지배하지만 그 주민들은 분석적으로 독자적인 실체이다. 이는 모든 사회에 적용되고 북한도 마찬가지다. 경험적으로 보면 정권과 사회가 별개의 실체가 아니라면 정권이 정책을 만들고 실행할 필요가 없을 것이다. 물론 정권이 자신의 의지를 사회에 강제하기 위해 보안기관과 경찰과 사법 제도를 활용할 필요도 없을 것이다.

때에 따라 국가(state)와 정부/정권(government)을 구별한다. 고전적인 사회과학의 견지에서 국가는 주로 제도 및 강제 수단(군사와 치안)과, 한정된 영역 내에서 기능하며 정권을 통치하는 관료제로 구성된다. 다른 모든 사회주의 정부와 마찬가지로 북한에서 국가와 정권의 경계는 흐릿하다.

이 책에서 민족이라는 용어는 공동의 문화·역사·운명에 대한 인식을 통해 결속된 사람들의 집단을 가리키기 위해 중요하게 사용한다. 이 책에서 민족과 국가는 결코 동의어가 아니다. 다시 말하자면 민족과 국가를 구분함으로써만 한국인들이 어째서 스스로를 1948년 이후 두개의 개별 국가에서 살 수밖에 없게 된 하나의 민족으로 생각하는지 설명할 수 있다.

언어와 관용적 표기

나는 다른 표기법을 사용한 출처에서 직접 인용하지 않는 한, 한국어의 북한식 로마자표기법을 사용했다. 적절하고 명료함을 더해준다면, 나는 북한식뿐 아니라 다른 표기법도 참조한다. 북한식 로마자표기법은 북한 주민과 대화 상대자 모두 유연하게 사용한다는 점 때문에 복잡해진다. 가령 조선민주주의인민공화국 행정구역상 자강도(慈江道)는 북한의 영문 텍스트에서 때로는 Chagang으로 때로는 Jagang으로 표기된다. 나는 일관성을 목표로 해왔기 때문에 직접인용을 사용하는 경우가 아니면 가장 일반적인 로마자표기법으로 된 표기를 사용한다.

이 책에서는 때로 시간이 지나 명칭이 바뀐 북한의 장소들을 언급한다. 조선민주주의인민공화국에서 행정구역 개편으로 같은 장소가 때로는 다른 시기의 다른 지역을 지칭한다. 적절한 곳에서 그 차이를 명시할 것이며, 기본적으로 혼란을 일으키지 않는다면 현재의 지역을 가리킨다. 때때로 지명 사용이 시대착오적이어서 서술이 매우 어설퍼 보일 수 있고, 설명은 논지에 맞지 않을 수 있다. 지명에 관해 혼란의 여지가 있는 대목에서 적절히 보충 설명을 한다. 가령 강원도는 오늘날 남북한 모두에 존재한다. 하지만 이 책은 주로 북한에 관한 것이므로, 따로 명시하지 않는 경우 지명은 북한의 지역을 가리킨다.

1

캐리커처
버리기:
역사에 대한
이해

1장

뻔한 클리셰 너머

전세계는 이른바 북한의 괴상함이라는 것에 여전히 매료되어 있다. '상식'은 북한을 바깥 세계에서 전혀 알 수 없을 만큼 철저하게 밀봉된 획일적인 국가와 사회로 묘사한다. 북한 정부는 김씨 지배가문을 위해 기꺼이 희생을 감수하는 로봇 같은 '백만명의 병력'을 통제하고 있고, 김씨 일가는 핵무기를 선제공격 수단으로 기꺼이 사용하려는 광적인 공격정책으로 자기방어를 강화하고 있다는 것이다. 전지전능한 정부는 주민들이 굶주림에 죽어나가도 눈 하나 깜짝하지 않는다. 굶주린 북한 주민들과 취약계층에 돌아갈 해외 원조 물품을 빼돌려 부유층과 특권층에게 나눠주는 짓도 예사로 저지른다. 국가 전체가 범죄단체나 다름없다. 북한 주민들은 정부가 말하는 것을 다 믿고, 가난하게 살면서도 지배가문에 대해 진심 어린 헌신을 정말로 한결같이 표현한다는 점에서 세계의 그 어떤 사람들과도 다르다고 한다.

그러나 겉보기에 북한 정권이 유별나게 권위주의적인 것은 아니며 주민들이 유별나게 경제적으로 궁핍하지도 않다. 아시아의 라오스와 투르크메니스탄, 아프리카의 적도 기니와 짐바브웨, 중동의 시리아와 사우디아라비아에서도 정치적 반대는 잔인하게 진압되고 자유는 여전히 쟁취해야 할 것으로 남아 있다.[1] 경제적으로 북한의 2012년 1인당 국민총소득은 583달러로 세계에서 20번째로 가난한 극빈국이다. 그러나 유독 가난에 시달리는 국가는 아니다.[2] 북한의 군사안보기구의 실체는 외부의 정밀조사에도 드러나지 않았다. 그러나 이것은 북한만의 문제는 아니다. 군사와 안보 분야는 정도의 차이는 있으나 외부에 잘 공개되지 않는다. 이는 민주적인 사회에서도 마찬가지다. 그렇다면 왜 북한은 그토록 예외적으로 이해하기 힘들다고 여겨지는가? 북한은 실제로 유별난가?

따지고 보면 북한의 기이함이라는 신화를 영속화함으로써 이익을 얻는 곳은 다름 아닌 북한 정권이다. 군사적 우월성, 무시무시함, 예측 불가능함이라는 신화는 적들을 설득시켜, 북한에 관한 신화를 진지하게 받아들이도록 하는 데 도움을 준다. 북한은 유별나게 불가사의하다는 '상식'화된 가정은 북한 정권의 취약성과 약점과 단점을 드러내는 더 냉철한 분석을 가로막는다. 수많은 글에 전제로 깔려 있는 북한에 대한 이 같은 쓸모없는 고정관념과 틀에 박힌 가정은 폐기되어야 한다.

북한에 대한 캐리커처

북한 정권과 사회에 대한 캐리커처는 탈냉전 기간 동안 북한에 관한 '상식'을 형성하면서 현저하게 널리 퍼져나가고 끈질기게 지속되었다. 캐리커처는 사실 혹은 '그럴 것'이라고 이미 인지되어 있는 바를 포함하기 때문에 작동한다. 그것은 미세한 차이와 변화와 세부 사항을 무시하고, 때로는 특정한 대상의 명예훼손을 뒷받침하기 위해, 그리고 주의 깊은 분석을 회피하고자 고안된 단순한 메시지를 전달하기 위해 개괄적인 상을 제시하기 때문에 설득력을 지닌다. 북한의 경우, 주요한 캐리커처들은 너무나 단순화되고 왜곡된 설명을 제공하는 탓에 그것이 묘사하려는 국가 혹은 사회의 측면에 관해 유용하거나 정확한 상을 제공하지 않는다. 또한 캐리커처는 주요한 인종주의와 종족적 고정관념을 유포하고, 모든 사람이 단 몇개의 이미 알려진 특징을 공유하고 있는 것으로 환원시켜 사람들을 비인간화할 위험이 있다.

캐리커처가 북한을 바라볼 때 통용되는 지배적 프리즘으로 발전한 이유는 다양하다. 우선 북한에 대한 정치적 분석은 상당히 많은 부분이 주도면밀한 성격의 군사기획자들에 의해 이뤄져왔다. 책임있는 군사기획자는 비상계획의 기초로 최악의 시나리오를 상정한다. 하지만 문제는 최악의 시나리오가 사실 보고를 대체할 때다. 북한이 유별나고 기묘하다는 추정적인 주장이 받아들여지는 또 하나의 이유는 한국 문화에 대한 무지함 때문이다. 문화적으로 북한에 특유하다고 여겨지는 많은 사안들은 남쪽에서도 동일하게 적용된다. 강한 종족적 일체감과 종족적 민족주의가 여기에 포함된다.[3] 예컨대 남과 북 모두 '한민족'이 '역사의 여명기'로 그 기원을 거슬러 올라갈 수 있는, 면면히 이어져오는 계보를 가지고 있다고 생각한다.[4]

관찰자들은 때때로 일본을 놓치기도 한다. 한국인들의 세계관에 일정한 영향을 미친, 정치적으로 의미심장한 일본에 대한 특유의 의심을 이해하지 못하는 것이다. 북한은 철저한 반일감정을 배양하는데, 이는 남한과는 사정이 다르다. 하지만 때때로 식민통치에 대한 기억이 여전히 생생하다는 것은, 20세기 초 한반도에 대한 식민지배를 참회하지 않는 것처럼 보이거나 잠재되어 있던 공격적 국제정책이 되살아나는 징후로 해석될 수 있는 일본의 행위에 대해 한국인들 모두 여전히 민감하다는 것을 뜻한다.

한국인들이 의심하는 일본의 의도는 인종주의적으로 한국인을 묘사하는 관점이 흔하게 발견되는 일본 국내의 폭넓은 여론에 잘 드러나 있다.[5] 그러한 인종주의는 표면적으로 북한 정권을 겨냥하는 대중매체에서 날마다 뿜어내는 독설에서 '합법적인' 출구를 발견한다. 그런데 이것은 종종 북한 주민 전체를 두렵고 믿을 수 없으며, 심지어는 혐오스럽고 설명할 수 없는 존재로 캐리커처화하는 것이나 다름없다. 인종주의와 선입견은 고정관념에 의해 번성한다. 인종에 기반한 적의가 존재한다는 사실은 미디어의 신화가 왜 그토록 강력하게 지속되는가를 부분적으로 설명해준다.

현대 북한 정권, 사회, 경제의 측면들에 대한 엄밀하고 세심한 평가는 존재하지만 이러한 미세한 차이까지를 감안한 설명들[6]은 지배적인 국제적 담론과 널리 퍼진 국제적 인식에 강력한 영향을 미치지 못했다. 상당한 전문가적인 관심이 없다면, 대부분의 사람들은 언론을 통해 접한 정보의 출처를 확인하거나 그 가정들에 대해 의문을 제기할 시간이나 동기가 없다. 대부분은 그들에게 주어진 정보가 믿을 만하다고 합리적으로 추정하기 때문에 그렇게 할 필요를 느끼지 못한다. 그들은 북한에 관한 수많은 상식화된 가정들이 놀라운 만큼 빈약한 증거에 기반하고 종종 비논리적이면서 자기모순적임을 인식하지 못한다.

위험하고 비이성적인 무력국가

북한은 주변 국가들과 세계 유일의 초강국인 미국에 심각한 군사적 위협을 가하는, 군사적으로 위협적인 국가로 묘사되곤 한다. 이러한 평가는 아직 확인된 적이 없는 북한 정권의 군사력, 공격성, 비이성적 언동, 그리고 무기확산의 위협에 기초하고 있다. 이러한 위협은 과장되었

다. 그리고 이런 과장은 북한의 지리적 위치와 정치에서 비롯된 실제 군
사적 위협의 초점을 옮기는 것이다. 평양과 서울의 지리적 거리는 너무
가까워 재래식무기나 전략무기 등 어떤 형태의 무기로도 대규모 파괴
를 야기할 수 있다. 1995년 르완다에서는 근래 역사에서 가장 극심한 유
혈극 가운데 하나가 벌어졌다. 이 대규모 살육 과정에서 단 열흘 만에
백만명의 사람들의 목숨을 앗아간 것은 밀림에서 길을 만들 때 쓰는 마
세티 칼이었다. 전쟁의 위험은 조선민주주의인민공화국이 본래 비이성
적이어서가 아니라 남북 사이의 근본적인 갈등이 해결되지 않았기 때
문에 생겨나는 것이다.

군사력

북한의 군사비 지출은 경제적 자원의 상당 부분을 흡수해왔다. 2009년
기준으로 국민총소득의 약 20퍼센트인 224억 달러 정도이지만, 북한을
상대하는 국가들과 비교해볼 때 북한의 군사비 지출은 보잘것없다.[7] 북
한이 국가자원을 군비에 우선 배정한다고 했지만, 남북한 경제력의 차
이 때문에 한국과의 군사적 동등함이라는 목표를 달성하지는 못했다.
북한의 재래식무기와 장비는 낡았고, 군사적 인프라는 노후하며, 군대
는 굶주린 채 불만으로 가득 찼다. 한편 우선적 군사비 지출의 결과, 실
질적으로 경제가 무너졌다. 이러한 구조적인 군사적·경제적 취약성 때
문에 북한은 핵무기를 개발할 결심을 하게 되었다. 즉 그 의도는 침략이
나 강제적인 정권교체에 대한 궁극적인 억지 수단을 개발하기 위해 북
한의 한정된 자원을 활용하는 것이었다.[8]

군사 분석가들은 어떤 국가가 군사력을 증강시키면, 그 국가가 공격
적인 의도를 시사하지 않더라도 갈등의 위험은 늘어난다고 본다.[9] 다른
국가들이 상대적인 군사적 취약성에 불안을 느껴 반작용으로 자신들의

군사력을 증가시키기 때문이다. 이 같은 방어적이고 공격적인 무기 증강의 사이클을 국가들의 안보 딜레마, 혹은 흔히들 군비확장경쟁이라 부른다. 그러므로 군사 분석가들은 북한 정권이 국가자원의 상당 부분을 군사비에 할당하는 것을 우려한다. 북한의 상대국들은 특히나 핵무기를 포함한 고도화된 무기를 사용할 수 있는 북한의 능력을 우려한다. 탄도미사일 기술 프로그램을 통해 잠재적으로 동아시아 전 지역을 겨냥할 수 있고, 장래에는 미국도 겨냥할 수도 있는 핵무기를 탑재한 미사일을 생산할 수도 있다는 것이다. 따라서 군비를 증강시키려는 북한의 끊임없는 노력은 군사 분석가들에게는 경종을 울렸다.

북한의 잠재적 핵무기 보유 능력은 최초로 핵실험을 시행했던 2006년 이후로 군사적 위협의 핵심이 되었다. 하지만 미국 중앙정보국(CIA), 국제 정보기관, 학계에서는 북한이 얼마나 많은 핵폭탄을 보유하고 있고, 사용 가능한 핵무기 제조에 얼마만큼 성공했는지에 의견이 분분하다. 2011년 국제전략연구소(IISS)는 '목표 지점에 도달 가능한 핵무기를 생산할 능력은 여전히 의심스럽다'고 지적하고 있지만,[10] 북한이 4개에서 8개 정도의 작전용 핵탄두를 가지고 있다고 추산했다. 하지만 북한의 군사기술과 핵보유능력은 2011년 기준 2200개의 작전용 핵탄두를 보유하고 있는 미국의 고도화 수준과 생산 능력에 비하면 여전히 미미한 수준이었다. 사실 북한의 주된 군사적 위협은 저기술 고충격의 군사력에서 비롯된다.[11] 한반도를 가로지르는 '중립' 혹은 '비무장' 지대에는 수많은 지뢰가 매설되어 있고 군사력이 집중되어 있다. 북한은 서울을 향하고 있는 수많은 대포를 휴전선에 배치한 상태다. 북한의 협상가들이 서울을 '불바다'로 만들어버리겠다고 위협하면서 허세를 부릴 때, 위협이 그럴듯하게 보이는 것도 재래식무기 때문이다. 남한의 군사기획자들은 이러한 위협을 심각하게 받아들인다. 그러나 위협에 대한 이들의 평가는 북한의 재래식 군사장비가 체계적으로 최신화되지 않았다는 사실을 알고 있기 때문에 누그러진다. 지난 20년 동안 계속된 경제적 위기로 재래식무기가 최적의 정비를 받지 못했을 것으로 추정된다.

자신의 상대국들과는 대조적으로 북한의 군사적 투자 범위와 규모는 애처로울 만큼 작다. 현대식 군사력의 양과 질에서 북한은 남한의 국방력에 도저히 미치지 못한다. 2009년 북한의 방위비 지출은 약 43억 8천만 달러 정도였다. 남한만 보더라도 북한의 거의 네배 정도를 방위비에 지출했다.[12] 남한 군사력이 풍부한 재원이 들어간 일본과 미국의 군사력과 결합되면, 북한의 군사력은 왜소해진다.[13] 2010년 미국과 일본은 각각 6928억 달러와 528억 달러의 국방예산을 편성했는데, 이는 세계에서 첫번째와 네번째에 해당했다.[14]

공격적이고 비이성적인 군사태세

때때로 국제 언론매체는 상당히 격렬한 어조로 북한이 알래스카에 폭탄을 퍼부을 준비를 하고 있다고 언급한다. 북한 정부가 한반도 밖으로 팽창주의 정책을 결코 보여준 적이 없다는 점을 고려할 때, 이런 언급은 무시해도 좋을 것이다. 더 심각하게 고려할 사항은 북한의 군사력 증강이 방어 목적인지 아니면 공격 전략의 일부인지의 문제다. 특히 남한을 겨냥한 공격 전략의 일부인지 살펴보아야 한다. 북한은 방어와 전쟁억지에 초점을 맞춘 군사강령을 뒷받침하기 위해 군사력, 특히 핵보유능력을 사용하고 있다고 주장한다. 반대로 군사평론가들은 북한의 군사전략에는 남한에 대한 공격작전이라는 목표가 포함되어 있다고 주장해왔다.

서울에서 불과 약 50킬로미터 떨어진 휴전선 근처에 백만명의 군병력을 주둔시키는 등, 북한이 보여주는 공격적인 군사태세는 중대한 문제로 여겨져왔다. 그러나 북한의 수도인 평양도 휴전선에서 약 160킬로미터밖에 떨어지지 않은 곳에 있다는 점을 고려할 때, 북한이 이 지역에 가능한 한 많은 포병대를 배치할 수밖에 없다는 점은 분명하다. 많은 군사분석가들은 이러한 군병력을 휴전선 근처 말고 다른 지역에 배치한다는 것은 생각할 수 없는 일이라고 지적해왔다. 평양을 방어하기 위해 북한 군대는 평양과 휴전선 사이에 배치되어야만 한다. 따라서 북한 인민군은 서울을 타격할 수 있는 거리 이내에 배치되는 것이다. 서울과 휴전선 사이에 배치된 남한 군대도 마찬가지다. 남한 군대의 방어적 자세는 동시에 평양을 향한 공격적 태세라고 해석될 수도 있다.

북한의 공격적 의도를 뒷받침하는 대표적인 예가 국제외교에서의 '벼랑끝전술'이다.[15] 벼랑끝전술은 겉으로 보기에는 적대관계에 있는 강한 상대(이 경우에는 미국)에 어깃장을 놓으면서 약자가 성공적으로 협상할 수 있는 기술이다. 정치적으로 더 중립적인 용어인 '고전적인 외교적 실행기술'과 벼랑끝전술 개념을 구별하는 것은 상당히 어렵다. 고전적인 외교술은 비군사적 수단을 통해 다른 국가와 합의를 이뤄내는 능력이다. 외교에서 성공은 전통적으로 적게 주고 많이 얻는 것으로 이해된다. 북한 외교관들에게 '벼랑끝전술'을 구사하고 있다고 꼬리표를 다는 것은 북한 외교관들이 왜 윤리적으로 온당치 않은 외교적 성공을 즐기는지 전혀 이해하지 못하는, 지나치게 노회한 협상가들의 불평처럼 보일 수밖에 없다.

그럼에도 불구하고, 가끔씩 북한의 언론매체와 대변인들은 핵무기를 선제적으로 사용하겠다고 위협하는 듯한 기이한 성명을 발표해왔다.[16] 하지만 이러한 언급은 북한의 전략적 목표와 일치하지 않는다는 점에서, 핵전쟁을 시작하겠다는 진지한 의도를 보여주는 것이 아니라 적들의 평정심을 잃게 하려는 의도처럼 보인다. 북한은 항상 대한민국 정부와, 그들이 억압받는다고 주장하는 대한민국 국민들을 구별하려고 노력한다. 북한의 전략에서 핵심은 남쪽 사람들을 북한 정권의 '자애로운 영도력'으로 다스리는 것이다. 조선민주주의인민공화국이 핵폭탄을 서울에 투하하면 1100만명의 사람들이 죽게 될 것이고 방사능 후폭풍으로 휴전선 근처에 주둔하는 다수의 군인들을 포함하여 수많은 북한 주민들이 죽게 될 것이다. 즉각적인 반발로 중국과 러시아를 포함한 전세계가 군사적 대응을 취하게 되어 아마도 평양 전역을 포함하여 북한의 상당 부분이 초토화될 것이다.

김일성과 김정일, 그리고 이들을 대리하는 관료들을 만나본 외국 쪽 대화 상대자들은 북한 쪽 협상 파트너들의 전략적·인격적 합리성을 강조한다.[17] 최근에 북한이 그 무엇보다 우선순위로 두고 있는 것이 정권 생존이다. 전면전은 정권의 생존에 도움이 되지 않는다. 현실적으로 더 큰 위험은 불만으로 가득 차고 가난에 찌든 군인들이 무기를 비롯해 군수품을 무단으로 밀반출하여 팔아먹는 등의 돈 벌 궁리를 하는 것이다. 아니면 군부가 명령권자의 비위를 맞추려고 장기적인 남북한 내전으로 확대될 위험이 있는 자체적인 계획을 선보여, 군 내부의 명령과 통제 체계가 붕괴될 가능성이 높아지는 것이다.

무기확산

북한을 주요 무기확산국가로 보는 대부분의 주장들은 그 증거의 토대가 빈약하다. 익명의 정보기관 관료들에게 상당 부분을 의존하는 일부 자료와 언론보도들이 모호하다는 점을 고려할 때 북한을 무기확산국가로 보는 시선은 문제다.[18] 하지만 재정난에 허덕이는 북한 입장에서 과학적 전문지식은 판매할 수 있는 상품이 된다. 과학적 수준의 기술 지식을 주고받는 과정에서 북한이 무기확산에 연루되는 것은 충분히 가

능한 일이다.[19]

북한이 테러리스트를 포함하여 민간인들에게 무기를 확산시킬 가능성이 높다는 우려를 미국의 관료들은 주기적으로 표명했다. 그러나 이러한 주장은 별 가치가 없는 것이었다. 부시(George W. Bush) 행정부는 2008년에 북한을 테러지원국가 명단에서 제외했다.[20] 단 2010년에 북한이 헤즈볼라를 훈련시키고 있고, 미국 법이 테러 단체로 지정한 이란의 혁명수비대와 스리랑카의 타밀 반군에 원조를 제공하고 있다는 추정 정보 보고에 근거하여 그 같은 논의가 되살아났다.[21]

북한은 2006년 핵실험 이후, 미국이 추진한 무기 금수조치를 피하기 위해 노력했다. 이는 2013년 파나마에서 압류된 구식 쿠바산 소형 무기, 미사일 부품, 미그(MIG) 전투기를 북한 선적을 통해 수입하려는 시도에서 가장 잘 드러났다. 압류를 진행한 담당자의 브리핑이 『뉴욕타임스』(*The New York Times*)에 실렸는데, 압류한 장비에 대해 "구식이라는 말이 오갔다 (…) 압류한 무기가 신제품이었을 때는 카스트로가 쿠바 혁명을 기도하고 있던 때다"라고 말했다.[22] 2013년 시리아에서 선적하려고 시도했던 군수품에는 꽤나 낮은 수준의 물품들, 이를테면 총알·소총·방독면이 포함되었다.[23] 대부분의 다른 국가라면 이 정도의 물품은 교역이 아니라 폐품 처리로 보내버릴 것이라는 점에서, 세간의 이목을 끈 북한 선적물의 압류 조치에서 애처로울 정도로 낮은 수준의 기술력이 드러났다. 북한의 배와 비행기가 자국 영토에 들어오면 관계자들이 경계 활동을 펼치고, 미군이 주축이 되어 북한의 배와 비행기에 대해 강력하게 감시했기 때문에 무기 수출 규모도 2000년대에 상당히 줄어들었다.[24]

북한은 주민들을 굶겨 죽인다

전세계 언론매체의 보도를 뒷받침하는 통념으로, 북한 정부가 자신의 주민들을 굶겨 죽이는 정책을 의도적으로 편다는 것이 있다.[25] 종종 섞여 있지만 이러한 주제에는 두개의 이형(異形)이 존재한다. 첫번째 것은 '고난의 행군' 기간 동안 북한이 식량을 제공할 수 있었는데도 일부러 300만명까지 되는 주민들이 굶어 죽도록 방치했다는 주장이다.[26] 언론매체의 묘사에 등장하는 두번째 것은 북한 정권이 정책 사안으로서 인민들을 일부러 굶겨 죽인다는 좀더 일반적인 주장이다.[27]

고난의 행군 동안 북한의 식량정책에 관한 언론매체의 묘사에는 다음과 같은 '상식'화된 주장이 들어 있다. 이를테면 이 기간 동안 북한 당국은 식량을 수입할 수 있었는데도 하지 않았다는 것이다. 또한 북한 당국이 사망자가 가장 많고 기근의 고통이 가장 심했던 북동부 지역에 국제 인도주의 단체들의 방문을 막아 그들의 활동을 방해했다는 것이다. 즉 북한 정권이 북동부 지역에 식량을 제공하거나 허용하는 것을 막았다는 주장이다. 대신 정권은 국제 인도주의 단체가 가장 취약한 계층에게 제공한 식량을, 군부 인사나 '엘리트' 그룹처럼 분배받을 자격이 없는 집단에게 일상적으로 빼돌렸다는 것이다.[28]

북한 정부는 주민들의 복지후생에 책임이 있다. 북한은 빈곤한 국가인데도 정권이 빈약한 자원을 군사비에 우선 지출하려고 결정하는 것은 우선순위 설정에서 부도덕함을 보여준 것이라고 비판받아 마땅하다. 하지만 북한이 주민들을 굶겨 죽이는 정책을 취한다는 주장은 부적절한 정책 결정을 하고 있다는 혐의의 수준을 넘는 것이다. 만약 사실로 입증된다면 반인도적 범죄에 해당하는 과오와 공모 혐의를 제기한 셈이 된다.[29]

고난의 행군 시기

1990년대 초중반의 고난의 행군 동안 기근으로 인한 사망자의 규모, 파생된 질병 때문에 만성장애에 시달리거나, 사랑하는 이를 잃게 된 수백만명 이상의 사람들이 겪은 고통이 뜻하는 바는, 과장할 필요도 없이 이미 상황이 충분히 나빴다는 것을 보여준다. 믿을 만한 조사에 따르면 이 시기 동안 북한에서 영양실조 관련 질병과 굶주림으로 목숨을 잃은 사람이 100만명 정도에 이르는 것으로 집계되었다.[30]

북한은 국제사회 지원국들이 보내준 대체 물자가 식량으로 사용될 수 있도록 확실한 계획을 세웠다. 남한의 경제학자들에 따르면 북한은 주민들이 최악의 기근에 직면한 1995년부터 2000년 사이에 무기 수입에 1억 563만 달러를 사용했다.[31] 북한의 수입(과 수출) 교역이 1990년에 27억 6000만 달러에서 1998년에 최저 8억 8000만 달러로 주저앉았고, 2000년에는 약간 나아져 14억 1000만 달러까지 회복된 시기에 일어난 일이다.[32] 우선순위를 정권 생존에 두는 안보 지향적인 권력 지도부의 맥락에서 볼 때, 무기 수입에 이 정도로 낮은 규모의 예산을 사용했다는 점은 상당이 놀랍다. 수입품에는 화학제품, 연료, 예비 부품, 비료 등이 계속 포함되었다. 이 가운데 상당량은 농업이나 공업 생산에 필요한 자원으로 사용되었기 때문에 식량만큼이나 중요했다. 사회가 복잡해지면서 생겨나는 광범위한 수요 때문에 난방, 주거, 제조업, 농업을 위한 수입품들이 필요하다는 점을 고려할 때, 기근 상황에서 식량 대신 수입하는 것이 있다면 그 무엇이든지 도덕적 부패의 증거가 된다는 일반화된 주장은 다소 경박하다.

널리 퍼진 주장 중 하나는 고난의 행군 동안 약 500만명 정도의 북한 주민들이 고통을 겪었던 북동부 지역이 다른 지역에 비해 지나칠 정도로 식량배급을 받지 못하게끔 정부에 의해 '선별되었다'는 것이다.[33] 북한 정권이 1997년 이전에 유엔의 북동부 지역 출입을 차단하기 위해 그 지역에 대한 '격리 조치'를 취했다는 것이다.[34] 세계식량계획이 1995년과 1996년에 북동부 지역에 유엔 지원단을 데리고 가지 않았기 때문에, 그리고 북동부 지역 항구에 인도주의적 식량의 출하가 1997년 7월까지 시작되지 않았기 때문에 북동부 지역이 북한 정권과 국제원조단체에 의해 배제되거나 선별되었다는 가정이다.

그러나 유엔 세계보건기구(WHO)는 북한의 주도로 1995년 10월에 북동부 지역을 방문했다.[35] 국제 원조단체들은 1995년과 1996년에 북한의 남쪽과 북쪽 지역 모두에 원조품을 지원했다.[36] 여기에는 평안북도, 황해북도, 그리고 자강도의 북쪽 경계 지역이 포함된다. 그런데 세계식량계획이 북한에서 활동했던 초기에 기금이 부족했다. 기금 부족 문제로 처음 2년의 긴급구호 활동 시기에 상대적으로 적은 양의 식량 원조를 했을 따름이다.[37] 한정된 원조 가운데 많은 부분이 북동부 지역으로 가지 않은 이유는 식량 원조의 대상이 주로 500만에 이르는 농업 가구였기 때문이다. 1995년의 우박과 1996년의 폭우는 곡물에 심각한 피해를 주었다. 따라서 농민들이 기근에서 살아남아 북한에 식량을 다시 공급할 수 있게 만들 필요가 있었다. 1998년 이후에는 세계식량계획의 기금 사정이 더 나아졌다. 이를 바탕으로 북한 전역을 대상으로 구호 활동을 실시했다. 북한 당국과 세계식량계획은 이제 주로 농사를 짓지 않았던 함경북도, 함경남도, 량강도와 강원도를 국제 식량 원조의 우선순위 대상으로 삼았다.[38]

1990년대 북한의 식량배급 우선순위는 과거는 물론 지금도 논쟁의 여지가 있다. 그러나 북한 정권이 북한 주민을 모두 굶겨 죽이려는 결정을 내릴 정도로 악의가 있었다고 입증할 만한 증거는 거의 없다.[39] 북동부 지역을 '선별한다'는 결정이 있었다고 믿기 어려운 또 하나의 이유는, 북동부 지역이 김일성의 지지 기반의 상당 부분을 차지하고 있었다는 점이다. 북동부 지역은 상대적으로 특권을 누린 공업 노동자 계급의 터전이었고, 함경남북도 출신의 당 간부들은 북한 정치체제 내부에서 지나칠 정도로 강력했다.[40]

반복되는 주장 중 하나는 국제 식량 원조가 빈곤층으로부터 빼돌려져, 군과 '엘리트' 같은 이들에게 흘러들어 갔다는 것이다. 그럴듯해 보이지만 이러한 주장의 상당 부분은 북한이나 다른 국가의 식량 공급 능력, 식량 원조의 배급 및 분배 체계를 모르고 하는 말이다. 북한은 최악의 기근 기간에도 전체 식량 수요량의 80퍼센트를 계속 생산했다. 군대는 1990년에 2300만 인구 중 100만을 차지했고 국내에서 생산된 식량으로 군에 음식을 공급하는 것이 정부의 정책으로 공표되었기 때문에 '빼돌린' 국제 원조 물품이 필요하지 않았다.

북한 정권 내부에서 김씨 가문과 고위급 인사들이 날마다 먹는 음식을 보충하기 위해 세계식량계획에 대량의 곡물을 요청할 필요는 없었다고 봐도 무방하다. 북한 사회의 최고위층은 미국이나 유럽의 엘리트처럼 식생활의 기반을 식량 원조에 의존할 생각은 전혀 하지 않았을 것이다. 김씨 가문은 자식들을 스위스나 모스끄바에 유학 보내고, 그들의 은행계좌에는 국내외에서 생산된 고품질의 식량을 구입할 수 있는 액수를 뛰어넘는 충분히 많은 자금이 있다.

좀더 합리적인 측면에서 '식량 빼돌리기' 논란에 접근한다면 국제원조단체를 통해 보내진 식량을 꼭 필요한 사람들이 항상 받는 것은 아니었다는 점이다. 예를 들어 식량을 가장 필요로 하는 사람들인 어린아이, 임산부, 수유와 육아 중인 여성이 식량을 받지 못했을 가능성이다.

북한의 식량 원조 체계에서는 평양의 중앙정부가 북한 전체를 대상으로 배급의 우선순위를 정하지만, 군(郡) 단위의 행정기관들이 식량과 국제 원조 물품 배급을 담당한다. 식량 원조품이 군의 창고에 도착하면, 중앙정부의 관료보다는 군의 관료가 별도의 우선순위에 따라 식량 원조품 할당을 결정할 수도 있다. 군에서 임산부나 젖먹이 엄마들보다는, 광부나 발전소 직원처럼 '핵심인력'이 식량 원조 물품을 받아야 한다고 결정하는 것이 충분히 가능하다. 또한 쌀은 식량 원조품 수령인이나 군의 관료들이 시장에 내다 팔았을 가능성도 있다.

식량 원조품은 주로 밀, 밀가루, 쌀 등이 포함된 대용량의 곡물로 이루어져 있다. 쌀은 쓰임새가 많고, 영양이 풍부하며, 상대적으로 저장과 요리가 용이해, 선호하는 물품이었다. 이러한 장점 때문에 쌀은 다른 곡물보다 높은 가격에 거래되었고, 시장에서 쌀을 거래하는 것이 식량 원조품 수령 가구에 경제적으로 유리했을 것이다. 쌀은 동일한 칼로리의 옥수수나 수수에 비해 약 네배 정도 비싸게 거래되었다. 따라서 은밀히 거래되는 쌀은 네배 정도 많은 식량으로 교환되었고, 교환된 식량은 가족들이 직접 소비하거나 다른 생필품으로 교환할 수 있었다. 군의 관료들도 마찬가지로 원조로 들어온 쌀을 팔아 밀과 감자 혹은 질 낮은 배급용 국내 쌀을 구입하고 남은 것을 다른 사업을 위한 자금으로 비축할 수 있었다.

북한에서 식량 원조품은 '현금화'되었다. 다른 국가들에서, 원조품의 현금화는 종종 원조단체와 원조국의 지원 아래 이루어진다. 현금화는 공짜 상품의 유입으로 국내 시장 메커니즘을 파괴하는 일 없이 원조 대상 수혜자들에게 식량 원조품이 확실히 전달되도록 도움을 줄 수 있다. 식량 원조품이 중앙정부에 전달되면 중앙정부는 그 식량을 식량안보의 목적을 뒷받침할 수 있는 사업들, 예컨대 농업 설비나 보건 설비 재건 등을 위한 기금을 조성하기 위해 수혜자들에게 판다. 조선민주주의인민공화국의 다른 점은 현금화가 국제원조기구와 정부 사이에 공식적으로 합의한 관행이 아니었다는 것이다. 북한은 경제의 시장화를 무시하고, 공공 배급 체계 이외에 다른 곡물 배급 통로가 없다는 전제에서 일을 추진했기 때문이다. 원조품의 실질적인 현금화가 북한과 해외 원조국 간의 협정 위반에 해당한다고 말할 수 있다. 하지만 이러한 관행들이 반인도적 범죄로 분류된다고 하는 것은 지나치다.

주민을 굶겨 죽이려는 정책

북한 정권이 정책적으로 자기 주민들을 굶겨 죽이고 있다는 주장도 널리 퍼져 있다. 그러나 이 주장은 보통 고난의 행군 이전 시기를 참조하지 않는다. 아마도 대기근 이전의 기간을 포함시키면 비논리적으로 보일 수 있기 때문일 것이다. 고난의 행군 이전에 북한 정권은, 한반도를 중심으로 했던 역사 내내 대부분의 사람들이 직면해야 했던 잠재적 굶주림 상태에서 벗어나도록 하는 데 성공했다. 북한은 1946년에서 1993년 사이에 900만에서 2100만으로 인구를 두배 증가시키는 정책을 실행했다.[41] 인구의 수만 늘어난 것이 아니었다. 1936년에서 1940년 사이의 북한 주민의 평균수명이 겨우 38세였다면, 1980년대 말 북한 주민의 평균수명은 74세로 두배 정도 증가한 것으로 보고되었다.[42] 세계은행은 1990년의 북한 주민의 평균수명이 68세라고 발표했고, 처음 실시한 북한 인구조사 자료에서는 1993년 기대수명이 73세였다.[43] 이미 달성했던 성과물을 본다면 북한의 정책은 주민들을 굶겨 죽이는 게 아니라 먹여 살리는 것이었음에 틀림없다.

정권이 고난의 행군 시기 이후에 주민들을 굶겨 죽였다는 주장은, 아이들의 영양 보건 상태가 항구적으로 악화되었거나 정체되었다면 더 설득력이 있었을 것이다. 사실 급성 영양실조의 지표인 체력저하율 (wasting rate)은 고난의 행군 시기 이후에 최고였던 1998년 15.6퍼센트에서 2012년 5퍼센트로 줄어들었다. 이는 동아시아의 평균 4퍼센트보다 약간 나쁜 수치이다.[44] 만성 영양실조의 지표인 발육부진율(stunting rate)은 1998년 62퍼센트에서 2012년 32퍼센트로 줄어들었다.[45] 유엔식량계획과 유엔아동기금은 식량 상황이 '위태롭지 않으며, 긴급구호 활동이 필요할 정도는 아니다'[46]라는 2012년 영양 실태 조사의 결과를 지지했다.

고난의 행군 시기 이후에 세계은행은 2012년 북한 주민의 기대수명이 70세라고 발표했지만, 2008년 인구조사에 따르면 73세에서 69세로 줄어들었다.[47] 세계은행 자료에 따르면, 북한 주민들은 러시아연방의 주민들과 동일한 기대수명을 누리고 있으며, 조선민주주의인민공화국의 2012년 기대수명은 전세계 조사 대상 59개국보다 좋고 128개국보다 나쁜 것으로 나타났다. 고난의 행군 시기 이후에 북한의 정책은 확실히 기대수명의 하락에 기여했지만, 문제의 원인은 다른 빈곤국과 유사하다. 천정부지로 치솟은 국제 식량가격과 후진적인 경제가 중요한 원인이다.

과도한 일반화의 결과 중 하나는 북한의 식량정책과 관련된 핵심적인 관심사가 무엇이어야 하는가에 대해 초점을 맞추지 않는다는 것이다. 15만명에서 20만명으로 추산되는 죄수들이 일상적으로 식량을 공급받지 못하며, 그들을 비인간적으로 대우하겠다는 야만적인 정책의 일환으로 식량 할당이 제한되고 있다고 언론매체들은 기술(記述)한다.[48] 이러한 보도들은 인도주의적 차원에서 온당한 대우를 받아야 하는 죄수와, 교도관 같은 개인들의 증언을 토대로 한다.[49] 모든 관찰자들이 북한의 감옥이 무시무시한 곳이라는 점은 의심하지 않는다. 그러나 그 시스템의 불투명성 때문에 북한 감옥에 투옥된 사람들의 상황을 독자적으로 면밀히 조사할 수 없는 것도 사실이다.

북한 정권이 감옥에 대한 독자적인 조사를 거부한다는 것은, 북한의 감옥과 수용소의 상황이 다른 사법적 관할 지역과 얼마나 다른지 알 수 없다는 것을 의미한다. 북한 형법 체계의 투명성 결여는 수감자들이 생존에 필요한 만큼의 충분한 식량을 제공받지 못할 것이라는 주장의 논리적 근거가 된다는 점에서 매우 우려스러운 일이다. 북한 정권은 수감된 사람들을 포함한 모든 성인의 노동을 의무라고 생각하지만, 노동의 댓가로 이루어져야 할 배급을 고난의 행군 시기 이후에 충분히 제공하지 못했다. 일반 주민들처럼 시장을 통해 부족한 배급을 보충할 식량을 확보할 수 없었기 때문에, 투옥된 사람들은 식량 공급에서 최악의 상태를 면치 못했을 것이다. 특히 정치적 혐의로 투옥된 수감자들은 너무나 부족한 양의 식량을 제공받는 터라 날마다 굶주림과 질병에 따른 죽음의 위험에 놓였을 것이다.

수감자들에 대한 식량 공급 능력은 독자적인 사실확인이 불가능하지만 여러 주장들의 그럴듯한 근거가 되는 사안의 좋은 예다. 하지만 이용 가능한 자료는 북한의 정책들이 전체 주민의 식량권을 의도적으로 위배하고 있다는 주장을 뒷받침하지 못한다. 사실 식량안보 결과를 기준점으로 사용한다면, 북한의 정책이 지난 15년에 걸쳐 아동의 영양 상태 향상에 기여했음에 틀림없다고 주장해야 할 것이다. 국제 식량 원조품은 미미한 차이 이상을 만들어낼 정도로 충분한 양도 아니었고, 충분히 정기적으로 전달되지도 않았다.

북한 아동과 여성 전체 인구의 부족한 영양 상태(남성에 대한 영양 조사는 거의 없다)는 조선민주주의인민공화국 정부가 반인도적 범죄를 저질렀다는 '증거'로 인용되곤 한다. 2012년 체력저하율이 각각 20퍼센트와 13퍼센트이고, 발육부진율이 각각 최대 48퍼센트와 36퍼센트인 인도 및 인도네시아와 비교할 때 북한의 아동 영양실조 수치는 "세계보건기구 기준으로 공중보건중요성에서 '중간'정도"였다.[50] 북한이 주민들을 굶겨 죽이고 있다는 주장을 하려면 인도와 인도네시아의 민주적 정부가 상습적으로 계속해서 반인도적 범죄를 저지르고 있다고, 누구나 불편해 할 수 있는 주장을 해야 할 것이다.

북한은 범죄국가다

흔히들 북한을 다음과 같은 이유로 범죄국가라고 한다.[51] 첫째, 북한의 외교관들이 외교관 면책특권을 남용해 조직적으로 위조지폐, 마약, 위조담배, 멸종위기 동식물은 물론 다른 불법적인 물품을 밀거래한다.[52] 둘째, 북한 국영기업들이 위조지폐, 위조담배, 마약을 해외 수출용으로 제조한다. 셋째, 북한 지도부가 사적인 금전적 이득을 위해 이러한 범죄 활동을 지시하고 있다. 이러한 범죄 행위들 뒤에는 국가가 있는 것으로 이해해야 한다는 주장이다. 범죄 행위들이 국가원수에 의해 주도되고, 당-정부-국가의 긴밀한 관계의 맥락에서 북한의 국가기관으로 간주될 수밖에 없는 '39호실'이라 불리는 조선로동당의 그림자 조직에 의해 운영되기 때문이라는 것이다.[53] 북한 정권의 국가범죄 혐의를 제기하는 주장들은 확신에 차 있고 무조건적이고, 명백하며, 믿을 만한 사실로 여겨진다. 명백히 고압적이다.

북한 정권의 범죄에 관한 대부분의 주장들은 일정한 형태의 증거기록을 보여주려고 노력한다. 문제는 증거기록의 설득력이 약하다는 것이다. 미국 정부의 보고서들과 국제 언론매체의 보도들, 그리고 '학술적' 분석들도, 대체로 북한이탈주민들과 익명의 미국 관료들의 입증되지 않은 혐의 주장들을 토대로 작성된 미국 정부의 몇몇 간행물들, 국제적 언론매체에서 따온 인용문들, 그리고 다른 정부 보고서에 대한 순

환 참조에서 유래한 것들이다.[54] 조선민주주의인민공화국의 마약 생산
과 밀수 혐의에 대한 정부기관의 주요한 정보원(情報源)은 미국 마약단
속국 정보과의 입증되지 않는 사건목록이다. 이 목록은 1999년 하원의
의회보고서에 첨부되었다.[55] 입증되지 않은 언론보도를 동반한 목록이,
2003년에 공표되고, 2005년과 2007년에 보강된 '마약 밀매와 북한'에 관
한 영향력 있는 의회조사국 보고서에 제공된 유일한 증거이다.[56]

　미국 정부 보고서들은 때때로 증거의 불확실한 성격을 인정한다. 북
한의 마약 밀매 혐의에 대한 미국의 주요한 공식 간행물에 붙은 긴 각주
에 다음과 같은 언급이 끼워져 있다. "마약 밀매는 성격상 은밀한 행위
이고 북한이 폐쇄된 사회라는 점을 고려할 때, 불법적인 마약 공급처로
부터 얻은 북한의 수입에 대한 모든 전체적인 추정치는 단편적인 자료
에 기반하고 있고, 기껏해야 추측에 불과하다 (…) 분명히 그러한 자료
는 미국 법정에서 증거로 조금이라도 고려될 수 있는 어떤 것과는 '완
전히 다른 것'으로 간주되어야 한다."[57]

　북한이 미국 달러를 위조하고 거래했다는 사실이 입증된다면 전쟁의
명분이 될 수도 있을 것이다. 이러한 활동이 성공적이라면 미국 통화에
대한 국내적·국제적 신뢰를 허물어버릴 수 있기 때문이다. 하지만 화폐
를 위조한다는 주장이 믿을 만한지는 확실치 않다. 믿을 만한 국제적인
정보기관들이 북한의 위조지폐 생산과 거래 활동의 증거를 거의 발견
하지 못했기 때문이다.[58] 또한 공식적인 허위 정보를 의도적으로 유포
했다는 증거가 있다. 동일한 토론의 장에서, 거의 동일하게 표현된, 동
일한 주장이 이전에 이란과 (시리아와) 관련하여 제기되었다.[59]

　놀랍게도 북한의 국가범죄에 관한 격렬한 반응과 '당연시되는' 가정
에도 불구하고, 북한 국적자가 위조 물품 생산과 밀수로 기소되거나 유
죄 판결을 받은 국제소송 사건은 거의 없다. 북한 선원들의 헤로인 밀수

연루 혐의는 북한 선원들이 2006년 호주의 배심원단에 의해 무죄 판결을 받았다는 사실에도 불구하고, 미국의 공식 간행물에서 2003년 북한 선박 봉수호 나포를 근거로 그 혐의가 입증된 걸로 나와 있다.[60] 파나마 건은 훨씬 더 구체적인데, 유엔의 무기 금수 조치를 어긴 점을 들어 선장, 일등 항해사, 행정관이 체포되고 기소되었다.[61] 외교관이 연루된 사건들은 적은데, 이는 부분적으로 비엔나 협약에 따라 외교관들은 기소를 면제받기 때문이다. 그럼에도 불구하고 언론보도들은 북한 외교관들이 의심스러운 범죄 행위로 강제 추방당해왔음을 내비친다.[62] 그러나 북한 관료들은 이익을 위해 외교적 면책특권을 남용하는 데 있어 결코 유별나지는 않았을 것이다. 가령 소득을 늘리기 위해 해외 파견을 남용하던 과거의 남한을 포함하여, 가난한 국가나 부유한 국가의 외교관들에게 그러한 일이 드물지 않다.[63] 면책특권을 이용한 외교관의 범죄 활동에 국가가 어느 정도 연루되었는지의 문제는 해결해야 할 또다른 문제다.

핵심에서 비켜가기

평양 중심부의 집무실에 앉아 어떻게 하면 자신만의 이익을 위해 2400만명의 인민들로 하여금 범죄 행위를 저지르도록 교묘하게 조종할 것인가를 궁리하는 최고지도자가 이끄는 전지전능한 국가라는 캐리커처는, 북한의 핵심을 비켜간다. 적어도 1990년대 시장화의 시작 이후로 그리고 어쩌면 그 이전부터 조선민주주의인민공화국 주민들이 생존과 번영의 수단으로 합법적·불법적 행위에 연루되었다는 증거는 있다. 하지만 이러한 일은 중앙정부가 북한 주민을 경제적으로 부양할 수 없거나 구제할 수 없기 때문에, 그리고 정부가 그러한 활동을 통제하려고 노력함에도 불구하고 일어난다. 다시 한번 이 캐리커처는 북한 사회의 중요한 변화를 가리고, 따라서 그 변화의 정치적 중요성에 대한 이해를 가로막는다.

북한 주민은 우리와 다르다

아마도 가장 터무니없는 신화는 북한 주민들이 바깥세상에 대해 알지 못하고, 북한 정부가 그들에게 말하는 모든 것을 믿는다는 주장일 것이다.[64] 암묵적인 그러나 때로는 명시적인 가정은 북한 주민들이 교육적으로 지체되어 있고, 그들에게 세계를 이해할 수 있는 정교한 개념적 렌즈가 없다는 것이다. 2011년 김정일 국방위원장의 장례식 같은 행사에서 북한 주민들의 공개적 행위를 담은 시각적 이미지가, 북한 주민들은 '세뇌되어 있고' 기이하며 불가해하다는 증거로 제시된다.[65]

밀폐된 고립

사실 북한 주민들은 김씨 가문의 착취를 찬양하고 지배가문을 비판하는 자들에게 형사 처분을 포함한 제재를 가하는 가차 없는 사회주의화 운동에 동참해야 했다. 그러나 북한 정권이 최고의 노력을 기울였음에도 불구하고 완전히 밀폐된 사회라는 북한의 상이 전부 다 사실인 것은 아니었으며, 오늘날은 결코 사실이 아니다. 외교관과 학생들을 포함하여 해외에서 일하고 공부하는 북한 주민들은 북한 정권이 오늘날보다 정책을 훨씬 더 잘 집행할 수 있었던 시절에도 다른 정보 출처에 접근할 수 있었다. 오늘날 민간 차원에서 제공되는 정보에 대한 접근이 특권을 가진 당원만의 특전은 결코 아니다. 바깥세상을 모른다는 주장은, 점진적으로 시장화되는 북한 사회에서 이뤄지는 실제 관행과 정책을 구별하지 못하는 것이다.

북한 정권은 정보가 북한에 자유롭게 유입되는 것을 막기 위해 여전히 노력한다. 평양에서 공부하는 북한 학생들은 외국 서적과 영화를 소장하고 있는 평양의 주요 국립도서관과 대학도서관에 접근할 수 있지만, 그렇게 해야 할 '필요성'을 입증해야 자료에 대한 접근이 허용된다. 정부는 전화뿐 아니라 바깥세상과의 서신 왕래를 통제하려고 노력한다. 월드와이드웹(www)에 대한 접근은 관련된 직종에서 일하는 사람에게 국한되며, 전국적으로 외국 서적이나 다른 매체에 대한 공식 접근도 불가능하다. 소수의 학생들이 해외에서 공부하는데, 2002년에 아시아와 유럽에서 공부하는 학생이 500명 정도였다.[66] 중국 대학들이 북한 유학생에게 더 일반적인 거점을 제공하지만(2012년 중국의 동북대학에서 유학하고 있는 북한 유학생의 수가 95명이었다) 영국의 워릭대학과 케임브리지대학도 북한 학생들을 유치했다.[67]

1990년대 이후로 공식 정보 채널은 북한 사회의 각계각층이 손쉽게 이용할 수 있는 비공식적인 정보 네트워크와 정보 출처에 의해 보완되었다. 중국 상인과 북한 현지 거래망은 거의 25년 동안 비공식적인 정보 채널 역할을 했다. 많은 중국 상인들과 방문객들이 조선족이었고 북한 주민들과 의사소통이 가능했다. 북한의 북동부 지역의 3개도(자강도, 량강도, 함경북도)는 중국 국적 조선족들이 거주하고 있는 중국 행정구역인 옌벤과 접해 있다.[68] 북한 주민들이 사용하는 말은 옌벤의 조선족에게 친숙하고, 일부 북한 주민들 역시 한국어를 말하는 이 중국 지역에 친척들이 있는데, 돈을 받고 편지를 가지고 들락거리거나 국제전화가 가능한 휴대폰을 사용하게 해주는 브로커들을 통해 이들과 소식을 주고받는다.[69] 한국의 DVD와 CD뿐 아니라 외국 매체에 대한 접근이 손쉬워져, 이러한 상품들은 북한 전역에서 거래된다.[70] 북동부 지역 도시에 살고 있는 500만 주민들은 더 넓은 영역으로 접근 가능한 중국 전화 통신 망을 이용해 중국과 남한에 살고 있는 친척이나 지인들과 소식을 주고 받을 수 있다.

300만명의 평양 주민들은 호텔·상점·술집 등 서비스를 판매하는 곳 이나 외국인이 북한 주민과 함께 일하는 작업장에서 외국인들과 접촉 한다. 평양 이외에 남포·청진·나진 같은 항구도시는 금강산 관광개발 지구와 남한이 지원하는 개성자유무역지구(개성공단)와 마찬가지로 외 국인 상설 유치 지역이다. 북한을 단기적으로 방문한 사람들은 북한 관 료들과 동행함으로써 면밀히 '감시받는다'. 장기 방문객들은 북한에서 운전면허를 따고, 한국어를 배우며, 항구적인 감시 없이 일상생활을 영 위할 수 있기 때문에 더 많은 자유를 누린다. 2002년과 2012년 사이에 100만명 이상의 대한민국 국민이 조선민주주의인민공화국을 방문했 다.[71] 공식적인 통역의 번거로움 없이 대화가 가능한 언어를 사용한다는 이유만으로 남한 방문객들은 정보의 통로가 되어왔다.

북한 주민들은 결코 무지하지 않다. 그들은 대부분 읽고 쓸 줄 아는 교육받은 사람들이다. 경제 악화에도 대부분의 남학생과 여학생이 학 교에 다니는 것으로 등록했음이 밝혀졌다.[72] 2002년 고등학교 졸업생의 약 35퍼센트가 대학에 진학했다. 첨단 무기 기술과 공학의 발전에서 가 장 뚜렷하게 입증되듯이, 대학과 다양한 전문대학을 포함한 고등교육 분야에서 최고의 교육을 받은 과학자들을 배출해냈다.[73] 북한은 교육받 은 인적자원의 풍부한 지적 능력으로 거대한 자본과 세련된 기술 장비 의 결핍을 채워가고 있다. 그럼에도 경제의 각 방면에서 도드라지는 일 련의 기술들은 북한의 수준 높은 창의성과 문제해결 능력을 보여준다.

바깥 세계에서 북한 주민에 대해 지니는 인상은 부분적으로는 미디 어의 왜곡에서 비롯된다. 2011년 김정일의 죽음을 슬퍼하는 군중들을 보여주는 텔레비전 영상은, 생업을 중단하고 조문 행사에 참여하기 위해 거리로 뛰쳐나가지 않았던 수백만명의 더 많은 북한 주민들의 시각적 이미지들과 균형을 이루지 않았다. 그 수백만명의 이미지는 거의 모든 북한 주민들이 김정일의 죽음을 접한 그날 자신들의 일상적인 일을 계속했음을 보여주었을 것이다.[74] 장례식에서 우는 장면이 반드시 비이성적임을 보여주는 것도 아니다. 감정을 보여주는 것은 신중한 개인적 처신의 문제였을지 모른다. 눈물을 보였던 다른 주민들에게도 그것은 세뇌의 문제가 아니었다. 그 눈물 중 일부가 분명히 연출되었다 할지라도 일부는 틀림없이 진짜였다.

북한 주민들은 김씨 가문을 국가와 사회의 중추로 숭배하라고 교육받았지만, 이것이 북한 주민들이 비판적 능력을 잃어버렸다는 것을 의미하지는 않는다. 현재의 지도부가 괜찮은 삶의 조건을 제공하지 못했기 때문에 상당한 신뢰를 잃어버렸는지는 모르지만, 북한 주민들에게 김씨 가문 지도부는 독립적인 한민족 국가를 대표하기도 한다. 현재 북한 주민들의 할아버지와 할머니들이 고통받았던 일제강점기와 한국전쟁의 상처를 치유하고, 어쨌건 김씨 가문은 국가를 세웠다. 평범한 대부분의 사람들처럼 북한 주민들도 서로 다른 이유로 서로 다른 견해를 동시에 지닐 수 있다.

김정일의 장례식에 나타난 이미지에 대한 균형 잡힌 분석이라면 아마도, 공개적인 의식(儀式)이 다른 나라 국가수반의 장례식과 크게 다르지 않았다고 언급했을 것이다. 이런 종류의 장례식들은 행사의 엄숙함과 집단적 정체감을 강조하기 위해 계획된다. 이는 민주국가에서도 마찬가지이다. 1965년 영국의 전 수상이자 보수당의 지도자였던 처칠(Winston Churchill)의 장례식 때 펼쳐진 시각 이미지들에는, 1945년 전후 첫 선거에서 급진적인 노동당에 지는 데 원인을 제공한 그에 대한 광범위한 적대감이 드러나지 않는다. 한 가문이 국가 건설과 국민 결속에 집약점이 되는 것은 아시아에서 특별하지 않다. 왕실을 비판하는 것이 범죄 행위가 되는 태국에서, 군주제는 조선민주주의인민공화국의 김씨 가문과 다소 비슷한 사회적·법적 위치를 차지한다. 또한 일본에서 황제는 일반적으로 언론과 대중들의 비판을 벗어나 있는 것으로 받아들여지는 사회적 위치를 차지한다. 1997년 영국에서 다이애나 황태자비의 죽음을 추모하기 위해 거리로 나온 수백만의 사람들, 그리고 이들과 마찬가지로 영국에서 2012년 여왕 즉위 60주년을 축하하는 수백만 이상의 사람들은 사회의 각계각층이 민족정체성의 역사·문화적 측면을 대표한다는 사람들과 깊은 정서적 애착을 공유할 수 있음을 보여준다.

캐리커처 버리기

세계적인 차원에서 빚어진 북한에 대한 상투적 관념의 힘은 너무 강력하다. 그리고 이러한 빈약한 인식들이 북한에 관한 사고를 지배한다. 그 인상은 거의 호주의 인구와 맞먹는 2400만명의 사람이 젤리 형태로 냉동된 사회라는 것이다. 북한이 동질적인 획일적 국가라는 가정은 엘리트 집단 내부의 차이, 사회와 정권의 차이, 그리고 명령사회 내부의 차이를 배제한다. 말 그대로 획일적 국가는 차이를 갖지 않으며, 변하지 않는 국가와 사회라면 변하지 않는다. 이러한 캐리커처는 버려야 한다. 전세계 모든 나라가 그렇듯 북한도 특이하지만 불가사의한 곳은 아니다. 다른 모든 사회들처럼 북한도 역사적으로 문화와 사회를 어떻게 형성해왔는지 생각하면 분석의 첫 시작을 유용하게 할 수 있다.

2장

민족정체성

'한(韓)민족은 무엇인가'라는 종족에 기반을 둔 문화적 개념은, 김일성주의 시기와 선군정치 시기에 북한 주민 정체성의 기본적인 지표에 해당했다.[1] 이러한 기본적인 민족정체성 개념들은 부분적으로는 북한 주민들이 가진 역사의식의 산물이고, 부분적으로는 북한 정권이 종족적 정체성을 한반도의 정치적 정체성에 근본을 이루게끔 고취한 결과였다. 북한은 명목상으로 혁명의식을 발전시키는 것이 개인들에게 적합한 목표라고 고취시켰다. 그러나 개인들에게 적합한 삶의 방식은 무엇으로 이루어지는가라는 이러한 관념은 종족적인 민족정체성 개념들을 통해 정당화되고 그 개념들에 종속되었다.

남과 북은 한민족정체성에 대한 인식을 공유했다. 이는 공통의 역사·문화·건국신화·언어·공간으로 이루어진 독특하고 특별한 문화적 유산에서 생겨나는 특징적인 종족적 정체성에 의해 뒷받침되었다. 남과 북은 또한 현대의 한반도가 고대의 역사로 거슬러 올라가 5000년 동안 진행되어온 거의 선형적인 발전 경로의 산물이라는 이야기도 공유했다.[2] 남과 북 모두, 역사적으로 한반도가 오늘날 중국과의 국경선 남쪽에 뚜렷하게 자리 잡은 공통의 지리적 중심부를 갖고 있었고, 오늘날 '한'반도로 인식되는 지역 전체를 포괄하고 있었던 것으로 이해한다. 또한 역사적으로, 민족의 영토를 점령하겠다고 위협했을 뿐 아니라 한민족정체성의 핵심적 측면을 말살하겠다고 위협했던 외국의 약탈에 한민족이 취약했다는 점도 함께 인식하고 있다.

북한 역사가들은 한반도 북쪽 국가와 지도자들이 역사적으로 정치적 독립투쟁에서 한민족에 지도력을 제공했다고 주장하면서, 북쪽 역사의 특수성을 역설한다. 북한 정권은 한민족을 대표할 수 있는 역사적·문화적·정치적 권리와 관련하여 한민족의 역사에서 북쪽이 남쪽에 비해 우월함을 보여주는 것으로 해석한다. 북한이 자신의 주민들과 모든 한국인들에게 전하고자 하는 메시지는, 종족적으로 독특한 한민족이 정치적 자기실현에 대한 역사적 열망을 달성할 기회를 외국의 지배에서 해방된 독특한 한민족 국가 내에서 얻게 된 것은 오로지 김씨 가문의 부상과 함께였다는 점이다.

'반만년의 역사'

북한 역사학자들은 민족의 역사적 사건들이 '상상된 공동체'에 잘 들어맞도록, 상대적으로 현대적인 민족정체성 개념들을 통해 한국이라는 이야기틀을 짰다.[3] 모든 국가에서 민족정체성은 민족과 국가가 세계에서 차지하는 위치를 이해하는 데 해석틀을 제공한다. 그것은 역사적으로 정확할 필요는 없으며, 핵심 요소가 안정적이라면 모순적인 요소와 다양한 해석에 쉽게 대응할 수 있다. 민족정체성의 기능은 정치지도자들이 국가 건설을 위해 노력할 때, 구성원들에게 집단적 결속력을 제공하는 데 있다. 대부분 국가에서 뿌리 깊게 공유된 역사에 대한 인식은, 복합적인 관념틀 내에서 신화와 결합된 이리저리 뒤섞인 역사적 사건들에 기반한다. 이러한 관념틀의 목적은 민족정체성에 대한 이상적인 인식의 가능성과 당위성을 개념화하는 것이다.

'현대의 한인들이 고대로부터 면면히 이어져온 독립된 한(韓)이라는 종족정체성의 직접적인 후손'이라는 인식은 남과 북 모두에서 대중적·학술적 담론을 뒷받침하고 있다.[4] 한민족정체성은 인류 역사의 여명기로 거슬러 올라갈 수 있는 독특하고 독립된 계보를 상정한다. 가장 강력한 해석들이 시사하는 바는 모든 한국인들은 육체적으로 세계 어디에 위치하든 고대로부터 이어져온 혈통과 공통의 종족적 특성을 공유한다는 것이다.[5] 이러한 해석에서 한민족은 나머지 인류와 관련되지만, 별개의 독특한 혈통의 후손이다.[6] 더 약한 해석들은 한민족의 남다른 장구함과, 동아시아 및 나머지 세계의 다른 국가나 민족들과 뚜렷하게 구별되는 특징에 초점을 맞춘다. 강한 해석을 사용하든, 약한 해석을 사용하든, 한국인이 다른 종족보다 공통의 혈통을 통해 더 많은 공통점을 가지고 있고 세계사에서 특별한 위치를 차지하고 있다는 생각이다.

한민족정체성 개념들의 방대한 계통은 수많은 대부분의 민족 집단의 경우와 유사하다. 미국 정치인들이 추앙하는 현대의 '예외주의'는 미국적 '생활방식'의 특별한 성격을 강조한다. 역사적인 박해에 대한 유대인과 세르비아인의 민족의식은 종족적 정체성에 기반하며, 특수성에 대한 인식과 민족국가를 건립하려는 결사적인 각오 모두를 설명하는 데 중요한 요소다. 종족성은 국제정치에서 여전히 강력한 힘이며, 종족적 유산에 기반한 한민족정체성 개념들은 세계 도처의 자기방어적인 종족적 민족주의와 상당한 공통점을 가지고 있다.

남쪽에서도 많은 사람들이 공유하는 인식은 종종 역사적 기록의 왜곡된 해석에 의해 형성된다. 남쪽의 역사 기술 역시 탈식민주의적 관점에서 '영광스러웠던 과거를 추적해 근대적 개념의 민족사로 다시 읽는 작업’의 예외는 아니었다.[7] 하지만 남한에서는 증거의 해석과 한국사 기술에서 때때로 나타나는 시대착오적인 근거들을 두고 논쟁이 벌어졌다. 반면 북한에서 민족정체성 개념들은 문화사, 정치사, 사회사에 대한 어떠한 다른 설명이 용납되지 않는 정부의 일방적 결정을 통해 발전해왔다. 북한 역사학자들은 공식적인 서사를 채택할 수밖에 없었다. 대안적인 서사들을 인정하는 것이나, 정권의 서사와 어긋나는 역사 해석 논쟁은 허용되지 않았다.

장구함에 대한 ‘입증’

남한의 역사가들처럼 북한 역사가들은 그 의미가 불분명한 불완전한 증거기록을 가지고 작업했다. 수천년 전이라는 역사적 기간에 대한 이해는 문헌자료 대신 단편적인 고고학적 증거에 대한 해석에 어쩔 수 없이 의존해야 한다. 실증적인 자료가 거의 없다면 해석은 불확실하고 논쟁을 불러온다. 그러나 공식적인 역사의 정당성을 보여주기 위해, 북한의 공식적인 기술은 한민족의 장구함과 면면함, 한민족 정치 조직체 특유의 지속성, 그리고 북쪽 지도층의 역사적 기여 등을 ‘입증’하는 단편적인 역사적 증거를 활용했다. 북쪽 자료들은 북쪽의 정통성 주장, 특히 김일성 가문의 정통성 주장을 ‘뒷받침’하기 위해 역사적 ‘창건’ 날짜들을 뒤로 밀어내고 증거를 왜곡했다. 이런 터무니없는 정치적 왜곡은 아무리 연구조사가 사실에 입각한다 할지라도 북한 역사 기술 전체를 믿지 못하게 하는 데 기여했다.

북한의 역사 기술에서는 현재 한국인의 조상이 약 100만년 전, 구석기시대 초기에 한반도에 살았다고 강조한다.[8] 북한 역사가들은 이렇게 설정하면서 역사 기록에 50만년을 추가한 것으로 보인다. 50만년 전에 한반도에 사람이 살았다는 증거는 있지만, 거기에 50만년을 더 추가하는 것은 널리 받아들여지지 않는다. 평양 근처의 상원군에서 발견된 석기들은 구석기시대 초기까지 연대가 거슬러 올라가는데, 추정컨대 한국이 '인류의 옛 요람들 중 하나'라는 점을 보여주려고 하는 것이다.[9]

한민족의 동질성과 면면함을 '입증'했다는 주장은 후기 구석기인이 '고대의 한국인 유형'으로 이해할 수 있는 뚜렷한 특징을 보여주었다는 주장으로 이어진다.[10] 북한 역사가들은 이러한 특징이 기원전 6000년경부터 존재했던 신석기인의 특징이기도 하다고 주장한다.[11] 이 신석기인들이 기원전 2000년으로 접어들 무렵 살았다고 하는 청동기 한국인들의 직계 조상이라는 것이다.[12]

한민족 국가의 창건

특별하고 독특한 '한국'의 전개 과정에 대한 인식은 특히 단군신화처럼 남과 북 모두에 해당하는 건국신화를 구성하는 몇몇 옛날이야기들에 반영되어 있다.[13] 남북한은 단군을 기원전 2333년에 건국된 '고조선'의 창건자로 공포했다.[14] 남북한의 민족신화는 한민족 국가의 창건이 단군왕검을 통해 이루어진 것으로 보고 있는데, 단군은 인간 여성으로 변신한 곰과 환웅 사이에서 태어난 것으로 기술된다.[15] 단군은 하늘에서 내려왔다. 단군이 내려온 곳은 현재 북한에 위치한 백두산 혹은 묘령산 등으로 추정되는 태백산이다.[16] 남북한 모두 한국 문화와 면면한 전통의 기원을 단군에서 찾고 있으며, 단군을 확인이 가능한 최초의 한민족 국가의 창건자로 찬양하고 있다.

북한 정부가 편찬한 『김일성 백과사전』은 단군이 하늘에서 내려왔다는 생각을 지지하지 않고, '단군 설화는 하나의 신화'라고 언급한다. 그럼에도 조선민주주의인민공화국 학자들은 단군이 한민족 국가의 창건자로서 추앙받아야 할 '실존했던 역사적 인물'이라고 주장한다.[17] 북한 역사가들은 또한 역사적으로 고조선의 정확한 창건일이 '기원전 10세기 이전'이었다고 주장하면서 창건 날짜에 관한 신화의 확실성을 공인해준다.[18]

고조선은 오늘날 중국 북동부 지역과 한반도의 북서부 지역에 위치했다. 고조선의 영토 범위에 대한 북한의 추정에 따르면, 고조선은 한반도에서 시작해 북쪽으로는 현재의 중국 북동쪽으로 하얼빈과 남서쪽으로 산둥 반도까지 펼쳐져 있었다고 한다. 이는 오늘날 선양과 베이징과 톈진이 포함된 중국 영토를 포괄적으로 포함한 것이다.[19] 북한 역사서들은 기원전 3세기에 왕검성이라고도 불리는 전설 속의 수도 아사달이 오늘날 중국의 랴오허라 알려진 지역에 위치했다고 주장한다.[20]

기원전 2세기 현재의 평양이 위치한 곳으로 수도를 천도한 것은 고조선의 영토 범위가 줄어들었음을 반영한다. 고조선은 점점 서쪽으로 접근해오는 중국 세력에 맞설 수 있는 군사적 기반을 잃었던 셈이다.[21] 평양은 전통적으로 남과 북 모두에게 '한반도에서 가장 오래된 도시'로 인식된다.[22] 나아가 북한의 역사 기술에서는 단군이 오늘날의 조선민주주의인민공화국 수도 근방에 살았기 때문에, 평양은 한민족의 요람으로 인식되어야 한다고 주장한다.[23] 1993년 김일성은 '한민족의 조상'인 단군의 무덤이 평양시 강동군에서 발견되어 발굴되었음을 공표했다.[24] 이 무덤이 진짜인지는 논란이 있지만, 북한이 대규모 기근과 극도로 악화된 생활수준에 직면하고 있을 때, 이러한 발견을 공개했다는 것은 국민적 결속 강화의 기제로 작동하는 신화의 중요성을 말해주는 것이다.

고구려의 부상

북한의 역사 기술에서는 기원전 109년경 정치 조직체인 고대 왕국 고조선이 한(漢)나라에 의해 패망한 것으로 정리한다.[25] 고조선을 계승한 주요국은 오늘날 남과 북에서 삼국이라 알려져 있다. 삼국은 신라, 한반도의 중남부 지역을 차지했던 백제, 한반도의 북쪽 절반을 포괄하면서 오늘날 중국의 북동부 지역까지 세력을 펼쳤던 고구려다.[26] 근대적인 의미에서 삼국은 국경선이 유동적이었고, 백성들을 통제할 수 있는 능력은 수시로 변했다. 따라서 이들이 언제 씨족에 가까운 정치공동체에서, 강력한 힘을 가진 국가공동체로 변모했는지 정확히 알기 힘들다. 학계의 전통적인 설명에 따르면 신라는 기원전 57년, 고구려는 기원전 37년, 백제는 기원전 18년에 창건되었다고 한다.[27] 북한의 역사 기술에서는 고구려가 기원전 277년에 건국되었다고 주장한다.[28]

고조선은 서쪽 영토를 한나라 침략자들에게 내주었다. 한나라는 한반도 지역에 한사군(漢四郡)을 설치했다. 한사군 가운데 가장 중요했던 낙랑군은 현재의 평양인 고조선의 패망한 수도에 위치했다.[29] 한사군은 주변 지역을 군사적·정치적으로 지배했다. 낙랑군은 한반도 북쪽과 만주에서 떠오르는 세력이었던 고구려에 313년 군사적으로 패했다.[30] 하지만 한사군의 오래 지속된 영향력으로 중국의 지식과 문화적 관습들이 한반도에 전파되었다.

삼국은 한나라와 전쟁을 벌였고 서로 끊임없이 전쟁을 치렀지만, 북한의 역사 기술에서는 고구려가 가장 강력했을 뿐 아니라 단군에서 오늘날에 이르는 이른바 한민족의 면면함을 이해하는 데 가장 중요하다고 주장한다.

북한(뿐 아니라 다른) 역사 기술에서 고조선으로부터 이어져온 한국 문화와 종족성의 면면함은 현재의 중국 북동부 지역에 위치했던 부여를 통해 전승되었다고 주장한다.[31] 그 주장에 따르면 영토적으로 고구려는 부여를 직접적 계승한 국가였다는 것이다. 북한 역사학자들은 또한 고구려의 첫 수도가 오늘날 중국과 북한의 경계표지인 압록강변 졸본성에 위치했었다가 342년 현재의 평양으로 천도되었다는 사실은, 조선민주주의인민공화국 수도의 역사적 정통성을 다시 한번 확인해주는 것이라고 주장한다.[32]

발해 대 신라: 민족의 연속성에 대한 상반된 주장

북한 역사학자들은 발해(학자들에 따라 '북국'이라 부르기도 한다 — 옮긴이)가, 668년 신라에 의해 패망한 고구려의 정치적·문화적·사회적 직계 후손이라고 주장한다. 이것은 특이한 관점은 아니며, 몇몇 유명한 비북한계 학자들도 공유하고 있는 관점이다.[33] 발해는 평양에서 오늘날 중국 땅인 헤이룽 강까지 세력을 확장했다. 발해와 대동강 남쪽 지역을 다스렸던, 오늘날 일반적으로 통일신라(학자들에 따라 '남국'이라 부르기도 한다 — 옮긴이)라고 알려진 국가와 함께 삼국을 잇는 두 국가는 한반도 북쪽에 기반을 두고 있었다. 발해는 고구려의 영토를 물려받았으며, 신라에 복속되지 않았던 한반도의 북쪽 절반에 대한 지배권을 유지했다. 따라서 발해는 북한의 공식적인 설명에 따르면 진정한 고구려의 계승국가였다.[34]

남한의 역사 기술에서는 북쪽의 해석들을 반박한다. 그 주장에 따르면, 고대로부터 이어져온 한민족의 면면함을 표현한 것으로 가장 잘 이해될 수 있는 나라는 통일신라라는 것이다. 7세기에 신라와 당나라는 연합해서 고구려를 패망시키고 백제를 복속시켰다. 이를 계기로 한반도는 정치적으로 통합된 명실공히 한민족의 국가가 시작했다는 주장이다.[35] 이는 신라가 한반도 전체를 다스렸다는 뜻은 아니다. 발해가 고구려 이후에 등장한 정치적·문화적으로 중요한 국가가 아니라는 주장이다. 중도적 입장의 주장도 있다. 고구려 유민들이 발해에서 살았음을 인정하지만, 발해의 지배문화는 후에 여진이라 알려진 말갈이었기 때문에 대체로 초기 한민족 국가는 아니라는 주장이다.[36] 여진은 이후에 오늘날 중국의 북동부 지역에 위치한 만주의 거주민들인 만주족으로 발전했다.[37]

고려: 정치적·문화적 통일의 기반

고려가 918년에 창건되어 발해와 통일신라를 복속시켰다는 데 현재 남과 북의 역사학자들은 동의한다.[38] 고려는 패망한 북쪽 국가인 고구려에 경의를 표하며 국가의 이름을 지은 것이 분명하다. 유교적 가르침과 불교적 사유를 통해 발전한, 세련된 문화의 본향이었다. 고려는 정치적으로는 한반도의 대부분을 통합하는 데 성공했다. 오늘날 휴전선 근처, 북한에 위치한 한반도의 중심지인 개성에 수도를 정했다. 북한 역사가들은 고려를, 한반도 북쪽의 정치적 지배를 이어온 연속한 계보의 일부로, 그리고 최초의 통일한국으로 이해한다.[39]

고려시대는 무(武), 즉 국방에 역점을 두었다. 고려의 지도층이 한반도를 통합하고 외부의 침략자들로부터 영토를 지켜내려고 애썼다. 고려는 거란을 1117년 의주(오늘날 북한의 신의주)에서 군사적으로 무찔렀고, 그 결과 한반도의 북서부 지역까지 정치적으로 복속시켰다. 그러나 이전에 고구려의 일부였던 만주족들이 거주하는 북동부 지역은 결코 정복할 수 없었다.[40] 현재 북한의 원산에서 신의주에 이르는 국경선은 고려의 동쪽 경계였다는 점에 논쟁의 여지는 없다. 고려는 한반도 통일의 목적을 달성하지 못했다. 북동부 지역은 여전히 고려의 땅이 아니었다.

고려에 대한 중요한 외부의 개입은 1230년대 이후 계속된 몽골의 침략이었다. 수십만 백성이 죽고, 몽골에 금·곡식·여성 등을 강제로 바치는 조공이 이뤄졌다. 몽골은 왜(일본)를 정벌하기 위한 전투를 준비했는데, 여기에 참가하는 병력을 고려에서 징집했다. 몽골제국은 1271년 원나라 건국 이전인 1259년에, 고려에게 속국의 지위를 받아들일 것을 강제했다.[41] 군부가 국가를 통치하던 고려의 무신정권은 남쪽에서 약탈을 하던 왜구와 서쪽에서 침략하는 '홍건적'과 대결했다. 고려는 1368년에는 원나라 다음으로 중국 본토를 지배한 명나라와 충돌했다. 명나라는 오늘날 중국 북쪽 지역에 위치한, 과거 고구려 영토를 회복하겠다는 고려의 주장의 정당성을 인정하지 않았다. 고려의 종말은 명망 있던 군부의 지도자 이성계가 명과 싸우기를 거부했을 때 찾아왔다. 이성계는 쿠데타를 일으켜 스스로 왕권을 차지한 후 1392년 조선 혹은 이 씨가 세운 왕조이기에 이조(李朝)라 부른 국가를 세웠다. 북한의 역사학자들은 이성계가 민족을 배신했다고 보았으며 이에 대해 경멸하는 해설을 내놓았다. 이성계가 명나라에 대한 '굴종으로 눈이 멀었다'고 주장했다.[42]

조선: 민족 통일과 북쪽의 특수성

조선은 통일국가로 한반도를 통합해서 500년이라는 놀랄 만큼 오랜 기간 지속되었다. 1910년 일본에 의한 영토적 합병으로 패망할 때까지 주기적으로 외부의 침략 위협을 받았음에도 조선은 지속되었다. 남한과 마찬가지로 북한 역사 기술에서는 한민족의 동질성과 조선왕조에 의한 한반도의 정치적 통합을 강조했다. 그러나 북한은 조선 내부의 사회적·지리적 분열은 다소 무시하는 경향이 있다. 조선에서 한반도 북부에 거주했던 백성들은 정치적·사회적 차별에 직면했고, 뒤떨어지고 세련되지 못한 사람들로 대우받았다.

정치적 실체로서 한국과 문화적 실체로서 한민족이 외국의 개입에 취약했다는 점이 현재의 남북한 양쪽 민족주의 사학에서 공통의 주제가 되었다. 남과 북 모두 사용하는 공통적인 수사적인 표현은, 조선의 태조가 명나라의 조공국이 되는 것에 동의했을 때처럼, 그리고 민족 지도자들이 20세기 초 한일합방이라 부르며 강제병합에 협력할 때처럼 한반도의 지도자들이 '사대주의' 때문에 민족을 배반했다는 것이다.

한반도 통일

후에 태조, 즉 조선의 위대한 창건자라 알려진 이성계는 1392년부터 1398년까지 집권했다. 이성계는 지금의 서울, 즉 한반도 중심부 한양에 수도를 정했다.[43] 이성계는 외국의 침략으로부터 보호받기 위해 명나라의 조공국 지위를 받아들였다.

이성계는 고려에 의해 정복되지 않았던 한반도의 북동부 출신이었다. 이성계와 그의 후계자들은 북동부 지역을 포함시키는 영토 확장을 위해 군사력에 의존하는 대신, 여진족 지도자들을 조선의 정치 조직으로 통합하기 위해 지역적 연계를 구축했다. 영토상의 이점을 확보하기 위해 조선은 북방에 군사기지를 세워 병력을 배치했다. 이 군사기지의 목적은 침략을 방어하는 것이었다. 그러나 또다른 목적은 산이 많고 지형이 험하고, 백성들이 드문드문 흩어져 살고 있는 조선의 국경 지역에서, 여진족 거주민들이 동등한 합법적인 권리를 주장하는 데 맞서서 영토에 대한 권리를 유지하는 것이었다.[44]

15세기 조선의 지도자 세종은 수천명의 한반도 남쪽 출신 백성들을 북동부 지역에 이주시킴으로써 이 지역에 대한 지배를 강화했다.[45] 조선 조정은 적어도 1560년대까지 수천명의 남쪽 사람들을 강제로 이주시켰고, 또한 북쪽으로 자발적 이주를 장려하는 정책을 추진했다.[46] 이렇게 이주한 남쪽 사람들은 원래 있던 곳에서 살아갈 사회적 정치적 수단을 갖지 못한 하층민이 많았다. 여진족뿐 아니라, 노비였던 사람들을 비롯한 여러 조선인들과 함께 북동부 지역에 정착한 '외지인들'은 한양에 기반을 둔 귀족 중심의 조정과는 물리적·심리적으로 멀리 떨어진 특수한 사회계층의 혼합을 만들어냈다. 북쪽 사회는 남쪽보다 훨씬 덜 계층화되어 있었다. 남쪽에서 노비 제도는 조선의 끝 무렵인 1895년 갑오경장 때 형식적으로 폐지된 이후에도 끈질기게 남아 있었지만, 북동부 지역에서는 그 뿌리가 깊지 않았다.[47]

2등 국민으로서 북쪽 주민[48]

조선은 북쪽 지역 사람에 의해 창건되었음에도, 북쪽 지역은 왕과 조정을 중심으로 돌아가는 조선의 사회구조에 제대로 통합되지 못했다. 덕분에 일부 백성들은 한양의 보수적인 조정 주도의 권모술수에서 벗어난 더 유연한 사회구조의 이점을 얻기도 했다. 북쪽의 평안도와 함경도는 중국과 근접했기 때문에 교역의 기회가 열렸고, 일부 현지 상인들은 근접성을 충분히 이용해 부자가 되었다. 그러나 조선 시대 내내 북쪽 지역 사람들은 한양의 조정 중심의 양반 제도에 바탕을 둔 권력과 벼슬의 인맥에서 대체로 배제되었다.[49] 북쪽 엘리트들은 상대적으로 덜 중요하다고 여겨지는 군사적 직책을 얻는 데 성공했지만, 국가의 고위 관직으로 진출하는 수는 적었다. 이는 과거제가 없어서가 아니었다. 국가 업무에 필요해서 마련된 과거제에 응시해 통과하고도 지리적·역사적·사회적 출신 성분 때문에 관직 임명에서 차별을 받았다.[50]

조선은 대체로 북쪽 백성들은 '2등 국민'으로 대우했다. 한양에 기반을 둔 엘리트들은 심지어 부유하고 교육을 잘 받은 북쪽 사람들도 차별했는데, 이들은 수세기 동안 국가적인 차원의 관료적·정치적 권력에서 거의 배제되었다. 차별의 한 결과는 북쪽 주민들이 민족적 유산을 의식하면서도 지리적 특수성을 인식하고 있었다는 것이다. 홍경래가 평안도에서 주도한 1811~12년의 반란은, 평안도를 중심으로 한 독립국가를 건설하겠다는 것이었다. 이는 한양을 중심으로 한 지역의 사람들과 자신들이 동등한 가치를 갖는다는 점을 표출한 것이었다. 홍경래는 평안도 백성들이 오랫동안 조선을 향해 충성과 희생을 바쳤는데도 그 지역을 우습게보았다고 비난했다.[51] 핵심 사안은 국가와 사회 내부에서 북쪽 사람들이 똑같은 대우를 받을 수 있는 권리였다.

한반도의 북부는 역사적으로 조선의 국가기구가 통제하기 어려웠던 사람들의 고향이었지만, 북쪽 내부에서도 중요한 지역적 차이가 있었다. 함경도 북동부 지역의 궁핍한 산악 지역은 조선왕조의 국경 벽지 마을들이었는데, 여기에는 한양에 기반을 둔 국가기구와 연고가 거의 없는 자작농들이 살고 있었다.[52] 19세기 말, 이 독립적인 정신을 소유한 함경도 주민들은, 1894년 자신들이 지원했던 농민봉기가 실패로 돌아가자 북쪽으로 이주했던 동학 출신 망명자들과 결합하기도 했다.[53]

외국 침략자

조선이 중국의 조공국이라는 지위를 받아들였다는 것은, 서쪽에 있는 이웃나라에게 경의를 표하면서 그 보답으로 다른 외국 침략자들로부터의 보호를 기대했다는 것을 의미한다. 조선 후기에 중국을 지배하던 청나라의 힘이 약화되고 일본의 팽창주의적 야욕과 군사력과 야망이 부상함에 따라 조선왕조가 종말로 향해가면서, 조선은 다시 외부 침략에 취약해졌다.

조공국 조선

명나라 군대는 1592년과 1597년 토요또미 히데요시가 이끈 왜의 공격에 맞서 조선을 방어하는 데 도움을 주었다.[54] 수많은 사람들이 이 전쟁에서 죽었고, 많은 이들이 왜로 납치되었으며, 경제는 완전히 파괴되었다. '임진왜란'이라 부르는 이 충돌을 두고 북한의 학자들은 명나라의 도움을 인정했지만, 왜가 조선의 서쪽 이웃나라인 명을 계속해서 침략하지 못하도록 한 것은, 무엇보다도 조선이 자신에 대한 침략을 막아냈기 때문이라고 자랑한다.[55] 하지만 조선의 자주국방이나 명나라 군대도 17세기의 침략자들이 일으킨 또다른 파괴의 물결로부터 조선을 구해낼 수는 없었다. 1627년과 1637년의 여진족(만주족)의 침략에 조선은 어쩔 수 없이 조공국의 지위를 받아들였다. 1644년 만주족이 명나라를 패망시켰고, 이어서 청나라를 세웠다는 것은 조선이 다시 한번 이웃나라에 공식적으로 종속되었다는 것을 의미한다. 국경선 획정을 두고 청과 전쟁을 하자는 주전파와 하지 말자는 주화파 간의 커다란 정치적 논쟁이 벌어졌다. 이는 청과 조선이 백두산을 공동 국경으로 받아들였던 1712년에 해결되었다.[56]

조선의 분할

19세기 말 이후로, 조선은 산업화된 국가들, 특히 러시아와 일본의 간섭을 피하기 위해 노력했다. 러시아와 일본은 조선보다 더 체계적인 국가였고, 경제적으로 더 발전한 나라였다. 조선은 한반도의 최북단 운산의 금광을 채굴하는 미국 회사를 포함하여 외국 투자자들에게 경제적 양허를 제공했고, 외국 열강들의 상충되는 요구들 사이에서 균형을 맞추기 위해 노력했다.[57] 외국의 침략에 대항하는 민중봉기에는 1866년 미국 선박 제너럴셔먼호가 대동강을 따라 평양에 진입했을 때, 그 배를 불태워버렸던 사건이 포함되었다.

다른 국가들이 일본의 팽창주의에 응전할 수 없거나 응전하기를 꺼려함에 따라 조선 정부의 전략만으로는 일본의 침략을 막아낼 수 없었다. 1876년 일본은 조선에 강화도조약을 받아들이도록 강요했다. 그 조약은 국제법의 맥락 내에서 조선의 '독립' 및 조선과 일본의 평등을 주장했다.[58] 조선과 청나라의 특수한 관계를 끊어놓음으로써 한반도에 대한 중국의 권한이나 지분을 인정해야하는 부담을 없애고 조선에 대한 영향력을 확대하겠다는 의도였다. 또다른 목적은 일본과의 교역과 일본의 상인을 받아들이도록 강제하는 구체적이고 특수한 목적을 달성하는 데 있었다.[59] 1883년 오늘날 북한 땅인 원산, 그리고 역시 현재의 서울에서 가장 가까운 항구인 인천이 일본과의 교역을 위해 개방되었다.[60] 1894~95년 청일전쟁이 발발했다. 일본은 조선에서 청나라의 군사적 특권을 행사하지 못하도록 1894년 조선에 군사적으로 개입한 것이었다. 일본은 청나라에 이겼지만 곧바로 조선을 식민화하려고 하지 않았다. 실제로 일본 공사 미우라 고로오(三浦梧楼)가 1895년 독립심이 강한 명성황후 시해를 공모한 이후로 조선에서 일본의 영향력은 줄어들었다.[61] 일본 정부는 명성황후 시해 지령을 내리지 않았고 미우라는 일본에서 재판을 받았다. 법정은 미우라의 잘못을 인정했지만 동시에 공모자들을 방면해주었다.[62] 이 판결은, 침략적이었으나 노골적인 점령까지는 하지 못했던 당시 일본 국가 정책의 양면성을 반영했다.

짧은 기간 동안 러시아가 조선에 대한 패권을 놓고 일본에 도전했다. 고종 황제는 명성황후 시해 이후 러시아가 일본에 맞서 보호막 구실을 해주리라 기대했다. 그러나 러시아가 조선을 '영향권' 내에 두지 못했다는 것은 1904~1905년 러일전쟁의 패배를 통해 드러났다. 러시아에 대한 일본의 승리는 서구에서 인종적 시각을 통해 '비백인' 계열, 따라서 '천성적으로' 열등한 민족에 의한 유럽 열강의 충격적인 패배로 인식되었다. 일본은 '문명화된' 국가들과 평등하지 않다는 이러한 추론에 분개했지만, 동아시아에서의 식민주의적 팽창을 정당화하는 데 똑같은 인종적 프리즘을 사용했다.

마침내 러시아의 패배로 일본이 조선에 대한 사실상의 통치권을 발휘할 수 있었고, 1905년 일본은 조선에게 '일본의 보호국 지위'를 강제했다.[63] 1897년 황제임을 공표한 고종은, 국제법상 서로 동등하고 독립적인 현대의 민족국가들 사이에서 대한제국의 주권을 인정받으려 시도했다. 미국의 루스벨트(Theodore Roosevelt) 대통령과 1907년 제2차 헤이그 만국평화회의에 지지를 호소했다.[64] 그러나 이러한 호소는 실패로 돌아갔고 고종은 물러났다.[65] 1910년 일본은 (다소 심약한 것으로 알려진) 고종의 아들 순종에게 조선의 독립을 포기하고 일본의 직접 통치를 받아들이도록 강요했다.[66] 조선에서 일본의 패권은 이렇듯 사실상의 지위에서 법률상의 실재로 바뀌게 되었다.

민족정체성에 대한 북쪽의 견해

북한의 민족정체성은 역사적으로 구성된 사회적·문화적 관행과 역사에 대한 이해를 통해 형성되었다. 남과 북은 1945년에서 2000년까지 서로 거의 완전히 단절되었지만, 민족정체성에 관한 관행들과 이해의 상당 부분을 공유하고 있다. 그러나 민족정체성에 대한 인식은 동일하지 않다.

북한의 역사 기술에서는 한민족의 면면함과 정치적 단일성이 한반도 북쪽에 기반을 둔 전근대 국가들을 통해 직접 계승된다고 주장한다. 북한의 간행물에서는 한족·만주족·몽골족·슬라브족을 포함한 고대 국가들의 왕국·문화·종족과의 연속성을 통해 나타난 북쪽의 특수한 종족적·정치적·사회적 유산을 경시한다. 그런 관점에서는 현대 한국의 기원에 존재하는 유전적·문화적 다양성을 인정할 수밖에 없을 것이다. 비슷한 이유로 북한은 조선에서 북쪽 사람들이 오랫동안 2등 국민으로 대우받았다는 사실을 드러내려고 하지 않는다. 그럴 경우 그러한 처우를 받게 된 부분적인 이유, 이를테면 백성들의 상당수가 명백히 '한민족'이 아닌 선조를 가진 북쪽 한국의 '외래성'에 대한 인식을 인정하는 셈일 것이다.

북한의 역사 기술에서는 단군에서 고조선, 부여, 고구려, 발해, 고려, 조선을 통해 현대 한국에 이르는 정치적 계보를 추적한다.[67] 북한의 역사 해석은 한민족의 정치적 통합에 핵심적인 역할을 한 것을 7세기 신라에 의한 고구려 패망으로 보는 남한의 일반적인 해석과 다르다. 중세국가들의 상대적 중요성에 관한 꽤나 복잡한 논쟁은 오늘날 민족적 정통성에 대한 상반된 주장들의 맥락에서 의미가 있다. 조선민주주의인민공화국의 주장은 한반도의 북쪽이 수천년 동안 한민족의 정치적 지도력을 제공했다는 것이다. 북한의 역사 기술에서는 또한 더 최근의 역사에서 한반도 북쪽에 기반을 둔 정치지도자들과 저항운동들이 독립운동에 지도력을 제공했다고 주장한다. 따라서 김일성은 독립을 위해 정치지도력을 대대로 이어온 북쪽 전통의 일부로 기술된다.

북한은 김일성의 모든 조상들이 한반도에서 존재했던, 독립운동에서 뛰어난 활약을 보인 사람들이었음을 주장했다.[68] 북한 아이들은 김정일의 실제 출생지가 당시 소련의 하바롭스크[77]였음에도, 단군신화와의 연관성 때문에 백두산에서 태어났다고 배운다.[69] 이러한 연관성은 한국 전통에 김씨 가문의 정치적 정통성을 귀속시키려고 노력하는 과정에서 김씨 가문과 고대 건국신화를 의도적으로 융합한 데 따른 것이다.

북한은 김일성주의 정치에 잘 들어맞지 않는 문화사의 측면들을 폐기하거나 부정하려고 노력했다. 북한은 북쪽의 문화사와 정치사가 '순수한' 한국 정체성을 대변하는 데에 남한보다 우월하다는 생각을 대중에게 널리 알렸다. 이는 북에서 사용되는 문화어가 남에서 사용되는 표준어보다 외국인들에게 영향을 덜 받았다고 역설하는 데서 잘 드러난다.

종교의 중립화

북한은 김일성에 대한 잠재적 반대의 모든 원천을 근절하려는 노력의 한가지로, 조직화된 종교를 금지하면서 교회를 폐쇄했고 신앙인들도 박해했다. 그러나 북한 사회는 여전히, 적어도 1600년간 공존했던 샤머니즘, 유교적 도덕 체계, 불교 교리의 산물이다. 그뿐 아니라 조선 후기 기독교 및 토착 종교와 결합한 풍부한 정신적 유산의 영향을 받고 있다. 종교적·정신적 영향을 받은 신화, 이야기, 의식, 행동방식은 민간신앙과 문화적 관습에 뿌리 박혀 있다. 그중 많은 것을 남쪽과 공유한다.

샤머니즘은 가장 오래된 한국의 종교인데 영적 인격을 장소와 자연에 둔다. 샤머니즘은 남쪽과 달리 북한에서는 공식적으로 행해지는 종교가 아니다. 북한 지도자들이 샤머니즘을 미신적이고 원시적이라 이해하고 있기 때문이다. 그러나 샤머니즘은 대중적이지만, 엄밀히 말하면 불법적이라고 할 수 있는 점술뿐 아니라 민담과 전통연희 등 북한 문화에 여전히 포함되어 있다.

불교는 공식적으로 372년 고구려, 384년 백제에서 종교로 인정되었다.[70] 불교는 원래 한국 상류층의 종교였지만, 항상 엘리트들의 후원을 받은 것은 아니었다. 조선에서 불교는 종종 유교 질서에 대한 도전으로 간주되어 억압되었다. 그럼에도 불교는 여전히 한국문화의 중요한 요소로 남아 있다. 조선민주주의인민공화국의 공식적인 입장은 불교 유산이 전통의 일부로 숭상되어야 한다는 것이다. 역사서들은 '세계에서 가장 오래된 목판본'[71]으로 자랑스럽게 언급되는, '경상북도 경주 불국사'에 소장된 불경을 비롯해 불교 경전을 중요한 민족적 유산으로 찬양한다. 불국사가 남한에 있다는 점은 큰 문제가 아니다. 남한처럼 북한도 한국의 모든 것이 일시적으로 나뉘어져 있을 뿐이라 여기며, 남한을 관할 구역의 하나로 이해한다.

남과 북이 공유하고 있는 문(文)의 문화는 부분적으로는 유교 유산의 결과물이다.[72] 조선의 양반 계급이 고위 관직으로 나아가기 위해서는 과거시험을 통과해야 했다. 이 시험을 보려면 필수적으로 사서삼경을 읽어야 했고, 한자에 대한 해박한 지식이 필요했다. 유교는 사회적 출세의 핵심 수단으로 능력이 바탕이 된 교육적 성취를 강조했다. 물론 실제로는 가혹한 세금을 내야 하는 평민들과, 땅에서 일하는 가난한 농민들의 뒷받침이 있었기에, 양반들이 이를 공부의 기회로 활용할 수 있었다. 북한에서 학문이 그 자체로, 그리고 출세의 수단으로 유용하다는 이런 오래된 인식의 유산은 국가 건설 사업에서 공업 노동자, 농민, 지식인의 삼위일체를 나타내기 위해, 망치와 낫이라는 고전적인 사회주의 상징에 붓이 항상 결합된다.

유교는 종교라기보다는 일련의 도덕적 행위규범이었다. 이러한 규범들은 위계질서와 집단적인 공동체 행위를 중심으로 하는 북한의 정치와 공명해왔다. '조화로운', 즉 질서가 잘 잡힌 사회에 대한 유교적 인식은 약자와 강자, 신하와 군주, 아내와 남편, 아이와 부모 간의 '당연한' 사회적 관계구조에 기반하고 있다. 유교적 사유는 이러한 관계에서 나오는 서로에 대한 도리와 의무를 사회와 국가의 안정성의 기초라고 이해한다. 이러한 관념들은 4세기경부터 한반도에 널리 퍼져 있었으며 10세기 이후로 정치적으로 영향력을 얻었다.[73] 유교사상은 외국의 영향을 통해 유입된 현대적인 이데올로기의 도전을 받게 된 조선 말까지 정치 및 사회구조에 틀을 제공했다.

조선민주주의인민공화국의 지배적인 철학은 모든 사회관계가 선험적으로 결정되는 위계질서를 바탕으로 사회적 조화에 초점을 맞춘다는 점에서, 그리고 교육을 중시한다는 점에서 유교사상의 영향을 받았다. 그러나 유교적 전통 가운데 남쪽과는 크게 다른 측면이 있다. 공익이 위협받을 때 군주에게 간언하는 하는 것이 유학자의 도리지만, 북한 정권은 비판을 허용치 않는다. 북한은 제대로 작동하는 사회를 만들기 위해, 지식과 실천의 원천을 제공하는 주체로 청년을 노인보다 일관되게 우선시하는 정책을 취했다. 이는 유교적인 도덕을 뒤집은 셈이다. 오늘날 조선민주주의인민공화국에서 개인 간, 특히 남녀 간의 법적 평등이라는 현대적인 개념을 형식적으로 제도화하려는 데서 보이듯 유교와는 상반되는 철학적인 영향이 또한 분명하다. 이 같은 평등의 개념은 기독교 신학, 특히 개신교의 교리가 한반도에 도래하면서 시작된 종교적 전통으로부터 출현했다.

천주교는 16세기 이후 예수회 선교사들이 파견되었던 청나라를 통해 조선에 퍼져나갔다. 그러나 조선에서 폭넓게 수용되지는 않았다. 천주교가 종종 조상숭배를 비롯한 조선의 관습과 질서에 도전하는 이질적인 수입품으로 여겨졌기 때문이다.[74] 천주교도는 주기적으로 박해받고 처형되었다. 당시 천주교도의 약 절반인 8000명이 처형당한 1866~71년 '병인박해'가 대표적이다.[75] 개신교 교리는 더 쉽게 접근할 수 있었다. 이는 부분적으로 성직자들이 한국어로 설교했기 때문이다. 개신교 선교사들은 조선인들을 교회 지도자와 성직자로 훈련시켰고, 따라서 토착적인 문화에 교회와 기독교 신앙을 뿌리내렸다. 19세기 말부터 개신교 선교사들은 교회와 병원과 남녀공학 학교를 세웠다.[76]

외국의 선교사들은 한반도 북쪽에서 빠른 성과를 냈고, 이를 자랑스러워했다. 이러한 성과는 참여자와 관찰자, 그리고 그들 후손의 직접적인 경험으로 기록되어 있다.[77] 개신교 선교단이 순천이나 평양뿐 아니라 중국과의 경계 지역에도 설립되었다.[78] 평양은 외국 선교사들에게 '동방의 예루살렘'으로 알려졌다.[79] 1907년의 평양 대부흥회에서는 수천 명이 개신교로 개종했다.[80] 당시에 접할 수 있는 선교 기록 중 많은 것들이 영문으로 작성되었기 때문에 북한에서 기독교의 영향을 과장하기가 쉽다. 그럼에도 불구하고 토착적인 개신교 지도자들을 키우려는 정책이 의미하는 것은, 개신교가 전적으로 이질적으로는 인식되지 않았다는 점이다. 학생들이 양질의 교육을 받을 수 있는 학교를 설립한 것도 기독교의 시각에 끌리게 만든 요인이었다.

한국문화에 대한 기독교의 영향이 (북쪽 사회주의 정부의 출범 이전에도) 긍정적인 발전만으로 받아들여진 것은 아니었다. 토착적인 '천도(天首, 하늘의 길)'교는 천주교를 비롯한 외국 종교뿐 아니라 중국과 일본을 비롯한 외국의 영향에 대한 반발로 만들어졌다.[81] 천도교의 지지를 받은 동학(東學)은 '서(西)'학에 대한 반발이었다. 이 운동은 토착적인 한국적 배움을 우선하면서, 이러한 배움을 농촌 빈민을 포함한 만민이 평등하다는 도덕적 원칙과 결부시켰다.

오늘날 북한은 토착적인 천도교를 '동학' 전통의 일부로 찬양한다.[82] 이와 대조적으로 북한은 기독교 전통을 억압하고 기독교 유산을 서구 제국주의자들의 의심스러운 도구라고 천대한다. 북한의 역사책이나 문화 유물을 통해 전달되는 메시지는 기독교 선교사들이 일제강점기에 조선 민중의 억압에 적극적인 역할을 했다는 것이다. 그러나 이러한 모든 종교적·정신적 전통은 적당한 기회가 생길 때 도구적 목적으로 사용된다. 조선민주주의인민공화국은 외국의 기독교 비정부기구가 주민들과 함께 경제 재건을 돕는 일에 참여하는 것을 독려하는 차원에서 2000년대에 그들과 관계를 쌓기 위한 노력의 일환으로 평양에 개신교회, 천주교회, 동방정교회를 열었다.

종족적 순수성 주장

조선민주주의인민공화국은 한민족의 역사적 계보에 끼친 외국의 이러저러한 영향에 관해서도 남한보다 훨씬 덜 수용적이다. 북한이 고구려의 건국을 일반적으로 받아들여지는 것보다 300년 이상 앞으로 잡는 것도 실수로 보기는 어렵다. 북한의 주장대로 고구려의 건국을 앞당기면 300~400년 동안의 한나라, 즉 '외국'의 점령 기간을 인정할 필요가 없어진다. 반대로 남한 역사학자들은 '한자, 철학, 정치 개념 및 제도, 법, 사회구조, 예술' 등의 영향을 인정하는 편이다.[83]

북한의 공식 역사 기술에서, 고조선에 대한 '외국'의 영향으로 볼 수 있는 것이 어느 정도인가는 단순히 학술적인 관심사만은 아니다. 한민족이 역사적 기간을 통틀어 '외국'의 영향에 전반적으로 '물들지 않는' 독특한 별개의 조상으로 거슬러 올라갈 수 있다는 생각은, 민족주의적 신화에 유용한 민족정체성 구성요소들의 뒷배를 이룬다.

언어적 우월성 주장

한국어는 방언과 어휘에서 차이가 있지만 남과 북의 공통어다. 북쪽 언어 양식에 존칭이 더 적다는 것은 역사적으로 북쪽 사회가 사회적으로 덜 엄격했다는 사실을 반영한다.[84] 공통어는 공통 철자에 의해 뒷받침된다. 이는 거의 동일한 언어를 사용하는 모든 집단에 해당하는 것은 아니다. 세르보-크로아트어는 기본적으로 동일한 언어다. 그러나 옛 유고슬라비아에 함께 속해 있을 때에도 세르비아는 키릴 문자를, 크로아티아는 로마 문자를 사용했다. 북한에서는 훈민정음으로, 남한에서는 한글로 알려진 한국 문자는 세종의 주도로 1440년대에 개발되었다.[85] 한글은 음표문자로, 학습뿐 아니라 한자로 된 유교 경전 이외의 주제에 관한 글쓰기에 편리했다. 한편 광범위한 저자들, 특히 한글로 글을 쓴 엘리트 여성들의 출판에 도움이 되었다.[86]

조선민주주의인민공화국 창건 이후 한자는 한글 전용을 증진하기 위한 의식적인 노력의 일환으로 신문과 정부간행물 등은 물론 일상적인 사용이 근절되었다. 중국의 고전과 함께 한자는 중국사 혹은 한국사를 공부하는 학생들을 위해 대학에서 학문적인 목적으로 가르쳐졌다. 북한 정부 소식통들은 한국 전통의 옹호라는 취지에서 민족주의적 적격성(適格性)을 주장한다. 남한이 '한자 및 다른 외래어'를 사용함으로써 '민족어'의 '순수성'을 '강탈했다'는 주장이다.[87] 조선민주주의인민공화국은 남한에서 한국어가 '점점 순수성을 잃어가면서 여러 언어의 잡탕으로 타락하고 있다'고 주장한다.[88] 그러나 최근에는 남과 북의 언어가 모두 지구화의 의도치 않은 결과로서 서로 닮아가고 있다. 남과 북은 과학과 사업과 국제 교역의 세계에서 살아남기 위해 영어를 배운다. 둘은 또한 중국이 경제 파트너로서 새롭게 부상하고 있기 때문에 외국어 학습의 관점에서 중국어에 부차적인 지위를 부여하던 이전의 태도를 재검토하고 있다.

민족적 정통성 주장

조선민주주의인민공화국은 한민족이 독립국가로 향해가는 역사적으로 필연적인 궤도의 정당한 후계자라고 주장한다. 이러한 주장은 대한민국의 가시적인 성공, 권위주의 통치에서 민주주의로의 이행, 그리고 대한민국이 만들어낸 다양한 분야에서의 번영을 생각하면 터무니없어 보일 수도 있다. 그러나 조선민주주의인민공화국은 민족주의적 견지에서 대한민국에 대한 명목상의 정치적 우월성을 주장한다. 북한은 늘상 외국 열강, 특히 미국에 대한 반역적인 협력 혐의를 내세워 남한을 민족의 배신자라고 맹비난한다. 남한이 외국의 영향을 너무 많이 허용했다는 주장이다. 나아가 북한은 남한에 사는 사람들을 포함한 모든 한국인들을 위해 외국의 영향을 막아왔고, 문화적 정체성을 유지해왔다고 역설한다.

민족정체성 주장을 통해 북한은 줄기차게 이른바 김씨 가문의 자질을 중심으로 한국의 민족정체성을 형성해왔다. 민족정체성의 핵심에 김씨 가문을 귀속시키는 이유는, 김씨 가문의 일원을 공식적인 국가지도자로 지속시키고자 하기 때문이다. 김씨 가문 밖에서 다른 정치지도자를 발견할 수 있지만, 그것이 어려운 이유는 김씨 가문만이 해방된 한국을 이끌 지도력에 대한 합법적 권리를 가진다고 주장해온 확고한 국가신화 때문일 것이다.

문화적 공통성과 한국민의 연대

조선민주주의인민공화국 출판사에서 나오는 수많은 한국문화 관련 간행물들은 도입부에 등장하는 김일성에 대한 피상적인 언급을 제외하면 남한에서도 어색하지 않을 것이다. 남북한이 공유하고 있는 민담·민요·악기·도자기·춤·음악·놀이·의복 등에서 공통 문화 특유의 표현이 뚜렷하게 등장한다.[89] 일상생활에서 남과 북이 공유하는 것은 노인과 가족에 대한 뿌리 깊은 공경, 공통의 요리법 같은 더 세속적인 일상사에 이르기까지 다양하다. 남과 북은 같은 건국신화를 공유한다. 둘 다 고대

한국의 예술과 문헌을 소중히 여긴다.

　남북한 사회의 문화적 차이는 실질적이지만 두 사회는 종종 축구부터 시작해 요리법, 민족의 역사적 장구함에 이르기까지 한국적인 모든 것의 '우월성'에 관하여 동일한 시각을 공유하는 묘한 경향이 있다. 공통성은 우연적이지 않고 전적으로 뿌리 깊은 오랜 문화적 습성과 관념의 결과만은 아니다. 일본 식민통치자들이 '조센진 근성'과 일본인에 대한 열등함이라는 면에서 조선인 모두 마찬가지라 취급했고, 여기서 조선인을 하나 되게 했던 일제강점기의 가혹한 경험이 지금의 연대를 공고하게 한 측면도 있다.

2

김일성주의의
흥망

조선민주주의
인민공화국

3장

식민지배와 김일성의 부상

일본 식민정책의 목적은 조선을 팽창하는 일본 제국에 필요한 원자재와 노동력을 공급하는 식민지로 편입시키는 데 있었다. 따라서 조선인들은 민족의 권리와 열망을 빼앗겼다. 민족정체성을 근절시키고 조선인에게 일본과 황제에 충성을 바칠 것을 강요받았다. 식민주의 정치는 강압적인 경찰기구를 통해 강제병합과 군사적 점령을 강행했다.[1] 식민주의 경제는 급속한 산업화를 가져왔다. 이 과정에서 오늘날 조선민주주의인민공화국 지역인 한반도 북동쪽에 일본이 대규모 첨단 공장 설비를 세웠고, 공장 운영에 필요한 노동력의 대규모 이주가 일어났다. 식민정책이 초래한 사회적 분열이, 정책을 시행할 때 동원된 억압과 결합하여 주민들을 급진화했다.

조선의 독립과 민족정체성이 부인되는 한편, 군사적 점령이 점점 진행되면서 일본 정책에 대한 온건한 반대를 표출할 통로는 가로막혔다. 따라서 조선의 민족주의 계열 지도자들은 정치적 선택의 폭이 좁아졌다. 평화로운 시위로는 정치적 변화를 성취할 수 없었다. 민족주의 계열 지도자들은 종종 어쩔 수 없이 망명해야 했다. 일부는 중국 접경 지역 너머에 근거지를 두고 유격전에 힘쓰기도 했다. 일본 군대는 무장한 독립군을 잔인하게 사냥하듯 추격해서 죽였다. 처음에는 만주, 나중에는

소련 극동 지역으로 근거지를 옮긴 김일성은 일본의 토벌에서 살아남은 소수의 생존자들 중 하나였다.[2]

2차대전 당시 연합군을 대표해 소련군이 1945년 한반도 북쪽에 들어와 주둔했다. 38선이 거의 즉각적으로 한반도 북쪽과 남쪽의 두 준(準)국가적 정치 조직체를 가르는 영토적·이념적 경계선으로 굳어졌다. 소련은 한반도에 오래 주둔할 계획은 없었지만, 사회주의 초강대국에 대해 우호적인 정권을 남겨놓으려 했다. 소련 당국은 김일성을 북쪽의 실질적인 정치적 지도자로 승격시켰고, 1948년 새롭게 설립된 조선민주주의인민공화국이라는 주권국가의 첫 지도자로 김일성을 지지했다.

1945년과 1950년 사이에 김일성은 토지개혁, 남녀평등, 교육의 확대와 산업화 등 대중정책을 실행했다. 이런 정책 가운데 어떤 것도 특별히 급진적이지는 않았다. 경제는 국유화되지 않았고 민간 부문 요소들이 여전히 그대로 있었다. 김일성의 정치 방식은 출발부터 위계적이고, 권위적이고, 강압적이었다. 김일성은 정치적 정당성의 근거를 사회주의 강령에 두지 않았다. 출발부터 김일성은 정당성의 근거를 이른바 항일 무장투쟁 지도력에 기반한 민족주의자로서의 적격성에 두었다.

군사통치

일본은 러시아에 대한 승리 이후 1905년 조선에 보호국의 지위를 부과했고, 1910년 '한일병합조약'을 강제했다. 그렇게 하면서 일본은 독립국가로서 조선의 주권적 지위를 지웠다. 식민지배는 경성에 기반을 둔 총독부를 통해 일본군이 주도했다. 총독부는 일본 외무성과 토오꾜오의 일본 정부로부터 준독립적(semi-autonomous)이었다. 식민정책은 침략적이었는데, 조선인의 민족성이 열등하다고 생각하는 인종주의적 시각에 근거해 있었다. 식민지배 초기에 군사통치가 노골적인 압제를 통해 실행되었지만, 1919년부터 1930년대 초까지 식민 당국은 조선인들에게 일정하게 제한된 문화적 표현을 허용하는 이른바 '문화정책'을 실행했다. 하지만 1930년대 중반부터 실행된 일본 외교정책의 전면적인 군사화는 노골적인 도구적 정책을 수반했다. 조선과 조선인을 대략 일본의 전쟁물자로 쓰일 쌀·공산품·노동력을 제공하는 도구로만 삼은 것이다.

일본은 자치에 적합하지 않은 '후진'국과 민족에게 근대성과 발전을 가져다주는 이타주의 행위로 식민지배를 정당화했다. 사리사욕과 식민정책을 합리화하는 행위는 가령 인도에서 펼친 영국의 정책과 크게 다르지 않았다. 그러나 조선에 대한 식민통치 후반기에 일본이 영국과 달랐던 것은 필요한 문화적 동화의 정도였다. 식민 당국은 조선 '신민'이 일본의 '의식(意識)'을 취하기를 기대했다. 식민 당국은 조선인들이 공적으로나 사적으로 일본적 세계관을 갖는 것을 기대할 정도로 한민족의 독립된 종족적 정체성에 대한 모든 인식을 근절시키려고 했다. 일본 황제와 일본 국가에 충성을 강요하려는 시도도 있었다. 일본의 식민정책은 모든 조선인에게 신사 참배를 요구했고 조선말은 물론 이름에 들어가는 성을 사용하지 말라고 요구했다. 조상숭배와 혈통 중심의 신분이 개인적·사회적·문화적 정체성의 핵심을 이루는 국가와 문화에서 이같은 정책은 특히나 모욕적이었다.

억압 정치

식민통치 첫 단계에서 식민통치에 대한 조선의 반대 운동을 말살시키려는 탄압이 이뤄졌다. 1920년대까지 무장을 제대로 갖추지 못했던 지방의 '의병'이 거의 대부분 죽임을 당하거나 투옥되었다.[3] 조선에 대한 합병과 점령이 시작된 후 10년 정도 지난 무렵에는 소수의 단체만이 무장투쟁을 이어나갔다. 이들은 북한과 만주의 험준한 산악 지역에 주둔했다.[4]

1919년 조선의 마지막 왕이자 대한제국의 첫 황제였던 고종이 서거했다. 이 사건은 조선 전체의 정치 분파들이 결합해 조선의 독립에 대한 요구를 표출시키는 계기가 되었다. 천도교·불교·기독교 대표자들이 모여 독립선언문을 작성해, 1919년 3월 4일 열릴 예정이었던 고종의 장례식 직전에 발표하려고 계획했다. 33인의 민족주의 지도자들이 1919년 3월 1일 서울의 한 식당에서 선언문에 서명을 했다. 그 선언문은 경성의 파고다공원을 비롯한 조선 전역에서 거대한 시위대를 향해 낭독되었다.[5] 이러한 지식인 및 정치지도자들은 1차대전 후 베르사유조약에서 공표된 미국 대통령 윌슨의 민족자결주의에 영향을 받았다.[6] 그러나 3·1 독립운동은 명사들과 교육받은 소수 엘리트 운동은 아니었다.

1919년 3월부터 7월까지 있었던 전국적인 대규모 시위에 100만명 이상의 조선 민중이 거리로 뛰쳐나왔다.[7] 모든 계급을 망라한 민족 차원의 독립운동이었다. 당시 국제적인 소식통들은 독립운동에 수많은 여성들이 참가했다고 언급했다.[8] 이러한 시위들은 대체로 평화적이었지만 일본은 대규모의 물리력으로 대응했다. 일본 식민 당국 자료에 따르면 553명의 '폭도'가 죽었고, 1409명이 부상당했으며 1만 9054명이 투옥되었고 1만 592명이 고문을 당했다고 한다.[9] 조선인들은 죽은 사람이 7000여명이었다고 밝혔다.[10]

일본 통치자들은 대규모 독립운동 시위와 이를 지지하는 규모에 동요했다. 또한 시위자들을 탄압하는 데 따른 국제적 비난에 당혹스러워했다. 여기에 대응하여 '책임있는' 식민 열강임을 입증하려는 시도로,

일본은 이른바 '문화통치'로 정책을 바꾸었다. 이를 통해 조선인들에게 언론매체, 교육, 더 광범위한 시민사회 영역에서 어느정도의 자기표현이 허용되었다. 하지만 이러한 문화적 혜택은 여전히 강화된 징벌적인 치안 형벌 체계에 종속되어 있었고, 계속된 일본의 동화정책 시도들과 갈등을 일으키기도 했다.[11]

식민정책들은 정부 정책 위반에 대한 형사 처벌을 통해 집행되었다. 형법은 '사상범'을 포함해 식민통치에 도전하는 모든 활동을 처벌했다.[12] 일본인과 조선인이 함께 경찰로 활동했는데, 조선인 경찰은 모두 일본 앞잡이로서 증오와 두려움의 대상이었다.[13] 식민통치의 첫 10년 동안 태형·투옥·벌금 등 처벌이 이루어졌다. 태형은 1920년에 폐지되었지만 처벌은 여전히 잔혹했다. 형벌 제도의 한 특징은 일단 체포되어 기소되면 무죄 판결을 거의 받을 수 없을 정도였다는 것이다.[14] 다른 특징은 일반적인 사회였다면 민간 영역이었을 곳을 경찰이 관리·감독했다는 것이다. 경찰은 도로 건설, 정부 홍보 활동 지원, 농촌 지도, 세금 징수와 같은 공동체 업무의 편성과 보건 감시까지 책임지고 있었다.[15]

일본이 만주를 거쳐 중국으로 팽창하기 위해 동원을 시작한 1931년부터 일본과 중국이 공식적으로 전쟁 중이던 1937년까지, 조선인들이 누리던 제한된 문화적 자율성은 점차 사라졌다. 일본의 군부는 대체로 조선을 중국으로의 팽창을 위한 전진기지로 간주했다. 전시동원이라는 최우선 목표가 조선인들을 제국에 종속된 '신민'이라는 원래 할당된 위치로 다시 내몰았고, 가혹하게 시행된 군사통치는 또다시 규범이 되었다. 독립에 대한 열망은 기독교도, 사회주의자, 민족주의자 그리고 '사상범' 혐의자의 고문과 죽임과 투옥을 통해 극심하게 억압되었다.

1941~45년 태평양전쟁 기간에 가장 가혹한 학대가 조선인들을 대상으로 일어났다. 일본은 전쟁물자 지원을 위해 조선인들을 징집했다. 식

민지 경찰은 조선인들을 공장이나 광산에서 일하도록 해외로 보내거나 일본군으로 징집했으며, 이 과정에 수많은 조선인이 끌려갔다.[16] 당시 조선의 인구가 2500만 정도였는데 1944년까지 약 400만명의 조선인들이 전쟁물자 지원을 위해 일본이나 만주에서 노역을 했다. 이들이 광산이나 군수 공장에서 일했다.[17] 가장 악명 높은 것으로는 수만명의 조선여성 — 이들이 겪은 경험의 잔혹함을 숨기는 '위안부'라는 말로 오늘날 알려진 — 이 일본 군대를 위한 강제 성매매를 위해 보내졌다.[18]

식민주의 경제

조선총독부는 대규모의 급속한 산업화를 추진했고, 농업·공업·수송·정부·사회복지 등의 분야에서도 근대화 작업에 착수했다.[19] 식민 당국은 조선인 역시 일자리 공급, 사회 기반 시설 향상, 사회복지를 통해 혜택을 입을 것이라 주장했다. 그러나 '조국'인 일본의 이익을 위한 개발 사업이 계획되고 추진되었다. 수송과 통신망의 발전은 조선의 자원이 일본으로 빠져나가는 것을 용이하게 해주었고, 군대와 경찰이 억압과 통제를 하는 데 편의를 제공해주었다.

쌀은 조선에서 가장 중요한 작물이자 조선인의 식단에서 가장 선호되는 기본곡물이었다. 식민 당국은 농업에 상당한 투자를 했고, 1920년과 1938년 사이에 조선의 쌀 생산량이 150퍼센트 증가했다.[20] 같은 기간 생산물의 현금가치는 8배 증가했지만, 1915년과 1938년 사이에 한국인의 1인당 쌀 소비량은 절반 정도로 떨어졌다.[21] 생산 증가 시기에 쌀 소비가 감소한 이유는 쌀이 일본으로 수출되었기 때문이었다. 그러나 쌀을 대체할 다른 곡물이 없었기 때문에 조선에서는 기근이 발생했다. 1915년과 1933년 사이에 모든 곡물의 1인당 소비량은 20퍼센트 정도 줄었다.[22]

일본은 비료 제조 설비, 광산과 금속, 기계 조립, 화학, 정유, 은행, 벌

목, 음식과 음료, 요업과 섬유 등에도 투자했다. 미쯔이(三井), 미쯔비시(三菱), 스미또모(住友), 야스다(安田) 같은 일본 대기업이 조선에 거대한 공장을 설립했다.[23] 1922년과 1938년 사이에 조선의 공업생산물 총가치가 2억 2300만 엔에서 11억 4000만 엔으로 네배가 되었다.[24] 일본은 또한 철도와 항만 개발을 비롯한 운송과 전기통신에 투자했다.[25]

일본의 계획에 따르면 동북아시아 제국 건설 전략에서 한반도의 북부가 군사와 공업의 전진공급기지로서 중요한 역할을 할 것이라고 보았다. 만주와 중국 본토에 군대를 투입하기 위해서, 그리고 팽창주의 계획을 뒷받침하기 위해서 공업생산이 계획되었다. 일본의 투자자들은 (역사적으로 미국을 비롯한 외국 투자자들을 끌어 모았던 금광에서) 조선에서는 새로운 산업이었던 광업으로 사업을 확장했다. 주요 광산은 오늘날 조선민주주의인민공화국 지역인 함경북도·함경남도·평안남도·황해북도·황해남도에 위치했다.[26] 일본은 새롭게 함경북도 문산의 철광석 매장층을 개발했고, 새롭게 활용할 수 있는 거대한 광물자원에 접근하기 위해 한반도 북쪽에 철강 생산 설비를 집중시켰다.[27]

일본 기업은 광업, 금속제련, 기계공업, 화학공업을 비롯한 중공업에 대규모 투자를 했다. 이러한 투자는 함경남도 흥남의 조선질소비료 공장과 같은 대규모의 현대적 생산 설비에도 이뤄졌는데, 이 공장은 1937년 당시 세계에서 두번째로 큰 비료 공장이었다.[28] 함경북도 청진, 함경남도 흥남, 진남포(오늘날 북한 서쪽 해안 항구도시 남포) 등의 항구도시에도 투자가 이뤄졌다.[29] 식민지 산업 개발의 다른 중심지들은 함경남도 사리원, 평양, 강원도 원산, 함경북도 성진(오늘날 김책시) 등이었다.[30] 중국 접경의 두 도시 또한 일본의 투자 대상이었다. 서쪽의 평안북도 신의주와 동쪽의 함경북도 회령이 여기에 해당한다.[31]

근대화와 산업화의 이득은 조선인과 일본인에게 공평하게 돌아가지 않았다.[32] 소수지만 조선인 가운데 일부는 돈을 많이 벌어 자녀를 해외로, 때로는 일본으로 유학 보내기도 했다.[33] 하지만 대부분의 조선인은 저임금과 장시간 노동에 시달려야 했다. 조선인 노동자의 평균 노동시간은 10시간에서 13시간이었고, 명목상 한달에 이틀 주어진 휴일 역시 잘 지켜지지 않았다.[34] 실질 임금은 1910년에서 1940년 사이에 3분의 1로 줄어들었으며, 기본적인 생계만 유지하는 수준으로도 가족을 부양하기에 충분치 않았다.[35] 조선인은 열등하고 일본인은 우월하다는 가정에 기반한 불평등은 재건 사업의 양태에 깊이 뿌리박혀 있었다. 일본인들은 더 숙련되고 돈을 더 받는 일에 고용되었고, 일본인 노동자는 같은 일을 하는 조선인보다 더 많은 임금을 받고 더 좋은 환경에서 일했다.

1938년 아동노동은 전체 노동력에서 최소 9퍼센트를 차지했다.[36] 아동노동이 이렇게 많을 수 있었던 이유 가운데 취학 연령 아동의 3분의 2가 학교에 다니지 않았던 사정도 있다.[37] 1939년 소학교(초등교육기관)에 취학한 조선인 학생 수가 약 120만명 정도였다.[38] 소학교 졸업 후 상급학교에 진학한 조선인 학생은 훨씬 더 적었다. 1939년 그 수는 3만명이 채 안 되었다.[39] 일정한 형태의 고등교육을 받는 학생은 3만 2000명이었고 경성에 있던 경성제국대학 학생 가운데 조선인은 206명이었다.[40] 경성제국대학에 다니는 일본인 학생은 350명 정도였다.[41]

조선인이 다니는 학교는 일본인 학교와 동일한 수준의 지원을 받지 못했고, 왜곡된 교과과정은 일본과 일본문화가 조선과 조선문화보다 본질적으로 우월하다는 관념을 각인시키려 했다.[42] 수업은 일본어로 진행되었다. 그 일차적 목적은 일본과 일본문화의 우월성을 받아들일 수 있도록 사회화된 노동력을 효율적으로 공급하는 것이었다. 그럼에도 일부 조선인은 교육의 기회에 접근할 수 있었다. 소수의 사람들은 대학교육을 받을 수 있었고 이들 중 일부는 일본과 미국의 유명 대학을 졸업하기도 했다.

사회변화와 대규모 이주

일제는 조선의 특정 지역과 일본이 지배하고 있는 만주로 조선인들의 이주를 권장했다. 경제개발과 군사계획에 필요한 노동력을 공급하기 위함이었다. 수십만명의 북쪽 사람들과 수백만명의 남쪽 사람들이 조선인들의 전문 분야라고 알려진 쌀농사를 지으며 생계를 꾸려보려고 만주로 이주했다.[43] 이주는 자발적 혹은 경제적 기회의 가능성에 이끌려 일어났다. 때로는 일제의 억압에서 탈출할 필요성에서 추동되기도 했다. 인구이동은 대규모였다. 일본과 만주로 떠난 해외 노동이주를 포함시키지 않고도 조선 내 공장 지역으로의 노동이주 전체 수는 1945년 일본 패망 이전 10년간 약 50만명 정도였다.[44] 1930~40년대 말부터 조선인들이 전쟁물자 지원을 위해 제국 전역의 광산과 산업 설비 등으로 징집되면서 이주는 종종 강제적으로 이뤄졌다.

북쪽 지역은 익숙한 삶의 양식으로부터 지리적·사회적으로 이탈하게 된 수많은 이주민들의 수용처가 되었다. 1940년에 함경북도는 10만명 이상의 비농업 노동자 —— 당시 조선 전체의 지역별 비농업 노동인구 평균치인 25퍼센트와 비교할 때 약 60퍼센트에 해당하는 수치 —— 를 수용했다.[45] 1930년대에 함경북도와 함경남도 인구의 대부분이 남쪽 지역(과 강원도) 출신이었다.[46] 조선에서 1940년 기준 인구 5만명 이상인 16개 도시 중 8개가 오늘날의 북한 지역에 위치했다.[47] 평양은, 인구가 100만에 이르렀던 경성에 이어 두번째로 큰 도시로 인구가 28만 6000명이었다.[48] 청진은 네번째로 큰 도시로 인구가 20만에 조금 못 미쳤다.[49] 나머지 여섯 도시는 원산, 함흥, 개성, 남포, 해주, 신의주였다.[50]

여성들이 공장 노동자로 합류하면서 1932년에 노동인구의 45퍼센트가 여성으로 구성되었다.[51] 조선 전역에서 여성이 근대적인 산업 체계로 진출하면서 그들은 조선 사회에서 무엇이 옳고 적절한지에 대한 오래된 젠더(gender) 인식에 이의를 제기하고 인식을 바꾸어놓기도 했다. 조선 여성, 특히 중산층 여성이 세기가 바뀔 무렵까지 규방에 갇혀 살았음을 생각할 때, 여성이 현대화된 노동인구로 등장하여 남성과 함께 일하게 되었다는 사실은 조선 사회의 중요하면서 빠른 변화를 반영했다.

조선이라는 경직되어 있던 사회는 식민지 근대성으로 당혹스러울 만큼 빠르게 바뀌었다. 그리고 지금까지 당연시되던 사회적 정체성들과 관계들에 의문이 생겨났다. 새로운 공업 노동인구는 이전 세기 동안 매우 천천히 변모했던 농업 중심의 보수적 사회구조를 벗어나, 수개월만에 낯설고 새로운 방식의 생활과 노동을 중심으로 이루어진 도시 공동체로 진입했다. 농업의 절기 대신에 공장 노동 사이클의 반복적인 리듬이 시간을 구분해주었다. 규율은 공동체나 가족이 아니라 외국, 즉 일본인 공장 감독관들에 의해 강제되었다.

급진적 의식의 부상

한반도 북부라는 새로운 공간으로 이주한 조선인들은 평등·자유·동포애·독립 등 널리 유통되던 사상을 수용했다. 급진적 사상은 은밀하게 사회주의에 동조하는 사람들뿐 아니라 진보적 기독교, 급진적 민족주의, 천도교 종교·정치 운동을 통해 전파되었다.[52] 물론 한반도 북부의 공동체가 모두 새로운 사고방식에 따라 변모된 것은 아니었다. 1930년대 중반까지 농촌 지역은 뿌리 깊게 성차별적이었으며, 공동체적이고 위계적인 유교적 관습에 기반한 오래된 규범과 관습을 유지했다.[53]

1945년 한반도 북부의 기독교도 수는 약 20만명에 달했다. 적지 않은 규모였지만, 아직 인구의 2~3퍼센트 정도였다.[54] 하지만 기독교는 특히 북쪽에서 신봉자 수에 비해 더 큰 정치적 영향력을 끼쳤다. 이 지역에서 영향력 있는 민족주의 지도자들 중 다수가 기독교도였다. 가장 유명한 사람은 평안도 출신 기독교 지도자 조만식(曺晩植)이었는데, 그는 식민 통치에 대한 비폭력 저항을 지지했기 때문에 '조선의 간디'라 불렸다.[55] 조만식은 일본 통치의 틀 내에서, 국산품 애용과 같은 민족민중운동을 비롯한 자립운동을 지지했다.[56]

식민 당국은 외국의 선교 활동 등을 비롯하여 기독교를 용인했지만, 독립운동가들을 암암리에 지원한다고 의심되는 교회의 활동을 제한했다. 외국 선교사들은 일본의 지배에 비판적이었지만, 급진적 항일운동을 비난하기도 했다.[57] 외국 선교사들은 조선에서 계속 활동하기 위해 일본이 만들어놓은 제약에 적응하려고 애썼다. 오늘날 자료에 따르면, 1920~21년 조선의 기독교도 수는 약 36만명이었다.[58] 1938년경에는 그 수가 50만명으로 증가했다.[59] 다른 자료에는 1945년 해방 때, 기독교도 수가 40만명을 넘지 않는 것으로 나와 있다.[60] 한반도 북부 지역에서는 높은 비율이었지만, 조선 전체 인구 2400만명으로 보면 상당히 낮은 비율이었다.

한반도 북부 지역은 급진적 노조와 사회주의 조직이 주도한 파업과 노동쟁의로 유명했다.[61] 1920년대 말과 1930년대 초에 북동부 지역 전체, 즉 함흥·흥남·용흥·신의주·평양 등지에서 노동쟁의가 빈번하게 발생했다.[62] 가장 유명한 것은 1929년 원산 총파업으로 발전했던 부두 노동자들의 쟁의였다.[63] 사회주의자들과 각양각색의 급진주의자들이 '적색농민조합'을 결성했다. 이런 좌파 조직 활동은 일제 식민권력에 의해 잔인하게 탄압받았고, 사회주의 지도자들과 노동운동 지도자들은 죽임을 당하거나 투옥되었다.[64]

개혁에서 혁명으로

1920년대 조선의 작가와 지식인은 새로운 매체를 통해 조선의 미래에 관해 논쟁할 수 있는 공간이 열린 기회를 잘 활용했다. 민족주의에 고취된 운동은 조선의 자의식과 민족적 긍지의 발전을 진작시켰다. 3·1운동 이후 탄압이 뒤따르자 일부 독립운동가들은 상하이로 이주했고, 다양한 급진 사상을 접하게 되었다. 소련의 국제 공산당 조직인 코민테른은 상하이에서도 활동했는데, 코민테른의 활동은 조선의 독립운동가들에게 영감의 원천을 제공했다.[65] 소련의 공식 정치철학은 맑스-레닌주의였는데, 그것은 프롤레타리아가 모든 혁명에서 지도적인 사회적 핵심 세력이 될 것이라고 주장했다. 조선의 독립운동가들은 중국 사회주의자들의 사상도 흡수했는데, 이들 사회주의자의 경험과 이데올로기는 농민 주도의 혁명운동이 사회주의적 변혁과 민족해방에 중추적 역할을 할 수 있다는 생각에 근거했다.

1930년대 이후로 가장 온건한 민족주의에 대한 표현도 일제에 의해 억압받게 되자, 조선의 독립을 위한 평화적 변화와 점진적 이행이라는 선택은 요원해 보였다. 식민통치를 완전히 타도해야 조선인이 모국어를 사용할 권리를 비롯한 기본적 자유를 발휘할 수 있을 것처럼 보였다. 식민통치를 무력으로 완전히 타도해야만 민족해방이 올 것처럼 보였다. 1930년대와 40년대에 무기를 들고 일어선 많은 사람들 중에는 상황이 달랐다면 폭력에 기대지 않았을 사람들과 자유주의, 민족주의, 혁명적 사회주의 성향을 비롯한 다양한 이데올로기적 배경을 가진 사람들이 포함되었다.

조선의 민족주의자들과 사회주의자들은 1930년대에 만주로 이동했다. 그들은 중국군 및 소련군과 연합하여 중국 내의 근거지에서 일본군의 식민 전초기지에 맞서 무장투쟁 활동에 참여했다. 항일유격대는 꾸준하게 일본군을 괴롭혔지만 큰 승리는 거두지 못했다. 일본군은 수가 많았고, 잘 무장되었으며, 효율적이고 잔인했던 반면, 유격대는 내분에 시달렸다.[66] 1930년대 말 북한과 만주 접경 지역에서 활동한 조선인 혁명가들은 2천명에서 2만명에 이르렀던 것으로 추정된다.[67]

항일무장투쟁에서 살아남은 소수의 유격대 지도자 중 한명이 청년 김일성이었다. 김일성은 1930년대 말에 동북항일연군의 일원으로 중국군과 함께 싸웠다.[68] 김일성은 소련 정부에도 잘 알려져, 1940년대 일본군에 의해 만주의 항일유격대가 완전히 궤멸되는 동안 소련 정부로부터 은신처와 후원을 제공받았다.

김일성의 출현

김일성은 1912년 4월 15일 만경대라 불리는 평양의 외곽 지역에서 태어났다. 김일성의 본명은 김성주였는데, 만주에서 항일무장투쟁에 참여하는 동안 김일성이라는 가명을 사용했다.[69] 혹자는 김성주가 김일성으로 개명한 이유를, 당시 이미 명망이 높았던 김일성이라는 독립운동가의 정체성을 차용하려는 시도 혹은 김성주 자신의 업적을 과장하기 위해서라고 주장해왔다. 하지만 김일성이 김성주와 동일한 인물이라는 것을 확인해주는 증거는 충분하다.[70] 북한의 공식 해설에서도 김성주가 김일성으로 개명한 사실을 숨기지 않는다. 김일성이 전투를 하던 시절 그는 때때로 한별, 즉 한국의 '샛별'로 알려졌다고 한다.[71]

김일성은 궁핍과 가족의 해체를 직접 경험했다. 김일성의 부모는 많은 조선인들처럼 생계를 위해 만주로 이주했고 이른 나이에 타지를 유랑하다 죽었다. 김일성의 아버지는 32세에(1926), 어머니는 40세에(1932) 사망했다.[72] (정확히 어떤 영향을 어떻게 받았는지는 확인이 어렵지만) 김일성은 기독교의 영향을 받았음에 틀림없다. 그의 아버지 김형직(金

亨稷)은 미국 선교사들이 평양에 설립한 숭실학교에서 교육받았다.[73] 김일성은 평양과 만주에서 8년간 교육받았고, 미래의 조선민주주의인민공화국 지도자는 유창한 중국어 실력을 얻을 수 있었다.

김일성은 일본군을 괴롭히며 살아남은 유능한 유격대 지도자로 일본에 알려졌다. 오늘날 북한에서 찬양하는 김일성의 가장 유명한 공적은 1937년 함경북도 보천보 습격이다. 김일성은 자신의 유격대와 함께 보천보에 있던 일본의 지역 관공서(면사무소 및 우체국 등)와 경찰 주재소를 파괴했다.[74] 김일성은 1941년까지 만주에서 활동하다가 이후 일본의 집중적인 유격대 토벌을 피해 소련으로 두번째 망명을 했다.[75] 김일성은 소련에 있는 동안 동료 유격대원인 김정숙(金正淑)과 결혼했고, 1942년 소련에서 아들 김정일을 낳았다. 김정숙은 원래 함경북도 회령 출신이고 김일성과 마찬가지로 부모가 만주에서 유랑하다 죽었다.[76]

북한에서는 김일성의 부모가 항일운동가로 기술된다. 그러나 더 근거 없는 주장은 김일성의 먼 조상이 조선의 독립운동지도자였다는 것이다.[77] 김일성의 조상들 중 한명인 김계산은 16세기 말에 왜의 침략에 맞선 저항 운동에 참여했다고 한다.[78] 또한 북한의 위인전에서는 김일성의 증조부인 김응우(金膺禹)가 1866년 미국의 제너럴셔먼호가 평양으로 들어오려고 할 때 저항했던 전투를 주도했다고 주장한다.[79] 이와 반대로 남한에서는 김일성에게 믿을 만한 항일운동에 대한 업적이 없다고 주장해왔다.[80]

진실은 북한의 역사 기술과 남한의 일축 사이 어떤 지점에 있을 것이다. 김일성은 해방 무렵에는 경험이 풍부한 지도자가 되었다. 그는 중국 및 소련 사회주의자들과 함께 일했고 자신보다 훨씬 나이가 많은 동료들을 이끌 수 있는 능력을 보여주었는데, 이는 나이 든 사람을 공경하고 나이를 지혜의 원천으로 보는 조선의 사회적 분위기에서 매우 비상한 어떤 것이다. 김일성의 정치는 실용적이었고 기회를 잘 활용했다. 그 것은 그 무법성 때문에 때때로 '와일드 이스트'(Wild East)라 불리던 험난한 세계의 외딴 모퉁이 만주에서 벌인 유격전에서 발원한 것이었다.[81] 김일성의 정치는 이론적 성찰의 산물은 아니었고, 소련의 공식적인 맑스-레닌주의 이념에 양향을 받았지만 교조적인 사회주의자보다 더 민족주의적이고 반식민주의적이었다.

김일성주의로의 이행

소련은 1945년 8월 8일 일본에 전쟁을 선포했다. 연합군을 대표해 소련군이 조선의 북동항인 청진, 나진, 웅기(오늘날 선봉군)로 1945년 8월 9일 진입했고, 교전이 1주일간 지속되었다. 곧이어 일본은 1945년 8월 15일 항복을 선언했고, 소련 해방군은 8월 30일에 평양으로 진군해 들어왔다.[82] 북쪽에서 소련군은 해방군으로 환영받았다. 그러나 독일군과 치열한 전투를 하다가 곧바로 배를 타고 조선에 들어온, 전쟁에서 무자비해진 소련 병사들은 현지 주민들을 대상으로 강간과 강도를 비롯한 범죄를 저질렀다. 소련 주둔군 당국은 이런 행위를 엄격하게 단속했지만, 1945년에 이러한 범죄는 만연했다.[83]

미군이 1945년 9월 9일까지 조선에 들어오지 못했지만, 소련은 38선에 군대를 멈춰 세우고 서울을 향해 남쪽으로 진군하지 않았다. 소련은 북에 남고 미군은 남에 주둔해야 한다는 연합군 사이의 결정에 소련이 합의했기 때문이다.[84] 소련이 한반도 전체를 차지할 기회가 있었음에도 관심이 없었던 것은, 한반도가 소련의 전후 국제전략에서 우선순위가 아니었기 때문이다. 소련은 2차대전에서 민간인 사망자만 2천만명 이상에 이를 정도로 심한 피해를 입었다. 소련에게 전후 우선순위는 국내와 군대 재건이었고, 동부와 중부 유럽의 신생 사회주의 국가에 대한 지배력을 확립하는 데 있었다.

해방 직후에 조선 사람들은 식민통치 제도의 붕괴로 생긴 공백을 메우기 위해 한반도 전역에 지역별 인민위원회를 설치했다.[85] 조선인들은 거의 반세기 동안 계속된 일제에 의한 강제병합이 불과 몇주일 만에 사라져버리는 것을 목격하고 대담해졌다. 38선 이북에서 소련은 인민위원회를 지원했고 온건 민족주의자들과 사회주의자들이 거국내각을 구성할 수 있게 도왔다.[86] 김일성은 해방된 조선의 지도자로 자동적으로 선택된 것이 아니었다. 소련은 38선 이북에 소련군을 주둔시키고 한달이 지난 1945년 9월에 김일성이 배로 조선에 돌아가는 것을 도왔을 따름이다.[87]

종전 직후에 38선 이북에서 가장 저명한 지도자는 기독교 민족주의자 조만식이었다. 그는 1945년 한민당을 설립했다.[88] 한민당에는 영향력 있는 당원들이 있었고, 38선 이북에서 자유민주주의 통치가 가능할 수 있게 만들 추진력이 있다고 폭넓게 인식되었다.[89] 조만식은 평안남도 인민정치위원회 평양지부장이기도 했다.[90] 소련 당국이 1945년 10월 평양에서 열린 대중집회에서 김일성을 소개하는 이로 조만식을 선택했다는 사실이 그의 위상과 인기를 보여준다.[91] 소련 당국은 조만식을 거국내각에 포함시키려고 노력했다. 그러나 조만식은 원래 루스벨트 (Franklin Delano Roosevelt) 대통령이 제안했고 연합국이 수용했던 신탁통치안을 지지하지 않아 소련 주둔군과 충돌했다.

신탁통치안은 가능한 빨리 완전한 독립을 원하는 조선인들에게 인기가 없었다. 38선 이남에서는 미국이 임명한 반공 민족주의 지도자 이승만(李承晚)이 신탁통치안을 수용하지 않았다. 소련과 북의 정치 지도부는 신탁통치를 지지했지만, 미국과 이승만은 공산주의자들을 내재적 다수(inbuilt majority)로 만들어주는 것과 다름없다고 주장하며 시행세칙 문제를 제기했다. 신탁통치안은 38선 이남과 이북에서 모두 점점 서로에 대한 반목의 뿌리만 깊어지면서 결실을 맺지 못했다. 김일성은 신탁통치 논란을 정적들에 대한 정치적 지배력을 강화하기 위해 활용했다. 김일성은 소련 주둔군 당국에 자신의 정치적 가치와 조직 내부에서의 명성을 강화하기 위해, 소련이 조만식을 38선 이북에서 지도자로 받아들이지 못하도록 묘안을 생각했던 것이다.

소련은 군대와 함께 소련에서 활동하던 조선인들을 파견 배치했다. 그러나 그들에게는 조선에 대한 지식이나 경험이 거의 없었다. 2차대전 후 가속화되는 국제적 냉전질서에서 김일성은 비장의 카드를 쥐고 있었다. 김일성은 사회주의 진영에 정식으로 충성을 맹약하고 소련에 기꺼이 협력하려고 했다. 이는 소련 당국이 김일성을 소련에 의존적인 동맹관계를 유지하며 미래의 한반도를 이끌어나갈 수 있는 믿을 만한 존재로 보았다는 것을 의미했다. 거꾸로 김일성은 그 자신의 정치적 미래가 소련의 지지에 의해 가장 잘 보호받을 수 있다고 인식했다. 김일성은 경제적·군사적 원조를 확보하기 위해 소련과의 동맹을 활용했다. 1948년 소련이 38선 이북에서 군대를 철수할 즈음에 김일성이 이끄는 한반도의 북쪽 절반과 소련의 상호의존관계가 확립되었다. 소련의 잘 갖춰진 대사관과 민간 및 군사 자문관들은 북한의 정치를 주시했다. 김일성이 이끄는 정부는 소련의 전폭적인 지지를 받았고 급속히 냉각되어가는 양극화된 국제적인 냉전 시대에 소련 진영 내로 편입되었다.

권력의 강화
김일성은 당과 행정부 차원에서 모두 권력 행사를 위한 조직상의 초석을 다지려고 했다. 이를 위해 재빠르게 제도 구축 작업에 착수했다. 1946년 김일성은 북조선임시인민위원회를 설립했는데, 이 위원회는 지역인민위원회를 감독하고 지휘했다.[92] 위원장으로서 김일성은 신생 북한의 **실질적** 지도자였다. 김일성은 대중을 기반으로 위계적으로 조직된 사회주의자들의 정당 창설에 정치적·조직적 노력을 기울였는데, 1946년 8월 북조선로동당으로 정식 설립되었다.[93] 1947년 말에 북조선로동당의 당원은 약 70만명 정도였는데, 38선 이북의 성인 인구가 450만명이었던 것을 감안하면 엄청난 수의 당원 확보를 자랑했다.[94] 1949년 김일성은 정식으로 북조선로동당과 남조선로동당을 합쳐 조선로동당을 만들었고 자신을 위원장으로 지명했다.[95]

소련은 경제·군사 자문관을 파견하고 장비와 군수품을 제공해주었다. 1946년 38선 이북의 전체 무장 병력은 12만명에서 15만명 사이로 추정되었고, 1948년 조선민주주의인민공화국의 핵심 병력은 약 6만명이었다.[96] 겉으로 보기에 부합하지 않는 이러한 수치는 김일성의 정책이 대중동원을 통해 17세에서 40세 사이의 모든 성인 인구를 군사훈련에 포함시켜 직업군인을 강화하는 것이었음을 고려하면 가능해진다.[97]

조만식은 소련과 김일성파에 의해 밀려나 숙청당했다.[98] 조만식은 1946년 체포되어 1950년 한국전쟁 초기에 죽임을 당했다.[99] 김일성은 한민당 지도부를 자신의 정치적 동맹세력으로 교체했고, 조만식이 만든 당을 단지 이름뿐인 정치단체로 변모시켰다.[100] 조선사회민주당은 또다른 명목상의 정치단체였다. 북한의 간행물에 따르면, '중소기업가들, 상인, 수공업자, 소시민 계급, 일부 농민과 기독교인들의' 이해를 대변하기 위해 만들어진 조선사회민주당은 조직상의 실체를 갖추지 못했다.[101]

1923년에 설립되어 19세기의 동학과 대중종교인 천도교에 뿌리를 둔 천도교청년당은 토지개혁을 지지했고, 빈곤한 농민들의 지지를 받았다. 그러나 김일성은 많은 지역에서 조선로동당과 충돌을 일으킨 천도교청년당원들 및 농촌경제에 대하여 국가의 통제력을 강화시키려고 노력했는데, 천도교청년당은 이러한 김일성의 노력을 지지하지 않았다.[102] 김일성은 천도교운동 지도자들에 대한 압박을 더해갔고, 1950년 이들 지도자들은 천도교청년당을 조선로동당의 지도 아래 두는 데 동의했다. 신생 북한이 농민봉기에 기반을 둔 역사적인 조선독립운동을 구현하고 대변한다는 김일성의 주장을 뒷받침하기 위해 천도교 당은 명목상의 실체만 허용되었다. 하지만 이 당도 한민당과 조선사회민주당처럼 해방 이후 김일성이 장악한 북한에서 독립적인 정치적 실체를 유지할 수 없었다.

대중동원

김일성의 정치적 계획 가운데 특이한 것은 경제개발 사업에 동원할 수 있도록 대규모의 국가적 집단 조직에 북한 주민 전체를 편성하려는 야망이었다.[103] 여기에는 청년 조직, 여성 조직, 농민 조직, 공업 노동자 조직, 작가 및 예술가 조직이 포함된다. 이 조직들은 경제개발과 더불어 통제기구로 계획된 위계적 조직이었다. 김일성은 '자발적인' 국가 건설 활동에 열성적으로 참여하는 북한 주민들의 대규모 동원과 입법 개혁을 결합시키기를 기대했다. 그러나 김일성은 북한 주민들이 혁명적 열정을 갖추지 못했을 뿐 아니라, 독려만으로는 제대로 된 반응을 이끌어낼 수 없다는 사실을 알고 실망했다. 경제 재건에 대한 참여를 독려하기 위해 정부는 특별수당을 주거나, 선전을 통한 집중적인 독려 활동을 벌이거나, 감시와 법적 제제를 통한 강제력을 사용했다.[104]

사회·경제 개혁

해방 이후 몇달에 걸쳐 고향을 떠났던 조선인들이 일본과 만주로부터, 또 북에서 남으로 남에서 북으로 돌아왔다. 본국으로 귀국하는 일본인들도 있었다. 모든 통계가 전후 이주민에 해당하는 것은 아니지만, 재이주 규모는 1945년에서 1947년 사이에 조선으로 돌아온 100만명 가량의 사람들로 가늠해볼 수 있다.[105] 문제는 대규모 인구이동 여파로 농업생산이 곤두박질쳤고, 1945~46년 겨울에 심각한 식량 부족 사태가 벌어졌다는 점이다. 따라서 농업과 토지 정책은 새로운 북한 지도부에게 우선 해결해야 할 사안이었다. 1946년 토지개혁을 통해 지주와 일본 기업이 소유했던 약 1만 제곱킬로미터(약 30억평)의 땅이 재분배되었다. 이는 북한 경작지의 절반 정도였으며, 땅 없는 가난한 72만 5000가구에 무상으로 제공되었다.[106] 토지개혁은 상대적으로 큰 저항 없이 진행되었는데 땅을 몰수당한 4만 4000명의 지주들이 부재지주였거나, 38선 이북이 사회주의화되었다고 생각해서 남쪽으로 도망쳤기 때문이었다.[107]

토지는 여전히 사적 소유였지만 토지 전매·전대·저당은 금지되었다.[108] 농업계획은 처음에는 정부의 지시와 행정적 통제를 통해 실행되었으나, 1940년대 말부터 정부가 국가 주도의 장려정책을 펼치는 것으로 바뀌어 개인들이 스스로 계획을 세우는 것을 허용했다.[109] 1949년 북한 전체 인구의 70퍼센트를 차지하던 농업가구 중 약 4분의 3이 국가의 지원 없이 식량을 자급할 수 있었다.[110] 북한의 정책이 민간 시장을 허용하고 배급 제도를 도입하는 방향으로 바뀌면서 1950년에는 식량 공급이 향상되었다.[111]

1946년 토지개혁에서는 여성에게 남성과 동등하게 땅을 소유할 권리를 인정했다.[112] 1946년 남녀평등법은 재산상속, 이혼, 자녀양육비에서 여성에게 법적 평등을 부여했다. 1946년 남녀평등법은 강제결혼, 성매매, 여성인신매매를 불법으로 규정했다.[113] 또한 축첩제과 일부다처제의 폐지를 포함하여, 1922년 일본 식민 당국이 이미 추진한 여성의 법적 지위 향상 정책을 추인했다.[114] 1946년 노동법에는 동일노동 동일임금과, 77일(이후 150일로 늘어남)의 출산휴가 같은 여성에게 혜택을 주기 위해 마련된 조항이 포함되었다. 부계혈통을 중심으로 모든 가구를 등록시키는 호적 제도는 1946년에 폐지되었다.[115] 1949년에 후처나 첩에게서 태어난 자녀에 대한 차별도 금지되었다.[116]

북한의 새 정부는 성인과 아동의 문맹률을 줄이기 위해 전 지역에 학교를 개설했다. 1949년에 100만명의 주민이 일정한 형태의 성인교육에 참여하고 있었고, 학교에 다니는 것으로 보고된 아동은 200만명 정도였다.[117] 250만명이 채 안 되는 한국인이 1945년과 1948년 사이에 읽고 쓰는 법을 배웠다.[118]

1945년 이후의 개혁은 광범위하고 급진적이었지만, 완전히 새롭거나 특별히 사회주의적이지는 않았다. 식민지 기간의 고난을 겪은 직후였고 대중은 더 좋은 미래에 대한 기대가 컸다. 따라서 정책은 대중의 요구를 반영했고 더 잘 받아들였다. 해방 후 북한 지역은 여전히 혼합경제를 유지하고 있었고, 1947년 약 60퍼센트 정도 되는 대다수의 일자리는 여전히 민간 부문에 있었다.[119] 북한의 개혁은 2차대전 말 세계 도처에서 일어난 탈식민국가들뿐 아니라 자본주의 국가들의 사회·경제적 개혁과 공명하고 있었다. 2차대전 이후 영국 노동당 정부는 의회에서 「적기가(赤旗歌)」(The Red Flag)를 불렀고, 석탄·철광 산업을 국유화했으며, 국민의료보험을 시행했고, 전장에서 돌아오는 '영웅을 위한 집'을 제공하기 위한 공공 주택 건설 사업을 계획했다. 북한의 여성에 대한 법적 차별 폐지는 유럽의 자본주의 국가를 포함하여 전세계에서 2차대전 후 탈식민의 시기에 일어난 여성의 정치적·법적 해방을 반영했다.

새로운 사회규범

대중적 개혁과 사회평등 정책은 정치·군사·사회 조직을 완전히 통제하려는 김일성의 정치적 독재 강화를 은폐했다. 독재정치로의 이행은, 정치와 사회 영역에서 작동하고 있던 익숙한 방식이었기에 별로 특별해 보이지 않았다. 좋은 사회란 민중의 요구에 응답하는 지도자에게 충성하는 사회라고 이해하는 유교적 유산의 일부가 북한 주민들의 문화적 인식틀에 여전히 남아 있었던 것이다.

김일성은 자신의 정치적 야심을 달성하기 위해 일제강점기에 일어났던 사회·경제적 변화에 기반을 두되 낡은 유교적 유산을 복원하지 않았다는 점에서 그의 정책은 실용적이었다. 가령 여성은 집 밖에서는 임금노동자였으며, 공장과 일터에 편입된 여성은 더이상 가정과 가족이라는 사적 영역에서만 활동하는 것으로 인식되지 않았다. 김일성은 여성이 경제 재건에 기여할 수 있도록 보수적인 관점에서 탈피해야 한다고 보았다.

북한 주민들은 사회주의에서 모든 사람이 일해야 하고 활동할 수 있는 성인은 자신의 사회에 대한 기여에 따라 혜택을 받을 자격이 있다는, 전통적인 맑스-레닌주의의 중추적 이념을 김일성이 도입한 것에 대해 긍정적이었다. 한편 훌륭한 삶이란 수양하고 성찰하는 삶이어야 한다는 유교적 규범의 자리를 노동이 중심이 되어 대체했는데, 여기에서 김일성은 실제 현실을 참고했다. 1945년 이후 북쪽의 빈곤한 다수는 양반 특권 계급의 후손이 아니었다. 이들은 교육의 기회가 거의 없었고 농장과 공장에서 힘든 노동을 하는 데 익숙했던 사람들이다. 노동에 대한 공정한 보상, 토지개혁, 교육 및 복지 향상을 제시하는 정책이 환영받았던 것이다.

한민족정체성

광범위하게 그리고 대규모로 진행된 일제의 압제는 정치적 독립에 대한 공통된 상실감, 압제에 대한 공통된 인식, 식민통치에 대한 공통된 저항 의식에 의해 형성된 공통의 민족정체성을 모든 조선인들이 공유한다는 관념을 강화시켰다. 이전에 확립된 개인적 정체성, 그리고 장소와 지위에 관한 고정관념도 식민지배와 전쟁 경험을 통해 변모되었던 것이다. 예컨대, 적절한 남녀관계에 대한 오랜 관념의 붕괴가 대규모 이주와 결합되었다. 성별과 출신 지역이 알게 모르게 고정적인 정체성의 대략적인 지표 역할을 한다는 관념이 도전받았다.[120] 종족성에 의해 구성되는 정체성이, 한때는 변하지 않고 '당연하다고' 생각되었던 계급·지역·성별·연령·직업 같은 사회적 표식보다 훨씬 안정적인 것처럼 보였다.

해방과 동시에 일어난 분단의 여파로 남과 북은 모두 자신들이 한민족정체성을 가장 잘 대표하며, 독립국가 한국의 진정한 대표자임을 주장했다. 양측은 서로 상대의 정통성을 받아들이지 않았고, 격하게 대립했으며, 각자의 정치적 권위를 주장하기 위해 정치적 술책을 꾸미거나 38선 근방에서 군사 충돌을 일으켰다. 독립국가 한국에 대한 남과 북의 상반된 비전은 화해 불가능한 것이었고, 양측에서 진심 어린 타협의 시도도 거의 없었다. 한반도와 한민족의 공식적인 분단은 화해할 수 없는 차이를 인정하는 것이었다. 결국 38선 이남에서 대한민국은 1948년 8월 15일 스스로를 독립국으로 선포했다. 마찬가지로 38선 이북에서 조선민주주의인민공화국은 1948년 9월 6일 독립국임을 선포했다(이후 9월 9일 김일성을 초대 수상으로 하는 정부가 수립되었다—옮긴이).

김일성주의의 탄생

김일성이 이끄는 북한은 반식민주의적이었고, 사회주의 사상과 민족주의자에 대해 호의적이었다. 소련으로부터 받은 절대적 지원에도 불구하고, 북한 지도자의 마음을 움직인 것은 사회주의에 대한 이념적 정향보다 민족주의적 비전이었다.

김일성의 정책은 주권국가의 신뢰성과 온전성 회복에 초점을 맞추는 점에서 마오 쩌둥(毛澤東)의 사회주의 노선과 공통점이 있다. 정치적으로 김일성은 스딸린(Iosif Stalin)의 소련보다는 케냐의 케냐타(Jomo Kenyatta), 가나의 은크루마(Kwame Nkrumah), 이집트의 나세르(Gamal Abdel Nasser), 알제리의 빈 발라(Ahmed Ben Bella), 인도네시아의 수카르노(Achmed Sukarno), 인도의 네루(Jawaharlal Nehru)를 포함한 아프리카와 아시아의 탈식민주의 지도자들과 더 많은 공통점이 있다. 김일성은 소련의 정치적 지지를 활용하는 과정에서 주도력, 무자비함, 정치적 기술을 보여주었다. 그러나 2차대전이 끝나고 태어난 북한은 완전히 사회주의화된 국가는 아니었다. 그러한 국가는 1950년대와 1960년대에나 비로소 이뤄졌다. 극단적인 사회주의화의 조건을 갖추기 위해서는 또다른 전쟁, 이를테면 1950년에 발발한 동족상잔의 전쟁이 필요했던 것이다.

4장

국가 건설로서 전쟁

1950년 6월 두개의 한국은 한반도를 통일하기 위해 전쟁을 시작했다. 김일성의 목표는 한반도에서 미군을 몰아내고 한반도 전체에 김일성이 이끄는 사회주의 정치체를 건설하는 것이었다.[1] 한편 대한민국의 대통령 이승만의 목표는 남쪽의 지배하에 한반도를 통일하는 것이었다. 한국전쟁에 중국은 100만명 이상의 군대를 파견했고, 소련은 김일성에게 군사적 원조를 제공했다. 반대쪽에서는 미국 주도의 유엔 연합군이 대한민국과 함께 싸웠다. 남과 북 모두 끔찍한 폐허가 되었고, 수백만명이 죽었다. 경제적·군사적 기반 시설을 겨냥해 전쟁 내내 계속된 폭격으로 북한은 상대적으로 많은 인명피해와 물리적 피해를 입었다. 1953년 7월 전쟁이 종결되었을 때, 양측은 모두 전쟁의 목표를 달성하지 못했다. 남과 북은 각자가 전쟁 전에 지배했던 영토를 거의 동일하게 유지한 채 정치적으로 분단되었다.

김일성은 개인 권력을 확보하고 정치·경제·사회 모든 부문에서 자신의 지령을 실행하는 데 기능할 제도와 구조를 만들어내고자 했다. 그리고 전쟁이 긴급히 필요하다는 이유를 내세웠다. 정적은 숙청당했고, 대안적 관점도 사라졌다. 김일성은 대중정당을 건설했는데, 그 임무는 지도자의 지시를 실천하는 인전대(引傳帶, transmission belt) 기능과 인민에 대한 통제기구 역할이었다. 김일성은 '반관료주의' 정책과 관행을 제도화하여 당과 작업장 그리고 사회 전체 내에서 대안적인 정치적 기반과 관점이 발전할 수 있는 기회를 차단하려고 했다. 김일성은 모든 사회가 자신이 주도하는 위계적으로 구성된 전쟁물자 지원 활동에 참여하기를 기대하면서 대중동원정책을 확대했다. 이러한 조직상의 관행은 인민들의 혹독한 육체노동에 의해 뒷받침되었고, 나중에는 그것에 의존하게 되었다.

한국전쟁으로 북한은 엄청난 손실을 입었고 영토상의 확장도 없었다. 그러나 항일무장투쟁에서 승리를 거두고 미 제국주의자들을 패퇴시킨 것은 김일성의 '현명한' 지도력 덕택이라고 강조했다.[2] 이러한 '현명한' 정책에는 엄격하게 훈련되고 위계적으로 조직된 대중동원이 포함되었다. 김일성은 대중동원이 평화 시 국가 건설에 적절한 모델을 제공한다고 인식했다. 전시의 필요성 때문에 개발된 사회의 군사화가 평화 시의 정치에서 효율적이고 적절하며 정당한 것으로 변모되었다.

전쟁과 황폐화

북한은 관례적으로 한국전쟁을 '위대한 조국해방전쟁'이라고 부른다. 간혹 북한도 영어로 된 출판물에서 '한국전쟁'이라고 줄여서 표기하는 경우도 있다.[3] 전세계 대부분의 국가들은 북한이 한국전쟁을 시작했다고 보지만, 북한은 남한이 전쟁을 일으켰다고 고집스레 주장한다.[4] 이론의 여지가 없는 것은, 1945년 해방과 이어지는 한반도 분단 직후 이승만과 김일성이 자신들의 지배하에 한국을 통일하는 데 초점을 맞추었고, 이를 위해 군사력을 사용할 준비를 했다는 점이다. 이승만은 미국과 서방세계가 자신을 지지해주기를 기대했다. 한편 김일성은 남쪽에 남아 있던 사회주의자들이 이승만을 전복하고, 김일성의 지배하에 한반도를 통일하기 위해 북한군과 손을 잡고 민중봉기를 주도할 것이라는 전제에 전략적 기반을 두었다. 김일성은 또한 미국이 이런 충돌을 방관하리라 기대했다.

이승만의 도박은 어느정도는 맞아 들어갔다. 미국은 이른바 '국지적 군사행동'에 대응한다는 명분으로 신생 유엔의 정치적 지지를 확보하는 한편, 조선민주주의인민공화국에 대한 군사행동을 재가했다.[5] 유엔 연합군의 지휘권은 전쟁 내내 미군이 쥐고 있었는데, 연합군의 모든 병력을 합해도 미군보다 적었다. 그럼에도 진정한 국제적 연합이었고, 터키와 호주를 비롯한 여러 유엔 회원국들이 연합군에 참여했다.[6] 이승만의 주요한 전략적 실패는 나중에 이뤄진 북한에 대한 중국의 결정적인 지원을 예측하지 못했다는 점이다. 한편, 김일성의 접근 방식은 시작부터 잘못된 전제에 기초하고 있었다. 남한에서 북한을 지지하는 민중봉기는 일어나지 않았고, 사회주의 동조자들은 이승만의 군대에 의해 토벌되어 사라졌기 때문이다.

38선에서 남과 북의 소규모 군사적 충돌이 잦아지면서, 1950년 전면전이 시작되었다. 북한군은 며칠 만에 서울을 점령하는 데 성공했다. 북한군은 빠르게 진격해, 남한에서 남은 지역은 한반도의 남동쪽 끝에 위치한 항구도시 부산 주변의 작은 지역 정도였다. 1950년 미국이 이끄는 유엔군이 반격을 시도해서 서울을 탈환했으며 38선 이북까지 진격해 평양을 접수했고, 그해 말에는 북한군을 북한과 중국의 접경지대까지 밀어붙였다. 유엔군을 지휘한 맥아더(Douglas MacArthur)는 중국과 북한의 접경 도시에 폭격을 가하면서 초토화 작전을 밀고 나갔다. 1950년 한국전쟁이 일어나기 한해 전인 1949년 새롭게 창설된 사회주의 국가 중국이 김일성 군대를 지원하기 위해 국경에 배치되어 있던 20만명의 '의용군'을 파견해 맞대응했다. '의용군'이라 부른 까닭은 중국이 공식적인 교전국이 되길 원치 않았기 때문인데, 이들은 북한을 패배에서 구해내고 조선민주주의인민공화국이 자신의 영토를 방어할 수 있도록 하는 데 결정적인 역할을 했다. 북한은 소련에서도 비행사와 비행기를 지원받았고, 동부 유럽 국가들로부터 의료와 인도적 지원을 받았다.

1950년 말경 중국 군대 규모가 증가해 50만에 조금 못 미쳤는데, 북한군과 합세하여 유엔 연합군을 38선까지 밀어냈다. 북한군과 중국군은 1950년 10월에 서울을 다시 점령했지만 재점령은 1951년 3월까지만 지속되었다. 유엔 연합군은 같은 해 4월 38선까지 다시 밀고 올라갔다. 불과 한해 동안 남한의 수도인 서울의 주인이 세번 바뀌는 전투가 벌어졌고, 유엔 연합군은 서울을 재탈환했다. 전쟁 당사자들의 종전협상이 판문점 접경 지역에서 1951년 여름에 시작되었다. 그러나 협상에서 유리한 위치를 선점하기 위해 양측이 전선에서 고지 점령 전투를 벌였고 끔찍한 전투는 계속되었다. 조선민주주의인민공화국, 미국 주도의 유엔 회원국, 중국 '의용군' 간의 휴전협정이 1953년 7월 27일 조인될 때까지 수백만명이 죽었음에도, 회담과 전투가 동시에 이뤄진 2년 동안 모두에게 영토상 이득은 거의 없었다. 휴전협정이 전쟁을 종식시켰지만 남북한의 충돌은 끝나지 않았다. 심지어 남한은 휴전협정 조인국이 아니었고, 정식으로 전쟁을 끝내는 어떠한 평화협정도 충돌 당사자들 사이에 조인되지 않았다.

전쟁이 끝난 후에 전투와 폭격 때문에 물리적으로 파괴된 한반도는 지리적·정치적으로 분단되었고 수백만명의 사상자를 남겼다. 어떤 가족은 정치적 선택 때문에 이산가족이 되었다. 다른 전쟁에서 이산가족의 문제는 전쟁의 부수적인 결과였다. 그러나 한국전쟁 이후 군인들과 민간인들은 반대편 지역에 있는 가족과 떨어져 살게 되었다. 전선이 유동적이었던 전쟁 초기에 징집되거나 입대해서 전쟁이 끝났을 때 38선 적군 측에 결국 남게 된 경우가 많았던 것이다. 가족의 일부가 전쟁이 지속되며 전선이 남북으로 이동할 때 계획적으로 이주했으나, 나머지 가족은 그럴 수가 없어서 영구적으로 이산가족이 된 경우도 있다. 가족을 데려올 수 있기를 바라며 남 혹은 북에 남은 사람들은 전후에 만들어진 휴전선을 건널 수 없음을 알게 되었다.

한국전쟁의 사상자는 상당히 많았다. 유엔 연합군 중 미군 5만 4000명 이상, 여타 참전국의 군인 3000명 이상이 죽었다. 남한 군인 5만명이 죽고, 2000만 남한 인구의 5퍼센트에 해당하는 약 100만명의 민간인이 죽었다.[7] 남한은 전쟁으로 엄청난 피해를 보았다. 1951년 38선을 기준으로 영토상의 손익이 정리된 후, 북한과 그 동맹국의 폭격이 중단되어서 남한은 상대적으로 운이 좋았지만 엄청난 피해를 입은 것은 사실이다.[8]

북한에서 사망과 파괴의 규모는 월등히 컸다. 민간인 사망자 200만명에 전사한 병사 수가 약 50만명에 달해 북한 인구 추정치인 1000만명의 약 4분의 1 정도가 죽었다.[9] 그리고 약 100만명의 중국군이 죽었다.

남한도 마찬가지지만 이러한 가장 기본적인 수치는 병자·부상자·고아·유랑자 수를 포함하지 않았다. 그러나 이러한 수치들은 어떤 북한 주민도 전쟁의 영향에서 벗어날 수 없었음을 보여준다.[10] 미군 보고서에 따르면, 폭격의 규모와 기간으로 볼 때 종전 무렵에 북한의 모든 도시가 초토화되었다고 한다.[11]

유엔군의 군사정책은 군사적 표적이 될 수 있는 기준을 넓게 해석했다. 민간 기반 시설을 의도적으로 겨냥하는 것은 제네바조약에 의해 금지되는 일이다. 그러나 유엔군의 군사작전 입안자들은 명목상의 민간 기반 시설이 북한군에 필수적인 전쟁물자를 지원했기 때문에 군사적 표적으로 간주해야 한다고 주장했다.[12] 댐과 발전소는 북한군의 군수·병참 시설처럼 연합군에 의해 폭격당했다.[13] 미군은 네이팜탄을 사용했고, 김일성은 미국이 세균전을 벌이고 있다고 비난했다. 김일성이 제기한 미군의 세균전 수행 의혹은, 그 진실성 논란에도 불구하고 국제적으로 이목을 끌었다.[14]

평범한 일상생활, 가족의 삶, 사회생활은 전쟁으로 바뀌었다. 많은 북한 주민들은 무차별 폭격을 피하기 위해 전쟁 기간 내내 방공호에서 지하 생활을 했다.[15] 장기간 집중적이고 포괄적으로 전시동원이 이루어졌다. 남녀노소를 가리지 않고 움직일 수 있는 거의 모든 북한 주민이 3년에 걸쳐 매일 위에서 아래로 위계적으로 통제된 활동에 참여했다. 끊임없는 폭격의 위협을 피하기 위해 해가 진 뒤에 밤중에 농사일을 하기도 했다. 가족은 죽음과 이주로 뿔뿔이 흩어졌고, 수백만명의 피난민들이 중국·몽골·소련·동유럽으로 흘러들어 갔다.[16] 북한은 전쟁이 끝날 때까지 기다리며 수많은 어린이들을 해외로 보내기도 했다.[17] 전쟁 기간 내내 북한에서 산다는 것은 개인과 가족과 공동체의 생존을 위해 끊임없는 전투에 참가하는 것이었다.

북한이 파괴된 규모와 정도는 너무 심각해 전세계적으로 널리 알려졌을 정도였다. 1951년 6월 트루먼(Harry S. Truman) 대통령의 명령에 불복종한 혐의로 맥아더의 해임 문제를 다루는 미국 의회 청문회가 열렸다. 이 자리에서 미 공군 사령관인 에밋 오도널(Emmet O'Donnell) 소장은 더이상 북한에 폭격을 가할 표적이 남아 있지 않다고 공표했다.[18] 1957년 남한의 정부가 내놓은 자료에 따르면, 1950년과 1951년 사이에 "(…) 적대감이 가장 강렬했고, 〔북한〕 주민의 대다수가 정착지〔고향〕를 상실했다"라고 언급하고 있다. 김일성의 북한 인구 감소 혐의를 환기시키기 위해 작성된 것이었지만, 1955년 남한의 추산에 따르면 900만명

이상에 달하던 전쟁 전의 북한 인구가 채 400만명이 못되는 수로 줄어들었다는 것이다.[19] 반면 다른 보고서들은 전후 인구를 더 높은 수치인 850만명으로 언급하고 있다.[20]

전시 당/국가 건설

김일성은 전쟁으로 모든 부문에 재앙에 가까운 파괴가 진행중이었음에도, 해방 직후부터 시작한 북한의 정치적 변혁을 가속화했다. 그는 한국전쟁 동안 조선로동당을 통합적이고 위계적이며 상명하복적인 구조로 확장 재조직했다. 김일성은 지도자가 당의 구현체로 인식되도록 노력했다. 당은 김일성에 의해 지배되었다. 당은 다른 사회였다면 행정부가 수행했을 기능에 해당하는 것을 지시하고 통제하고 관리했다. 이러한 방식이 정치적 과정으로 자리 잡았고, 그 어떠한 방식으로도 의미있는 독립적인 관료기구로서 행정부는 존재하지 않았다. 국방, 치안, 경제 및 사회 정책과 계획은 당 조직과 당 간부들의 감독과 지시를 받았다. 작업장은 정치와 공동체 생활에 초점을 맞춰 제도화되었지만, 사업체 운영의 모든 층위에서 당의 명령과 지도가 뿌리를 내렸다.

당의 그 어떤 대안적인 어젠다도 제기할 수 없게 짜였다. 당원들은 지도자 김일성의 관점대로 사회주의화되었으며, 대안이라는 것은 말 그대로 상상할 수조차 없었다. 참여를 고취시키기 위해 이데올로기적 독려가 활용되었지만, 이와 더불어 김일성은 전쟁 기간 내내 당이 '혁명 규율'을 고수할 필요가 있다고 강조했다. 김일성의 목적은 당원들에 대한 획일적 통제를 확립하는 데 국한되지 않았다. 북한 주민들이 스스로 자신들의 생활방식을 기본적으로 북한군으로 활동하는 것임을 받아들일 수 있도록 훈련받아야 한다고 생각했다.

나중에 북한 역사학자들이 '좌파' 분자들이라고 맹비난했을 집단, 이를테면 세심히 선별한 인사들로 이뤄진 전위정당을 옹호했던 분파의 충고와는 반대로, 김일성은 대중을 포괄하는 공산당 건설을 고집했다.[21] 이 당은 전쟁 기간 100만명의 거대 당원을 가진 정당으로 성장했는데, 이는 적어도 성인 인구의 20퍼센트, 그리고 성인 남성의 40~50퍼센트에 해당했다.[22] 김일성의 의도는 가능한 한 방대한 사회 부문들을 조선로동당의 지시와 규율로 다스리는 것이었다. 그리고 북한 주민들에게 동시에 당원 자격을 획득해야만 한다는 점을 강조했다. 그것은 권리가 아니었다. 당원 자격을 얻기 위해 김일성에 대한 충성심과 당 규율을 지키려는 의지를 보여주어야 했다. 당원에 대한 보상은 높은 직위나 사회적 지위에 접근할 수 있는 잠재적 기회였다. 무슨 권한을 가지고 있든 어떤 지위에 있든 당원이 되는 것이 먼저였다. 조선로동당의 대중정당으로서의 성격과 질이 낮은 교육 제도가 뜻하는 것은, 새로운 당원들이 종종 문맹이거나 교육을 받지 못한 사람들이었기에 김일성 지도력의 선견지명과 은혜로움을 찬미하는 선전선동에 취약할 수 있다는 것이었다. 김일성의 대중정당 노선은 따라서 정치적 다원주의 전략이 아니라 통제 기제였다.

전시의 관행을 통해 전략적 의사결정 주체로서 당의 권한과 기반이 강화되었다. '민주적 중앙집권주의' 즉 당을 통한 지도자의 의사결정은 국가와 사회의 모든 측면에 제도화되었다. 당의 권한과 역량의 중앙집권화에 병행하여 운영상의 의사결정은 지역 차원으로 분권화되었다. 작업장 혹은 공동체 문제를 해결하는 데 도움을 주는 개별적 발의가 장려되었고, 당은 전시에도 기술 훈련과 기술 개발을 장려했다.[23] 하지만 사업체와 경제적 결정에 대한 기술적 투자는 항상 정치적으로 긴급한

과제에 종속되었다.[24]

조선로동당의 조직 문제는 전쟁 기간 내내 김일성에게 변함없는 우선순위였다. 1952년 12월 당 중앙위원회 5차 전원회의에서는 어떻게 당원들이 '어느 곳에서나 어떤 상황에서나' 당을 지지하도록 만들 것인가에 초점을 맞췄다.[25] 김일성은 당원들에게 모든 개인적 이해관계는 당에 종속되어야 함을 상기시켰다. 당원들의 기능과 역할은 '굳건하게 지도자와 당을 옹호하고 그의 가르침과 당의 노선과 정책을 실행하고 구현하는 것'이었다.[26] 당의 행동규범에서는 지도자의 명령에 복종하도록 엄격한 규율과 사상교육이 강조되었다.

전쟁 초기부터 당 건설은 김일성이 '관료제에 대한 투쟁'[27]이라고 한 것과 병행되었다. 반관료주의는 정책 목표이자 업무 방식이었다.[28] 김일성의 권력과 권위에 도전할 수도 있는 작업장과 당 내 간부 관료들의 부상을 차단하는 정책이 마련되었다. 작업장에서 종국적인 목적은 김일성의 정책과 다른 독자적인 견해를 내놓을 수도 있는 (당으로부터) 독립적인 기술 관료 혹은 관리자 관료 계급의 부상을 차단하는 것이었다. 당 내에서 목적은 권력 기반을 구축할 것으로 추정되는 경쟁자들을 차단하는 것이었다.

반관료주의는 당 내부와 농장, 공장, 학교, 사무실을 포함한 사회·경제 모든 부문의 기본적인 업무 방식으로 자리 잡았다. 북한 주민들은 문제가 생기면 해결책을 임시변통으로 마련하면서도 '관료제적' 대응을 피해야 했다. 반관료주의 운동은 목적의식적으로 관리감독 방식을 인정하지 않았고, 관리감독 방식은 제한되었을 뿐 아니라 처벌을 받기도 했다. 정치적으로 긴급했던 과제는 경제 문제에 대한 해답과 해결책을 추진하는 것이었는데, 가령 물질적 보상보다 '독려하는 것'이 선호되었고 대중동원이 생산성 향상 방식으로 활용되었다.

당의 권위주의적 전략 제시와 지시는 국가의 관료주의적 조직을 대체하게끔 되었다. 지역의 식량·복지·주거·경제 같은 문제에 대해서는 분권화된 운영상의 문제해결 방식으로 지역에서 해결책을 내놓게 했다. 개인과 조직은 복종과 자주성, 위계질서와 분권화 사이에서 미묘한 균형을 잡기 위해 노력했다. 가장 안전한 선택은 기본값으로 복종과 위계질서를 선택하는 것이었다. 관료들은 정책 목표를 달성하는 데 실패하면 견책을 당할 수도 있지만, 명령 복종을 어기면 훨씬 엄중한 처벌을 받을 수 있었기 때문이다.

한국전쟁 동안 김일성은 정치·군사·경제적 명령을 실행하는 기본 수단으로 대중동원 활용을 강화하고 확대했다. 정책을 실행함에 있어 방식은 하향식이고 의무적 참여였다. 모든 북한 주민들의 신체 활동을 병영적 방식으로 종속시켰다. 전쟁을 위한 대중동원과 식량 생산을 비롯한 경제 활동을 위한 대중동원은 형벌로 강제되었다. 김일성은 '당과 정부의 수많은 관료와 모범적 노동자와 사무원을 농촌으로' 파견해 식량 부족에 대응하는 것을 돕도록 했다.[29] 1951년 성인이었던 수백만명의 북한 주민이 봄철 모내기 원조에 동원되었는데, 한국전쟁에 참전했던 중국 의용군도 여기에 힘을 보탰다.[30]

대중동원정책은 조금이라도 일을 할 수 있는 북한 주민 전체의 끊임없는 육체적 노력에 의존했다. 힘든 육체노동은 농업과 운송을 포함한 경제 전 부분에서의 부족한 자원과 기술을 보완해주었다. 북한 주민들은 일제강점기를 거치면서 힘든 삶에 직면했었다. 그런데 이제 그들이 총력전의 성격을 지닌 싸움에 나서야 했고, 경제 전 영역에서 정교한 기술이 없었기 때문에, 대응은 대체로 육체적 노력의 강도를 높여가는 방식일 수밖에 없었다.

북한의 공식 역사에서는 '두세 사람 분의 생산 할당량을 떠맡아 초과달성하려는 추진력'과 같은 '더 많은 물품을 생산하려는 활발한 투쟁심'을 자랑스럽게 알린다.[31] 이러한 북한의 설명은 경제적 목적에 대한 육체노동의 기여를 칭찬하고 거기에 개제된 고통을 무마하려는 것이다. 북한 노동자들은 의심할 여지없이 어려운 상황에서 살고 일하면서도 영웅적으로 임무를 수행했다. 북한의 공식 설명에서 북한 노동자들은 민간인보다는 전장의 군인으로 묘사된다. 한 설명에 따르면, '적의 엄청난 폭격으로 전기 공급이 중단되었을' 때, "노동자들은 손으로 전동벨트를 돌려 포탄을 깎고 옷감을 짰다. 그들은 심지어 원자재 및 다른 자재들을 확보하기 위해 후미진 산속에 작은 크기의 용광로를 만들어 철을 제련하기도 했고, 전쟁의 포화 속에서도 제품의 운송을 확실하게 했다"라고 한다.[32]

북한 서적에서는 농업 노동자들을 적군의 움직임에 맞서 성공적으로 싸우는 동시에, 온갖 역경에도 성공적으로 식량을 키워내는 존재로 묘사된다. 농민들은 "밤낮으로 이어지는 적의 폭격과 함포 사격에 대비해 논과 밭 가장자리에 방공호를 파는가 하면, 황소로 위장한 채 쟁기를 끌로 씨앗을 뿌렸다".[33]

전시동원에는 여성도 포함되었다. 이들의 삶은 일제강점기, 해방 공간의 북한에서 변하기 시작했고, 전쟁이라는 긴급사태로 말미암아 보수적인 전통에서 훨씬 멀리 이탈했다. 남성들이 주로 전투에 참가하자 여성들에게는 핵심적인 경제 활동의 수행이 맡겨졌다. '쟁기질'처럼 역사적으로 남성의 일이었던 것이 여성의 몫으로 돌아왔다.[34] 일부 여성은 유격대원으로 활동했지만, 그들의 주된 역할은 전투부대를 지원하는 것이었다. 그럼에도 이러한 지원 역할이 정찰이나 전투 투입으로 이어지면 몹시 고되고 상당히 위험할 수 있었다. 여성이라고 해서 죽음·고문·강간·투옥 등 극심한 육체적 폭력과 처벌에서 면제되지 않았다.

북한은 육체노동에 지나치게 의존하는 정책의 한계를 인정하지 않는다. 전시의 정책은 농촌에 충분한 식량을 생산할 것을 요구했기 때문에 농촌은 핵심적 목표를 달성하지 못했다. 농민과 그 가족들이 농업생산량을 유지하기 위해 육체적으로 열심히 일할 것으로 기대했지만, 줄어든 식량배급으로 연명해야 할 처지였고, 동시에 그들은 전투에도 참가해야 했다.[35] 북한 주민들은 지쳤고 '약자의 방식'으로 지도부에 대응했다. 그들은 식량을 몰래 빼돌렸고, 힘을 보존하기 위해 천천히 일했으며, 가족과 개인의 생존을 위해 공유재산을 착복했고, 당 관료들에게 내는 보고서를 위조했다.[36] 그러면 새로운 당 간부들은 생산 목표량을 달성하지 못했다는 이유로 지역 주민들을 가혹하게 처벌하면서, 자신들 또한 환심을 사거나 처벌을 피하기 위해 보고서를 위조했다.[37]

통제 기제의 확립

전쟁을 수행하는 동안 김일성은 설득과 강압의 기제를 구축하고 확립했다. 북한 주민들의 사유 과정 내부에, 현실에 대한 지도자의 해석을 표준으로 설정하기 위함이었다. 가장 중요한 두 통제 기제는 '사상교육'과 '혁명규율'이었다. 전자가 불충분한 것으로 드러나면, 후자가 지배적인 위협 수단이 되었다. 직접적인 대상은 당원들이었지만, 당은 북한 주민의 상당 부분을 포괄하기 때문에 통제 기제들은 책임있는 자리의 사람들뿐 아니라 북한 주민 대다수에게 영향을 미쳤다.

김일성은 사상교육이 경제 문제에 대한 기술적인 해결책만큼이나 중요하다고 역설했다. 계속되는 식량 부족 문제 역시 모든 문제에 대한 해결책인 사상교육의 주문(呪文)에 따라야 했다. 당에서 농촌 지역에 파견한 전업 선전선동활동가들이 '농민들 사이에서 사상교육을 강화하여 그들의 사상 수준을 높일 것이고', 사상 수준 향상은 농민들이 더 많은 식량을 생산하도록 고취할 것이라고 여겨졌다.[38] 그러나 훈련되지 않는 서툰 활동가들은 농업이나 파견 지역에 대한 지식이 부족했다. 간섭만 하는 도시에서 온 정치 관료를 재워주고 먹여주면서 경의까지 표해야 하는 농민들 입장에서는 김일성주의 정책의 효율성에 수긍하기 힘들었다. 어느정도 예상 가능한 일이지만 사상교육을 통해 전쟁에 필요한 충분한 식량을 생산하지도 못했다. 농민들은 비축해 두었던 식량을 전쟁 물자로 내놓기를 꺼려했지만 징발당했다. 그럼에도 식량은 부족했고 중국과 소련을 비롯한 사회주의 국가로부터 식량 원조품이 북한에 보내졌다.[39]

사상교육은 북한 주민에게 김일성 지도력의 정당성, 지혜, 유일무이함을 받아들이고 믿도록 고취하는 데 초점을 맞췄다. 믿지 않는 사람들은 '파당주의자'와 '종파주의자'라고 매도되었고, 군사적·정치적 반역자로 비난받았다.[40] 사상교육은 김일성 정책에 도전하거나 반대할 수 없다는 생각을 북한 주민에게 주입하는 것을 의미했다.

당 관료의 역할은 규율을 강제하는 것이었다. 이러한 역할은 군사적 문제가 지배적인 전략적 의제가 되리라 예상되는 전쟁 기간에도 일관되게 강조되었다. 전황이 매우 유동적이고 북한의 패전 가능성이 높아지던 1950년 12월, 김일성은 "적을 무찌르고 승리를 쟁취하기 위해서는 (…) 당 규율을 강화하는 것이 가장 중요한 문제 중 하나다", 규율은 '엄격'하고 '무자비'해야 하며, "당의 통합과 결속에 저해가 되는 사소한 표현에도 강력한 조치가 취해져야 한다"라고 주장했다.[41]

김일성의 군대가 1950~51년에 유엔군으로부터 38선 이북 지역을 되찾았을 때, 북한군이 중국과의 접경 지역까지 후퇴한 후에 미국과 남한에 협조한 것으로 판단된 사람들에 대해 무자비한 보복 조치가 취해졌다. 잔혹함은 북한에 국한된 것은 아니었다. 살해·고문·탄압은 남한 정부의 전시 전략과 행동의 특징이기도 했다.[42] 하지만 조선민주주의인민공화국의 주장은 그것이 혁명적 정의의 실현이라는 것이었다. 조선민주주의인민공화국 공식 역사에서는 북한군이 영토를 재탈환했을 때, 모든 부문의 관료들이 '자유주의와 무책임함 같은 모든 불건전 관행에 대한 반대' 운동을 통해 자발적으로 혁명규율을 준수하게 되었다고 공표했다.[43] 이러한 운동을 실행하기 위해 당은 전국적으로 '인민재판'이라는 관행을 도입했다.[44]

정적 숙청과 대안 근절

한국전쟁 초기에 김일성은 조만식 같은 민족주의 지도자의 잠재적 반대를 근절시켰다. 전쟁 동안 김일성은 잠재적 정적들, 대표적으로 1925년 조선공산당 창립 멤버이자 김일성보다 한반도의 토착적인 사회주의를 대표할 자격이 있는 것으로 남과 북 모두에서 인정받은 박헌영(朴憲永) 등을 탄압하고 숙청하기 위해, 전시 긴급 상황을 구실과 기회로 활용했다. 반김일성 노선의 당 간부들은 1953년 김일성을 박헌영으로 대체하려고 시도했으나, 계획된 쿠데타는 실패했다.[45]

1953년 8월 종전을 앞둔 몇주 동안 김일성은 지도적인 위치에 있던 조선로동당의 간부들이 정부를 전복하려고 했을 뿐 아니라, 미국의 간첩이었음을 '고백'하는 공개재판을 열었다.[46] 김일성의 교시는 해당 당 간부들이 남한에서 일어날 예정이었던 민중봉기를 방해하고 그 기반을 붕괴시킨 반역자들이라는 것이었다. 북한이 주도하는 한반도 통일을 달성하지 못한 책임은, 김일성이 미 '제국주의자들'을 위해 일한다고 비난한 38선 이남 출신 사회주의자들에게 있다는 것이다.[47] 소련에서 스딸린이 주도한 유사한 공개재판처럼, 결과는 잔혹했고 주밀하게 사전에 계획되었다. 12명의 피고 중에서 2명이 사형을 선고받았다.[48] 박헌영은 체포되었지만 1955년 종전 후 2년이 되도록 기소 인정 여부 절차에 부쳐지지 않았다.

김일성은 전쟁 전에 당했던 탄압에서도 간신히 살아남은 기독교 잔존 세력을 포함해서 대안적인 사회·정치적 관점들을 근절시키기 위해 전쟁을 활용했다. 김일성이 교회 재산 몰수와 개별 기독교인 박해 등의 조치를 통해 기독교 지도자들에 대한 탄압에 착수하자 많은 기독교인들이 전쟁 발발 전에 38선 이남으로 이주했다.[49] 김일성은 기독교 공동체와 그 지도자들이 잠재적으로 조직화되어 자신에게 반대할 구심점 역할을 할 수 있다고 생각했다. 북에 남아 있던 기독교도는 계속해서 탄압받았고, 그중 많은 이들이 죽었다. 전쟁이 끝날 무렵 북한에서 기독교 활동은 거의 사라졌다.[50]

국가 건설의 원형(原型), 전시 조직

김일성의 정치적 사고는 자신이 성장해왔던 위계적인 정치체제, 이를테면 단일한 지도자가 일말의 오류도 없는 전지전능한 존재로 재현되는 정치체제에 의해 형성되어왔다. 일제는 조선인들에게 일본 황제와 그 가문이 신과 같은 존재라는 생각을 주입하기 위해 최선을 다했다. 또한 김일성은, 1922년에 권력을 잡아 1952년 사망할 때까지 소련의 최고지도자로 살았던 스탈린의 정치 관행에 영향을 받았다. 스탈린은 교육과 언론매체 등을 포함한 국가 통제 문화기구를 통해 실행되는 개인숭배를 구축했다. 스탈린은 당 기구를 일방적 의사결정 도구로 활용하기도 했다. 그러나 김일성이 획일적 정치에 대한 자신의 비전을 실행할 수 있는 조건을 제공한 것은 결정적으로 한국전쟁이었다.

전쟁이 끝나갈 무렵, 김일성은 최고지도자가 조직 자체보다도 중요시되는 당을 창설하는 데 어느정도 성공했다. 이제 당의 가장 중요한 기능은 최고지도자의 결정을 실천하는 인전대 역할을 하는 것이었다. 종전 직후에, 김일성은 급진적이면서 권위주의적인 개념의 국가를 건설하기 위해 이러한 조직적 실제를 활용했다. 전후 북한은 구속받지 않는 지도자의 권위, 자립정책, 대중동원, 한민족 전체의 민족해방에 대한 전념 등에 기반해 건립되었다.

김일성은 국가가 당과 명목상으로 별개의 기구여야 한다는 생각을 거부했다. 행정부·관료제·군대 등 전통적인 국가 구조와 제도는 전후 북한에서 유지되었으나, 그 기술적인 기능은 군대를 부분적인 예외로 치면 항구적으로 최우선인 정치운동에 흡수되었다.[51] 다른 사회주의 국가들에서도 당은 오랜 기간 동안 특정한 지도자 개인의 조종을 받았다. 하지만 북한에서는 당의 핵심 기능이 김일성의 의지를 실천하도록 조직되는 것이었다. 또한 김일성은 한 개인의 통치권을 중심으로 구축된 체제에 북한 주민들이 순응하게 하려면, 사상적 독려 대신 '혁명규율'을 적용할 필요가 있음을 전쟁에서 배웠다.

한국전쟁에서 북한 주민들은 거대한 민병대로 활동하는 법을 배웠는데, 이러한 활동에서 개인적 야심은 권위주의적 리더십에 종속되었다. 총력전은 전면적인 대응을 필요로 하기 때문에 정치적·사회적 삶은 군사적·경제적 긴급사태라는 요구 아래 포섭되었다. 하지만 김일성은 이러한 전시의 관행을 일시적이거나 극단적인 상황에서 비롯된 불행한 부산물이라고 이해하지 않았다. 대신에 김일성은 이러한 관행을 받아들일 만한 규범이자 정치·경제·사회를 조직하는 효과적인 수단으로 제도화하려고 노력했다. 위계적으로 통제되는 대중동원이라는 전시의 전술은 전후 국가 조직과 기구에 원형을 제공했다. 많은 전시 지도자들이 민족주의적 열정에 고취된 인민의 집중적인 육체노동에 의존하는 전시 동원정책을 채택해왔고, 전후 많은 국가들이 경제 재건을 촉진시키기 위해 인민의 육체적 노력에 의존해왔다. 하지만 김일성은 전후 '자립적인' 북한이 되기 위한 수단으로 더 항구적인 대중동원정책을 염두에 두었다.

　한국전쟁 과정에서 김일성은 중국과 소련의 지원에 의존해야 했다. 중국의 지원은 1940년대 중국 사회주의 민족해방투쟁 과정에서 조선 사회주의자들이 행한 중요한 군사적 기여에 대한 보답의 차원에서 이루어졌다. 신생 사회주의 국가 중국의 국가적 관심과 역사적 의무감이 바탕이 되었던 것이다. 그럼에도 김일성은 '형제적 이타주의'에만 기반하여, 두 사회주의 강국에 항구적으로 의존할 수 있다고 생각하지 않았다. 김일성은 중국과 소련이 북한의 전략적 목표와 항상 일치하지는 않는 자신들만의 전략적 목표를 가지고 있음을 알고 있었다. 중국은 여전히 국가 건설과 내부 정치 투쟁에 여념이 없었고, 소련은 1953년 스딸린의 사망과 이에 따른 상대적인 정치적 자유화로 인해 다른 사회주의 국가에 대한 지원이 더이상 당연시 되지 않았다. 김일성은 전시의 경험을 통해 중국과 소련의 상호 경쟁과 분열이 북한에 유리하게 작용할 수도 있음을 알았다.

　김일성은 전후 국가 재건을 위해 외부의 원조가 필요함을 알고 있었다. 중국은 자신의 국가를 재건하느라 바빴기 때문에 북한에 대규모 경제 원조를 제공할 수 없었다. 소련과 동유럽 사회주의 국가들은 한국전쟁이 끝나고 북한에 경제 원조를 제공할 의사를 내비쳤다. 그러나 원조의 규모가 김일성이 예상했던 현대적인 공업 강국으로 북한을 재건하는 데 도움이 될 만큼 충분하지 않았다. 따라서 김일성의 전략은 중국과 소련으로부터 무상원조를 최대한 얻어내려고 노력했지만, 외부 원조에 전적으로 의존하지 않는 것이었다. 대신 국가 재건은 전시에 발전해온 집중적인 정치·경제·사회적 대중동원에 기대야 했다.

1953년 8월 5일, 종전 후 일주일 만에 열린 조선로동당 당중앙위원회 연설에서 김일성은, 앞으로도 계속 대중동원에 의지하여 전후 경제 재건의 밑바탕이 되는 고된 육체적 노동이 계속될 것이라는 뜻을 분명히 밝혔다. 김일성의 접근 방식에 공감하는 두명의 외국 경제학자의 말에 따르면, 이 발언은 경제 재건이 '고된 노동을 수행하는 노동자, 농민, 관료, 군인 등의 대중동원'에 전적으로 의존할 것이라는 점을 의미했다.[52]

북한 내부의 자원에 의존한다는 것은 중국과 소련이 한국전쟁 이후 북한 건설의 방향에 최소한의 영향력만을 갖는다는 의미였다. 김일성은 독자적으로 우선순위를 정해 국가적인 결정을 내릴 수 있는 전후의 국가 건설을 추진하려고 했던 것이다. 따라서 한국전쟁 직후에 김일성은 정치에서의 자주, 경제에서의 자립, 국방에서의 자위 정책과 이 모든 것을 뒷받침하는 정권의 생존이라는 당연시되는 목표를 강조했다.[53] 김일성은 한국전쟁 기간 전쟁물자를 지원해준 중국과 소련의 기여를 공식적으로 인정했지만, 전쟁 기간 점차로 자신이 가장 중요한 지도자 역할을 했다고 자임했다. 북한의 군사적 실패와 김일성의 정치적 실각을 막아내는 데 기여한 외부 행위자들의 중요한 역할을 소홀히 취급하는 것은, 전후 북한에서 권위와 정당성과 지도력을 가진 유일한 대변자로서 김일성의 위치에 힘을 실어주기 위함이었다.

전후 북한은 일당 국가를 강조하고, 당의 통제기구를 통해 북한 주민들에게 국익을 우선시하도록 강제했다는 점에서 다른 사회주의 국가들과 형식적으로 유사하다. 전후 북한은 당 정책과 관료들을 통해 정부기관을 지배하고 통제했지만, 특이한 것은 정당과 국가 구조의 결합 정도, 수령의 의지에 예속된 정당구조의 제도화 정도, 개인의 삶에서 공적 영역과 사적 영역의 분리를 폐기하려는 노력의 정도였다.

김일성에게 이 정치적 전략은 너무나 당연한 조치였다. 기본적인 교훈은 조선민주주의인민공화국은 공격의 위협으로부터 항상 스스로를 방어할 준비가 되어 있어야 한다는 것이었다.[54] 정치 조직의 주요 목적은 단지 일시적으로 멈추어 있는, 언제든 다시 일어날 수 있는 전쟁에 인민들이 항시적인 준비 태세를 갖추도록 하는 것이었다. 김일성의 정치 조직 개념은 군사 조직과 거의 동의어였고, 정치 조직의 일차적 목적에 대한 그의 인식은 항구적인 전쟁 준비 태세에 있는 국가의용군으로 신체 건강한 주민 전체를 조직하는 것이었다.

전후 절호의 기회

북한 주민들이 일제강점기와 한국전쟁 기간 당했던 희생과 광범위한 고통에 의미를 부여하는 이미지와 관념에 대해 북한 주민들이 보인 즉각적인 반응은 김일성에게 이롭게 작용했다. 따라서 김일성의 영도 아래 국가 건설에 힘을 쏟으라는 독려는 냉소적으로 받아들여지거나 전적으로 회의주의에 부딪히지는 않았다. 다른 대안이 없었기 때문이다. 김일성이 공적인 무대에서 대안적인 목소리와 시각을 근절시킴으로써 정치적 논쟁 자체가 종결되었고, 조직적 노력으로 만들어진 일당체제 때문에 안정적으로 김일성에게 반대할 수 있는 정치적 통로가 없었다.

1950년대 전세계적으로 냉전이 확대됨에 따라, 북한의 가장 중요한 동맹국인 소련과 중국의 전략적 우선순위는 북한을 사회주의 진영에 남아 있게 만드는 것이었다. 두 사회주의 국가들도 국내정치에서는 정치적으로 억압적이어서, 중국과 소련이 김일성을 비판할 일은 거의 없었다. 두 국가 모두 공포와 '혁명규율'을 결합하여 주민들을 통제했기 때문이다. 김일성은 또한 지리적 고립으로부터 이득을 얻었다. 북한은 북쪽으로 중국과 소련과 접경을 이루고 있었다. 한편 한국전쟁 이후 대규모 군사력이 배치되고 지뢰가 매설된, 거의 통과할 수 없는 비무장지대(DMZ)로 남한과 분리될 수 있었다.

민족적 정당성을 위한 계속되는 투쟁

김일성은 전쟁의 목표를 달성하는 데 성공했다고 주장했다. 미국이 일본 제국주의처럼 한반도를 종속된 상태로 되돌리려는 것을 막았기 때문이라는 것이다. 김일성의 지도력이 없었다면 북한은 남한처럼 미국에 점령되어 살았을 것이라는 이야기다.[55] 김일성은 남한의 권력자들이 전적으로 미국에 종속되었고, 남한 주민들은 미국이 통제하는 제국주의 체제에 의해 억압받고 있다고 묘사했다.

김일성은 스스로를 최고지도자이자 한민족 독립운동을 지도한 화신으로 자리매김했다. 전후 민족적 정당성 주장은 주로 북한 주민들을 대상으로 했지만, 이승만을 반대하는 남한 주민들에게 공감을 불러일으키려는 의도도 있었다. 정치이데올로기가 이념·정치·경제·군사 문제에서 자립의 가치에 초점을 맞추는 반면, 한민족의 종족적 민족주의는 여전히 북한 지도층에 핵심적인 정당화 수단이었다.

전쟁은, 정치 조직을 통해 권위주의적인 지도자가 대중동원으로 주민을 통제하고, 완전히 장악한 정당을 통해 자신의 정책을 집행한다는 김일성주의의 비전을 실행할 수 있는 기회와 활용의 장을 제공했다. 김일성의 전시 정치 조직과 철학의 본보기가 전후의 정치·경제·사회 내부에 뿌리내렸던 것이다.

5장

'우리식 사회주의'

휴전협정 이후에도 김일성의 일차적 목적은 여전히 북한의 지도하에 한반도를 민족적으로 통일하는 것이었다.[1] 김일성의 야심은 일상적으로 모든 개인이 최고지도자의 정치적 지시에 예속되는 획일적인 사회에 바탕을 둔 군사강국을 건설하는 것이었다. 사상적 감화를 통해 북한 주민들을 사회주의화하여 자발적으로 순종하게 만드는 것이 목표였지만, 설득에 실패하면 공식적으로 그리고 조직적으로 당·국가·사회 조직이 최고지도자에 예속되는 정치체제를 통해 강제 기제가 발동되었다.[2]

정치적 목표는 북한이 창안하고 후원하며 공표한 주체사상에 분명히 드러나고 공식화되어 있다.[3] 주체사상의 가장 중요한 목적은 북한 국내외 정책에서 최고지도자의 자주성을 정당화하고 지지하는 것이었다. 북한은 '유일한' 지도자에게 배타적 권위와 권력을 부여했고, 사회주의국가 건설 성공에 필수적인 '지도력의 연속성'을 제공하는 것이 바로 김씨 왕조(dynasty)임을 분명히 했다.[4] 주체사상은 국가 건설의 도구로서 물질적 혹은 경제적 보상보다 사상교육이나 정치교육이 갖는 장점을 높이 찬양했다. 외교 문제에서, 주체사상의 과제는 국제 문제에서 특별히 문제될 게 없는 자립과 민족독립의 원칙을 주장하는 것이었다.

북한은 전후 국가 건설에서 소련 모델을 부분적으로 도입했다. 그것은 또한 김일성이 전시동원의 실제 경험을 통해 얻은 교훈의 산물이었다. 김일성은 '우리식 사회주의'를 만드는 일에 착수했다. 목적은, 최고 지도자의 의도와 목표와 관심이 착근되고 실행되는 당·국가·사회 통합체 내부에 김일성의 권력과 권위를 제도화하는 것이었다.[5] 따라서 김일성의 영도력이 유일하게 민족적 적격성을 갖는다고 공표하는 북한의 이데올로기에 따르면, 김일성의 것과 다른 관점은 북한과 한민족 전체에 본질적으로 반역적인 것이었다.

김일성주의의 제도화

표면적으로 김일성은 전통적인 방식의 국가 건설에 전념하는 것처럼 보였다. 김일성은 군대·국가관료제·정부기구를 창설했다. 하지만 전후 북한에서 관료 조직과 행정부는 제도적으로 자율적이거나 기능적으로 독립적인 조직으로 생각되지 않았다. 경제를 관리하는 데 있어서 기술적 기능성과 효율성은 중요했지만 김일성주의의 제도화라는 이념적 목적 앞에서는 부차적이었다.

사회주의 중국이 1949년에 출발하고, 동부 유럽에서는 사회주의 체제가 2차대전이 끝나가는 1945년에야 확립되었기 때문에, 김일성이 활용할 수 있는 유일한 중요한 혁명국가 모델은 소련이었다. 전후 북한은 일당체제의 제도화라는 부분에서 고전적인 사회주의 모델과 공통점을 가지고 있었다. 조선사회민주당과 천도교청우당은, 국가가 후원한 조국통일민주주의전선의 구성원으로서 명목상 존재를 유지했지만, 독립적인 정치적 정체성은 없었고 전적으로 조선로동당의 통제 아래 있었다.[6]

소련이나 동부 유럽 사회주의 국가와 마찬가지로 국가기관들은 당의 명령에 종속되었지만, 조선민주주의인민공화국의 정치철학은 소련과는 달랐다. 북한은 제도 권력의 중심이 지도자에게 있지 당에 있는 것은 아니라고 주장했다. 국가와 당 제도의 일차적 기능은 김일성을 '위대한 수령', 현명한 지도자, 권위의 원천이자 북한의 구세주로 정당화하는 것이었다. 이러한 제도에는 또한 북한 주민이 김일성의 사고방식과는 다른 대안적인 사고방식에 노출되지 않도록 할 책임이 있었다.

김일성은 지나치게 독자 노선을 걷는 군장성들을 숙청했다. 그러고는 항일무장투쟁 시절에 함께 싸웠던 동지들을 포함해 충성심이 입증된 이들을 승진시켜 군대를 면밀하게 통제했다. 김일성은 당의 직책에 군장성들을 임명했지만, 대체로 김일성은 군대가 아니라 당을 통해 통치했다.[7] 고전적인 소련 모델과 마찬가지로 군대는 형식적으로 국내정치에서 분리되고, 제도적으로 당의 의사결정에 종속되었다. 그러나 북한에서 군대는 기본적으로 김일성주의 정책의 존재 이유, 이를테면 한민족의 통일을 위한 최후의 전쟁을 준비하는 데에 핵심적인 중요성을 갖는 것으로 여겨졌다.

군대는 주체사상에 입각한 김씨 가문의 지도력을 보증하는 수단으로서 중요했다. 김정일은 1974년 당정치위원회에서 김일성의 후계자로 지명되어 그 지위의 정통성을 강화했다. 그러나 세습적 지도력을 확보한 것은 점진적으로 군에 대한 통제력을 강화한 뒤였다. 김정일은 일반 병사들 내부에 사상적 충성심을 고취하기 위한 끊임없는 운동을 주장했다. 동시에 김정일은 군대 내부에 김일성의 옛 동지들에 대한 관심을 진작시켰다.[8] 1980년 김정일은 당중앙위원회 군사위원회 위원이 되었고, 1990년에는 북한 국방위원회 제1부위원장이 되어 승계를 강화했다.[9]

당 인전대로서 정부

정부의 의무는 '사회의 모든 구성원들을 소속 계급이나 계층에 상관없이 당을 중심으로 결집시키는 정치 조직' 역할을 하는 것이다.[10] 김일성에 따르면, 정부는 '노동 계급 정당의 가장 포괄적인 인전대' 기능을 하기 위한 조직이었다.[11] 정부 조직은 명백히 당 정책의 전달 수단이라고 명시되었다. 관료들의 주된 일은 당의 공복으로서 지도자의 정책을 실천에 옮기는 역할을 하는 것이었다. 독립적 혹은 기술적으로 객관적인 조언을 주는 것은 정부 관료의 기능이 아니었다. 실제로 어떠한 관료라도 그렇게 하면 매우 위험에 처할 것이었다. 최고지도자의 견해와 다른 견해가 타당하다는 의견을 밝히면 그것은 문자 그대로 최고지도자인 수령의 무오류성에 도전하는 것이고, 반역 행위로 수감되거나 어쩌면 사형을 당할 수 있을 터였다.

김일성 집권기에 통치의 핵심 기관은 내각이었는데, 1972년 정무원으로 명칭이 바뀌었다. 1948년 조선민주주의인민공화국 창건 이후 첫 헌법개정을 통해 내각의 책임을 재정비하면서 내각이 경제 개발의 조정 업무 책임을 맡게 되었다.[12] 각료들은 기능적 책임을 갖는 정부 부처 장관들이었고 이들은 김일성에 의해 직접 임명되었다. 법률적으로 내각은 북한의 최고입법기관인 최고인민회의의 관할 아래 있지만, 최고인민위원회는 드물게 열리고 독립적인 권한도 없었다.[13]

1972년, 김일성은 지방의 행정 절차를 간소화하여 지방인민위원회가 협동농장관리위원회에 흡수되었다.[14] 지방 행정기관은 도와 군/구 수준에서 운영되었다. 도시의 구는 농촌 지역의 군에 해당하는 위상을 가지고 있었다. 도와 군/구 인민위원회의 기능은 중앙당의 정책을 실행하는 것이었다.

보고 체계는 실행기관과 정치기관 전체에 걸쳐 이중화되었다. 당 기구는 지방과 중앙의 규율상 문제와 정치적 문제를 다루었고, 경제적·기능적 보고는 내각에 직접 혹은 간접적으로 보고하는 전담 부처와 경제 부처를 통해 이루어졌다. 1972년 헌법개정을 통해 만들어진 중앙인민위원회에 도인민위원회와 군인민위원회에 대한 형식적인 관리감독권한이 주어졌지만, 이러한 기관의 확장은 3단계 보고 체계로 인한 혼선을 야기했다.[15] 따라서 중앙인민위원회는 다소간 중복적이었고 중요한 권한을 결코 쥐고 있지 않았다(그리고 1998년 김정일의 헌법개정에서 살아남지 못했다).

수령의 지도를 실천하는 인전대로서 당

여러 자료에 따르면, 조선로동당 당원은 1955년 100만명, 1975년 200만명, 1980년대 중반 300만명이었다고 한다.[16] 1975년 북한의 전체 인구가 1500만명이었는데, 인구의 절반이 성인이고 그 절반이 남성이라면, 그리고 북한 사회에서 남녀의 젠더 역할이 보수적이었다는 점을 고려할 때, 성인 남성의 거의 50퍼센트가 조선로동당 당원인 셈이다. 같은 조건이 주어졌을 때 비슷한 비율의 남성 인구가 1980년에 당원이었을 것이다. 따라서 대부분의 가구는 당원인 가족 구성원을 두고 있었고, 따라서 거의 모든 주민이 당의 규율·요구사항·제약에 따라야 했다.

논쟁과 반대의 여지가 없었기 때문에 당은 논쟁과 정책 개발을 위한 틀을 제공할 수도 없었고 하지도 않았다. 대신 당은 사회통제기구가 되었고, 김일성의 명령을 실천하는 인전대로 제도화되었다. 당은 '그(김일성)의 명령과 가르침에 따르는 한 사람처럼 움직여야' 했던 것이다.[17]

김일성은 정책이 소기의 결과를 산출하지 못한 이유가 관료들이 최고지도자의 정책을 널리 알리기보다 '행정적이고 기술적이며 사무적인' 해결책을 제공하는 데 신경 쓰기 때문이라고 끊임없이 문제를 제기했다.[18] 초기에 김일성의 대부분의 문제제기는 농촌정책을 향했다. 농업 인구가 1946년 74.1퍼센트에서 1958년 56.6퍼센트로 감소했지만, 그 영향은 농업 종사 인구에 국한된 것은 아니었다.[19] 새로 도시 지역으로 이주한 일가친척은 모내기철이나 추수철에 일손을 돕기 위해 매년 농촌으로 내려오는 등 농촌 지역과 가족의 끈을 유지했다.[20]

1953년부터 1958년 사이에 협동농장에 소속된 농업 가구가 1.2퍼센트에서 100퍼센트로 증가했다.[21] 협동농장은 기존의 농업 공동체를 합병해서 만들어졌는데, 협동농장 가입은 대체로 강제적이지는 않았다.[22] 협동농장에 가입할 때까지 농민들은 대체로 자기 주도적으로 움직였으며, 자율성을 포기하고 싶어 하지 않았다. 이렇게 마뜩잖은 협동농장 조합원들과 그 가족들은 김일성의 주요한 관심사였다. 김일성은 정치 권력을 구축하고 공고화하는 한편, 한국전쟁 이후 식량 자급자족이라는 중요한 목적을 달성하려고 노력했기 때문이다.[23] 김일성은 농업생산에서의 실패가 정치 분야의 '결함' 때문이라고 주장했다.[24] 당 관료들은 '행정적이고 사무적인 방식으로' 활동한다고 비난받았다.[25] 따라서 김일성은 농업 부문을 당의 세부 원칙을 재구성하는 데 새로운 출발점으로 삼았는데, 그 목적은 불만이 많은 농촌 거주자들이 식량 생산 목표량 달성을 지체시키거나, 더 나쁘게는 고의적으로 방해할 수 없도록 하는 것이었다.

1960년 2월 김일성은 평안남도 강서군 청산협동농장을 방문했다. 여기서 김일성은 당 관료들이 주민들과 함께 직접 일할 것을 제안했다.[26] 당위원회들은 농장을 비롯해 작업장에서 지도적인 역할을 해야 한다는 것이었다.[27]

농민들로부터 얻은 기술적 조언은 새로운 '청산리 방법'으로 통합되었지만, 결정은 당의 지령에 따라 이루어졌다. 청산리 방법은 농업 부문에만 적용된 것은 아니었다. 당 기관들이 모든 작업장에서 정치적 지배력을 가지고 있어야 한다는 메시지였던 것이다. 청산리 방법은 세부 원칙을 통해, 정치적 명령은 기술적 문제와 정치적 방법을 통할한다는 규범이 경제 발전의 수단으로 기술적 혹은 전문적 기구들보다 궁극적으로 더 중요함을 확고히 했다.

당은 모든 작업장에서 의사결정을 통제했고 그 과정에서 북한 주민의 노동생활과 사회생활을 통제했다. 먹고 자는 것을 비롯한 모든 복지는 청산리 방법에 따라 당이 관리하는 사업체의 책임이었다. 당은 개인 생활의 모든 측면을 통제했다. 환자와 장애인 연금 수급자를 제외한 모든 신체 활동이 가능한 성인들은 임금노동자로서 일하게 되어 있었고, 직장에 다니지 않는 사람들은 식량배급을 받을 수 없었다. 모든 성인들은 취업이 보장되었다. 그러나 직업이 당 당국에서 할당되었기 때문에 사회적·지리적 이동에 제약이 따랐다.

청산리 방법은 당의 권위를 인정했지만, 지도자의 권위를 떠받치는 인전대로서만 인정한 것이었다. 김일성은 '반관료제' 운동을 실행했고, 이는 당 관료들의 독자적인 사고에 제약을 가했다.[28] 작업장의 모든 구성원이 참가해야 하는 총화 모임이 적으면 일주일 한번 많으면 매일 정기적으로 모든 작업장에서 열렸다. 노동자는 김일성의 업적을 배워야 했고, 모임에서 그것을 암송해야 했다. 일반 주민과 당원은 서로를, 그리고 당 관료를 비판하도록 독려받았다. 실제에서 총화는 참여에 소극적이라는 비난을 피하는 정도의 사소한 잘못을 인정하는 식으로 발전했고, 고위 당 관료를 비난하는 것은 여전히 위험한 행동이었다.[29] 이러한 조직상의 장치는 과장된 충성 경쟁을 부추겼고, 지도부의 권력을 강화했다. 또한 독자적인 정책 노선을 취할 수 있는 사람들을 배제하는 데 도움을 주었다. 대안적인 관점을 드러내는 것은 극히 어렵고 위험해졌다.

이러한 끊임없는 반관료주의 운동은 김일성의 명령 이외에 어떠한 종류의 권위도 부상하지 못하도록 하기 위한 것이었다. 독립적인 전문가적 자문이라는 생각은 정치적으로 의심받았다. 최고지도자 수령의 정치적 명령보다 기술적 효율성이나 공정성을 높이 평가하는 행위가 발각되면, 그러한 개인들은 '관료적'이라고 비난받았다. 기술적 문제에 대한 영웅화된 개인들과 지역 공동체의 즉각적인 해결을 찬양하는, 계속된 '반관료화' 운동이 쓸모없는 관료화 경향에 맞대응할 수 있으리라 생각되었다.

당 정책이 최고지도자 수령의 지도를 '구현하는 것'으로 이론화됨에 따라 청산리 방법을 통해 김일성의 권위가 당 조직 안과 위에 자리를 잡았다.[30] 당은 국가기구와 작업장에 대한 통제와 감독 수단을 제공했지만, 그것은 어디까지나 '위대한 수령'의 도구로서였다. 당의 목적은 '위대한 수령의 드높은 뜻'을 받드는 것이었다.[31] '당 건설의 기본 노선과 당의 주요 과제'는 '일원적 지도력'과 '유일사상체계'를 강화하고 '적극적으로' 홍보하는 것이었다.[32] 당의 기능은 반복적으로 강조해서 수령의 정책을 실행하는 데 있었다. 수령의 생각만이 당, 나아가 전체 국가와 사회에 명령을 내릴 수 있다는 점을 확고히 해왔다.

당원들은 정치적 충성도와 계급 그리고 일제나 미국 같은 적성국과 추정되는 관계에 따라 분류되었다.[33] 이러한 분류는 혈연관계 혹은 단체나 직장에서의 연줄관계일 수 있었다. 실제적인 혹은 인지된 정치적 신뢰성에 대한 조사결과가 당 문서에 기록되었다.[34] 따라서 당은 수백만 당원에 대한 감시기구로 발전해왔다. 1967년 김일성은 당중앙위원회에서 일원화된 사상적 지도력의 필요성을 상세히 설명했다.[35] 그는 유일지도체제에서 당과 사회가 당 '중추로서의 수령'에 종속됨을 강조했다.[36] 일원화된 지도력은 당의 지도력이 아니었고, 특정한 지도자에 의한 독점적인 지도력이었다. 당 전체의 의무는 '당 내에서 지도자의 사상적 우위를' 보위하고 지키는 것이었다.[37] 1974년 김일성은 유일사상을 강조하면서 당 관료, 당원, 당 조직이 '당 중앙의 단일한 지도 아래 한 사람처럼 행동해'야 함을 역설하는 데 노력했다.[38] 1974년 연설에서 '당 중앙'은 김일성을 가리킨다. 당 중앙이라는 개념은 점점 김일성의 아들이자 사실상의 정치적 후계자인 김정일을 가리키는 말로 사용되었다.[39] 이는 모순적인 용법이 아니었다. 1970년대에 북한의 이데올로기에서 지도력의 연속성은 권력, 권위, 정통성과 전지전능함의 근원이 김씨 가문의 왕조적 정통성이라는 개념을 통해 확립된 것으로 이론화되었기 때문이다.[40]

대중동원과 사회의 병영화

김일성은 새로운 국가는 항구적인 주민동원에 의해 만들어져야 하고, 주민동원을 당이 매개하며, 당은 지도자의 절대적인 권위에 의해 통제되어야 한다고 생각했다. (조선로동당의 외곽단체인) 대중조직은 수령의 정책을 실천하는 인전대로 행동할 것이 기대되었다. 대중은 조직화될 '책임'이 있었고, 명령, '지도' 그리고 결속력을 제공하는 것은 수령 '뿐'이었다.[41] 좀더 진전된다면 대중을 거대한 운동세력으로 통합해 그속에서 개인생활과 시민생활은 공적인 문제가 되고, 전체 주민이 '자발적으로' 자신의 개인적 행복보다 북한을 강대국으로 만든다는 목표를 앞세우도록 하는 것이었다. 김일성은 '공산주의 낙원'이라는 새로운 유형의 미래 사회를 만들기 위함이라는 정치적 수사를 통해 강제적인 참여와 시민생활에 대한 통제를 정당화했다.[42] 현재의 희생이 미래 세대에게 보상을 가져다 줄 것이라는 약속이었다.

김일성은 사망하기 1년 전인 1993년 12월에 '북한의 모든 사람은 특별한 정치 조직에 소속되어 조직생활을 하고 있다'고 자랑스럽게 공표했다.[43] 문자 그대로 인민 전체, 즉 활동을 할 수 있는 성인뿐 아니라 아이와 노인도 위계적으로 구성된 대중조직에 가입되어 있다는 것이었다.[44] 정치적으로 가장 중요한 조직은 청년 조직(사회주의로동청년동맹), 조선민주여성동맹, 조선농업근로자동맹, 조선로동조합총련맹 등이었다. 대중조직은 경제개발, 준군사훈련, 사회통제의 수단이었다. 그리고 이 모든 활동들은 김일성주의 이데올로기를 반복하고 강화했다.

작업장과 교육의 책무는 준군사훈련, 국가 방역 활동, 대규모 스포츠 이벤트, 마을 청소 등의 대중동원 활동에서 두번째 우선순위를 차지했다. 참가하는 주민들은 작업장이나 학교에서 그들이 원래 해야 하는 일을 수행하는 동시에 종종 육체적으로 상당한 노력을 요하는 대중조직 활동에 참여했다.

대중조직의 구성원이 모두 당원은 아니지만, 그 지도자는 항상 당 관료였다. 대중조직은 당에 소속되었는데, 당의 역할은 조직적이고 이데올로기적이었다. 이를테면 활동을 조직하고, 대중조직 구성원들이 수령이 부과한 임무를 수행하도록 촉구하는 것이었다. 각각의 모든 활동에서는 김일성과 김정일의 저작과 본보기가 되는 활동을 읽고 토론해야 했다. 이는 의도적으로 지도층의 패권을 강화하기 위함이었다. 대중조직의 활동에는 항상 슬로건·깃발·음악·학습시간이 동반되었다. 이런 것들은 김일성으로 현시되는 지도층이 인민들에게 돌아가는 모든 혜택을 몸소 책임지며, '제국주의자' 같은 외부 세력과 개조되지 않는 '종파주의자' 같은 국내 세력은 북한 주민들이 당하는 고통에 책임져야 한다는 생각을 북한 주민들에게 주입하는 데 활용되었다.

대중동원은 준군사적 방식으로 제도화되었고, 북한 주민들은 명백히 불합리한 명령도 받아들이는 데 익숙해졌다. 군사화된 업무 방식은 일을 처리하는 데 혁신을 장려했지만, 동시에 전략적인 창의성을 막았다. 북한 주민들은 자신이 잠재적 위험으로 인식되지 않도록 신중하게 행동하는 것이 중요했기 때문이다. 비효율성, 불합리한 과정, 결과는 문제되지 않았다. 이런 것들을 문제시할 경우 위대한 수령을 암묵적으로 비판했다며 형사 처벌을 받을 수 있었기 때문이다. 전략적 결정을 문제 삼는 것은 반민족주의적이고 반애국적인 것으로 해석될 수 있었다. 결과적으로 위계적인 통치문화가 강화되었다.[45]

대단히 사소하거나 일상적인 수준을 제외하고는 작업장이나 이웃 등의 사회적 단위에서 수평적인 소통이 동시적으로 존재하기 어려웠고, 의사결정은 수직적 권위의 체계를 통해 이루어졌다.[46] 전투원의 신체적 안전을 보호하기 위해 작전의 일부 혹은 전부를 비공개에 붙이고 전투를 벌이는 유격전 전통에서 발전해온 관행들이 당과 대중조직이 활동하는 방식의 일부가 되었다.[47] 북한 주민들은 규범, '상식'으로서 비밀엄수 문화 안에서 사회주의화되었다.

사상교육

김일성은 북한 주민들에게 혁명사상을 주입할 수 있는 당과 국가 기구의 역량이 정치적 성공에 핵심적이라고 보았다.[48] 그 목적은 개인주의적 욕망을 접고 국가 건설이라는 국익을 위해 오랜 시간 매진할 수 있게 북한 주민들을 사회주의화하는 것이었다. 선택된 수단은 주체 ── 주인 혹은 통치자를 나타내는 주(主)와, 몸 혹은 본체를 나타내는 체(體)가 결합된 신조어로 종종 영어로는 'self-reliance'로 번역된다 ── 사상의 개발·보급·주입이었다. 이 강령은 북한 주민과 당이 '몸'이고, 그 '주인'이 수령이라는 점을 구체화해 전달하려고 했다.[49]

김일성은 소련 및 중국과 거리를 두기 위한 수단으로 그리고 북한이 강대국 후원국들로부터 독립하여 발전할 필요성을 강조하기 위해, 1955년 주체사상을 이론화했다. 주체사상은, 김일성이 1965년에 비동맹국가로부터 북한에 대한 지지를 끌어내기 위해 인도네시아에서 행한 연설에서 상세히 말하기 전에는 거의 언급되지 않았다.[50] 김일성의 연설에 포함된 주체사상은 모호한 자립정책 수준의 이야기였고, 이는 당시 많은 비동맹국가들이 주장하던 바와 흡사했다.[51] 북한의 사상가들에 의해 개발된 주체사상은 국내 정치·경제·사회가 어떻게, 그리고 왜 수령이 주도하고 당이 중심이 되는 대중동원 전략을 중심으로만 건설되어야 하는지를 되풀이하여 말한다.[52] 주체사상은 '인간은 자신의 운명의 주인'이지만 수령이 인민의 요구를 담아내는 저장소이자 '인민의 최고 두뇌'요, '사회-정치적 유기체의 두뇌'에 해당한다는 것을 역설한다.[53] 다음으로 당은 '인민을 지도자를 중심으로 한 사회-정치적 유기체로 결집시키는' 데 중추적인 기능을 한다.[54] 당의 역할은, 수령이 전지전능하며 누구나 복종해야 하는 존재라는 중심 사상을 인민들에게 주입하는 것이다.

주체사상은 국제정치에서 민족적 자율성을 공식화하고 정당화했다. 북한의 지도부가 동맹국들인 중국과 소련에 원조, 교역, 군사적 지원을 간청할 때조차도, 별개의 민족적 이익에 기초하여 결정을 내릴 권리가 있음을 공표했다. 주체 강령이 발전할 수 있게 뒷받침하는 것은 김일성의 인식이었다. 김일성은 북한이 경제적으로 발전하고 주권국가의 위상을 유지하기 위한 다른 선택권이 거의 없다고 보았다. 중국과 소련이 북한에 실질적인 경제 지원을 제공할 능력과 의향이 항상 있는 것은 아닐 터였다. 그럴 경우, 김일성은 자본주의 국가로부터 자본과 기술을 얻어오기 위해 국제정치에서 타협을 해야 하거나, 대체물로 북한 주민들의 육체노동에 의존해야 할 것이다. 그러나 서구와 북한은 서로 관계 개선에 대해 관심이 없었다. 따라서 '김일성주의' 혹은 주체사상을 통치이론으로 체계화해서 제도화하려는 노력이 끊이지 않았던 것이다. 북한 주민들에게 김일성의 정책이 올바르며 다른 대안은 없다는 점을 납득시킬 필요가 있었다.

일부 정치적 수사는 한국의 문화적 비유에 의존했다. 가장 뻔한 것은 김일성이 유교사상에서 복종해야 하는 '아버지'였다는 점이다. 하지만 북한의 이데올로그들은 주체사상이 과학적이고 합리적이라고 주장했다. 그들은 맑스-레닌주의에 경의를 표하지만, 주체사상은 다른 사회주의 강령들과 구별되고 그보다 더 선진적이라고 주장했다.[55] 북한의 간행물에서는 주체사상이 북한에서 만들어졌지만, 보편적으로 적용할 수 있다고 주장했다.[56]

이데올로기 전파 수단

김일성과 그의 가문이 민족의 독립을 앞당기는 데 애국적으로 기여했기 때문에 역사적 정통성을 가진 유일한 지도자로서 적임자라는 메시지가 사회·문화 생활에 배어들었다. 이런 메시지는 탁아소부터 시작해 유치원과 초·중등 교육기관, 대학, 보건 및 사회 서비스 분야, 문학, 춤, 음악, 미술, 영화 등 광범위한 문화 부문, 그리고 모든 작업장을 통해 전달된다. 교육과 문화 정책은 명백하게 국가이념을 주민의 사고에 주입하기 위한 것이었다.[57] 아이들은 북한의 성취가 김일성 정책의 결과라고 찬양하는 노래를 배웠다. 모든 매체에서, 즉 영화, 텔레비전, 포스터, 신문, 노래, 춤, 악극, 소설, 교과서 심지어 보건 메시지까지 김일성과 그의 가문을 독립한 조선의 창건자라고 찬양했다. 이데올로기와 무관한 문화적 생산물들은 국가 이데올로기에 도전하는 메시지가 포함되어 있지 않다면 금지되지는 않았다. 그럼에도 문화적 생산물의 임무는 이데올로기적 메시지를 전달하는 것이었다. 영화와 음악은 광범위한 대중에게 선전(propaganda)과 오락을 제공했다.

교육은 북한 주민들에게 전문적인 기술뿐만 아니라 김일성주의의 목적과 개념을 사회주의화를 위해 전달했다.[58] 교육 커리큘럼은 김일성 가문과 김일성주의 정치체제에 대한 복종과 존경을 주입하도록 개발되었다. 유치원에서 아이들은 김일성 가문의 신화가 담긴 교재로 읽고 쓰고 셈하는 법을 배웠다. 김일성주의 이데올로기의 맥락에서 주민의 의무를 전달하는 필수적인 방법인 '도덕' 수업은 유치원에서 시작하여 초·중등 교육까지 계속되었다.[59] 소학교에서 어린이들은 '김일성의 유소년 시절' '김정일의 유소년 시절'에 관한 과목을 들어야 했다.[60] 교육 시간의 약 10퍼센트가 김일성과 그의 가문의 삶과 업적을 배우는 데 할당되었다. 하지만 커리큘럼의 다른 부분, 가령 국어·역사·지리 과목 또한 김일성의 삶과 업적을 교과서의 예제로 사용했다.[61]

정치화된 교육은 7세에서 13세 사이의 아이들을 방과 후에 조선소년단에 동원되는 것으로 구성되었다.[62] 소년단 활동은 모든 공동체 성원들이 공동체 전체 이익을 위해 행동하는 이타적 태도를 강화시켰다. 그러한 활동에는 해충 구제 돕기, 도로변 식목 돌보기, 채소 재배 돕기, 토끼 같은 작은 가축 돌보기 등이 포함되었다.[63] 이런 활동은 힘든 육체노동을 요구하는 것이 아니기에 그 자체로는 특별히 문제가 되지 않고, 어떤 경우에는 아이들에게 재미있는 행사가 될 수 있었다. 하지만 이 활동에서 핵심은 활동에 수반된 사회주의화와 관련된 메시지였다. 아이들은 당 관료이기도 한 교사와 자원봉사자의 지도 아래 집단으로 활동하는 법을 배웠다. 이런 활동에 수반되는 메시지는 김씨 가문의 현명한 지도력에 대한 분명한 경의를 포함했다.

김일성 시대에 북한은, 공식 매체들을 억압하는 다른 권위주의적인 사회주의 국가를 빼면 외부의 영향으로부터 거의 차단되어 있었다. 대다수의 아이들에게 이런 이데올로기 지향적인 교육 커리큘럼이 자기가 살고 있는 세상에 관한 유일한 정보원(情報源)이었다. 커리큘럼은 정치적 메시지로 가득 차 있었고 모든 아이들은 생후 수개월부터 탁아소를 비롯한 교육기관에 다녔기 때문에 국가 이데올로기의 영향을 피할 수가 없었다.[64] 어린 자녀를 둔 여성들이 임금노동자로 일할 수 있도록, 교사들이 교수법 훈련을 받았고 학생-교사 비율은 낮았으며, 정책적으로 (출석이 의무는 아니지만) 아이들이 탁아소에 다니는 것을 장려했다.[65] 유치원과 초·중등 의무교육에서는 출석이 의무적이었고, 여기서 학생들은 김일성주의 커리큘럼을 다시 한번 따라야 했다.

영화산업에 대한 김정일의 개인적 관심은 널리 알려져 있다. 그러나 문학·건축·음악을 비롯한 광범위한 문화적 생산물에 김정일이 끼친 영향은 충분히 이해되지 못했다.[66] 김정일이 1964년 조선로동당 선전선동부 고위직에 임명된 후 예술과 문화 분야는 김정일이 지도했다.[67] 그의 지시로 혁명 사극이 집필되었고, 아버지 김일성의 기념비가 세워졌으며, 항일무장투쟁을 찬양하는 대중적인 가극과 음악과 영화가 창작되었다. 김정일은 문학에서는 소련으로부터 기법을 빌려왔고, 유럽과 식민지 시절 일본으로부터 음악 형식과 영화 기법을 빌려왔다. 하지만 아

방가르드적 접근 방식은 허용되지 않았다.[68]

많은 문화적 생산물이 교훈적인 것이 압도적으로 많았지만, 그렇지 않은 것도 있었다. 아이들과 성인들은 동화에서 민담까지, 로맨스 영화에서 역사물까지 꽤 다양한 문화적 생산물을 접할 수 있었다. 모든 어린이를 대상으로 한 매체에 김씨 가문에 대한 직접적인 언급이 포함된 것은 아니었다. 동화, 역사적 사건 묘사와 민담 해설에 모든 우화의 표준적인 도덕적 메시지, 예컨대 착한 일하기, 어른들 돕기, 열심히 일하기 등이 담겨 있었지만 말이다. 이런 메시지는 '공동체에 대한 존중'이나 '개인적 야심을 드러내지 않기' 같은 주체사상의 메시지와 공명했다.

북한에서는 중요한 시도도 이루어졌다. 할리우드 블록버스터를 모방하는 한편, 남한 상업영화의 기법을 차용해 관객인 북한 주민들에게 호소하려는 시도 등이 그것이다.[69] 북한에서 영화관을 찾는 관객 대부분은 로맨스, 스펙터클, 무술과 공포 영화의 요소가 들어 있는 대중적인 영화를 봤다.[70] 국가는 영화·음악·노래가 혁명적 메시지를 전달해야 한다고 강조했지만, '혁명적'이라고 간주되는 것에 대해서는 허용의 폭이 넓었다. 항일무장투쟁 혹은 '위대한 수령'의 생애에서 일어난 사건처럼 더 명백히 정치적인 주제뿐 아니라 로맨스나 우화도 예술품 생산의 초점으로 허용되었다.

음악·노래·춤은 일찍부터 탁아소·유치원·학교 커리큘럼에 도입되었고 계속해서 대중문화의 기반을 제공했다. 보편적인 교육을 받은 성인은 노래를 부르면서 공식·비공식 행사를 마치곤 했고, 보통 즉석에서 다양한 레퍼토리를 택할 수 있었다. 영어를 사용하는 외국인들은 아일랜드 원곡인 「데니 보이」(Danny Boy)를 한국어로 번안한 노래가 북한에서 감동적으로 불리는 것을 듣고 놀라곤 한다.[71] 북한은 물론 남한에서도 많은 사람들이 부르는 「아리랑」 같은 민요는 「김일성 장군의 노래」만큼이나 자주 들을 수 있다. 가라오케는 북한에서 인기가 있고, 술집이나 식당에서 힘차게 들려오는 노랫가락에 「반갑습니다」 같은 현지의 '고전'이 포함되기도 하지만, 엘비스 프레슬리의 「러브 미 텐더」(Love Me Tender)나 마이클 잭슨의 「힐 더 월드」(Heal the World) 등이 포함될 수도 있다. 김정일의 주체사상 메시지에는 따라서 비정치적 오락을 허용하는 약간의 포퓰리즘(populism)이 혼재되어 있었다.

물론 정치적 비판은 어떠한 예술 분야에서도 표현될 수 없었고, 주제와 내용에 관한 엄격한 검열이 절대적인 원칙이었다. 모든 문화적 생산물은 국가가 검열했으며 잠재적으로 국가에 비판적이거나 반대하는 작품을 생산할 가능성은 없었다. 외국 작가가 쓴 순수문학작품은 도서관에서만 찾을 수 있었고 외국 '고전' 번역물은 일반 대중용으로 생산되지 않았다.[72] 그럼에도 러시아 영화가 종종 TV에서 방송되었고, 유럽과 미국의 고전음악과 팝 음악을 식당과 술집에서 종종 들을 수 있었다. 북한의 국가사회주의화는 정치적 검열에 국한되지 않는다. 국가의 문화적 명령에는 다소 청교도적인 경향이 있었다. 추상예술 작품과 누드 묘사는 북한에서 허용되지 않았다.[73]

신문·저널·잡지·라디오·TV 등 모든 매체는 국가의 통제 아래 있었다. 메시지는 집요할 정도로 김씨 가문을 미화하고, 국가 재건에 참여하며 전쟁을 준비해야 하는 북한 주민의 의무에 초점이 맞춰졌다. 뉴스 매체는 역사적으로 북한의 적이었던 자들, 특히 미국이 보여준 비인간적 본성을 강조했다. 미국이 한국전쟁에서 북한 주민을 대상으로 '잔인무도한 방법'을 사용했다고 반복해서 언급했다.[74] 김일성은 모든 잔혹 행위가 미군과 남한에 의해서만 저질러진 것으로 묘사했다. 모든 세대의 북한 주민들은 미국에 대해 정상적인 인간적 감정을 느낄 수도 없고 인간 사이의 교감도 불가능한, 피에 굶주린 괴물이라는 말을 들었다. 북한 주민들이 항상 경계하지 않으면 이와 똑같은 살육을 다시 한번 맛보게 되리라는 메시지였다. 한편 북한의 선전선동 매체들은 남한 민중과 정부를 구별했다. 남한 정권은 미국의 꼭두각시로, 남한 민중들이 정부를 끊임없이 타도하기 위해 애쓰고 있기 때문에 이들을 학대한다고 주장했다.

국가와 사회의 단일한 통합 실패

다른 정치적 관점이 존재하지 않았기 때문에 최고지도자 수령 주도의 대중동원이라는 김일성식 모델의 토착화와 수용이 용이했다. 사상교육은 정부가 다른 정보 출처를 통제함으로써 강화되었다. 외국 신문·서적·영화나 외국의 문화적 생산물도 북한 내에서 사거나 팔 수 없었다. 정부는 시청각 장비를 엄격하게 통제해 라디오와 TV에서는 정부 채널만 나왔다. 신임받는 소수의 사람만이 직업상 이유로 혹은 유학생 신분으로 해외에서 생산되고 출판된 자료에 접근할 수 있었다. 대학생들은 대학도서관에서 외국 출판물에 접근할 수 있었지만, 정부는 승인받지 않은 정보 출처에 대한 무단 접근 가능성을 차단하기 위해 외국인 방문객과의 접촉을 제한했다.

김일성은, 구조적으로 그리고 역사적으로 가족과 사회적 유대감에서 비롯된 공동체 결속이라는 잔재의 덕을 보았다. 예컨대 공동체들은 가정과 작업장 건설이라는 목적을 달성하기 위해 함께 일했다. 처음에는 북한 주민들이 이러한 노력에 대한 보상을 받았다.[75] 집이 지어졌고, 농업이 회생했으며, 새로운 중공업 부문이 발전했다. 정치적 자유는 어차피 한번도 경험해보지 못했던 것이었다. 그러나 급속한 경제 성장, 보건, 주택, 교육 여건 향상을 통해 가시적인 발전이 이루어졌고, 처음에는 민족독립을 위한 성공적인 싸움으로서 가치가 충분하다고 보였기 때문에 민족적 자긍심이 생겨났다.

대도시 밖에서 당 규율은 당 관료와 당원이 지역 공동체에 사실상의 책임을 지는 방식으로 개선되었다. 수백만명의 당원들 대부분과 수만명의 관료들 중 많은 이들은 자신들이 일상적으로 접촉하는 주민들과 생활수준이 비슷했다. 이는 당 관료들이 평양의 정치적 명령을 마음대로 따르지 않는다는 것을 의미하는 것이 아니라, 그들이 가족 등으로부터 생활과 생계를 향상시켜야 한다는 현장의 압력에 끊임없이 시달렸다는 것을 의미했다. 이러한 압력은 징계까지 필요 없는 경우에 당 규율을 덜 엄격하게 적용하는 경향을 유도했다.

김일성의 지도에 대한 당의 충성을 드높이는 일에 끈질기게 집중했다. 이는 반대로 보면 김일성이 '단일한 통합'을 성취하는 데 완전히 성공하지는 못했음을 시사한다. 당이 국가에 대한 확실한 정치적 통제력을 확립한 후 1969년까지 김일성은 당이 매우 빈약한 당원 명부를 가지고 있고 당원들에 대해 체계적으로 정리한 믿을 만한 자료가 없다고 문제를 제기했다.[76] 김일성은 관료들이 일을 제대로 하지 않는다고 주기적으로 매섭게 비판했다. 1971년 김일성은 일부 관료들이 '자동차 업무방식'을 채택했다고 비판했다. '운전하다가 부하나 작업자들을 만나, 차를 세우고 몇마디 묻고 그냥 다시 운전하고 가버린다'[77]는 것이었다. 이렇게 관료들이 일을 제대로 안한다고 주기적으로 열변을 토한다는 것은, 정치범 수용소를 활용했음에도 불구하고 정치적 반대자들을 처벌할 수 있는 국가의 능력에 한계가 있음을 보여준다.

1986년 김일성은 당 간부들의 기강을 유지하기 위한 노력이 계속되고 있음을 인정했다. 그는 간부들이 더 공부할 필요가 있다고 문제를 제기했고, 당 규율을 준수할 필요가 있다고 경고했다.[78] 당원들은 "그들의 태도를 바로잡고 적극적으로 (…) 당 활동 규정이 요구하는 대로 열성을 다하여 당 활동을 하는 습관을 들여야" 한다는 것이었다.[79]

혁명규율

궁극적으로 김일성은 '혁명규율'의 이행을 통해 정책을 집행했다. 과거 사회주의 지도자인 박헌영은 1955년 12월 사형을 언도받았다.[80] '국내 사회주의자'뿐 아니라 소련이나 중국 사회주의자와 연계된 조선의 혁명가들 — 그러나 주로 38선 이남에서 정치 활동을 한 이력이 있는 자들 — 은 체계적으로 제거되었다.[81] 1950년대 말 김일성은 잠재적 정적들을 차례로 죽였지만, 자신의 지도력에 대한 잠재적 반대를 끊임없이 두려워했다. 김일성은 1960년대 이후 정기적으로 고위 당 관료와 저명한 군장성을 제거하고 교체했다.[82] 김일성은 김정일의 정치적 승계를 원활히 하는 데 집중할수록 계속해서 반대파를 숙청했다.[83]

대부분의 북한 주민은 일과 학교와 당이 주도하는 활동에 참가하는 것 자체만으로도 물리적 시간이 부족했기 때문에, 정권에 도전이 될 수 있는 활동을 할 기회나 동기가 거의 없다고 봐야 했다. 모든 가구는 이웃에 거주하는 몇개의 가구를 묶은 작은 단위인 인민반에 배치되었다. 인민반의 책임은 예방보건 활동과 지역 청소 같은 무색무취한 일에 참여하거나, 정치적으로 의심스러운 활동을 하는 이웃을 감시하는 것이었다.[84]

방대한 이데올로기 기구가 실패하면 군대·경찰·보안기관 등 광범위한 권력기관이 김일성주의 정책의 집행을 위해 동원되었다.[85] 법률 및 형벌 제도는 민·형사 범죄자들뿐 아니라 정치적 반대자들도 처벌할 수 있었다.[86] 일제강점기의 관행, 이를테면 '사상범' 처벌과 연좌제 등도 김일성주의 정치 조직체에 남아 있었다.[87] 김일성은 '혁명규율'을 구축하는 과정은 대를 이어 가족이 책임지는 것이라는 생각을 유지했다. 따라서 북한 주민에게 정치적 지위의 상실은 개인과 가족 모두에게 대단히 부정적인 결과를 가져올 수 있었다. 최악의 경우, 범죄자로 판정받은 개인은 가족과 함께 '시골' — 외딴 지역으로 유배되는 다양한 수준의 징벌적 추방을 표현하기 위해 북한에서 사용되는 완곡어법 — 로 이주해야 했다.[88] 덜 심한 경우에도 개인은 지위가 낮은 일자리를 받아들여 더 적은 임금으로 더 고되게 생활해야 했다.

형벌 제도의 관리와 운영은 여전히 불투명하다. 북한이탈주민의 진술에 따르면 북한 곳곳에 노동교화소가 방대하게 설치되어 있다고 한다. 노동교화소의 목적은 정치범과 그 가족들을 모멸적이고 모욕적인 상태로 투옥하는 것이었다.[89] 가장 잘 알려진 곳 가운데 하나가 함경남도에 있는 요덕수용소이다. 함경남도는 1993년 기준 1제곱킬로미터당 26명이 살고 있을 정도로 인구밀도가 낮은데, 요덕수용소에는 3만 7000명이 수용되어 있는 것으로 추정된다.

영아 살해, 수감자를 대상으로 한 화학 실험을 비롯해 극단적인 학대에 관한 이야기는 북한 인권 침해 담론의 일부가 되었다. 일부 북한이탈주민들은 간수와 보안요원들의 조직적인 고문과, 히틀러의 나치 같은 행동 등 끔찍한 경험담을 이야기했다. 북한 정권이 독립된 외부 참관인들에게 교정 시설에 대한 접근을 허용하지 않기 때문에, 실제로 숨기는 어떤 것이 있는 것 아닌가 하는 의심을 산다.

감옥의 상태는 북한 사회에서 가장 빈곤한 지역과 비슷할 가능성이 컸다. 이는 수감자들이 영양실조와 질병의 항시적인 위험 속에서 극히 열악한 상황에 있음을 의미했다. 정치범 수용소와 노동교화소의 차이는 강제노동수용소를 포함하고 있는지 여부는 아니다. 북한에서 병들고 나이 든 사람을 제외하고 투옥된 사람을 포함하여 모든 성인들은 일해야만 했기 때문이다. 중요한 차이는 정치범의 석방은, 정치적이고 따라서 자의적이지만 공식적인 의사결정의 문제였다는 것이다.[90]

소련을 비롯한 다른 여러 나라에서도 수감자들을 탄광이나 농장으로 보내 일을 시켰다. 북한은 이를 보고 감옥 시스템을 만들었다. 노역을 위해 보내진 죄수에 관해서는 믿을 만한 통계가 거의 없지만, 고향에서 추방된 사람들에게 그 상황은 거의 참을 수 없었을 것이다. 심지어 노동교화소 작업에 익숙한 현지 주민들에게도 탄광이나 가난한 농촌 지역의 생활 여건과 노동 조건은 열악한 것이었다. 고된 노동과 궁핍은 도시 생활에 익숙한 어느 누구에게도 엄청난 고통이었을 것이다.

외교정책에서 주체사상: 은둔국가의 신화

김일성에게 외교정책에서의 주체사상은, 국제법에서 국가들이 역량의 관점에서 서로 불평등하다고 할지라도 형식적으로는 서로 평등하고 독립적이라고 규정한 국제적 국가주권규범과 유사한 어떤 것을 의미했다.[91] 주체사상은 동맹관계 모델을 포기하거나 국제적 권력관계에 대한 무시를 의미하는 것이 아니었다. 세계에서 차지하는 북한의 상대적 권력에 관한 실용적 이해를 밑에 깔고 있는 것이었다. 북한은 두개의 냉전 초강대국과 동맹을 맺은 많은 약소국가들 중 하나였다. 북한은 국제적 개입으로부터 보호받기 위해 소련의 핵우산 아래로 '피신했다'.[92] 하지만 김일성은 동맹국에만 의지하지는 않았다. 1960년대 이후로 김일성은 자기방어력과 군사적 자립을 향상시키려는 노력의 일환으로 대규모 병력을 양성했다.

1961년 북한은 자신이 공격받을 경우 두 사회주의 강대국이 북한을 도울 것을 약속하는 방위조약을 중국 및 소련과 체결했다. 북한이 이에 대한 확약을 요청하지는 않았다. 북한과 두 동맹국 관계가 결코 좋은 것은 아니었음을 생각할 때, 김일성은 그러한 확약이 신뢰할 만한 것인지 확신하지 못했을 것이다. 그러나 북한은 중국 사회주의 정부가 안전보장이사회의 합법적인 상임이사국으로 인정받은 1971년까지 두 국가들, 특히 유엔안전보장이사회에서 거부권을 지녔던 유일한 사회주의 강국이었던 소련의 정치적 지원에 의존했다.

주체사상 정책은 냉전 기간 갈등을 빚은 두 사회주의 강국인 중국과 소련 사이에서 합리적인 관계를 유지하기 위해 균형 잡힌 외교관계를 지향한다는 것을 의미했다.[93] 김일성은 소련이 1962년 쿠바 미사일 위기 때 쿠바를 '배신했다'고 믿었다. 북한은 소련이 믿을 만한 동맹국이 되지 않을 수도 있음을 우려하면서, 1960년대 초기에 중국 쪽으로 방향을 바꾸었다.[94] 그러나 1960년대 말이 되자, 특히 문화혁명기 동안 중국의 홍위병 분견대가 김일성을 '살찐 수정주의자'라고 지칭하는 포스터를 들고 거리를 행진하는 일이 생겼고, 북한은 다시 소련 쪽으로 기울었다.[95]

북한은 서구인들이 상상하는 만큼 비사회주의권 세계로부터 고립된 것은 아니었다. 북한은 서구 유럽 및 미국과 외교적 접촉이 거의 없었지만, 다른 국가들과 넓은 외교적 관계망을 가지고 있었다. 북한 외교관들은 사회주의 국가 전체와 교류했고, 동시에 1970년대 이후로 회원국이었던, 이데올로기적으로 다양한 비동맹운동 회원국들과 적극적으로 접촉해왔다. 북한은 아프리카·아시아·라틴아메리카 국가들과 외교관계를 수립했다.[96] 북한은 1971년 사회민주주의 국가인 몰타, 1971년 스웨덴·노르웨이·핀란드·아이슬란드, 1974년 오스트리아, 1975년 뽀르뚜갈과 외교관계를 수립했다.[97] 북한은 또한 런던의 국제해사기구(IMO)와 빠리의 유네스코(UNESCO)에 항상 외교사절단을 파견했다.

사회주의권 밖으로의 외교는 종종 피상적인 면이 있었지만 늘 그렇지는 않았다. 북한은 냉전이 끝날 때까지 아프리카 국가들을 돕는 원조국이었다. 특히 1990년대 초까지 기니·탄자니아·에티오피아·모잠비크의 농업과 공업 부문 프로젝트에 기술 지원을 했다.[98] 그러나 북한은 미국, 남한과는 무시해도 될 정도의 외교적 접촉을 했고, 스칸디나비아 국가가 아닌 서구 유럽 국가와는 상당히 제한적인 교류가 있었을 뿐이다.

전지구적 냉전의 교착 상태는 냉전 양측 주요 국가들과 위성국가들의 낮은 수준의 이탈을 막지는 못했다.[99] 두 초강대국은 냉전의 균형을 유지하기 위해 불편하고 고분고분하지 않은 정권들을 용인했다.[100] 김일성은 해외에서 도발적인 활동을 하기 위해 자신이 행사할 수 있는 자치권과 북한의 군대를 활용했다. 북한의 군사적 모험은 기회주의적이었고, 적들에게 모욕을 주기 위한 것이었다. 가장 유명한 것은 1968년 미국 정보함 푸에블로호를 나포하고 선원들을 1년 동안 구금한 일이었다.[101] 이런 모험 행위는 미국과 북한의 적대감을 심화했지만 전면전으로 비화되지는 않았다.

북한의 특수부대는 불법적으로 1970년대와 1980년대까지 일본에서 민간인들을 납치했는데, 2000년대에 들어 비로소 이러한 범죄 행위를 시인했다.[102] 이런 불법 행위들은 해결되지 않는 지속적인 지역 분쟁의 징후였지만 평양에 국한된 것은 아니었다. 1960년대 말, 남한의 중앙정보부는 베를린에서 자국 국민들을 납치해 북한 동조자라는 혐의를 씌워 서울의 재판정에 세웠다.[103] 훗날 대통령으로 선출될 남한의 야당 지도자 김대중(金大中)은 1973년 남한 중앙정보부에 의해 토오꾜오 호텔 방에서 납치되었다가 미국의 외교적 항의로 간신히 목숨을 건졌다.[104]

통일 전략

북한의 공식 통일정책은 한반도에 두개의 한국으로 이뤄진 연방을 수립하는 것이었다.[105] 1972년 김일성은 한국전쟁 이후 처음으로 가진 남북 협상에서 남쪽 관료들에게 "우리는 여러번 '남한을 침략할' 의사가 없다고 공표했다 (…) '공산화'와 관련하여 우리는 남한을 '공산화'할 의도가 없고, 우리가 그렇게 하려고 해도 '공산화'되지 않을 것이다"라고 말했다.[106] 1960년대 말 이후로 김일성의 통일 전략이, 인기 없는 남한의 군사 독재자들을 암살하면 남한 민중이 봉기해 정권을 타도하고 김일성이 이끄는 통일한국에 합류할 수 있는 정치적 공간이 열릴 것이라는 희망에 기반했음을 고려할 때, 침략하지 않겠다는 이러한 공언은 적어도 부분적으로만 진실한 것이었다.[107]

1968년 북한 특수부대가 남한 대통령 박정희(朴正熙)를 암살하려고 시도했다. 북한은 1974년 재일동포에 의한 두번째 박정희 암살 시도의 배후라는 혐의도 받았다.[108] 1983년 10월, 북한은 미얀마 양곤에서 남한 대통령 전두환(全斗煥)을 암살하려고 했으나 실패했다. 전두환 암살에는 실패했지만 남한 고위급 정치대표단의 외무부장관 이범석(李範錫)과 두명의 다른 각료를 포함해 17명의 남한인과 4명의 미얀마인이 사망했다.[109] 북한 국적 공작원이 1987년 11월 대한항공 858기에 폭탄을 몰래 숨겨 탑승해 비행 중 폭발로 승객 115명 전원이 사망하기도 했다.[110]

1972년 중국 공산당 정부와 닉슨 공화당 정부의 화해 국면(détente)으로 인해 남과 북의 첫 외교적 접촉 기회가 주어졌다. 남과 북은 자신들의 뒤에 있는 초대강국들에게 버림받을까 두려웠고, 미국과 중국의 데땅뜨에 맞춰 관계회복 자리에 나섰다.[111] 남북 간의 짧은 피상적 관계회복은 1972년 남북공동성명으로 이어졌는데, 이를 통해 남북조절위원회가 설립되었다. 이 위원회는 통일의 길을 열 것이라 기대되었고 회담은 1975년까지 계속되었다.[112]

1970년대 이후 남한에 대한 호전적 적대성과 결합된 북한의 통일정책은 간헐적인 외교적 접근과 더불어 남한 정부의 무장타도를 목표로 했다. 남한 민주주의 운동가들과 민중의 반독재투쟁이, 북한으로부터 독재정부를 재도입하기 위한 것이 아니라 민주주의를 위한 투쟁이었다는 점을 북한이 이해했다고 보기는 어려웠다.

어느정도의… '우리식' 사회주의

형식적 제도의 관점에서 북한의 당과 국가 사이 관계 설정은 소련을 비롯한 다른 사회주의 국가들과 유사했다. 김일성주의에 다른 점이 있다면 북한 주민의 공적 생활과 별개인 시민적 공간을 구축할 여지를 없애려 정치적으로 엄청난 노력을 꾸준히 한다는 점이다. 전통적인 사회주의 관행에서 당이 국가 제도와 사회를 지배한다는 점을 강조하지만, 그렇다고 해서 시민의 영역을 완전히 말소해야 한다고 역설하지도 않는다.

다른 사회주의 국가들도 권위주의적 지도자가 지배해왔지만 어떤 국가도 국가의 구성에서 지도자의 지위를 정치적 제도로 그렇게 통합한 적은 없었다. 소련에서 스탈린은 중요한 결정을 내렸고 당 중앙기구의 역할은 지도자의 전략적 명령을 실행하는 데 있었으나, 지도자의 위치가 본질적이고 필수적인 국가 제도로 공식화된 적은 없었다. 이는 스딸린이 죽었을 때, 후임 소련 지도자들이 소련이라는 국가를 비난하지 않으면서 개인숭배를 비난할 수 있었다는 것을 의미했다. 북한에서 김씨 가문은 국가의 구성 요소이다. 즉 김일성을 공격하는 것은 국가를 공격하는 것이었다. 따라서 논리적으로만 보면 1990년대 초 경제 붕괴와 백만 가까이 되는 북한 주민의 굶주림을 막는 데 국가가 근본적으로 실패했다고 인정하는 문제는 김씨 가문 통치의 합리성·정통성·권위에 대한 직접적인 도전을 의미했다.

6장

시시포스 경제 모델

1960년대 초 북한의 정책은 한국전쟁 직후의 특징인 민간 기반 시설의 빠른 재건에서, '경제와 국방의 병진 건설'을 우선시하는 것으로 바뀌었다.[1] 경제정책의 목표는 외국의 개입에 대한 억지력 역할을 하고, 필요한 경우 공격력으로 사용할 수 있는 자력갱생적인 현대적 군사력을 구축함으로써 정권 생존을 확보하는 것이었다.[2] 자력갱생이란 외부 의존도를 최소화하고 내부자원의 활용을 최대화하는 것을 의미했다. 주요한 내부자원은 개인의 이탈을 허용하지 않는 하향식 명령구조와 정치 제도로 이루어진 '대중노선'을 통해 조직된 인민들의 육체노동이었다. 이 모델은 전적으로 자급자족적일 수는 없었다. 첨단 기술, 원유 등을 포함해 중요한 자원의 결핍을 메우기 위해 동맹국이나 후원국에 의존해야 했기 때문이다. 그러나 북한에서 외부 요소는 김일성의 전략과 정책에 큰 영향을 주지 않았다.

초기 성과는 놀라웠다. 경제는 급속도로 성장했고 북한 주민은 복지 향상의 혜택을 누렸다. 문제는 이 모델이 자생적인 성장을 가져오지 못했고 군사 부문에 대한 왜곡된 투자를 비롯한 내적인 결함으로 어려움에 직면했다는 것이다. 경제 전략은 김일성 시기 동안 근본적으로 변하지 않았고 구조적 문제는 해결되지 않았다. 가장 심각한 약점은 경제 전략이 인민을 위한 식량안보를 확보하지 못했다는 점이었다.

자립: 군사적 긴급 사항

경제정책의 목적은 북한이 소련이나 중국에 의존하지 않도록 산업과 농업에서 국가적 자급자족을 이룩하는 것이었다.[3] 북한은 국내의 중공업 생산 능력이 공업, 농업, 소비재 생산에 종합적으로, 그리고 무엇보다 중요한 무기 및 군수 제조 부문에 원동력을 제공할 것을 기대했다.[4] 국가 건설에서 중공업의 절대적 중요성은 조선민주주의인민공화국 국장(國章) 가운데 그려진 발전소 그림에서 분명히 드러났다.[5] 물론 1961년 북한은 중공업의 발전과 병행하여 경공업 부문과 농업을 발전시켜 균형 잡힌 경제정책을 추진하겠다고 발표했지만 말이다. 그러나 1962년 쿠바 미사일 위기 때 소련이 쿠바를 버렸다고 생각한 김일성은 비슷한 상황에서 북한의 국가이익이 묵살당하는 것을 두려워했다. 김일성은 군사 부문에 투자를 늘리는 방향으로 경제정책을 조정했다.[6]

국방 관련 내부 공업화는 중공업이 경제계획에서 압도적으로 우선순위를 차지한다는 것을 의미했다. 많은 중공업 단지가 지리적으로 북동쪽에 위치했는데, 이는 일제강점기에 조성되어 있던 제조업 설비를 활용하고, 주요 광산 역시 북동부 지역을 중심으로 위치해 있었기 때문이다. 중요 항구도시로는 함경북도 청진, 그리고 평양에 이어 두번째로 큰 도시인 함경남도 함흥이 포함되었다.

공업 부문이 국가 생산에서 차지하는 비중이 1960년 57.1퍼센트에서 1983년 66퍼센트로 상당히 증가한 반면, 농업생산 비중은 같은 시기에 23.6퍼센트에서 20퍼센트로 감소했다.[7] 중공업은 1960년에 전체

공업 부문의 55퍼센트를 차지했다가 1965년에 51.2퍼센트로 떨어졌지만 1970년과 1983년 사이에 62에서 65퍼센트의 비중으로 증가했다.[8] 자립적인 군사력을 구축하는 정책은 군사에 직접적으로 활용될 수 있는 산업, 즉 철강산업을 비롯한 기계금속산업에 대한 투자를 의미했다. 1980년에는 모든 공업생산량의 약 45.7퍼센트가 국방 관련 부문에서 산출되었고, 1989년에도 모든 공업생산량에서 35.7퍼센트를 차지했다.[9] 이러한 거대 기업소는 공작기계와 같은 중간재 혹은 자본재를 생산하도록 계획되었다. 자본재는 풍부한 천연자원을 개발하고 완성된 공산품을 생산하는 데 도움을 주었으며, 다른 중요한 경제 부문, 특히 농업과 에너지·운송·건설 등에 투입될 수 있는 중장비를 광산과 공장에 공급했다.[10]

북한은 국방 관련 산업에는 간접투자로, 점점 정교해지는 군수공업에는 직접투자로 부족분을 보충했다. 1960년대에 북한은 기본적인 무기류와 소형 어뢰 쾌속정, 고속 경비함을 소련과 중국의 도움을 받아 생산했다.[11] 1970년대에 접어들면서, 북한은 무기를 대량생산할 수 있는 거의 독자적인 군수공업 부문을 발전시켰다.[12] 1980년대에 북한은 현대적인 정밀무기를 개발하고 생산하기 위해 군수공업을 확장했다.[13]

그런데 기술 연구와 개발 업무는 공업생산 공정에 대한 지원으로 축소되었다. 북한은 김일성 시기 동안 정보기술과 컴퓨터 산업에서 연구와 개발을 꾸준히 추진하지 않았다. 최초의 정보과학 전용 연구 센터인 조선콤퓨터중심은 1990년에야 문을 열었다.[14] 그럼에도 기술정책은 얼마간 성공을 거두었는데, 특히 화학제품에서 비닐론이라는 인공 물질을 생산하는 기술 개발이 가장 두드러졌다.[15] 다른 원천 기술로는 북한 광산에서 나온 무연탄을 활용한 제강 기술이 있다.[16] 북한은 수입된 기술을 '분해하여 모방했다'. 그 목적은 외국 기술을 복제함으로써, 기술 수

입의 댓가로 경화(현금)를 거의 사용할 필요가 없도록 하는 것이었다.[17]

농공산업과 식량의 자급자족

자급자족 경제정책은 국가적·지역적 차원의 식량 자급자족에 의존했다. 평화 시에 북한 주민들의 기본적 필요량을 충당할 수 있는 충분한 곡물을 생산해야 하며, 전시에 공급이 중단되고 통신이 두절될 경우 전체 주민이 탈중심화된 방대한 전투부대로 활동하면서, 생존의 측면에서 지역적으로 자급자족할 수 있어야 한다는 것이다.

식량 자급자족을 달성하기 위해서는 얼마 되지 않은 비옥한 토지에 농업을 집약시켜야 했다. 남서부 지방의 황해남북도는 상대적으로 농업생산성이 높은 토지가 풍부했기 때문에 곡창지대였지만, 이러한 지역도 기후적으로만 보면 농업에 불리하기에는 마찬가지였다. 특히 극단적인 기온 변화로 1월 평균기온이 영하 20도 이하에서 최대 영하 40도까지 떨어지기도 했다. 여름은 습도가 높은 후덥지근한 계절이어서 기온이 40도에 육박하는 것이 보통이었고 홍수가 일어나기도 했다. 북동부 지방인 함경북도와 함경남도, 강원도, 자강도와 량강도는 국토의 80퍼센트가 되는 산악 지역의 일부였다. 농사를 지을 수 있는 땅이 얼마 되지 않았다.[18]

집약적인 곡물 생산은 비료, 살충제를 비롯한 화학제품, 정교한 관개 기술, 기계화, 그리고 수력과 전기 공급을 비롯한 효율적이고 안정적인 기반 시설 등을 필요로 한다. 북한의 농업생산 여건은 상대적으로 취약했기 때문에, 동일한 농법과 기술로 더 많은 땅을 경작한다 해도 농업생산력이 증대되지 않았다. 따라서 북한의 경제계획에서는 농업 부문에 필요한 화학제품·살충제·비료·장비·예비품의 공급이 농공산업에 핵심적인 역할을 할 것으로 내다보았다.

정부는 농업생산에 필요한 토지를 확충하기 위해 '자연개조'에 착수했다. 바다를 간척해 땅을 일구고, 저수지를 건설하고, 산림을 개간하고, 가파른 비탈을 깎아 계단식 농토를 만들었다.[19] 수만명의 노동자들이 이러한 활동의 많은 부분에 동원되었는데 대부분 육체노동력의 투입이었다. 경제 모델은 시시포스 신화를 모방하는 일에 지나지 않았다. 품질관리 절차가 없었고 값싸고 질 낮은 자재를 사용했기 때문에 댐, 제방, 관개 시설, 홍수 방벽 등의 기반 시설이 열악하게 건설되었다. 기반 시설 공사가 끝나자마자 혹은 폭풍우처럼 중간 규모의 자연재해에도 이러한 시설들은 문자 그대로 무너지기 시작했다.[20]

곡물은 농업생산성이 높은 지역에서 그렇지 못한 지역으로 이전되었다. 그러나 북동부 산악 지역을 포함하여 곡식을 키우기 힘든 지역에서도 지역 자급자족정책이 폐기되지 않았다. 김일성은 전시에 식량공급을 확보하는 일이 얼마나 힘든지 경험했기 때문에 전투태세를 완비하기 위한 정책이 고안된 것이었다. 농업생산에서 상대적인 장점이 거의 없는 지역에서 옥수수 같은 기본 작물을 재배하는 것은 경제적으로 합리적이지 않지만, 정치적 관점에서는 절대적으로 합당한 정책이었다.

경공업

북한의 경공업 정책은 행정부가 경공업의 공급과 관리를 책임지는 것이었다. 경공업에는 국수와 같은 가공식품과 가정용품, 전등·성냥·비누 같은 생필품 등의 소비재 생산이 포함되었다. 경공업은 국가계획으로 통합되었지만, 중앙정부는 경공업 부문에 큰 투자를 하지는 않았다. 정부는 경공업이 중공업과 농업 부산물, 지역의 토착 자원에 의존해야 한다고 공표했다. 식품가공산업과 같은 경공업에 대한 투자는 1980년 공업 부문 투자의 15퍼센트, 1989년 15.9퍼센트만을 차지했다.[21]

식품산업의 경우 1980년 10퍼센트, 1989년 9.7퍼센트로 집계되었다.[22]

기본 소비재는 지역에서 생산되어 팔려나갔다. 농업 부산물들은 재활용되어 협동농장에서 농기구를 생산하는 데 사용되었다. 지역 당국은 가용한 자원을 창의적으로 활용했지만, 실질적인 투자도 없는 상태에서 최소한의 기술로 만들어진 최종 생산물의 품질은 형편없었다. 지역 간의 효율적인 거래 시스템은 없었고 전반적인 물자 부족은 더욱 악화되었다. 경제적으로 경공업정책은 결실을 낳지 못했지만, 정치적으로 정부의 목적은 달성했다. 지역 공동체들이 생필품을 자급자족하는만큼, 전쟁 준비가 더 잘되었던 것이다.

위로부터의 자립

북한은 운영상 의사결정의 분권화라는 명목상의 정책을 추진했다. 이에 따라 도(道)가 중공업의 계획 단위로 채택되었다. 군(郡)과 이에 해당하는 도시의 구(區)가 경공업 계획에서 동일한 위상을 부여받았다.[23] 정부는 도가 농업 계획의 합리적 규모라고 주장했지만, 동시에 각 군에 식량 생산에서의 자급자족을 요청했다.[24] 1959년에서 1961년까지 정부는 공식적으로 경제계획과 관리 업무를, 정무원에서 12개의 도와 가장 낮은 수준의 지방 행정기관을 구성하는 213개의 농촌 군과 도시 구로 이양했다.[25] 1959년에 군 단위 경제위원회들이 설립되었다. 이곳에서는 도 경제위원회에 보고를 했고 산업계획에 책임을 지고 있었다. 1961년 도 농촌경제위원회의 설립과 함께 농업 부문에서도 그에 해당하는 제도적 개혁이 이뤄졌다.[26]

군협동경제위원회가 모든 군 단위 농업 관련 산업에 대한 소유권을 갖고 있었다. 농업을 주로 하는 군에서, 이는 군 전체의 경제적 명령을 효과적으로 장악한다는 것을 의미했다.[27] 군이 중앙정부나 도 당국에 자주 도움을 요청할 필요가 없다면, 농업생산성이 높은 군은 일정 정도의 실질적 자치를 발전시킬 수도 있었다. 하지만 이러한 유형의 자치가 생산성 향상에 도움이 되지 않았다. 군은 국가적 계획을 벗어난 거래에 참여할 수 없었다. 또한 소비재 사용이 제한적이었다는 것은 생산성 향상에 따른 보상이 거의 없었음을 의미했다. 이러한 제약이 군 지역 밖으로의 확장을 막았고, 편협하고 생존주의적인 활동 방식을 촉진시켰다.

농업을 주로 하는 황해남북도에는 농업생산을 통한 식량자급자족을 달성할 수 없는 도시의 구들이 포함되어 있었다. 평안남도처럼 공업과 농업이 혼합된 도들은 지역에서 식량의 자급자족을 달성하기 어려운 군들이 많았다. 도가 자체적으로 곡물 재배급을 책임질 경우 식량이 부족한 시기가 되었을 때, 배급의 평등을 유지하기 위해 도 내에서 농업생산성이 높은 군의 농민들은 초과 생산분을 넘겨주거나 심지어 자신에게 돌아오는 기본 배급량을 줄여야 했다. 군이 자급자족 단위일 경우, 농업생산성이 높은 군의 농민들은, 특히 자신들의 생존이나 농업 재생산을 위해 필요한 양을 충분히 생산하지 못했을 때, 자신의 생산물에서 더 많은 양을 자신들이 보유해야 한다고 주장할 수 있었다. 명확성의 부족 때문에 지역 행정 단위들 사이에 긴장이 조성되었고, 농업생산성이 높은 군들은 더 많이 생산하려는 의욕이 저하되었다.

철강, 화학, 비료, 기계 생산 등 전략공업은 중복 관할 제도 아래 들어갔다. 중공업 부문은 직접적으로 국방계획에 통합되었고, 여전히 군부와 내각에서 최고 우선순위로 자리 잡았다. 도 내의 공업계획을 명목상으로 책임지고 있던 도경제위원회는 보고 업무를 유지하고 있었다. 중국과 접경한 외딴 내륙 산악 지역에 위치한 '요새 도'(garrison province)인 자강도에서 군사 부문은 특히나 중요한 경제적 원동력이었다.[28] 자강도는 대규모 부대의 주둔지이자, 군수공업의 본거지였다. 지리적으로 전쟁 시에 남한의 접근이 어렵고 중국으로부터의 보급이 상대적으로 쉬웠기 때문이었다.[29]

도경제위원회와 도농촌경제위원회는 지방 행정기관, 이를테면 도인민위원회에 보고 책임이 있는 것은 아니었지만, 내각에는 직접적으로 보고했다.[30] 결과적으로 중앙 부처를 명목상으로 지방계획위원회로 분권화시킴으로써 실제로는 더 단단한 국가 통제적 중앙집권화가 이뤄졌다. 지방 행정기관이 의사결정 고리에서 잘려나갔기 때문이다. 중앙 당국은 정기적으로 어떤 씨를 뿌리고 어떤 제품을 생산할 것인가와 같은 운영상의 결정에 개입했다. 지방은 중앙의 지시가 지역의 상황에 맞지 않더라도 이행할 수밖에 없었다.

지방 당국에는 효과적인 제도를 개발하는 것도 금지되었다. 국가 조직의 기본 원칙에 따라 경제적 합리성, 기술적 효율성 혹은 노동 분화 같은 원칙은, '관료적'이며 경제의 지도와 관리에서 정치를 우선하는 주체사상의 방법에 상반된다고 매도되었기 때문이었다. 경제기관은 공식적인 기관 설립 과정에서 학습 과정, 규칙, 규정 등을 끼워 넣을 수 없도록 되어 있었다. 따라서 기업가정신을 고취하려는 관점에서 생산성 우선 정책, 개인의 영리추구 행위, 경쟁 등은 불필요하게 여겨졌다. 그뿐 아니라 정치적 통제, 사상적 독려, 경제 및 사회 여러 측면의 국가명령을 강요하는 국가 이데올로기와 관행에 위협적이라고 여겨졌다. 지방 당국의 일차적 역할은, 정치적으로 결정된 중앙집권화된 경제적 지시사항을 이행하는 인전대로 행동하는 것이었다. 이는 '위로부터의 자립' 정책이었다.

대중노선: 열심히 일하라, 기강을 유지하라, 수령에 복종하라

자본과 기술의 부족은 상당히 지속되었다. 이에 대중노선을 중심으로 조직된 육체노동이 공업과 농업에서 중요한 생산요소로 작용했다. 1993년까지 비군사 노동인구의 4분의 3이 공업과 농업 부문에 속해 있었다. 농업에서 기계화를 달성하지 못했고, 도시의 노동인구가 봄철 모내기와 여름철 추수를 돕기 위해 매년 한번에 몇주 동안 동원되었다.[31] 도시 노동력의 대규모 동원은 관례가 되었고, 농업생산에서 표준적인 활동 방식이 되었다.

대중노선은 당에 의해 조직되고 훈련된 육체적 활동을 중심으로 구축되었다. 국가 건설에 기여하는 새로운 유형의 이타적 개인으로 소임을 다한다는 정치적 만족감과 같은 비물질적 보상이 노동력을 제공했을 때 주어졌다. 단 보상에 대한 답례로서 작업장에서 열심히 일해야 했다. 또한 몸을 움직일 수만 있다면 성인들은 대중조직 회원 자격으로 무보수의 경제 활동에 참여하도록 요구받았다. 이러한 활동은 작업장과 더불어 대중노선 활동에 '자원봉사자'로서 참여하는 것이었다.[32] 이같은 '자발적인' 일은 일요일을 제외한 8시간의 일과에 덧붙여진 것으로서,[33] 거리 청소, 추수와 도로 건설 등 다소 힘든 육체적 활동이 포함되어 있었다. 무거운 것 들어올리기와 현장이나 작업장까지 몇 킬로미터 걸어가기 등이 포함되어 있기도 했다. 미숙련 작업자들은 작업장에서 사고를 당하기 쉬웠다.

국가 선전선동기관원들은 힘든 육체노동은 정당하고 필요하며 적절한 것이라고 찬양했다. 힘든 육체노동이야말로 주체사상에 의해 이상화된 대로, 인민대중이 집단적인 노동을 통해 자신의 운명의 '주인'이 되는 자립적 활동을 나타내기 때문이라는 것이다. 천리마운동, 대안의 사업체계, 3대혁명소조운동으로 실천 방법들이 세부적으로 조율되었지만, 김일성은 대중동원에 대한 믿음을 결코 잃지 않았다. 이러한 대중동원정책의 현장에서 김일성주의 3대 핵심 원칙인 '열심히 일하라, 기강을 유지하라, 그리고 수령에 복종하라'가 강조되었다.

대중운동을 통해 주민들을 끊임없이 사상적으로 감시했지만, 대중노선의 각 실천이 경제적 목적을 달성하는 데는 실패했다. 경제는 자립적인 성장을 이룩하지 못했고, 생산성도 증가하지 않았다. 그럼에도 방법이 더 정교하고 더 엄밀하게 적용될 필요가 있다고 결론이 났다. 김일성은 경제적 실패의 책임을 관료들에게 돌렸고, 되풀이하여 관료들이 '사상 기준'을 유지하지 못하며 첨단의 '실무 능력'도 없다고 비난했다.[34] 1989~90년까지 북한은 '주체사상 정책을 보완하고 무너뜨리지 않기 위해' 경제개발원조를 요청해야만 했다.[35]

열심히 일하라

천리마운동은 1950년대 말 시작되었다. 천리마는 하룻밤 사이에 천리를 달릴 수 있다는 전설의 명마인데, 그 말의 이름을 딴 운동이었다.[36] 기술 부족을 메우기 위해, 정부는 천리마 작업팀에게 생산량 목표를 달성할 수 있도록 초인적인 수준의 육체적 에너지를 쏟을 것을 요구했다. 또한 개별 노동자들에게 기술적 문제에 대해 즉각적인 해결책을 제시하도록 권장했다.[37] 천리마운동은 소련의 스따하노프 운동을 모델로 한 것처럼 보이지만, 북한에서 강조점은 개인보다는 팀에 있었다. 개인의 탁월한 노동 성취에 대해서는 '노동영웅'이라는 지위로 보상했다. 보상은 애국적인 국가 건설 과업을 수행한다는 만족감이었다. 천리마운동은 북한 경제의 초기 양적인 성과에 기여했다. 그것은 또한 경제 문제에 대한 대응으로 정치적 방법의 우선성과, 경제 활동의 방법으로서 대중동원에 근거한 노동에 대한 의존을 제도화했다.

기강을 유지하라

1960년대 이후로 북한은 공업 경제와 농업 경제 관리를 당의 관리 아래에 두었다. 1960년 북한은 공업 부문에 대안의 사업체계를 도입했다. 당 규율을 통해 당 지도부가 작업장 계획과 관리를 통합하는 것을 제도화하는 데 목적이 있었고, 정책의 초점은 중공업 기업소에 체계를 확립하는 것이었다.[38] 대안의 사업체계를 통해 기업소가 식량배급과 공급을 포함한 복지 전반의 수행을 책임지는 사회조직의 기본 단위로 자리 잡았다.[39]

대안의 사업체계를 통해 엔지니어들과 전문가들이 당 작업장위원회 아래로 분명하게 배속되었고 당 작업장위원회는 내각의 '더 높은 기관', 가장 구체적으로는 최고지도자의 권위에 종속되었다.[40] 김일성의 개입은 중심으로부터의 단일한 명령으로 한번에 전국적인 운영상의 관행을 바꿀 수 있다는 점에서 중요했다. 하지만 일상적 수준에서 김일성의 영향은 기대했던 것보다 적었다. 북한 경제는 수십만개의 기업소와 경제 과정 속에 수백만명이 고용된 복잡한 경제였다. 한 개인이 수만개의 개별 과정의 운영을 세부적으로 관리할 수는 없었다. 당은 김일성의 지시를 이행할 책임이 있었지만, 많은 영역에 걸쳐 세부적인 지도사항이 명시되지는 않았다. 작업 현장에서 운영의 묘를 발휘할 수 있는 여지가 있었다.

대안의 사업체계의 위험한 측면은 성장보다는 정체를 촉진하는 긴장을 계속 유발한다는 점이었다. 대안의 사업체계는 숙련된 노동인구의 창출을 촉진하고, 경제 건설의 기술적 문제에 대응하기 위해 응용과학과 공학에 집중했다.[41] 다른 한편으로 혁신과 임기응변은 항상 명확하게 규정된 것은 아니어서, 정치적 이유로 변동될 수 있는 일정한 한계 내에서만 장려되었다. 기술자들과 기업소 경영자들은 관료주의에 물들어 있다거나 당의 대중노선을 따르지 않는다고 비난받는 것을 늘 주의해야 했다.

당이 직접 관리하는 대안의 사업체계는 농업 부문에는 적용되지 않았다.[42] 당은 공업에서처럼 직접적인 수준의 관리 권한을 농업생산에서는 가지고 있지 않았다.[43] 미시적인 수준에서 농업 조직은, 종종 가족관계를 중심으로 이뤄지는 전문화된 팀을 중심으로 활동했다.[44] 협동조합은 기존의 마을 중심으로 결성되었기 때문에 공동체의 유대와 가족 간의 결속이 진정한 지역 연대의 정도를 보여주는 토대로 작용했다. 농장 관리자들은 군협동농장관리위원회에 보고했고, 그런 다음 농업위원회를 통해 내각에 보고가 올라왔다.[45] 이러한 기구에서 일하는 직원 역시 물론 당원이면서 농업 전문가였지만, 그들이 채용된 일차적인 이유는 농업 전문가이기 때문이었다.

그럼에도 협동농장들은 국가 농업생산의 90퍼센트를 책임지는 전략적 중요성 때문에 당의 통제를 벗어나지 않았다. 김일성은 1970년대 곡물 부족을 농민들이 당의 핵심 지시사항을 꼼꼼하게 따르지 않은 탓으로 돌렸다.[46] 1973년 김일성은 농민들의 재량권을 '최소화하기 위한 통합적이고 상세한 계획' 체계를 농업에 도입했다.[47] 농장 관리를 중앙의 통제와 명령에 맡기는 방향으로 바꾸는 것이 목적이었고, 그 결과는 농장의 계획 주기에서 현장의 지식과 경험을 배제해버리는 것이었다.

수령에 복종하라

1970년대 이후로 수천명의 젊은이들이 '3대혁명소조운동'이라 불리는 전국적인 독려운동에 동원되었다. 김일성은 3대혁명소조운동을 지방 관료들의 무능, 비효율성, '관료주의'에 대한 대응으로 규정했다. 지방 관료들은 최고지도자 수령의 지도에 따르지 않았고, 경제의 쇠퇴에 책임이 있다고 비난받았다.[48] 이 운동의 초점은 젊은 세대가 나이 든 세대의 방향을 재정립해주는 데 있었다.[49]

3대혁명소조운동은 천리마운동과 대안의 사업체계가 남긴 유산에 의존했지만, 특별히 청년들에게 초점을 맞춘다는 점에서 기존의 운동과는 달랐다.[50] 북한의 젊은 대학생들은 조를 짜서 전국의 기업소나 농장에 파견되었다. 이들은 지역의 산업체뿐 아니라 지역 당 내부에 수령의 생각을 심어주기 위해 노력했다.[51] 젊은 학생들은 나이 든 세대를 정치적으로 교육했는데, 이를 통해 경제 성장도 가능하다고 보았다.[52] 국가의 핵심 경제적·사상적 명령을 따르도록 하기 위해 중국의 문화대혁명을 본뜬 수법이 활용되었다. 3대혁명소조운동은 '관료주의'를 미연에 차단한다는 기치 아래 도와 현지의 당 지도부를 건너뛰었다. 이 운동의 존재 이유는 경제의 모든 부문에서 사상적·문화적·기술적 변혁을 독려함으로써 경제적 성장을 뒷받침하는 데 있었다.

그러나 청년들은 공업과 농업에서 전문적인 경험이 부족했고, 종종 복잡한 현장 작업 환경에서 어떻게 일해야 하는지 모르는 경우가 많았다. 역설적으로 이러한 정책의 결과는 혁명적 자발성보다 경험에 대한 북한 주민들의 존중심을 강화했다는 점이다. 3대혁명소조운동은 생산성 향상을 가져오지 못했지만, 지도부에 정치적 이득을 안겨주었다. 사상적으로 의욕이 높은 청년층의 유입으로 인해, 나이 든 세대가 한국전쟁 종식 이후 약속받았던 대로, 삶의 여건 향상을 경험해보지 못한 데에 불만을 가졌음에도 막상 비판하지는 못했던 것이다.

생활수준

북한은 1993년 인구조사에서 1950년대와 1960년대의 '사회주의 공업화'가 성공해 '유례없는 속도로' 도시화가 진행되었고, 1993년에 주민의 약 61퍼센트가 도시 지역에 살고 있다고 자랑스럽게 발표했다.[53] 농촌 지역에서 도시 지역으로의 이주는 상수도와 위생 시설, 난방과 전기가 갖추어진 새로운 집에서 살 수 있다고 여겨졌기에, 도시화는 현대성의 징표로 이해되었다. 북한에는 한국전쟁 때의 광범위한 폭격 피해 때문에 새로운 집이 필요했다. 다층식 주택이 도시와 소수의 가구로 구성된 작은 농촌 마을에 건설되어 도시와 농촌 정착지에는 전기·식수가 효율적으로 공급될 수 있었다. 이러한 주택은 가능한 한 빠르게 건설되었다. 이러한 다층식 주택은 전통적인 저층 가옥과 함께 흔히 볼 수 있는 농촌 풍경이었다.[54]

소득이 적고 다양한 양질의 소비재를 사용할 기회가 없는 점을 어느 정도 보상하는 차원에서 북한 주민들은 확대 제공된 복지 서비스들을 무상으로 이용할 수 있었다. 정부는 보편적인 무상 주거, 복지, 사회 및 교육 서비스를 제공했다. 한반도 역사상 처음으로 인구 대다수가 의료 서비스, 교육, 사회 서비스에 접근할 수 있었다. 공공 서비스 향상은 때로는 가시적인 놀라운 생활수준의 향상으로 이어졌다. 평균 기대수명은 1936년과 1940년 사이에 38세에서 1964년에 60세, 1991년에 74.5세로 향상되었다.[55]

전국적으로 병원과 진료소에 광범위한 의료 체계가 수립되었고, 훈련받은 의료진이 수천명으로 늘었다. 1936년과 1940년 사이에 인구 만 명당 의사 수가 0.5명이었던 것과 비교해 1986년에 만 명당 의사 수가 27명이라고 자랑할 정도였다.[56] 공중보건 조치들이 질병 예방에 도움을 주는 동안, 전국적인 예방접종 캠페인의 성공으로 소아마비 같은 예방 가능한 질병은 급격히 감소했다. 공중보건과 예방보건을 우선시하는 것은 법에 명시되어 있었다.[57] 약물과 약품의 공급이 항상 부족했던 점, 정부가 계속해서 '천연' 혹은 '한의학' 약물에 의존한 점을 고려하면, 기대수명의 증가는 국가가 예방의료를 강조한 결과였다.[58]

구체적인 정책을 통해 1945년 해방 이후 만연했던 무학자(無學者)가 사라졌다.[59] 1945년 성인 인구의 80퍼센트가 문맹이었던 북한은 1990년에 주민 100퍼센트가 읽고 쓸 줄 아는 국가로 변모했다. 북한은 기초교육의 성취에서 자랑할 거리가 충분했다.[60] 북한은 대다수 주민이 읽고 쓰고 셈할 수 있는 국가가 되었다. 학교와 진료소는 가장 외딴 섬과 산간 지역에도 설립되었다.[61] 생후 3개월에서 4세까지의 모든 아이들은 탁아소에 갈 수 있었고, 몇몇 유치원처럼 부모의 작업장에 탁아소가 있었다.[62] 아이들은 4세 때 유치원에서 정식 교육을 시작하여 2년을 보내고, 초등교육과 1차 중등교육을 마치고 14세에 2차 중등교육으로 넘어갔다.[63] 1972년 5세에서 16세 사이의 모든 아이들은 11년의 무상 보편 의무교육을 경험했다.[64] 또한 300개 이상의 고등교육기관이 설립되었다.[65] '일하면서 공부하는' 전국적인 제도가 확립되어 노동자가 직장에 다니는 동안에도 교육을 이어갈 수 있었다.[66] 평생학습 제도는 '8시간 일하고, 8시간 공부하고, 8시간 휴식하라'는 슬로건을 통해 표현되었다.

임신, 출산, 육아 중인 여성은 넉넉한 유급휴가를 사용할 수 있었고, 여성과 남성에게 연금이 제공되었다.[67] 산모는 식량배급, 정기적인 건강검진, 넉넉한 출산휴가와 전국적인 탁아소 및 유치원 제공 등을 통한 추가 지원 대상이었다.[68] 주택과 공공 설비가 무상으로 제공되었고 인적 과세는 폐지되었다. 아동노동은 불법이었고, 남녀 아이들은 모두 의무적으로 학교에 가야 했다. 학생에 대한 교원 비율도 높았는데, 보고된 바에 따르면 초등교육 제도에서 평균 27대 1과 23대 1 정도였다. 두 수치 모두 학생과 교사의 높은 수준의 친밀도를 보여준다.[69]

한국전쟁 이후 주택정책을 통해 집이 늘어났다. 주민 상당수는 한국전쟁 이후에 주택을 공급받아 전쟁 이전의 여건보다 나아졌다. 그러나 이제까지 자신의 집에서 살 수 있으리라 예상하지 못한 주민들에게 집을 공급하겠다는 훌륭한 목적과 달리 자원 부족이 결합된 결과 집의 품질이 좋지 않았다. 주민들은 스스로 힘을 보태 집의 건축 기간을 줄였는데, 이렇게 새로 지은 아파트는 시작부터 제대로 된 기능을 갖추지 못했다. 도시의 풍경은 5층 이상의 특색 없는 획일적인 콘크리트 아파트 건물로 가득 찬 모습을 하고 있었다.[70] 도심 주거지에는 식당 몇개와 극장, 그리고 지역 아동 센터로 알려진 지역 소년궁전을 빼면 편의시설이 부족했다. 평양을 비롯한 광역 도시권에는 편의시설이 더 많았지만, 주택과 사회 기반 시설 대부분이 상태가 열악했다.

다층 주거지에 가구들이 밀집해 사는 것은 효율적이었지만, 경제적 결핍은 아파트 거주를 육체적으로 고된 일로 만들었다. 날림으로 지은 건물에 국가가 재투자를 하지 않았고, 주민들은 승강기·배관·하수 처리·급수·전기·난방 등이 없는 집에서 지내야만 했다. 겨울에는 춥고, 여름에는 더웠고, 집은 비좁았다. 고아, 유기된 아이, 부양가족이 있거나 그렇지 않은 처지의 노인을 위해 국가가 거주 시설을 제공하리라 기대하기보다는 가구들이 이들에게 거처를 제공한다는 것이 사회적 규범이었기 때문에 집 안은 복작거렸다. 따라서 노인과 장애인을 위한 거주 시설이 존재했지만 가구들이 사회복지의 일차적 책임을 졌다.

소비재 부족과 만성적 식량위기

김일성의 연설은 소비재 부문의 부족에 대한 인식을 보여주었다.[71] 김일성은 되풀이해서 식량 공급이 열악하고 주민의 요구에 대응하지 못한다고 지적했다. 김일성은 심지어 평양에서도 소비재 공급에 어느정도는 실패해서, 소비재가 부족했음을 인정했다. 1980년 김일성은 수도인 평양 주민들도 옷과 다른 소비재의 부족을 겪고 있다고 공표했다.[72]

부족한 소비재 생산과 공급에 대한 중앙정부의 정책 대응은 수요를 통제하고, 가구별 배급 제도에 포함된 품목의 범위를 확장시켜 분배에서의 형평성을 고려하는 것이었다. 그러나 주요한 정책 대응은 정치적이었다. 실패의 원인을 투자 부족 탓으로 돌리지 않았다. 북한 지도부는 실패의 원인이 소비재 생산을 책임진 지역 관료들의 혁명적 열정 부족에 있다고 주장했다. 김일성은 "생산품의 질을 향상시키기 위해서는 관료들 사이에서 더 집중적인 사상투쟁이 수행되어야 한다"라고 주장했다.[73] 군(郡) 행정기관과 지역 기업소들이 '아직 개발되지 않은 지역 자원'을 활용하기 위해 더 열심히 일해야 한다는 주장이었다.[74]

소비재 부분에서의 가장 중요한 실패는 구조적으로 식량을 충분히 생산할 수 없다는 점이었다.[75] 풍년인 해에도 초과 생산량은 전쟁 같은 국가 비상사태를 대비해 비축되었기 때문에 식량 공급은 결코 후하지 않았다.[76] 식량 부족은 만성적이었고, 1954년과 1955년 사이에 그리고 1970년과 1973년 사이에 극심했다.[77] 1973년 식량배급은 한국전쟁 이후 처음으로 줄어들었고, 식량배급 삭감은 1970년대 내내 지속되었다.[78] 수요를 억지하려는 노력의 일환으로 산아제한정책이 1970년대에 도입되었다.[79] 배급 할당량이 줄어들 수 있도록 여성의 직업이 재편성되었다.[80]

곡물 생산이 어려운 지역의 가난한 농장은 농업생산성이 높은 협동농장에서 이전된 곡물에 매년 의존했다. 이런 협동농장은 1950년대 말에 군대를 비롯한 비농업 종사자를 위한 거의 유일한 식량공급원이었던 국가 식량배급 체계를 제공했다. '농민시장'이 공공 배급 체계 밖에 있는 도시노동자에게 대체 식량 공급원 역할을 했지만, 시장은 정부의 제약을 받았기 때문에 식량 경제에서 매우 부차적인 역할만 했을 뿐이다. 1957년 이후로 쌀처럼 기본이 되는 곡물들은 이러한 시장에서 팔 수 없었다. 텃밭에서 키운 농산물, 예컨대 채소와 병아리 혹은 달걀 같은 것만 팔 수 있었다.[81] 이러한 농민시장은 접근이 어려운 도시 지역에서 일정한 날에만 열리도록 허용되었다.[82]

정부가 관리하는 농민시장은 공공 배급 체계에 대한 대안적인 공급 기구 역할을 하도록 확장이 허용되지 않았다. 1980년대에는 이런 규제가 무시되곤 했는데, 식량과 소비재의 부족이 만성화됨에 따라 주민들이 국가 공급 체계를 대체할 수 있는 공급원을 찾았기 때문이다.[83] 국가 공급 체계에서 빼돌린 지역 생산물 소비재뿐 아니라 중국에서 제조된 수입품을 파는 불법적인 소비재 시장도 출현했다.[84] 일부 농민들은 미미하기는 했지만 정부 조달용 물품을 빼돌리기도 했다.[85] 불법 판매에 연루된 개인은 발각되면 중형을 면치 못했기 때문에 위험한 행동이었다. 그럼에도 불법적인 시장은 주요 공급원이 아니었는데, 정부가 제재를 가했고, 제품이 비싸서 많은 사람들이 감당하기 힘들었으며, 대부분의 개인은 현금이 거의 없었기 때문이다. 일반적인 규범적 환경에서 생필품이 공공 배급 체계에 의해 공급된다면 비국가적 공급 체계를 활용하는 것은 '생각할 수 없었다'.[86]

대처법 배우기

자동차·냉장고·세탁기 등 상대적으로 선진화된 기술로 생산된 현대식 제품을 사용할 수 있는 사람과 그렇지 못한 사람 간의 불평등이 북한 경제의 뚜렷한 특징은 아니었다. 김일성주의 시대에 최상류층만 이런 고품질 소비재를 사용할 수 있었고, 이들의 생활양식을 북한 주민 대다수는 누릴 수 없었기 때문이다. 북한의 지도부는 특권층 엘리트의 눈에 띄는 과시성 소비를 막았다.

소비재를 이용할 수 있느냐는 지역의 자원, 창발성, 구매력에 달려 있었기 때문에 차이가 났지만, 생활수준의 차이는 전국적으로 크지 않았다. 명목임금은 지역에 따라 조정되지 않는 게 분명했지만 산업의 성격 때문에 지역적 차이가 발생했다. 예컨대 농업생산성이 높은 남부 지역의 농장에서 생활하는 농민은, 국가가 생산성에 맞추어 농민의 보수를 조정했기 때문에 북부 지역의 농민보다 더 잘사는 편이었다. 생산성이 더 높은 농장은 더 많은 가계 소득을 의미했고, 학교와 진료소 등을 포함한 지역 사회 기반 시설에 대한 더 많은 투자를 의미했다. 마찬가지로 북부 지역의 대규모 화학공장에 근무하는 공업 노동자는 남부 지역의 작은 군 마을에서 소규모 토목공사를 하는 주민보다 더 높은 임금과 더 많은 식량과 물품을 받았을 터였다. 이는 거대한 공업 시설에서 생산한 제품이 국가적 우선순위로 높게 평가받았기 때문이다. 중공업에 종사하는 노동자의 임금은 이런 우선순위를 반영했고, 중공업은 북부 지역에 집중되어 있었다.

주민들은, 끊임없는 '자발적' 노동을 요구하면서도 충분한 식량은 공급하지 않는 체제에 대처하는 방법을 강구했다. 한 주민이 다른 주민들 몫까지 대신해 책임기관에서 부여한 전체 노동 할당량을 채우는 관행이 실행되고 발전되어 하나의 실행규범으로 받아들여졌다.[87] 그럼에도 노동조건은 여전히 열악했고 개인은 물질적 보상이 거의 없거나 전무한 상태였기에, 노동 의욕은 고취되지 않았다.

본질적인 결함

1950년대와 1960년대 초에 김일성의 정책은 놀랄 만큼 성공적으로 보였고, 경제의 거의 모든 부문에서 성장이 이뤄졌다.[88] 사용 가능한 경제지표들의 전반적인 추세는 초기의 전체적인 성장률이 실제로 매우 높았음을 보여준다. 북한은 1950년대와 1960년대 매년 경제 성장률에서 남한을 앞서갔다. 이는 떠들썩하게 추켜세워진 경제적 성공의 지표였다.[89] 높은 성장률의 원인으로 북한 경제의 수준이 원래 매우 낮았던 것을 지목하기도 하지만 이는 남한에도 해당되었다.

김일성 집권기 동안 북한 경제를 평가할 때 어려움 중 하나는 자료가 탄탄하지 않다는 점이다. 북한은 일반적으로 신뢰할 수 있는 통계적 자료를 생산하지 않았다. 다른 사회주의권 국가들은 북한 자료에 접근할 수 있었지만 이들 국가들도 폐쇄된 사회였고, 냉전 당시 적성국이 활용할 수 있도록 통계를 확산하는 것은 불필요하고 부적절한 일이었다. 설상가상으로 사용 가능한 자료는 자본주의 국가들의 자료와는 다른 근거를 바탕으로 구축되어, 북한 경제와 다른 경제의 의미있는 비교 분석 작업을 시도하기가 어려웠다.[90] 외국 분석가들은 또한 북한 경제를 평가하기 위해서 다른 종류의 통계적 비교자료를 사용했다.[91] 그럼에도 불구하고 계획경제를 잘 이해하고 북한에 어느정도 접근할 수 있는 옛 소련 출신 경제학자들이 내놓은 설명들은 합리적인 이해의 기초를 제공하는데, 이에 따르면 1954년과 1967년 사이에 북한 경제는 연평균 16.6퍼센트 성장했다.[92] 수치에서 편차가 상당히 큼에도 성장은 1970년대와 1980년대까지 이어졌다. 북한이 1978년에 발표한 성장률은 17퍼센트인데, 외부 분석가들은 마이너스 성장에서 약 10퍼센트 성장까지 추산해 폭이 넓다.[93]

북한 경제 기획자들은 자본주의 경제가 해당 국가들의 빈곤과 무주택 문제를 종식시키지 못한 반면, 북한은 주민들에게 상당한 사회적·교육적 복지 혜택을 주고 있고, 수백만명의 사람들에게 생활 기회의 향상을 가져다주었다며 기회가 될 때마다 강조하곤 했다. 김일성은 생활 수준 향상을 달성하는 데 진척이 느린 이유가 당 관료들의 무능한 정치 업무와 (김일성주의 시기에 북한은 서유럽을 비롯한 다른 국가들과 교역이 금지되지 않았다는 사실에도 불구하고) 1950년에 북한에 처음으로 부과된 미국의 제재 조치 탓이라고 비난했다.[94] 김일성은 마지막에 가서는 자본주의 경제 방식을 채택한 국가들, 특히 고르바초프(Mikhail Gorbachev)의 소련을 배신자라고 비난했다. 북한의 경제 모델이 대체로 주민들의 등골 빠지는 노동에 의존할 뿐 아니라, 부채를 탕감해주고 값싼 연료를 공급해준 나머지 사회주의 국가들의 기본적인 원조에 의존하고 있었다는 인식은 없었다.[95]

경제정책은 강력한 군사력을 구축한다는 정치적 목적을 달성했다. 그러나 농업과 경공업에 투자를 많이 하지 않아 기본 소비재가 양과 질에서 한계가 뚜렷한 경제가 생겨났다. 경제의 취약성에는 지쳐버린 개인들의 낮은 경제 활동 복귀율, 낮은 생산성, 생산과 분배에서의 병목현상, 질 낮은 생산품 등이 포함되었다.[96] 양질의 자원 투입, 전문적인 품질관리, 현대적 기술 등이 모두 부족했고 목적에 부합하지 않는 경제 기반 시설이 구축되었다. 하지만 북한 경제 기획가들은 이러한 어려움 때문에 기본적인 발전 모델의 목적이나 방법의 신뢰성과 효력이 의문 시 되는 것은 결코 아니라고 인식했다. 국가안보 우선 정책 때문에 중공업 우선 정책이 소비재 산업에 대한 투자를 앞질렀을 뿐이라고 해석했다.

소련과, 상대적으로 자유주의적이었던 옛 유고슬로비아를 포함한 다른 사회주의 국가들도 수많은 성인과 청년을 도로 공사·건설·농업 같은 국가 주도의 집중적인 '자발적' 국가 건설 활동에 편입시켰다. 이 국가들은 단기간에 대중을 동원해 청년들이 스스로를 이타적인 집단의 일부로, 그리고 기술적 자원이 희박한 상황에서 경제적 방편으로 여길 수 있도록 독려했다. 그러나 단명한 폴 포트(Pol Pot) 정권을 제외하면 어떤 사회주의 국가도 대중동원을 지속 가능한 경제 성장 수단으로 이해하지는 않았다. 그럼에도 북한에서는 대중노선 방식이 유지되었는데, 그 이유는 대중에 대한 정치적 통제를 염두에 두었기 때문이다.

경제적 목표 달성의 실패가 생산성 정체의 증거가 되었는데도, 총생산의 증가와 사회복지의 향상이 성장률 하락을 감추고 있었다. 3개년 계획(1954~56)과 이어진 5개년 계획(1957~61)은 급속한 경제 회복기를 나타냈지만, 1961년과 1993년 사이에 국가는 네번의 계획 주기마다 큰 차이로 경제적 목표 달성에 실패했다.[97] 1961년에서 1967년까지의 첫 7개년 계획 기간 동안 성장 목표는 14.6퍼센트였는데, 실제 달성률은 8.6퍼센트였다.[98] 이어진 1971년에서 1976년까지의 6개년 계획은 10.3퍼센트 성장을 목표로 했지만, 실제 달성률은 6퍼센트였다.[99] 1978년에서 1984년까지의 두번째 7개년 계획에서는 9.6퍼센트의 목표에 비해 4.5퍼센트 성장을 달성했다.[100] 1987년에서 1993년까지의 세번째 계획에서는 7.9퍼센트 목표에 비해 3퍼센트 성장을 달성했다.[101]

지역의 자급자족정책과 정치적 독려를 통해 농장과 기업소에서 낮은 수준의 기술 개발을 통한 임기응변식 문제 해결이 장려되었지만, 이러한 정책이 경제를 현대화하고, 한국전쟁 직후의 높은 경제 성장 수치를 유지하는 데 필요한 규모의 생산 향상을 가져오지 못했다. 광업·제조업·석유산업·경공업이 포함된 공업 분야가 총생산에서 차지하는 비중이 1953년에는 31퍼센트에 미치지 못했지만, 1983년에 66퍼센트로 2배 증가했다. 그러나 1990년에 광업·제조업·건설이 국민총생산에서 차지

하는 비중이 56퍼센트로 감소했고, 농업이 차지하는 비중은 27퍼센트가 채 되지 않았다.[102]

경제가 성장하고 있고 산업 생산량이 국내와 수출에 필요한 만큼 충분했다면, 혹은 북한이 소득을 확보할 수 있는 서비스 부문에서 관광의 확대 같은 다양성이 존재했다면, 혹은 농업이 현대화되어 수출할 수 있는 초과 생산량을 창출했다면, 공업 부문의 위축이 반드시 경제적 실패를 나타내지는 않았을 것이다. 어쨌든 '북한과 비슷하게 발전한 역사를 가진, 비교 가능한 규모의 경제'인 베트남은 쌀 수출을 기반으로 성공적인 성장 전략을 개발해 공산당 지도부가 경제개혁을 촉진시킨 이후로 세계에서 두번째로 큰 쌀 수출국이 되었다.[103] 남한 또한 불균형적으로 낮은 규모의 경작지와 취약한 기후 조건으로 열악한 상황이었지만, 농업에서 초과 생산량을 산출했고, 일부를 2000년대에 북한에 원조하기도 했다. 1980년대 북한의 생산량 감소는 건전한 구조조정이 아닌 가공할 만한 경기 하락을 나타낸 것이었다.

국방비 부담

일부 국가에서는 국방 부문 지출이 경제 성장에 기여하기도 한다. 연구개발 과정에서 파생된 연구와 기술을 응용해 수출 경쟁력을 높이고, 민간 경제에서 생산성 향상을 가져오기도 하기 때문이다. 국방예산이 투입된 이동통신과 비행기 설계에서의 발전은 전세계적인 기술개발과 경제개발 활성화에 도움을 주었다. 그러나 북한에서는 1960년대에 국민총생산의 15퍼센트에서 20퍼센트에 달하는 국방예산이 1960년대에 25퍼센트에서 30퍼센트로 상승한 것으로 추산되어, 경제에 커다란 무리를 주었다.[104]

군대는 종종 건설 공사와 농번기에 노동력을 투입할 수 있어 도움을 주기도 했다. 그러나 김일성이 군인은 '농업이 아니라 정치훈련과 전투 훈련'에 전념해야 한다고 주장했듯이[105] 북한 지도부는 군이 민간경제에 정기적으로 참여하는 것을 허용하지 않았다. 군비 지출은 다른 경제 부분의 생산성 향상을 촉진하지는 않았다. 중공업을 비롯한 군사 부문은 소비 관련 산업과 별개로 조직되어서 한 부문에서 다른 부문으로의 유출 효과를 발생시키기 힘들었다. 게다가 군사 부문은 100만명의 현역 장병 3분의 2와 수십만명의 준군사 조직 구성원을 위한 식량·의복·주거지 등, 민간에서도 필요한 기본 생필품을 소비했다.

대중노선을 중심으로 준군사 활동을 조직함에 따라 매년 경제 활동이 가능한 거의 100만명의 청년들이 국경·해안·교량 경비 근무 같은 비경제적인 활동으로 옮겨갔다. 김일성 집권기 말엽(1986~87)에 북한 정권은 자발적으로 군병력을 25만명까지 줄였고 "그들을 평화로운 건설 현장에 파견했다"고 발표했듯이 변화의 징후가 나타났다.[106] 이러한 정책 변화는 국방 지출이 경제를 고갈시켰다는 점을 인식했음을 보여줬지만, 경제계획 내에서 군사 부문의 절대적 우선성을 바꾸지는 못했다. 군사 우선성은 항상 경제적 합리성을 능가했고, 효율적인 경제계획의 가능성을 없애버렸다. 일종의 김일성주의 악순환에서, 군사 부문에 대한 자원의 왜곡된 투여 때문에 부분적으로 생겨난 경기 하락은, 강한 군사력을 구축한다는 가장 기본적인 김일성주의의 목적을 위협했다.

노동력 부족

북한이 의존하는 육체노동력은 만성적으로 부족한 상태였지만, 국가는 경제적 생산과 직접 관련이 없는 직종에 많은 사람들을 고용했다. 1993년 인구조사에서 공업 부문 종사자가 411만 8332명으로 노동인구의 37.42퍼센트였다.[107] 1993년 인구조사에서 농업 부문 종사자가 총

338만 1930명으로 전체 노동인구의 30.73퍼센트였다.[108] 공업 부문과 농업 부문은 1993년 고용 부문에서 각각 1위와 2위의 비중을 차지했다. 하지만 1993년에 공공 서비스 종사자, 관료, 군인이 300만명으로 노동인구의 4분의 1에 조금 못 미치는 숫자였다. 이는 농업 종사자의 수와 거의 비슷했다. 군에 종사하는 75만명의 사람들과 더불어 교육·문화·보건 분야에 종사하는 사람이 84만 3647명인데, 이는 노동인구의 7.67퍼센트로 고용 부문에서 세번째로 많은 수치였다.[109] 교육자들과 의료계 종사자들은 교육받은 건강한 노동인구를 만들어내고 개발함으로써 경제에 간접적으로 기여했지만, 공공 부문 노동인구 가운데 많은 이들은 주로 주민들의 정치적 시각을 감독하기 위해 고용되었을 뿐이다.

의식하지 못한 의존성

아무리 강력한 국가라 할지라도 표준적인 산업정책은 다른 국가들과의 무역 상호의존도를 감안하지만, 북한의 기본적인 무역정책은 수입과 수출의 상호의존성을 최소화하는 것이었다. 국내 자원으로 메울 수 없는 자원 결핍의 문제는 주로 동맹국과 동조국에 무상이나 보조금 형태의 경제 원조, 아니면 두 경우가 모두 포함된 경제 원조를 요청해서 처리했다. 필요한 수입품을 지불하기 위해 수출이익을 증대시키려는 선택은 그다지 선호되지 않았다.

북한은 일본에 조직된 70만명의 강력한 한인 공동체인 '재일본조선인총련합회' 즉 **총련**과의 경제적 유대를 발전시켰다.[110] 총련은 조직적으로 잘 발전했고, 상대적으로 번창했으며 사실상 북한의 해외 전초기지 역할을 했다. 1990년대까지 총련의 교육 제도와 매체는 북한을 모방했다. 북한은 일본에서 자본재, 즉 주로 공업에 일차적으로 유용한 물품을 1972년에서 1995년 사이에 20억 달러 어치 수입했다.[111] 이는 북한의 자본재 수입품 고지서 가운데 매우 큰 비중을 차지했다. 이는 같은 기간 소련/러시아의 20억 2600만 달러에 이어 두번째로 큰 규모의 거래였다.[112] 북한이 같은 기간에 지속적인 무역적자를 기록하였음을 감안하면 총련의 성금은 이러한 수입품 비용을 충당하는 데 기여했을 가능성이 컸다.[113] 김일성은 총련의 경제적 지원을 인정했다. 그는 총련이 "대단히 영광스럽게도 사회주의 조국을 지원하고 지켜주었으며, [북한의] 번영과 발전을 위해 모든 노력을 기울였다"라고 주장했다.[114] 다시 말해, 총련은 북한을 지원함으로써 조국에 대한 민족주의적 의무를 다했다는 것이다.

북한은 풍부한 석탄 및 수력 자원을 군사용·산업용·가정용으로, 그리고 화물과 승객 운송에 주로 이용되는 철도를 포함한 수송용 전기를 생산하기 위해 활용했다. 그러나 핵심적인 경제 부문에서는 석유 수입에 의존했다.[115] 비료와 살충제를 포함한 석유에 기반한 수입품은 필수 농작물을 생산하는 데 필요했다. 석유는 또한 두개의 발전소를 가동시키는 연료, 자동차 연료로서도 필요했다.[116] 이라크·이란·알제리·소련을 비롯한 우방국과 석유 공급과 관련해 간헐적으로 협상을 시도한 적이 있지만, 여전히 저렴한 가격으로 석유를 공급받는 곳은 소련이었다.[117] 또한 북한은 소련·중국·중동부유럽국가·동독·폴란드·헝가리·루마니아·체코슬로바키아·불가리아 등 다수의 사회주의 국가들로부터 자본재와 기술을 무상으로 혹은 할인된 가격으로 이전받았다.[118] 사회주의 국가에서 받은 비상환 원조로 중공업 부문의 자금을 제공하여 철강재, 화학 생산 설비, 시멘트 공장, 항만 설비, 제지 공장, 배터리 공장, 기계 제작 등의 프로젝트에 들어가는 비용을 충당했다.[119]

북한은 현금을 확보하거나 수출품을 수입품으로 교환하기 위해 수출 이익을 증대하려고 노력했지만, 1980년대에 소련 및 사회주의 국가들과의 구상무역이 북한 무역의 약 60퍼센트에 달했다.[120] 북한은 옵서버 자격으로 참여하면서 무역 특혜를 누리고 있던 폐쇄적 공산주의 무역 블록인 코메콘(Comecon) 내부로부터 지속적인 관심을 끌어낼 만한 양질의 제품을 생산하지 못했다.[121] 북한은 무연탄·철광석·마그네사이트를 비롯한 천연자원과 1차 생산물을 수출하기 위해 무역 전략을 수정했다.[122] 그럼에도 북한은 여전히 자본이 부족해 사회주의 동맹국으로부터 차입을 했고, 다른 많은 비산유국들처럼 서구 은행에서 차입을 했으며, 수출이익을 증대하기 위해 상품가격 인플레이션 등의 요행수를 노렸다.[123] 산유국들의 성공적인 감산 정책으로 서구 국가들의 석유 구입가격이 네배나 상승할 수밖에 없었고(오일쇼크), 이에 따라 가난했던 국가들이 실제로 매우 부유해진 1974년 이후에 이런 전략은 논리적이었다.

비산유국의 상품가격이 1970년대에 붕괴했을 때 북한은 다른 많은 국가들처럼 차관을 갚지 못했고, 차관 협상에 성공하지 못해 채권국들에 대한 지불을 중지시켰다.[124] 북한은 국제적인 채무불이행 국가가 되었고 국제적 신용대출시장이나 동맹국에서 차입을 할 수 없었다.[125] 대부분의 채무는 소련이나 중국에 지고 있었다. 1989년 북한 채무의 46퍼센트는 소련에, 13퍼센트는 중국에 있었다.[126] 1990년 소련은 북한에 더이상 차관을 제공하지 않았고, 경화(현금)로 지불하는 조건으로 수출품을 시장가격에 팔았을 따름이다.[127] 1989년 67억 8000만 달러였던 채무 부담이 1994년 김일성의 사망 즈음에는 106억 6000만 달러로 상승했다.[128]

경제 붕괴

김일성은, 소련과 사회주의 유럽에서 명령경제의 종말이 불가피하거나 필연적이라는 것을 결코 받아들이지 않았다. 북한은 1989/90년에 소련과 다른 사회주의 국가로부터의 갑작스런 보조금 중단에 대비하지 못했고, 경제는 붕괴되었다. 1989년에는 성장률이 5.3퍼센트로 감소했다.[129] 이는 북한만의 상황은 아니었다. 국방비 지출이 지나치게 많지 않았던 루마니아·알바니아·불가리아를 포함한 비산유국 옛 사회주의 국가들이 마찬가지로 더 부유한 사회주의 국가의 지원에 의존했기 때문에 급속한 경기 악화로 고통받았다. 하지만 북한은 지도부가 인정하는 것 이상으로 값싼 석유 수입과 할인 무역에 지나치게 많이 의존했다. 이미 위태로웠던 식량 체계는 붕괴되고, 식량배급을 포함한 생존의 모든 측면을 정부에 의존한 북한 주민들은 초기에는 대안을 발견할 수 없었다. 최악의 시기가 임박한 것이다.

7장

노동자 국가의 계층 분화

일반적으로 김일성의 북한은 정치적 단층선 주위에 생긴 균열 말고는 사회적 균열이 거의 없는 곳으로 이해된다.[1] 김일성은 사회적 차별이 항상 정치 제도를 통해 이뤄지는 단일한 사회를 만들려고 노력했다. 그러나 김일성이 사회를 국가에 절대적으로 종속시키는 데 특별히 성공했다고 보는 것은 오해다. 김일성주의 사회 또한 직업, 출신 지역, 젠더와 세대를 포함한 다양한 정체성 지표에 의해 형성되었다.

김일성은 수령에 대한 충성이 사회적 지위와 특권을 얻기 위한 가장 중요한 자격 요건으로 작동하는 사회를 만드는 일에 착수했다. 최고의 직업은 당원과 관료를 위한 것이었기에 직업상의 지위는 정치적 충성도에 따라 결정되었다. 김일성주의 정치가 새로운 사회구조를 창출할 정도가 될 때까지 광범위한 사회를 지배하기 위해 당원의 권력과 특권이 강화되었다. 하지만 북한 사회는 역사적·사회적으로 백지상태에서 시작한 것이 아니었다. 특히 북동부의 함경도 지역과 남서부의 평안도 지역의 격차는 적극적인 지역 재분배 정책으로 완화되었다고 여겨질 때에도 여전히 두드러졌다.

일제의 식민지정책과 한국전쟁에서 비롯한 사회적 혼란에도 불구하고 김일성주의 북한에서는 여성을 원래 가사노동을 하는 사람으로 보는 관점을 포함해 매우 오랫동안 지속된 사회적 관념을 유지하고 각인시켰다. 모든 김일성주의 사회정책이 역사적으로 형성된 보수적 사회규범과 공명하지는 않지만, 적어도 여성을 어머니로 자리매김하려고는 했다. 김일성은 젊음보다 나이와 경험을 우선시하는 사회관계를 의식적으로 전복하려는 정책을 실행한 점에서 확고하게 반유교적이었다. 김일성주의 정책에서 현대성과 전통이 혼재한다는 것은 가족을 국가사회의 핵심 단위로 인식했다는 데서 드러난다. 그러나 김일성주의 사회에서 가족은 김일성주의 정책의 최소 단위로서 미래 세대의 혁명 간부를 교육시키는 역할을 했다. 가족은 일차적으로 국가에 충성하기 위한 것이었지, 가족 구성원 서로에게 충실한 친족관계를 위해 마련된 사적 공간이 아니었던 것이다.

사회계급과 사회분화

다른 국가들과 마찬가지로 북한에서도 삶의 기회는 사회계급과 직업에 달렸고, 엘리트는 대다수 주민보다 더 나은 삶의 기회를 누렸다. 특권은 무엇보다도 높은 지위와 든든한 연줄, 상속재산과 엘리트 학교 출신 등에서 비롯했고, 또 그런 지점에서 드러났다. 2차대전 후 태어난 다른 여러 사회주의 국가들처럼, 북한에서도 사회계층의 기반은 최고지도자와 신생 정권에 대한 충성과 복종이었다. 당원들은 정도는 다르지만 특권을 누렸다. 김일성 집권기에 상대적으로 높은 사회적 지위를 누렸던 다른 사회적 집단은 제대 군인과 중공업 노동자였다.

한국전쟁 이후 북한의 특권 계급은 김일성 가문과 당에서 고위직을 차지했던 사람들이었다. 김일성 집권 시기에 사회적 피라미드의 정점은 김일성 가문에서 방계로 갈라져 나온 소수의 사람들과, 김일성의 오랜 동지였던 여섯개의 다른 가문으로 구성된 극소수의 사람들이 차지했다.[2] 권력의 후원을 얻거나 직접 권력을 얻기 위한 투쟁에서 여러 개인들이 나타났다 사라지곤 했다. 그러나 김씨 가문과 정치적으로 가깝다는 것, 그리고 집안이 가깝다는 것은 상층부에 오래 남을 수 있는 일정한 보증 역할을 했다.[3] 김씨 가문의 구성원만이 다소 자유로운 해외 여행을 비롯해 자유를 누리는 특권을 가졌다. 북한 사회의 상류층은 사회적으로 높은 지위를 점하고 있었지만, 모든 잠재적 김일성 반대 세력을 통제하고 감시하는 국가의 구속에서 자유롭지는 못했다.

일부 보도에 따르면, 북한의 계급 체계는 관료적 분류 체계 내에서 공식화되었는데, 이 체계는 모든 북한 주민을 정치적 충성도와 세습적인 사회적 위치를 기준으로 51개의 상이한 하위 계급으로 분류했다고 한다.[4] 그 범주에는 '지주'와 '부유한 자본가'도 포함되었지만, 이런 사회적 집단은 1960년대 말경에는 존재하지 않았다.[5] 알려진 또다른 관료적 분류 체계는 북한 정권이 정치적 충성도에 따라 핵심 계급, 복잡(동요) 계급, 적대 계급이라는 세개의 방대한 집단으로 분류하는 것이었다.[6]

북한 정권은 주민을 정권에 대한 충성도에 기반해 사회적 범주로 분류했다는 점을 부인했고, 그런 범주화는 헌법 혹은 법률 제도에서 확인되지는 않았다.[7] 그럼에도 정교하게 조율된 인민에 대한 관료적·법률적 범주화가 존재했느냐의 여부와 관계없이, 혹은 존재했다면 얼마나 존재했느냐와 무관하게, 정치적 충성도에 대한 평가가 권위주의적인 북한 정권에 극히 중요했다는 점은 확실하다.[8] 국가는 정권에 불만을 가질 이유가 조금이라도 있다고 여겨지는 사람들을 불신하고 차별적으로 대우했다. 집안 배경 때문에 정치적으로 충성스럽지 못하거나 충성스럽지 못할 가능성이 있다고 판단되는 사람들을 의심하기도 했다. 여기에는 광범위한 사람들이 포함되었다. 기독교인을 포함한 종교인의 후손을 비롯해 축출된 옛 지주층과 부유층 가족의 일원까지 다양했다.[9] 반대로 정권에 충성한다고 판단되는 사람들 — 혁명지도자에서 당 관료까지 — 의 가족 구성원들은 신뢰를 얻었고 특권을 부여받았다.

정치적 충성과 정치적 연줄은 출세에 필수조건이었지만 충분조건은 아니었다. 조선로동당은 대중정당이었지 전위정당은 아니었다.[10] 대부분은 중하위 감독직을 얻는 정도를 기대할 수 있었다. 가끔 매스게임이나 국영 서커스 공연 관람, 평양 유람 같은 특전을 기대할 수 있었지만 그 이상은 아니었다. 비감독직에 종사하는 당원, 이를 테면 중간급 교사 혹은 의사는 기본적인 소득만 받을 뿐이었다. 하지만 당원은 말 그대로 당에 가입이 승인됨으로써, 아직 그 단계에 이르지 못한 사람보다는 더 충성스럽고 더 신뢰할 수 있는 국가의 공복임을 입증했기 때문에 비당원보다 더 높은 사회적 지위를 누렸다.

당원은 여행의 기회나 조심스럽게 허가된 사적인 거래의 기회가 다소 있는 직종에 종사할 수 있었다. 김일성 집권기에는 최소한 이러한 기회를 통해 제한된 시장에서 쓸 수 있는 소액을 손에 쥘 수 있었다.[11] 당원 자격이 식당에서 저렴하게 음식을 먹을 수 있는 쿠폰이나 영화를 포함한 여가 활동 티켓을 얻을 수 있는 조건을 준 것은 아니지만, 당원 자격을 가지고 있으면 이러한 특전을 얻을 기회가 높아졌다.[12]

당원 자격이 없으면 개인과 그 가족들에게 직업적·사회적 위계질서를 뚫고 출세할 희망이 없었다. 다른 사회주의 국가들처럼, 승진의 길은 정치적으로 신뢰할 수 없다고 여겨지는 사람들에게는 막혀 있었다.[13] 좋은 직업과 고등교육의 기회가 제한적이었고, 정책을 통해 충성스럽지 않거나 잠재적으로 충성스럽지 않다고 인식되는 사람들을 차별했다.

정부는 입대한 군인들에게 보상을 줬고, 가족들은 "정권이 군인을 세심하게 선발하기 때문에 군복무에 선택된 것을 대단한 명예"라고 생각했다.[14] 군대 생활을 잘한 이들은 복무가 끝나면 우선적으로 교육과 취업의 기회를 가질 수 있었다.[15] 중공업 노동자들은 국가를 주요 공업 강국으로 변모시키는 것을 목표로 하는 국가 핵심 정책의 혜택을 받았다. 그들은 상대적으로 괜찮은 임금과 제대로 된 식량배급을 받았고, 작업장에서 제공하는 넉넉한 사회·교육·보건 서비스를 이용할 수 있었다.[16] 중공업 노동자들은 당 간부가 되어 국가 개발에서 중공업의 중심성을 강화하고, 얼마간 특권화된 사회계급으로서 숙련된 공업 노동자의 위상을 공고히 하도록 독려받았다.[17]

사회구조는 경직되어 있었지만 카스트 제도는 아니었다.[18] 상향식 사회이동은 때때로 군대와 교육 제도를 통해 혹은 국가에 대한 공적을 인정받으면 가능했다. '불순' 가족 출신자는 농장 활동과 공동체 활동에 참여함으로써 협동농장 준회원에서 정회원으로 올라설 수 있었다.[19] 마찬가지로 충분한 열의를 보여주지 못하거나, 최악의 경우 '정치'범죄로 기소될 정도로 정권의 눈 밖에 나면 누군가는 특권과 지위를 상실했다.[20]

노동자 국가

김일성의 북한은 다른 사회와 마찬가지로, 직업이 사회적 지위를 반영하고 사회적 지위에 기여했으며, 보수가 많고 명망 있는 직업에 사회적 특권을 누리는 사람이 더 쉽게 접근할 수 있었다. 다른 사회주의 국가들처럼, 직종은 지역 당이 결정하여 개인의 훈련 정도와 적성에 맞추어 직업을 할당했다. 또한 다른 사회주의 국가들처럼, 작업장은 직장을

제공할 뿐 아니라 정치생활과 사회생활의 결절점 역할을 했다.[21]

북한 정부는 임금노동자로 일하는 것을 일할 수 있는 나이가 된 성인들의 정치적·법적·도덕적·사회적 책무라고 치켜세웠다. 북한이 정한 노동연령은 남자는 16세에서 59세, 여성은 16세에서 54세였다. 노동연령은 의무교육이 끝나는 시점에서 법적 퇴직연령이 시작되는 시점까지였다.[22] 구금 시설에 수감된 사람들을 포함하여, 연금을 받기 전까지 몸을 움직일 수 있는 모든 성인들은 법적으로 노동에 참여해야 했다.[23] 일반적으로 노동에 참여하지 않는 것이 허락되는 경우는 고등교육 과정 참여, 장애, 질병, 임신 및 출산 등에 한정되었다.[24] 노동법은 16세 이하 아동들의 노동을 금지했고, 대체로 아이들은 16세까지 의무교육을 받아야 했기 때문에 노동인구에 참여하지 않았다.[25]

한 개인이 실직해서 일자리를 잃거나, 직업을 구하고 있는 것을 실업이라고 한다면 북한에는 실업이 공식적으로 존재하지 않았다. 하지만 이것이 모든 성인들이 임금노동에 종사하고 있다는 뜻은 아니다. 1993년 총노동연령 인구는 1201만 1000명이었지만, 125만 9212명의 개인이 '비노동인구'로 분류되었다.[26] 비노동인구의 대부분은 국가 건설에 기여한다고 국가가 인정한 대체 활동에 참여했다. 여기에는 대학에 다니는 68만 6809명과 다른 형태의 성인교육에 참여하는 4만 9308명이 포함되었다.[27] 그리고 5만 7833명만이 장애로 인한 비노동인구로 분류되었다.[28]

김일성 시대 직업구조에서 주된 예외는 1993년 '선택'에 의해 비노동인구로 분류된 46만 5262명의 여성이었다.[29] 1993년 통계는 아마도 1989년 이전의 처리 방식을 보여주는데, 이를테면 고난의 행군이 진행 중이지만 여전히 많은 가구들은 경제가 빨리 회복되어 사태가 경제 붕괴 이전으로 돌아갈 것이라고 희망했던 때에 인구조사가 실시되었기 때문에 '정상적인' 사회적 지위라고 이해되던 수치였다. 이런 통계 수치는 김일성의 사상통제가 가장 잘 이루어지고 있을 때조차도 많은 여성과 그 여성들이 속한 가구에서 노동 참여를 명시한 엄격한 법조문을 공개적으로 회피했다는 것을 의미한다. 집 밖에서 노동하지 않으려는 이 50만명의 여성과 이들이 속한 가구들은 김일성 정권의 철학과 관행의 중요한 기초, 즉 임금노동에 참여할 수 있는 모든 성인은 그렇게 해야 한다는 원칙을 거부한 셈이었다. 50만명의 '가정주부'가 임금노동에 고용되지 않았다는 발표는 경제 붕괴 이전에 상당수의 가구들이 가정에서, 적어도 밖에서 임금을 가져오지 않는 소득이 없는 성인 한명은 부양할 수 있을 정도로 여유가 있었음을 시사했다.

정부는 이러한 성별상의 '예외'를 용인했는데, 그 이유는 비노동 '주부'의 연령이 50세 이상인 경우가 많았고, 젊은 여성에 비해 질병 때문에 노동하지 못할 가능성이 컸기 때문이었다. 지역 당국은 가구가 공동체와 국가에 대한 사회적 경제적 의무를 다하는 한, 그 가구는 제재하지 않는 것으로 암묵적으로 접근했다. 더 중요한 것은 여성이 임금노동에 참여하지 않을 경우 가구가 국가 제공 식량배급을 포기하고 살 수 있다면, 여성이 집에서 주부로 지내는 것을 자연스럽게 생각했다는 점이다.

사회적 지위로서 직업

북한에서 어떤 가구의 사회적 지위는 직업의 위상과 직접적으로 관계가 있었다. 북한 주민은 농업 가구, 노동자와 그들의 가구, 관료와 그들의 가구로 분류되었다.[30] 김일성주의의 용어에서, '농민'의 범주에는 협동농장주만 포함되었다. 500개 정도의 국영농장 임금노동자는 농민에 포함되지 않았으며, 이들은 임무가 정해진 '노동자'로 분류되었다.[31] '노동자 가구'라는 사회적 범주는 '관료와 그들의 가구'로 분류되는 사람들과 협동농장 농업 가구가 아닌 모든 사람들로 구성되었다.

1993년 북한의 첫 국가 인구조사에서 노동인구로 조사된 1100만 4842명 가운데 694만 4058명이 노동자, 258만 8925명이 농민, 147만 1859명이 관료로 분류되었다.[32] 인구조사에서는 병영생활을 하는 대개 젊은 남성으로 이루어진 69만 1000명의 군인을 따로 분류하고 있다.[33] '노동자' 인구에는 중공업 분야와 건설, 지질조사, 운송, 통신, 토지 및 도시 관리, 상업, 교육, 문화, 보건 그리고 1993년 인구조사에서 '그밖의' 직업으로 분류된 직종 등이 포함되었다.[34] 상대적으로 적은 관료 집단에는 당과 안보 업무를 위해 국가에서 전일제로 고용된 사람들 모두가 포함되었다. 이들은 전체 당원보다 훨씬 적었으며, 1993년 약 300만 명 정도 되었다.

북한 정부는 '인테리'(지식인)라 칭하는 교차되는 범주의 노동자를 인정했다. 여기에는 과학자, 교육자, 기술자, 고등교육을 받은 모든 사람이 포함되었다. 국가는 지식인으로서 일하는 사람에 대해 모순적인 태도를 가지고 있었다. 그들은 경제 발전에 필수적인 존재였다.[35] 그러나 독립적인 생각을 가질 수 있는 사람이기도 했기에 수령의 전지전능한 혜안에 잠재적인 도전이 될 수 있다고 보았다.[36]

지식인은 다른 사회에서도 일반적으로 독립적인 분석에 종사하는 사람들로 생각되었기 때문에, 김일성의 북한에서 그들은 물리적으로 제거되고, 개념적으로 폐기되었다.[37] 한국전쟁 직후에 지식인은 김일성의 권위에 도전할 수 있는 잠재적으로 위험한 반대 세력이 된다고 여겨졌기 때문에 물리적 제거 대상이었다. 김일성은 많은 지식인을 배출하는 것을 목표로 하는 정책을 선전했지만, 그가 의도한 것은 국가 정책에 어떤 식으로든 도전하는 비판적·독립적 생각에 관심이 없는 숙련된 복종적인 기술자를 배출하는 것이었다.[38] 혁신적인 노동자는 국내 경제 발전에 기여해야 했지만, 동시에 이런 노동자가 어떤 식으로든 국가 정책에 반하는 것으로 해석될 만한 견해를 표명하면 처벌받았다. 개인들은 처벌을 받을 수 있기 때문에 새로운 생각을 내놓는 데 조심해야 했다. 창의성이 제도적으로 구속되었기 때문에 과학에 기반한 지식의 질은 떨어졌다.

국가 정책과 관행은 김일성에게 의심을 품지 않고 복종하는 지식인을 배출하기 위해 열심히 노력했다. 경제 발전에 기여하되, 동시에 아무 비판 없이 김일성주의를 영구화하는 창의적 지식인을 배출하겠다는 모순은 결코 해결되지 않았다. 한편으로 지식인들은 더 나은 혁명가가 되지 못한 것 때문에 끊임없이 지탄받았다. 하지만 국가가 계속해서 지식인을 비난하려고 했다는 것은, 지적 생산물이라고 하면 면밀하게 감시를 받는 등의 제약이 있었음에도, 대학교육을 받은 젊은이들이 완전히 세뇌되어 김일성주의의 무비판적으로 수용하는 것은 아니었음을 시사한다.[39]

소득과 식량배급

식량을 비롯한 생필품은 직업·성별·연령을 토대로 결정된 일련의 기준에 따라 할당되었고, 배급표를 직장에서 배분했다는 점에서 배급 제도는 직업의 위상과 직접적으로 관련되었다.[40] 소득과 식량의 할당은 사회적 지위, 사회적 계급 혹은 당원 자격에 의해 직접적으로 결정되지 않았다. 하지만 직업은 형식적인 기준뿐 아니라 정치적인 기준에 의해 결정되었기 때문에, 식량배급에 더 유리한 관리직과 같은 일부 직업에서 비당원은 간접적으로 배제된 셈이었다. 임금이 적은 직종의 북한 주민들은 식량 사정이 나빠지면 불가피하게 더 힘들었고, 식량 부족이 발생하면 상대적으로 영양실조에 걸릴 확률이 더 높았을 것이다. 하지만 식량배급에 유리한 모든 직업을 당원들이 차지하고 있었던 것은 아니었다. 광부나 중공업 노동자 모두가 당원은 아니었지만 최고 비율의 식량배급이 할당되었다.

배급 제도는 1946년에 도입되었고, 1970년대에는 비농업인구가 연료를 비롯한 생필품과 식량을 얻기 위해 공공 배급 제도에 의지하게 될 정도로 확대되었다.[41] 배급 제도의 범위, 규모, 지속성에서 북한 사회주의 국가 중에서도 남달랐다. 소련에서 배급 제도는 국가 비상사태에 세번 시행한 게 전부였다. 그리고 마지막은 심지어 2차대전 기간 중이었다.[42] 김일성주의 북한에서는 소수의 부유층이나 특권층을 제외한 모든 주민이 기본적인 배급에 의존했다. 배급품은 국가가 직접 할당하고 관리했으며 분리된 두개의 할당 및 배급 체계가 있었다. 한가지 체계는 노동자 및 관료, 그리고 그들 가구의 필요를 충족시키기 위해 마련된 것으로 공공 배급제(public distribution system, PDS)로 알려졌다. 다른 한가지 체계는 협동농장 농민과 그 가구의 필요를 충족시키기 위해 마련된 것이었다.

작업장에서는 농민을 제외한 주민들에게 배급카드를 제공했는데, 이를 통해 노동자는 기본 식량을 공급받을 수 있는 최소한의 자격을 얻었다.[43] 작업장은 주택의 할당을 결정했고, 여행할 권리 같은 다른 사회적 혜택을 받을 수 있는 관문 역할을 했다.[44] 노동자와 관료는 3600개의 공공 배급 센터 중 가장 가까운 곳에서 식량배급을 직접 받았는데, 여기에서 2주에 한번씩 자신과 가족을 위한 기본 배급품을 수령해갔다.[45] 개인별 할당량은 직업과 성별, 부양가족의 연령과 성별에 따라 결정되는 노동점수에 달려 있었다.[46] 광부나 중공업 노동자는 하루에 900그램의 곡물(보통 옥수수나 쌀)을 받을 수 있었고, 어린아이에게는 하루에 50그램에서 200그램 사이의 곡물이 할당되었을 것이다.[47] 식량뿐 아니라 공공 배급제를 통해 공급되는 옷과 교과서 같은 여타 물품들은 무료는 아니었지만, 매우 낮은 정부보조가격에 판매되었다.[48]

농민과 그 가구들은 자신들이 조합원인 협동농장을 통해 식량과 사회적 혜택을 받을 자격을 부여받았지만, 배급 체계는 노동자와 관료에게 적용되는 것과 달랐다. 농업가구는 추수한 곡식의 일정량을 1년에 한번 받았고, 곡물 이외의 농작물 생산을 위한 조그만 텃밭이 허용되었다. 연간 곡물 할당은 협동농장의 농업생산성을 기준으로 이뤄졌다. 개별 작업팀의 생산성뿐 아니라 직종에 따른 복잡한 점수 계산을 거쳐 협동농장 내의 개별 가구들에게 곡물이 할당되었다.[49]

협동농장은 충분한 식량을 생산할 것으로 기대를 모았다. 모든 농장 노동자들과 그들 가구의 식량·주거·에너지·교육·문화생활을 충당할 만큼의 충분한 소득을 창출해야 했기 때문이다.[50] 농장은 탁아소·유치원·진료소 등 사회복지 시설을 제공하고 유지하는 책임을 맡고 있었다. 협동농장은 또한 종자·비료·농기계를 포함한 농장 투자금을 지불할 만큼의 충분한 초과 수익을 창출해야 했다.[51] 하지만 실제로는 가장 생산성이 높은 농장들만 초과 수익을 달성할 수 있었다. 농업생산성이 떨어지는 지역의 수많은 궁핍한 농장들은 식량의 자급자족조차도 달성하지 못할 정도였다. 결과적으로 이러한 농민들과 그 가구들은 다른 농장에서 이전된 곡물이나 정부보조금에 의존했다.[52]

지역에 대한 충성심

북한은 큰 국가가 아니다. 토지 면적이 12만 3000제곱킬로미터로 펜실베이니아 주나 미시시피 주 정도의 크기다. 그리 넓지 않은 면적임에도 남한처럼 북한도 뚜렷한 지역적 차이가 있다.[53] 이는 언어적 차이에서 입증되는데, 가장 잘 알려진 것이 북동부 지역의 함경도 방언과 남서부 지역의 평안도 방언이다.[54] 산악 지형과 사람이 살기 힘든 기후가 불러온 이동상의 자연적 제약 때문에 교통이 열악할 수밖에 없었다. 이런 조건들이 역사적으로 지역의 차이를 강화시켜왔다.[55]

북한 정권은 지역에 대한 충성심이 정치적 분열의 잠재적 위험 요소이자 선전 매체가 이상화하는 '단일한 통합'에 대한 위협으로 작용할 수 있다고 인식했다.[56] 북한 주민들은 출신 지역이 아니라 일차적으로 국가의 정치적 이상에 근거하여 자기정체성을 확립할 수 있도록 지역 정책이 마련되었다. 지리적 위치는 단지 국가 계획상의 목적을 위해 정보를 제공하는 역할만 하고, 지역적 구분과 지역적 정체성이라는 역사적 개념을 뒷받침하지 말아야 한다는 것이었다. 1993년 인구조사에서는 세개의 공식 행정 지역을 구분했다. 서부 해안 지역, 내륙 지역, 동부 해안 지역이었다.[57]

북한 정부는 지역 격차에 대한 불만을 없애기 위해 노력했다. 사회정책과 경제정책은 도시와 농촌 지역, 해안 및 평지와 산악 지역, 북동부 공업도시와 남부 농업 중심지 간의 경제적·사회적 불평등을 개선하기 위해 노력했다. 안보 우선 정책이 이동을 억제시켜 지역적 정체성 형성을 강화하기도 했지만, 동시에 불만의 근원인 지역적 불평등을 최소하려는 정책도 시행되었다. 식량은 남부의 식량 초과 지역에서 북동부의 식량 부족 지역으로 분배되었다. 또한 지역에 대한 충성심은 병역 제도의 특징이었던 지리적 이동성에 의해 완화되었다. 북한은 제대한 군인을 출생지에서, 일자리 수요가 있다고 여겨지는 지역으로 영구 재배치했다.[58]

김일성주의 정부는 1947년에 호적 제도를 폐지하면서 개인을 성, 출신 지역, 남성 세대주를 기준으로 분류하던 호주제(남한에서도 호주제는 2005년 공식 폐지될 때까지 널리 시행되었다)를 폐지했다.[59] 하지만 호적을 공민증으로 교체했다고 해서, 출신 지역을 사회적 정체성의 중요한 부분으로 여기지 않은 것은 아니었으며, 성별화된 위계가 사라진 것도 아니었다.[60]

여성: 형식적 평등과 별도의 역할

김일성주의 정책은 여성을 법적 지위와 지적 능력에서 여성과 남성을 동등하게 취급했지만, 생물학적 역할을 근거로 여성이 남성과 다른 재생산 기능을 타고났다고 주장했다. 김일성은 남성과 여성은 국가 건설 사업에서 마차의 두 바퀴와도 같다고 주장했다. 그는 "남성만 자신의 의무를 완수할 때 사회는 견실하게 발전할 수 없다"라고 언급했다.[61] 김일성주의 정부에서 성인 남성은 기본적으로 경제적 발전에 대한 공로로 높이 평가받는 반면, 여성은 새로운 혁명세대를 길러내는 어머니로서의 역할 때문에 높이 평가받았다.

공식적인 이데올로기는 여성을 어머니와 돌보는 사람(care-taker)으로서 신성시했지만, 이는 여성의 활동이 가정에 국한됨을 의미하지는 않았다.[62] 성인 여성은 임금노동에 종사하고 대중동원에 참여할 것으로 기대되었고, 동시에 집안일을 돌봐야 할 책임이 있었다. 1993년 노동연령에 있는 성인 여성(16~54세)의 89퍼센트가 임금노동에 종사한 것으로 보고되었다. 노동연령 남성(16~59세)의 94퍼센트가 임금노동에 종사한 점에 비춰보면 엄청난 수였다.[63] 유엔개발계획에 따르면, 1995년 인구조사에서 북한은 전세계에서 여성의 노동 참여율이 가장 높다고 공표했다.[64] 16~19세의 여성이 가장 적은 66퍼센트의 참여율을 기록했고, 가장 높은 93퍼센트의 참여율을 보인 것은 20~24세 사이의 여성이었다.[65] 25~34세 여성의 노동 참여율은 87퍼센트였다.[66]

여성은 전통적으로 남성의 역할로 받아들여지던 영역에서 공식적으로 배제되지 않았다. 여성이 비행기 조종사, 엔지니어, 중공업 노동자, 고위 정치인이 되는 데 제도적 장애물은 없었다. 그러나 상대적으로 소수의 여성이 이런 직업에 진출했다. 1993년 남성은 570만명이 조금 안되었고, 여성은 전체 노동인구의 절반에 조금 못 미치는 540만명을 약간 상회했다.[67] 여성은 공업 노동인구의 절반을 약간 넘었고, 농업 노동인구의 절반에 약간 못 미쳤다.[68] 공업과 농업 부문에 고용된 사람이 전체 노동인구의 3분의 2에 약간 못 미쳤기 때문에 이런 수치들은 노동인구에서 남녀의 분포가 평등했다는 점을 구체적으로 보여주었다. 하지만 1993년 인구조사에서는 여성들이 다른 경제 부문에서 불균형하게 고용되어 있다고 발표했다. 1996년 영어로 발간된 북한 인구조사 보고서에는 여성 노동인구가 "절반이 (…) 넘지만, 그것은 경공업 분야에서의 높은 여성 비율과 관련된" 것으로 나온다.[69] 여성은 "상품 유통과 (…) 구매, 그리고 식량관리기구에 고용되었고, 그 비율이 68.3퍼센트였다 (…) 그다음으로 높은 [여성] 비율을 보인 [경제] 부문은 교육, 문화, 예술, 의료 분야였는데, 60퍼센트의 여성이 이 부문에서 일했다".[70]

여성은 소매 부문을 비롯하여 보육·간호·교육을 포함한 서비스 부문 등에서 우위를 차지했다. 다른 많은 국가들과 마찬가지로 이런 일들은 수사적으로는 높이 평가받지만, 실제로 '여성의 직종'은 '남성의 직종'보다 보수가 적고 사회적 지위도 낮았다.[71] 1993년 인구조사에서는 "여성의 비율이 가장 낮은 분야가 건설, 지질탐사, 운송 [및] 통신 서비스 등이다 (…) 이런 분야는 직종의 성격상 여성이 일하기 힘들기 때문에 일하는 사람의 4분의 3은 남성이었다"라고 보고한다.

김일성은 여성이 새로운 사회주의 북한을 건설하는 자신의 남편과 자녀를 위해 지원을 아끼지 않는 아내이자 어머니가 될 수 있도록 여성의 노동 참여를 독려해 여성을 변혁시켜야 한다고 주장했다.[72] 이런 정책이 경제적 이유로 추진된 것은 아니라는 주장이었다. 여성의 노동 참여로 국가가 제공하는 보육과 사회 서비스 비용이 많이 들기 때문이라는 것이다.[73] 김일성의 주장은 여성이 조직화된 작업장에 참여함으로써, 사회주의적 어머니로서 가족 내에 사회주의 가치를 이식하는 데 도움이 되는 정치적·경제적·사회적 경험을 얻게 된다는 것이었다. 북한이 만성적인 노동력 부족에 시달렸음을 고려할 때 이러한 주장은 솔직하지 못한 것이었다. 단지 여성은 일차적으로 어머니로서 중요하다는 뿌리 깊은 관념을 보여주었던 것이다.

김일성 집권 시기에 성장한 여성들은 읽고 쓰고 셈할 줄 알았지만, 자신의 '타고난' 역할을 가사노동자로 이해하도록 사회화되었다. 타고난 차이는 교육에 반영되었다. 모든 여자아이는 남자아이처럼 학교에 다녔지만, 남자아이가 기초 기계학을 공부한 반면, 여자아이는 가정학을 공부했다.[74]

김일성은 여성의 가사노동을 뒷받침하고자 여성에 대한 개입주의적 사회정책을 적극적으로 추진했다. 다만 이 정책이 가령 남성이 집안일과 육아를 분담하는 방향으로, 젠더화된 규범에 변화를 촉진하기 위해 고안된 것은 아니었다. 그럼에도 이런 사회적 지원 프로그램이 많은 여성과 남성에게 실질적 혜택을 가져다주었고, 상당한 생활수준 향상도 동반했다. 한반도 역사에서 최초로, 여성에게 의료 서비스, 교육의 기회, 넉넉한 출산·육아 유급휴가, 연금제공 같은 복지 서비스가 주어졌다.[75] 가사노동이 여성의 영역이었음을 고려할 때, 무상주택을 도입하고 집에 편의 시설을 제공하는 정부의 사회개혁은 여성의 삶의 질을 향상시키는 데 상당한 진전을 가져왔다.

북한은 여성에게 가정 밖의 활동에 참여할 수 있는 시간을 더 많이 제공할 의도에서 가사노동의 '사회주의화'를 목표로 했다.[76] 식품공업은 요리할 때 준비할 필요가 거의 없는 '인스턴트' 국수나 식품을 공급하는 데 맞춰져 있었다.[77] 공공 배급 센터는 여성이 일 때문에 식량을 수령할 수 없을 경우 집까지 식량을 배달해주었다. 여성이 세탁에 시간을 들일 필요가 없도록, 공공 세탁소가 설립되었다. '포장 음식'의 공급 범위와 규모에 관한 자료가 거의 없지만, 적어도 전국적인 보육 시설의 발전에 상응했다면, 광범위하고 포괄적이었을 가능성이 높다. 덧붙여 여성의 가정 내 책무에 대한 국가 정책의 명시적 목표 중 하나가 "〔여성의〕 집안일 부담을 덜어주는 것"이라고 할 정도였다.[78] 그 정책은 노동을 덜어주는 설비, 더 많은 대중교통, 더 좋은 급수를 제공하는 데 초점이 맞춰졌다. 그러나 남성이 아닌 여성이 으레 가사노동을 한다는 점은 변함없었다.[79]

북한에서 여성은 통상 25세 이후에 첫 아이를 갖는다는 점에 비추어, 여성의 높은 노동 참여 수치는 임산부와 아이 엄마가 직장에서 일할 가능성이 매우 높다는 것을 의미했다. 일하는 엄마들에게는 5개월의 유급 출산휴가와 식량이 제공되었다.[80] 또한 아이가 셋 이상인 경우 노동 시간이 줄어들어도 임금 전액을 받는 혜택을 누렸다.[81] 일하는 여성은 자녀가 취학하기 전에는 탁아소·학교를 포함해 아동 전담 기관에 상당히 의존했다. 많은 여성이 아이를 숙식 제공 탁아소에 보내 주말에만 아이를 볼 수 있었는데, 그 정도로 여성이 임금노동에 참여하도록 하는 것을 강조했다.[82]

청년 주조(鑄造)하기

1996년 김일성사회주의청년동맹으로 개칭한 사회주의로동청년동맹의 기능은 지도자에 복종하고 경제 영역이든 군사 영역이던 국가를 위해 기꺼이 희생하는, 훈련이 잘된 세대들을 재생산하는 것이었다. 구체적인 목표는 14세에서 29세의 모든 청년을 입회시키는 것이었다.[83] 청년들은 고등학교 때 가입했고 회원에는 대학생도 포함되었다.[84] 1987년 김일성 집권기 말엽에 회원이 380만명 이상이었다고 보고되었다.[85] 청년조직의 기본 역할은 청년들이 '사상적·정신적 청소년기'에 있는 동안 정치적 열정을 주입시켜 '그들이 혁명세대로 주조될 수 있도록 하는' 것이었다.[86]

청년의 기본적 책무는 적어도 16세까지는 학교에 다니며 열심히 공부하는 것이었지만 다른 의무도 있었다. 그들은 학교와 청년 조직을 통해 준군사훈련에 참여해야 했다. 청년들은 도로와 발전소 건설 같은 일에 동원되기도 했다.[87] 학생과 청년은 매년 모내기와 추수 같은 시기별로 있는 노동집약적인 일을 거들기 위해 동원되었다. 하지만 청년 동원의 기본 목적은 경제적인 것이 아니라 정치적인 것이었다. 자신보다 국익을 항상 앞세우는 데에 청년의 존재이유가 있다고 주입하기 위함이었다.

청년들은 학교와 작업장뿐 아니라 청년 조직에서도 끊임없는 사상적 사회주의화의 대상이었다. 김일성은 다음과 같이 경고했다. "아버지가 혁명가라는 이유만으로 저절로 혁명가가 되는 것은 아니다. 사회주의 체제에서 자란 젊은이들이 저절로 사회주의 신조를 채택하는 것은 아니다. 청년과 학생의 사상교육이 도외시될 경우, 그들은 성실하게 일하지 않고 게으르게 살면서 빈둥빈둥 세월을 보낼 것임을 국제공산주의 운동의 역사적 경험과 교훈이 보여주었다."[88]

모든 청년은 일상적으로 일정한 형태의 동원에 참여했다. 청년은 고위 관료의 방문에 맞춰 준비된, 세간의 이목을 끄는 행사에 참여하는 데는 열성적이었을지 모른다. 그러나 물리적 조건이 열악한 시골에 가서 모내기를 하거나 옥수수 심는 작업을 돕는 것은 별로 좋아하지 않았다. 정기적인 준군사훈련과 같은 의무는 귀찮은 일이었지만, 국가가 후원해서 조직한 활동에 참여하면 단체 휴가, 바다와 산으로의 여행, 연예 행사 관람, 스포츠 활동 참여 등의 보상이 따랐다. 이는 부분적으로 청년 활동에 배경으로 작용하는 이데올로기 체계에 대한 보완책이었다. 또한 많은 도시 청년들에게 고될 수밖에 없는 육체노동에 참여한 것에 대한 순수한 보상이었다. 규정된 활동이 고되고 지루할 수도 있었지만, 재미있고 신날 수도 있었다. 청년들은 대집단체조와 스포츠, 그리고 금강산과 묘향산 국립공원 같은 국가적 명소 관광에 참여하며 서로 친해졌다.

청년이 항상 조직화된 활동에 참여하는 것은 아니었다. 청년들은 여느 나라에서처럼 공원이나 강가에서, 선수와 관중으로 스포츠 활동에서, 극장이나 서로의 집에서 함께 시간을 보낼 수 있는 방법을 찾아냈다. 김일성 집권기에 청년들은 식당에 자주 가지는 않았다. 작업장에서 발행된 쿠폰이 필요했는데, 이런 쿠폰을 모두가 이용할 수 있는 것은 아니었기 때문이다. 식당은 장년층 남성과 여성이 찾는 경향이 있었다. (일본처럼) 가족들과 장년층 남성이 일과 후에 외식을 하고 (역시 일본처럼) 어디에나 있어서 사람들이 널리 찾는 노래방에 들르곤 했다. 평양에서 청년들이 '시간을 보내는' 가장 유명한 장소는 기차역 앞 교차로 공터였는데, 날씨가 온화할 때 친구를 만나 그냥 돌아다니거나 길에 앉아 있거나 때때로 기타를 치곤 했다.

가족생활

김일성주의 사회는 남녀의 결혼에 기반한 가족생활에 관해 보수적인 관점을 유지했다. 그런 관점은 남편과 아내, 부모와 자식의 사회적 역할을 규정하는 위계적 방식을 통해 형성되었다.[89] 정책으로 가족이 '사회의 기본 단위' 역할을 한다고 공표했고, 가족에 대한 다소 이상화된 인식을 법제화했다.[90] 가족은 법적으로 개인을 넘어서는 권리와 의무를 가지고 있음이 인정되었고, 사회주의 사회치고는 특이하게 소유권이 주어졌다.[91] 가족은 사회적 취약 계층이 살아가야 하는 생태계로 인식되었다. 정책적으로 부모가 돌보지 못하는 아이들을 다른 가정으로 입양 보내는 일을 추진했고, 일가친척의 도움을 받을 수 없는 노인들에게 주거를 제공하여 보살핌을 받을 수 있도록 독려했다.

한국의 오랜 문화적 규범상 가족이 높게 평가되었다는 점에서, 가족 단위가 북한에서 여전히 중요하다는 것은 놀라운 일이 아닐 것이다. 그리고 가족은 살아 있는 구성원에 이미 사망한 조상까지를 포함하는 개념이었다.[92] 북한의 사전에서 '가구는 생계를 같이하는 가족'이라고 명기했다. 가구는 부모, 자식, 때때로 조부모로 이뤄지는 핵가족이었지만, 드물게 대가족으로 구성되기도 했다.[93] 법적으로, 가구에는 같은 직업에 종사하면서 같이 살지만 핏줄은 다른 개인들이 포함될 수 있었다.[94] 가구와 생계의 일치는 김일성주의 이전에 몇백년 동안 이어져온 사회적 표준을 나타냈다. 특히 농촌에서 가족 구성원들이 비슷한 직종에서 일하는 것이 여전히 흔한 일이었다.[95] 또한 특별한 기술을 요하지 않는 일에서 필요할 경우 가족 구성원 중 한 사람이 다른 사람의 일을 대신하는 것도 흔했다.

북한 정부는 가족생활에 대한 보수적이고 이상화된 견해를 공표함으로써, 김일성은 자신을 순수하게 한민족정체성을 회복하는 존재로 그려내기 쉬웠다. 또다른 효과는 김씨 가문이 한민족의 가치를 계승한 구현체 역할을 한다고 주장함으로써 자신의 가문이 누리는 제도적 특권을 정당화할 수 있었다는 점이다.

실제로는 다양한 대중조직이 요구하는 활동에 남녀노소를 막론하고 대규모로 참여해야 했기 때문에 가족생활에 할애될 수 있는 시간은 지극히 짧았다.[96] 작업장과 공동체 활동에 대한 지속적인 요구로 인해 개인생활에 활용할 수 있는 시간과 에너지가 줄어들었다.[97] 당 기관들이 반대의 징후를 항상 주시함에 따라, 즉 사적 대화에서 끊임없이 주의를 요했기 때문에 가족생활에는 제약이 있었다. 국가 이데올로기의 이상주의에 길들여진 아이들과 청년들은, 나이 든 가족이 회의주의와 환멸을 표현하는 것을 우연히 듣고 학교와 작업장을 포함한 모든 사회기관에 상주하는 수많은 당 기관원들이 듣는 자리에서 그런 대화를 반복하게 될 경우 위험해질 수 있었다.[98]

반대로 북한 주민들에게 정치적인 공적 생활과 별개로 사적 가족생활이 없다고 생각하는 것도 오류다. 청년들은 다양한 현장에서, 즉 지역 공동체, 가족의 소개, 학교, 대학, 군대, 일할 때나 놀 때 만난 사람들을 배우자로 선택했다. 비록 최근까지도 중국처럼 결혼하려면 작업장의 허락을 받아야 했지만 말이다. 가족은 김일성주의 이전부터 이어져왔고 여전히 문화의 중요한 부분인 한국적 관습을 물려주는 매개 역할을 했다. 이러한 관습에는 장자가 노부모를 돌볼 책임이 있고, 며느리는 시부모에게 복종해야 한다는 규범이 포함되었다.

가족은 특히 어른들 사이에서 신뢰에 기반한 관계가 제대로 형성될 수 있는 북한 사회 내 유일한 곳이었다. 가족은 정치적 관계가 아닌 사적 관계에 기반한 관계들이 국가의 통제를 받지 않고 허용되는 유일한 사회적 장소였다. 연좌제라는 강제적인 관행을 정당화한 이유는 반국가적이거나 국가에서 허용하지 않는 활동 및 사상에 대한 논의가 가족 내부에서는 이뤄질 수 있음을 알고 있었기 때문이다.

어떤 면에서는… 단일한 사회

정치적 위상이 사회적 위상을 결정했다는 점에서 김일성은 정치적 충성에 기반한 사회구조를 구축하는 데 성공했다. 그러나 국가 정책이 일상생활의 모든 면을 좌우하는 단일한 사회를 만들려는 목적은 달성하지 못했다. 노동자 국가에서 좋은 일자리와 괜찮은 생활수준에는 정치적 기준을 통해 접근하지만, 사람들이 일상생활을 영위하는 사회는 전적으로 사회정책과 정치적 의도의 산물만은 아니었다.

여성이 임금노동에 참여함으로써 얻는 혜택을 가족에게 납득시키지 못했다는 것은 사회주의적 독려를 능가하는 뿌리 깊은 문화적 관념이 존재함을 보여준다. 청년을 우선순위에 두는 사회정책은 북한 사회의 연령적 위계를 전복하는 데 성공하지 못했다. 가족을 세습적 권리와 의무와 책임을 가진 핵심 사회 단위로 생각했다는 것은 김일성주의 이전의 관념이 지속적이고 강력함을 보여주었다. 1990년대에 주민들이 굶주림에 직면하고 국가는 제 기능을 못했을 때, 많은 사람들이 재앙을 면할 수 있었던 것은 오로지 김일성주의 이전부터 존재했고 그 이후에도 살아남았던 이러한 규범과 사회적 관행 때문이었으며, 그것은 여성에게 식량 제공의 일차적 책임이 있다는 사회 전반의 기대에서 가장 잘 드러났다.

8장

고난의 행군과 김일성주의의 종언

김씨 가문 지도부는 유럽에서 냉전이 종식되면 미국이 무소불위의 힘을 발휘하게 될 것으로 여겼다. 또 북한의 체제전복을 노리며 외국이 군사적으로 개입하는 것이 두려웠다. 북한은 남한과의 외교적 접촉을 시도하면서, 핵무장이라는 옵션을 준비하는 차원에서 핵개발 프로그램에 착수했다. 미국과 북한 양측 모두 1994년 중반에 전쟁 발발이 임박했다고 인식했을 정도로 김일성주의 정책은 미국 클린턴(Bill Clinton) 행정부의 도전을 받았다.[1] 미국 전직 대통령 지미 카터(Jimmy Carter)가 마지막 순간에 개입해 겨우 충돌의 위험을 낮출 수 있었고, 1994년 7월 김일성이 82세의 나이로 사망한 후 지속되던 상호협상을 가능하게 했다. 북한은 1994년 10월 제네바에서 조인되어 제네바합의로 알려진 북미 제네바 '기본합의서'를 만들어내기 위해 미국과 계속해서 협상을 이어갔다.

북한 정부로서는 1990년대 초의 외교 위기가 초미의 관심사였다. 따라서 소련과 중국의 보조금 중단 결정으로 촉발된 경제 위기를, 처음에는 이전 시기와 비슷한 규모로 취급했다. 전처럼 북한 주민은 덜 쓰고 더 많이 일하며, 어떻게든 버텨내기를 강요받았다. 정부는 국방비를 삭감했으나, 국가적 식량 위기로 발전한 경제 위기의 확산에 제동을 걸 만큼 효과가 충분하지는 않았다.

위기의 초기에, 김일성과 김정일은 북한 주민에게 결과적으로 재앙이 된 사태의 규모와 범위 앞에서 마치 마비된 것처럼 보였다. 두 사람은 여전히 경제 위기보다 정권의 안보를 우선시한 것이다. 공업생산과 농업생산은 곤두박질쳤다. 민간 생산은 소량이었고 시장이 발달하지 않았기 때문에 대부분의 주민에게 국가의 식량 공급을 대체할 수단이 거의 없었다. 국가 식량배급 체계가 1990년대 중반 붕괴되자 기근이 발생했고, 1993년과 1998년 사이에 100만명에 이르는 사람이 죽었다.[2]

계속되는 심각한 식량 부족과 국가의 무력함 앞에서 가구와 공동체는 자력갱생해야 할 처지가 되었다. 기근에서 살아남은 2100만명은 자구책을 마련한 덕분이었다. 이런 자립적 활동은 북한 정권의 이데올로기에 의지하지 않은 채, 종종 정책적 반대에도 '아래로부터' 이뤄진 주도적 활동의 산물이었다. 이 같은 생존을 위한 주도적 활동에는 물물교환, 민간 소비·민간 거래용 식량과 물품 판매 및 생산 등이 포함되었다. 생존하기 위해 개인과 공동체는 '자생적'으로 시장화된 사회를 만들어냈다.

정권의 취약성

유럽에서 냉전이 종식되자 한국전쟁 이후 북한이 의지해온 소련과 동부 및 중부 유럽 사회주의 국가의 어느정도는 확고하고 변함없던 외교적 지원도 끝났다. 김일성은 전략방위 수단 역할을 하던 옛 소련의 핵무기에 더이상 의존할 수 없었다. 동시에 지구화된 자본주의 시장에 통합되는 것을 통해 경제적 역량을 발전시키는 데 초점을 맞추던 중국의 정책 속에는, 남한과 미국을 비롯한 북한의 적국들과도 우호적인 관계를 발전시키려는 노력이 포함되었다. 소련과 중국은 각각 1990년과 1992년에 남한과 외교관계를 수립했다.[3]

1990년 7월 북한의 언론매체는 고르바초프 대통령과 남한 대통령 노태우(盧泰愚)의 협상을 '범죄 거래'라고 비난했다.[4] 1990년 고르바초프의 외무장관인 예두아르트 셰바르드나제(Eduard Shevardnadze)가 소련의 국제정책 재조정을 논의하기 위해 평양을 방문했다. 북한 관료들은 셰바르드나제에게 소련의 핵우산에 의한 전략적 방위 수단이 없어지면 다른 모든 선택을 고려할 수밖에 없다고 말했다.[5] 이 말에는 북한이 스스로 핵무기를 가질 수도 있다는 위협이 담겨 있었다. 북한 관료들은 소련을 배신자라고 여기고 분노를 숨기지 않았다. 셰바르드나제는 북한에서 전에 없던 무례한 대접을 받았다. 모스끄바로 돌아오는 길에 그는 남한을 외교적으로 인정하는 스케줄을 앞당겨버렸다.

사회주의 소련이 무너지고 1991년 12월부터 1999년까지의 러시아 연방을 이끈 보리스 옐찐(Boris Yeltsin)은 김일성을 경멸할 뿐이었다. 소련과 북한이 1961년에 맺은 방위조약이 1992년에 재협상되었을 때, 전쟁이 발발하면 북한을 지원하겠다던 소련의 약속은 러시아에 의해 많이 희석되었다. 신생 민주주의 국가 러시아 초기에, 전략적 혹은 다른 어떤 이유로 북한에 대한 계속된 지원을 주장할 수 있는 국내 지지 기반이 마련되지 않았다.[6] 신생 러시아는 차관, 값싼 석유, 기술 원조 제공을 중단했다. 러시아 정부와 러시아의 새로운 자본주의 소비자들은 서구 시장에 접근할 기회를 새롭게 잡았기 때문에 질 낮은 북한 수입품을 사려고 하지 않았다.[7] 러시아와 북한의 무역이 1988년 35억 달러에서 1995년 겨우 1억 달러로 축소됨에 따라 경제적 관계도 달라졌다.[8]

외교관계는 공개적인 비난으로 비화되었다. 1995년 12월 김정일은 옐찐의 이름을 언급하지 않은 채 '사회주의를 타락시키고 붕괴시킨 현대적 수정주의자들과 변절자 사회주의자들'을 비난하는 글을 썼다. 김정일은 사회주의 종말의 책임이 "'민주주의'와 '경제복지'를 위해 '개혁'과 '구조조정'을 실행하고 있다고 주장하면서" 더이상 "맑스와 엥겔스와 레닌과 스딸린을 노동자 계급의 수령으로" 존경하지 않는 '배반자들'에게 있다고 썼다.[9]

북한의 외교적 고립은 군사적 취약성 심화에 대한 인식으로 말미암아 악화되었다. 1991년 2월, 전세계적으로 대규모 병력을 자랑했지만 기술 수준이 낮았던 이라크 군을 상대로 미군이 사막의 폭풍 작전을 펼쳤다. 이라크 군은 무기력하게 와해되어 단 며칠 만에 섬멸되었다. 북한군처럼 이라크 군도 민족주의적 열정을 바탕으로 백만명이나 되는 병력이 전투에서 버텨나갈 수 있을 것이라고 모두들 예측했다. 이라크 군은 북한군과 달리 1980년대 내내 벌어진 이란-이라크의 잔혹한 무력 충돌을 통해 실전 경험까지 있었기 때문이다. 북한의 정치·군사 지도자들의 메시지는 재래식 전력으로 외국의 개입을 막을 수 있다는 믿음이 잘못된 것일 수 있다는 이야기다. 한때 유명했던 북한의 백만 대군도 전체 북한 주민들처럼 점점 지치고 굶주리고 사기가 저하되었기 때문에 특히나 그랬다.

북한 지도부는 남북 간 무력 충돌의 위험을 줄이려고 노력하는 것으로 외교적 고립과 군사적 취약성에 대응했다. 북한은 거의 20년의 공백기를 거친 후에 남한과 외교적 접촉을 재개했다. 1990년 9월 (사실상 내각인) 북한 정무원 총리 연형묵(延亨默)이 민간 및 군 관료로 이루어진 대표단을 이끌고 서울에 와서 남한 대표단을 만났다.[10] 이어진 남북회담에서 2개의 외교협정이 이루어졌는데, 바로 1991년 '남북 사이의 화해와 불가침 및 교류 협력에 관한 합의서'(이하 남북기본합의서)와 1992년 '한반도비핵화공동선언'이었다.[11] 그러나 당국자 사이의 회담은 실질적 화해를 이끌어내지 못했고, 회담 내내 서로 불신이 팽배했다. 북한 관료들은 남한의 협상 태도에 진정성이 없다고 불만을 쏟아냈다. 연형묵은 소련의 지지를 확보하려는 남한의 시도를 우회적으로 비판하면서, 남한 대표단을 향해 "회담에서 동포 간의 민족 문제를 해결하려고 하지 않은 채, 귀측은 귀측의 의지를 다른 쪽에 강제하려 하면서 외국의 개입과 간섭을 간청하고 있습니다 (…) 귀측은 '북방정책'이라는 이름 밑에 고위 당국자들 자신이 이러저러한 나라를 찾아다니며 누구를 '개방'으로 '유도'해달라느니 뭐니 하고 있는데 이에 대하여 말한다면 그것은 남의 힘을 빌려 우리에게 체제변화를 강요하려는 매우 불순하고도 도발적인 행위라 하지 않을 수 없습니다"라고 말했다.[12]

북한 정권은 1990년대 초에 국방비를 줄였는데, 1990년 국가 지출의 12퍼센트이던 국방예산을 1994년 11.4퍼센트로 삭감했다.[13] 조선인민군은 1991년 10만명의 병력을 줄였고, 민간 건설에 병력을 동원했다고 밝혔다.[14] 이러한 감소는 옛 동맹국들의 경제적 지원 감소 결과로 받아들여질 수 있었지만, 국방비 지출에서 급격한 감소를 의미하지는 않았다. 경제 위기가 심해짐에도 국방비 지출은 여전히 보장되었고, 국가자원의 상당한 비중을 차지했다. 활동이 가능한 모든 성인에게 국민예비군 제도를 통해 준군사적 역할이 주어진다는 점을 생각하면 북한의 군사비 지출은 너무 적게 잡았다고도 할 수 있었다. 실제 국방비 지출은 1990년대 전반기에 예산의 30퍼센트에 달했을 가능성이 크다.[15]

'1차 핵 위기'

북한군은 남한과의 외교적 접촉에 불안해했다. 군부는 1991년 공식 성명을 발표했는데, 북한의 일방적 병력 감축 때문에 군사적 불균형이 존재한다고 주장했다.[16] 북한군은 남한의 국방예산 증가를 알았을 것이다. 남한의 국방비는 1984년과 1990년 사이에 2배로 증가해 절대치로 본다면 북한 국방예산의 18배에 해당했다.[17] 1991년 북한군은 국가 방위 활동에 동원된 병력과 민간인 수를 줄이는 조치를 지연시키면서, "'팀스피리트 91'(…) 훈련이 실제 전쟁으로 이어지지 않을 것이라고 아무도 장담하지 못한다"라고 공표했고, 모든 군대와 준군사 조직에 국가적 동원 명령을 내렸다.[18]

북한은 남한이 1990~91년 걸프전(1차 이라크 전쟁)을 "날조된 북한의 위협과 연결시켜 (…) 북한이 남한을 침략할 것이라는 소문을 퍼뜨렸고", 이것을 '무모한 군사훈련의 명분'으로 삼으려 했다고 주장했다.[19] 북한 당국과 군부는 미국의 남한 내 전술핵무기 배치 의혹뿐 아니라, 남한에 주둔한 5만명의 미군, 남한의 군사비 증가, 1976년 이후 매년 실시된 미국과 남한의 '팀스피리트' 합동군사훈련 등에서 비롯한 잠재적 위협에 관해 빈번하게 성명서를 발표했다.

군사적 취약성에 대한 인식은 핵무기를 개발하려는 북한의 의도를 뒷받침했다. 북한은 소련의 원조를 받아 실험용 원자로를 건설했다. 그러나 1985년에 가입한 핵확산금지조약 3조에 의거해, 북한은 국제원자력기구 핵안전조치협정에 의무적으로 서명해야 했다. 핵확산금지조약 회원국 가입은 공인된 핵보유국, 즉 미국, 영국, 옛 소련(오늘날 러시아), 중국, 프랑스만이 핵무기를 보유할 수 있다는 점을 분명히 하기 위한 것이었다. 핵확산금지조약 회원국 가입은, 북한의 핵에너지 프로그램을 국제사회에서 인정하는 대신 북한으로 하여금 핵에너지 프로그램을 핵무기 개발에 사용하지 못하도록 핵안전조치를 이행하게 하는 것이었다.[20]

북한은 미국이 한국에 배치한 핵무기를 우선적으로 제거해야 한다고 주장하면서 핵안전조치협정 서명을 늦추었다.[21] 그러나 1991년 조지 부시(George H. W. Bush) 대통령이 한반도에 어떠한 전술핵무기도 배치하지 않을 것임을 보장했고, 1992년 1월 북한이 협정에 서명해 1992년 4월에 발효되었다.[22] 북한 입장에서는 미국 대통령의 공표가 "(미국의) 핵 위협을 제거해준 것이다".[23] 또한 북한은 1992년 미국과 남한의 '팀스피리트' 훈련 중지 — 한반도의 긴장 완화를 위해 부시 행정부가 취한 명백한 조치 — 로 안심했다. 이전에는 비무장지대의 경계선 침범 문제를 해결하는 정도에 머물렀던 북한군과 미군의 관계가 더 실질적인 수준으로 상승했다. 1990년부터 양측 군대는 한국전쟁에서 '전투 중 행방불명된' 미군의 유해를 되찾는 활동을 함께하게 되었다.[24]

북한은 핵안전조치협정에 서명했고, 협정에 따라 국제원자력기구 요원들의 정기적인 핵시설 사찰을 받았다. 국제원자력기구 요원들은 1992년 5월에 북한을 처음 방문해 1992년 5월부터 1993년 1월까지 여섯 차례 북한 핵 시설을 사찰했다.[25] 이라크에서 활발하게 활동하지 못했다는 비판을 받았던 국제원자력기구 사찰단은 이번에는 성실하게 업무를 수행했고, 사찰 결과 북한의 핵보고와 '불일치'하는 것들이 포함되었다고 주장하며 계속해서 비판적 태도를 취했다.

북한은 불일치를 부정하지 않았다. 다만 운영상의 문제를 불러온 핵 기술 개발 경험 부족 때문이라고 주장했다. 1986년에 핵 시설 작업이 시작되었지만, 북한은 "그 기술을 완전히 이해하는 데는 4~5년이 걸렸다"고 주장했다.[26] 이 기간 동안 "우리는 대중잡지에 소개된 자료 말고는 다른 나라의 경험을 배울 수 있는 기회가 없었기" 때문에, 추가적인 핵 시설이 건설되기 전에 실험 작업이 실행되었다는 것이다.[27] 북한 관료들은 또한 국제원자력기구 사찰단이 북한이 이미 전면적으로 가동되는 핵 시설을 건설한 것처럼 평가했다고 주장했다.

북한의 시각에서 북한은 국제원자력기구에 최대한 협조했지만 양보할 때마다 추가적인 요구가 이어졌다는 것이다. 1993년 2월 핵 프로그램을 상세히 옹호하면서, 북한은 성명서를 통해 국제원자력기구 총재가 "여섯번째 사찰단이 2월 8일 빈으로 돌아가 그 결과를 재검토하기도 전에, 2월 9일 우리에게 '특별사찰'을 제안했다"라고 불평했다.[28] 북한의 시각은 반복적인 사찰은 정당화될 수 없으며, 전적으로 국제원자력기구에 대한 미국의 압력 때문이었다는 것이었다.[29] 북한이 핵개발 장소를 밝히지 않고 있다는 날조된 정보를 미국에서 체계적으로 퍼뜨리고 있으며, 국제원자력기구 사찰단 구성에 영향력을 행사하려 했다고 주장했다.[30] 이러한 전체적인 불신의 분위기와 군사적 취약성에 대한 두려움에서, 북한은 1993년 '팀스피리트' 훈련 재개를 호전적인 적대성의 단계적 확대로 보았다.[31] 북한은 이에 대응해 1993년 3월에 국가 전체를 '준전시'체제로 재편했다.[32] 또한 북한은 '핵확산금지조약을 불가피하게 탈퇴하겠다는 결정'을 고지했다.[33] 핵확산금지조약을 탈퇴하겠다는 위협의 목적은 외국의 사찰단이 합법적으로 북한의 핵 시설에 접근하는 것을 이제 끝내겠다는 것이었다. 북한은 핵 시설 사찰을 정권을 붕괴시키려는, 수용할 수 없는 압력을 행사하는 것으로 이해했다.[34] 북한은 핵확산금지조약 탈퇴 위협 — 공식적으로 인가받은 간행물들이 '죽기살기식 전술'이라고 지칭한 — 이 대단히 위험한 외교적 전술임을 알고 있었다.[35]

국제적으로 북한의 성명은 위험하고 도발적인 것으로 인식되었다. 어떤 국가도 핵확산금지조약에서 탈퇴한 적이 없었으며, 북한의 핵확산금지조약 탈퇴 위협은 핵무기 개발 의도를 천명하는 일이라는 것이 미국의 시각이었다. 클린턴 행정부 입장에서 이는 **전쟁** 사유에 해당했다. 초기에는 북한과 미국이 양자외교를 통해 이견을 해소하려고 시도했다. 역사상 처음으로 두 국가 사이에 외교협정을 맺고 1993년 6월 11일에 공동 선언문을 발표했는데, 여기에서 북한은 핵확산금지조약 탈퇴를 '보류'하는 데 합의했다.[36] 그러나 그해 7월 10일 국제원자력기구 이사회는 핵안전조치 약속 '불이행'을 이유로 북한에 대한 기술적 원조를 중단한다는 결의문을 통과시켰다.[37] 북한은 국제원자력기구의 결정을 통보받자, 1974년 이후 회원국이었던 국제원자력기구 탈퇴를 공표하는 것으로 반발했다.

미국의 전쟁 기획자들은 북한 핵 시설을 제거하기 위해 핵무기 사용까지 고려했다. 북미 모두 '제1차 핵 위기'라고 알려진 상황에서 전쟁 발발을 예상했다.[38] 1994년 7월 15일 김일성을 만나기 위해 평양을 방문한 전 미국 대통령 지미 카터가 마지막 순간에 개입해 위기는 완화되었고, 북한이 미국과 다시 실무 협상에 돌입했다.[39] 1993~94년 제1차 핵 위기는 1994년 10월 21일 북한과 미국이 조인한 '기본합의서' 형태의 안보 합의로 마무리된 상호협상을 통해 종결되었다.[40]

기본합의서에는 북한의 핵개발 중단과 한반도에너지개발기구(KEDO)의 설립이 포함되었다. 한반도에너지개발기구의 핵심 회원국은 미국, 남한, 일본이었는데,[41] 목적은 궁극적으로 북한에 핵에너지를 제공하는 경수로를 건설하고, 핵무기 개발을 방지하는 장치를 마련하는 것이었다.[42] 한반도에너지개발기구는 기금을 조성하여 북한에 두개의 경수로 핵발전소를 건설하기로 했다. 경수로 제공의 댓가로 북한은 잠재적으로 핵무기 개발에 이용될 수 있는 흑연감속원자로를 폐쇄하는 데 합의했다. 북한은 핵확산금지조약을 탈퇴하지 않았고, 국제원자력기구가 핵 프로그램 동결을 감시하는 데 합의했다.

북한의 핵 외교는 미국이 북한을 주권을 가진 동등한 국가로 대접하도록 설득한다는 오랜 목적을 달성했다. 양측이 '정치적·경제적 관계의 완전한 정상화'를 위해 내건 기본합의서상의 구체적 이행사항은 북한 외교정책의 또다른 핵심 목적 달성을 나타내는 것처럼 보였다.[43] 북한은 북미관계의 정상화가 이루어진다면, 그 결과의 하나로 미국이 더 이상 북한의 국제 다자간 개발은행 가입에 반대하지 않을 것이라고 전망했다. 계속되는 미국의 제재정책은 북한이 국제통화기금(IMF)에 가입하는 것을 효과적으로 차단했다. 따라서 북한은 세계은행과 아시아 개발은행을 비롯한 다양한 다자간 개발은행으로부터 기금을 받을 수 없었다.[44] 정상화가 이뤄지기만 한다면, 북한은 경제개발을 위해 상당한 양허성 차관의 수혜를 받을 수도 있었다.

북한은 제네바합의가 "〔북〕한과 미국 사이에 최초로 조인된 공식문서였고, 클린턴이 대통령의 권한으로 그 실행을 보장했기" 때문에, 정상화가 이뤄질 수 있을 것이라 희망했다.[45] 북한의 정책입안자들은 제네바합의를 실행하는 데에 미국 대통령의 역량과 의도를 확신했던 것으로 보인다. 북한의 협상가들은 미국 내 강력한 비판자들이 협상에 적대적이라는 점을 알고 있었다. 북한과의 협상에 비판적인 미국인들은 북한에 허용된 핵에너지 개발 프로그램이 무엇이든 그 부산물도 결국 북한 핵무기 프로그램의 일부에 활용될 수 있는 재료와 기술의 개발을 가능하게 할 수 있다고 경고했다. 그러나 북한의 시각은 "약속〔제네바합의〕이 번복된다면, 미국의 국가적 위신은 땅에 떨어질 것이고 이는 두 국가가 〔북〕한-미국 회담 이전의 상태, 즉 불신과 대결 상태로 돌아가게 만들리라"는 것이었다.[46]

경제 붕괴와 정부의 실패

1990년대 초, 북한은 러시아, 중국 그리고 동부 및 중부 유럽의 옛 사회주의 국가들로부터 보조금을 지원받지 못했다. 그 이유 중 하나는 중국과 소련이 북한에 경제적 원조를 꺼렸다는 점이다. 중국과 러시아는 북한의 정책이 경제적으로 시대착오적이며 동북아시아에 위험한 정치적 불안정을 초래할 것을 알고 지지하지 않았기 때문이다. 또다른 이유는 1990년 대 초 중국과 러시아가 자국의 경제 문제를 해결하는 데 전념하고 있었기 때문이었다. 1995년 중국은 자국민을 먹여 살릴 만큼 충분한 곡물을 생산하지 못했기 때문에 중국 자체가 거대한 곡물 수입국이었다.[47] 북한은 러시아와 중국의 경제적 원조 중지에 따른 부족분을 메울 다른 외국 원조처가 거의 없었다. 1994년 미국과의 핵무기 협상은 의미있는 경제적 원조가 동반되지 않았고, 미국과의 양자관계는 여전히 대립적이었다.[48]

유엔개발계획은 1992년에서 1996년 사이에 북한의 1인당 소득이 1005달러에서 481달러로 줄어들었다고 추산했다.[49] 1993년에서 1996년 사이에 중공업 부문과 건설 부문의 생산이 거의 붕괴되어 해당 부문 종사자의 70퍼센트가 실직했다.[50] 운송·전기발전뿐 아니라, 영하 5.5도라는 매서운 겨울 평균기온을 견디기 위한 난방 연료도 거의 바닥났다.[51] 석유와 석유화학제품 수입이 없었기 때문에 공업생산성과 농업생산성이 급격히 떨어졌다. 농업생산은 비료·화학제품·살충제 같은 농공업제품을 많이 사용해야 했지만 점점 사용할 수 없었다.[52]

경제적 산출에서 급격한 감소가 뚜렷했던 경제 위기는 1995년과 1996년 곡물 성장기 중간에 일어난, 유엔이 '그 강도와 충격에서 유례가 없을 정도'라고 보고한 어마어마한 홍수로 악화되었다.[53] 지하 방공호에 비축해둔 비상용 곡물과 전해에 추수한 곡물이 물에 잠겨 못 쓰게되었다.[54] 홍수는 건물, 교량, 관개 시설을 파괴했다. 석탄 광산도 물에잠겼다. 농업, 산업, 기차 수송, 주택 조명에 필요한 전기 공급은 석탄 발전에 상당히 의존했고, 석탄은 가정 난방에도 가장 중요한 연료였다. 곡물 생산은 경사진 곳에서도 이루어졌다. 문제는 물이 흘러내려 농업용수 사용이 어려웠다는 점이다. 이런 지형을 극복하기 위해 전기로 물을끌어올려 농사를 지었다. 따라서 전력 부족은 공업생산과 농업생산의급격한 감소를 불러왔다. 이듬해에도 자연재해는 강도를 누그러뜨리지않았다. 1997년에 세계식량계획은 가뭄에 따른 곡물 수확 감소가 160만톤에서 190만 톤, 즉 북한 주민들이 최저생활을 유지하는 데 필요한 양의 40퍼센트에 이른다고 추산했다.[55] 그러나 이미 비상사태에 있던 정권에 추락을 방지해줄 수 있는 내외부의 안전망 자체가 없었다.

1997년 북한 농업위원회는 1990년과 1997년 사이에 800만 톤 이상이었던 기본곡물 생산이 260만 톤으로 떨어졌다고 발표했다.[56] 1994년 곡물 생산은 총 700만 톤이었고, 1995년에는 350만 톤, 1996년에는 250만톤으로 떨어졌다.[57] 남한의 농업학자들은 북한의 농업생산이 1995년에서 1996년 사이에 400만 톤에서 300만 톤으로 감소했다고 발표했다.[58]이 두가지 추산치 모두 기본곡물 생산의 급격한 감소를 확인해주는데,1995년 이후로는 2200만명 정도 인구가 생존하는 데 필요한 500만 톤의문턱에도 이르지 못했다.

그럼에도 독단적인 중앙국가기구는 여전히 1993, 1994년의 핵 위기에 초점을 맞추고 있었고, 국내 위기의 규모를 망각한 것처럼 보였다.[59]이전의 식량 위기에 대처할 때 활용되던 낡은 방법이 부활했고, 1990년과 1991년에 정부는 더 빡빡한 배급과 비축식량 사용을 병행함으로써농업생산량 감소분을 보충하려고 노력했다. 1990년과 1991년에는 식량

을 절약하기 위해 주민들에게 '하루 두끼'를 강요하는 슬로건이 등장했다.[60]

'현지' 지도를 하기 위해 김일성이 작업장을 정례적으로 방문하는 것처럼, 지도부는 여느 때와 마찬가지로 업무를 수행했다. 1993년 9월에 김일성은 평안남도 온천군 농장을 방문했다. 그리고 '농업 일꾼들이 농장 일을 열심히 해서 간척지 농업에 획기적인 변화를 가져왔다는 사실에 대단한 만족감'을 표시했다.[61] 최고지도자의 현지 지도 농장 방문이 대단히 세심하게 준비된다는 점을 고려한다면, 고령의 김일성이 농업 위기에 관하여 얼마나 알고 있었는지는 미지수이다. 농업 부문이 대체로 기계화되지 않았을 때, 김일성은 기계화된 농장들을 시찰했다. 김일성의 언급을 수록한 기록에는 농민들에게 과일나무에 충분한 물을 주라고 일깨우는 등 대체로 진부한 이야기들만 적혀 있었다.[62]

김일성이 아직 살아 있고 국가주석의 자리에 있었지만, 1993년 이후로는 김정일이 실질적인 최고지도자였다.[63] 1992년 헌법개정을 통해 조선인민군은 국가주석이 아니라 국방위원회에 직접 보고하도록 했다. 김정일은 국방위원장으로 선출됨으로써 군통수권, 그리고 사실상 국가통치권을 갖게 되었다.[64] 김정일은 "일부 국가에서 사회주의는 (…) 실패했다. (…) 〔왜냐하면〕 그 국가들은 사회주의 기본원칙을 시종일관 고수하지 못했기 때문이었다"라고 보았다.[65] 다른 사회주의 국가들은 북한과 달리 인민에게 올바른 사상을 주입할 만큼 충분히 세심하지 못했다는 것이다.[66] 기존 방법은 폐기되지 말고 더 효과적으로 시행되어야 한다는 주장이었다.

다른 사회주의 국가에서 일어나고 있었던 정치적 변화에 동조할지도 모르는 비판자들과 잠재적 비판자들은 '혁명규율'을 통해 처단되었다. 북한에서 탈출한 고위급 군 장교 최주활(崔主活)은 '1992년에서 1994년

까지, 소련에서 공부했던 많은 고위급 군인들이 일괄적으로 숙청되거나 처형되었다'고 밝혔다.[67]

대규모 홍수 피해를 입은 지 2년 후인 1995년 9월까지도 정부는 경제적 재앙과 식량 위기의 규모를 인정하지 않았다. 그저 '소소한 일시적' 문제라고 언급할 뿐이었다.[68] 정부 지출의 일부 삭감이 이뤄졌고, 1995년에는 비용 절감을 위해 12개의 외국 외교공관을 폐쇄했다.[69] 이러한 정책 조정으로 급격한 경제 하락을 막을 수는 없었다. 따라서 농업, 광업, 전력 및 수송 산업 등 핵심 산업에 군대를 투입한다는 실질적인 결정이 내려졌다.[70]

정권은 경제가 내부에서 붕괴되고 있어도 여전히 정권안보에 집착했다. 새롭게 늘어난 실직자나 불완전고용된 수많은 사람들이 일자리 만들기 사업에 동원되었다. 이는 생활임금을 제공하거나 충분한 식량배급을 보장해주는 일자리를 갖지 못한 노동자들의 조직적 항의가 불러올 수 있는 위험을 피하기 위한 것이었다. 1994년에서 1995년 사이, 위기의 규모가 전세계를 놀라게 한 바로 그때, 북한 정권은 수천명을 조직해 당창건기념탑을 건립했다. 그러고 나서 그 기념탑이 '당 특별 작업반의 힘찬 노력과 노동자·농민·군인·지식인·청년·학생의 적극적인 지원을 통해' 1년 만에 완공되었다고 발표했다.[71]

북한 정권은 주민을 억압하는 기구를 계속 통제하고 있었다. AFP통신은 1995년 9월에 "〔짐작건대 중국에서 온〕 여행객들의 말에 따르면, 유례없는 경제적 어려움 때문에 북한 주민의 불만이 고조되고 있다고 한다"라고 전했다.[72] 보도는 정부에 대한 불만 때문에 1992년과 1996년 쿠데타가 시도되었지만 김정일이 군사작전으로 진압했다는 소식도 포함되어 있었다.[73]

더이상 방안이 없다는 생각이 들었는지, 1995년 북한 정부는 적으로 여기던 국가들, 즉 미국·일본·남한에 전례 없는 국제적 식량 원조를 호소했다.[74] 비정부기구들뿐 아니라 유엔아동기금, 세계식량계획, 국제적십자사 등 유엔 인도주의 기구에도 원조를 요청했다.[75] 인도주의 기구들은 1995년에서 1998년 사이에 100만 톤 이상의 식량 원조를 제공함으로써 더 큰 재앙을 방지했다.[76] 일본은 50만 톤의 쌀(당시 2200만 북한 주민의 20퍼센트를 먹일 수 있는 만큼의 양)을 대규모로 지원했다. 북한 관료들은 1994년 10월 기본합의서에 따라 이뤄졌던 북한, 남한, 미국, 중국 간의 4자회담 협상 기간에 식량 원조를 얻어 낸다는 목적을 일관되게 추구했다.[77]

1996년, 처음으로 북한 정권은 "북한 주민의 생계와 국가 경제발전에 심각한 충격을 주었고, 특히 일시적인 식량 문제를 초래했다"라고 경제 위기의 규모를 인정했다. 그리고 '최근에 반복되었던 유례없는 자연재해'를 원인으로 지목했다.[78] 북한의 공식 입장은 경제적 어려움이 홍수를 비롯한 '자연재해'의 결과라는 것이었다. 이는 국제 원조를 위한 협조 조직의 명칭을 큰물피해대책위원회(Flood Damage Rehabilitation Commission)로 정한 것에서도 나타났다. 정부는 '일시적인 어려움'이 '구조적 잘못' 때문임을 부인했고, 북한에 체제변화를 강요하고 싶어 하는 사람들을 비난했다.[79]

북한은 '미 제국주의'가 경제 위기에 책임져야 한다고 주장했고, 북한 주민에게는 항일무장투쟁과 비슷한 국가 생존투쟁에 참여하는 것으로 생각하고 전후 재건기처럼 경제적 장애물을 극복하도록 독려했다.[80] 정부는 국제 원조에 감사를 표했지만, "[북]한 인민이 '고난의 행군' 정신으로 고난을 극복할 때" 주체사상은 승리할 것이라고 주장했다.[81]

기근[82]

　북한 주민들은 반복되는 식량 부족을 견디며 살아가는 데 익숙해졌지만, 1990년대 중반 식량 위기는 1995년경에서 1998년까지 지속된 전국적인 기근으로 바뀌었고 이전과는 규모가 달랐다.[83] 유엔 세계식량계획은 몇년간 계속된 식량 부족을 '사람들이 해마다 대처하려고 노력했지만, 아마도 많은 사람들이 버티지 못하게 되었음'을 의미하는 '천천히 진행되는 기근'으로 보고했다.[84] 나라 곳곳에서 사람들이 굶어 죽었다. 농촌 주민들뿐 아니라 도시 주민들도 죽었다. 평양 주민들은 나머지 다른 지역 사람들보다 더 잘살았지만 영양실조와 굶주림에서 면제되지 않았다.[85]

　정부는 공공 배급 체계에 최소한의 배급을 보장하기 위한 충분한 식량을 공급하지 못했고, 악화될 것이 분명한 보건 및 질병 상황에 대응할 수 있는 기본 의료용품을 제공할 수 없었다.[86] 그러나 정부가 제공하는 것 말고는 이렇다 할 식량 할당 및 배급 체계가 존재하지 않았다. 식량 구호에 동원될 수 있는 자생적인 민간 부문이나 독립적인 민간기구도 없었다. 스스로 재배한 식량을 통해 자급자족할 수 있는 사람도, 식량을 사기 위한 현금이나 식량을 얻기 위해 팔거나 맞바꿀 충분한 물품이 있는 사람도 거의 없었다. 많은 북한 주민들이 어쩔 수 없이 궁핍해졌다.

　곡창지대의 농촌 공동체는 심각한 영향을 받았다. 1997년 유엔식량농업기구(FAO)의 보고에 따르면 "약 500만명의 협동농장 노동자들과 그 가족들의 상황은 절박했다. (…) 추수 직전인 6~7월까지 곡물 배급을 통해 농장의 가구들이 연명할 수 있으리라는 초기의 기대와는 반대로, 일부 가구에서는 이미 3월에 비축분이 바닥났다는 관측이 나온다. 그 결과 일부 가구는 (…) 풀과 뿌리 같은 여러 대체 '식량'으로 근근이 버텨나갔다. 게다가 대다수의 가축이 지난 2년 동안 먹이 부족으로 도태되었기 때문에 고기와 낙농제품 소비는 무시해도 좋을 정도였다".[87]

청진, 김책, 함흥 등 함경남북도에서 인구밀도가 높은 도시에 사는 공업 노동자들은 농업생산이 급격히 줄어들면서 더이상 곡창지대에서 곡물을 받을 수가 없었다.[88] 도시 주민들은 텃밭이 없었고, 종종 생존에 필요한 식량을 재배할 수 있는 땅에서 멀리 떨어진 곳에 살았다. 몇년 후 공장이 문을 닫고, 국가의 식량 제공이 중단되자 이전에는 상대적으로 특권을 누리던 이 지역 노동자들은 북한에서 가장 곤궁해졌다. 함경남북도 주민들은 다른 지역보다 기근의 영향을 더 많이 받았고, 사망률도 높았다.[89] 일부는 경제 사정이 그나마 나을 때 모아두었던 자산을 팔기도 하고 물물교환도 하는 등 소규모 거래로 눈을 돌렸다. 중공업이 집중되었던 북동부 지역의 중국 국경선 근처에 사는 사람들은, 기근을 계기로 시작된 중국으로의 밀입국 대열에서 압도적인 비중을 차지했다.[90]

북한 주민들은 새로운 현실에 적응하기 위한 준비가 제대로 되어 있지 않았다. 북한 사회의 이론, 실천, 규범은 국가가 주도하지 않거나 허용하지 않는 경제 거래를 생각하는 것조차 처벌했다. 전문직 종사자들에게 국가가 수입과 식량을 제공했고, 주민들은 상대적으로 금전 관련 부패가 없는 사회에서 성장했다. 많은 의사, 간호사, 교사는 생활임금을 대체하기 위해 환자와 부모에게 '선물'을 기대해야 할 정도로 삶을 꾸려나가기가 쉽지 않았다. 어떤 사람들은 상황이 나아지리라는 희망을 여전히 품고 있었기 때문에 국가가 허용하지 않는 경제 거래에 참여하는 것을 꺼려했다. 국가안보기관은 일부 주민들이 회색지대에서 경제활동에 참여하는 것을 계속 막았다. 공동체의 인정 어린 손길로 일부 주민이 목숨을 건졌지만, 기근이 정점에 이르자 주민들은 엄청난 압박감에 시달려야 했고, 가장 가까운 친척들조차 보살펴줄 수 있는 여력이 없었다. 국가가 허용하지 않는 활동에 참여할 능력이 없거나 의향이 없는 개인, 영유아, 환자와 장애인, 노령자, 실업자를 포함해 식량 부족에 대한 개인적 해결책과 의료 수단을 찾을 능력이 아예 없는 사람들은 영양실조와 굶주림에 가장 취약했다.

1997년 유엔 세계식량계획은 북한의 12개 도 가운데 6개 도의 아동 3965명을 대상으로 조사를 실시했다. 조사를 위해 방문한 42개의 탁아소와 유치원의 3분의 1 이상에서 아동의 15퍼센트 이상이 심각한 '체력저하' 즉 신장에 비해 낮은 체중 형태의 '포괄적 영양실조'를 보였다.[91] 같은 영양 조사에서 이러한 아동기관에서 만성 영양실조의 지표인 발육부진, 즉 연령에 비해 낮은 키의 범위가 0.6퍼센트에서 74퍼센트로 나타났다.[92] 세계식량계획은 아이들이 영양실조로 사망 위험에 직면한 지역이 북한 내에 존재한다고 보고했다.[93] 만연한 만성영양실조와 비무작위 조사 방법론의 한계를 고려하여, 세계식량계획은 "정도의 차이는 있지만 거의 모든 아이들이 [죽음의 위험에] 취약하기는 마찬가지였다"라고 결론 내렸다.[94] 1998년 추가적인 국제 영양 조사에서, 만성 영양실조에 시달리는 아이들이 60퍼센트이고, 심각한 영양실조에 시달리는 아이들이 15퍼센트에 이르는 등 기근이 지속되고 있음이 드러났다.[95] 유엔아동기금은 영양실조로 약해지는 아이들이 죽음에 이르는 가장 큰 이유가 호흡기 감염과 설사병 때문이라고 보았다.[96]

1998년 영양 조사에서는 12개월에서 24개월에 이르는 남성 영유아가 같은 연령의 여성 영유아보다 급성 영양실조의 위험이 높은 것으로 나타났다.[97] 국제 원조기구에서 내린 검증 전 가설은 아마도 음식에 접근할 수 있는 기회의 차이에서 비롯되었다기보다는 남아와 여아에 대한 젠더화된 기대가 달라서 생긴 문제라고 보았다.[98] 식량 부족에 따른 스트레스가 극심할 때, 여아와 남아에게 같은 양의 생존 배급 식량을 할당하더라도, 남아는 좀더 강할 것이라고 여겨졌던 것이다. 가령 여아는 따뜻한 실내에 남아 있을 가능성이 더 높은 반면, 남아에게는 차가운 날씨에 밖에 나가 놀기를 권장했을 수 있는 것이다.[99]

'자쌩적' 시장화

그토록 많은 사람들이 끔찍한 고난을 겪었지만 북한 사회는 붕괴되지 않았다. 경제 위기에 대한 국가적 대응의 공백 상태가 지속되자 주민들은 자력갱생의 방법을 찾아 나섰다.[100] 끔찍하게 높은 사망자 수는 모든 북한 주민이 자력갱생의 방법을 찾는 데 성공한 것은 아님을 보여준다. 그러나 사람들은 북한에서 허용되지 않았고, 정부가 주도하지 않는 방법으로 식량과 소득을 찾아냈다. 북한 주민들은 국가체제 밖에서 물품을 교환하고 거래하면서 원시적인 시장경제를 창출했다. 별다른 대안이 없는 상태였기에 정부는 시장 활동의 확대를 용인해주는 면이 있었다. 이를 통해 농민들은 자신의 생산물을 더 많이 팔 수 있었고, 임시방편일 뿐이지만 시장 활동은 확대되었다.[101]

가족 구성원 가운데 보통은 여성이 먹을 것을 찾아 쓰레기 더미를 뒤지곤 했다.[102] 남성은 군대나 준군사 조직에 참여했고, 홍수와 사회 기반시설 붕괴 대응 작업, 그리고 건설 작업에 동원되었다. 정부는 여성이 지역에서 돌아다니는 것을 용인했다. 가족의 생존을 위한 여성의 자력갱생 활동이 정치적으로 위험하다고 여기지 않았고, 가족에게 먹을 것을 제공해주는 것은 여성의 일이라고 일반적으로 받아들여졌기 때문이다. 여성은 음식 조달, 아이와 노인과 환자 돌보기, 살림살이 등 집안일을 '마땅히' 책임지고 있다고 여겨졌기 때문에, 여성이 가족을 부양하기 위해 직장을 떠나 식량과 물품을 찾아 나서야 한다는 것을 정당하게 받아들여졌다.[103] 여성의 시장 활동 참여는 '일시적 어려움'에 대처하기 위한 '일시적 조치'로 인식되었다.[104]

한국 전통에는 여성이 가장 늦게 밥을 먹는 풍습이 있었다. 그 때문에 식량이 부족해진 상황에서 여성은 영양가라곤 전혀 없는 나무껍질 따위를 먹다가 죽기도 하고, 영구적인 만성 소화장애에 시달리기도 했다.[105] 여성은 약, 연료, 예비 물품이 바닥나 병원에서 더이상 제대로 보살필 수 없어 병들어 죽어가는 아이들을 돌봐주었다. 늙고 기력 없는 여성은 종종 땔감과 먹을거리를 찾아 나섰다. 친척에게 도움을 구하거나 식량을 찾기 위해 허가 없이 이 마을 저 마을 먼 거리를 이동했다. 그러나 제대로 된 교통수단이 없어 걸어 다녀야 했다.[106]

일부 지역에서는 기업소가 나서고 해당 지역이 주도해 직원들에게 식량을 제공하는 방안을 강구했다. 여기에는 곡물 생산을 도시로 확대하는 방안, 민간 시장에서 남은 음식을 싸게 파는 방안 등이 포함되었다. 농민들과 도시 주민들은 나물을 찾아서 숲과 산으로 수 킬로미터를 걸어 다녔다. 탁아소 교사들은 자신들이 책임지는 아이들에게 먹이기 위해 해초와 푸성귀 같은 '야생 식량'을 찾으러 다녔다.[107] 북한은 물리적으로 끊임없이 이동하는 사람들로 이루어진 개인기업 국가가 된 것이다.

지역 관료들은 경제 문제에 대응하는 차원에서, 중앙정부와 당 관료가 훨씬 더 양가적인 입장을 취했던 대처 방안을 지지했다. 도와 군 관료들은 북한 안에서 그리고 중국으로 단기간 이동을 용인하고 때때로 장려하기도 했다. 다른 군, 농장, 기업소와의 비공식적인 물물교환 방법을 개발하기도 하고, 가장 중요하게는 시장 활동의 발전과 확대를 용인하고 장려했다.[108] 지역 관료들은 곡물 재배를 위해 임야를 개간하는 행위에 법적 제재를 가하려 하지 않았고, 정부에서 승인하지 않은 장마당을 눈감아주었다. 도·군·마을·작업장의 당 관료들이 관할 주민들과 자신의 자립을 위해 시장에 의지하는 것은 타당한 조치였다.[109] 관료들은 자신들이 주장하는 '일시적 조치'의 채택을 정당화하기 위해, 정부에서 수십년간 선전해온 지역의 '자립'에 호소할 수 있었다.[110]

지역 당국과 중앙정부의 관계 단절은 그날그날의 의사결정 필요성 때문에 심화되었다. 식량이 없는 상황에서, 공공 식량배급이 가능할 때마다 군 관료들은 굶주린 아이들, 굶주린 노인들 혹은 굶주린 핵심 노동자들 가운데 선택을 해야 했다. 가령 광산 노동자들은 있으나 마나 한 북한 화폐 말고는 실질임금이 전혀 없는 상태에서 힘든 육체노동에 종사했다. 공동체와 국가에 전기 공급을 하려면 석탄을 캐야 했기 때문이다. 그렇다면 노동에 걸맞은 식량이 필요했다. 한정된 식량을 누구에게 제공할 것인가는 지역 관료들에게 공통된 딜레마였다.

개인, 가구, 공동체, 지역 당국은 정부에 의존할 수 없다는 점을 알게 되었다. 김일성 시대 내내 익숙해진 사실이었지만, 생존하기 위해서는 자신들의 노력에 기댈 수밖에 없다는 점을 인식한 것이다.[111] 어떤 농촌 공동체에서는 오랜 사회적 관행에 기반을 둔 공동체 결속 방안에 의지해 생존 방법을 강구했다. 다른 공동체에서는 식량이 너무 부족해 자기 먹을 것도 없을 뿐 아니라 남을 도울 처지도 아니었다. 할 수만 있다면, 모든 사람들이 국내에서의 민간 거래와 중국과의 국경무역에 종사하려고 했다.[112] 수천명의 사람들이 중국으로 이주했는데, 비축분이 바닥나기 전에 식량과 물품을 확보해 돌아가기 위해 많은 이들이 단기간에 여러번 방문한 것이다.[113]

김일성주의의 종언

1990년대에 북한 정권은 지속적으로 외국의 침략을 방지하고 저지할 수 있느냐 없느냐에 따라 결정되는 정권안보 목표에 모든 노력을 기울였다. 정부는 해외 경제 원조 중단에 대처할 수 없었고, 결과는 경제 붕괴와 굶주림이었다. 그리고 살아남은 사람들이 있었다. 이들의 생존은 수백만 개인과 수천개 작업장이 벌인 자발적인 자구 활동의 결과, 시장화된 사회를 창출해낸 덕분이었다. 정부는 정치철학과 관행이 실패했음을 결코 인정하지 않았고, 이를 바꾸려고 고민하지 않았다. 대신에 시장화와 군사통치의 새로운 시기에 정부는 정권 생존의 우선성을 중심에 두고 긴축정책을 폈다.

3

시장화와
군사통치

9장

아래로부터의 시장화

국가가 식량과 생필품을 제대로 제공하지 못하는 상황이 지속되고, 북한 주민들이 이에 계속 대응하면서 아래로부터 경제체제가 재구성되었다.[1] 선군 시기 북한에서 시장은 주민 대다수에게 식량을 비롯한 물품의 일차 공급원이었다.[2] 모든 사람에게 시장 거래에 참여할 기회가 있었던 것은 아니다. 따라서 시장화는 균질하지 않았고 예측 가능하지도 않았으며, 접근할 수 있는 사람들도 항상 그 기회를 활용할 수 있었던 것은 아니다. 그러나 북한에서 시장으로의 전환에서 주목할 만한 점은 눈에 띄는 여성화였다.[3] 여성의 시장 활동 참여는 일차적으로 상업적 동기에서라기보다는 가족을 부양하기 위한 것으로 간주되었다. 북한은 기본적으로 자유주의적 자본주의에 여전히 적대적이었다. 그런데 여성의 시장 참여는 북한의 경제 조직에 직접적인 도전으로 인식되지 않았다.[4]

시장화는 사회현상이자 경제 과정이었고, 정치적 영향력도 있었다. 지역 당 관료의 일상 업무는 시장의 역동성을 촉진하고 합법화하며 안정화하는 것이었다. 중앙정부의 메시지와 모순되는, 의도하지 않았던 결과를 초래하기도 했다. 중앙정부의 모든 메시지는 김일성 시대에 그런 것처럼 국가가 경제적·정치적 삶을 통제하고 좌우할 수 있다는 과시적 주장에 기반한 것이었다. 그런데 시장화는 박봉의 관료들이 처벌을 면제해주거나 감해주도록 하는 유인책으로 작용해서, 법률 제도는 더 느슨해졌고 국가 탄압의 절대적 보루로서의 성격이 약화되었다. 당은 시장화의 동인이자 시장화에 **실질적으로** 정당성을 부여하는 존재였다. 그러나 이렇게 되면서 사상교육과 혁명규율을 위한 원활하고 믿음직한 인전대 역할을 더이상 하지 않게 되었다. 시장화는 해외에서 들어온 상품과 함께 새로운 사상을 가져왔다. 정부가 제대로 된 소비재를 조달하지 못하고 최소한의 생활수준을 제공하지 못하는 상황이 지속되었으며, 북한 주민들은 이웃 나라 중국이나 남한의 생활수준을 알게 되었고 자신과 비교할 수 있게 되었다. 그 결과 지도부의 권위와 정당성이 축소되었다.

시장화의 예기치 못한 결과 중 하나는 가구가 경제생활과 단체생활의 중심으로 부상하고 집단주의적인, 국가 주도의 우선사항이 사적 생활에서 점점 물러났다는 점이다. 국가 기능이 악화되자 가구가 그 격차를 메우기 위해 나섰고, 결국 자신을 건사해야 한다는 사명감을 중심으로 결속하게 됐다. 북한에서 항상 중요한 기관이었던 가구는 이제 대부분의 주민들에게 충성의 집약점이었던 당과 대중조직기구를 대체했다. 시장화 때문에 사적 생활이 공적 의무보다 우선시될 수밖에 없었던 것이다.

자생적 시장화

위기에 대한 대응으로 시작했던 자구 체계는 2000년대 이후 제도화되기에 이른다. 국가는 그뒤로도 식량과 생필품의 믿을 만한 공급자 역할을 할 수 없게 되었다. 선군 시기 북한 주민들은 상품가격이 수요공급 관계에 의해 결정되는 경제체제에서 활동했다.[5] 물론 이런 가격은 전국 적인 균일가는 아니었다. 낙후된 운송 시설과 불규칙하고 안정적이지 못한 공급은 쌀과 채소 같은 기본 식량을 포함한 상품가격의 지역적 차 이를 가져왔다.

북한에서는 소소한 거래와 장사가 '남성의 일'로 인식되지는 않았다. 더구나 정부가 주도하지 않는 민간 경제 활동에 여성이 참여하는 것은 흔쾌히 허용되었다.[6] 선군 시기 내내 경제적으로 생산성 있는 일이 없 을 때에도, 남녀 모두 작업장에 등록하고 나와야 하는 것은 여전한 의 무였다. 그러나 남성은 여성보다 이런 의무를 소홀히 해도 되는 허용의 폭이 훨씬 작았다.[7] 실직하거나 불완전고용된 남성이 점점 궁핍해지는 데 불만을 표출할 것을 우려해 가능한 한 자유시간을 두어서는 곤란했 던 탓도 있고, 이러한 남성들을 대규모 건설 사업의 노동력으로 활용하 기 위함이었다.

여성의 시장 활동이 '당연하다'는 젠더화된 규범은, 시장의 역동성에 간헐적으로 국가의 탄압이 가해지더라도 가능하다면 어디에서나 거래 활동을 계속하는 것이 사회적으로 용인될 수 있음을 의미했다. 평양의 통일시장과 같은 대규모 공식 시장이 2009년 몇주 동안 문을 닫았을 때, 주민 대다수에게 유일한 식량 공급 수단은 여성 행상이 대부분이던 비 공식 거래 활동이었다.[8] 연구에 따르면, 1990년대 말경에 70퍼센트 이상 의 여성이 거래 활동에 참여했다고 한다.[9] 세부 사항의 정확성과는 상 관없이, 할 수 있는 모든 이들이 거래에 참여했고 거래를 대표하는 '얼 굴'이 여성이었음은 의심의 여지가 없다.[10]

민간 생산과 상업 거래

개인은 돈을 벌기 위해 자연적·사회적·정치적 환경에서 발견할 수 있는 모든 자원을 사용했다. 가구는 집에서 먹거나 시장에 내다팔기 위해 먹거리를 재배했다.[11] 텃밭을 소유할 정도로 운이 좋은 농촌 가구들은 가능한 한 그 땅을 넓혔다. 일부 가구들은 가파른 언덕과 관목지를 포함한 자투리 땅을 경작했다.[12] 가구와 작업장은 임야를 개간해 곡물을 재배했고, 불법적이더라도 대부분의 지역 당국은 이러한 관행을 용인했다.

개인, 가구, 기업소는 시장에 내놓기 위한 상품 생산 능력을 발전시켰다.[13] 가구들은 국수나 술 같은 기본 물품과 수공품을 소규모로 생산했다. 일부 소규모 사업체는 집을 근거지로 삼았고, 일부는 제대로 가동되지 않거나 부분적으로만 가동되는 작업장을 근거지로 했다.[14] 이런 임시변통식 생산 시설은 제대로 가동되지 않는 노후한 공장에서, 더이상 사용하지 않는 폐기된 구식 장비를 활용한다는 차원에서는 혁신적이었다. 그러나 낡은 장비의 가동만으로는 원시적인 수준의 산출량에 머물 수밖에 없었다.[15] 이 같은 소규모 생산 활동이 만만찮은 투자를 이끌어내지는 못했지만, 새로운 민간 혹은 준민간 부문이 기본적인 가정용품까지 생산할 수 있는 수준으로 발전하게 해주었다.

의사와 교사 같은 전문직 종사자들은 말 그대로 생존이 버거울 정도로 낮은 임금을 보충하기 위해 환자와 학부모로부터 '선물'을 받았다.[16] 임금이 너무 낮아서, 환자와 학부모 역시 종종 의료와 교육 부문 종사자에게 추가 보수로 얼마간의 식량과 돈을 제공해야 한다는 의무감이 들 정도였다. 좋은 학교의 입학 책임자들은 뇌물에 취약해졌다.[17] 학생들이 김책공대와 김일성대학 같은 유명 대학에 들어가기 위해 경쟁하면서 과외 교습이 흔해졌다.[18] 개인들은 미용실·사진관·식당 등 소규모 개인

사업장을 설립해 개인 서비스를 제공하고 돈을 벌었다.[19]

2000년대 중반 이후로 소비자는 돈만 있다면 북한 시장에서 다양한 상품을 구매할 수 있었다. 김일성 시기에 의약품을 살 수 있는 민간 시장이 존재하지 않았다. 그러나 시장화와 선군 시기에는 가구가 지불 여력이 있다면 시장에서 약품과 물자를 구매할 수 있었다. 시장에는 중국산 물건이 공급되었는데, 국영기업이나 지역 민간 생산업체의 잔여 물품에서 새어 나온 것이었다.[20]

시장은 물리적 규모와 위치, 지속성, 정부의 용인과 통제 정도에 따라 차이가 있었다. 몇몇 시장은 담배와 과일, 채소 등을 파는 무허가 노점상이나 다름없었다. 대개가 가난한 여성들이 운영하는 이 노점상은 경찰이나 보안요원이 괴롭히려고 마음먹으면 쉽게 철거되었다. 스펙트럼의 다른 끝에는 2010년대 도시에 설립되어 국가의 감시를 받게 된 대규모 상설 시장이 있는데, 평양의 통일시장이 가장 유명했다.[21]

평양 주민 모두가 부유하지는 않았지만, 다른 지역 주민보다 물건을 사고팔아 돈을 벌 기회가 더 많았다. 평양은 대동강과 보통강으로 분할된 수많은 주거 지역으로 구성되고, 면적은 2500제곱킬로미터이다. 주민들은 노선이 과도하게 확장된 지하철, 그리고 시내 전차나 버스 등 대중교통을 이용했다. 운이 좋은 소수는 개인 소유의 자전거를 이용하지만 많은 이들이 그냥 걸어 다녔다. 2014년 평양 거리는 개인 소유의 자가용, 정부와 회사 소유의 수많은 자동차와 트럭, 그리고 소수의 현대식 컨테이너 운반차 등으로 가득했으나, 이런 차량은 평양의 300만 이상 인구 가운데 극소수만이 이용할 수 있을 뿐이었다.

시장 거래는 운송 수단이 필요하다. 북한에서는 주민들이 직접 나르거나, 집에서 만든 손수레, 도시나 농촌에서 사용되어 역사적으로 친숙한 지게 등으로 물건을 나르는 것을 자전거가 대신해주었다. 그러나 이런 임시변통식 수단은 가까운 거리에 있는 지역의 상품과 서비스 교환에나 유용할 뿐이었다. 개인은 할 수만 있다면 사적인 목적으로 회사 차를 이용해 물건을 운송했지만, 법망을 피하려면 관료와 동료의 묵인이 필요했기 때문에 위험했다. 선군 시대에 개인 소유의 자가용이 출현했을 때에도 도로 수송은 전반적인 차량 부족, 연료 부족과 높은 연료비, 낙후된 도로 사정 등으로 여전히 어려움 투성이었다. 평양과 항구도시 원산을 동서로 잇는 주 간선도로는 괜찮게 보수되어 있었지만 겨울에 보수 공사로 통행이 끊기는 경우가 많았다. 특히 수많은 터널 중 하나라도 보수를 위해 폐쇄될 경우에는 통행이 금지되었다. 평양에서 원산을 경유해 청진에 이르는 여정은 야간에는 위험했기에 치안 당국이 잘 허용하지 않았고 사흘까지 걸릴 수 있었다. 보잘것없는 지역 간 운송 체계에 대한 시장의 대응에는 트럭을 승용 차량으로 전환하는 것이 포함되었다. 트럭 운전사들은 도로에서 지폐를 흔들며 태워달라고 신호를 보내는 히치하이커를 차에 태웠다. 2010년대 중반, 준민영화된 장거리 버스 노선이 새로 출범한 무역회사들에 의해 신설되었다.

상품은 중국에서 통용되는 가격과 동일한 가격, 다시 말해 국제가격으로 팔렸다. 북한 국내 통화인 원화가 시장 거래에 사용되었지만 엄청난 인플레이션이 일어날 수 있어 최후의 수단으로만 사용했다. 주민들은 경화(현금)를 확보하기 위해 애썼고, 2000년대에는 미국 달러, 중국 인민폐, 일본 엔, 유로 등의 외화가 널리 사용되었다.[22] 1990년대 중반 이전에 빈민 계층 사람이 달러를 소지하고 있다가 발각되었다면 보안기관에서 체포했을 테지만, 1990년대 후반에는 당원과 보안부대원을 비롯한 북한 주민 전체가 (원화만이 북한에서 법정통화였기 때문에) 불법적인 수단을 통해 경화를 확보하기 위해 애썼다. 경화는 평양, 남포, 원산 같은 항구도시에서 외국인과의 접촉을 통해, 그리고 북동부 지역에서 중국 무역상들과 접촉을 통해 확보되었다.

중국과의 국경을 넘는 일이 상대적으로 빈번하게 일어났는데, 대다수가 반복적으로 이루어졌다. 국경을 넘어 중국에 도착하면 식량과 소득을 확보한 후 북한으로 돌아오는 개인들이 주를 이뤘다.[23] 두만강 폭이 좁아지는 북동부 지역의 기다란 지대가 국경을 넘어 옌볜 지방을 방문하려는 사람들에게 상대적으로 쉬운 도하점 역할을 했다. 중국에서 무역하기를 원하는 북한 주민들은 겨울이 되면 얼어붙은 강을 걸어서 건너갈 수 있었다. 물론 국경수비대에 걸리지 않거나, 방해받지 않고 강을 건널 수 있도록 적당한 사람을 매수할 수 있어야 가능한 일이었다. 중국과 북한 정부는 반복해서 불법적으로 국경을 넘어가는 수백명의 사람들을 정기적으로 엄중 단속했지만, 이것만으로 계속되는 월경을 막을 수는 없었다. 월경 과정에 점차 중국 브로커가 개입하게 되었는데, 브로커들은 두 나라 사이에 사람·상품·식량·돈을 주고받을 수 있는 방법을 마련했다.[24] 외부에서 북한에 돈을 전해주는 댓가는 송금액의 30퍼센트였다. 북한에서 서울로 탈출하는 것을 주선해주는 댓가로 1만 달러를 받을 수 있었기에 수익성이 좋은 거래였다.

주민들은 시장에서 구매자일 뿐 아니라 판매자로도 참여했다.[25] 시장 참여는 주민들을 직업별로 다르게 통제하는 정부 관행 때문에 부분적으로는 여전히 형평성이 없었다. 정부는 잘 돌아가는 작업장에 고용된 노동자를 비롯한 임금노동자의 시장 참여를 용인했다. 일을 하는 직원들에게 생활임금을 제공하지 못했기 때문이다. 비농업가구가 굶지 않으려면 다른 대안이 없었기 때문에 식량의 전부 혹은 대부분을 시장에서 구해야 했다.[26] 농민들은 할 수만 있다면, 수확량을 낮게 공표하고 생산물을 사적으로 팔려고 했다. 그러나 당국은 특히 농업생산성이 높은 지역에서 일하면서 법망을 피하려고 시도하는 농민들을 처벌했다.[27] 정부는 농업생산성이 낮은 지역의 농민이 자신과 가족을 부양하는 것 이상으로 생산하리라 기대하지는 않았다.[28] 이런 가난한 농민은 생산성이 더 높은 농장의 농민보다 감시를 덜 받았다.

국영기업은 시장 활동의 중요한 행위자로 발전했다. 처음에 국영기업이 시장 활동에 참여한 이유는 국영기업을 잘 운영하기 위해서였다. 직원들에게 식량을 제공하고, 연료와 예비품 등의 물품을 구입하는 수단을 찾아서 원래 만들던 물품을 계속 만들고자 했던 것이다.[29] 관료와 노동자는 노후한 공장의 폐기용 금속과 건축 자재를 뜯어내어 중국 무역상에게 팔았고, 가내 생산업체로 자재를 이전했다.[30] 차량과 연료를 사용할 기회가 있는 산업체는 농업 가구와 협동조합으로부터 식량을 제공받기 위해 운송 서비스를 제공했다. 선군 시기에 물품 부족이 지속됨에 따라, 원래는 일시적 어려움에 대한 비상 대응으로 고안된 이러한 혁신적이고 종종 초법적인 활동이 일상화되었다.

당과 군은 중앙과 지역 모두에서 순수하게 무역으로 돈을 벌어들이는 것이 목적인 기업을 설립했다. 민간과 당이 혼합된 부문이 시장화의 제도화에 추동력으로 발전할 수 있을 정도까지 정부는 무역회사의 성장을 허용했다. 군대는 기업 활동을 정당화하기 위해 '선군'과 '자립' 양자 모두를 선전했고 무역회사 설립 허가를 받았다. 군대가 만든 기업의 우선적인 기능은 장병들의 식량을 사기 위해 외화를 벌어들이는 것이었다. 당은 가장 큰 북한 기업인 대성무역총회사를 소유했고, 군은 강성무역총회사를 소유했다.[31] 군 기업들은 2000년대 주요 투자 대상이던 남포의 컨테이너항 같은 전략적으로 중요한 명목상의 민간 기업을 통제했다.[32]

정부가 기업체나 정부 부처 같은 공공기관에 사업 면허를 승인해주는 제도가 시행되었다. 해당 기관은 기업가를 고용하여 자신이 소유한 합작회사를 통해 사업을 수행할 수 있었다. 그러나 거래되는 상품은 해당 기관과 어떤 식으로든 관련될 필요가 없었다. 이 제도는 단지 사업면허만 제공할 뿐이었다. 따라서 정부가 세금을 거둘 수 있도록 어느정도 상업 활동을 감시하는 방식이었다. 이러한 준민영/준공영 무역회사의 운영을 책임지는 사람들에게는 사적인 이익을 취할 수 있는 상당한 재량이 주어졌다.[33] 이 같은 합작회사는 북한에서 만든 생산품이 부족하고 질도 낮았기 때문에, 수입에 대한 지속적인 수요를 충족시켰다. 수입품으로는 식량·비누·망치·못 등 기본 물품부터 컴퓨터와 차량 등 정밀한 제품까지 다양했다. 이들 무역회사는 개인과 정부기관에 물품을 공급하는 핵심적인 기관으로 발전했다.[34]

당의 시장화

수천명의 당 관료들이 자생적으로 시장 활동을 했다. 이에 따라 예기치 않게 당이 북한의 시장화를 이끄는 주요 주체로 변모되었다. 정부 관료들의 시장 활동 참여는 시장을 일상생활의 주축으로 만들었고, 시장을 합법화하고 정상화했다. 당은 여전히 조직적으로는 그대로였고 권위가 무너지지 않았지만, 관료들이 자신들의 경제적 이득을 위협하는 법을 집행하려는 의도가 없었기 때문에 시장 활동에서 당에 대한 두려움이 줄어들었다. 당은 사상교육과 혁명규율을 통해 김일성주의를 심어주는 역사적 기능을 수행하는 능력이 떨어졌다. 관료들은 이러한 활동에 대해 보상을 받지 못했고, 이러한 임무를 수행할 시간도 부족했기 때문이다. 그럼에도 당원 자격은 여전히 중요했다. 특히 관료와 당원이 국가로부터 받은 임금을 보충하기 위해 정치적 연줄을 강화함에 따라 당원 자격이 사적 이득을 얻기 위한 수단을 제공했기 때문이다.[35] 정부 관료들마저 시장화에 내적으로 참여했다는 것은 시장의 역동성을 통제하고 축소하려는 중앙정부의 시도가 성공적이지 않았음을 의미했다.

'대약진운동' 기간 마오 쩌둥 시대의 중국 관료나 당원은 상대적으로 식량 부족에 덜 시달렸다. 그러나 북한의 방대한 관료 집단 대다수는 다른 북한 주민들처럼 가난과 굶주림의 위험에 직면해 있었다.[36] 도당위원회의 고위 관료는 국가적으로 중요한 정치적 인물이었다. 그러나 계속되는 경제적 어려움은 평범한 북한 주민들뿐만 아니라, 지역당은 물론이고 국가 관료와 그들 가족에게도 영향을 미쳤다.[37] 따라서 비공식적인 경로로 시장 거래를 할 수 있는 기회를 달라는 요구가, 당 관료와 당원들에게서도 나왔다.[38] 민간 경제 활동에 대한 국가의 통제력을 행사하기로 되어 있는 수만명의 당과 정부의 관료들이 시장 활동을 못하게 하거나 제한을 가하는 데 관심을 두지 않았다.[39] 또한 이들은 정부가 쌀·옥수수·감자의 민간 판매에 엄격한 금지 조치를 시행하는 데 관심을 두지 않았다. 곡물이 민간 시장에서 사라지지 않은 이유였다.[40]

2000년대 중반 이후의 부분적인 경제 회복으로 당 관료는 다시 기본 배급 혜택을 보장받았으나, 배급 물품에 대해서도 거의 시장가격을 지불해야만 했다. 즉 대부분의 관료는 가족 중 누군가가 가계소득을 벌충하기 위해 준합법적인 민간 경제 거래에 계속 참여해야 했다. 명목상의 당원 자격은 국가 시스템에 공식적으로 속해 있음을 보여주는 증표로 필요하고 유용했지만, 결핍과 굶주림을 막거나 번영을 이룩하기에는 충분치 않았다.[41] 훨씬 더 중요한 것은 무역과 사업에 종사해서 돈을 벌기 위한 연줄과 창의력을 활용할 수 있는 개인의 능력이었다.

당과 정부의 중하위급 관료는 자신의 지위를 활용하여 기업가나 무역상과 동업관계를 맺었다.[42] 이러한 사업 활동 중 일부는 이윤 추구를 합법화한 2002년 경제개혁(7·1경제관리개선조치) 이후로 합법이 되었다.[43] 일부는 '암거래'에 가까웠고, 일부는 완전히 불법이었다. 관료들은 소규모 부정기적인 거래에 참여해 배급받은 식량을 팔거나, 체계화된 불법적인 거래 활동에 참여했다.[44] 관료들은 전에 불가능했고 불법이었으며 일부는 여전히 그러한, 모든 종류의 활동을 가능하게 해줌으로써 돈을 벌었다.[45] 북한 내에서 그리고 국경을 넘어 중국으로의 개인 여행은 여행객과 해당 관료 사이에 경제적 합의만 있다면 상대적으로 간단한 일이었다.[46] 관료들은 사례금을 받았고, 식량·약품 혹은 다른 물품 등 '선물'을 받았다. 모든 당원이나 정부 관료가 부패하지는 않았지만, 모두 자신의 연줄과 수단을 동원해 자신과 가족을 위해 돈을 벌 수밖에 없었으며, 그들이 그렇게밖에 생존할 수 없다는 것을 위에서부터 아래까지 모든 층위의 관료들이 암묵적으로 인정했다.

낮은 임금을 받던 관료는 시장기회에 접근하여 협조관계를 유지함으로써 그 기회를 활용할 수 있다면 일은 잘 풀린 것이었다. 그러나 그들의 활동은 연줄이 더 좋은 성실한 관료들, 즉 개인적 혹은 직업적인 이유로 동료를 감시하고 적발하는 관료들의 눈 밖에 나면 비판, 숙청, 법적 제재를 당할 수 있었다. 시장에서 곡식을 사고파는 모든 주민과, 허가받지 않은 시장 활동을 용인한 댓가로 돈이나 보답을 받은 모든 관료는 범법자가 되었다. 시장 활동 참여는 다른 대안이 없었기 때문에 중앙정부에서 묵인했지만, 정기적으로 '투기 세력'에 대한 엄격한 통제를 가하려고 노력했다. 관료를 포함해 사실상 모든 주민이 시장에서 거래와 매매 활동에 대거 참여했고, 그래서 언제라도 '투기죄'에 걸릴 수 있었으므로 정부와 당 관료들은 이전 시기보다 훨씬 불안한 삶을 살아갔다.

직업의 모순적인 측면을 끌어안고 가야 하는 것이 지역 관료의 일상사에 기본이 되었다. 관료는 농민과 노동자가 아무리 임금이 적어도 국가에서 운영하는 직장에 나가게끔 해야 했고, 국가 수입과 중앙정부의 정치적 통제를 극대화하기 위해 비공식적 경제에 대한 통제력을 유지하도록 해야 했다. 그러나 반대로 관료는 기근의 고통을 경험했고 큰 곤경에 처했을 때 국가가 도움을 줄 수 없으리라는 점을 알았기에 법망을 피하면서까지 생존을 위해 몸부림쳤다.

이데올로기의 종언

당 관료와 보안 담당자 스스로가 북한 주민들이 참여하는 시장과 거래망에 의존하게 됨에 따라, 그들은 시장 통제에 대한 공식적인 국가 포고령을 덜 엄격하게 적용했다.[47] 그중 하나의 결과로 사상교육의 인전대 역할을 하는 당의 능력이 떨어졌다. 당 관료들은 개인의 의사결정에 대해 쓸모없고 낡아빠진 감시와 제한을 가할 이유도 없었고, 감시와 제한을 가해 어떤 이득도 볼 수 없었다. 관료들은 그야말로 깨어 있는 동안 사상교육에 할애할 시간이 없었던 것이다.[48]

당 간행물과 매체는 국빈 방문객에 대한 공식 발표와 기록을 위한 대변자 역할, 지도층이 북한 주민과 해외에 전하고 싶은 메시지를 전달하는 수단 역할을 계속해서 했지만, 선전선동 활동을 수행할 관료를 이전보다 적게 유지했다.[49] 2002년 입법을 통해 작업장에서의 당 활동을 축소했고, 작업장에 근무하는 당 관료의 수를 급격하게 대규모로 감축했다.[50] 관료의 감축과 함께 경제적 제재를 가하고 유인책을 제공하는 당 장악력이 떨어졌는데, 이는 개인들이 자신의 행동과 이웃의 행동을 어쩔 수 없이 비판해야 했던 생활총화 시간이 힘을 잃고, 효과적인 규제 수단에서 기계적 활동으로 변모했음을 의미한다.[51] 의무적인 학습 시간은 여전히 작업장 일과의 일부였지만 대충 이뤄졌고, 북한 주민은 그것을 제도상 할 수밖에 없는 것으로 이해했으며, 김씨 가문이 국가를 여전

히 통치하고 있음을 인정하는 것 말고는 다른 의미가 없었다.[52]

북한 주민들이 작업장 밖에서도 꽉 짜인 생활을 하도록 마련된 당 기구와 활동이 와해되었다. 많은 작업장이 문을 닫거나 부분적으로 폐쇄되었으며, 시장 활동이 성장함으로써 개인은 국가 통제의 침해에서 벗어나 더 많은 시간을 갖게 되었다. 공동체 수준에서는 당 주도의 지역 말단 대중조직인 인민반이 더이상 효과적인 정치 감시 조직으로 기능하지 않았다. 이전의 권위주의적인 공동체 지도부가 더이상 지위와 소득을 제공하지 않았고, 식량배급도 보장하지 않았기 때문에 전에는 전업주부였던 여성이 시장 활동으로 내몰리게 되었다.[53] 이런 여성 가운데 일부는 상인으로 시장에 뛰어들었으며, 일부는 아파트 지역에서 공동체 주간에 이뤄지는 준합법적(semi-legal) 거래 활동을 눈감아주는 댓가로 '뒷돈'을 챙겼다. 여성단체인 조선민주여성동맹은 여전히 공식적인 차원에서 활발하게 활동했지만 그 핵심 기반인 '가정주부'는 시장 활동에 바빴고, 당처럼 사상교육의 전달자로서의 활동 역량이 떨어졌다.[54]

바깥 세계에 대한 정보가 중국 무역상, 그리고 전세계에서 정기적으로 북한을 방문하는 외국인을 통해 흘러들어 왔다. 대화·잡지·책·DVD·CD 등을 통해 일상적으로 모든 북한 주민이 정보를 받아들였다.[55] 국경을 넘나들며 식량, 연료, 기본 소비재를 사고파는 것 말고도 사상의 전파 역시 시장의 영향권 안에 있었다. 김정은이 국가지도자가 된 2011년, 중국은 이미 현대적인 세계적 경제 대국으로 변모했다. 김정일이 권좌에 올랐던 1994년에 중국은 경제부흥의 초기 단계에 있었지만, 선군 시대가 진행되면서 북한 주민은 중국이 날로 번창하고 있다는 사실에 대해 더 많이 알게 되었다. 중국은 근래에 북한과 매우 유사한 정치사를 경험했지만, 중국에서의 경제적 기회와 생활수준이 북한보다 훨씬 좋다는 점

을 알게 된 것이다. 정도의 차이는 있겠지만 북한 주민 가운데 한 사람
도 빠짐없이, 북한이 별로 행복하지 못한 이웃 나라들에 둘러싸인 위대
한 국가가 아니라, 그 반대라는 사실을 알았다. 점점 부유해지는 중국과
가난에 찌든 북한을 비교하게 되면서 북한 정부의 정당성과 역량에 의
문이 생겼던 것이다.

정부의 성명, 명령과 일상적인 현실이 만드는 괴리로 말미암아, 북한
주민들은 점점 정부를 매일매일의 경제생활에서 계속 협상을 요구해오
는 장애물로 취급하는 것 말고는 자신과 아무런 관계도 없는 것으로 생
각하는 경향이 있었다. 북한 주민은 시장 활동의 성장을 방해하는 정부
의 정기적인 시도를 피하는 법을 배움으로써, 위험부담이 있지만 거의
정부의 명령을 무시하고 효과적으로 법망을 피해 활동했다. 북한 주민
은 서로 국가의 명령대로 활동하는 척할 수밖에 없었지만, 모든 이들이
국가의 정치적 수사(修辭) 중 어떤 것도 사실이 아님을 알고 있었다. 북
한 주민은 공업, 농업, 경제 부흥을 통한 국가의 잇따른 성공을 계속 공
표해도 믿지 않았다.[56] 그 결과는 정부에 대한 냉소주의 문화가 뿌리를
내리고 제도권력과 정치적 권위로서 당의 위상이 추락했다는 점이다.[57]

법과 질서의 시장화

당 관료들이 시장에 참여하고 이데올로기적 역량이 축소되었지만,
북한에서 정치적 자유화가 이뤄진 것은 아니었다. 선군정치는 계속해
서 복종을 요구했고 국가보안기관은 계속해서 억압적으로 기능했다.[58]
반대는 용인되지 않았고 정치적 이유로 처형이 계속되었다. 국가와 최
고지도자를 비판하고 정부와 어긋나는 대안을 동원하는 일은 여전히

존재하지 않았다.[59] 보안기구들은 계속해서 정부가 필요로 할 때 혁명 규율을 제시했다. 그럼에도 시장화에 따라 사법 관료 역시 뇌물을 받을 수밖에 없는 강력한 유인 요소가 생겼다. 김일성주의 시기에 지배적이 었던 '혁명규율'을 강제할 수 있는 당의 장악력이 떨어진 것이다.[60]

정부 보안 담당 관료(경찰)는 개인이 법을 어겼는지와 범죄자를 노동 교화형에 처할지 '즉석에서' 결정할 수 있는 권한이 있었다. 사법 재판 관 또한 법을 적용할 때 처벌의 유형과 구금 기간을 결정하는 측면에서 융통성을 발휘할 수 있었다. 관료들의 이런 상대적 자율성과 법률 제도 의 자의적 성격이 법과 질서의 시장화를 촉진했다. 관료들은 식량·물 품·돈 등이 적절히 제공되면 소송을 진행하지 않도록 '설득'될 수 있었 던 것이다.

시장 거래와 이동하고 모일 수 있는 실질적인 시민의 자유는 시장 활 동의 부산물로 등장했다. 일상생활에서 개인은 김일성주의 기간보다 감시를 덜 받았고, 일상적인 경제생활은 정치생활과 분리되었다. 경제 영역과 정치 영역이 분리되자 비정치적으로 인식될 수 있는 문제에 대 해 목소리를 낮춰 정부를 비판할 수 있게 되었다. 이런 비판의 목소리는 2009년 11월 정부의 화폐개혁 때문에 저축한 돈이 무용지물이 되고, 몇 주 동안 공식 시장이 문을 닫아 주민이 굶주림에 직면하게 되었을 때 매 우 높아지기도 했다.[61]

군대의 시장화

2003년 북한의 발표에 따르면 "북한에서 징집은 자유의사에 따르며, 강제 입영 제도는 없다". 그러나 17세 이상 모든 젊은이는 군대에 가게 되어 있었다.[62] 선군규범이 최고의 덕목으로 선전되었고, 의무적으로 참가해야 하는 조직 활동이 거듭되는 동안 청년들이 '자원' 입대를 거부하기란 어려웠을 것이다.[63] 정부는 '자원자 가운데 건강한 신체와 온전한 정신을 가진, 가족 문제가 없는 사람이 선발되어, 현역 군인으로 부대에 배치되기 전에 전일제 군사 혹은 기술 교육기관에서 교육을 받는다'고 발표했다.[64] 실제로는 대학에 진학하지 않거나 가족 가운데 정치적으로 문제있는 구성원이 없는 대부분의 젊은이들은 군에 입대한다는 것을 의미했다.

2008년 인구조사에 따르면 모든 청년이 장기간의 병영생활을 통해 병역의무를 이행하는 것은 아니지만, 약 70만명의 젊은이들이 병영에서 생활하고 있었는데, 이는 1993년과 비슷한 수치였다.[65] 젊은 여성은 집에서 멀리 떨어진 곳에 사는 것을 부적절하거나 불필요하다고 생각하는 젠더화된 사회적 관습의 혜택을 누렸다. 7년에서 10년 동안의 군생활은 젊은 남자 군인이 몇년 동안 가족을 보지 못하는 일이 흔했음을 의미한다. 휴가는 드물었고, 집으로 가는 교통편을 마련할 형편도 되지 않았다. 특별한 기술이 없는 가난한 남성은 입대를 피할 방법이 없었고, 몇년 동안 귀향 휴가도 없이 복무 기간 내내 부족한 식량을 배급받으며 병영에서 지내기도 했다.[66] 군대는 식량배급이 보장되어야 했으나 사실상 북한 주민들보다 나을 것은 없었다. 배급은 감자·수수·보리 그리고 가끔씩 나오는 쌀로 이루어진 기본적인 것에 불과했으며 고기·달걀·채소·과일이 나오는 경우는 드물었다.

군부대는 직접 농사를 지어 자급자족하고, 가능하다면 외화를 벌어들이라는 지시를 받았다.[67] 충분한 비료와 농약, 제대로 된 관개 시설, 예비 부품 등이 없는 상태에서 농사의 노하우나 경험도 없는 젊은이들이 농사를 지어 자급자족의 목표를 달성하는 것은 쉬운 일이 아니었다.

게다가 대체로 군부대는 극단적인 기후와 사람이 살기조차 힘든 외진 북부의 산악 지역에 주로 위치했기에 농사일은 더욱 힘들었다. 따라서 당 관료와 마찬가지로 군인은 자신의 지위와 연줄을 이용해 거래로 돈을 벌거나, 중국 국경선 쪽에 배치될 경우 북한 주민들이 서류 없이 중국으로 건너갈 수 있도록 허락해주는 데 대한 댓가로 돈이나 '선물'을 받아 벌이를 했다.[68] 군부대는 지역 당국과 협력하여 생존을 위해, 그리고 국가가 더이상 제대로 공급하지 않는 물품과 서비스를 확보하기 위해 정부 부문 밖에서 식량을 사고팔았다.

가구의 시장화

국가 제도가 빈사 상태에 빠진 데 비해, 일상적인 사회적·경제적 현장에서는 가구의 활력과 역할이 강화되었다. 시장화를 통해 가구가 나서서 가장 취약한 계층을 위한 부족한 국가자원을 보충해야 했기 때문이다. 정부는 노령 계층의 상황을 보고하면서, 대부분 가족의 지원에 의존하고 있음을 인정했다.[69] 아이들은 이전 시기보다 공적인 제도에 덜 편입되었고 가족, 특히 어머니와 같이 있는 시간이 더 많아졌다.[70]

김일성주의 정권은 가구 단위를 사상교육 수단과 정치 도구로 편성하는 데 전적으로 성공하지는 않았지만, 가족이 일상생활의 주변부로 밀려날 정도로 개인을 공적 활동으로 내모는 데 성공했다. 선군 시기에 가구는 훨씬 더 분명하게 사회적·경제적 단위로 재편성되었다. 그 안에서 국가가 주도하지 않는 신뢰에 바탕한 사적인 사회관계가 번창할 수 있었다. 동시에 가구 단위는 핵심적 사회기관으로 발전하여, 그 안에서 그리고 그것을 통해 시장화된 관계가 조직되고 방향을 잡게 되었다.[71]

시장화된 북한에서 여성이 생계를 책임지는 사람이 되었을 때에도 가구는 여전히 상당히 보수적인 젠더 역할에 의해 구성되었다. 여성이 새로 발견한 상업적 자유는 여성의 경제적·사회적·정치적 지위 향상으로 해석되지 않았다. 많은 여성, 특히 젊은 엄마들은 여전히 빈곤하고 굶주리며 겨우겨우 살아갔지만, 여성이 비공식적 경제 활동에 참여할 수 있게 된 결과 여성은 이동하고, 소규모로 모이고, 국가가 주도하지 않는 거래에 참여하는 한편, 개인의 경제 활동에 방해가 될 수 있는 국가 조직에 대처하는 법을 배웠다. 국가의 공급 능력이 부재한 상황에서 여성은 더 많은 책임을 떠맡으며 제한적이나마 향상된 개인적 자유를 얻었다. 따라서 여성의 시장 활동 참여는 개인적 의사결정의 융통성이 향상되고 가족생활에 대한 국가의 통제력이 줄어들었음을 의미했다.

다른 권위주의 사회에서는 교회와 시민단체가 시민사회를 지탱하는 역할을 했다. 국가가 주도하는 것 이외의 단체나 조직 생활이 허용되지 않는 북한에서 개인은 가족을 일차적 사회기관으로서 의지했고 가족 안에서 경제적·사회적으로 동원될 수 있었다. 국가가 주도하지 않는 단체와 조직 활동은 어떤 종류라도 크게 처벌받을 위험이 있었지만, 가구 주도의 경제·사회적 네트워크 형성 같은 비공식적 정치는 국가에 의해 '비정치적인' 것으로, 따라서 허용될 수 있는 것으로 여겨졌다. 가족의 윤리적 가치를 정당화하고 칭송하는 국가의 수사(修辭)는 가구 단위가 상대적으로 안전한 공간으로 발전할 수 있게 도왔고, 따라서 가족을 중심으로 그리고 가족 내에서 경제 활동과 사회 활동이 조직될 수 있었다.[72]

2008년 북한 사회에서 비혼 성인의 범위는 대체로 배우자가 사망했거나 미혼인 사람에 국한될 정도로 가족은 자연스러운 것이었다.[73] 결혼은 법적으로 남자는 18세, 여자는 17세면 가능했지만, 25세 이상이 되기 전에 결혼한 젊은이는 거의 없었다.[74] 2008년에 결혼 평균연령은 남성은 28세, 여성은 26세였다.[75] 결혼을 가로막는 주된 제약은 입대를 통해서든 준군사적 활동을 통해서든 병역을 마쳐야 한다는 것이었다.[76] 정부는 '여성이 사회의 이익을 위한 일에 젊은 시절의 초창기를 바치고자 늦게 결혼하는 경향이 있다'고 설명하며 결혼을 늦추는 것을 지지하기도 했다.[77]

시장화 시기에 여성이 생계를 책임지는 역할을 했다는 것이 여성과 남성의 사회적 관계가 본질적으로 변했다는 것을 의미하지는 않았다.[78] 남성이 가사노동을 돕는 게 일반화되었을 때에도 여성은 남성을 가장으로 인정했다.[79] 일상생활에서 실질적 변화가 가족과 사적 영역은 본래 여성의 영역이고 공적 영역은 본래 남성의 영역이라는 북한 사회의 뿌리 깊은 인식을 허물지는 못했다.[80] 여성이 가계 소득의 중심이 되더라도 아내가 남편에게 복종하는 사회적 태도는 여전히 만연했다. 국가는 제대로 된 사회안전망을 더이상 제공하지 못했고, 여성은 취약한 공공 서비스의 짐을 짊어져야 했다. 모순적이게도 북한에서 공공 서비스가 취약해진 이유 중 하나가 여성이 시장으로 대거 이동함으로써 생긴 인력 부족이었다.

가구의 목적은 국가의 목적과 동일하지 않았고, 어떤 면에서 국가의 목적과 정면으로 배치되는 것처럼 보일 수 있다. 가구는 일상생활, 특히 모든 가구가 종사하는 다양한 거래 활동에 대한 국가의 금지 조치를 극복하면서 생존했다. 따라서 대체로 선군 시기 경찰은 가구 대부분의 핵심적인 경제적 이득에 해가 된다고 인식되었다. 가구들이 체제교체를 지지했다고는 말할 수 없지만, 적어도 정권의 정책이 계속된다고 했을 때 개별 가구가 얻을 수 있는 것은 거의 없었다고 말할 수는 있다.

시장가치

시장화는 사회적·경제적 과정이었다. 개인은 스스로를 위해 그리고 국가에 의존하지 않기 위해 날마다 경제적 결정을 내릴 수밖에 없었다. 계속된 식량 부족으로 북한 주민들은 정부의 규제를 무시하거나 피했다. 국가 권위에 대한 무시가 일상적 관행으로 뿌리내렸고, 동시에 사유재산과 사익 추구라는 시장가치가 제도화되었다. 거래를 통해 이익을 추구하고 하향식 경제통제가 상향식 시장화로 바뀌었다고 해서 김일성주의의 규범이 근절된 것은 아니지만, 상당히 약화되었다. 스스로 생존하는 것이 자립을 의미한다는 폭넓은 인식은 공동체와 국가의 이익을 위한 희생의 정당성에 의문을 불러일으켰다. 자립을 통해 유리한 고지를 점령한 사람은 생존하고 나아가 번창할 수 있지만, 능숙하지 못한 사람들은 가난과 질병으로 고통받다가 일찍 죽을 수 있다는 것이 당연하게 여겨졌다.

21세기 북한 주민은 중앙집권화된 의사결정에 의한 지배권한을 대체로 수용하기보다는, 정부 정책을 피해가면서 사익을 추구하는 개인적 의사결정권한을 일상적인 것이라고 생각했다. 주민들은 스스로 소득을 찾고 (가능하면 경화로) 저축하기 시작했으며, 개인별로 예산계획을 세웠고 다양한 합법적·준합법적(semi-legal) 시장에서 물건을 사고팔았다.[81] 경제적 보상과 제재가 지금까지 당의 명령으로 시행된 정치적 보상과 정치적 제재 제도보다 훨씬 더 큰 중요성을 띠었다. 가치의 위계가 집단적인 것에 대한 강조에서 돈벌이라는 사익 추구로 변모했다.[82]

김정일 시대에 자란 청년의 삶은 이전 시대에 비하면 특권이 줄어들었지만, 지적으로는 외부 영향에 더 개방적이었다.[83] 태어나면서부터 그들은 형편없는 생활수준과 적자생존이 현실인 시장화된 경제를 벗어나지 못했다. 동시에 북한 청년들은 점증적으로 다른 삶, 이를테면 남한의 삶의 방식을 보여주는 DVD나 음악을 쉽게 접할 수 있었다. 또한 남한 청년들이 제대로 된 위생 시설, 따뜻한 옷, 충분한 식량도 없이 영하의 날씨에 도로를 건설하기 위해 가장 원시적인 도구로 바위를 깨면서 시간을 보내지는 않는다는 점을 알고 있었다.[84]

사회적 변화의 징후는 10대의 임신 자료를 통해 부분적으로 감지할 수 있다. 1996년 가족법에서는 혼외관계를 금지했지만, 혼외자녀에게 동등한 권리를 보장하면서 법으로 혼외관계를 금지시킬 수 없음을 인정했다.[85] 오늘날에도 혼외출생에 관한 정보가 없고, 1993년 인구조사에서 10대 여성의 출산에 관한 기록은 없다.[86] 그러나 2008년 인구조사에서 15~19세 연령대의 여성 303명이 인구조사 전해에 출산한 것으로 보고되었다.[87] 전체 16만 9231건의 출산 중 0.2퍼센트도 안 되는 매우 작은 수이지만 그 수치는 의미가 있었다.[88] 어쨌든 자료가 보고되었다는 사실은 10대의 임신을 점점 수용했고 변화하는 사회를 인정했다는 것을 보여준다.[89] 10대의 임신 비율은 농촌 지역이 2배 정도 높았다. 조사한 표본의 수가 너무 적어 확정적인 결론을 내리기는 힘들지만, 아마도 김일성주의 시대에 달성하려고 목표 삼았던 사회적 순응을 강제할 수 있는 당의 장악력이 농촌 지역에서 상대적으로 취약했음을 시사한다.[90]

시장경제가 사회의 다른 부문들에 중요한 영향력을 끼쳤듯이, 군대 내부의 가치와 규범을 변모시켰다.[91] 북한군과 그 가족의 일상생활은 김씨 가문이 군복무에 덧붙이는 선전선동의 내용을 반박할 수 있는 근거를 계속해서 제공했다. 이전에 사회주의 국가들의 많은 청년들이 그랬듯이, 젊은 군인들은 정부의 선전선동을 군말 없이 듣는 법, 그러나 다른 사람과 공모해 가능한 한 드러내지 않고 체제를 벗어나는 길을 찾는 법을 배웠다. 청년들은 더이상 군복무를 통해 사회주의 모범시민이 되는 법을 배우지 않고, 일상생활에서 국가의 지시와 판이하게 다르게 행동하는 법을 배웠다.

시장은 선택의 자유를 제공했지만, 반대로 독자적인 구매력을 가진 사람만 식량과 물품을 거래할 형편이 되었기 때문에 불평등을 제도화하는 데 기여했다. 소매업 부문을 여성이 주도한다고 해서 그것이 여성에게 새로운 경제적 힘으로 이전되지는 않았다. 도매업은 북한 정부, 중국 거래망의 영향력 있는 집단과 연계된 '큰손'에 의해 좌우되었기 때문이다.[92] 시장 거래에 여성이 새롭게 참여할 수 있었다는 것은 일부 여성이 결국 성매매를 하기 시작했다는 것을 의미한다. 일부는 중국에 건너가 접대부가 되거나 성매매를 했고, 합의하에 혹은 강제로, 중국 신부를 구할 수 없는 중국 남자의 '아내'가 되기도 했다.[93]

수많은 국가 고용직은 거의 무보수로 의료와 교육 등 사회복지 직종에서 계속 일했지만, 새롭게 시장화된 북한을 뒷받침하는 주된 가치는 일종의 사회진화론이었다. 그것은 결국 개인이 생존하고 번영하도록 해주는 것은 자립과 가족의 지원이라는 인식이었다. 다시 말해 개인이 사유재산을 축적하는 것이 합법적이 되었다는 것이다. 경제적 사익 추구의 부작용으로 경제범죄의 부상이 포함되었다. 평양 등 도시 지역에서는 아파트의 저층 발코니로 도둑이 침입하는 것을 방지하는 망, 플라스틱 판, 혹은 간이 방범 시설의 설치가 확산되는 것이 그 신호였다. 농촌 지역에서 농민들은 곡물 절도를 감시하는 간이 초소로 논밭을 지켰다. 부족한 사회복지망, 계속되는 식량 부족, 직업과 수익을 창출하는 데에서 시장에 대한 정부의 의존 등이 갈수록 돈을 가진 자와 갖지 못한 자 사이의 뚜렷한 불평등을 야기했다.

2014년 두 세대의 북한 주민은 가난을 경험했고, 그해 먹을 식량을 어떻게 구할 것인지를 계속 걱정했다. 따라서 정부가 필요한 물품을 제공할 능력이 없음을 전제로 북한 주민은 단순히 생존 목적을 위한 생활방식을 실천해야만 했다. 다른 한편, 각 개인은 김씨 가문의 위대함을 믿는 척해야 했다. 그렇지 않은 티를 내면 정치적 반대자로 낙인찍혀 수감되거나 추방될 위험을 감수해야 했기 때문이다. 수사와 현실 사이에 분명한 괴리가 나타난 결과, 정권의 정당성이 위기를 맞고 일상적인 생존의 틀로서 정치적·개인적 냉소주의가 부상했다.

시장화의 탄력성

북한은 주민 대부분에게 충분한 식량을 비롯한 기본적 복지 기능을 제공할 수도 없고, 제공하지도 않았음을 전면적으로 인정하지는 않았다. 따라서 민간 거래에 참여하는 것이 모든 주민에게 선택이 아니라 필수였음을 전면적으로 인정하지는 않은 것이다.

경제적 변모는 사회적 변모와 병행되어, 전체 주민에게 사상적 열정과 혁명규율을 심어줄 수 있는 당의 장악력이 떨어졌다. 해외에서 건너온 사상과 정보, 그리고 정부에 대한 환멸이 개인주의를 부추겼다. 비록 북한인들은 스스로를 가족, 그리고 경우에 따라 지역 공동체에 대한 '마땅한' 도리와 의무가 포함된 중요한 관계들로 묶여 있다고 생각했지만 말이다.[94] 그럼에도 시장가치에 의지한다는 것은 사회규범에서 중요한 변동을 나타냈다.

북한에서 새로 형성된 자립사회는 김일성주의 주체사상의 국가통제적 하향식 모델보다, 지역적 자립 활동에서 훨씬 더 순수한 형태로 발전했다. 북한 주민은 거의 어떤 경제적 동인도 없는 상태에서 적극적으로 시장에 참여하는 상태로 옮겨가고 있다. 이는 시장 활동이라는 것이 구매 측면만 남는 것으로 가고 있는 시장민주주의 사회에 살고 있는 대다수 사람들보다 더 적극적이라고 할 수 있다. 거의 모든 주민에게 비공식 경제는 가장 믿을 만한 식량 공급원이자 돈을 벌 수 있는 가장 합리적인 방식이었다. 북한 주민들은 1990년대의 기근을 경험한 이후 국가가 믿을 만한 식량 공급원 역할을 할 것이라고 다시는 믿지 않았다. 시장화는 주기적으로 경제와 사회의 시장화를 억누르고 봉쇄하려는 위로부터의 군사통치에도 불구하고 엄청난 탄력성을 지니는 것으로 판명되었다.

10장

위로부터의 군사통치

선군정치의 목적은 정권 생존이었다. 그것은 김씨 가문의 이익과 생존이 군부의 이익과 생존에 제도적으로 직결되는 새로운 정치체제를 통해 국내의 반대와 국외의 위협에 맞서 정권의 안보를 지킬 수 있다는 생각이었다. 선군정치는 1990년대 중반의 기근과 경제 붕괴가 초래한 불안정성에 대한 대응이었다. 선군정치의 정당성을 확보하기 위한 노력의 일환으로 일부 북한 간행물에서 선군정치의 기초가 역사적으로 적어도 1960년까지 거슬러 올라간다고 해석하기도 한다.[1] 그러나 정확한 다른 북한 자료들은 '선군정치'를 처음으로 표방한 것이 김정일이 어느 군부대에서 1995년에 행한 신년사였다고 언급한다.[2]

선군정치는 정권안보를 우선에 놓는 정책을 달성하고 운용할 수 있는 수단을 제공했다.[3] 짧은 북한 역사에서 처음으로 군이 정치 영역에 대한 집행 권한을 갖게 되었다.[4] 당과 국가를 합치는 사회주의 제도 모델은 유지되었지만, 북한은 선군정치가 새로운 형태의 정치 조직임을 역설했다. 1998년과 2009년의 헌법개정은 선군정치 원칙을 법에 명시했다. 바뀐 헌법에 따르면 다당제 선거에 기초한 민주주의 체제로 전환할 가능성은 없었다. 형법의 일부를 현대화했지만, 선군 정권은 사법 혹은 형법 제도의 구조개혁에 관여하지 않았다.

선군 경제계획은 김일성주의 정책과 근거가 같았다. 중공업의 회생에 기반한 과거의 명령경제를 재구축하는 것을 목표로 삼았다. 외국의 군사 개입을 막거나 최악의 경우 방어할 수 있는 군사력을 뒷받침하기 위해서였다. 선군 시대 정권은 여전히 이데올로기적으로 급진적인 '위로부터의 시장화'를 시행하는 데 반대했지만, **실제로는** '식량안보'를 포함한 핵심적인 우선 정책을 실현하기 위해 '아래로부터' 이미 진행된 **사실상의 시장화에 의존했다.** 외국투자정책은 여전히 외국의 투자와 외국인들을 국가의 나머지 지역과 말 그대로 철조망으로 분리된 '특구 지역'으로 이동 배치하는 국가안보정책에 의해 좌우되었다.[5] 선군정치의 제도화를 통해 국가안보의식이 뿌리내려 경제정책은 군사화된 국가안보인식에 종속되었다.

선군정치

선군정치는 김씨 가문의 이익과 군부의 이익이 공생할 수 있도록 고안되었다. 즉 제도로서 군의 이익을 확보하는 한편, 김씨 가문에 대한 계속된 찬양을 통해서 그리고 민족주의 이데올로기의 진작을 통해서 정권의 목적을 정당화하기 위한 것이었다. 김정일은 정권 생존이 정치 지배집단인 김씨 가문의 생존과 같이 가도록 선군정치를 조직하는 것을 목표로 했다. 김정은은 군을 우선시하는 전략의 지정 후계자로 2011년에 그의 아버지 김정일을 승계했다. 김정은은 여전히 사회와 외교 정책의 군사화에 의존하는 정권 생존 전술에 전념하고 있다.

1994년 김일성이 사망하자 김정일은 국방위원장의 지위와 군 최고사령관 직책을 통해 최고지도자가 되었다. 김정일은 공식적으로 주석에 임명되지 않았으므로 북한은 공식 국가원수가 없는 상태였다. 김정일은 1997년까지 공식 석상에 나타나지 않았다. 군부대를 시찰하는 김정일의 사진이 주기적으로 국내 매체에 등장했으나, 이것이 당시 사진인지는 확실치 않았다. 김정일이 공식 석상에서 보이지 않은 시점과 기근이 최고조에 이른 시점이 일치하고, 1997년까지 김정일이 실제로 국가를 운영하고 있었는지는 확실치 않았다. 김정일이 공식 무대에 출현했을 때, 이는 앞으로 국가가 '선군'정치에 따라 운용될 것임을 천명하는 것이었다.[6] 김정일의 부재에 대한 북한의 공식 설명은 아버지 김일성의 죽음을 애도하는 전통적인 3년상을 치르고 있었다는 것이었다. 군사적 측면에서의 불가항력 때문인지 영민한 지도력의 발휘인지 아니면 둘의 결합인지 모르지만, 1997년 이후로 김정일의 이익·위상·미래는 군과 공생하게 되었다.

1997년 김정일은 조선로동당총비서의 지위를 차지한 후에 당의 지도력을 공고화했다.[7] 김일성 시대에 김정일은 조선로동당 조직지도부를 자신의 권력을 발휘할 수 있는 수단으로 변모시켰다. 당 조직지도부는 감시와 규율의 책임뿐 아니라 당과 정부와 군대의 관직에 간부를 지명할 수 있는 권한이 있었고, 김정일은 이러한 강력한 당 조직지도부에 대한 통제권을 갖고 있었다.[8] 김정일은 군의 도구가 아니었다. 그러나 김씨 가문과 군의 전략적 제휴는 군의 견해와 이익을 함부로 무시하지 못한다는 것을 의미했다.[9] 김정일은 자신의 의제에 영향을 미치고 최고지도자에 대한 접근을 통제하는 군사 고문들에게 둘러싸였다.[10]

김정일은 사망하기 전해인 2010년 185명의 군 인사를 새로운 계급으로 승진시켰는데, 이는 김정은을 위해 군을 정권안보의 효과적인 수단으로 굳히고 북한 정책의 핵심 기관으로 군의 중심성을 강화하려는 노력의 일환이었다.[11] 김정일은 그의 누나 김경희(金敬姬)와 군 경험이 많지 않은 아들 김정은에게 4성장군 지위를 부여했으며, 이 둘을 국방위원회 위원으로 승진시켰다.[12] 김정일이 사망하자 김정은은 즉시 조선인민군최고사령관으로 임명되고 국방위원회 제1부위원장으로 결정되었다. 김정은도 국가안보 담당 관료뿐 아니라 경제장관직을 포함한 민간 관료에게 군계급을 부여했고, 기존 군 인사들은 장군으로 승진했다.[13]

조직상의 변화와 연속성

북한의 문헌들은 선군정치가 '군대에 비중을 두는 정치체제를 수립하기 위한' 국가구조의 실질적인 방향 수정으로 이해되어야 함을 분명히 했다.[14] 선군정치는 '노동 계급보다 군에 우선권을 주고 국가 인력과 물적 자원을 우선적으로 군사력 신장에 동원되도록' 한다는 분명한 언급도 포함되었다.[15] 경제 재건은 선군정치에서 추진되었지만, 그것은 다만 '군사 부문에 일차적인 중요성'을 부여해 '혁명과 건설에서 발생하는 모든 쟁점이 군사 부문에 종속된다'는 맥락에서였다. 국내외 소비와 관련하여, 자원 부족 사태가 지속되는 시기에 제도로서 군을 우선시하고 보호·양성해야 한다는 메시지였다.[16]

1998년과 2009년의 헌법개정은 국내 정치에서 군의 우월성을 반영하도록 국가구조를 근본적으로 바꿨다.[17] 이는 1992년 헌법개정과는 성격상 다른 질서였다. 1998년 헌법은 국방위원회의 위상을 국가 최고 행정 권한을 가진 기구로 공식화했다.[18] 1998년 헌법은 종래 정무원이라 했던 내각을 포함한 통치기관들을 국방위원회에 종속시켰다.[19] 2009년 헌법개정은 국방위원장이 국가의 '최고지도자'이며 무엇보다도 '국정 전반을 이끌어가는 의무와 권한을 갖는다'고 상기시키면서 국가정책에서 군사적 이익의 우선성을 확고히 했다.[20] 국방위원장은 국가원수로 인식되어야 했다. "국방위원장의 임무는 국가 최고 공무이다 (…) 〔그것은〕

조국의 영광과 민족의 존엄을 상징하고 대표하는 신성한 공무로 이뤄지기" 때문이라는 것이다.[21]

선군정치는 정치철학과 법철학의 근본적인 변화를 나타내거나 정부 행정구조의 변화를 포함하는 것은 아니었다. 정치는 여전히 권위주의적이었고, 근본적으로 자유주의적 개념과 상반되었다. 자유민주주의 체제에서처럼 법의 지배에 의지해 국가에 이의를 제기할 수 있는 개인의 권리는 여전히 존재하지 않았다.[22] 북한은 국제인권운동이 자신의 국가주권을 전복하려는 목적으로 추진된 것이라고 비난하면서 유엔인권이사회 보고서를 거론하며 다음과 같이 말했다.

〔조선민주주의인민공화국〕정부는 인권과 국제인권기구에 관한 유엔헌장의 원칙들을 존중하고 인권의 보편성을 인정한다는 원칙을 유지하는 한편, 서로 다른 국가와 민족의 정치체제와 경제체제, 발전 수준, 특수성과 특징, 그리고 역사적·문화적 전통의 다양성을 적절히 고려하고 있다. 국제 인권 문제를 다루는 데에서 북한 정부는 주권에 대한 존중과 평등에 기반한 대화와 협력을 환영하고, 이중잣대를 들이대는 것을 거부하며, 공평성과 객관성과 비선별성의 원칙을 엄격히 준수하라고 촉구한다. 인권은 주권국가들에 의해 보장되므로 다른 국가의 국내 문제에 개입하거나 인권 문제를 빌미로 정부를 타도하고 체제를 변화시키려는 어떠한 노력도 인권 침해에 해당된다고 생각한다. 이러한 의미에서, 북한은 인권이 곧바로 국가의 주권을 의미한다고 주장하는 바이다.[23]

정치적 반대와 지도층에 대한 비판을 허용할 정도는 아니었지만 북한의 사법 개혁은 어느정도 현대화되었다.[24] 2004년 정부는 **죄형법정주**

의, 즉 개인이 기소되는 범죄는 특정되어야 한다는 원칙을 도입했다.[25] 이전에는 다른 사회주의 국가들처럼 북한도 죄목을 모호하게 설명했다. 이는 자의적인 법적용의 원인이 되었다. 2004년부터 북한은 수많은 경제범죄를 포함해 수많은 범죄를 열거하고 특정했다. 이 개혁은 중범죄에 사형 대신 무기징역을 선고하는 게 가능하도록 했다. 2004년 이후로 광산·공장·농장 등 다양한 작업장에서 이뤄진 2년까지의 '노동교화'가 위법 행위에 대한 가장 일반적인 처벌이 되었다.[26] '노동교화'에는 구금이 포함되지 않았고, 따라서 그것은 미미하나마 사법 제도의 자유화를 나타냈다.

도(道)는 여전히 상위 지방 행정기구 역할을 했고, 군(郡)과 이에 상응하는 도시의 구(區)는 하위 지방 행정기구 역할을 했다. 선군 시대 초기에 12개의 도가 있었는데, 2004년 지방 행정기관 개편으로 남포와 개성을 각각 황해북도와 평안남도로 편입시키며 10개로 줄였다.[27] 지방 행정기관은 2013년 기준으로 208개의 농촌 군과 도시 구로 권한이 위임되었고, 군과 구는 농촌 지역에서는 리, 도시 지역에서는 동으로 세분화되었다. 리와 동은 행정구역일 뿐 지방 행정기관의 권한을 가지고 있는 것은 아니었지만 말이다.[28] 정부는 외국인이 일할 수 있도록 허용된 지역에 '특별한 위상'을 부여했는데, 여기에는 함경북도 북동쪽에 위치한 라진-선봉 자유무역지역과 남한이 투자해서 조성한 황해북도의 개성공단이 포함되었다. 이는 행정상의 개정일 뿐 급격한 조직상의 변화는 아니었다.

선군 조직의 의도는 정부와 사회가 전쟁 준비를 확실히 하도록 하는데 있었다. "군사(軍事)가 가장 중요한 국사(國事)였고 (⋯) 제국주의의 무력 침략과 지배를 미연에 방지하도록 군대를 대비시키고, 강력한 군대에 의존하여 사회주의를 계속해서 발전시키는 것이 〔김정일의〕 원대한 정치 전략이었다."[29] 조직과 관련된 핵심적인 메시지는 전체 사회가 숙련된 군대로 가동되는 법을 배우는 한편, 군 병력은 군사적 의무를 수행할 뿐 아니라 경제발전에 기여해야 한다는 것이었다. 선군 사회 조직은 총을 든 군인들로 거리가 가득 채워졌다는 의미에서, 북한이 군사화된 사회가 되었다는 뜻은 아니다. 참고로 북한에서 군인과 경찰은 통상적으로 총을 휴대하지 않았다.

선군정치는 '모든 사회구성원이 군인의 특징을 본받아야 한다'는 것을 의미했다.[30] 높게 평가되는 특징은 복종, 규율, 지도부에 대한 순종 등이다. '군이 주도하는' 사회의 새 시기에 "노동자는 자신의 이익보다 사회와 집단의 이익을 우선시해야 한다".[31] 군대에서처럼 명령에 이의 없이 복종해야 했고, 결국에 가서 무력의 위협으로 통제되었다. 이것이 새로운 운용 방식은 아니었다. 김일성주의 대중동원 기술은 군대 수준의 조직에 상당 부분 의존했기 때문이다. 하지만 선군 시대의 조직은 규범적인 덕목으로 선뜻 받아들여지지 않았다. 육체적으로 고된 강제노동이 실제 소득을 얻는 활동에 활용될 시간을 다 빼앗아갔지만, 이에 대한 보상은 거의 없었기 때문이다.

군 장병의 의무에는 '국가경제를 현대화하는 데 본보기가 되는 공장과 기업소 건설의 선봉에 서는' 일이 포함되었다.[32] 군복을 입은 군인들이 건물과 댐과 기념탑을 건설했다.[33] 그들은 경화(현금)를 확보하기 위해 매년 열리는 수익성 좋은 「아리랑 축전」 매스게임에 참여했다.[34] 하지만 경제 활동보다는 군사훈련과 잠재적 전쟁 준비가 우선시되었다. "북한의 혁명적인 군대는 어떠한 군사적 도발도 죽기 아니면 살기식으로 싸울 만반의 준비가 되어 있다"라는 것이다.[35] 김정일은 북한군의 군사적 대비태세를 강조하기 위해 군부대를 반복적으로 방문했다. 2011년 11월, 김정일은 사망하기 몇주일 전에 한 공군 부대를 방문했다고 하는데, 거기에서 '그는 사기가 충만한 채로 훈련을 실시하는 한편 적들의 책동을 예의 주시하고 있는 것에 대해 병사들과 장교들을 치하했다'고 한다.[36] 김정일 사망 이후 김정은도 군에 대한 신임을 강화하고 북한군이 계속해서 국가의 우선 정책에 핵심 역할을 한다는 것을 보여주기 위해 정기적으로 군부대를 방문했다고 전해진다.[37]

군대는 기근을 막지 못하는 정부, 계속되는 경기 악화와 일상생활의 빈곤 등에 대한 불만과 정치적 반대를 진압하는 임무를 떠맡았다.[38] 북한은 공식 성명을 통해 정치·사회 체제의 우월성을 자랑스럽게 선전했다. 그러나 모든 정부의 발언은 일상화된 빈곤·굶주림의 현실과 대조되었다. 정부에 대한 불만은 널리 퍼져 있었다. 1999년 함경북도 온성에서 군과 반정부 시위대가 충돌해, 몇명인지 알려지지 않았으나 사망자와 사상자가 발생했다고 한다.[39] 김정일은 계속해서 내부로부터의 반대에 직면했고, 1998년 쿠데타를 모의한 혐의로 군 장성들을 제거한 것으로 알려졌다.[40] 엘리트층의 공론은 군에 의존해야 정권이 가장 안전해질 수 있다는 것이었으나, 이는 북한의 모든 상층부가 정책의 모든 면에서 김씨 가문을 지지했다는 의미는 아니다. 그럼에도 정치적 반대에 대한 처벌은 잔인했다. 2013년 김정은이 고모부인 장성택(張成澤)을 처형한 것은 북한에서 근본적인 정치적 변화가 없다는 것을 보여주었다.

민족주의적 비유

선군 기간의 핵심적인 이데올로기적 메시지들은 민족주의적 비유에 근거를 두었다. 이는 이미 김일성 시대 동안 두드러졌던 이데올로기 정향을 강화했다. 선전선동의 강조점이 사회주의적 유산에서 벗어나 주체사상 전통의 독특한 성격에 대한 주장으로 이동했다. 조선로동당의 이론지 『근로자』에 김정일의 이름으로 게재된 글에서는 주체사상이

'맑스주의 변증법적 유물론'에 기반했다고 주장하는 북한 사회과학자들은 '일탈' 죄를 범했다고 경고했다.[41] 따라서 사회주의에 대한 언급을 빼버린 2009년 헌법개정은 맑스주의 철학의 부족함과 주체사상의 독창성을 주장하는 오랜 입장을 반영한 것이었다.

선군정치는 북한에 개입하려는 외부 세력, 특히 미국과 일본의 교묘한 책략을 막아낼 수 있는 유일한 방법으로 기술되었다.[42] 군대가 제국주의 적에 의해 위협받는 한반도의 독립을 보장해주는 유일한 존재라고 이데올로기적으로 정당화되었다.[43] 이러한 메시지는 민족주의적 논법을 통해 맥락화되었다. 그 논법에 따르면 한반도에서 유일한 독립국은 북한이었고, 북한이 존재할 수 있었던 것은 김씨 왕조의 은혜로운 지도력 때문이었다는 것이다.[44] 죽은 김일성은 김씨 가문 통치의 연속성을 상징하기 위해 1998년 개정 헌법에서 '공화국의 영원한 주석'으로 지명되었다.[45]

북한 간행물에서는 북한을 범민족적 독립 한국의 구현체로 묘사하는 한편, 북한이 한반도 전체와 세계 모든 한민족에게 전투적인 지도력을 제공한 것으로 기술했다. 4월 15일 김일성 탄생일을 포함해 북한의 기념일임을 특별히 상기시키는 국경일을 기념했다. 남한에서와 마찬가지로 음력 8월 15일에 조상을 기리는 '추석' 같은 전통 명절 역시 인정하고 부각시켰다.[46]

선군경제

경제계획의 명목상 목적은 공업화, 농업, 무역 발달을 결합한 균형 잡힌 발전을 촉진하는 것이었다. 국방비 지출은 보장되었는데, 국가 전략의 모든 측면에서 국가안보가 절대적으로 우선한다는 점에서 놀라운 일은 아니었다. 선군 우선 정책들은 또한 다른 식으로 경제정책을 왜곡시켰다. 시장화는 정권안보에 대한 위협으로, 외국의 경제 투자는 안보 위협으로 여겨졌다.

선군 정권의 성장 전략은 외국 투자 유치 장려를 포함했다. 국내 자원만으로 도로·철도·통신·전력망·건물 등 노후한 경제 기반 시설을 재개발할 수 없었고, 최신 기술을 구매할 수도 없었으며, 중공업 부문을 회생시킬 수도 없었기 때문이었다.[47] 하지만 정부의 관행은 외국인 투자 확보라는 목적과 모순을 일으켰다. 정권안보와 경제안보 사이에 충돌이 발생할 경우 항상 정권안보가 우선시되었기 때문이다. 북한은 이익의 본국 송환, 낮은 세금, 통제된 값싼 노동력 등 좋은 조건을 외국 투자자에게 제공한 반면, 외국인과 외국의 사업 방식이 자유화에 끼칠 영향력을 정치적으로 철저히 통제하기 위해 노력했다. 계약은 때때로 알 수 없는 이유로 일방적이고 급작스럽게 변경되거나 종결되거나 지켜지지 않았는데, 이 모든 것은 안보정책이 주도하는 것처럼 보였다.[48]

북한은 1990년대의 경제의 급격한 자유낙하를 멈추게 하는 데 성공했지만, 실질적 경제 성장을 이룩하는 데는 실패했다. 정부의 목적은 김일성 탄생 100주년이 되는 2012년까지 '강하고 잘사는 국가'를 건설하는 것이었다.[49] 하지만 유엔의 자료에 따르면, 1인당 소득은 1990년 735달러에서 2012년 583달러로 떨어졌고 2011년에 638달러로 최고치를 달성했을 따름이다.[50] 한국은행은 2009년 2만 500달러에 조금 못 미치는 남한의 1인당 국민소득에 비해 북한의 1인당 국민소득은 같은 해에 1150달러라고 추산했다.[51] 수치는 다를 수 있지만, 모든 수치는 괜찮은 생활수준을 유지하기 위해 발버둥치는 중하위 소득 경제를 가리켰다.

유엔 자료에 따르면 북한의 국내총생산이 1999년에서 2005년 사이에 향상되었지만, 2006년과 2007년 그리고 2010년에는 경기침체가 일어났다.[52] 2011년과 2012년에 각각 0.8퍼센트와 0.3퍼센트의 미미한 성장을 기록했다.[53] 경제는 안정화되었지만 계속해서 매우 낮은 수준의 경제활동과 산출량으로 운용되었다.[54] 2009년 농업·임업·수산업·광공업·경공업·중공업 등 경제의 모든 주요 부문의 산출량이 감소했다.[55] 건설과 서비스 부문만이 각각 0.8퍼센트와 0.1퍼센트의 낮은 수준에서 성장을 보였다.

'국방력 증강에 대한 충분한 투자를 가능하게 하고 무기와 군 장비를 최대한 향상시키기 위해' 계획된 선군정책의 결과는, 노동인구 중 매년 잠재적인 경제적 생산성을 가진 100만명의 젊은 남녀를 차출하는 국방 우선 정책이, 국가 재건을 위해 사용될 수 있었던 자원을 집어삼켜 버렸다는 것이다.[56] 모든 경제 부문에서 만연했던 만성적인 노동력 부족이 가속화되었던 것이다.[57]

군대는 최고의 자원이 투자된 최고로 잘 조직된 정치·사회 기관이었다.[58] 예컨대 량강도 대홍단군의 성공적인 감자 생산 사업에 대한 정부의 투자는 국가 곡물 생산을 높이는 수단으로서뿐 아니라 제대 군인의 일터로 마련된 것이었다.[59] 대홍단군은 정밀기계화가 뚜렷하게 이뤄진 몇 안 되는 농장 중 하나였다.[60] 그러나 정부 지출 가운데 높은 비율이 국방비에 할애된다고 해도 많은 수의 젊은 군인들에게 의식주를 제공하기에는 충분치 않았다. 물론 현대적인 군대 양성에 필요한 하드웨어와 소프트웨어에 자금을 대는 것은 아예 생각조차 못했다.

공식적인 통계를 보면, 정부 예산에서 국방비의 비율이 1994년 11.4퍼센트에서 1998년 14.6퍼센트로 상승했다.[61] 국방비 지출이 1960년대 말 역사상 최고치였던 약 30퍼센트로 되돌아가지는 않았지만 1990년대 초 수준으로 떨어지지도 않았다.[62] 국방비 지출은 2000년대 이후로 정부 지출의 14퍼센트에서 16퍼센트 사이로 유지되었다.[63] 북한이 아닌 곳에서 나온 자료에 따르면 국방비 지출 비율이 50퍼센트에 가깝다. 군대가 부수적인 산업에 참여한 것까지 포함한다면, 이러한 높은 추정치가 납득할 수 없는 것은 아니다.[64]

국제전략연구소(IISS) 자료에 따르면, 2010년 북한군은 119만명의 현역 군인과 60만명의 예비군으로 구성되었다.[65] 방위비 지출이 현역 군인에만 할애된다면, 북한 군인 한명에게 연간 3680달러가 지출되는 셈이다. 그러나 실질환율이 적용된다면 이 수치는 상당히 축소되어 군인 1인당 300달러가 채 되지 못한다. 2011년에 원화는 공식 환율이 달러당 150원이었지만 2500원에서 5000원 사이에 거래되었다.[66] 북한 군 지도부가 군 장병의 유지에 모든 국방비를 할애하지는 않았을 것이므로, 각 장병의 기본 생활필수품을 충당하는 데 할애된 양은 초라할 만큼 작았음에 틀림없다.

통제 수단으로서 경제 입법

경제 입법은 성장을 촉진시키는 동시에 선군 안보 우선 정책을 위해 민간 부문을 통제하고 관리한다는 상반된 목적을 반영했다. 선군 정권은 시장 활동이 성격상 사적이고 자발적이며, 따라서 명령과 통제라는 권위주의적 방식을 붕괴시키는 경향이 있음을 인식했다. 따라서 이익 추구가 기업의 새로운 목표로 찬양되었지만, 국가 전체에서 이뤄졌던 시장화는 단지 일시적인 필요로만 용인되었다. 정부는 경제철학의 근본적인 변화로 이득을 볼 수 있다는 제안들을 거부했다. 입법은 시장화를 유지하기 위해 마련된 것이었지만, 근본적인 차원에서 경제구조 개편에 착수하기 위한 정치적 결단을 의미하지는 않았다.[67]

북한은 1998년 베트남 같은 다른 사회주의 국가에서의 경제개혁을

'미국화'라고 비난했다.[68] 1999년 북한이 발행하는 영문 간행물 『평양타임스』(*Pyongyang Times*)에 당 이론지에 실렸던 긴 논문을 재수록한 사설이 실렸다. 사설은 독자들에게 '제국주의자들의 사상적·문화적 독약을 거부하라'고 요청했다. 이 같은 언급은 북한에 거주하는 상대적으로 많은 수의 인도주의적 지원기구 활동가들이 경제 발전에 대한 정부의 방침과 수단을 놓고 논의하는 것과 때를 같이해 등장했다. 정책을 변경하여 시장 활동을 지원함으로써 인센티브를 장려하라는 제안은, 북한 정권의 존재 기반을 위협하는 것으로 인식되었다. 평양 주재 인도주의적 지원기구 요원들이 널리 읽은 1999년의 글에서 "사회주의 국가에 침투하는 부르주아 출판물은 대체로 '자유주의'와 '민주주의'를 설파한다. 그들 식대로의 '자유주의'와 '민주주의'에 맞춰 춤추다보면, 당과 사회주의에 대한 신념이라고는 전혀 없는 타락한 천민이 될 것이다"라고 경고했다.[69]

입법 개혁은 현장에서의 실질적인 경제 변화보다 지체되었다. 1998년 헌법개정에서, 고난의 행군 이후의 기업 관행을 인정하는 차원에서 법적 소유권이 허용되었다. 그러나 각 사회 조직과 지역 당 조직은 이미 국가기구 밖에서 시장 거래를 하고 있었다. 법 개정이 시장의 현실을 뒤늦게 따라간 것이다. 개인에게는 여행할 수 있는 권리도 주어졌다.[70] 개인은 1990년대 중반 이후로 서류 없이 식량과 소득을 얻기 위한 거래 기회를 찾아 전국을 떠돌아다녔다. 1998년 헌법개정은 인민이 일정한 제약 내에서 시장 주도 행위자로서 삶을 살아갈 수 있도록 허용해주었다.

정부는 시장 활동을 통제하고 관리하려는 시도 차원에서 2002년 7월 다수의 경제 입법을 시행했다. '7·1경제관리개선조치'로 알려진 개혁에는 가격과 임금억지의 부분적 해소, 주택과 공공 설비 등의 수많은 공공 부문에 대한 보조금 삭감, 손실과 이익에 따른 기업 운영이 포함되었다.[71] 임금은 급격히 올라, 임금노동자는 전보다 가격이 높은 식량을 구할 수 있었다. 개혁은 기업의 이윤 추구, 합리적 회계, 독립성 증가를 제도화하고 합법화했다. 2002년 개혁은, 이윤을 추구하는 자율적인 기업이 국가경제 재건에 도움이 되고, 점증하는 준공영/준민영 무역회사를 포함한 회색지대 경제발전에 정당성을 부여한다는 생각을 인정했다.[72] 2003년 북한은 '농민시장'을 '종합시장'으로 재지정함으로써 이전 10년에 걸쳐 이뤄진 사실상의 시장 확장을 인정해주었다.[73]

2004년 허가 없이 식량과 수입을 얻기 위해 북한과 중국 사이의 국경을 건너는 행위에 대한 처벌이 완화되었다. 이런 활동은 이제 경범죄 정도로 받아들여진 것이다.[74] 종신형이나 사형에 처해질 수 있는 반국가 활동이나 간첩 활동을 위해 국경을 넘었다고 판결받은 사람에 대한 처벌도 유예되었다.[75] 외국 방송이나 미디어 청취에 대한 악명 높은 처벌이 완화되어 '조직적인' 청취는 범죄 행위로 인정되었지만 개별 사건은 형을 면제받았다. 이러한 법률 개정은 모든 북한 주민이 반정부 활동을 조장하기 위해 중국에 가는 것은 아니라는 인식이 확대되었음을 반영한 것이었다. 대부분의 무역 활동은 정권을 위협하는 것도 아니었고, 어떤 면에서는 수천명의 가난한 북한인들에게 경제적 안전밸브 역할을 함으로써 정권 유지를 강화해준 측면도 있었다. 북한 주민들은 닥치는 대로 남한 영화를 봤지만, 분명한 정치적 선전물을 청취하는 데는 별로 관심이 없었고, 남한의 패션과 소비 문화의 트렌드를 동경하며 쳐다보는 일에 훨씬 관심이 많았다.

정부도 이제 대규모 시장과 무역회사에 인허가를 내주는 대신 세금을 거둬들이면서 시장 거래에 의존했다.[76] 개인이 비공식 채널을 통해 식량과 의약품을 사고팔 수 있었기 때문에 선군 정권은 이러한 사회적 지출에 국가자원을 쓸 필요가 없었다. 그럼에도 많은 경우 정부는 비공식적인 경제 거래의 범위와 규모를 관리하고 통제하려고 했다.

2009년 정부는 민간 시장을 근절시키겠다며 사전 경고 없이 통화를 재평가했다. 그러나 지금껏 시장을 통해 거의 전적으로 식량과 물품이 제공되었고, 정부는 식량과 물품을 제공하기 위한 국가 거래망과 배급망을 복원할 수 없었기 때문에, 화폐개혁에도 불구하고 민간 거래망이 몇 주 만에 부활했다.[77] 시장을 통제하려는 정책은 실패했지만, 화폐개혁을 통한 통화 재평가는 개인의 저축가치를 심하게 훼손했고, 전에는 지도부를 비판하지 않던 사람들을 비롯한 북한 주민 전체의 공분을 샀다.[78]

북한에서 곡물 대부분을 생산하는 협동농장은 여전히 국가가 통제하는 농업 공급망에 단단히 통합되어 있었고, 협동농장의 생산 증가에 대한 인센티브도 여전히 미미했다.[79] 2012년 유엔은 "농업과 관련된 어떠한 근본적 개혁도 기대할 수 없다"라고 보고했다.[80] 농업생산성이 높은 농장은 추수 후에 정부가 농민에게 주는 최소량의 곡물을 뺀 나머지 모든 곡물, 콩, 감자 생산분을 내놓아야 했다.[81] 곡물 생산 증가에 대한 인센티브가 없었기 때문에 농민들은 곡물 초과 생산분을 높은 가격에 팔 수 있는 암시장으로 빼돌리려고 노력했다. 이에 대응하기 위해 정부는 곡물이 시장으로 들어가지 않도록 정기적으로 감독했고, 곡물 판매가 공공 배급 센터와 국영상점을 통해서만 이뤄지도록 보완했다. 통제력을 되찾기 위한 북한 당국의 시도는 완전히 성공적이지는 않았다. 농민과 관료가 처벌의 위험을 무릅쓰고 이익을 추구하는 활동에 종사하게 만드는 수많은 대항적 힘이 존재했기 때문이다.[82]

농업의 민영화는 고려되지 않았다. 정부가 국방과 잠재적으로는 전쟁을 지원할 수 있다고 생각하는 산업에 대해 국가 통제를 유지하려고 했기 때문이다. 따라서 정부는 농업 조직에 미미한 변화만을 허용했다. 정부는 양식장과 고구마 생산, 이모작과 새로운 품종 개발과 확산 등에

손을 댔다. 정부는 생산성 향상에 기여하거나, 자체 소비와 시장 판매를 위해 농민에게 경작이 허용된 텃밭의 규모 확대에 기여한 산하 사업팀에 보상을 주도록 했다. 소소한 정도의 변화를 실행에 옮겼는데도 텃밭의 곡물 생산량이 협동농장에서의 같은 곡물 생산량보다 높게 나타났다. 그러나 정부는 전면적인 민영화가 대규모 신규 투자 없이도 생산성 향상을 가져온다는 점까지는 인정하지 않았다.[83]

정부는 안보에 전념했다. 몰래 침투하는 외국 스파이를 막겠다며 여러 해안에 기뢰를 설치했고, 철조망과 초소를 세웠고 어업 발전은 지체되었다. 대규모 연안어업은 여전히 수협이나 중간 규모의 기업소 같은 준정부기구의 소관이었다. 배와 연료는 비쌌고, 전기 공급은 불안정했으며, 냉동차와 냉동 용량이 매우 부족해 주요 항구에서 거래되는 물고기는 북한 안에서 멀리 운반될 수 없었다.[84] 어업회사 중 일부는 수출 기업소로 발전했지만, 만성적인 기반 시설 악화 탓에 어업이 주요 고용자원으로, 그리고 어류가 북한의 주요 식량으로 발전하지 못했다.

식량 우선 정책

선군 정권은 본질적인 어려움에도 불구하고 국내 농업생산을 통해 식량 자급자족을 달성한다는 목표를 유지했다.[85] 2006년 유엔은 "기후적 요소(태풍, 조수 급상승, 우박, 가뭄 등 자연재해에 취약한 지형과 긴 겨울)와 경작지 부족에도, 다른 국가들이라면 식량 수입을 증가시키기로 선택했을 시점에 북한은 식용작물 생산과 농업 자급자족을 목표로 하는 정책을 펼치기로 선택했다"라고 발표했다.[86]

선군정치는 식량 자급자족을 달성하는 데 성공하지 못했다. 그러나 생산량은 증가했고, 2012년 기근에는 고난의 행군 이후 존재했던 '식량 격차'가 줄어들었다. 2012년 유엔은 북한에 20만 톤의 식량 지원이 필요할 것이라고 추산했는데, 이는 1990년대 말 이후 통상적인 곡물 부족량이던 500만 톤보다 줄어든 수치였다.[87] 2013년 식량 격차가 더 줄어들어 유엔은 부족한 국내 농업생산을 보충하기 위해 필요한 양이 불과 4만 톤에 불과하다고 주장했다.[88] 그러나 이런 통계수치는 생존에 필요한 최소량에 기초한 것이었다. 시장에서 거래될 수 있는 충분한 초과 생산량은 아니었다. 한편 곡물 생산에 대한 강조는 북한이 2014년에 더이상 식량 혹은 공중보건 비상사태로 고통받지 않는 결과를 낳았지만, 가축과 양질의 식량과 채소 생산을 우선시하지 않은 결과, 평균적인 북한 주민들은 건강한 성장에 필요한 단백질·비타민·미네랄이 부족해졌음을 의미했다.[89]

전체 인민을 위한 항시적인 기본 식량 공급자로서의 역할을 실질적으로 포기한 선군 정권의 식량 할당과 배급정책은 변화했다. 식량 할당과 배급 전용 수단으로서 공공 배급 체계를 회생시키려는 간헐적인 시도는 모든 실패했다. 정부는 국경일과 그후 며칠 동안만 전체 인민에게 전면적인 식량배급을 간신히 할 수 있을 정도였다.[90] 일반 대중에게 배급이 가능해질 때에도 더이상 직종·연령·성별에 기초한 차등 배급이 이뤄지지 않았다. 배급 체계는 하루에 300그램 정도로 고정 최소 배급량에 기초한 방식으로 바뀌었다. 정부 정책은 7세 이하의 아동, 임산부와 수유 중인 여성, 노년층 등 취약계층에 식량을 배급하는 것이었다. 그러나 선군 시대에 이들 계층에게 식량이 정기적으로 공급되지는 않았고 배급 가능 여부에 따라 공급이 결정되었다.

2008년 선군 정권의 식량정책은 약 200만명의 핵심인력에 대한 식량 배급에 초점이 맞춰졌는데, 이들 가족에 대한 식량 할당은 배급에 포함되지 않았다. 2011년 핵심인력에는 군사 및 공공 행정 분야에서, '의무(義務) 사회안보 인력'으로 일하는 43만 9586명의 남성과 28만 4592명의 여성, 그리고 광산과 채석장에서 일하는 71만 8195명, 건설 노동자 36만 7650명이 포함되었다.[91] 핵심인력에게는 하루 700그램의 곡물 배급이 보장되었다.[92] 따라서 공공 배급 체계는 세심하게 조율된 할당에 기초해 비농업인구 전체를 대상으로 기본적인 식량을 제공하는 체계에서, 고정 비율에 따라 핵심인력을 중심으로 식량을 배급하는 체계로 변모했다.

식량배급은 무상이 아니었지만, 2002년의 경제개혁까지 상당히 낮은 시장가격으로 이뤄졌다. 2002년 이후부터는 배급 식량을 중국의 곡물가격과 연계된 가격으로 지불해야 했다.[93] 이제까지 정부가 제공한 상당량의 보조금이 폐지되었다.[94] 중국의 곡물가격이 거의 국제가격에 육박했기 때문에 이러한 새로운 제도를 통해 정부 식량정책의 핵심에 실질 시장가격이 도입되었고, 개인에게 식량배급 가격은 비싸졌지만 배급량은 더 많이 보장되었다.

목적: 외국의 영향력 없이 받아내려는 외국의 투자

북한 정부는 외국의 영향력과 외국의 사상을 최소화하면서 외국의 투자를 확보하려고 노력했다. 국가안보 우선 정책과 경제발전 우선 정책을 조화시키려는 의도에서였다. 외국 경제 투자정책의 골자는 외국인과 그들이 접촉하는 현지 주민을 감시·감독할 수 있는, 지리적으로 구획되고 울타리 쳐진 경제특구를 제공하는 것이었다. 주된 목적은 외국, 특히 사회적·문화적·경제적 성취 수준이 북한보다 낮다고 해왔던 남한에 대한 설명과 배치되는 정보에 주민들이 접근하는 일을 차단하는 것이었다. 그러나 다수의 외국인들, 심지어 한국어로 말하지 않는 외국인들에게 무방비로 노출되기만 해도 외부 세계에 대해 북한 정권이 그려놓은 상이 잘못된 것이었음은 드러날 터였다. 북한 정권은 스스로를 유일하게 정당한, 한민족의 대변자로 북한 주민에게 비춰지기 위해 노심초사했는데, 남한 사람들은 한국어로 북한 주민들과 쉽게 대화할 수 있었기 때문에 경제특구정책에서 남한의 투자는 까다롭게 검토되었다.

북한의 폐쇄적인 경제구역이라는 첫 실험은 김일성 시대에 실행되었다. 외딴 동북부 지역에 위치한 소련 및 중국과의 국경지대인 라진-선봉 공동자유무역지대에 대해 북한이 합의했다.[95] 그러나 북한, 중국, 러시아 사이에 제대로 된 도로와 철도 등 기반 시설이 부족하고, 통신 시설이 열악하고, 전기 공급이 일정하지 않고 부족했으며 전체적으로 개발이 안 되어 있는 상황이었다. 라진-선봉 공동자유무역지대는 1991년에서 2000년 사이 1억 달러에 못 미치는 정도의 투자 이상을 끌어내지는 못했다.[96] 북한 정부는 북한 사회·경제와 연결되는 것을 의도적으로 막았다. 라진-선봉은 험준한 산악 지대로 둘러싸여 외국인이 북한 주민과 접촉하기 힘들었다. 북한 정부는 이런 지형을 라진-선봉이 자본주의적 기업의 특구로 추진되는 데 부정적이기보다 긍정적인 요소라고 생각했다. 라진-선봉을 방문한 외국인들(1999년 기준 9만명)은 정밀 조사를 받았고, 특히 남한 사람들은 의심을 받았다.[97]

그다음 특구 개발은 동부 해안도시 원산 근방의 금호에서였다. 1994년 제네바합의에 따라 이곳에 한반도에너지개발기구(KEDO)가 지원한 자금으로 두개의 원자력 발전소가 건설될 예정이었다.[98] 북한 정부는 강제로 이 지역에서 주민을 내보냈고, 북한 기술자와 근무 요원만 남겨두었다. 한반도에너지개발기구는 외국 노동자가 북한에서 보내는 전체 계약 기간 동안, 가장 기본적인 시설 말고는 아무것도 없는 금호 건설 현장을 떠나지 못하도록 하는 조치에 동의했다. 한반도에너지개발기구에서 고용한 우즈베키스탄 노동자는 200달러 이하의 월급을 받았기 때문에 계약 기간 동안 귀향에 드는 비용을 부담하면서까지 공사 현장을 떠날 엄두를 내지 못했다.[99] 조지 부시 미국 대통령은 2005년 한반도에너지개발기구의 활동 중지를 요청했지만, 북한 국적의 사람과 외국인을 물리적으로 갈라놓는 경제특구의 세부 원칙은 여전히 해외 자본의 북한으로의 이전에 대한 북한 정부의 특징적 접근 방식이었다.

2002년 9월 북한 정부는 급속도로 번영·발전하는 중국의 랴오닝성에 접한 신의주 자유무역지대에 또다른 경제특구 개발을 제안했다.[100] 약 34만명의 신의주 인구 전체가 새롭게 조성될 주거 지역으로 비자발적으로 이주하는 안이 이 계획에 포함되었다. 북한 정권은 이주한 주민들과 외국인 간에 최소한의 접촉만 허용하는 장벽을 세우려고 계획했다. 신의주 자유무역지대는 북한 국내의 경제 규제에서 예외가 될 예정이었다. 전체적인 계획은 네덜란드계 중국인 양 빈(楊斌)이 주도하는 것으로 정해졌다.

북한에 확립된 법규가 없었다는 것은 (계획적인 범행 의사 없이도) 신의주가 (남과) 북의 범죄자는 물론이거니와 중국 밀입국 브로커, 블라지보스또끄를 기반으로 한 러시아 범죄자, 그리고 일본 야꾸자를 포함한 동아시아의 초국가적 조직범죄의 매력적인 무대가 될 수 있음을 뜻했다. 신의주 자유무역지대 공표에 대한 중국의 반응은 신속했고, 북한 정부는 공개적으로 굴욕을 당했다. 중국 당국은 양 빈을 뇌물과 서류 위조, 불법적인 토지 사용과 사기 계약 등으로 체포했고, 랴오닝성 인민법정은 2003년 7월 그에게 18년형을 선고했다.[101] 평양을 향한 베이징의 메시지는 북한이 일방적인 행동으로 국경 지역에서 잠재적 위험 요소로 변할 수 있는 개발을 중국이 용인하지 않겠다는 것이었다.

계획에 차질이 생겼지만 경제특구 모델은 남북한 경제협력의 본보기로 채택될 수 있었다.[102] 1990년대 말 남한 기업 현대가 금강산 관광 사업을 시작했다. 이 사업을 통해 남쪽 관광객들은 버스를 타고 북한에 도착해 풍경이 좋기로 유명한 금강산 관광을 즐겼다. 또한 남한 정부는 개성공단을 조성하면서 남한의 중소기업이 사업을 하도록 장려했다. 북한 입장에서 금강산 사업이 수백만 달러의 현금 확보를 의도한 것이었다면, 개성공단 사업은 대규모 자본과 고급 기술에 접근할 기회를 얻는 것으로 인식되었다.

북한 정부는 라진-선봉과 금호에서 특구 개발을 운영한 방식과 동일하게 금강산과 개성 특구 사업을 시행했다. 필수 인력이 아닌 경우 채용에서 현지 주민들은 배제되었다. 금강산 관광객이든, 개성공단과 금강산 사업에 고용된 사람이든, 외국인들은 현지 주민이나 북한 노동자들과의 접촉을 엄격하게 통제받았다.[103] 정치가 주도한 거시적인 세부 원칙은, 상거래에 대한 일방적 통제를 유지하기 위해 정치 주도의 '미시적인 세부 원칙'으로 반영되었다.[104] 여기에는 북한 정권의 현금 이체 고수, 생산성 연계 임금 불허, 일방적이고 자의적인 의사결정, 회계 절차의 불투명성 등이 포함되었다. 남한 기업은 필요한 노동력을 직접 고용하거나 해고하는 것이 허용되지 않았다.

2008년 7월 금강산 관광에 나선 남한 관광객이 군사 지역을 침범한 혐의로 북한군에게 피격되어 사망한 것을 계기로 금강산 사업은 중지되었다. 충격을 받고 분노한 남한 정부는 조사를 요구했지만 북한은 이를 거부했다.[105]

개성공단은 2013년 4월 남과 북의 안보 긴장 때문에 일시적으로 폐쇄되었으나 같은 해 9월 재개되었다. 남한은 몇 안 되는 북한과의 직접적인 접촉 채널 중 하나를 폐쇄하고 싶지 않았고, 북한 정부도 개성공단을 통해 연간 2억 달러 정도의 수입을 확보할 수 있었다.[106] 이는 부강한 공업국가에는 적은 액수이지만, 북한 같은 빈곤한 경제에서는 상당한 액수였다.

경제특구정책은 핵심적인 목표를 달성하지 못했다. 북한 주민이 외국인을 만나 서구 사상을 주입받는 일은 허용되지 않았지만, 많은 주민들이 그런 기회를 가졌기 때문이다. 중국 무역업자는 다른 국적 외국인보다 북한에서 여행하고 일할 수 있는 허용 폭이 넓었다. 중국은 자본주의 상품·사상·정보의 직접적 공급원이 되었다.[107] 중국 조선족 거주 지역 출신 중국 무역업자들은 중국어뿐 아니라 한국어도 할 줄 아는 장점이 있었다. 그들은 경제적 사안이 정치적 결정을 통해 이루어지는 중국에서 일한 경험이 있었기 때문에, 북한 사정에 맞게 효율적으로 활동했다. 그들은 현금 거래와 크고 작은 부정부패 상황을 활용해 새로운 북한 체제에 진출할 수 있었고, 북한 쪽 교섭 상대가 요구하는 일정한 불투명성에도 대처할 수 있었다.

전술적 성공과 전략적 실패

북한은 자신의 취약성을 여전히 불안해했지만, 북한에 외부의 군사적 개입이 일어나지 않았다는 점에서 선군정책은 부분적으로 성공했다. 선군정치는 체제가 정치적 연속성을 유지할 때에도 엘리트 내부의 심각한 충돌을 막지 못했지만, 정권을 내부적으로 지켜냈다. 북한 주민들이 생존을 위해 의존하는 시장화된 현실을 무시하고, 폄훼하고, 되돌리려는 정권의 개입은 정권과 주민 사이의 이질감을 높였다. 민중봉기는 차단되었는데 부분적으로는 형벌의 위협 때문이기도 했지만, 북한 주민 대다수의 우선순위가 굶주림에 따른 질병의 지속적 위협에서 벗어나기 위해 식량과 소득을 확보하는 데 있었기 때문이다.[108]

경제 전략은 경제 기반 시설 재건에 필요한 수십억 달러를 창출하는 데 실패했다. 북한 전체가 의지하게 된 중국 주도의 거래망은 상대적으로 낮은 수준의 경제 활동에서 가동되었고, 그 성격상 국가 재건을 뒷받침하는 데 필요한 수준의 외국 자본과 고급 기술을 유치할 수는 없었다. 남한의 투자자들은 2005년까지 경제특구에 약 200만 달러를 투자했고, 이는 북한으로서는 상당한 액수였지만 충분하지는 않았다.[109] 정치적 안정성 부족에 대한 인식, 정부와 제도의 불투명성, 2006년 이후 취해진 다각적인 경제 제재 등으로 대규모의 외국 투자가 지체되었다. 선군정치의 핵심에 놓인 모순은, 경제개발이 정권안보에 필요하지만 선군정치가 그 성격상 경제개발에 필요한 외국 투자에 저해 요소이자 방해물로 작용했다는 것이다.

정치와 경제에서 선군 우선 정책을 추진하려는 북한의 결정은 이길 수 없는 경쟁에 뛰어드는 역설적인 결과를 가져왔다. 남한이 재래식 군사력에 사용하는 예산은 2009년 북한의 다섯배 수준에 이르렀다.[110] 같은 해 북한의 국민총소득은 224억 달러, 남한은 8372억 달러로, 남한의 국민총소득이 북한의 33.7배였다.[111] 남한에서는 국내총소득의 3퍼센트가 채 안 되는 액수가 국방비로 지출되었기 때문에 북한보다 그 부담이 훨씬 적었다.[112] 북한의 국가안보 불안을 더 부추긴 것은 2009년 남한의 224억 달러의 국방비 지출이 거의 정확히 같은 해 북한의 국민총소득 전체에 해당한다는 사실이었다.[113]

11장

복지의 시장화

선군 정권은 사회정책을 포기하지는 않았으나 식량안보·공중보건·교육을 비롯해 우선적인 부분에 초점을 맞췄다. 생활수준은 고난의 행군 시절에 비해 나아졌지만, 북한 주민 대다수가 경제적 불안에서 해방되기에는 충분하지 않았다. 정부 사회정책의 핵심은 식량안보를 개선하는 것이었고, 식량안보 정책의 대상이 되는 핵심 사회계층은 아동이었다. 영양 수준은 향상되어 영양학자들이 '체력저하'라고 부르는 기준, 즉 키와 몸무게의 비율로 추정하는 기근의 위협 정도가 동아시아와 태평양아시아 지역 평균보다 낮아졌다.[1] 영양 개선은 한편으로는 정부의 개입 때문이지만, 다른 한편으로는 시장기회에 대한 접근이 일부 주민에게 고난의 행군 시절에는 존재하지 않던 안전망을 제공하기 때문이었다.

기대수명은 여자뿐 아니라 남자도 줄어들었지만, 시장 참여의 육체적 부담은 과도하게 여성, 특히 시장 활동과 가사노동을 병행해 힘든 육체노동을 견뎌야 하는 엄마들에게 지워졌다. 그 결과의 하나로 꾸준히 산모사망률과 영아사망률(1세 미만아의 사망률)이 높았는데, 이는 엄마들의 열악한 건강 상태와 관련이 있다. 그럼에도 아동복지의 표준적인 국제적 지표인 5세 미만 사망률은 꾸준히 개선되었다. 이는 부분적으로는 폐결핵·말라리아 퇴치 캠페인의 성공과 전국적 예방접종 캠페인 효과 덕분이었다.

정부는 교육을 확대했지만, 교육 시설은 낙후되었고 탁아소·학교·대학 등은 중앙이 아닌 지역의 자원 투입에 의존하게 되었다. 학생들의 등록률은 높았지만 출석률은 낮았다. 교육기관의 물적 자원이 부족하고, 교원들은 많은 수가 시장으로 사라져버려 충분하지 않았기 때문이었다. 아이들은 교육 과정에서 국가의 숨 막힐 정도로 촘촘했던 사회적 통제력이 약화된 덕을 보았지만, 부모들은 국가를 대신해서 학교에 자원을 제공하는 데 일조해야 했기 때문에 추가적인 부담을 지게 되었다. 노인들은 국가자원을 우선적으로 배정받지 못해 밀려났다. 그러나 선군시대에 가장 빈곤한 계층은 가족의 부양을 받지 못하고 전적으로 국가에 의존하는 사람들이었다. 국가에서 운영하는 탁아소와 양로원은 가장 가난한 사람들을 위한 기본적인 돌봄서비스 제공을 확대했다. 그러나 많은 빈곤한 국가들처럼 이런 기관은 대단히 낙후했고, 대상자들에게 제대로 된 삶의 질을 제공하지도 않았다.

영양실조

2012년 세계보건기구는 북한에서 급성 영양실조와 만성 영양실조가 고난의 행군 시절 이후로 급격히 감소했기 때문에 영양실조 수준이 '우려스럽지만' 그런대로 '괜찮은' 정도이며, 응급 인도주의 지원 활동의 대상이 되지 않는다고 공표했다.[2] 영양 개선은 여러 요소들, 이를테면 농업 부문의 회생, 시장을 통한 식량 확보 기회 확대, 아이들은 학교에 다녀야 하고 노동에 뛰어들어서는 안 된다는 일관된 사회적 기대, 그리고 성공적인 공중보건 캠페인 등이 결합해 나타난 결과였다.

대부분의 국가에서처럼, 북한 정부는 아동과 모성 영양을 국가 영양 상태의 대용 지표로 활용했다. 이들 집단이 식량 불안정에 가장 취약한 집단으로 여겨졌기 때문이었다. 체력 저하를 기준으로 하는 급성 영양실조는 2002년 8.3퍼센트, 2004년 7.5퍼센트, 2012년 5.2퍼센트로 꾸준히 떨어졌다.[3] 만성 영양실조의 지표인 발육부진율 또한 200년 39퍼센트, 2004년 36퍼센트, 2012년 32퍼센트로 떨어졌다.[4] 2012년에는 북한 아동이 민주주의 국가인 인도와 인도네시아의 아동보다 급성 영양실조를 덜 겪었을 가능성이 컸다. 이들 국가의 체력저하율은 각각 20퍼센트와 13퍼센트를 기록했다.[5] 만성 영양실조율은 평균 39퍼센트인 남아시아보다 떨어졌지만, 7퍼센트인 동아시아와 태평양 지역에 비해 여전히 훨씬 좋지 않았다. 이러한 발육부진 수준은 만연한 빈곤을 나타내며, 북한 아동이 먹을 수 있는 양질의 음식이 부족함을 의미했다.[6]

영양에서 성별 차이에 대한 기록은 있지만 모순되는 부분도 있어 포괄적인 설명을 제공하지는 않는다. 그러나 2004년 영양 조사에 따르면 급성 영양실조율는 남녀 아동이 비슷한 반면, 장기간 영양 부족을 나타내는 발육저하는 여아보다 남아가 더 높은 것으로 나타났다.[7] 2009년 유엔아동기금 조사에 따르면, 영양실조에서 통계적으로 유의미한 남녀 간 차이는 존재하지 않는 것으로 나타났다. 그러나 2012년 조사에 따르면, 2004년 조사와 비슷하게 남아가 여아보다 미세하게나마 영양실조에 걸릴 가능성이 높은 것으로 나타났다.[8]

난민 및 이주민에 관한 한 조사에서 2001년 성인 여성보다 성인 남성이 영양실조 정도가 심하다는 점이 드러났으나, 남성의 영양실조에 관해 활용할 수 있는 자료는 거의 없는 실정이었다. 자료가 거의 없다는 것은 남성의 영양실조 규모와 이유에 관한 의미있는 결론을 이끌어낼 수 없다는 뜻이다.[9] 그러나 여성의 영양실조 규모와 원인은 충분히 인식되었고 충분한 자료가 있다.[10] 잘 알려진 충격적인 현상 한가지는 여성에게서 영양실조가 고르게 만연하다는 점이었다. 2009년 유엔아동기금 조사에서 도시와 농촌, 그리고 학력 수준의 높고 낮음에 따른 의미있는 차이는 없었다.[11]

식량배급이 부족할 때, 많은 나라에서 흔히 그러듯 어머니가 자신의 식량을 가족이 먹도록 넘겨주었다.[12] 2012년 15세에서 49세의 여성 5퍼센트가 심각한 급성 영양실조에 걸렸고, 이 수치는 2009년 이후 거의 변하지 않았다.[13] 모성 영양실조는 식량 부족으로 꾸준히 높았고, 이 때문에 여성들은 임신 기간 동안 심각한 빈혈에 시달렸다. 열악한 식사와 부족한 산후조리 때문에 모성사망률도 악화되었다.[14] 1993년 10만건의 정상출산당 54건의 산모사망이 보고된 데 비해, 1996년에는 105건이 보고되었고, 2008년에는 줄어들어 77건이 보고되었지만 여전히 높은 수치였다.[15] 이런 수치는 1993년에서 2008년까지 단 15년간 산모사망이 42퍼센트 증가했음을 보여주었다.[16]

영양 상태로 본 시장화와 파편화

1998년 이후 이뤄진 북한 국내외 공동연구에 따르면, 영양실조율이 전국적으로 모든 도에서 감소했지만, 어떤 도에서는 다른 도보다 영양실조에 걸릴 가능성이 높았다.[17] 그러나 도별로 그리고 시기별로 차이를 보인 영양실조율은 (다른 도보다 영양실조율이 꾸준히 낮았던 평양을 제외하면) 도와는 직접적인 연관이 없었다. 영양실조 결과에서 주요한 차이는 농촌 지역과 도시 지역 간에 가장 두드러졌다. 2008년 농촌 지역의 만성 영양실조는 45퍼센트로, 23.4퍼센트인 도시 지역보다 높았다.[18] 농촌 지역 아동에게 나타나는 높은 수준의 발육부진은 당장의 굶주림에서 벗어날 만큼의 식량은 배급받았지만, 건강한 삶을 영위하기 위한 영양소가 충분하지 않았음을 의미했다.[19]

평양의 아동도 빈곤에서 자유롭지 않았고, 북동부 지역의 중국 접경지에 사는 아동은 때때로 남부의 농업생산성이 높은 지역에 사는 아동보다 환경이 나은 편이었다. 평양도 영양실조에 걸린 빈곤층이 많았지만, 평양의 아동은 굶주릴 가능성이 더 적었다.[20] 2002년 평양 아동의 4퍼센트, 즉 1만 4600명의 아이들이 심각한 영양실조에 시달린 것으로 나타났다.[21] 2009년 5세 미만의 약 2.3퍼센트, 즉 5천명 이상의 아이들이 여전히 심각한 영양실조에 시달렸다.[22] 2012년 평양에 사는 아이들 중 2퍼센트가 조금 넘는 약 5천명이 심각한 영양실조에 시달렸다.[23] 평양의 영양실조 수치는 다른 지역보다 낮았지만, 이 수치는 영양실조에 걸린 아이들의 절대적인 수로 볼 때, 그리고 2002년 심각한 영양실조율이 1퍼센트였던 중국을 포함한 다른 부유한 국가와 비교할 때 낮지 않은 수치였다.[24]

선군 시대에 황해남북도의 곡창지대는 현지 주민들이 먹고도 남을 만큼 곡물을 꾸준히 생산하는 유일한 지역이었지만, 오히려 현지 주민들은 과도한 영양실조로 고통받았다.[25] 2002년 농업생산성이 가장 높은 도인 황해남도의 아동은 함경남도 공업 지역을 제외하면 최악의 수준의 심각한 영양실조를 경험했다.[26] 2004년 북동부 지역의 량강도와 함경남도와 함경북도의 3개 도는 다른 지역보다 심각한 영양실조율이 더 높았지만, 두번째로 농업생산성이 높았던 황해북도도 이에 못지않았다.[27]

2012년 1인당 306킬로그램의 곡물, 즉 생존에 필요한 1인당 127킬로그램을 훨씬 상회하는 양을 생산했던 황해북도에서도 아이들은 함경북도에 사는 아이들과 동일한 수준의 만성 영양실조에 시달렸다.[28] 2012년 량강도는 가장 높은 수준의 급성 영양실조와 만성 영양실조에 시달렸고, 자강도와 함경남도가 그 뒤를 이었다.[29] 하지만 네번째로 비참한 도는 농업 지대가 포함된, 평양과 인접한 평안남도였다. 현지 주민들은 고난의 행군 기간 동안 극심하게 고통받았던, 중국과 인접한 함경북도 주민들보다 더 비참한 상황이었다.[30]

농업생산성이 높은 지역에서 아동 영양실조가 상대적으로 많았던 것은, 국가안보 우선 정책 때문에 남동부 지역 주민들이 더 나은 농업 조건을 지렛대 삼아 경제적 번영을 이룩할 기회가 거의 없었기 때문이다. 두 곡창지대는 평양에서 쉽게 접근할 수 있고, 대체로 평평한 평원 위에 건설된 도로의 연결 상태가 상대적으로 좋았다. 그래서 정부가 군대와 다른 핵심인력을 위해 농업생산물을 전용하기 위해 가져가기 쉬웠다. 할 수만 있다면, 국가는 농업 가구의 생존과 기본 종자 확보에 필요한 최소량을 제외한 전량을 가져가려고 했다. 황해남도에 대한 정책은 고도로 군사화되고 국가안보가 우선시되어서, 그 지역 주민들은 시장에 접근할 수 있는 기회가 막혀 있었다. 황해남도는 남한과 접경 지역이었음에도, 그 지역의 농업생산성은 북한에 전략적으로 중요했다. 황해남도는 동쪽과 험준한 지형의 강원도와는 달리 휴전선을 넘어 군대가 진격해 올 때 막아주는 지형적 자연장벽이 없었다. 이름은 비무장지대이지만 지뢰가 대량으로 매설되어 있고 남북 양측이 군대와 무기를 집결하여 그 지역을 경계감시하는 한 이유였다. 은밀한 국경무역도 불가능했다. 황해남도의 주요 항구인 해주는 휴전선과 가깝고 전략적으로 중요하기 때문에 중무장되어 있었다. 이는 다른 항구도시와는 달리 민간의 상권을 개발할 수 있는 가능성이 거의 없었음을 의미했다. 예컨대 북한의 주요 항구 중 하나로 해주에서 북쪽으로 불과 몇 킬로미터 떨어진 남포는 선원과 항만 직원과 일부 현지 주민들이 이용할 식당과 상점과 작은 무역소를 개발하기도 했다.

북부의 도 지역은 선군 시대에 높은 영양실조율에 시달렸다. 그러나 원래 이 지역은 곡물이 부족했고, 곡창지대의 곡물을 이 지역에 재분배하는 정책이 끝났다는 점을 고려한다고 해도, 영양실조율이 생각보다 높지는 않았다. 이는 함경북도의 많은 주민들이 특히 중국 국경선 근방에 거주할 경우 시장기회에 상대적으로 쉽게 접근할 수 있었기 때문이었다. 중국과 북한 정부는 국경선 근방에 사는 북한 주민들과 중국인들에게 현지에서 발급한 문서를 소지하면 여권 없이 제한된 거리 내에서 양국을 왕래할 수 있는 특혜를 주었다. 여기에 평양과 북동부 지역을 연결하는 교통망과 통신망이 워낙 낙후해 중앙정부가 북부 국경선 지역에 대한 체계적인 통제력을 발휘하기 힘들었던 점도 영향을 주었다.

도별로 영양상의 차이는 상당했지만, 도 지역 내에서도 복지 성과에서 큰 차이가 있었다. 곡창지대에 사는 모든 북한 주민들에게 개인적 소비나 판매를 위해 식량 재배용 텃밭을 경작할 기회가 있는 것은 아니었다. 평양의 모든 주민들에게 외환 확보의 통로였던 외국인을 접촉할 기회가 있는 것도 아니었다. 가장 가난한 도 지역에 사는 사람들 중 일부는 많은 평양 주민조차 가질 수 없는 지역적 장점을 누리고 있었다. 예컨대 량강도의 도청 소재지인 혜산시에는 도심지에 중국으로 가는 다리가 있었다. 이 지역 주민은 (일부는 최악의 영양 상태였음에도) 국경 횡단의 기회라는 혜택을 누렸다.

아주 작은 지역 단위 차원에서 분석해볼 수도 있다. 한 개인은 발코니에서 닭을 기를 수 있고, 개인 사업을 위해 관용차를 이용할 수 있는 동료가 있으며, 민간 거래에 대한 중앙정부의 규제가 더이상 항시적으로 집행되지 않는 북부의 소도시에 살고, 마침 그 사람이 여성이라 작업장에서 더 쉽게 짬을 낼 수 있다면, 그 사람은 달걀을 팔거나 다른 물건으로 교환함으로써 경제적 지위를 향상시킬 수도 있었다. 만약 그 사람이 평양에 살고 그 이웃이 보안기관과 연줄이 좋은, 과도하게 열성적인 사람이라면 닭을 몰수당하고 투기 혐의로 처벌될 수도 있었다. 두 경우 모두 시장 활동은 위험하지만 필요했고, 지형적 위치의 장점과 단점은 물리적 거주지뿐 아니라 정치의 문제이기도 했다.

아플 때와 건강할 때

환자는 여전히 무상으로 의료 서비스를 받았다. 그러나 병원 건물은 제대로 지어지지 않았고 난방과 물, 의약품을 비롯한 기본 물품이 부족했기 때문에 병원과 진료소의 질은 좋지 않았다. 유엔 세계식량계획은 2011년 북한에서 필수 의약품의 30퍼센트 정도만 공급되고 있다고 보고했다.[31] 기대수명은 1993년 72.7세에서 2008년 69.3세로 떨어졌는데, 이 수치는 영양상의 개선과 아동에게 예방접종을 시행한 성공적인 공중보건 캠페인, 치명적 질병인 말라리아와 폐결핵을 포함한 빈곤 관련 질병 빈도를 감소시키려는 캠페인 등이 없었다면 훨씬 악화되었을 것이다.[32] 5세 미만 아동의 사망률은 개선되었는데, 이는 부분적으로 체계적인 국가 예방접종 캠페인이 공중보건 우선 정책의 주요 결과였기 때문이다.

남성의 기대수명은 여전히 여성보다 낮았다. 2008년 여성의 기대수명은 남성보다 7년 높다.[33] 그러나 여성은 기대수명이 더 빨리 낮아져 1993년에서 2008년 사이에 남성이 2.8년 감소한 데 비해 여성은 3.3년 감소했다.[34] 여성의 건강이 좋지 않은 주된 이유는 시장화였다. 여성은 소득을 얻기 위해 열심히 일했고, 가족을 돌보기 위해 육체적으로 고된 집안일을 해야 했다. 여성은 어머니로서의 역할과 책임 때문에 건강이 악화되고 일찍 죽음에 이르기도 했다.

여러 통계수치를 보정해, 유엔아동기금은 2013년 북한에서 10만건의 정상출산당 81건의 산모사망이 발생한 반면 남한에서는 16건이 발생했다고 보고했다.[35] 그러나 북한의 산모사망률은 동아시아와 태평양 지역의 평균인 82건에 육박하고 다른 중간소득 개발도상국가의 산모사망률과 비슷한 수준이었다.[36] 이와는 대조적으로 유엔아동기금 자료는 상대적으로 경제 상황이 더 나은 아시아 국가인 인도와 인도네시아의 산모사망률이 각각 200건과 220건이라고 보고했다.[37] 북한의 산모사망률은 상당한 개선이 필요했지만, 10만건의 정상출산당 1000건이라는 충격적인 수치를 보여준 소말리아나 2013년에 10만건의 정상출산당 1100건의 산모사망이라는 세계 최악의 산모사망률을 기록한 차드보다는 훨씬 적었다.[38]

북한에서 1993년과 2008년 사이에 전체 출생률이 감소했다. 감소의 이유가 선진국처럼 경제적 성장과 확실한 피임 기술의 신뢰도 상승 때문은 아니었다.[39] 낙후한 피임법을 사용하는 북한에서 2009년 1000건의 정상출산당 121건의 낙태가 있어 높은 낙태율을 보여주었다. 여성은 임신을 피하기 위해 최선을 다했고, 영양 결핍 때문에 배란은 잘 되지 않았다.[40]

남성의 건강과 영양실조에 관한 자료가 부족하다는 것은, 남성의 건강 악화 이유가 잘 알려져 있더라도 남성의 기대수명 감소 이유가 여성의 경우만큼 제대로 인식되지 않았다는 것을 의미한다. 예를 들어 건강 악화의 원인에는 만연한 심한 흡연이 있었다. 그러나 강력하게 젠더화된 사회규범 때문에 여성이 공적으로나 사적으로 담배를 피운다는 것을 생각할 수 없었고, 따라서 이는 거의 전적으로 남성에 국한되었다.[41] 2002년 세계보건기구는 북한에서 흡연이 비전염성 질병 증가의 주된 원인이고 고혈압과 심장병이 사망의 주요 원인이었다고 보고했다.[42]

군 복무를 하는 여러해에 걸쳐 계속된 스파르타식 생활은 청년의 건강에 악영향을 끼쳤다.[43] 2008년 인구조사에서 군부대를 포함해 관사 생활을 한다고 보고된 66만 2349명의 남성과 4만 23명의 여성에게는 기본 배급만 이루어진 것으로 나타났다.[44] 이 젊은이들은 고향집을 떠나 동원된 것이었고, 그 결과 중 하나는 가족의 도움을 받을 수 없는 상황에서 공식적인 배급량을 보충할 수 없었다는 것이다.

아동 건강

아동의 생활 조건은 나머지 대부분의 북한 주민과 마찬가지로 부족한 식량, 적은 소득, 낙후된 공공 서비스 때문에 가혹했다. 모성 영양실조가 여성, 그리고 엄마에게 거의 전적으로 의존하는 유아의 건강을 위태롭게 했다.

2011년, 출생 후 1년 안에 사망할 확률을 기준으로 한 유아사망률이 과테말라·이란·이라크·카자흐스탄·필리핀 등 다양한 중하위 소득 국가와 비슷했다.[45] 그러나 이들 나라는 하향 추세인 데 반해 북한은 상향 추세였다.[46] 유아사망률은 1990년 1000건의 정상출산당 약 9.2건에서 1998년 23건, 2008년 26건으로 악화되었다.[47]

유아사망률 증가의 주된 원인은 지속적인 빈곤과 영양실조에 걸린 엄마들이었다. 이런 엄마들은 모유 수유가 어려웠고 모유 대체재는 구하기 힘들었다.[48]

분유는 비쌌으며, 안전한 물도 공급되지 않았다. 따라서 분유를 통한 수유는 아동 건강에 위험할뿐더러 널리 사용되지도 않았다.[49] 엄마들은 이유기 때 적절한 이유식을 항상 확보할 수도 없었다. 이유식으로 죽이 선호되었지만, 죽을 만들기 위한 쌀과 연료를 항상 구할 수 있는 것은 아니었다. 2009년 유엔아동기금 조사에 따르면, 6개월에서 23개월 사이의 유아 중 절반 이하만 영양분이 적절히 혼합된 음식을 섭취했다고 한다.[50] 부족한 음식, 안전하고 깨끗한 물의 부재, 물을 끓이기 위한 연료의 부족, 의료진은 있으나 약품이 제대로 갖추어지지 않은 의료 서비스 등은 영유아가 전세계적 유아사망의 두 주요 원인인 설사 및 호흡기질환에 대단히 취약했음을 의미했다.[51]

태어나서부터 5세 사이에 사망할 확률을 가리키는 5세 미만 유아 사망률은, 보고된 바에 따르면 1990년 1000건의 정상출산당 45건에서 2011년 33건으로 개선되었다.[52] 그러나 북한의 5세 미만 유아사망률은 같은 해에 각각 31건과 15건을 기록한 몽골과 중국을 포함한 이웃 동북아시아 국가들 수준으로 개선되지 않았다.[53] 북한 아동은 남한 아동에 비해 열악한 생활을 했다. 2011년에 남한의 5세 미만 사망률은 단지 5건으로 영국과 동일했고, 8건을 기록한 미국보다 나았다.[54] 남한의 5세 미만 사망률보다 더 나은 곳은 세계적으로 27개국 정도였다.[55] 그러나 경제 발전 수준이 비슷한 다른 국가와 비교할 때 북한의 5세 미만 사망률은 보통 정도였고, 5세 미만 생존율의 경우 더 나을 때도 있었다. 예컨대 남아시아의 5세 미만 사망률은 2011년 1000건의 정상출산당 62건으로 나타났다.[56]

공중보건 캠페인

1990년대에 폐결핵과 말라리아는 공중보건의 주된 위험 요소였고, 2000년대 보건정책의 초점이 되었다.

폐결핵 사망자는 1990년에서 2010년 사이에 유행과 발병 빈도가 감소하면서, 1990년 1만 9000명에서 2010년 5700명으로 줄어든 것으로 보고되었다.[57] 어떤 국가에서도 폐결핵의 발병 억지는 감염을 예방하고 질병을 추적 관찰하는 지속적·체계적·조직적 노력을 통해서만 성공할 수 있다. 북한이 2000년대에 폐결핵의 확산을 억지하는 데 성공했다는 것은 두가지 점을 시사했다. 정부가 국가의 조직적 역량을 회복했다는 것, 그리고 공중보건 프로그램을 우선적으로 시행했다는 것이다.

공중보건에 대한 강조는 말라리아 발병을 감소시키려는 캠페인과 그 결과를 통해 입증되었다. 북한은 2000년에서 2009년 사이에 말라리아 발병 빈도를 50퍼센트 이상 감소시킨 소수의 국가들 중 하나였다.[58] 말라리아 유사 환자가 2001년 29만 6540명에서 2009년 1만 4845명으로 크게 감소하자 2010년 세계보건기구는 북한을 말라리아 '박멸 전' 단계 국가로 분류했다.[59] 세계보건기구는 이러한 성공을 활동성 말라리아 개별 환자를 추적 관찰하는 효과적인 사회 조직에 힘입은 것으로 보았다.[60] 10년도 채 안 되는 기간에 말라리아 발병 빈도를 대유행 수준에서 박멸 수준으로 급감시켰다는 것은 북한으로서는 (남한의 성공에 버금가기 위해서는 갈 길이 멀었지만) 대단한 성취였다. 남한에서는 말라리아가 2009년 1334건 확인된 것으로 보고되었고 2010년에는 거의 박멸되었다.[61]

북한 정부는 체계적인 국가 예방접종 캠페인에 초점을 맞춰, 백신 접종을 통해 예방 가능한 질병을 박멸하려고 계획했다. 2010년 북한의 백신 접종 대상 범위는 부유한 국가들만큼 높았다.[62] 소아마비와 홍역 백신 접종률은 99퍼센트, 폐결핵에 대한 BCG 접종률은 98퍼센트로 상승했다.[63] 이 정도의 접종률은 남한보다도 높은데, 유엔아동기금과 세계보건기구에 따르면 같은 해 남한의 홍역 백신 접종률은 98퍼센트, 소아마비 백신 접종률은 95퍼센트, BCG 접종률은 96퍼센트를 기록했다.[64] B형간염 백신 접종률은 93퍼센트 대 94퍼센트로 남한보다 살짝 낮을 뿐이었다.[65] 비슷하게 북한은 디프테리아·백일해·파상풍의 통합 접종률이 93퍼센트로, 94퍼센트인 남한보다 약간 낮았다.[66]

백신 접종 캠페인은 해마다 특정한 시기에 공동체 차원의 거국적인 대중동원을 중심으로 이뤄졌기 때문에 일상적인 공공 의료 서비스 부족 문제를 피해갔다. 2001년 전형적인 캠페인에서 5월, 10월, 11월의 '보건의 날' 3일을 통해 전체 인민이 동원되었다.[67] 처음에는 비타민A 보충제와 구충제가 배급되고, 다음으로 소아마비 백신 접종이 이뤄졌으며, 마지막으로 비타민A 보충제와 구충제 배급과 소아마미 백신 접종이 함께 이뤄졌다.[68] 전체적으로 5세 이하 아동의 95퍼센트인 250만명이 혜택을 입을 정도로 상당히 높은 수치였다.[69] 이 캠페인은 단기간의 특정한 목적을 위해 북한 주민을 조직할 수 있는 국가의 역량뿐 아니라 세계보건기구와 유엔아동기금, 그리고 빌 게이츠 재단의 자금 지원에 힘입어 이뤄질 수 있었다.

교육의 붕괴

교육받은 청년은 장차 사회 전체의 번영에 핵심으로 여겨졌기 때문에, 교육은 국가 정책의 우선순위다. 북한 정부가 국제기구에 보고한 것에 따르면, 많은 학교가 기본적인 자원을 확보하기 위해 애썼다.[70] 대부분의 학교가 자금과 지원을 얻기 위해 지역 공동체와 가구에 손을 벌리는 '자구(自救)' 조직이 된 반면 엘리트 학교는 지나치게 경쟁적이게 되어 교육 제도가 붕괴했다.

2012년 북한은 무상 의무교육 기간을 11년에서 12년으로 확대해 모든 아동이 5세에서 17세까지 학교에 다닐 수 있게 했다.[71] 보육교육은 생후 몇개월 된 아동부터 유치원을 다니기 시작한 5세 아동에게까지 문이 열렸다. 의무는 아니지만 거의 모든 아동이 보육 시설에 계속 등록되어 1998년 2만 7017개의 '탁아소'에 157만 4000명의 아동이 이름을 올렸다.[72] 정부는 외국어 훈련과 컴퓨터 학습을 주도하는 전문가 양성 학교를 지원했다. 많은 빈곤 국가들과 달리, 북한은 지속적으로 모든 남아뿐 아니라 여아도 학교에 등록시켰다. 북한 내 모든 조직과 공동체가 동원되는 모내기철을 제외하면 아동노동은 거의 존재하지 않았다.

탁아소가 속한 작업장들이 문을 닫자 탁아소의 수가 감소할 수밖에 없었다. 그리고 이렇게 시장화와 경제적 변화가 교육 제도에 직접적인 영향을 끼쳤다. 우선 등록된 아동 수는 많았지만 출석자는 줄어들었는데, 북한 정부의 집계에 따르면 탁아소에 등록된 157만 4000명의 아동 중 99만 3000명만이 출석했다.[73] 북한에서 활동하는 국제기구들은 학교와 탁아소의 낮은 출석률을 여러차례 보고했다. 1999년 세계식량계획은 식량이 부족한 추수 전 기간 동안, "도시 가구 가운데 일정 비율의 가구들이 식량을 얻을 가능성이 높은 농촌 지역의 친척집을 장기 방문하는 탓에, 도시에 있는 교육기관의 출석률이 감소했다"라고 보고했다.[74] 2000년 유엔아동기금은 비공식 보고를 통해 "취약한 난방 시설, 식량과 교수학습 자료의 부족, 교사들의 의욕 저하" 등으로 출석률이 60~80퍼센트로 떨어졌다고 보고했다.[75] 2002년 유엔아동기금은 "학교의 기본 시설 부족으로 점점 학생들이 간헐적으로 출석했고, 학습의 질은 낮아졌다"라고 보고했다.[76]

탁아소 및 유치원 교사 전체와 초등 교사의 다수를 차지하던 여성이 공식적인 일보다 더 많은 돈을 벌 수 있는 시장 거래에 힘썼기 때문에, 아동에 대한 가르침과 기본적인 보살핌의 질은 악화되었다.[77] 국제아동기금은 "보육교사가 질병의 증가, 깨끗한 물의 부족, 취약한 위생, 식량 부족, 의료용품 부족 등을 감당해야 할 때, 기본적인 돌봄 기능마저 위협받는다. 식량, 약품, 난방, 정기적이고 안전한 물 공급 등이 부족한, 스트레스가 많은 환경에서 일할 의욕을 상실한 보육교사는 대개의 경우 필요한 수준의 돌봄을 제공할 수 없었다"라고 보고했다.[78]

불규칙한 수업과 부족한 자원으로 김일성 시대보다 교육에 대한 통제가 약화되었다. 교과과정은 형식적인 측면에서 거의 변하지 않았지만, 자원 부족과 교사진 부족으로 돌봄기관과 교육기관에서는 아동에게 정권의 이데올로기를 주입할 수 있는 역량이 약화되었다.[79] 교사는 임금이 낮고 식량 우선 배급을 받지 않았다. 따라서 교사들에게 경제적인 걱정과 생존이라는 우선순위가 있는 조건에서 사상적 사회주의화 교육을 형식적인 수준 이상으로 실천할 의욕이 거의 없었던 것이다. 따라서 시장화는 항시적으로 전면적인 사상교육을 강제할 수 있는 교육제도의 역량을 약화시켰다. 여성 교사들을 활용할 수 있는 가능성이 줄어들었다는 것은 당이 주도하는 교과과정 이외 활동의 빈도가 줄어들었다는 것, 그리고 활발히 움직였던 소년단이 김일성주의 사회주의화를 추동하는 수단으로서 효과가 줄어들었다는 것을 의미했다.

젊은이들에게는 의무교육 후에도 계속해서 교육받을 것이 장려되었다. 고등학생과 대학생은 '강하고 잘사는 국가'를 건설한다는 목적 달성에 기여하기 위해, 만성화된 경제 침체에 대한 훨씬 더 혁신적인 해결책을 마련할 수 있도록 지적인 투자에 힘써야 했다.

남녀 학생들은 동일한 수준의 수학과 국어 능력을 습득하고 학교를 졸업했다. 2008년 기준 12명의 여성 중 뛰어난 1명이 대학교육을 마쳤지만, 남학생의 졸업률이 7명당 1명이었던 데 비해 여학생의 졸업률은 낮았다.[80] 남성에 비해 직업적인 성공 확률이 낮았기 때문에, 여성은 취업에서 불리했다. 전문직이나 관리직에서 남성이 우세한 것은 더 좋은 자격을 갖춘 남성이 많았기 때문이었다.[81] 또한 남성은 고위직이나 상대적으로 임금이 높은 직종에 유망한 학문 분야를 전공할 가능성이 더 높았다.[82] 예컨대 여성이 교원 양성과 교육 분야에 몰렸다면 남성은 공학 분야에서 우위를 차지했다.[83]

국가와 시장의 실패

시장화된 북한에서 가장 빈곤한 사람은, 가족의 지원에 의존할 수 없어 국가가 운영하는 거주 시설에 살아야 하는 노인, 아동 그리고 성인이었다. 정책을 공표하는 차원에서 보면, 북한은 극빈층을 포함해 노인을 지원했다. 그러나 실제로 노인은 선군 사회정책에서 우선순위가 아니었다.

사회관계가 시장화되고 군사통치가 이루어지는 세계에서, 거주 시설에 사는 사람은 삼중고 이상을 겪어야 했다. 첫째, 생존과 활동을 위해 의지할 수 있는 가족이 없었다. 둘째, 시장 내에서 자립할 수 없었기 때문에 시장 선택권이 거의 없었다. 셋째, 이러한 시설은 중앙정부의 재원 지원을 받지 못했고 대체로 관리감독이 지방 행정기관의 몫이었다. 지방 행정기관은 중앙정부로부터 지원을 받지 못했고 공식적인 지방세 과세 권한이 없었기 때문에, 이런 시설에 식량과 물품의 안정된 공급을 보장할 수 없었다.

노인층

65세 이상의 인구 비율은 1993년 5.4퍼센트에서 2008년 8.7퍼센트로 상승했는데, 여성이 남성보다 훨씬 많았다.[84] 2008년 75세 이상 노인층은 수백만명이 사망했던 한국전쟁 세대로 구성되었기에, 성비에서 여성이 압도적으로 많은 것은 놀랄 일이 아니다. 2008년 100세에서 110세 사이의 노인 64명 전부가 여성이었다.[85] 75세에서 100세 사이의 인구 중 여성은 41만 6713명이고 남성은 10만 3940명으로 성비가 4대 1이었다.[86] 2008년 인구조사에 따르면, 200만명에 조금 못 미치는 60세 이상 전체 여성 인구 중 약 117만명이 혼자된 여성이었다.[87] 이와 대조적으로 (노인뿐 아니라) 연령을 불문하고 남성 가운데 혼자된 사람은 겨우 10만 6809명으로 훨씬 적은 수였다.[88] 압도적으로 많은 여성 노인 인구는 압도적으로 많은 수의 혼자된 여성이었던 셈이다.

북한은 '연로자보호법'이라는 법안을 2007년에 통과시켰다.[89] 북한의 공식적인 입장은 "노인은 젊은 세대를 위해 자신의 삶을 바친 선구자로 여겨진다. 그들을 존경하는 것은 젊은 세대의 고귀한 도리이자 의무이며, 국가는 노인을 공경하는 전통적인 미덕을 진작하는 데 일차적인 관심을 기울인다. 노인은 구세대이자 혁명의 선구자이며, 사회 원로이자 가장으로서 자신의 재능과 열정을 경제적·문화적 부의 창출뿐 아니라 국가와 사회의 안정된 발전에 바쳤다"라는 것이다.[90]

여성이 55세에, 남성이 60세에 수령하는 연금은 선군 시대에는 말 그대로 가치가 없어졌고, 노인이 공식적으로 받을 수 있던 식량배급은 축소되어 1990년대 이후에는 산발적으로만 받을 수 있었다.[91] 경작할 땅이 있는 시골에 사는 사람은 식량을 재배할 기회가 있었지만, 도시 노인과 상당히 많은 수의 가난한 농촌 거주자는 가족이 나눠준 식량에 의존했다.

직계가족의 지원을 받을 수 없거나, 이웃 또는 친구의 도움을 받을 수 없는 노인의 궁여지책은 국가에서 운영하는 양로원으로 이주하는 것이었다.[92] 그러나 양로원은 절대적으로 부족했다.[93] 아동 시설과 마찬가지로 양로원은 국가로부터 재원 투입을 거의 받지 못했다. 대신에 프랑스의 비정부기구, 트라이앵글 같은 국제 인도주의 기구에 의존했는데, 이

단체는 이런 양로원 중 6개 시설을 원상회복시켜 기본적인 난방 설비와 위생 시설과 의료 시설을 제공했다.[94]

거주 시설의 아동

북한은 한국전쟁 이후 설립했던 고아원의 문을 닫고, 전쟁고아들을 가구에 편입시키는 입양정책을 시행했다. 그러나 북한은 1990년대 경제 붕괴가 있고 나서 아동 시설의 문을 다시 열었다. 가구들이 더이상 입양된 아동을 돌볼 형편이 안 되었던 것이다. 아동 거주 시설은 궁핍한 아이들에게 보금자리가 되었지만, 그중 일부는 고난의 행군 기간에 가족과 공동체의 지원이 붕괴되자 거리를 떠돌아다녔다. 이러한 '부랑아'는 일반적으로 '고아원'이라고 하는 지역 아동 시설에 수용되었다. 고아원이라는 말은 다소간 오해의 소지가 있다. 부모가 사망했을 경우만이 아니라 부모가 가난이나 질병 때문에 자녀를 돌볼 수 없을 경우에도 아이들이 이런 시설에 입주했기 때문이다. 1998년 유엔아동기금은 이러한 거주 시설 아동의 약 50퍼센트가 고아라고 추산했다.[95]

북한은 원래 이런 시설을 일시적 문제에 대처하기 위한 임시 시설로 생각했지만, 경제 위기와 궁핍이 일상화됨에 따라 이 시설들은 상설적이게 되었다. 부모의 지원을 받을 수 없는 아동을 위해 거의 모든 도에서 몇몇 보호 시설을 제공했고, 이들 시설은 학령 집단에 맞도록 설립되었다.[96] 출생에서 5세까지의 탁아소 연령 아동은 전국에 걸쳐 13개의 '어린이집'에 수용되었다.[97] 6세에서 7세까지의 유치원 연령 아동을 수용하는 9개의 거주 시설은 다소간 혼란스럽게도 때때로 인도주의 단체 사이에서는 '고아원'으로 알려졌다.[98] 11개의 '기숙학교'는 8세에서 17세까지의 초·중등 수준 연령의 아동에게 집이자 학교였다.[99] 정부에서는 기숙학교에 거주하는 아동이 더 많고 어린이집에 거주하는 아동은 더 적은 것으로 보고하기는 했지만, 1998년 총 10만 200명의 아동이 거주 시설에 사는 것으로 보고되었고, 2011년 세계식량계획에도 같은 수치가 보고되었다.[100]

도와 군 당국은 이런 시설에 식량과 물품을 공급하기로 되어 있었으나 공급된 것은 기본적인 것에 불과했다. 거주 시설은 적절한 난방이나 위생 시설 혹은 주방 시설을 갖추지 못한 낙후한 건물에 입주해 있었고, 훈련이 제대로 안 된 직원들이 근무하고 있었다. 거주 시설은 운영자금 지원이 제대로 되지 않았고, 외국인들의 구호에 의존해 기본 생활수준을 유지했다.[101] 보육교사는 임금이 낮아 비공식적 경제 활동을 통해 국가에서 주는 낮은 임금을 보충하려 했다. 기본적인 돌봄과 영양이 아이들에게 제공되었지만, 종종 미숙한 보육교사가 자신이 돌보는 영양실조에 걸린 병약한 아이들, 특히 지속적으로 간병이 필요한 아이들을 제대로 감당하지 못하는 경우가 있었다.

아동 시설은 말 그대로 가족의 지원이 없는 아동을 수용했는데, 이들은 몸이 허약해 거의 항상 만성 영양실조의 징후가 뚜렷했고, 종종 급성 영양실조를 동반했다. 일반적으로 가족 내부에서는 식량을 나눠 먹었고, 식량이 부족할 때에도 아이들에게는 일정량을 제공했다. 대가족과 이웃, 그리고 공동체 역시 빈곤한 가구에 음식을 제공했을지 모른다. 그러나 거주 시설의 아이들은 전적으로 지역 당국의 지원에 의존했는데, 이들 당국에는 다른 긴급한 우선 사항이 수없이 많았다. 또한 믿을 만한 국가적 공급이 없는 상태에서 지역 공동체로부터 자원을 수혈받는 데 의존해야 했지만, 대부분의 지역 당국에는 자원이 거의 남지 않았기에 거주 시설의 아이들이 먹을 식량은 여전히 부족했다.

복지의 시장화

군사통치는 복지에서 지속 가능한 향상을 가져오지 못했으나, 고난의 행군 시절을 특징짓는 절대적 빈곤 상태로 사회가 붕괴되지는 않았다. 선군 정권은 사회정책을 시장에 맡겨버리지는 않았지만, 김일성주의 시대를 특징짓는, 상대적으로 평등주의적인 사회대책을 재건하는데 성공하지도 못했다. 사회정책 조정은 시장화의 예기치 않은 결과였던 사회구조의 거대한 변화를 막기에는 역부족이었다.

12장

사회구조의 시장화

북한에서 김씨 왕조는 재편된 사회적 위계의 정점에 여전히 있었지만, 김씨 가문이 관장하는 사회구조는 더 파편화되고 불안정했다. 형식적인 직업구조는 김일성주의 시대에 존재하던 것과 여전히 비슷했으나, 직업상의 지위와 사회적 지위의 분명한 상관관계는 존재하지 않았다.[1] 조선로동당 당원들은, 정치적 지위가 북한에서 여전히 중요하지만 시장 현실이라는 맥락에서 해마다 겪는 식량 부족, 낮은 소득과 높은 물가, 경제적 사업 수완이 더 중요하다는 점을 알게 되었다.

사회집단으로서 여성은 여전히 지위가 낮았고, 육체적으로 고되며 더러운 일에 종사했다. 2008년 50만명 이상의 여성이 노동자로 일했다. 소수는 좋은 직업과 고위직에 종사했지만, 낮은 임금 때문에 여성은 소득을 보전하기 위해 시장으로 내몰렸다. 이전에 고위직에 있던 집단은 경제적·사회적으로 더이상 특권을 누릴 수 없다는 사실을 알게 되었다. 전문직, 공업노동자 계급, 농업생산성이 풍부한 농장에서 일하는 농민, 군대의 간부는 자신들의 운이 다했음을 알게 되었다. '돈주'(신흥부자)라는 새로운 계급이 등장했는데 그들의 과시적 생활방식은 개인적인 재산 축재 능력에 기반하고 있었다.

정권은 젊은이들을 정치적으로 가장 불만이 많은 집단으로 보았다.

따라서 대중동원정책의 초점을 젊은이들에게 전적으로 집중하는 것으로 재설정했다. 군 주도의 상명하복 조직이, 준군사훈련과 경제 건설을 위한 대중동원 참여에 대한 벌칙과 보상을 제공하던 이전의 당 주도 방식을 대체했다. 강제 동원은 젊은이들을 바쁘게 지내게끔 하고 관리하는 데 도움을 주었으나, 정부의 분명한 결점을 숨길 수는 없었다. 선전선동기구가 효력을 상실하고 외부 세계에 대한 인식이 확대된 것은 정책의 파산을 입증할 뿐이었다.

구 엘리트의 붕괴

선군 시대 동안, 존재 기반이 좁았던 민간 엘리트와 군사 엘리트는 서로에 대해 책임은 지지 않지만 서로 의존하면서 국가와 사회를 계속해서 관장했다. 권력과 정치는 계속해서 과두 집권층, 가장 중요하게는 김일성 왕조 중심으로 유착되었다.[2] 최고의 사회적 지위는 정치적 충성도에 달려 있었지만, 좋은 정치적 연줄이 자동적으로 모든 엘리트 성원에게 긍정적이고 행복한 결과로 이어지기만 한 것은 아니었다.

북한의 핵심 엘리트 세력은 항일무장투쟁에서 김일성과 함께 싸운 동지나, 오랫동안 김일성과 정치적 신뢰관계를 형성한 동지를 가장으로 한 집안들이었다.[3] 구 정치 엘리트의 자제는 부모처럼 평양의 학교와 최고 대학에 들어갈 수 있는 혜택과 해외여행의 특전을 누렸다. 그러나 모든 이들이 부유하지는 않았다. 2011년 기준 내각의 고위 각료 월급여는 300달러 정도였다.[4] 하루에 1달러를 버는 북한 주민 대부분의 수입보다 훨씬 많았지만, 이미 북한의 물가가 중국의 물가와 크게 다르지 않았기 때문에 안락한 생활을 하기에는 턱없이 모자랐다. 구 엘리트는 자

신의 지위를 지렛대 삼아 개인적 소득을 얻는 방법을 강구할 필요가 있었다.[5]

당과 군 사이에 이데올로기와 제도상의 이해가 상충하는 것이 엘리트 내부 갈등의 이유가 되지는 않았다. 일례로 엘리트 성원들은 으레 민간과 군사 계급 조직에서 자리를 차지하고 있었고, 따라서 그들은 두 조직에 충성심을 갖고 있었다.[6] 또한 엘리트 가문은 정권이 붕괴되면 자신들 역시 파멸하고 국내외적 보복에 직면할 처지라는 인식을 공유해, 여전히 긴밀하게 결속되어 있었다. 한편 새로운 세대의 등장, 핵심 엘리트 가문과의 결혼을 통해 엘리트 성원들이 확대됨으로써 가문에 대한 충성심이 횡적으로 확장됨에 따라, 개인과 가문의 이해관계가 갈등의 이유로 들어섰다.

정치적으로 중요한 가문의 2, 3세대는 식민통치와 전쟁 혹은 개인적 시련 등을 직접 경험하지 않았고, 구체적인 업적 혹은 보여줄 수 있는 정치적 수완보다는 가문의 지위 때문에 권력과 특권을 누릴 수 있었다.[7] 국제적 제재와 북한 엘리트에 대한 국제 정보기관의 관심 때문에 자금을 북한 밖에서 쉽게 사용할 수 없었다. 이런 세대 가운데 많은 이들이 해외에서 교육을 받았고, 특권화된 삶을 살아가는 데 익숙했지만 북한 내에서 미래를 모색하는 것 말고는 선택의 여지가 거의 없었다. 엘리트 가문의 3세대는 체제변화에서 잃을 것이 많았기에 집단적으로 정권안보라는 우선적인 목적에 헌신했다. 다른 한편, 이런 새로운 세대는 단편적이고 상충되는 개인적 이해관계를 갖고 있었다. 이데올로기와 제도에 대한 충성에 구속받지 않았을 때, 개인들 간의 의리는 기회주의적이고 변하기 쉬웠다.

왕조정치의 새로운 예측 불가능성

김씨 왕조는 김일성과 김정일 모두 다양한 혼인관계에서 출생한 배다른 아이들을 두었다는 점에서 결코 단일하지 않았다.[8] 김씨 가문의 모든 구성원들이 북한 정치에 참여한 것은 아니었다. 특히 김정일의 장남인 김정남(金正男)은 북한 밖에서 살면서 정치와 거리를 두고 언론 인터뷰 정도를 한다.[9] 인척관계에 의해 확산된 복잡하게 얽힌 가족관계는 확장된 김씨 왕조 내부에서 서로 다른 권력 중심 간에 잠재적으로 분열과 충성심 경쟁을 낳았다. 김정일은 2008년 뇌출혈에 의한 건강 악화로 김정은을 후계자로 지명한다는 결정을 서두르기 전까지도 후계자 선정을 미루었다. 아버지 밑에서 20년 동안 지도자 수업을 받았던 김정일과 달리, 김정은은 김정일이 죽자 경험도 없는 상태에서, 강력한 지지 기반을 구축하지 못한 채 취임했다.[10]

김정일이 살아 있을 때, 김씨 왕조에서 가장 정치적으로 중요한 인척관계는 김정일의 매제인 장성택을 중심으로 하는 사람들이었다. 김정일은 장성택을 두번에 걸쳐 권력에서 축출했지만, 그를 그의 두 형제와 함께 다시 승진시켰다.[11] 장성택은 김정일로부터 대외무역과 사업 분야의 권한을 위임받은 대표자로서 권력을 축적했고, 김씨 왕조의 이름으로 정적들을 탄압했다.[12] 2008년 김정일은 장성택을 국방위원회 부위원장으로 승진시켰는데, 이는 장성택을 실질적인 권력 서열에서 2인자로 자리매김하는 조치였다.[13]

2011년 김정일 사망 후에 장성택은 다른 엘리트 가문들에 의해 점차 고립되었고, 2013년 12월 부당이득과 부패 혐의로 체포되어 기소되었다. 장성택의 체포 사진이 전세계에 보도되었고, 이어진 처형 뉴스도 보도되었다. 북한 정치에서 장성택의 제거로 인해 수혜를 본 사람 중 하나가 최룡해(崔龍海)였다. 그는 장성택의 후배였는데, 만주 항일무장투쟁 시절부터 김일성의 동지였던 최현(崔賢)의 아들이었다.[14] 최룡해는 2010년 김정일에 의해 대장으로 승진했지만 군사적 활동 이력은 없었다. 이것이 시사하는 바는 최룡해가 장성택 처형에 동의함으로써 군과의 관계에서 입지가 좋아졌다는 것이다.[15]

믿을 만한 관측통들은 김정은을 북한의 힘없는 '아바타'로, 장성택의 처형을 '쿠데타'로 묘사했지만, 북한 언론매체들은 김정은이 장성택의 처형을 재가했다고 믿고 있었다.[16] 북한 내부의 정치 역학관계는 여전히 불투명해서 김정은의 독자적인 역량을 평가하기 힘들지만, 분명한 것은 김씨 왕조와 가까운 가족적 연줄을 가지고 있다 해서, 그것이 자동적으로 개인을 보호해줄 수 있는 확실한 수단이 되지는 않았다는 점이다.

직업구조의 시장화

2008년 인구조사에서 북한은 노동자·농민·관료라는 김일성주의 시대의 사회분류 체계를 폐기하고 고용을 분석하기 위해 현대적인 국제기준의 산업분류 체계를 도입했다.[17] 유엔인구기금(UNFPA)의 도움으로 실시된 인구조사는 북한의 산업구조 변화에 대한 유용한 정보를 제공하지만 사회변화를 충분히 반영해 기록하고 있지는 않았다. 이 수치가 완전 고용된 사람, 불완전 고용된 사람, 고용이 안 된 사람을 포함한 것이어서 형식적인 고용 범주만을 나타내고 있기 때문이었다. 정부 정책은 활동할 수 있는 모든 노동연령의 성인은 특정한 작업장을 할당받아야 한다는 것이었지만, 개인이 작업장 등록을 유지하는 데 대한 인센티브도 있었다. 작업장에 소속되어야만 출산수당, 질병수당, 의료 서비스, 성인교육, 문화적 기회와 자녀들의 탁아소·유치원·학교 취학 기회

같은 국가보조정책의 지원을 받을 수 있었다. 작업장은 가령 국경일 같은 날 식량과 물품 공급이 가능할 때, 국가로부터 그것을 할당받을 수 있는 통로이기도 했다.

2008년 인구조사에서는 노동연령 인구의 다수인 약 450만명이 농업·어업·식품 분야에 종사하고 있고, 그다음으로 높은 산업 부문은 경공업 분야를 포함한 제조업으로 300만명에 조금 못 미치는 사람이 종사하고 있다고 보고했다.[18] 또한 공공 부문 고용은 여전히 김일성 시대처럼 광범위했다. 약 70만명의 군 종사자에 더해 행정·국방·사회안보 분야에 약 75만명, 교육 분야에 50만명, 보건사회복지 분야에 75만명, 정보통신 분야에 10만명, 행정지원 서비스 분야에 50만명이 종사했다.[19]

2008년 인구조사에서는 공식적인 고용 현황에서 1993년 인구조사와 유사한 성별 패턴을 보여주었다. 노동인구 가운데 3분의 2가 농업·제조업 분야에 종사하고 있었고, 남성은 635만 9938명, 여성은 582만 4782명이었다.[20] 인구조사에 따르면, '농업·임업·수산업 분야'에서 여성은 230만 4598명, 남성은 208만 2297명으로 여성이 남성보다 약간 많았다.[21] 제조업 분야는 남성이 150만 7014명, 여성이 137만 5968명으로 남성이 여성보다 약간 많았는데, 이는 여성이 남성보다 약간 많았던 1993년 조사와 차이를 보였다.[22]

2008년 인구조사에서 여성은 '자동차 수리, 숙박 및 요식업, 보건사회복지'를 포함한 도매와 소매업 직종 범주에 종사하는 노동인구의 절대 다수를 차지했다.[23] 북한에서 거의 전적으로 남성의 직종이었던 '자동차 수리'라는 하위 범주를 제외하고, 여성이 다수를 차지하는 직종 범주는 돌봄, 접객, 보조라는 젠더화된 역할을 반영했다.

2008년 인구조사에서는 광업·채석·건설·수송·저장·전기·가스·난방·냉방·상수도·하수도·폐기물관리·교정(矯正) 등 남성이 다수를 차지하는 직종에서 일하는 여성도 상당수로 나타났다.[24] 제조업 분야에서 장비 운용 분야와 마찬가지로 광물 채굴에 종사하는 여성이 남성보다 많았는데, 여성은 약 8만 7651명, 남성은 7만 6649명이었다.[25] 석탄과 갈탄 채굴에 종사하는 남성이 19만 7647명인 데 비해 여성은 12만 3678명이었다.[26]

공식적인 작업장에 정식으로 등록된 많은 사람들은 정부에서 생활임금을 받지 못했고, 비공식 경제 활동을 통해 수입을 보전해야 했다. '이중경제'가 존재했고, 그런 상황에서 공식적인 경제에 종사하는 사람의 수가 크게 과장되었고 인구조사 신고도 비공식 경제에 종사하고 있는 사람의 수를 완전히 설명할 수는 없었다. 1993년 인구조사를 보면 '상업' 분야에 50만 8630명이 종사했는데, 2008년 동일한 범주인 '도매와 소매업 및 자동차 수리' 분야에 종사하는 사람은 55만 7355명으로 조금 증가한 수치였다. 즉 시장 활동을 통해 생계를 꾸리는 사람의 수가 과소평가되었던 것이다.[27]

2008년 인구조사에서는 시장 점원으로 종사하는 사람이 여성 30만 172명, 남성 6472명이었는데, 이 수치에는 보따리 장사, 노점상, 부업으로 장사를 하는 실직자나 퇴직자를 비롯한 비공식 경제 종사자는 포함되지 않았다.[28] 주된 경제 활동이 집안일이라고 밝힌, 대부분이 여성인 비퇴직자 성인 50만명이라는 수치는 시사하는 바가 있다.[29] 소득과 식량을 제공할 수 있는 제대로 된 국가복지 기능의 부재로 대부분의 주민이 곤궁하게 살아가는 상황에서, 이런 여성이 비공식 경제에 적극적으로 종사하고 있다고 보는 것이 합리적이고 안전한 추정이다.

인구조사 신고에 따르면, 임금노동에 종사하는 여성은 1993년에서 2008년 사이에 기하급수적으로 감소했다.[30] 1993년 89퍼센트에서 2008년 6퍼센트 조금 넘는 수치로 하락한 결과였지만 과소평가된 것으로 보인다.[31] 공식적인 수치에는 명목상으로만 작업장에 붙어 있는 사람과 가끔씩 노동에 종사하는 사람이 포함되었다. 여성이 집 밖에서 계속 일을 했지만 시장으로 일터를 옮겼기 때문에, 임금노동에 종사하는 여성의 수치는 실질적으로 훨씬 더 크게 하락했을 것이다.

다수의 여성이 가장 고되고 더러운 일에 종사했다. 2002년 유엔아동기금의 보고에 따르면, 북한은 여성의 미숙련 노동에 더 의존하게 되었고, "산업 생산 능력을 상실했으며, 많은 여성을 포함하는 노동인구는 노동집약적이지만 산출은 낮은 활동에 빈번하게 종사했다".[32]

더럽고 비위생적이며 육체적으로 고된 상황 속에서 삽질을 하고 무거운 짐을 옮기는 도로 건설과 관개 시설 건설에 종사하는 노동자는, 2008년 남성이 77만 4117명일 때 여성이 54만 6942명이었다.[33] 이런 노동 활동의 양상은 김일성 시대와 마찬가지였고, 그 이유도 동일했다.[34] 육체노동에 종사하는 여성의 수가 많다는 것은, 징집되지 않았으면 이런 종류의 일에 종사했을 젊은 남성 인력을 여성이 대체했다는 뜻이다. 간병과 돌봄 직업에 종사하는 여성은 짐을 들어 나르는 일도 해야 했고, 농사일은 기계화가 이뤄지지 않아 매우 고됐다.

지위가 낮은 일자리에는 여성이 압도적으로 많이 종사했지만 일률적이지는 않았다. 여성이 다수를 차지하는 분야, 즉 공중보건·상업·아동보호 등 분야에서 관리자의 70퍼센트가 여성이었다.[35] 교육·통신·문화 분야에서 관리자의 34퍼센트가 여성인 반면, 공업·농업·건설 분야에서 관리자의 15퍼센트가 여성이었다.[36] 2005년 북한 정부가 유엔 여성차별 철폐협약(CEDAW)에 보고한 바에 따르면, 정부 관료의 10퍼센트가 여성이었고 "중하위직 여성 관료의 비율은 높았지만 (…) 정부 부처 책임자 수준에서는 여성의 비율이 상대적으로 낮았다".[37] 그러나 선진국에 못지않게 정부의 직책에 진출해 있었다. 1995년 공직에 종사하는 사람의 29.5퍼센트가 여성이었던 반면, 2004년에는 32.9퍼센트가 여성이었다.[38] 여성은 최고인민회의 대의원의 20.1퍼센트, 지역 인민회의 대의원의 21.9퍼센트를 차지했다.[39]

패배자와 승리자

시장화는 그 이전 시기에는 널리 인식되었던 투명한 직업상의 위계구조를 붕괴시켰다. 이전에 선호되던 직종은 더이상 자동적으로 괜찮은 임금과 혜택을 제공하지 않았다. 선군 시대에 번창한 사람은 민간 거래에 참여했다. 민간 생산과 거래를 통해 소득을 얻을 수 없었던 사람에는 전문직 종사자, 공업 노동자, 농업생산성이 풍부한 농장의 농민, 군에 복무하던 대다수의 사람이 포함되었다. 이들 사회집단은 선군 시대에 궁핍한 삶에 직면했다.

2008년 유엔식량농업기구는 "관료들조차 현재의 식량 부족에 영향을 받는 듯 보이고, 어떤 경우에는 전일제의 비공식적 직업을 가진 구성원이 있는 가족보다 식량을 구하지 못할 위험이 더 큰 것처럼 보였다"라고 보고했다.[40] 다른 한편, 사업 수완이 있고 정치적 연줄을 활용할 수 있는 관료와 개인은 고위 당직에 있지 않아도 성공할 수 있었다. 이러한 사업가는 돈주의 핵심층을 이뤄 사적 이익을 위해 시장을 십분 활용했다.

의사·기술자·법관·교사 그리고 자격을 갖춘 다른 전문직과 그 가족들은 이전에는 식량배급, 기본 물품, 소득을 보장받을 기회가 있었지만, 선군 시대에 이런 혜택은 명목상이었고 국가에서 공급하는 식량도 최소한이었다.[41] 도시에 사는 전문직은 농촌에 사는 전문직보다 집에서 식량을 재배할 기회가 적었기 때문에 더 빈곤했다.[42] 시골에 친척이 없거나 있어도 왕래가 없을 경우, 혹은 일감이 있어서 거래를 통해 돈을 벌수 있는 좋은 기회가 없을 경우, 이런 개인은 아주 어려운 처지에 놓일수 있었다. 의사, 교사, 전문직들은 '선물'을 받았다. 사회복지와 교육서비스 이용은 명목상 여전히 무상이었지만, 담당자들의 생계를 유지하기 위해서는 서비스 소비자들이 도의상 내는 답례품에 의존해야 했던 것이다.[43] 많은 전문직들이 심지어 부분적인 안전망도 갖지 못했다. 가령 기술자나 회계사처럼 대중과 거의 접촉이 없고 보따리 장사를 통해 수입을 보전할 수 없는 사람은 가난과 영양실조의 심각한 위험에 직면했다.

정부는 군대와 도시의 관료에게 식량을 공급하기 위해 황해남도와 황해북도의 곡창지대에 위치한 협동농장에서 농업생산물을 징발했다.[44] 정부는 공식적으로 곡물 징발에 나서면서 시장가보다 낮은 가격을 지불했고, 명목상 자발적이지만 실제로는 강제적인 '애국적 기증'에는 한푼도 지불하지 않았다. 농민은 자신과 가족의 생계를 유지하고 다음해 농사에 종자로 쓸 만큼의 곡물을 배급받았고, 저비용의 고정가격으로 자재를 제공받게 되어 있었다.[45] 필수적인 영농 자재는 정부를 통해서는 충분한 수량을 확보할 수 없었고, 농민은 시장에 의지해 시장가격을 지불할 수밖에 없었다. 나머지 주민들과 마찬가지로 농민은 일상적인 생활비를 지출할 때도 시장가격으로 지불해야 했다. 낮은 고정수입과 높은 시장가격이 어우러져 이전에 부유했던 농민들이 시장화된 북한에서 빈곤에 직면했다.

공업 노동자 계급은 안정된 수입, 식량보장, 상대적으로 높은 사회적 지위와 고용 보장을 상실했다. 2008년 미미한 경제 회복으로 공업생산 능력 활용도가 겨우 20에서 30퍼센트 정도에 불과한 것으로 보고되었다.[46] 사회적 지위가 떨어졌지만 여전히 공식·비공식 사회구조 내에서 중요한 위치를 점했던 관료들과 달리, 정치적·경제적 세력으로서 공업 노동자 계급은 붕괴했다. 기업소는 2002년 경제개혁 이후 노동자의 임금을 지불할 정도의 수익을 내지 못했다.[47] 공업 노동자 계급은 자신들이 활동하는 조직구조, 이를테면 정치 조직의 중요한 거점으로서의 작업장이 사라짐에 따라 정치적 영향력을 상실했다. 노동계급의 이데올로기 선봉대라는 중공업 노동자의 역할은 시장 현실이 이데올로기를 대체하면서 적실성을 상실했다.

북동부 지역 대도시에 살던 공업 노동자 계급은 대규모 실업과 불완전 고용에 직면했다. 쓰러져가는 아파트 건물은 보수가 거의 되지 않았다. 식수와 위생, 전기 공급이 취약했기 때문에 인구가 밀집한 도시의 환경 조건은 열악했다. 쇠퇴한 화학산업 단지인 함흥에서는 알 수 없는 화학물질이 땅과 상수도로 스며들어 건강에 영향을 끼치고 장기간에 걸친 환경 악화를 유발했다.

선군 강령에도 불구하고 군인은 부유하지 않았고, 선군정치로부터 개인적인 혜택도 받지 못했다. 군복무 중인 청년들은 집에 두고 온 가족들과 크게 다르지 않는 어려운 여건 속에 살았다. 군인과 군인 가족은 돈을 벌 수 없고 생활의 향상도 기대할 수 없었던, 그 보람 없는 세월을 억울하게 생각했다. 군 장병의 가족은 우선적인 식량 할당도 받지 못했다. 또한 집안에 소득을 만들어 올 사람이 없어진 상황에서 모든 가구의 주된 일인 돈벌이도 쉽지 않았다.[48]

제대 군인은 김일성 시대에 과거의 군에 열려 있던 기회들을 상실했다.[49] 김일성 시대처럼 생산성이 높은 농장이나 중공업 부분의 좋은 직장에 자리를 잡지 못하고 종종 비참한 고용 조건에 처하게 되었다. 반복되는 공급 부족 상태에 있던 기술 분야 대신에, 국가는 특히 광산이나 발전소, 건설처럼 더럽고 위험한 산업에 노동력이 필요했다. 이러한 부문들은 선군 시대 제대 군인에게 공통의 종착지가 되었다. 이러한 직종은 임금이 낮았고, 무보수를 의미하는 '자발적' 추가 노동을 끊임없이 요구받았다. 비록 국가가 형식적으로 '핵심 노동자들'에게 식량배급을 보장한다 하더라도 노동자들은 안정된 식량 공급에 의존할 수는 없었다.

돈주의 부상

다수의 북한 주민들은 보따리 장사로서만 시장에 참여했지만, 시장화는 극소수의 북한 주민에게는 상당한 부의 창출 기회를 가져다주었다.[50] 이러한 새로운 사회집단의 중요성은 이들이 국가가 주도하지 않는 '회색지대' 경제 활동을 통해 소득과 부를 창출했다는 점이다. 정부는 이들이 실제로 그리고 윤리적으로도 자본가였다는 사실에도 불구하고, 실은 그러한 사실 때문에 이들 신흥 기업가적 부류를 격려하기도 했다.[51] 따라서 정부는 특별히 과장할 필요도 없이 '탐욕은 선'이라고 이해될 수 있었던 새로운 사회적 기풍을 규범적으로 인정한 셈이었다.

북한의 시장화에서 부자가 된 사람들 중 일부는 중국인이었다. 이들은 거래망에 자금을 대고 그 거래망을 주도할 정도로 충분한 자원을 끌어모을 수 있었기 때문에 '큰손'으로 알려졌다.[52] 일부 개인 사업가는 일본 내 친북한 조직과 긴밀한 접촉을 유지하며 자본에 접근할 수 있었던 '일본 출신' 한국인이었다.[53] 도시의 도매업자는 사업에서 자립할 수 있을 정도로 충분히 돈을 번 사람과 남한을 포함한 국외 거주 친척의 도움을 받은 사람이 많았다.[54] 당 관료들은 2002년 정부의 경제 입법에 따라 당·군·국가에 의해 창출된 당사자 간 사업 거래에 주도적으로 참여

하면서 성공을 거두고 신흥 부자 대열에 합류했다.[55]

돈주는 부를 과시했다. 평양 및 다른 주요 도시에서 운영되는 매장에서 경화(현금)로 술과 담배를 구입했고, 해외에서 냉장고·자전거·중고차 같은 소비재를 구입했다. 돈주는 정치적으로 위험했지만 사회적으로 선망되는 매우 뚜렷한 사회적 지위를 갖고 있었다. 공식적으로 또 법적으로 정부는 '투기'를 금지했고, 때때로 과도하게 재물을 축적했다고 생각하는 사람들에게 형사적 제재를 가함으로써 본보기를 보였다. 대체로 이러한 사회집단은 눈에 보이는 경제적 성공 때문에 부러움을 샀다. 신흥 부자들은 식당·호텔·매장에서 눈에 띄게 소비를 했고, 이동전화·카메라·컴퓨터 등 최신 기술에도 접근할 수 있었다. 하지만 이들은 자체적인 정치 계급을 형성하지는 않았다. 권위주의 정부가 나서서 어떠한 정치적 반대도 미리 차단했고, 이런 개인들의 일차 목적은 정치권 진입이나 출세가 아니라 경제적·금전적 이득이었기 때문이다.

이 새로운 사회집단은 지역과 국가 차원에서 정치 계급과 상호 의존적인 관계로 존재했다. 신흥 사업가는 국가의 정치적 간섭을 피하기 위해 정치적 보호막이 필요했고, 구 정치 엘리트는 돈을 벌 방법을 강구할 필요가 있었다. 시장 참여는 당과 보안 관료들이 시장 활동에 공모하게 함으로써 정치적 '보호막' 확보에 의존했다.[56] 2002년 경제개혁 이후로 정권의 정책은 '자립'뿐 아니라 '수익성'을 추구했고, 이런 슬로건은 기업가가 자신의 활동을 정부의 목표에 따른 것으로 정당화하는 데 이용되었다.

청년에 대한 통제

북한 정권은 청년, 즉 나이가 찬 청소년과 젊은 성인을 정권 유지를 위한 핵심적인 물리적·정치적 자원으로 생각하는 한편 정권 안정에 대한 잠재적 위험으로 생각했다.[57] 청년들은 김일성 시대만큼의 통제를 경험했으나 이전 시기 청년들이 누렸던 특전은 상실했다. 선군 시대에 강압의 요소는 청년정책에 남아 있는 것이 거의 전부였다. 청년 동원은 정부와 청년 양자 모두가 사회적·정치적 통제 수단으로 인식했던, 육체적으로 고된 재미없는 활동에 참여하는 것이었다. 정권은 자신들이 살고 있는 사회의 경제적·정치적 결함을 알고 있던 청년들의 반대와 반대할 가능성, 그리고 반란이 될 가능성을 끊임없이 경계했다.[58]

기술과 자본이 부족한 상황에서 젊은이들은 준군사구조로 조직되어 정규군과 함께 보조적인 전투부대 역할을 했다.[59] 1996년 1월에 정부는 조선사회주의로동청년동맹을 김일성사회주의청년동맹으로 개편해 건설, 농업생산, 준군사훈련과 군사동원에 대한 조직적인 공헌 수단으로 기능하게 했다.[60] 개편된 청년동맹의 중앙위원회는 '청년선봉대'라 불렸고, 그 거버넌스는 도와 시와 군과 '일차 조직' 수준에 서기와 부서기의 직위를 신설함으로써 강화되었다.[61] 청년 조직 강화를 통해 '혁명의 동력이 되는 새로운 전투적인 선봉대'가 만들어져 국가의 방어와 유지에 핵심 자원 역할을 하도록 할 생각이었다.[62]

청년 조직은 '모든 종류의 불건전한 썩은 반동적 사상과 문화의 침투로부터 청년들과 아이들'을 보호할 셈이었다.[63] 대중동원은 청년에 대한 감시를 유지하기 위해 활용되었는데, 이들은 '선군청년총동원' 집회와 2011년 12월 김정일 사망 이후 거국적으로 일어났던 '청년선봉대 맹세가두행진'에 동원되었다.[64] 그 목적은 선군 청년 조직이 이전 시대에 사회의 모든 영역에서 패권적인 관행을 통해 전수되었던 사상훈련을 고취하도록 하는 것이었다. 선군 청년정책은 청년들을 준군사적 청년동맹에 동원하여, 지도부가 지시하는 대로 선군 규율에 개인생활을 종속시키도록 강요하는 것이었다.

이 정책은 김씨 가문을 기필코 지켜낼 자세가 되어 있는, 신체적·사상적으로 준비된 자발적이고 능력있는 청년 집단을 창출한다는 목적을 달성하는 데 실패했다. 청년들은 일과 정치 활동의 제약을 벗어나서 기차역, 공원, 극장, 스포츠 행사장에서 만났지만, 김일성 시대보다 정치 활동 바깥 영역에서 감시를 덜 받았다. 보안요원들에게 청년들이 혁명적 열정이 결여되었음을 암시하는 듯싶은 사소한 대화나 생활방식을 감시하거나 점검하려는 의욕이 별로 없었기 때문이다. 보안요원들도 그들 자신이 가족을 먹여 살리기 위해 국가의 제약을 벗어날 수 있는 방법을 찾고 있었다.

청년들은 특히 옷차림과 헤어스타일을 통해 더 개인주의적 방식으로 자신을 표현했다. 예컨대, 2011년 평양에서는 유행에 민감한 젊은 남학생들이 매력적이지만 북한 사회에서 용납되지 않을 것 같은 남한 팝스타의 스타일 ─ 얼굴 위로 머리카락을 아무렇게나 늘어뜨린 헤어스타일과 국가에서 지급한 정복의 소매를 팔꿈치 바로 아래까지 밀어 올려서 입는 방식 ─ 을 하고 다니는 것이 눈에 띄었다.[65] 젊은 여성의 복장은 여전히 보수적이었지만, 이전 시대보다 덜 획일적이었다. 치마는 여전히 무릎까지 내려왔고, 가슴골과 맨다리가 보이는 일은 결코 없었다. 이런 복장은 선군 시대의 명령 사항일 뿐 아니라 역사적으로 뿌리 깊은 보수적인 문화적 관습의 산물이기도 했다.

청년들은 자신들의 부모나 조부모와는 다른 방식으로 국가와 관계를 맺으며 성장했다. 김일성 시대에 남부럽지 않는 풍요로운 삶의 기회를 갖기 위해서는 복종하고 참여하는 것이 필요했다. 김일성 이후 시대에 괜찮은 미래를 보장받을 기회를 갖기 위해서는 국가의 명령을 회피하거나 무시하는 것이 종종 훨씬 합리적인 행동이었다.

획일성의 종언

정권은 생존했지만 당, 국가, 사회를 모두 아우르는 과거의 모델 형태는 아니었다. 그 대신 김일성 시대만큼이나 정치적으로는 억압적이지만, 고난의 행군 시기 전보다 사적·공적 생활의 모든 면을 통제하는 능력은 떨어지는 국가가 출현했다. 사회구조는 구식 정치와 새로운 시장 기회를 중심으로 재편되었고, 청년을 시장화라는 사회적 역학으로부터 격리하려는 선군정책의 노력에도 돈주는 청년들에게 새로운 역할 모델을 제공했다.

13장

핵무장

선군 정권은 정권안보를 추구하기 위해 외교와 군사적 억지력을 활용했다. 그러나 선군 논리에 대한 강력한 비군사적 혹은 정치적 균형추가 없는 상태에서, 외교정책은 '선 핵억지력-후 외교' 정책으로 발전하게 되었다.[1]

선군 시대 초기 외교정책의 핵심 목적은 미국과의 외교관계 정상화를 달성하는 것이었다. 선군 외교정책은 미국과의 양자관계를 추진했고, 외교 활동 범위를 전세계에 걸쳐 모든 이데올로기적인 색채의 국가들로 확대했다. 북한의 외교적 고립을 줄이고 정권안보를 강화하며 경제 부흥 지원을 확보하기 위해서였다. 김정일 정부는 남한과의 역사적 관계회복을 주도하고 러시아 및 중국과의 관계를 재구축했다.

북한의 의사결정자들은 미국 행동주의자들의 외교정책이 북한에 대한 군사적 공격을 예고하는 것이라고 인식했다. 선군 정권은 2000년 조지 부시가 미국 대통령에 당선된 이후 안보정책을 재조정했다. 선군 정권은 재래식 군사력으로 군사적 개입을 버텨낼 수 있을지 확신하지 못했다. 대신에 핵무장 능력을 개발하기 위해 자신들이 보유한 과학적 전문지식, 기술, 핵물질 등을 활용할 수 있다고 판단했다. 그 목적은 외국의 침략에 대한 효과적인 억지력을 제공하는 것이었다. 핵무기 개발을

야심차게 추진한다는 북한의 결정은 이른바 '2차 핵 위기'를 촉발했다.[2]

북한의 국내외 정책을 뒷받침했던 군사적 논리는 정치 문제를 군사적 렌즈를 통해 바라보았고, 우선적 해결책은 군사적 수단이었다. 선군 시대 국방정책은, 정권안보가 독자적으로 통제할 수 있는 핵무장 능력 보유에 달려 있다는 점을 분명히 하는 방향으로 전개되었다. 2013년 김 정은은 외교와 억지력이 여전히 선군 시대 외교정책의 수단임을 공언 했지만, 실제로는 이 둘 사이의 균형이 한쪽으로 쏠려 핵억지력이 여전 히 안보정책의 핵심이었다.[3]

정상화를 향한 발걸음: 북한의 외교와 미국

북한은 1994년 제네바합의가 미국과의 관계 '정상화'에 전조가 되리 라는 큰 기대를 갖고 있었다. 북한의 전략가들은 군사적 개입 위협의 철 회가 '정상적인' 외교관계를 통해서만 가능할 것이라고 믿었다. 북한은 일본이나 한국이 미국의 사전 동의 없이 군사적 조치를 취할 것이라는 점을 믿지 않았다. 북한의 정책 담당자들에게는 미국의 악의적인 의도 와 임박한 침공 위협의 증거가, 군사력에서 북한의 취약성만큼이나 분 명해 보였다. 관계정상화는 경제적 이유에서도 중요했다. 미국의 반대 가 없어야 다른 국가나 국제기관으로 하여금 북한에 투자하도록 설득 할 수 있다는 점을 인식하고 있었던 것이다.

북한은 한반도에너지개발기구(KEDO)가 10년 이내에 제네바합의 에서 "[북]한과 미국은 경수로라는 가교를 통해 다른 분야에서 관계를 발전시킨다"고 구체화한 경수로를 제공할 것이라고 희망했다.[4] 정부 기관이든 비정부기구든 어떠한 미국 기관과의 접촉도 모두 잠재적으로 미국의 관계 향상에 도움이 되리라고 생각했다. 이 과정에서 북한은 특별히 고위급 접촉이 아니었음에도 미국과의 접촉을 정상화의 목적을 향해가는 데 성공했다는 증거로 과장되게 인식했다. 여기에는 미국 기자들과의 간헐적인 접촉뿐 아니라 군 관계자들, 미국 비정부기구와의 접촉 등이 포함되었다.[5] 평양의 한 출판물은 1994년과 1997년 사이에 "민간인뿐 아니라 100명 이상의 미국 국회의원과 군 관료와 금융 및 경제 관련 인물들이 공화국(북한)을 방문했다"라는 점을 만족스러운 듯 언급했다.[6]

북한군은 1990년대와 2000년대 초 내내 미국에 협력했다. 수십명의 미국 군인들이 한국전쟁 당시 실종된 미군 장병들의 유해를 찾기 위해 북한에 수차례 체류했다.[7] 북한 입장에서 이는 부분적으로 소득 창출 사업이기도 했다. 1995년과 2003년 사이에 미국 국방부는 북한에 발굴단을 파견하는 댓가로 1500만 달러를 지불했다.[8] 북한은 이런 공동 작업을 북미관계 정상화의 한 수단으로 생각했지만, 체류하는 미군에 대한 제약과 경계심이 두 국가 사이의 깊은 골을 심화시켰다.[9]

북한은 제네바합의에 따른 미국의 제재 완화가 미국과의 교역 확대에 크게 기여하리라고는 기대하지 않았다. 북한이 중요하게 생각한 것은 경제 제재의 수위가 높아지면 간접적으로 경제적 충격이 훨씬 늘어날 것이라는 점이었다. 미국과의 관계가 정상화되면, 세계은행 같은 국제 금융기관의 대규모 투자를 유치할 수도 있을 것으로 북한은 기대했다. 북한은 미국의 제재가 북한의 경제적 파탄을 설명해주는 핵심 요소라는 점을 일관되게 주장했지만, 미국의 제재 조치는 대체로 양자 사이에서 이뤄진 것이었다. 서유럽 국가와 남아시아·동남아시아의 자본주의 국가를 포함한 다른 부유한 국가들과의 교역을 금지하는 것은 아니었다.

북한은 미국·일본·한국을 포함한 적대적 관계에 있던 국가들로부터 많은 인도주의적 원조를 받았다. 이들 국가는 모두 1년(2000년에서 2001년) 사이에 북한 인구의 3분의 1 정도인 800만명의 북한 주민이 먹을 수 있는 100만 톤 이상의 식량을 원조했다.[10] 미국 단독으로 1995년과 2002년 사이에 10억 달러 이상 어치의 인도주의적 원조를 제공했다.[11] 원조의 대부분은 식량 원조 형태였는데, 그 범위가 1997년 17만 7000톤에서 1999년 최고치인 69만 5194톤에 이르렀다.[12]

북한은 실질적 내용뿐 아니라, 미국 정부 관료와의 접촉 과정이 양자 간 외교관계를 정상화하는 데 기여할 것이라는 희망 때문에, 인도적 원조를 중요하게 생각했다. 미국이 북한에 원조를 하는 나라라는 것은 국무부와 기타 정부 관료들, 비정부기구 활동가들, 토니 홀(Tony Hall) 연방하원 의원 같은 일부 관심있는 미국 정치인들이 1990년대 중반 이후 북한 관료들과 직간접적인 접촉을 유지해왔다는 것을 의미한다. 북한 입장에서 '정상화'를 위한 지속적인 노력의 절정은 클린턴 정부 국무장관인 올브라이트(Madeleine Albright)가 2000년 10월에 평양을 방문하여 김정일을 만났던 때다. 만남의 사진이 북한 전역의 공공장소에 게시되었다.

전략 재검토

10년 이상 동안 미국 행정부와 연이은 협상 경험이 있었던 북한의 고위급 외교관들은, 2000년 조시 부시 대통령의 선출로 집권한 공화당 행정부의 중요한 국내 지지 기반, 특히 이른바 '네오콘'이 강력한 반공·반북주의자들이고, 북한과의 외교적 거래를 악마와 밥을 먹는 것처럼 생각하고 있음을 인식했다. 그럼에도 2000년대 초반 선군 정권의 정책은, 북미관계가 악화되고 불신과 의심으로 점철되었을 때조차 미국과의 양자 간 대화를 고수했다. 북한 관료들은 평양 회담에서 부시 행정부 관료들에게 비밀리에 핵 프로그램을 개발 중임을 확인해주었다고 전해지는데, 나중에 북한 관료들은 이를 부인했다.[13]

북한이 보기에 2000년대 초기에 외교를 통해 달성한 것은 거의 없었다. 북한 관료들은 미국이 북미 간 '정상적인' 외교관계를 시작하기 위해 스스로 합의한 부분을 실행하지 않는다고 문제를 제기했다. 동시에 북한 정책 담당자들 모두가 외교를 통해 바람직한 결과를 달성할 수 있다고 믿지 않게 되었다. 미국 정책 담당자들은 이라크와의 전쟁 명분으로 대량살상무기 개발을 자주 언급했다. 북한 관료들 입장에서는 미국이 에둘러서 북한과의 전쟁에 대한 명분을 만들어내는 듯 보였다.

북한은 2001년 9·11 테러와 이어진 아프가니스탄 침공을 계기로 미국의 대외적인 군사적 개입 가능성이 높아졌음을 의식하고 있었다. 북한 고위급 외교정책 협상가 중 한명인 정인찬은 9·11 테러 당시 맨해튼에 있었기 때문에 끔찍한 사건과, 이에 대한 미국 대중 및 정부의 반응을 직접 목격했다. 미국은 스스로가 전세계 모든 나라를 친구 아니면 적으로 나누어야 하는 '테러와의 국제적인 전쟁'에 휘말려 있다고 생각했고, 이처럼 매우 힘든 외부 환경 때문에 타협이 쉽지 않았다. 곧 미국과 외교관계를 정상화할 수 있으리라는 북한의 희망은 조지 부시 미국 대통령이 2002년 북한을 이란·이라크와 함께 '악의 축'의 일원으로 비난하고, 2003년에 중단된 제네바합의 혹은 한반도에너지개발기구 협정에 따른 지원을 철회한 뒤에 사라졌다. 북한이 믿을 만한 협상 상대임을 공화당 부시 행정부에게 납득시키려는 북한 관료들의 노력은 외교적 진전을 거의 이룩하지 못했다. 결정적인 분기점은 이라크에 대한 미국의 개입이었다. 2003년 바그다드 맹폭격과 이어진 미국과 동맹국들의 지상군 개입은, 1995년 혼란스러운 소말리아에서 미군이 철수한 이후 조성된 생각, 이를테면 미국 내 여론이 전쟁에서의 손실을 허용하지 않으면 미국은 여론에 밀려 전쟁을 감당하기 어려울 것이라는 생각을 일소해버렸다.

미국의 군사 조치에 이라크 군이 붕괴되자 선군 전략가들은 북한군의 전투력을 재고하게 되었다. 이라크 군은 징병제로 구성되었지만 북한도 이와 크게 다르지 않았다. 북한은 징병제 국가는 아니었으나 마지못해 군에 입대하는 젊은 '자원병'으로 군대를 구성하고 있었다. 1991년 이라크 군의 붕괴에 뒤이은 이라크 군의 패배는 무장을 갖추기는커녕 제대로 먹지도 못하는 다수의 청년을 기반으로 한 북한군의 전쟁억지정책에 또다시 의문을 제기하게 했다. 전쟁이 발발하면 굶고 있는 북한 청년들에게 정권을 지키기 위한 이데올로기적 동기를 기대하기는 어려울 것이었다. 또한 이라크 군의 패배는 핵무장 능력을 전쟁억지력으로 선택하는 것을 매력적으로 보이게 했다.

북한이 얻은 교훈은 핵으로 무장한 국가는 외국 침략자들에게 결코 공격당하지 않는다는 것이었다. 핵억지력은 정교한 군사정책은 아니다. 그러나 서구 정치이론과 군사작전 실무에서는 토머스 셸링(Thomas Schelling)이 말하듯 효과적인 방어 수단 역할을 한다고 널리 알려졌다. 억지 이론의 핵심적인 주장은, 핵무기가 미국이 1945년 일본 히로시마와 나가사키에 원자탄을 투하했을 때 단 한번 전쟁에서 사용되었지만 적을 겁주거나 군사적 공격을 억지하는 데 효과가 있다는 것이다.

2000년대 초중반까지도 북한 정부는 계속해서 핵무기 개발 의도를 부정했다. 따라서 핵억지력 확보를 공개적으로 추진하는 문제를 놓고 선군 정권의 정책은 양면적이었다. 북한은 '억지'력을 구축하고 있다는 공언과 함께, 핵무기를 개발할 의도가 없다는 취지의 언급도 했다. 북한은 미국·러시아·일본·중국·남한 등과 다자간 외교 협상에 계속해서 참여하면서도 2003년에 핵확산방지조약(NPT) 탈퇴를 선언했다. 북한의 핵무장을 막기 위해 구성된 6자회담은 갈등을 완화하지 못했고, 종종 북한과 미국이 얼마나 소원한 사이인지를 널리 보여주는 매개체 역할을 했을 뿐이다. 2006년 북한은 핵과 관련된 모든 모호함을 벗어 던졌다. 북한은 핵실험 단계에 접어들었다.[14]

핵실험은 미국과 북한의 지속적인 재협상을 촉발했지만, 미국이 요구한 엄격한 검증 조치를 북한이 받아들지 않았고, 회담은 험악하게 끝났다. 북한은 핵 프로그램에 관한 1만 8000쪽의 정보를 건네줌으로써 성의를 보였다고 주장했다. 북한은 미국이 검증 개념에 대한 확대 해석을 고집해 실질적으로 미국 관료들이 북한의 정부 부처와 군사기관의 업무를 떠맡을 정도가 되어야 만족할 것이라고 주장했다. 북한의 해석에 따르면 이는 편법으로 북한 정권을 교체하겠다는 것이었다.

다자회담인 6자회담은 2008년에 중단되었다. 북한은 북한에 대해 애매모호한 태도를 유지하는 미국 오바마(Barack Obama) 대통령의 '전략적 인내' 정책에 유화적인 태도로 응대하지 않았다. 선군 정권은 계속해서 미국의 정치적·군사적 대외 행동주의를 북한을 침략하겠다는 의도로 해석했다. 조지아와 발칸 반도의 민주주의 이행에 대한 지원, 아프가니스탄과 이라크에 대한 개입, 2010년과 2011년 아랍의 봄에 대한 지원, 그리고 리비아에 대한 서구의 개입 등은 평양이 느끼는 피포위 심리(siege mentality)를 강화했다.[15] 평양의 일치된 의견은 카다피(Muammar Quaddfi)가 핵무기를 포기하지 않았더라면 리비아 정권은 무너지지 않았을 것이라는 점이었다.[16] 선군 정권은 북한이 믿을 만한 핵억지력을 보유하고 있어야 정권이 침략으로부터 안전해질 것이라는 생각을 확고

히 했다. 북한은 2009년, 그리고 2013년 또다시 핵실험을 했다.[17]

북한은 핵 프로그램과 탄도미사일 개발을 병행했다.[18] 북한은 사거리 500킬로미터의 단거리 미사일 능력을 보유한 것으로 알려졌다. 북한의 단거리 미사일 능력이 자체적인 미사일 생산 능력으로 연결된다는 분석에 모두가 동의하는 것은 아니다. 다만 주목할 점은 북한의 단거리 미사일이 수십년 전에 옛 사회주의권 국가들로부터 구입한 스커드(Scud) 미사일을 약간 변형한 모델이라는 것이다.[19] 북한은 사거리가 1600킬로미터까지 되는 중거리 미사일 시험에 성공하는 데 그쳤다.[20] 1998년, 2006년, 2009년 그리고 2012년 4월 장거리 미사일 발사와 동일한 기술을 바탕으로 하는 인공위성 발사는 완전한 형태로 개발이 끝난 장거리 미사일 능력을 보여주는 데 성공하지는 못했다.[21]

북한은 인공위성 발사를 주권국가의 권리라 주장했다. 특히 남한과 일본을 포함한 이웃 국가들이 정기적으로 평화적 목적으로 인공위성을 실험하고 발사하기도 했기 때문에, 평화적 목적으로 위성 기술을 개발하는 것을 포기할 의향이 없다고 말했다. 미국은 인공위성을 우주로 발사하는 데 사용되는 똑같은 기술이 핵미사일을 발사하는 데 사용될 수 있었기 때문에 북한의 행동을 도발적이고 위험한 것으로 인식했다.

2012년 북한의 성공적인 인공위성 발사는 북한으로서는 공학기술의 돌파구였을 뿐 아니라 정권안보를 위해 미국의 제재를 벗어나 행동할 준비가 되어간다는 확인이기도 했다.[22] 북한의 두번째 핵실험에 뒤이은 2009년 유엔안전보장이사회 결의안은 북한이 어떤 형태로든 탄도미사일 기술을 개발하는 것을 금지했기 때문에, 북한의 미사일, 인공위성, 핵 프로그램은 국제사회에서 명백히 불법이었다.[23] 국제기구에 도전하겠다는 북한의 의향에 모호함이 있었지만, 그런 모호함은 북한이 핵보유국임을 선언한 2012년에 완전히 사라졌다.

북한과 미국은 2008년 6자회담의 결렬 이후로, 종종 비공개 회담 형식으로 산발적으로 지속해왔던 양자협상을 2011년 말 김정일 사망 후에 가속화했다. 2012년 북한 협상 담당자들은 핵실험과 미사일 발사 시험을 중지하고, 식량 원조의 댓가로 국제원자력기구 요원들이 북한에 다시 들어가는 것을 허용하는 데 동의했다.[24] 하지만 단속적인 외교는 2012년 로켓 발사 후에 또다시 중단되었고, 어떤 의미있는 방식으로도 재개되지 않았다. 북한의 핵실험 이후에 유엔안전보장이사회는 비난 성명을 냈고, 미국은 국제법상 자신이 유리하다고 주장할 근거를 마련했다. 유엔결의안은 평화적인 목적으로도 북한이 탄도미사일 기술을 사용하는 것을 금지했다.

새로운 외교

선군 시대에 미국과의 외교는 나머지 세계와 외교관계 '정상화'를 달성하려는 북한의 노력을 잘 보여준다. 1993~94년 '1차 핵 위기'가 북한이 성공적인 외교를 펼칠 수 있다는 믿음을 심어주는 계기였다면, 1990년대 중반에서 2000년대 중반까지 약 10년 동안 북한 정부는 미묘한 차이까지 감안한 창의적인 외교를 시작한 것으로 볼 수 있다. 이데올로기적으로 다양한 국가와 외교관계를 개시했고, 국제기구와 함께 일을 했으며, 지난날의 원수지만 또다른 자아이기도 한 남한과의 실질적인 경제적·정치적 접촉을 유례없이 발전시켰다. 하지만 북한의 외교적 시도가 항상 성공적이지는 않았다. 부적절한 언행과 타협 거부 등으로 말미암아 북한은 적국과 동맹국으로부터 모두 멀어졌다.

북한은 동아시아와 유럽에 있는 미국의 동맹국을 포함해 다양한 범위의 새로운 상대국과 외교관계를 수립했다.[25] 이데올로기와 역사적 적대감도 북한의 노력을 막지는 못했다. 이러한 노력은 실용적이었고, 기회를 잘 활용한 것이었으며, 필요에서 비롯한 것이었다. 북한은 미국의 동맹국들과 외교를 정상화함으로써 미국과의 외교 정상화에 이르는 다양한 우회로를 찾았고, 황폐해진 경제를 재건하는 데 도움이 되는 자원을 확보할 수 있기를 기대했다. 1991년에서 2001년까지 북한은 42개국과 외교관계를 수립했다.[26] 여기에는 유럽연합의 13개국, 옛 소련에서 독립한 신생국, 석유 부국인 브루나이·카타르·오만·쿠웨이트가 포함되었다.[27] 한편 냉전 기간 동안 북한에 큰 규모의 대사관을 두었던 폴란드와 불가리아 같은 옛 사회주의 국가들은 대부분 북한과의 오랜 관계를 완전히 끊어버리지는 않았지만, 평양의 외교 대표부 규모를 급격히 줄였다.

북한은 선진 자본주의 국가들과 외교관계를 수립하기 위해 적극적으로 노력했다. 처음에 북한은 아시아 우선 정책을 구상했다. 싱가포르·인도·태국 같은 아시아의 부유한 국가로 하여금 한때 무역 상대국이었던 북한에 투자하도록 설득하고자 했다.[28] 북한은 비동맹운동에 적극적으로 참여했고, 인도네시아나 인도처럼 큰 자본주의 국가와 함께 일한 경험이 많았기 때문에, 아시아는 자본주의 국가와의 외교에 자연스런 출발점을 제공했다.

아시아와 중동은 파키스탄·이란·시리아와의 무기 거래 의혹의 초점이 되기도 했다. 하지만 상세한 내용은 항상 확실치 않았다. 정보기관의 추측은 전적으로 미국이나 남한에서 익명의 '정보' 담당자들의 주장, 이를테면 그 성격상 입증하기 힘든 주장에 출처를 두고 있었기 때문이다.[29] 무기 거래 규모에 관한 불확실성은 북한에만 해당되는 것은 아니었다. 하지만 무기 거래를 통해 벌어들이는 수익은 북한의 경제적 재건을 이룩하기에는 명백히 부족한 액수였다. 북한의 외교는 경제적 거래 범위가 다양한 자본주의 국가들로 계속 확장되었다. 가장 놀라울 정도로 이채로운 것은 이스라엘 및 대만과의 지속적이고 진지한 협상이었다. 북한의 관점에서 이 두 국가와의 협상은 경제적 이익을 얻을 가능성이 있었다.[30]

북한의 가장 뚜렷한 새로운 외교는 서유럽 국가들과의 관계 개선이었다. 이러한 북한의 외교 확대 노력이 용이해진 것은, 1995년에서 2005년 사이에 수백만 달러 이상의 원조를 북한에서의 대규모 인도주의적 활동에 투자한 주요 서유럽 국가들과 북한 사이의 간접 접촉 때문이었다. 1990년대 말과 2000년대 초 남한의 김대중 대통령은 포용 혹은 '햇볕'정책을 외교적으로 풀어내기 위해 서유럽 국가들로 하여금 북한과 외교관계를 수립하도록 권장했다. 런던과 평양에 대사관을 상호 개설한 것은 북한 정권이 외교적 규범과 원칙에 따라 전통적인 외교 행위에 참여하려는 의향을 가장 명백히 보여주는 조치였다.

인도주의적 외교

1995년과 2005년 사이에 북한이 외국으로부터 받은 원조는 17억 달러에 이를 정도로 많았고, 대부분은 식량 원조 형태로 제공되었다.[31] 세계식량계획은 1990년대 말에 3억 달러 정도의 원조품을 지원했다. 이는 같은 기간에 북한이 수출로 벌어들인 돈의 두배에 약간 못 미치는 규모다.[32] 2000년대에 미국과의 관계가 악화되었을 때, 북한 정권은 외국인, 심지어 인도주의적 지원기구 직원들이 북한 사회를 여행하고 관찰하고 분석하도록 허용해 안보가 위태로워졌다는 입장을 취했다.[33] 2004년 북한 정부는 곡물 수확이 나아지고 있다고 주장하며 더이상 인도주의적 원조가 필요하지 않고 대신 개발자금 유치를 바란다고 선언했다.[34] 북한은 상세한 보고와 감시를 요구하지 않는 양자 간 원조를 계속 제공해 달라고 남한에 요청했지만 2008년 이후부터, 즉 이명박(李明博) 대통령 당선 이후부터 남한의 대북정책은 바뀌었다. 이명박 대통령은 이전의 두 대통령보다 북한에 무상으로 식량이나 비료를 제공할 의향이 적었고 양자 간 원조는 축소되었다.

북한은 통역관, 행정관, 인도주의적 프로그램 담당관으로 일하는 외무성 간부의 현장실습 훈련을 위해 국제기구를 활용했다. 이러한 많은 '훈련생'은, 예컨대 홍콩과 영국의 대사관 관료처럼 해당 기관에서 발전시킨 기술을 습득해 그후 수년간 계속 활용했다.[35] 그럼에도 북한 정부는 인도주의적 기구와의 관계가 원만하지 않았다. 중앙정부는 종종 국제기구 요원이 정보를 요구한다든지, 타협이나 대등한 협상관계를 기대하는 것을 위협적이고 무례하며 불쾌하다고 생각했다.[36] 그러나 지역과 실무 차원에서 북한 관료들은 때때로 국제기구의 요구를 더 잘 받아들였다. 일부 관료들은 국제 협상을 통해 제공된 비공식적인 기회를 활용하여 협상 상대에게 더 많은 식량 원조를 제공해달라고 압박했다.[37]

북한 관료들은 국제기구에 대해 양면적이었다. 국제기구가 북한의 취약성에 대처하도록 도움을 주어야 했지만, 모든 층위의 관료 집단은 그 취약성을 드러내기를 일반적으로 꺼려했다. 선군의 논리에 따르면, 이러한 국제기구의 업무를 뒷받침하려면 투명해져야 하는데 그 과정에서 국가의 취약성이 쉽게 노출될 위험이 있다는 것이다. 또한 북한 관료들은 다른 국가에 의존한다는 점을 꺼려했고, 원조 수혜국이라는 점도 수치스러워했다. 북한 주민들은 자신들의 국가가 한국전쟁의 대규모 파괴를 극복하고 급속한 경제발전을 이룩한 것으로 인식했고, 그들이 교육과 보건 분야에서 이룩한 성과를 자랑스럽게 여겼으며, 1970년대와 1980년대에 북한의 기술적 원조를 제공받았던 국가들과 같은 부류로 취급당하는 데에 종종 불쾌해했다.

일본에 대한 외교 확대

1990년대에 북한은 일본에 대해 이전과는 반대되는 방향으로 중요한 외교 채널을 가동했다.[38] 북한과 일본은 미국과 북한 관계만큼 서로 소원하지 않았다. 우선 1950년대 이후로 100만명의 '총련' 2, 3, 4세대 중 3분의 2 정도가 일본과 북한 사이에서 교역, 투자, 가족 방문을 꾸준히 해왔다.[39] 또한 일본 좌익 정당들은 북한과 정치적 접촉을 했고, 북한과 일본의 고위급 차원의 실질적인 정상화 회담이 열린 1990년대 초를 포함해 정부 대 정부 관계가 간헐적이지만 개선되기도 했다.[40]

1995년 일본 정부는 북한에 100만 톤의 쌀을 원조했다. 이는 북한 주민 2300만명의 20퍼센트인 460만명이 1년 동안 먹기에 충분할 정도의 양이었다. 인도주의적 원조에 대한 표준적인 감독 절차의 일환으로 일본은 의회 감시대표단을 파견했다. 이런 방문에는 보통 정치적 함의가 거의 없지만, 일본 정부에 극도로 적대적이었던 북한의 공식 입장을 고려한다면 이런 교류는 외부 세계와의 외교정상화로 향해 가는 작지만 의미있는 발걸음으로 평가되었다. 하지만 선군 정권은 일본에 대한 근본적인 태도 변화를 보여주지 않았다. 선군 정권은 여전히 모든 일본 관료를 첩자와 다름없다고 생각하는 안보 중심의 세계관을, 그러한 태도가 역효과를 낳을 때에도 유지했다. 예컨대 2000년 유엔 세계식량계획은 일본 정부로 하여금 다시 한번 북한에 대규모의 쌀을 원조해줄 것을 설득했다. 그러나 일본 공식 대표단이 식량 원조 문제를 논의하게 위해 평양을 단기 방문하는 데 필요한 비자 발급을 북한이 단호히 거부하자 일본 정부는 식량 원조를 취소했다.[41]

식량 원조 외교에서 역량이 부족했지만, 평양이 토오꾜오와의 외교

정상화라는 전략적 목표를 추진하지 못한 것은 아니었다.[42] 북한 관료들은 2002년 코이즈미 준이찌로오(小泉純一郞) 일본 총리의 평양 방문을 추진하는 작업을 펼쳤고, 코이즈미와 김정일은 회담을 가졌다. 이는 국제 언론매체를 놀라게 했으며 미국의 눈살을 찌푸리게 했다.[43] 남한이 1965년 일본으로부터 식민지배에 대한 배상금을 받았던 것처럼, 북한도 배상금을 받을 수 있는 돌파구를 기대했다. 코이즈미 일본 총리는 1970년 북한 정보기관에 의해 납치된 일본인들이 송환되기를 바랐다.

김정일은 일본인 납치에 대한 북한의 책임을 인정했지만, 납치는 관료들이 독단적으로 행한 것이라고 말했다. 김정일의 이런 반응은 민간인의 추가 납치 가능성에 관한 처리되지 않은 사안을 해결하는 데 미흡했다. 납북자 가족과 친척들이 실종된 혈육에 대해 갖는 의문을 풀어줄 만한 정보를 주지도 않았다.[44]

북한에 대해 의심이 많았던 일본 대중은 북한 정부가 추가적인 범죄행위를 계속 숨기고 있다고 여겼다. 처음에는 북한 정부의 외교적 승리인 것처럼 보였던 코이즈미의 두차례 방문은, 결국 일본과의 관계를 정상화하려는 미래지향적 시도를 틀어지게 한 악감정으로 막을 내렸다. 북한은 강력하고 인기 있던 지도자, 코이즈미 총리의 북한 방문과 식민지배의 과오에 대한 공개 사과를 이끌어냈지만, 일본 민간인 납치를 북한이 유감스럽게 생각한다는 점을 의심 많은 일본 대중에게 납득시키지 못한 셈이다.[45]

대남 포용정책

북한 정부는 1999년에 한국과 비밀스런 외교적 교류에 착수했고, 뒤이어 2000년 6월에 김정일은 남한의 김대중 대통령과 평양에서 만났다.[46] 북한의 언론매체들은 대대적으로 두 지도자의 만남을 보도했다. 이 역사적 교류에 대한 사진과 글이 정부 사무실과 공공장소에 게시되었다.[47] 이는 김대중의 면밀하게 조정된, 그러나 유례없이 전격적인 화해협력 노력에 대한 북한의 긍정적 반응과 경제적 필요에서 비롯했다. 조시 부시 행정부와의 적대적인 관계로 말미암은 외교적 고립이 북한의 대남 포용정책에 추동력을 제공했다. 2000년 평양의 한 출판물은 "기대했던 대로 이런 북남 접촉의 급격한 발전은 양측 사이에 놓은 얼어붙은 장벽을 상당히 많이 녹여버릴 것이다. 하지만 〔포용정책이〕 원만하게 진행될 것으로 믿지는 않는다. 반세기 이상 지속되어온 대결과 증오에 뿌리를 내린 상호 불신이 하룻밤 사이에 해소되지는 않을 것이다. 이는 대화와 통일에 대한 양측의 기본적 태도가 서로 상당히 다르기 때문이다"라고 언급했다.[48]

국제사회를 향해 더 대결적인 입장을 취하는 선군 중심 국가안보정책을 채택할 때에도, 북한은 대남 포용정책을 추진했다. 이런 정책은 일부 전술적인 면도 있었다. 부시 행정부가 동맹국들에게 북한에 맞서 뭉치자고 촉구했을 때에도 북한은 남한과의 소통 채널을 통해 국제적 고립을 피할 수 있었다. 북한의 포용정책 채택으로 갈등이 중재되고, 때때로 해결될 수 있는 통로가 열렸다. 예컨대 2002년 여름, 실제 교전이 발생해 남북한 병사들의 인명손실까지 야기한 NLL 문제는 남북 간 포용정책의 추진을 막을 정도로 확대되지 않았다.[49] 양측은 서로 상대편이 자신의 영토를 침범했다고 비난했지만, 정치적 포용 프로세스를 순조롭게 진행시키려고 노력했다.

메워야 할 골

한국인이 아니라면, 2000년 여름 김대중 대통령의 패러다임을 바꾸는 북한 방문의 폭과 깊이를 때로 이해하기 어렵다. 1948년에 두 국가로 분리된 것뿐이지만, 남과 북에 속했던 모든 사람은 자기 나라 정부의 선전에만 의존해 휴전선 건너편의 동포에 관한 정보를 간접적으로 들으며 자랐다. 남과 북에 속해 있다면 서로 만나거나 연락을 주고받는 일이 거의 불가능했다. 남쪽에서는 세대를 거듭하며 북쪽에서 사람들이 인간 이하의 삶을 살고 있다고 교육받았고, 북쪽에서는 휴전선 이남에서는 사람들이 비참하게 억압받고 있으며 괴뢰 정부가 가장 잔악한 행위를 서슴지 않는다고 교육받았다. 이런 고정관념은 너무나 극단적이어서 북한 주민들은 1990년대 중반 영양실조 관련 질병으로 죽어갈 때에도 남한 정부가 자신들을 독살하려 한다는 두려움 때문에 생산지가 남한인 약을 받지 않으려 했다.[50]

한국인들은 1953년 비무장지대가 설정된 이후 헤어진 가족과 만날 수 없었다. 전화와 우편으로 남북한은 연결되지 않았다. 남북한 정부는 비공식적인 접촉도 막았지만, 북한 관료들은 때때로 남쪽 사람들과 외교무대에서 접촉했다. 소수의 남한 통일운동가가 북한을 방문하기도 했지만, 북한은 국내에서 북한의 우월성이라는 정치적 메시지를 극대화하고 가능하다면 남한에 동일한 메시지를 퍼뜨리기 위해 이런 방문을 의식화(儀式化)했다. 북한은 줄기차게 남한 정부를 미국의 꼭두각시에 불과한 것으로 묘사했다.

한국전쟁이 끝난 1953년 이후 남과 북은 정부는 물론 사회 차원에서도 접촉이 거의 없었다. 그러던 것이 2000년 남북정상회담 이후 남북관계에서 중요한 진전과 향상이 이뤄졌다. 제한된 조건 아래서였지만, 일부 이산가족이 전쟁 이후 처음으로 상봉했다. 북한 정부는 수천명의 남한 사람들에게 사업, 문화, 스포츠, 인도적 이유에서 북한을 방문하도록 허용했다. 이전에는 통과할 수 없었던 비무장지대를 가로질러 남북 사이에 도로와 철도가 개통되었고, 북한은 남한의 대기업 현대가 북한의 남동쪽에 위치한 명승지 금강산에 관광사업을 할 수 있도록 허용했다.

하지만 북한의 대남 포용정책은 이명박이 남한의 대통령으로 선출된 2007년에 삐걱거리면서 사실상 중지되었다. 이명박은 포용정책에 회의적이었고, 북한 정권을 믿지 않았다. 북한은 이명박 대통령을 미국 쪽에 붙어 방해와 배신을 일삼는다고 비난했지만, 북한 정권은 남한이 불신할 만한 충분한 근거를 제공했다. 선군 정권은 경제특구에 대한 남한의 투자를 수용했는데, 이 특구들은 남북한 주민의 접촉을 제한하기 위해 나머지 지역과 분리되어 있었다. 북한 정책 담당자들은 끊임없이 군사적 관점에서 남한 관료들을 적성국의 대리인으로 보았다.

북한은 이명박 행정부의 남은 기간이나 후임 박근혜(朴槿惠) 대통령 초기에 의미있는 외교적 진전을 이룩하지 못했다.

옛 동맹국들의 재편성

선군 시대에 북한은 러시아와 관계를 개선했고, 국제 포럼에서 러시아로부터 신중하지만 전략적인 지원을 받았다. 북한의 입장에서 주요 경제적 자원 공급자이자 핵심적인 국제적 협상 상대로서의 입장을 취한 것은 다름 아닌 중국이었지만, 북한은 러시아와 중국 모두로부터 경제 원조를 받았다. 북한은 중국·러시아와 군사협정을 재개했지만 이런 군사 합의는 더이상 전쟁이 발발했을 때 자동적으로 지원과 개입을 확약하는 것이 아니었다. 선군정부 입장에서 이는 '독자적인 핵억지력'이라는 것을 택하게 된 또다른 이유이기도 했다.

옛 소련은 저가 원유, 기술, 양허성 차관(concessional loan) 제공자로서 냉전 기간 북한의 핵심적 경제 파트너였다. 북한이 2005년까지 소련에, 그리고 소련 붕괴 이후에는 소련을 잇는 러시아에 빚진 양허성 차관은 약 80억 달러에 달할 정도였다.[51] 선군 정권은 2012년 110억 달러의 미지불 부채 중 약 100억 달러 탕감을 협상했고, 2014년 러시아 의회에서 합의가 성사되었다.[52] 러시아는 그 댓가로 러시아에서 북한을 통과해 남한에 이르는 원유와 가스 파이프라인을 지원해주기를 희망했다. 선군 정권은 더이상 유사한 이데올로기적 관점을 공유하지 않는 자본주의적 러시아와도 협상할 수 있다는 능력을 보여준 셈이었다.

선군 시대에 북한은 중국에 경제적으로 의존했다.[53] 북한은 중국의 원유와 물품을 수입했고 중국의 투자와 무역에 의존했다. 2007년까지 북한 무역의 3분의 2가 중국과 이뤄졌다.[54] 그러나 중국의 기업들이 무역품에 대해 시장가격을 요구함에 따라 북한은 경제적 특혜 대우를 받지 못했다.[55] 실제로 석탄과 유류품을 포함한 많은 필수 수입품의 경우, 북한은 중국 수출업자에게 국제 시장가격 이상으로 후하게 지불했다.[56] 중국의 원유 수출가격은 1995년에서 1998년까지 고정되었지만, 톤당 126달러 70센트였고 이는 국제 시장가격과 비슷한 수준이었다.[57]

중국에 대한 북한의 경제적 의존은 정치적 의존으로 넘어가지는 않았다. 선군 정권은 2006년, 2009년, 2013년 핵무기 시험에 앞서 중국과 상의하지 않았고, 중국은 북한의 핵 활동을 지지하지 않았으며 중국 관료들은 북한의 핵 프로그램을 무책임하고 안정을 해치는 것으로 생각했다.[58]

핵무장

선군 시대 외교정책의 우선 목적은 외국의 개입을 막아 정권의 생존을 확실히 하는 것이었다. 북한 정부는 경제적 원조를 확보하기 위해 외교관계의 다양화에 힘썼지만, 경제정책은 항상 국가안보의 긴급성에 종속되었다. 선군의 논리는 재래식 군사력과 외교 수완에 의존하는 것만으로는 정권안보를 보장할 수 없다고 결론을 내렸다. 그리고 대처 방안은 '핵무장'이었다. 선군 정권은 외부의 군사적 개입을 막은 것으로 볼 수 있을 정도로, 그리고 미국이 일관되게 북한을 침략할 의사가 없다고 밝힐 정도로 댓가를 치르면서까지 핵무장에 나섰다.[59] 핵무기 보유국에 들어가려는 북한의 시도는 동맹국을 곤란하게 했고, 적국을 위협했으며, 잠재적인 외국 투자자를 불안하게 했다. 북한의 핵무장 프로그램 앞에서는 전술적 민첩성이 전략적 실패를 보완할 수도 없었고 보완하지도 않았다.

14장

전략적 인내, 전략적 마비

미국과 일본을 비롯한 전세계의 많은 국가들, 그리고 휴전선 남쪽에 살고 있는 대다수의 사람들은 북한이 '불량' '열외' 혹은 그냥 단순하게 '미친' 등으로 불리는 침략국가라는 성격 때문에 국제안보에 위협이 된다고 생각했다.[1] 이런 시각에서 본다면 북한이 핵무기를 비롯한 대량살상무기를 보유할 경우 그 위협은 기하급수적으로 증폭될 것이다. 중국과 러시아는 북한을 불량국가로 바라보는 시각에 동의하지 않지만, 북한의 핵무기 프로그램을 지원하지도 않았다.[2]

북한의 동맹국과 적성국 모두 북한과 미국 사이에 역사적으로 형성된 해결되지 않는 갈등과 동아시아에서 미국이 차지하는 지배적 위치를 염두에 둘 때, 미국이 북한과의 국제적 협상에 반드시 대표로 나서야 한다고 인식을 같이했다.[3] 미국 정부에 동아시아는 중요했지만, 9·11과 이어진 '테러와의 전쟁' 이후 안보 우선순위가 중동으로 이동했다. 미국의 동아시아 정책은 일본과의 동맹체제를 확보하는 데 노력을 집중시켰으며, 경제적 파트너이자 이제껏 정치적 적성국이었던 중국과 복합적인 관계를 유지하는 데 초점을 맞췄다.[4] 미국의 정책은 일종의 봉쇄정책이 되었다. 북한에 유인책을 제공하는 데 대한 미국 내의 정치적 반대와 더불어 다른 우선적인 국제정책 때문에 한반도의 갈등을 해결하기 위한 속도감 있는 계획이 사전에 차단되었다. 1994년 4월 미국과 북한이 거의 전쟁에 이르렀을 때, 서울을 불바다로 만들 수 있다는 치명적인 보복에 대한 두려움 때문에 군사력은 결코 실행 가능한 정책 수단이 되지 못했다. 미국 행정부는 경제적 제재, 외교를 지원하기 위한 인도주의적 원조 계획의 전략적 조정 말고는 다른 협상 수단이 거의 없었다.

2기 오바마 행정부는 '전략적 인내'라는 정책을 개발하고 북한의 비핵화를 위해 중국이 더 많이 노력할 것을 요청했다. 국제기구, 각국 정부, 비정부기구 들이 북한에 대한 비핵화 요청을 지지했고, 북한 인권문제 개선을 주장했다. 그러나 핵 협상과 인권 문제를 연계해야 한다는 미국 일각의 주기적인 요청에도 미국 행정부는 이 둘을 분리했다.[5]

안보 어젠다의 축소

미국의 안보 기획자들은 1953년 한국전쟁을 종식시킨 휴전협정을 대체하는 평화협정 형태의 포괄적인 안보 협상을 북한을 상대로 추진할지를 놓고 주기적으로 논의했다. 그러나 이미 구체화되어버린 다양한 북한 문제에 대한 논란을 포괄적으로 해결하려는 이런 계획은 결코 체계적으로 추진되지 않았다.[6] 미국의 안보 목적은 북한이 핵무기를 확보하지 못하도록 한다는 개별 과제에 초점을 맞추었다. 만약 이 정책이 명백히 실패한다면 정책 목표는 핵무기 개발을 저지하는 것이 된다. 여기에는 핵무기를 탑재할 수 있는 탄도미사일 기술 개발 저지도 포함되었다.[7] 북한이 이란이나 시리아 같은 현 국제질서의 현상 유지를 거부하는 다른 국가들에 핵기술을 제공할 수 있었기 때문에, 미국 안보정책은 핵무기 및 핵기술 비확산에도 초점이 맞춰졌다.[8] 북한이 화학·생물학 무기를 생산할 잠재력 같은 다른 안보 문제는 선군 시대에 덜 부각되었다. 1990년대 경제 위기로 북한 중공업이 타격을 받았기에 관련 무기의 생산 가능성이 적었기 때문이다.[9]

클린턴, 부시 그리고 오바마 행정부는 북한과의 협상에서 동일한 목적을 공유했고, 협상 국면에서도 공통점을 많이 보여주었다. 각 행정부는 비행동, 비접촉 그리고 북한 지도부에 대한 규탄으로 시작했다. 비접촉 후에 행동주의적인 외교적 접촉 기간이 이어졌다. 문제는 이런 접촉이 비타협적이면서 어설픈 북한의 태도와, 북한과의 어떠한 합의도 반대하는 미국 내 여론 때문에 실패로 귀결되었다는 점이다. 외교적 접촉이 시작되는 이유와 그후 지속 가능한 해결책을 찾지 못한 이유는 달랐다. 하지만 접촉의 전체적인 양태는, 연이은 행정부들이 당시 위기를 다루려면 전임자들이 다져놓은 기반을 먼저 회복해야 했다는 것을 의미했다.

미국은 국내의 논란에도 불구하고 1994년 제네바합의를 통해 북한의 핵 활동 동결을 포함한 많은 목적을 달성했다. 미국은 북한에 대한 장기간의 경제 제재를 완화했지만, 북한과의 교역과 경제적 관계에 가해진 모든 제약을 철폐하지는 않았다. 제재 완화는 많은 것을 주기 위한 것이라기보다는 북한이 협력할 경우 미래에 주어질 보상 가능성을 보여주기 위한 것이었다.

여러차례 협상을 통해 1999년 미사일 시험 중단이 도출되고, 북미관계가 개선되었다. 미국의 고위 외교관이자 미국 측 협상자인 웬디 셔먼(Wendy Sherman)이 북한과의 협정에 대해 다음과 같이 밝힐 정도였다.

〔북한과의 협정은〕 클린턴 대통령 집권 말에 간신히 마무리되었다. 그 협정이 완성되면, 북한이 탄도미사일과 관련 기술의 수출을 중단

시킬 뿐 아니라 장거리 탄도미사일의 추가적인 생산·배치·시험을 중단시킬 수 있을 것이다.

클린턴 행정부는 최종적인 세부 사항을 확정하기 전에 시간을 모두 사용했다. 2년 동안 클린턴 행정부는 실제적인 단계적 정책을 추진해 평양의 탄도미사일 시험 중단을 이뤄내고, 원자로가 있는 것으로 의심되는 지하 공간에 접근할 수 있으며, 북한의 군사 고위 관료 조명록(趙明祿) 차수의 첫 미국 방문을 이끌어냈다.[10]

2001년에 클린턴 행정부의 뒤를 이은 조지 부시 행정부는 북한 사람이라면 일단 불신했다. 그뿐 아니라 이전 정부에서 이루어진 어떠한 협정도 불신했다. 워싱턴 DC의 모든 정파가 부시의 초기 정책에 붙인 명칭이 'ABC', 즉 'anything but Clinton'(클린턴이 하던 것만 아니면 뭐든 괜찮다)이었다. 대북정책도 예외는 아니었다. 북한에 말을 거는 것 자체가 원칙 없는 입장을 취하는 것이자 '유화정책'이라고 생각하는 의회의 회의론자들은 딕 체니(Dick Cheney) 부통령과 유엔 미국대사 존 볼턴(John Bolton)의 강력한 지지를 받았다. 이처럼 영향력이 있는 부시 행정부 관료들은 초기부터 줄곧 북한이 제네바합의의 의무를 '저버렸다'고 확신했다. 북한이 1994년 합의서 및 그 정신과는 정반대인 이른바 '고농축우라늄'(HEU) 루트를 통해 은밀하게 핵 프로그램을 개발하고 있다고 주장했다.

미국 국내정치에서 등장한 거친 수사(修辭)와 더불어, 북한을 국제적으로 고립시키고 압박하는 공세가 뒤따랐다. 2002년 에스빠냐 해군은 공해상에서 예멘으로 향하는 북한 선박을 나포했다. 배에는 15기의 북한 스커드 미사일이 실려 있었다. 에스빠냐는 예멘 정부가 이런 무기 거래의 합법성을 강력하게 항변하자 어쩔 수 없이 미사일을 돌려주어야

만 했다. 미국은 유엔을 포함한 기존의 다자간 기구 밖에서 발전시킨 대
량살상무기확산방지구상(PSI)의 가속화로 대응했고, 대량살상무기를
적재한 북한 선적에 대해 공해상에서 차단 조치를 취하려고 계획했다.
국제수역에서 선적을 차단하는 것이 합법적인지는 여전히 불분명했고,
북한의 중요한 동맹국인 중국이 서명하기를 거부해 북한 선적을 목표
로 삼는 데에 대량살상무기확산방지구상의 효과는 약화되었다.[11]

　역내의 강대국들은 북미 간 말의 전쟁이 실제 군사 충돌로 확대되지
않을까 우려했다. 부시 행정부는 장 쩌민(江澤民) 주석이 9·11 이후 미
국에 조건 없는 지원을 제공한 이후 중국과 상당히 원활한 관계를 유지
했고, 중국은 중재자로서의 위치를 활용해 미국과 북한이 협상 테이블
로 돌아올 수 있게 노력했다.[12] 2002년 부시 대통령은 텍사스 주 크로포
드에 있는 자신의 별장에서 중국 최고지도자를 만나 북한의 비핵화에
대해 논의했다.[13] 중국 외교의 성과는 2003년 베이징에서 6자회담에 착
수한 것이었다. 이 회담은 미국·북한·중국·남한·러시아·일본 사이에
대화를 불러왔다.[14]

　부시 행정부의 목적은 북한 핵 프로그램의 '완전하고도, 되돌릴 수 없
으며, 검증 가능한 폐기'(complete, irreversible and verifiable disarmament)
였는데, 이는 종종 CIVD라는 약자로 알려져 있다. 2003년에서 2006년
까지 미국 관료들은 6자회담을 포함해 북한 관료들이 동석한 회의에 참
석했지만, 협상에 앞서 그들은 북한이 무조건적인 비핵화에 동의하지
않으면, 특별히 문제될 게 없는 의제에 대해서도 북한 관료들과의 논
의에는 동참하지 말라는 지시를 받았다. 정책 담당자들 사이에서 가능
한 한 협상을 해야 한다는 쪽과 하지 말아야 한다는 쪽으로 입장이 갈렸
다. 부시 행정부의 미국 측 전직 협상 담당자인 찰스 프리처드(Charles
Pritchard)는 2006년까지 "대북정책은 북한의 정권교체를 추진하는 행

정부 담당자들에게 장악되었다"라고 주장했다.[15] 중국과 러시아뿐 아니라 미국의 동맹국인 일본과 한국도 협상 없이 어떻게 협상안이 나올 수 있을지 의아했다. 북한이 일방적인 폐기 요구에 응하지 않은 것은 놀라운 일이 아니었다.

2005년 부시 행정부 내 권력 지형에 변화가 일어났다. 외교적 해법을 주장하는 세력이 단호하게 협상을 반대하는 네오콘 세력보다 강세를 보였다. 부시 행정부는 비핵화에 앞서 북한과의 직접 대화에 나서지 않는다는 정책에 미묘한 변화를 주었고, 이런 정책 변화는 2006년 북한의 1차 핵실험 후에 추진력을 얻었다. 부시 대통령과 콘돌리자 라이스(Condoleeza Rice) 국무장관은 국무부 고위 관료 출신의 크리스토퍼 힐(Christopher Hill) 대사가 북한과의 적극적인 접촉을 추진하는 것을 승인했다.[16] 힐은 국무부 관료들이 북한 관료들과 평양에서 함께 일하면서, 수천쪽에 달하는 북한 핵 프로그램 관련 문건을 확보해 미국에 전달하는 일을 허용하는 협정을 구축했다. 협정 준수를 가시적으로 보여주는 차원에서 북한은 국제 참관인들이 지켜보는 자리에서 영변의 원자로 냉각탑을 폭파했다.

이처럼 좋은 전조와 비교적 실질적인 과정이 있었음에도 불구하고, 워싱턴의 비판자들은 북한이 약속 이행을 '저버렸다'며 비난했고 협상은 또다시 결렬되었다. 미국 내의 비판자들은 북한이 핵 시설에 대한 문건을 충분히 내놓지 않았다고 주장했고, 추가적인 협상 이전에 광범위하고 포괄적인 검증 작업이 실시되어야 한다고 요구했다.[17] 북한 입장에서 세부 검증 사항은 비핵화 과정의 일부로 협상되어야 하며, 자신들의 모든 군사 시설, 연구소, 정부 부처, 그리고 검증에 대한 폭넓은 해석과 관련될 만한 모든 장소를 개방하는 것은 미국에 주권을 넘겨주는 일로 해석되었다.

워싱턴의 일부 인사들은 북한의 주장을 협상을 깨기 위한 명분 쌓기로 간주했다. 부시 행정부의 영향력 있는 인사들은 빈번하게 목소리를 높여 핵 문제는 북한 정권과 결코 협상될 수 없으며, 북한 정권의 말살을 통해서만 해결될 수 있다고 천명했다. 이런 시각에서 북한 정권의 종말이 핵 협상의 유일한 효과적인 검증 방법이 된다는 것이었는데, 이는 정확히 북한이 미국 정책의 숨은 목적이라고 의심하는 지점이었다.

간헐적인 북미 양자 간 회담은 2008년 이후에 이뤄졌지만, 미국과 북한 모두 상대가 정직하게 협상에 임하지도 않았으며 합의에 이를 정도로 충분히 타협할 준비가 되어 있지 않다고 생각했다. 6자회담은 재개되지 않았다. 2009년 취임한 오바마 대통령은 북한이 핵무기와 미사일을 포기할 때까지 기다린다는 '전략적 인내' 정책을 내놓았다.[18] 미국이 심각한 국내 경기침체와 이라크 전쟁 종식에 여념이 없었기 때문에, 북한은 오바마 행정부의 우선순위가 아니었다.

그럼에도 2011년 오바마 행정부는 2012년 '2·29 합의'(Leap Year Agreement)를 도출해낸 외교 방안으로 협상을 재개했다. 세부 사항은 공개되지 않았지만, 탄도미사일 시험 중지에 대한 댓가로 북한에 대규모의 식량 원조를 제공한다는 내용이 포함된 것으로 알려졌다. 2012년 북한 정부는 미국 특사 로버트 킹(Robert King)의 평양 방문에 합의했는데, 그의 대외적인 방문 목적은 북한의 인권을 증진시키는 것이었다. 하지만 2012년 4월, 북한 자신은 인공위성이라 부르고, 미국은 장거리 미사일이라고 규정하는 물체를 발사함에 따라 이전의 상황으로 되돌아갔다. 미국은 북한이 2월 합의를 폐기해버렸다고 비난했고, 두 적대국 사이의 외교 접촉은 다시 서서히 중단되었다. 오바마 행정부 입장에서 북한은 여전히 이라크·시리아·아프가니스탄보다 후순위였고, 2기 오바마 행정부 기간 동안 핵 문제를 포함해 북한과의 갈등 영역에서 어떤 실질적인 진전도 이뤄지지 않았다.

남한이 북한에 대한 접근 방식을 바꿈과 동시에, 미국의 대북정책은 남한에게 주도권을 주는 방향으로 바뀌었다. 2000년대 대부분의 기간 동안 남한은 남북 간 경제적·외교적 접촉이 신뢰 구축의 점진적 과정을 뒷받침한다는 인식에 바탕을 둔 전략을 실행했다.[19] 이런 '협력의 관례'는 장차 군사나 국가안보 등 더 어려운 영역으로 '번져나가도록' 설계된 것이었다. 2008년에 취임한 이명박 대통령은 2000년대의 포용, 즉 '햇볕'정책은 남한에 긍정적인 결과를 가져오지 못했다고 주장하면서 전임자들인 김대중과 노무현(盧武鉉)의 포용정책을 거부했다. 이명박 정부는 북한에 대한 지원을 실질적으로 축소했다. 이명박은 남한의 정책을 미국의 정책에 맞추어 더 확고히 조정할 것임을 분명히 했다.

이명박은 실질적 수준의 외교적·정치적·경제적 관계가 재개되기에 앞서, 북한 정부에 확고하게 비핵화 약속을 이행하라고 촉구했다. 남한은 새로운 협상을 허용하기에 앞서 북한에 '상호주의'를 요구했지만, 실질적인 평화와 장기간의 안정을 이룩할 수 있는 새로운 전략을 명확하게 말하지 않았다. 남북 외교는 양측의 확성기 외교로 대체되었다. 다자간 외교의 중단과 남북 외교관계의 단절은 북한 정부의 고집불통을 '응징'하기 위한 것이었지만, 그것은 접촉 채널과 갈등 해결의 공간을 막아버리기도 했으며, 남북에 관한 모든 사건을 위험스럽게 부추겼다.[20] 2010년 남한의 군함인 천안함이 침몰해 많은 사망자가 발생하고 국제적으로 북한에 그 책임이 돌아갔을 때, 외교적 소통 창구가 거의 존재하지 않았고 갈등은 위험스럽게 증폭되었다.

이명박 정부 기간 동안 남북 간 실질적인 대화는 이뤄지지 않았다. 2013년 남한 최초 여성 대통령인 박근혜가 이명박 대통령의 뒤를 이었다. 박근혜 대통령은 집권하면서 북한에 대한 '신뢰외교'(Trustpolitik)

정책을 천명했고, 통일에 대한 언급으로 비전을 진작시켰다. 하지만 박근혜 정부가 그 정책을 실행할 방도를 찾지 못함에 따라 신뢰외교는 어려움에 봉착했다.

미국과 남한이 북한의 안보 역학에 참여하지 못하고, 일본이 역사적이며 동시대적인 소원함 때문에 개입할 수 없게 되자 그 정치적 공백을 중국이 채웠다. 중국의 정책적 대응은 북한을 점진적으로 통합하고, 북한 지도자들의 피포위 심리를 경감시키기 위해, 북한이 나머지 세계와 경제적·정치적 관계를 정상화하도록 하는 것이었다. 중국은 미국과 북한이 협상 테이블로 되돌아오도록 수차례 노력하면서도, 북한의 국가안보 문제에 진지한 관심을 보이는 외교적 합의만이 한반도의 장기간 안정을 가져올 수 있다고 미국에 강조했다. 점진적 진전을 권장하는 점진주의 전략과 병행해 중국은 2011년 김정일 사망 후 김정은의 새로운 지도부와 외교적·군사적·경제적 관계를 유지했다.

전임 행정부처럼 오바마 행정부는 중국의 역할에 기대가 높았다. 오바마 행정부는 중국과 러시아도 북한에 대한 미국의 제재 조치에 동참해야한다고 주장했다. 더불어 중국이 북한과 관련된 전세계적 정책의 전달자 역할을 하기를 기대했다. 동시에 미국은 '아시아로의 중심축 이동 전략'(pivot towards Asia)을 통해 국방과 외교 정책을 변경했는데, 중국은 이 전략의 군사적 측면이 중국의 국익에 위협적이라고 인식했다.

안보정책 수단으로서 인도주의적 원조

미국의 안보 기획가들은 북한이 필요로 하는 인도주의적 원조를 안보상 긴급사항으로 재조정했다. 미국은 식량을 외교적 수단으로 활용하는 유일한 국가는 아니었다. 2000년대 기간 동안 남한은 식량과 비료의 거의 무조건적인 지원을 북한에 대한 장기적 개방 전략의 일환으로 생각했다.[21]

북한에 대해 회의적이고 강경한 의회는 북한이 '나쁜 행동을 하는데도 보상을 해줘야 한다'는 것을 수긍하지 않았다. 1994년 제네바합의는 워싱턴 내부에서 커다란 논란이 되었다. 그 협정은 조약의 위상을 갖지 못했고, 협정 실행을 막을 권한을 가진 의회에 의해 재가되거나 승인되지 않았다. 미국은 협정 조건에 따라 북한에 중유를 제공해야 했고, 클린턴 정부 관료들은 중유가 경제적 원조가 아니라 '구호품'(aid)이며 난방과 전기 발전에만 사용될 것이라고 의회 내 비판자들을 설득했다. 이런 목적을 명백히 하는 한편, 중유가 실제로 의도한 목적에 사용되고 있는지 검증하기 위해 전달 과정이 꼼꼼하게 감시되었다.[22] 마침내 클린턴 행정부는 북한에 구호품으로 20만 톤의 중유를 제공했지만, 그것은 항상 늦게 전달되었고, 클린턴 정부 관료들이 의회의 충당기금 지원을 확신할 수 없었기 때문에 클린턴 행정부는 대통령이 인가한 특별기금을 조성해야 했다.[23] 클린턴 정부 관료들은 1999년에 더 큰 어려움에 직면했다. 북한의 금창리에 탄도미사일 개발이 이루어지는 듯한 시설을 찍은 위성사진 때문이었다. 여론은 이 시설에 대한 확인을 요구했다. 클린턴 행정부는 금창리의 의심 지역에 접근하기 위해 그들이 내걸 수 있는 유일한 협상 수단인 식량 원조를 제시했다.[24] 1995년 식량 원조로 할당된 69만 5154톤 가운데 50만 톤은 의심 지역에 미국 감시단이 접근할 수 있게 하는 협상의 직접적인 결과였다. 미국은 북한에 대한 인도주의적 지원의 필요성을 식량 원조 제공의 근거로 인식했지만, 북한과 협상하는 데 대한 의회와 국내의 반감은, 미국 행정부 입장에서는 국내의 비판자들이 정치적으로 받아들일 수 있는 원조 말고는 다른 대외정책 수단이 없다는 것을 뜻했다.

미국의 공식 방침은 인도적 원조 제공과 안보정책을 분리하는 것이었다.[25] 실제로 미국이 인도주의적 정책의 다양한 협약에 서명한 국가임을 고려하면 당연한 일이었다. 어떠한 국가도 다른 국가에 인도주의적 원조를 제공할 의무는 없다. 그러나 만약 그 원조를 한다면 국제법규에 따라 수혜국의 정치와 무관하게 필요할 경우에만 제공해야 한다. 식량 원조가 안보 협력에 대한 유인책으로 활용되면, 인도주의적 원조의 명백한 필요성에 구애받지 않고 원조를 철회한다고 위협해도 대수로운 일은 아닐 터였다. 고집불통인 북한으로부터 안보에 대한 합의를 얻어낼 목적으로 굶주린 북한 주민들에게 식량을 주지 않는다는 논리가, 윤리적 사명과 현실정치적 국익 증진을 결합한다는 미국의 비전과 불안하게 동거하고 있었다.

2002년, 2003년, 2004년, 2005년에 제공된 소규모의 식량 원조는 외교 협상의 결과가 명백히 아니었다. 안보 의제에서 논의의 진전이 거의 이뤄지지 않았다는 의미에서, 부시 행정부는 안보 문제를 북한에 대한 원조와 연계하지 않았다. 2006년과 2007년에 미국은 식량 원조를 완전히 철회했다. 2005년 북한 정부가 자신들은 더이상 인도적 원조가 필요하지 않으며, 장기적 경제 부흥에 기여하는 개발원조가 필요하다고 주장했기 때문이기도 했다. 미국 내 비판자들이 양허성 차관과 보조금 제공이 북한 정부가 국제법을 어겼는데도 보상을 받는 것을 의미한다고 주장했기 때문에, 미국의 방침은 개발원조 반대로 가닥을 잡았다. 2000년대 초중반의 유화적인 남한 정부가 북한에 대규모로 비료와 식량을 싼값에 '빌려줌'에 따라 논란의 여지가 없어졌음에도, 국제 비정부기구들은 북한에 인도주의적 필요성이 존재한다고 계속 주장했다. 따라서 미국 정부는 두차례에 걸친 부시 행정부 첫 6년 동안, 정치적 이득과 인도주의적 원조를 맞바꿔야 하는 문제에 맞닥뜨리지 않을 수 있었다.

부시 행정부는 2006년 북한과 집중적인 협상에 들어갔다. 그러나 클린턴 행정부의 정책과 마찬가지로 효과적인 수단이 없어서 곤경에 처했다. 미국의 정책 담당자들은 북한을 협상에서 유인할 방법도 거의 없었고, 경제 제재를 효과적으로 만들 역량도 없었다. 결과적으로 북한에 대한 인도주의적 원조가 급격히 늘었다.[26] 부시 행정부의 참모들은 인도주의적 원조와 안보상의 목적을 분리해야 한다고 주장했다. 2008년 의회조사국 보고서의 회의적인 언급에 따르면, "미국의 약속 시기 선택은 때때로 북한의 핵 프로그램에 관한 회담에 영향을 끼치려는 바람이 동기가 된 것처럼 보인다. 미국의 원조와 북한과 세계식량계획의 협력 증진 사이의 관련성은 때때로 희박했다".[27]

오바마 행정부는 식량 원조 제공과 철회를 안보 협상에 연계하는 데에서 전임 행정부보다 더 명시적이었다. 2012년 3월 '2·29 합의'가 결렬되자, 『로스앤젤레스타임스』(*Los Angeles Times*)는 "미국은 미사일이라고 하지만 북한은 인공위성을 우주에 쏘아 올리기 위한 로켓이라고 주장하는 물체를 발사한다는 평양의 계획을 접하고, 오바마 행정부는 북한에 24만 톤의 식량 원조를 제공한다는 계획을 철회했다고 한다"라고 보도했다.[28] 인도주의적 원조와 안보 수단의 구분이 명백히 무시된 셈이었다.

인권 논쟁의 정치화

북한 인권에 대한 전세계의 시각은 다양하다. 북한이 주민들에게 제약을 가하는 유일한 이유가 미국의 군사적·경제적 압력이 북한 지도자들에게 국가안보를 중시하도록 만들었기 때문이라고 주장하는 시각에서부터, 북한 정부는 본질적으로 인권 침해 국가이며 따라서 정권교체가 인권 문제에 대응하는 실행 가능한 유일한 정책이라고 주장하는 시각까지 있다.[29] 북한 인권 문제에 대한 논쟁이 정치화될 경우 학문 영역에서는 물론이고 정책의 장에서도 제대로 된 논의가 거의 이뤄지지 않았다.[30] 북한의 모든 문제를 미국의 탓으로 돌리고자 하는 사람들은, 북한은 좌절된 자유민주주의 국가로서, 이동과 집회의 자유를 보장하고 북한 주민들의 일상적 삶에 대한 국가의 개입을 줄이는 정치적 변혁을 실행하지 못한 이유가 미국의 정책 때문이었다고 말하지만 설득력은 없다. 북한 정권을 개혁할 수 없다고 주장하는 사람들은 정권교체 옹호로 인권 의제의 핵심을 희석하기 때문에 설득력이 없다.[31]

북한이탈주민의 진술은 정치 의제를 뒷받침하기 위해 관행처럼 전용되었다. 북한이탈주민이 북한에서 탈출 후 남한 정보기관에 제공하는 정보의 유용성을 인정받으면 더 많은 사례비를 제공받는 시스템이 있었다. 도덕적 해이 문제가 부상했고, 남한은 2000년에 들어 북한이탈주민에 대한 접근 방식을 바꾸었다.[32] 남한은 계속해서 북한이탈주민을 재정적으로 지원했지만, 지원이 정보 '가치'와 연계되지는 않았다.[33] 이전과는 달리 북한이탈주민의 말과 행동에 대한 남한 정보기관의 면밀한 통제가 줄어들었다.[34] 오히려 북한이탈주민의 진술과 설문조사에서 얻을 수 있는 정보가 더 섬세해지고 더 신뢰할 만하게 된 것은 우연이 아니었다.[35]

남한 연구자들은 자료에 접근할 수 있고 북한과 가까운 곳에 살고 있으며 학술 저작을 내놓는 데에 순수한 관심이 있지만, 2000년대 말 이후 남북관계에서 긴장이 높아짐에 따라 연구가 경직되었다. 학자들은 남한의 국가보안법을 조심해야 했다. 이 법에 따르면 북에 대한 지지는 형사범죄에 해당하고, 연구자들이 북한 사회에 대해 너무 많은 '이해'를 보여주면 국가보안법 위반으로 해석될 수 있었다. 남한 연구자 김수암의 북한 형벌 제도에 대한 꼼꼼한 설명은 북한의 인권 침해에 대한 체계적이고 면밀한 연구에 속했지만, 이러한 면밀한 분석이 널리 알려지지는 않았다.[36]

2004년 유엔은 북한 인권 특별보고관을 임명했고, 유엔인권위원회는 일련의 북한 인권 관련 보고서를 제출했다.[37] 북한 인권 특별보고관이 제출한 2012년 유엔인권이사회 보고서에서는 북한이 사형 제도를 유지·활용하고 있을뿐 아니라, 법률 및 사법 제도가 불투명하고, 사법부의 독립성이 결여되어 있음을 비판했다. 보고서는 납치당한 외국인들에 대한 충분한 설명을 요구했고 망명을 신청한 북한인들에 대한 처벌과 몇몇 고문에 가까운 학대 행위를 중단하라고 요청했다. 또한 특별보고관은 남과 북에 이산가족 상봉을 더 진전시키라고 요청했다. 북한 정부가 농업을 향상시키기 위해 더 많은 노력을 기울여야 할 필요가 있음을 환기시켰고, 원조가 '정치적 요구에 따라 이뤄져'서는 안 된다는 주장과 함께 다른 정부들도 인도주의적 원조를 제공할 필요가 있음을 일깨웠다.[38]

마루즈키 다루스만(Marzuki Darusman) 특별보고관의 2013년 2월 유엔인권이사회 보고서는 북한 인권 침해 조사위원회(Commission of Inquiry) 설립의 근거를 제공했다.[39] 조사위원회의 보고서는 북한의 인권 침해, 특히 정치적 동기에서 이뤄진 탄압과 관련된 인권 침해에 깊은 우려를 표명했다. 보고서는 광범위했다. 북한 정부의 투명성 부족과 결합된, 체계적으로 이뤄지는 반복적인 수감과 사법권 남용은 국제 인권 운동가들이 인권 문제로 선군 정권을 계속 압박하게 하는 충분한 근거로 작용했다.

유엔 회원국들은, 인권 문제가 북한의 독립적인 사법권에 개입하기 위한 정치적 구실로만 활용되고 있다는 북한 정부의 주장에 동의하지 않았다. 하지만 일부 국가는 북한이 저지르고 있다는 충격적인 일들에 대한 의혹에 대해 수긍하지 않았다. 북한이 체계적으로 끔찍한 인권 침해를 저지르고 있어서 정부의 존재 자체가 도덕적 혐오감을 불러일으킬 정도라고 주장하는 북한 인권 문제 의제 설정에 대해서도 회의적이었다. 2014년 3월, 중국은 유엔인권이사회 북한 인권 침해 조사위원회 보고서를 '현실과 동떨어진 것'이라고 비난했다.[40]

전략적 마비

미국은 1994년부터 2001년까지 7년 동안 북한 핵 프로그램을 동결시키는 데 성공했고 4년 동안 중장거리 탄도미사일 시험 중지를 이뤄냈다. 그러나 9·11 이후 북한에 대한 선제적 외교정책을 추진할 의사와 역량이 줄어들었다. 이라크 전쟁, 아프가니스탄 전쟁, 국제적인 테러, 혹은 2008년 세계적인 경기침체 이후의 경제와 비교했을 때, 미국 대통령들이 정치적 이익을 희생하면서까지 의회와 상원을 통해 논란 많은 북한과의 협상을 밀어붙일 정도로 북한이 결코 중요하지 않았다.

우열을 가리기 힘들 정도로 균형을 이룬 상원과 연방의회에서 다수가 북한에 대해 아는 바가 거의 혹은 아예 없는 상황이라, 북한의 사정에 밝은 것처럼 보이는 한두명의 정치적 발언이 의제에 과도한 영향을 끼칠 수 있었다. 미국 행정부가 북한에 관한 폭넓은 우려와 무기확산금지 협상을 조심스럽게 분리하려고 했을 때 국내 압력단체들, 특히 도덕적으로 혐오스러운 정부와 협상을 하는 것은 해당 정권의 생명을 연장시켜주는 것과 마찬가지라고 간주하는 단체들은 북한에 대한 양보에 신경을 곤두세웠다. 북한과의 어떠한 협상도 반대하는 이들이 협상 타결을 항상 막을 수는 없었지만, 합의사항 실행을 막거나 지연시킬 수는 있었다. 미국 대통령의 권한은 국내의 정치 현실에 구애받았고, 미국 협상가들이 북한과 너무 많이 타협한 것처럼 보일 경우 때때로 악의적이기까지 한 개인적 비방을 감당해야 했다.[41]

지속적인 외교의 부재로, 북한의 핵 능력이 증강되고 탄도미사일 기술 개발 능력이 점점 정교해지는 예기치 않은 결과가 나왔다. 전략적 인내 정책은 인권 개혁이나 비핵화라는 소기의 목적을 달성하지 못했고, 동아시아에서 가장 중요하고 지속적인 위기에 대한 미국 지도력의 부재에서 비롯한 지역적인 정치적 공백을 중국이 채우게끔 했다. 북한이 사실상 핵무장 국가가 됨에 따라 전략적 인내는 마비로 바뀌게 된 것이다.

15장

변화를 이끄는 북한 주민들

북한의 정책은 지난 12~13년간 크게 바뀌지 않았다. 김일성 시대의 대중동원은, 정권 생존이라는 최우선 목적이 국내외 정책에서 가장 중요해짐에 따라 선군정치로 바뀌었다. 정치적 자유는 여전히 존재하지 않았고, 정치개혁은 정치 의제에서 벗어나 있었다. 북한 정권은 여전히 권위주의적이었으며 체계적으로 개인의 인권을 정권의 안보라는 긴급한 과제에 종속시켰다. 그러나 동조자에게 보상을 주고 반대자를 처벌하는 국가의 역량이 붕괴되었다. 북한 주민들은 특히 일상적인 경제적 의사결정에서 제한적이지만 중요한 자유를 행사할 공간을 개척할 수 있었다.

냉전 기간 동안의 엄격한 명령경제에서 오늘날 시장화된 사회로 변모한 북한의 모습은 계획되거나 예견된 것은 아니었다. 그러나 북한 정권이 아니라 주민들이 외부적·내부적 긴급사태에 대응하는 과정에서 자신들을 위해 스스로 어떤 조치를 취했는지 이해하는 것으로 변화를 설명할 수 있다. 여성들을 중심으로 수백만명의 소상인들이 물품을 교환하고, 거래하고, 판매하면서 민간경제에 전면적으로 참여하는 자기주도적 활동이 아래로부터 그리고 안으로부터 사회를 변모시켰다. 북한 사회의 변화는 외부에서 주도한 것이 아니었다.

일상생활에서 대부분의 북한 주민은 생존하기 위해, 그리고 드물게는 번창하기 위해 정부의 통제를 피해가야 했다. 북한 정권이 생명과 생계 유지에 시장화가 근본적으로 중요하다는 점을 인정하지 않으려 함으로써, 공식 발표와 실제 생활 사이의 괴리는 심화되었다. 정권은 경제적 고난을 종식시키지 못했고, 북한 주민들은 중국과 남한의 더 나은 생활수준을 알게 되었다. 자연스럽게 선군 정권의 정당성이 위기를 맞았다. 남한을 향한 북한 당국의 공격적인 수사는 북한이 남한보다 부유하지 않지만 더 정당성 있는 한국임을 북한 주민들에게 보여주기 위해 고안된 측면도 있었다. 오래전 디즈레일리(Benjamin Disraeli)가 언급했듯이 애국심은 악당의 마지막 수단이었다.

사라져버린 것은 무엇인가

때때로 북한에 관한 보고와 논평으로 통용되는 소음과 분노 속에 사라져버린 것은 진짜 비극이다. 마실 만한 물도, 전기 공급과 약품과 양질의 식량도 없이, 자유롭게 여행한다거나 정부에서 허가하지 않는 책과 잡지를 읽거나 정부를 비판할 기회도 갖지 못하고, 이번 세대는 아니지만 다음 세대는 상황이 더 나아질 것이라는 합당한 기대도 품지 못한 채 살아가야 하는 일상적인 비참함이 그것이다. 이러한 일상적 고난은 북한에만 해당되는 것은 아니다. 전세계 수백만명의 사람들, 특히 여성들이 처한 삶의 조건에서 나타난다. 북한 사회의 이러한 일상적 현실은 신문 판매 부수를 늘리고, TV 시청률 상승을 기대할 수 있게 선정적으로만 사용된다. 마찬가지로 인터넷 트래픽의 불협화음보다 북한에 관한 자신들의 목소리가 더 잘 들리도록 극단적인 독설을 계속해서 수위를 높여야 인기를 얻을 수 있는 블로그에서는 웬만큼 선정적이지 않고는 좀처럼 논의되거나 보도되지 않는다.

두번의 인구조사에서 북한 인구는 1993년 2100만명에서 2008년 2400만명을 넘는 정도로 증가했다. 그러나 이 증가의 의미가 보고된 적은 없다. 왜 이 수치들은 이 나라가 가난에 허덕였지만 그렇게 유별난 것은 아니었다는 점을 시사하는가?[1] 이러한 인구조사 통계는 재미없는 헤드라인이다. '300만명 사망' '자신의 아이들을 잡아먹는 북한 주민들' 같은 헤드라인 — 이 두 헤드라인은 실제 종합일간지와 타블로이드지의 북한 관련 보도를 장식했다 — 이 가능하지 않은 것이다. 이런 통계수치는 어떠한 상투적인 포맷에도 들어맞지 않았다는 사실 때문에, 북한 이야기에 목마른 전세계 언론매체 입장에서 뉴스여야 마땅했다. 이 수치들은 국가 전체, 즉 10개 도 가운데 어떤 도에서도 인구 감소가 일어나지 않았음을 보여주고, 따라서 이 자료는 지리적으로 보통은 수도이든, 혹은 사회집단으로 보통은 군과 당 관료들이든, 특정한 일부를 먹여 살리기 위해 정부가 다른 일부를 굶겨 죽여왔다고 주장하는 다른 수사적 언사에 별로 도움이 되지 않는다.[2] 이 자료는 북한 정부가 사실로 인정하기 때문에 뉴스로서 가치가 훨씬 떨어졌을 것이다. 1996년 북한 인구통계학자들은 '일시적인 경제적 어려움'이 인구 성장에 둔화를 야기했을 수 있다고 밝히면서, 2010년 인구가 최소한 2400만명을 넘을 것으로 예측했다.[3]

인구통계학적 지표들은 게으른 언론이 선호하는 또다른 헤드라인 — '평양은 부유층과 특권층만 살며 다른 이들은 모두 배제되는 포템킨 도시다' — 을 그다지 뒷받침하지 않는다. 인구통계학적 자료는 도별로 큰 차이를 보여주지 않는다. 실제로 1993년에서 2008년 사이에 각 도는 비슷한 수준의 인구 증가를 보였다. 평양의 인구 증가율이 매년

1.25퍼센트로 다른 도보다 높았지만 눈에 띌 만큼은 아니었다.[4] 나머지 9개 도는 인구 증가 범위가 0.84퍼센트에서 0.96퍼센트에 이르렀다.[5] 두 번의 인구조사 기간 사이에 평양의 전체 인구 증가가 약 50만명인 반면, 남포가 포함된 평안남도가 두번째로 증가한 45만명이었고, 그다음은 33만 3000명의 함경남도였다.[6]

이런 통계수치가 보도되어야 하는 이유는 북한 인민이 점점 가난해지고 있으며, 북한 사회가 결코 유별나지 않고 오히려 잘 설명될 수 있는 사회적 과정을 거쳐가는 중임을 보여주기 때문이다. 부유한 나라에서 완만한 인구 증가율은 일반적으로 아이를 더 적게 갖기를 적극적으로 선택하는 풍요로운 사회로의 변화를 나타내지만, 북한의 경우는 정반대의 것을 보여준다. 높은 산모사망율과 지속적인 모성 영양실조와 형편없는 경제 상황, 그리고 정부의 출산 장려 정책에도 불구하고 아이를 갖지 않겠다는 여성들의 의사결정 등이 선군 시대 동안 인구 증가에 제동을 걸었던 것을 증명해주기 때문이다.

북한은 유별나지 않다

선군 시대 정책과 조치는 결코 특별하지 않다. 많은 국가에서 개인의 인권보다 국가안보를 우선시한다. 법의 지배를 받는 정부를 만들기 위해 오랫동안 매진해온 민주주의 국가도 때때로 부족한 것이 있다고 국제인권기구들이 밝힌다.[7] 핵확산금지조약을 벗어나 핵무기를 개발하는 행위는, 인도와 이스라엘과 파키스탄의 유사한 개발 사례에서 확인할 수 있듯이 북한만 특별히 시도한 것은 아니다.

북한 사회는 사회주의에서 자본주의로 이행하는 사회와 상당히 유사하다. 북한의 정치는 사회주의 제도적 모델과 민족주의적 시각을 참조해 설명할 수 있다. 북한 사회는 전세계 여러곳에 아직 존재하는 군사적 권위주의 사회와 공통점이 많다. 정치 발전의 상당 부분은 중국이 마오주의에서 시장사회주의로 이행한 것을 조금만 알고 있는 사람이라면 쉽게 이해할 수 있다. 북한의 '유별남'을 주장하는 진부한 언설들은 분석적 틀이 비교와 대조를 위해 작동한다는 점을 이해하지 못한다. 문제는 경험적 동일성이 아니라, 특정한 사례를 분석하는 데 도움이 되는 유용한 분석틀이 구축될 만큼 충분하게 적절한 비교 수단이 있느냐이다. 북한의 정치적, 경제적, 사회적 궤도가 다른 어떤 국가와도 동일하지 않다고 주장하는 것은 진부하다. 그것은 어느 국가에도 해당되는 조건이다.

변화의 주역, 북한 주민들

정체성과 역사에 대한 북한 주민들의 인식을 이해하게 되면, 특히 남한으로 이주한 북한 주민들이 남한에 항상 좋은 감정만을 가진 것은 아니라는 점을 많은 사람들이 인식할 때, 왜 북한 주민들은 자신들이 1948년에 창설한 국가에 아직까지도 충성심을 유지하고 있는지, 그리고 왜 그들은 스스로 정체성의 모든 측면을 순화시켜 '대한민국 국민'이 되려고 갈망하지 않는지를 이해할 수 있다. 또한 왜 북한의 정치적 변화는, 북한 정권이 민족주의 감정을 동원해 막아내려고 하는 외부의 개입으로부터보다는 내부로부터 일어날 가능성이 훨씬 높은지를 설명하는 데 도움이 된다. 다른 모든 사회처럼 북한도 정책뿐 아니라 역사적·문화적 준거에 의해 형성되었다. 전세계의 모든 사람들처럼 북한 주민들도 연령·성별·직업·계급·출신지에 따라 형성된 다양한 사회적·개인적 관심사를 갖고 있다. 북한 주민들은 세뇌되지도 않았고 우매하지도 않으며, 다른 사람처럼 자신의 문제를 분석할 줄 안다. 전세계의 다른 모든 사람들처럼, 북한 주민들도 다양하고, 때로는 명백히 모순적인 견해를 충분히 동시에 가질 수 있다.

북한 주민들은 북한 정권이 무능하고 시대착오적이라는 점, 그리고 남한과 중국은 잘사는 데 비해 북한은 그렇지 않다는 점을 알고 있지만 특정한 역사와 정체성에 기반한 민족적 자긍심을 유지하고 있다. 민족적 자긍심은 수백만명이 죽고, 수만명이 고아가 되고, 댐과 발전소와 운송 설비와 주거 건물 등 민간 기반 시설이 그야말로 폭격에 초토화가 되었던 한국전쟁의 대대적인 파괴를 딛고 북한을 현대적 국가로 재건했다는 사실에 기반한다. 이러한 역사적 성취는 남한을 비롯한 다른 나라들의 적대적 태도에도 불구하고 새로운 삶을 개척하는 데 모든 주민이 참여했고, 김일성의 지도력 덕분에 가능했던 것으로 널리 인식된다. 북한의 정체성에 대한 이 같은 인식은 정권의 선전선동 내용과 동일하지 않다. 오히려 왜 북한 주민들이 자신들의 지도부와 국가에 대해 양가적인 견해를 계속 갖고 있는지를 이해하는 데 필요한 실질적 요소다.

북한의 민족정체성에 대한 인식은 외부인들이 이해하기 어렵지만, 왜 시장화를 북한 정권이 정권안보를 위협하는 정치적으로 위험한 현상이라고 인식했는지 이해하는 데 핵심적이다. 역사적으로 북한 정권은 위협을 물리치기 위해 강압뿐 아니라 동조에 의존했다. 시장화는 인민과 정부의 분열을 수반해왔기 때문에 정치 엘리트에게 상당히 위험했다. 김일성 시대에 인민은 정치적 메시지를 쉴 새 없이 주입받았고, 북한 정권은 경제적 보상과 제재를 통해 순종을 강제할 역량을 갖추고 있었다. 하지만 그것이 북한 주민들이 정치적으로 순종하는 유일한 이유는 아니었다. 김일성 시대에는 '우리는 이 점에서는 모두 하나다'라는 인식이 있었다. 시장화와 선군 시대에는, '우리와 저들은 생각이 다르다'라는 것이 전반적인 분위기였다.

다음에는 무엇이

북한을 바라보는 외부인들에게 필요한 것은 이데올로기적 허세를 중단하고, 북한의 비핵화를 최우선순위로 포함해 포괄적인 해결책을 얻기 위한 일관된 전략을 개발하는 것이다. '고쳐서 오래 쓴다'라는 공업 발전에 대한 북한의 접근 방식에서 핵 사고가 발생할 수 있다는 점은, 대화를 원래의 궤도로 돌려놓아야 하는 주요한 동인으로 작용해야 한다. 포괄적인 전략을 위해서는 조약에 명시된 형태로 북한에 대한 안보 보장이 필요하고 북한 지도부와의 불편한 타협이 수반될 것이지만, 북한이 자유로운 사회로 변화할 필요도 있을 것이다. 가장 유사한 분쟁이 북아일랜드 분쟁일 것이다. 이 분쟁에서 양측은 아무도 전쟁에서 이길 수 없음을 깨닫고 나서야 협상 테이블로 나왔다. 보수당과 노동당 정부는 살인자와 테러리스트로 법에서 규정한 자들을 사면했고, 각 분파의 대표를 균형감 있게 실질적으로 통합하기 위해 치안을 개혁했다. 그러나 이런 타협은 분쟁 이후의 사회에서 민주화 과정을 강화하는 맥락에서 이뤄졌다. 그 결과 장기간에 걸쳐 진행되고 잔인하게 처벌되던 분쟁이 평화롭게 해결되었을 뿐 아니라, 북아일랜드 사회의 군사화도 급격히 완화되었다.

중단된 6자회담은 너무나 많은 부정적인 앙금을 남겨서 미국·중국·북한·남한·일본·러시아가 남북 갈등 해결에서 중요한 외교적 행위자 역할을 계속 한다 하더라도 새로운 방안의 토대가 될 수는 없다. 다른 국가들도 적당한 회담 상대가 될 수 있다. 가령 영국과 독일은 미국의 동맹국일 뿐 아니라 북한에 대사관을 두고 있다. 가장 중요한 것은 미국이 다시 나서서 세심하게 조율된 외교적·경제적 방안을 주도하고, 이를 통해 미국 정계의 모든 정치 세력을 통합해 동아시아 지역에서 미국의 외교적 지도력을 발휘하는 것이다.

이러한 견해가 스스로를 개혁하기 위한 조치를 취해야 할 북한 정부의 책임을 면제해주지는 않는다. 북한 정부는 국제법에 따라 주민들이 공정하고 인간적으로 대우받을 수 있도록 해야 할 일차적인 책임이 있다. 국제기구, 국가, 그리고 비정부기구가 북한 정부의 비핵화를 주장하는 것은 정당하며 평화와 자유로의 변화를 지지하는 것은 도덕적으로 옳지만, 결국 이러한 변화를 가져오는 것은 다름 아닌 2400만 북한 인민이다. 판에 박은 상투형에 등장하는 희생자나 악당 대신에 우리는 북한 주민들을 현재의 모습 그대로, 즉 북한 변화의 주역으로 바라보아야 한다.

서론: 북한의 정치, 경제, 사회

1 이와 관련해서는 Hazel Smith, "Bad, Mad, Sad or Rational Actor: Why the 'Securitisation' Paradigm makes for Poor Policy Analysis of North Korea," *International Affairs*, Vol. 76, No. 3, 2000.07, 593~617면 참조.

2 이 책에서는 8장 이후로 시장화의 원인과 결과에 대해 상세히 설명한다. 경제적 변모를 잘 요약한 책은 Phillip H. Park (ed.), *The Dynamics of Change in North Korea: An Institutionalist Perspective* (Boulder, CO: Lynne Reinner Publications 2009).

3 북한의 경제적·사회적 변화의 여러 측면을 알아보기 위해 실증 자료를 사용한 연구들은 다음과 같다. Nicholas Eberstadt and Judith Banister, *The Population of North Korea* (Berkeley, CA: Institute of East Asian Studies 1992); Stephan Haggard and Marcus Noland, *Famine in North Korea: Markets, Aid and Reform* (New York: Columbia University Press 2007); Suk Lee, "Food Shortages and Economic Institutions in the Democratic People's Republic of Korea," doctoral dissertation, Department of Economics, University of Warwick (2003.01); Hazel Smith, *Hungry for Peace: International Security, Humanitarian Assistance and Social Change in North Korea* (Washington, DC: United States Institute of Peace Press 2005). 정치적 변화에 대해서는 Patrick McEachern, *Inside the Red Box: North Korea's Post-Totalitarian Politics* (New York: Columbia University Press 2010).

4 Hazel Smith, *Food Security and Agricultural Production* (Muscatine, IA/Berlin: Stanley Foundation/German Council on Foreign Relations 2005.06); Smith, Hungry for Peace; Hazel Smith, "The Disintegration and Reconstitution of the State in the DPRK," Simon Chesterman, Michael Ignatieff and Ramesh Thakur (eds.), *Making States Work* (Tokyo: United Nations Press 2005), 167~92면; Hazel Smith, "North Koreans in China: Sorting

Fact from Fiction," Tsuneo Akaha and Anna Vassilieva (eds.), *Crossing National Borders: Human Migration Issues in Northeast Asia* (Tokyo: United Nations Press 2005), 165~90면; Hazel Smith, *Caritas and the DPRK-Building on 10 Years of Experience* (Hong Kong and Rome: Caritas 2006); Hazel Smith, "Analysing Change in the DPR Korea," working paper (Bern: Swiss Agency for Development and Cooperation-East Asia Division 2006.11); Hazel Smith (ed.), *Reconstituting Korean Security: A Policy Primer* (Tokyo: United Nations Press 2007); Hazel Smith, "North Korean Shipping: A Potential for WMD Proliferation?," *Asia-Pacific Issues*, No. 87, 2009.02; Hazel Smith, "North Korea: Market Opportunity, Poverty and the Provinces," *New Political Economy*, Vol. 14, No. 3, 2009.06, 231~56면; Hazel Smith, "North Korea's Security Perspectives," Andrew T. H. Tan (ed.), *East and South-East Asia: International Relations and Security Perspectives* (London: Routledge 2013), 121~32면; Hazel Smith, "Crimes Against Humanity? Unpacking the North Korean Human Rights Debate," Christine Hong and Hazel Smith (eds.), *Critical Asian Studies, Reframing North Korean Human Rights*, Vol. 46, No. 1, 2014.03, 127~43면.

5 외교정책과 국제관계에 관한 대표적인 글은 다음과 같다. Marion Creekmore, Jr., *A Moment of Crisis: Jimmy Carter, the Power of a Peace-maker, and North Korea's Nuclear Ambitions* (New York: Public Affairs 2006); Yoichi Funabashi, *The Peninsula Question: A Chronicle of the Second Korean Nuclear Crisis* (Washington, DC: Brookings Institution Press 2007); Chae-Jin Lee, *A Troubled Peace: US Policy and the Two Koreas* (Baltimore, MD: The Johns Hopkins University Press 2006); Leon O. Sigal, *Disarming Strangers: Nuclear Diplomacy with North Korea* (Princeton University Press 1998); Joel S. Wit, Daniel B. Poneman and Robert L. Gallucci, *Going Critical: The First North Korean Nuclear Crisis* (Washington, DC: Brookings Institution Press 2005). 조사 연구가 잘되어 있는 권위있는 역사적 분석으로 Charles K. Armstrong, *The North Korean Revolution, 1945-1950* (Ithaca, NY: Cornell University Press 2003); Bruce Cumings, *The Origins of the Korean War, Vol. I: Liberation and the Emergence of Separate Regimes 1945-1947* (Seoul: Yuksabipyungsa 2002); Bruce Cumings, *The Origins of the Korean War, Vol. II: The Roaring of the Cataract 1947-1950* (Princeton, NJ/Oxford: Princeton University Press 1990); Suzy Kim, *Everyday Life in the North Korean Revolution, 1945-1950* (Ithaca, NY: Cornell University Press 2013); Don Oberdorfer, *The Two Koreas: A Contemporary History* (London: Warner Books 1997) 참조.

6 가볍게 읽을 수 있는 일화(逸話)성 이야기로는 Michael Breen, *Kim Jong Il: North Korea's Dear Leader: Who he Is, What he Wants, What to Do about Him* (Chichester: John Wiley

and Sons 2004) 참조. 북한의 기근에 관한 더 진지한 설명으로는 Andrew S. Natsios, *The Great North Korean Famine: Famine, Politics and Foreign Policy* (Washington, DC: United States Institute of Peace Press 2001) 참조. 이 책에서 저자는 기근 수치들과 관련하여 자료에 의해 실증되지 않는 주장을 펼친다. 형용사를 많이 사용한 묵시록적인 산문인 Nicholas Ebertstadt, *The End of North Korea* (Washington, DC: The American Enterprise Institute 〔AEI〕 Press 1999)에서 북한은 (책에서 임의로 발췌한 부분에 따르면) '무시무시한 대량 살상무기 공장'을 가지고 있는데, 그 무기들은 '살상력'을 가지고 있으며, 그 국가는 '약탈적 외교정책'을 취하고 있다. 북한 정부의 계획은 "정권이 이미 휩싸여 있는, 섬뜩하게 짙어지는 황혼을 심화시킬 뿐"(21~22면)이라는 것이다.

7 예외적으로 사회생활에 대해 날카롭게 분석한 논평으로는 Andrei Lankov, *North of the DMZ: Essays on Daily Life in North Korea* (Jefferson, MO: McFarland 2007) 참조.

8 Alan Bryman, *Social Research Methods*, fourth edition (Oxford University Press 2012).

9 이 책 전체에서 관련 문헌을 참조할 것. 가령 비정부기구 자료에는 Action Contre la Faim, *Nutritional Programme: North Hamgyong Province DPR of Korea, November 1999* (Pyongyang: Action Contre la Faim 1999) 등의 현장보고서가 포함된다. 북한 정부 자료는 그 정보와 분석이 북한 정부와 협력관계에 있는 유럽연합, 유엔아동기금, 세계식량계획과 같은 국제기구의 감독과 협력 아래 수행된 경우에 활용되었다. EU, UNICEF and WFP in partnership with the Government of DPRK, *Nutrition Survey of the Democratic People's Republic of Korea* (Rome/Pyongyang: WFP 1998); Central Bureau of Statistics, *Report on the DPRK Nutrition Assessment 2002* (Pyongyang: Central Bureau of Statistics 2002.11.20); Central Bureau of Statistics, *DPRK 2004 Nutrition Assessment* (Pyongyang: Central Bureau of Statistics, Institute of Child Nutrition 2005.02). 다량의 유용한 자료가 주요 정부 간 기구(inter-governmental agency) 보고서에 포함되어 있는데, 수천건의 자료를 개별 유엔 기구 웹사이트와 유엔 인도주의 업무조정국(UNOCHA)이 구축한 '릴리프웹'(Reliefweb) 사이트에서 무료로 이용할 수 있다. http://reliefweb.int/country/prk?f[0]=field_country%3A74 (2014.05.29 검색); International Fund for Agricultural Development (IFAD), *Upland Food Security Project, Report of Interim Evaluation Mission Agricultural Component* (Pyongyang 2008.04) 참조. 또한 1995년 이후로 거의 1년에 두번 발간되는 유엔식량농업기구(FAO)/ 세계식량계획(WFP) 식량과 곡물 평가수행보고서 참조. 예컨대 FAO/WFP, *Crop and Food Security Assessment Mission to the Democratic People's Republic of Korea, Special Report* (Rome: FAO/WFP 2008.12.08); FAO/WFP, *Crop and Food Supply Security Assessment Mission to the Democratic People's Republic of Korea, Special Report* (Rome: FAO/WFP

2012.12.12). 세계식량계획 북한 관련 웹페이지에는 다수의 광범위한 보고서들이 있다. 여기에는 2012년 국가영양조사가 포함되는데, 세계식량계획은 이 조사가 "세계보건기구, 세계식량계획과 유엔아동기금뿐 아니라 중앙통계청, 아동영양기관, 보건성, 국가조정위원회 등을 포함한 북한 정부의 공동 조사 작업의 결과"라고 기록하고 있다. www.wfp.org/node/3498/4564/402630# (2013.07.26 검색). UNOCHA, *Report* (Pyongyang: UNOCHA 2002.08.06); UNDP, *Report of the First Thematic Round Table Conference for the Democratic People's Republic of Korea* (Geneva: UNDP 1998.05.28~29); UNDP, *Report of the Thematic Round Table Conference for the Democratic People's Republic of Korea* (Geneva: UNDP 2000.06); UNICEF, *Background Situation Analysis on DPRK* (Pyongyang: UNICEF 1998.04); UNICEF, *Situation Analysis of Women and Children in the DPRK* (Pyongyang: UNICEF 1999); UNICEF, *DPRK Social Statistics* (Pyongyang: UNICEF 1999); Central Bureau of Statistics/UNICEF, *The Democratic People's Republic of Korea Multiple Indicator Cluster Survey Final Report 2009* (Pyongyang: CBS 2010); United Nations, *DPR Korea Common Country Assessment 2002* (Pyongyang: UNOCHA 2003.02); WFP, "Emergency Operation DPR Korea No. 5959.02, Emergency Assistance for Vulnerable Groups" (Pyongyang: WFP 2000); WFP/FAO/UNICEF, *Rapid Food Security Assessment Mission to the Democratic People's Republic of Korea* (Bangkok: WFP/FAO/UNICEF 2011.03.12), www.wfp.org/content/democratic-people-s-republic-koreawfpfaounicef-rapid-food-security-assessment-march-2011 (2013.07.25 검색).

10   UNDP, *Human Development Report 2004: Cultural Liberty in Today's Diverse World* (New York: UNDP 2004).

11   Chol-Hwan Kang and Pierre Rigoulot, translated by Yair Reiner, *Aquariums of Pyongyang: Ten Years in the North Korean Gulag* (New York: Basic Books 2001).

12   Roy Richard Grinker, *Korea and its Futures: Unification and the Unfinished War* (London: Macmillan 1998), 225~55면.

13   북한 사정에 밝은 "New Focus International"이라는 블로그는 국제적인 독자층을 목표로 북한 내의 연락망을 토대로 뉴스와 논평을 내보내고 있다. 이 블로그는 전임 북한 방첩장교인 장진성이 구축해서 운영하고 있다. http://newfocusintl.com/breaking-north-koreans-ordered-return-state-postings (2014.05.28 검색).

14   북한이탈주민에게 얻은 정보를 사용하되 정보의 한계를 조심스럽게 인정하고, 다른 자료와 북한이탈주민에게 얻은 정보를 교차·비교한 좋은 예는 Gary Samore, *North Korea's Weapons Programmes: A Net Assessment* (London: Macmillan Palgrave 2004). 북한이탈주민

조사를 토대로 한 전문적인 연구의 또다른 예는 Byung-Yeon Kim and Dongho Song, "The Participation of North Korean Households in the Informal Economy: Size, Determinants, and Effect," *Seoul Journal of Economics*, Vol. 21, No. 2, 2008 여름, 361~85면.

15 번역가로 일하며 1987년에서 1994년까지 7년 동안 북한에 체류한 영국인 마이클 해롤드의 회고록은 다소 실망스럽다. 북한 사회에 대한 최소한의 관찰을 제외하면 거의 아무런 정보도 제공하지 못한 채 외국인 체류자들의 북한 생활 경험에 초점을 맞추는 데 머물렀기 때문이다. Michael Harrold, *Comrades and Strangers: Behind the Closed Doors of North Korea* (Chichester: John Wiley and Sons 2004). 몇몇 괜찮은 북한 방문기를 수록하고 있는 책은 Bradley Martin, *Under the Loving Care of the Fatherly Leader: North Korea and the Kim Dynasty* (New York: St. Martin's Press 2006). 가볍지만 정확하고, 제목에 비해 덜 선정적인 내용을 담은 책은 Nanchu with Xing Hang, *In North Korea: An American Travels through an Imprisoned Nation* (London: McFarland and Company 2003). 수개월에서 4~5년까지 일정 기간 평양에 살았던 수백명의 서구인들의 일상을 아름답게 그린 만화로 꼽진하게 매력적인 책은 Guy DeLisle, *Pyongyang: A Journey in North Korea* (Montreal: L'Association 2005).

16 관찰에 근거하고 명민한 분석을 통해 설명된 기록은 J. E. Hoare and Susan Pares, *North Korea in the 21st Century: An Interpretative Guide* (Folkestone: Global Oriental 2005). 에릭 코넬은 북한 주재 스웨덴 외교관으로 재임 당시의 대단히 흥미로운 기록을 제공한다. Erik Cornell, *North Korea under Communism: Report of an Envoy to Paradise* (London: RoutledgeCurzon 2002). 또한 John Everard, *Only Beautiful, Please: A British Diplomat in North Korea* (Stanford, CA: Asia/Pacific Research Center, Division of The Institute for International Studies 2012) 참조.

17 시장화의 이론과 실제에 관심이 있는 사람들은 Taras Kuzio, "Transition in Post-Communist States: Triple or Quadruple?," *Politics*, Vol. 21, Issue 3, 2001, 168~77면. 또한 Jieming Zhu, "Urban Development under Ambiguous Property Rights," *International Journal of Urban and Regional Research*, Vol. 26, Issue 1, 2002, 33~50면 참조.

18 Geoffrey M. Hodgson, "What Are Institutions?," *Journal of Economic Issues*, Vol. 40, No. 1, 2006.03, 2면.

1장 뻔한 클리셰 너머

1 '자유'를 정의하는 방법은 수없이 많다. 하지만 여기 언급된 국가들은 논란이 있거나 자의적으로 선택된 것은 아니다. 북한을 포함한 이들 나라는 미국 정부 출연(出捐) 싱크탱크인 프리덤 하우스(Freedom House)의 '자유가 없는 국가' 명단에 올라 있다. Arch Puddington, *Freedom in the World 2012* (Washington, DC: Freedom House 2012), www. freedomhouse.org/sites/default/files/FIW%202012%20Booklet_0.pdf (2012.11.09 검색).

2 United Nations Statistics Division, "Per Capita GNI at Current Prices in US Dollars (all countries)," National Accounts Main Aggregates Database, http://unstats.un.org/unsd/snaama/dnllist.asp (2014.05.30 검색).

3 Gi-Wook Shin, *Ethnic Nationalism in Korea: Genealogy, Politics, and Legacy* (Stanford University Press 2006).

4 Foreign Languages Publishing House, *Korea Guidebook* (Pyongyang: Foreign Languages Publishing House 1989) 26면. 이 책에서는 다음과 같은 진술이 이어진다. "한민족의 종족적 특징은 신석기에서 고대 종족들에 이르는 수천년에 걸쳐 형성되어 그 이후 발전해왔다. 고대의 한인들은 친족 형태의 몇몇 종족으로 형성되어 원시시대 말경 한인들의 조상이 된 고대 종족으로 통합되었다."(27면) 한국의 어느 역사학자도 비슷한 주장을 펼쳤다. "이 신석기인들의 종족적 혈통이 중단되지 않고 이어져 나중에 등장한 한민족의 한 요소를 형성했다. 오랜 역사적 과정에서 이러한 신석기인들이 서로 합쳐지고 신석기시대에 새로 정착한 종족과 통합되어 마침내 오늘날의 한국인들이 형성된 것이다." Jin Wung Kim, *A History of Korea: From 'Land of the Morning Calm' to States in Conflict* (Bloomington: Indiana University Press 2012), 9면 참조.

5 Economic and Social Council, "Report of the Special Rapporteur on Contemporary Forms of Racism, Racial Discrimination, Xenophobia and Related Intolerance; Doudou Diène, Addendum, Mission to Japan," Commission on Human Rights, *Sixty-second Session Item 6 of the Provisional Agenda, E/CN.4/2006/16/Add.2* (Geneva: Economic and Social Council 2006.01.24), http://web.archive.org/web/20061214115324/http://imadr.org/geneva/2006/G0610396.pdf (2013.09.14 검색).

6 이를 다룬 책으로는 Heonik Kwon and Byung-ho Chung, *North Korea: Beyond Charismatic Politics* (Lanham: Rowman and Littlefield Publishers 2012); Patrick McEachern, *Inside the Red Box: North Korea's Post-Totalitarian Politics* (New York: Columbia

University Press 2010); Narushige Michishita, *North Korea's Military-Diplomatic Campaigns, 1966-2008* (London: Routledge 2010); Phillip H. Park (ed.), *The Dynamics of Change in North Korea: An Institutionalist Perspective* (Boulder, CO: Lynne Rienner Publishers 2009); Sung Chul Yang, *The North and South Korean Political Systems: A Comparative Analysis,* revised edition (Elizabeth, NJ: Hollym 1999).

7 군사비 지출 통계 출처는 International Institute of Strategic Studies (IISS), *The Military Balance 2011* (London: Routledge 2011), 249면. 국민총소득 통계 출처는 Ministry of Defense, *2010 White Paper* (Seoul: Ministry of Defense 2010), 341면, www.nti.org/media/pdfs/2010WhitePaperAll_eng.pdf?_=1340662780 (2014.11.08 검색)에서 볼 수 있음. 이 백서에서는 일본·중국·러시아·미국을 포함한 17개국의 군사비 지출을 남한과 비교하고 있으나, 북한에 관한 정보는 포함하지 않았다.

8 Chung-in Moon and Sangkeun Lee, "Military Spending and the Arms Race on the Korean Peninsula," *Asian Perspective*, Vol. 33, No. 4, 2009, 69~99면.

9 안보 분석의 다양한 측면에 대한 소개로는 Paul D. Williams (ed.), *Security Studies: An Introduction* (London: Routledge 2008) 참조.

10 IISS, *The Military Balance 2011*, 469면.

11 Soon-ho Lee, "Military Transformation on the Korean Peninsula: Technology versus Geography," doctoral dissertation (Department of Politics and International Studies, The University of Hull 2011), https://hydra.hull.ac.uk/catalog/hull:5360 (2013.09.15 검색).

12 Moon and Lee, "Military Spending and the Arms Race on the Korean Peninsula."

13 일본, 북한, 남한의 미사일과 다른 군사력 목록에 관해서는 IISS, *The Military Balance 2011*, 245~54면.

14 같은 책 469면.

15 Scott Snyder, *Negotiating on the Edge: North Korean Negotiating Behavior* (Washington, DC: United States Institute of Peace Press 1999).

16 Sang-Hun Choe, Jake Doherty, Kim Fararo, Rick Gladstone, Andrea Kannapell, Mark Landler, Bill Marsh and David E. Sanger, "In Focus: North Korea's Nuclear Threats," *The New York Times*, updated 16 April 2013, www.nytimes.com/interactive/2013/04/12/world/asia/north-korea-questions.html?_r=0 (2013.09.15 검색).

17 Michishita, *North Korea's Military-Diplomatic Campaigns; Leon V. Sigal, Disarming Strangers: Nuclear Diplomacy with North Korea* (Princeton University Press 1998); Joel S. Wit, Daniel B. Poneman and Robert L. Gallucci, *Going Critical: The First North Korean*

Nuclear Crisis (Washington, DC: Brookings Institution Press 2005); Yoichi Funabashi, *The Peninsula Question: A Chronicle of the Second Korean Nuclear Crisis* (Washington, DC: Brookings Institution Press 2007).

18 Larry A. Niksch, *North Korea's Nuclear Weapons Development and Diplomacy* (Washington, DC: Congressional Research Service 2010.01.05), www.fas.org/sgp/crs/nuke/RL33590.pdf (2013.09.12 검색).

19 같은 책.

20 United States Department of State, *Country Reports on Terrorism 2010* (Washington, DC: United States Department of State, Office of the Coordinator for Counterterrorism 2011.08), 38~39면. www.state.gov/documents/organization/170479.pdf (2013.09.15 검색).

21 Mark Manyin, *North Korea: Back on the Terrorism List?* (Washington, DC: Congressional Research Service 2010.07.29), www.fas.org/sgp/crs/row/RL30613.pdf (2013.09.15 검색).

22 Rick Gladstone and David E. Sanger, "Panama Seizes Korean Ship, and Sugar-Coated Arms Parts," *The New York Times*, 2013.07.16, www.nytimes.com/2013/07/17/world/americas/panama-seizes-north-korea-flagged-ship-for-weapons.html?pagewanted=all (2013.09.15 검색).

23 Chad O'Carroll, "North Korean Cargo of Gas Masks and Arms en-route to Syria," *NK*NewsPro*, 2013.08.27, www.nknews.org/2013/08/north-koreanarms-shipment-intercepted-en-route-to-syria (2013.09.15 검색).

24 Hazel Smith, "North Korean Shipping: A Potential for WMD Proliferation?," *Asia-Pacific Issues*, No. 87, 2009.02.

25 Amnesty International, *Starving North Koreans Forced to Survive on Diet of Grass and Tree Bark* (London: Amnesty International 2010), www.amnesty.org/en/newsand-updates/starving-north-koreans-forced-survive-diet-grass-and-tree-bark-2010-07-14 (2013.07.17 검색); Anthony Sharwood, "Starved of Food, Starved of the Truth: How Kim Jong Un Suppresses his People," 2013.04.09, www.news.com.au/world-news/starved-of-food-starved-of-the-truth-how-kim-jong-un-suppresses-hispeople/story-fndir2ev-1226616134393 (2013.07.17 검색); Harry Hawkins, "Starving North Koreans are 'Forced to Eat their Children'," *The Sun*, 2013.01.28, www.thesun.co.uk/sol/homepage/news/4765653/north-koreanparents-eating-their-children.html (2013.07.17 검색).

26 '주요' 언론의 전형적인 보도는 '아마도 인구의 10퍼센트, 즉 약 220만명이 1990년대에 기근(고난의 행군)으로 사망했다'는 것이다. Max Fisher, "The Cannibals of North

Korea," *The Washington Post*, 2013.02.05, www.washingtonpost.com/blogs/worldviews/wp/2013/02/05/the-cannibals-of-north-korea (2013.09.13 검색).

27 관련 논의로는 Hazel Smith, "Crimes Against Humanity? Unpacking the North Korean Human Rights Debate," Christine Hong and Hazel Smith (eds.), *Critical Asian Studies, Reframing North Korean Human Rights*, Vol. 46, No. 1, 2014.03, 127~43면 참조.

28 Hazel Smith, "North Korea as the Wicked Witch of the East: Social Science as Fairy Tale," *Asia Policy*, No. 5, 2008.01, 197~203면.

29 Human Rights Council, "Situation of Human Rights in the Democratic People's Republic of Korea," *Twenty-second Session, Agenda Item 4, Human Rights Situations that Require the Council's Attention* (Geneva: Human Rights Council 2013.04.09); Human Rights Council, "Report of the Special Rapporteur on the Situation of Human Rights in the Democratic People's Republic of Korea, Marzuki Darusman, A/HRC/22/57," Human Rights Council, *Twenty-second Session, Agenda Item 4, Human Rights Situations that Require the Council's Attention* (Geneva: Human Rights Council 2013.02.01).

30 Suk Lee, "Food Shortages and Economic Institutions in the Democratic People's Republic of Korea," doctoral dissertation (Department of Economics, University of Warwick, January 2003); Daniel Goodkind and Loraine West, "The North Korean Famine and its Demographic Impact," *Population and Development Review*, Vol. 27, No. 2, 2001.06, 219~38면; Daniel Goodkind, Loraine West and Peter Johnson, "A Reassessment of Mortality in North Korea, 1993~2008," Annual Meeting of the Population Association of America 2011.03.31~04.02, Washington, 2011.03.16 등 참조. 전반적인 논의는 이 책 8장 참조.

31 Choong-Yong Ahn, *North Korea Development Report 2003/4* (Seoul: Korea Institute for International Economic Policy 2003/2004), 185면.

32 같은 책 31면.

33 이 주장은 널리 퍼져 있어 그것을 믿지 않거나 어떠한 증거도 찾을 수 없는 사람들조차도 그것을 논박해야 할 필요성을 느낀다. 예컨대 John Feffer, "The Right to Food: North Korea and the Politics of Famine and Human Rights," Kie-Duck Park and Sang-Jin Han, *Human Rights in North Korea* (Seoul: The Sejong Institute 2007), 88~91면 참조.

34 Andrew S. Natsios, *The Great North Korean Famine: Famine, Politics and Foreign Policy* (Washington, DC: United States Institute of Peace Press 2001), 109면.

35 세계보건기구는 북한의 최북단에 위치한 자강도와 북동쪽에 위치한 함경남도, 남쪽에 위치한 황해북도를 1995년 10월에 방문했다. 자세한 내용은 Rebecca Norton and Jane

Wallace, *Refugee Nutrition Information System (RNIS), No. 22-Supplement-Report on the Nutrition Situation in the Democratic People's Republic of Korea* (Geneva: United Nations Administrative Committee on Coordination Sub-Committee on Nutrition 1997), 표 1 참조, www.unsystem.org/scn/archives/rnis22sup_nkorea/s5115e.10.htm#Js5115e.10 (2014.11.08 검색).

36 FAO, *Special Alert No. 267, Democratic People's Republic of Korea* (Rome, 16 May 1996), www.fao.org/docrep/004/w1302e/w1302e00.htm (2013.09.15 검색).

37 유엔식량농업기구는 (2000년 100만 톤에 비해) 1996/7년 겨우 5만 3000톤의 식량 원조가 이뤄졌다고 보고했다. FAO/WFP, *Crop and Food Supply Assessment Mission to the Democratic People's Republic of Korea, Special Alert, No. 275* (Rome: FAO/WFP 1997.06.03).

38 Hazel Smith, *Hungry for Peace: International Security, Humanitarian Assistance and Social Change in North Korea* (Washington, DC: United States Institute of Peace Press 2005).

39 해거드와 놀런드는 2007년에 이러한 주장을 부활시켰지만, 동시에 이 주장을 뒷받침할 수 있는 증거는 '정황적인' 것이라고 말한다. 그 요지는 식량 원조품이 서쪽 해안 항구로 전달된 것으로 보아, 정부가 북동부 지역의 고통을 '의도적으로 무시했다'는 것이다. Stephan Haggard and Marcus Noland, *Famine in North Korea: Markets, Aid and Reform* (New York: Columbia University Press 2007), 64~65면.

40 Yang, *The North and South Korean Political Systems*.

41 인구에 관해서는 Lee, "Food Shortages and Economic Institutions in the Democratic People's Republic of Korea," 8~9면 참조.

42 Hwan Ju Pang, *Korean Review* (Pyongyang: Foreign Languages Publishing House 1987), 188면. 1925년에서 1930년 사이 일제강점기에 조선인의 기대수명이 겨우 37세라고 보고되었다. Tai-Hwan Kwon, "Population Change and Development in Korea," *The Asia Society* 참조. http://asiasociety.org/countries/population-change-and-development-korea (2014.05.30 검색).

43 Pang, *Korean Review*, 188면; The World Bank, "Life Expectancy at Birth," http://data.worldbank.org/indicator/SP.DYN.LE00.IN/countries/KP?page=5order=wbapi_data_value_2009%20wbapi_data_value%20wbapi_data_value-firstsort=ascdisplay=default (2014.05.30 검색); Central Bureau of Statistics, "2008 Census of Population of DPRK: Key Findings," www.unfpa.org/webdav/site/global/shared/documents/news/2010/dprk08_censuskeyfinds.pdf (2014.06.22 검색).

44 Central Bureau of Statistics, *Democratic People's Republic of Korea Preliminary Report* *of the National Nutrition Survey, October 2012* (Pyongyang: Central Bureau of Statistics 2012); UNICEF, *The State of the World's Children 2013: Children with Disabilities* (Geneva: UNICEF 2013), 104~107면. www.unicef.org/sowc2013/files/SWCR2013_ENG_Lo_res_24_Apr_2013.pdf (2014.04.20 검색).

45 EU, UNICEF and WFP in partnership with the Government of DPRK, *Nutrition Survey* (Rome/Pyongyang: WFP 1998); UNICEF, *The State of the World's Children 2013*, 104면.

46 Central Bureau of Statistics, *Preliminary Report of the National Nutrition Survey October 2012*, 2면. 강조는 필자.

47 Central Bureau of Statistics, "2008 Census of Population of DPRK"; The World Bank, "Life Expectancy at Birth."

48 Human Rights Council, "Report of the Special Rapporteur on the Situation of Human Rights in the Democratic People's Republic of Korea, Marzuki Darusman, A/HRC/22/57," Human Rights Council, *Twenty-second Session, Agenda Item 4, Human Rights Situations that Require the Council's Attention* (Geneva: Human Rights Council 2013.02.01); Amnesty International, *North Korea: New Satellite Images show Blurring of Political Prison Camp and Villages in North Korea* (London: Amnesty International 2013), www.amnesty.org/en/news/north-korea-new-imagesshow-blurring-prison-camps-and-villages-2013-03-07 (2013.07.27 검색).

49 David Hawk, *The Hidden Gulag: Exposing North Korea's Prison Camps: Prisoners' Testimonies and Satellite Photographs* (Washington, DC: US Committee for Human Rights in North Korea 2003). 또한 남한의 통일연구원에서 발간한 연간 북한 인권 백서 참조.

50 UNICEF, *The State of the World's Children 2013*, 105면; Quote from Central Bureau of Statistics, *Preliminary Report of the National Nutrition Survey October 2012*, 44면.

51 '식자층 독자'를 대상으로 한 상당히 전형적인 언론기사는 David Rose, "North Korea's Dollar Store," *Vanity Fair* 2009.08.05, www.vanityfair.com/politics/features/2009/09/office-39-200909 (2013.09.15 검색).

52 아마도 북한의 범죄성에 대해 가장 많이 인용된 '분석'은 북한의 범죄성에 관한 모든 실증적인 '자료'를 수집하여 분석했다고 주장하는 한 학위논문일 것이다. 그러나 이러한 자료는 결코 신뢰하기 어렵다. 모든 자료는 독립적인 증거를 통해 입증되지 않았고, 진실성 검증을 할 수 없다. 가령, 이 논문은 부록에 '북한이 위조 혐의에 연루된 사건' 14개를 열거하고 있다. 검토 결과 이 목록에 나오는 어느 것 하나도 입증할 수 없었다. Sheena E. Chestnut, "The 'Soprano State'? North Korean Involvement in Criminal Activity and

Implications for International Security," undergraduate dissertation, mimeo (Stanford University 2005), 144~45면. 이와 유사한 '분석'도 서너 다리 건너 들은 이야기인 것으로 판명된 신문보도를 그 근거로 인용하고 있다. 이러한 신문보도 중 일부는 펼치고자 하는 주장과의 관련성이 극히 희박하다. Paul Rexton Kan, Bruce E. Bechtol, Jr. and Robert M. Collins, *Criminal Sovereignty: Understanding North Korea's Illicit International Activities* (Carlisle, PA: US Army War College 2010), www.strategicstudiesinstitute.army.mil/pdffiles/pub975.pdf (2014.11.02 검색).

53 같은 책.

54 가령, 체스너트(2005)는 펄(2005)을 주된 자료로 인용하고 있다. 이후에 펄과 난토(2006)는 북한이 연루된 범죄 혐의에 관한 (주로 2005년 펄의 책에서 가져온) 체스너트의 목록을 2005년 주장의 증거로 다시 읽어낸다. Raphael S. Perl, *Drug Trafficking and North Korea: Issue for US Policy* (Washington, DC: Congressional Research Service 2005), http://digital.library.unt.edu/ark:/67531/metacrs6479 (2012.12.14 검색); Raphael Perl and Dick Nanto, *North Korean Counterfeiting of US Currency* (Washington, DC: Congressional Research Service 2006), www.nkeconwatch.com/nk-uploads/2006-3-22-north-koreacounterfeiting-us-currency.pdf (2012.12.14 검색); Chestnut, "The 'Soprano State'?," 144~45면

55 North Korea Advisory Group, *Report to The Speaker, US House of Representatives* (Washington, DC: House of Representatives 1999), www.fas.org/nuke/guide/dprk/nkag-report.htm (2014.11.08 검색).

56 약간의 수정을 거쳐 재발간된 미국 의회조사국(CRS) 기본 보고서가 하나 있다. Raphael S. Perl, *Drug Trafficking and North Korea: Issues for US Policy* (Washington, DC: Congressional Research Service 2003), http://fpc.state.gov/documents/organization/27529.pdf (2012.12.14 검색); *Drug Trafficking and North Korea* 2003; *Drug Trafficking and North Korea: Issues for US Policy* (Washington, DC: Congressional Research Service 2007), www://fas.org/sgp/crs/row/RL32167.pdf (2014.12.14 검색).

57 Perl, *Drug Trafficking and North Korea*, 2007.

58 미국 달러를 북한이 위조했다는 주장에 회의적이면서 미국 중앙정보국(CIA)이 문제의 위조 달러를 찍어냈음을 보여주는 전문적 분석은 저명한 *Frankfurter Allgemeine Zeitung* 지의 해외(사업) 특파원이 쓴 글, Klaus Bender, "The Mystery of the Supernotes," 2007.01.11, 뒤셀도르프 외교안보정책 연구소(Düsseldorfer Instituts für Außen-und Sicherheitspolitik, DIAS)에 전재됨. www.dias-online.org/65.0.html (2012.12.14 검색).

59　Kenneth R. Timmerman, "Iran and the Supernotes," Testimony on S.277 before Congressman Spencer Bachus Chairman, Subcommittee on General Oversight and Investigations of the Committee on Banking and Financial Services, 1996.02.27, www.iran. org/tib/krt/960227sbc.htm (2014.11.08 검색). Nick Rufford, "Iran Linked to Flood of Fake Dollars," *Sunday Times* 1995.07.17, 18면 참조.

60　Perl, *Drug Trafficking and North Korea*.

61　BBC News, "N Korean Ship Seized with Cuban Weapons Returns to Cuba," 2014.02.15, www.bbc.co.uk/news/world-latin-america-26210187 (2014.05.30 검색).

62　Andrei Lankov, "Narco-Capitalism Grips North Korea," *Asia Times*, 2011.03.18, www. atimes.com/atimes/Korea/MC18Dg02.html (2013.09.13 검색).

63　Kelvin S-H. Peh, "Wildlife Protection: Seize Diplomats Smuggling Ivory," *Nature*, Vol. 500, 2013.08.15, 276면; Christine M. Nelson, " 'Opening' Pandora's Box: The Status of the Diplomatic Bag in International Relations," *Fordham International Law Journal*, Vol. 12, Issue 3, 1988, 494~520면.

64　권헌익과 정병호의 작업은 이런 터무니없는 가정에 대한 통렬한 비판을 제공한다. Heonik Kwon and Byung-ho Chung, *North Korea: Beyond Charismatic Politics* (Lanham: Rowman and Littlefield Publishers 2012).

65　Kathleen Taylor, "Has Kim Jong-Il Brainwashed North Koreans?," *The Guardian* 2011.12.20, www.theguardian.com/commentisfree/2011/dec/20/kim-jong-il-brainwashed-north-koreans (2013.09.13 검색).

66　DPRK Government, "Replies by the Government of the Democratic People's Republic of Korea to the List of Issues: Democratic People's Republic of Korea. 04/09/2003," *Committee on Economic, Social and Cultural Rights, Thirty-first Session Item 6 of the Provisional Agenda* (Geneva: Office of the High Commissioner for Human Rights 2003.11.10~28), www.bayefsky.com/issuesresp/rokorea_hr_cescr_none_2003_1.pdf (2014.11.03 검색).

67　나는 1998년에서 2002년 사이에 영국 외무부에서 기금을 지원받아 북한과 워릭대학의 교류를 추진했다. 북한 학생들은 비학위 과정을 공부하기 위해 영국에 왔고, 영국 학자들은 국제 경제학 워크숍을 지도하기 위해 북한을 방문했다. 또한 *China Daily*, "DPRK Students get in Sync with Technology," 2012.07.14, http://news.xinhuanet.com/english/culture/2012-07/14/c_131715635.htm (2014.05.30 검색).

68　Hazel Smith, "Asymmetric Nuisance Value: The Border in China-Democratic People's

Republic of Korea Relations," Timothy Hildebrandt (ed.), *Uneasy Allies: Fifty Years of China-North Korea Relations* (Washington, DC: Woodrow Wilson Center, Asia Program Special Report 2003.09), 18~25면; Hazel Smith, "North Koreans in China: Sorting Fact from Fiction," Tsuneo Akaha and Anna Vassilieva (eds.), *Crossing National Borders: Human Migration Issues in Northeast Asia* (Tokyo: United Nations Press 2005), 165~90면.

69 옌볜에서 사용되는 한국어는 북한과 남한의 사투리에 영향을 받았다. 관련 논의는 Wenhua Jin, "Sounds of Chinese Korean: A Variationist Approach," doctoral dissertation (University of Texas at Arlington 2008.05) 참조.

70 Woo Young Lee and Jungmin Seo, "'Cultural Pollution' from the South?," Kyung-Ae Park and Scott Snyder (eds.), *North Korea in Transition: Politics, Economy and Society* (Lanham: Rowman and Littlefield 2013), 195~207면.

71 The Institute for Far Eastern Studies, *A Review of the Last Five Years of People-to-People Exchanges and Inter-Korean Economic Cooperation under the Lee Myung-bak Government* (Seoul: The Institute for Far Eastern Studies 2013.01.23), http://ifes.kyungnam.ac.kr/eng/FRM/FRM_0101V.aspx?code=FRM130123_0001 (2013.09.13 검색).

72 DPRK Government, "Second Periodic Reports of States Parties due in 1997: Democratic People's Republic of Korea, 05/11/2003, CRC/C/65/Add.24 (State Party Report)," *Committee on the Rights of the Child, Consideration of Reports Submitted by States Parties under Article 44 of the Convention* (Geneva: Office of the High Commissioner for Human Rights 2003.11.05), www.refworld.org/pdfid/403a10a44.pdf (2014.11.03 검색).

73 The Institute for Far Eastern Studies, *North Korea to Become Strong in Science and Technology by Year 2022* (Seoul: The Institute for Far Eastern Studies 2012.12.21), http://ifes.kyungnam.ac.kr/eng/FRM/FRM_0101V.aspx?code=FRM121221_0001 (2013.09.13 검색).

74 출처는 2011년 12월 18일 평양 주재 국제요원과의 사적 전화통화.

2장 민족정체성

1 이 장은 일차적으로 역사에 관한 작업은 아니다. 민족정체성에 대한 북한 주민의 인식이라는 관점에서 역사가 이들에게 의미하는 바를 이야기하는 것이 목적이다. 따라서 이 장은 통합적인 역사서와 중요한 역사적 기록, 그리고 북한의 역사적 서사에 의존한다. 여기에 해당하는 저작은 Carter J. Eckert, Ki-bail Lee, Young Ick Lew, Michael Robinson and Edward Wagner, *Korea Old and New: A History* (Cambridge, MA: Korea Institute,

Harvard University/Ilchokak 1990); Henry H. Em, *The Great Enterprise: Sovereignty and Historiography in Modern Korea* (Durham: Duke University Press 2013); Kyung Moon Hwang, *Beyond Birth: Social Status in the Emergence of Modern Korea* (Cambridge, MA: Harvard University Asia Center 2004); Jin Wung Kim, *A History of Korea: From 'Land of the Morning Calm' to States in Conflict* (Bloomington: Indiana University Press 2012); John H. Koo and Andrew Nahm (eds.), *An Introduction to Korean Culture* (Elizabeth, NJ/ Seoul: Hollym 1997); Kirk W. Larsen, *Tradition, Treaties, and Trade: Qing Imperialism and Chosŏn Korea, 1850-1910* (Cambridge, MA: Harvard University Press 2008); Andrew Nahm, *An Introduction to Korean History and Culture* (Elizabeth, NJ/Seoul: Hollym 1993); Andrew C. Nahm, *Korea: Tradition and Transformation* (Elizabeth, NJ/Seoul: Hollym 1996); Keith Pratt, *Everlasting Flower: A History of Korea* (London: Reaktion Books 2006). 북한 자료로는 Compilation Committee of Kim Il Sung Encyclopaedia, *Kim Il Sung Encyclopaedia Volume One* (New Delhi: Vishwanath 1992); Hwan Ju Pang, *Korean Review* (Pyongyang: Foreign Languages Publishing House 1987); Hwan Ju Pang, *National Culture of Korea* (Pyongyang: Foreign Languages Publishing House 1988).

2 중요한 비판으로는 Gi-Wook Shin, *Ethnic Nationalism in Korea: Genealogy, Politics, and Legacy* (Stanford University Press 2006).

3 Benedict Anderson, *Imagined Communities: Reflections on the Origin and Spread of Nationalism* (London: Verso 1983).

4 한국의 역사서술에 대한 비판으로는 Hyung Il Pai, *Constructing 'Korean' Origins: A Critical Review of Archaeology, Historiography, and Racial Myth in Korean State-Formation Theories* (Cambridge, MA: Harvard University 2000) 참조.

5 한반도와 관련하여 '민족'의 공동체적 정체성 지표에 관한 역사적 개념들을 어떻게 이해하는 게 최선인가에 관해서는 논란이 많다. 이에 대한 유용한 요약은 헨리 엠(Henry Em)이 나에게 소개해준 책인 John. B. Duncan, "*Hyanghwain*: Migration and Assimilation in Chosŏn Korea," *Acta Koreana*, Vol. 3, 2000.07, 1~15면 참조.

6 나는 서울(2002년)과 평양(1990년에서 2003년까지 여러번)의 국립박물관을 안내원의 설명을 들으며 탐방한 적이 있다. 두곳에서 모두 한민족은 다른 기원을 갖고 있다는 말을 공공연하게 들었다. 안내원과 논의하는 데 열중한 나머지 내가 잘못 들은 것이 아닌가 생각했지만, 두 경우 모두 그들은 내가 제대로 들었음을 확인해주었다. 비록 북한에서는 공식 방침에 어긋날 법한 어떤 것도 언표할 수 없지만, 남과 북 모두에 정치하고 정통한 소양 있는 역사가들이 존재한다. 여기서 핵심은 남과 북 모두에서 한 '민족'이 태곳적으로 거슬

러 올라갈 정도로, 역사적으로 나머지 '인류'와 당연히 다르다는 주장이 거의 논쟁의 여지 없는 '상식'으로 받아들여진다는 점이다.

7 Pai, *Constructing 'Korean' Origins*.

8 클라크 소렌슨은 한반도에 인간이 살게 된 시기를 적어도 기원전 50만년 전부터라고 보고 있다. Clark Sorensen, "The Land, Climate, and People," John H. Koo and Andrew Nahm (eds.), *An Introduction to Korean Culture* (Elizabeth, NJ/Seoul: Hollym 1997), 34~35면. Eckert *et al.*, *Korea Old and New*, 1~8면도 참조. 피터 리와 세오드르 드 배리는 인간의 거주 시기가 기원전 4만년에서 기원전 3만년 사이라고 주장한다. Peter W. Lee and Wm. Theodore de Bary, *Sources of Korean Tradition Volume One: From Early Times Through the Sixteenth Century* (New York: Columbia University Press 1997), 3면. 북한이 어떻게 보는지에 관해서는 Compilation Committee, *Kim Il Sung Encyclopaedia*, 7면 참조.

9 Compilation Committee, *Kim Il Sung Encyclopaedia*, 7~9면.

10 같은 책 같은 면.

11 같은 책 같은 면.

12 같은 책 같은 면.

13 단군신화 그 자체는 물론, 그것이 어떻게 그리고 왜 퍼져나갔는지에 대해 역사기술 상의 논란이 상당히 많다는 점을 나는 알고 있다. 이 책에서는 현대 남과 북의 접근 방식에 공통점이 있음을 보여주기 위함이다. 나는 또다시 헨리 엠의 도움을 받았는데, 그는 단군신화에는 여러겹의 메시지가 포함되어 있음을 분명히 했다. 특히 불교적 전통과 건국신화 사이에 연속성을 부여하려는 13세기 승려 일연(一然)의 의도가 단군신화에 대한 현대적 인식의 근거가 되었다는 것이다. Henry Em, "Commentary on Kim Heung-kyu's 'A Community of Long Memories'" 참조. 날짜는 정확히 모르나 2014년 5월 저자에게 개인적으로 연락을 취해 얻은 내용이다.

14 Compilation Committee, *Kim Il Sung Encyclopaedia*, 9면.

15 같은 책 같은 면; Nahm, *Korea: Tradition and Transformation*, 25면.

16 DPRK Academy of Sciences, "Information on the Disinterment of The Tomb of Tangun," *Tangun Founder-King of Kore* (Pyongyang: Foreign Languages Publishing House 1994), 1면.

17 *The People's Korea*, "North, South Commemorate Accession Day of Nation's Founder," 2002, www.korea-np.co.jp/pk/185th_issue/2002103113.htm (2013.09.16 검색).

18 Compilation Committee, *Kim Il Sung Encyclopaedia*, 9면.

19 고조선의 추정된 영토 지도는 Pai, *Constructing "Korean" Origins*, Map 1, 면수 표기 없으

나 숫자를 매긴다면 xxvii면.

20 중국의 위치에 대해서는 Compilation Committee, *Kim Il Sung Encyclopaedia*, 9면 참조. 평양의 위치에 대해서는 DPRK Academy of Sciences, "Information on the Disinterment of The Tomb of Tangun," 1면 참조.

21 Nahm, *An Introduction to Korean History and Culture*, 16면.

22 관련 논의는 Pai, *Constructing 'Korean' Origins*, 141~43면. 인용문 출처는 Soo-chang Oh, "Economic Growth in P'yŏngan Province and the Development of Pyongyang in the Late Chosŏn Period," *Korean Studies*, Vol. 30, 2006, 3면.

23 Compilation Committee, *Kim Il Sung Encyclopaedia*, 9면. 단군이 존재했다는 주장과 관련해서는 DPRK Academy of Sciences, *Tangun Founder-King of Korea* (Pyongyang: Foreign Languages Publishing House 1994) 참조.

24 Cultural Relics Publishing House, *Tomb of King Tangun* (Pyongyang: Cultural Relics Publishing House 1995); Hyung Il Pai, *Constructing 'Korean' Origins: A Critical Review of Archaeology, Historiography, and Racial Myth in Korean State-Formation Theories* (Cambridge MA: Harvard University 2000), 60면

25 Compilation Committee of Kim Il Sung Encyclopaedia, *Kim Il Sung Encyclopaedia Volume One* (New Delhi: Vishwanath 1992), 9~11면.

26 Pang, *National Culture of Korea*, 15~28면.

27 Nahm, *An Introduction to Korean History and Culture*, 25~30면.

28 Compilation Committee, *Kim Il Sung Encyclopaedia*, 12면; Pai, *Constructing 'Korean' Origins*, 122면.

29 Pratt, *Everlasting Flower*, 34~35면.

30 같은 책 37면; Pai, *Constructing 'Korean' Origins*, 129면.

31 Compilation Committee, *Kim Il Sung Encyclopaedia*, 11면; Nahm, *An Introduction to Korean History and Culture*, 29면. 매우 유용한 비판으로는 Pratt, *Everlasting Flower*, 32~33면.

32 Compilation Committee, *Kim Il Sung Encyclopaedia*, 11면; Nahm, *An Introduction to Korean History and Culture*, 14면.

33 헨리 엠은 민족주의 사학의 창시자 중 한명인 신채호(申采浩)가 한민족이 단군에서 고조선, 부여, 고구려, 발해, 고려, 조선으로 직접적으로 이어질 수 있다고 공표했음에 주목한다. Henry Em, "Nationalism, Post-Nationalism and Shin Ch'ae-ho," *Korea Journal*, 1999 여름, 283~428면.

34 Compilation Committee, *Kim Il Sung Encyclopaedia*, 18면; James Huntley Grayson, *Korea-A Religious History* (Abingdon: RoutledgeCurzon 2002), 53~76면.

35 이 책의 목적을 위해서는 미래의 통일한국의 원조로서 신라의 중요성에 대한 '올바르거나' '잘못된' 해석이란 존재하지 않는다. 중요한 것은 두개의 상이한 해석들이다. 신라의 통일에 대한 노력과 당나라에 대한 저항의 '엄청난 역사적 중요성'을 특별히 언급한 설명으로는 Eckert *et al.*, *Korea Old and New*, 54면. 하지만 '한국에서 대부분의 학생들이 배우는 것과는 반대로, 신라는 한반도를 단일국가로 통일하지 않았다'는 견해도 참조. Grayson, *Korea-A Religious History*, 54면.

36 Johannes Reckel Gottingen, *Korea and Manchuria: The Historical Links between Korea and the Ancestors of the Modern Manchus* (Seoul: The Royal Asiatic Society-Korea Branch 2000.11.08), www.raskb.com/transactions/VOL76/VOL76.docx (2013.01.18 검색).

37 같은 책.

38 고려에 대한 북한의 이해는 Compilation Committee, *Kim Il Sung Encyclopaedia*, 21~25면 참조. 일반적인 설명으로는 Nahm, *Korea: Tradition and Transformation*, 59~93면 참조.

39 Compilation Committee, *Kim Il Sung Encyclopaedia*, 21면.

40 Gottingen, *Korea and Manchuria*.

41 Compilation Committee, *Kim Il Sung Encyclopaedia*, 23면.

42 같은 책 24면.

43 Hwang, *Beyond Birth*, 248~49면.

44 같은 책 252면.

45 Gottingen, *Korea and Manchuria*.

46 Hwang, *Beyond Birth*, 254면.

47 같은 책 257면; James B. Palais, "A Search for Korean Uniqueness," *Harvard Journal of Asiatic Studies*, Vol. 55, No. 2, 1995.12, 418면.

48 이어지는 대목을 보면 알겠지만, 조선시대에 북부 지역에 대한 배제를 선구적으로 연구한 Hwang, *Beyond Birth*에 지적으로 크게 빚지고 있다.

49 Kyung Moon Hwang, "From the Dirt to Heaven: Northern Korea in the Chosŏn and Early Modern Eras," *Harvard Journal of Asiatic Studies*, Vol. 62, No. 1, 2002.06, 1~22면.

50 Hwang, *Beyond Birth*, 264~65면.

51 Donald N. Clark, *Living Dangerously in Korea: The Western Experience 1900-1950* (Norwalk, CT: Eastbridge 2003), 233면; Hwang, *Beyond Birth*, 265~68면.

52 Charles K. Armstrong, *The North Korean Revolution 1945-1950* (Ithaca, NY: Cornell University Press 2003), 14면.

53 같은 책 15면.

54 Andrew C. Nahm, "History: Pre-modern Korea," John H. Koo and Andrew Nahm (eds.), *An Introduction to Korean Culture* (Elizabeth, NJ/Seoul: Hollym 1997), 65면.

55 Compilation Committee, *Kim Il Sung Encyclopaedia*, 1992, 28면.

56 Nahm, "History: Pre-modern Korea," 126면; Daniel Gomà, "The Chinese-Korean Border Issue," *Asian Survey*, Vol. 46, Issue 6, 2006, 867~80면.

57 Clark, *Living Dangerously in Korea*, 222~38면.

58 Peter Duus, *The Abacus and the Sword: The Japanese Penetration of Korea 1895-1910* (Berkeley: University of California Press 1995), 48면.

59 같은 책 43~49면.

60 같은 책 같은 면. 원산과 인천의 개방에 관해서는 Nahm, *Korea: Tradition and Transformation*, 152면 참조.

61 상세한 설명은 F. A. McKenzie, *Korea's Fight for Freedom* (New York: Fleming H. Revell Company 1920), 42~59면.

62 Duus, *The Abacus and the Sword*, 108~14면.

63 일본의 활동이 조선에 대한 강제병합으로 이어지는 과정에 대한 상세한 설명은 같은 책 같은 면 참조. 요약은 Nahm, *Korea: Tradition and Transformation*, 214~19면 참조.

64 Andre Schmid, *Korea Between Empires 1895-1919* (New York: Columbia University Press 2002), 72~78면.

65 Duus, *The Abacus and the Sword*, 205~208면.

66 같은 책 210면.

67 Son Yong Jong, "The Korea Nation-A Homogeneous Nation Whose Founding Father Is Tangun," DPRK Academy of Sciences, *Tangun: Founder-King of Korea* (Pyongyang: Foreign Languages Publishing House 1994), 132~40면.

68 Chapter II "The Lineage" Genaro Carnero Checa, *Korea: Rice and Steel* (Pyongyang: Foreign Languages Publishing House 1977), 25~35면.

69 Ryohaengsa, *Mt. Paektu* (Pyongyang: Korea International Travel Company, 연도 없음).

70 Grayson, *Korea-A Religious History*, 25면.

71 Compilation Committee, *Kim Il Sung Encyclopaedia*, 19면.

72 Jahyun Kim Haboush and Martina Deuchler (eds.), *Culture and State in Late Chosŏn*

Korea (Cambridge: Harvard University Press 1999).

73 Grayson, *Korea-A Religious History*.

74 같은 책 140~46면.

75 같은 책 155~60면.

76 같은 책 156면.

77 예컨대, L. H. Underwood, *Fifteen Years among the Top-Knots or Life in Korea, second edition, revised and enlarged* (Boston: American Tract Society 1908); Clark, *Living Dangerously in Korea*.

78 Grayson, *Korea-A Religious History*, 156면.

79 Clark, *Living Dangerously in Korea*, 116~41면.

80 당시의 미국 선교사의 기록으로는 Underwood, *Fifteen Years among the Top-Knots or Life in Korea* 참조. 평양 부흥회 이후의 상세한 개종자의 수는 같은 책 Chapter XVIII, 300~34면 참조.

81 Eckert *et al.*, *Korea Old and New: A History*, 186~222면; Nahm, *Korea: Tradition and Transformation*, 142~43면.

82 George L. Kallander, *Salvation through Dissent: Tonghak Heterodoxy and Early Modern Korea* (Honolulu: University of Hawai'i Press 2013), 147~53면.

83 Nahm, *An Introduction to Korean History and Culture*, 21면.

84 Oh, "Economic Growth in P'yŏngan Province," 1~22면.

85 북한의 설명으로는 Pang, *National Culture of Korea*, 56~57면; John H. Koo, "Language," John H. Koo and Andrew Nahm (eds.), *An Introduction to Korean Culture* (Elizabeth, NJ/Seoul: Hollym 1997), 99~117면 참조.

86 예컨대 Jahyun Kim Haboush (trans. and ed.), *The Memoirs of Lady Hyegyŏng* (Berkeley: University of California Press 1996) 참조.

87 Pang, *Korean Review*, 184면.

88 같은 책 같은 면.

89 Hwan Ju Pang, *Korean Folk Customs* (Pyongyang: Foreign Languages Publishing House 1990); 지도가 아니라 글이기 때문에 제목을 잘못 붙인 Song Ui Jong, *Korea's Tourist Map* (Pyongyang: Korea International Travel Company 1995). 금강산 관광지에 대한 소개에는 정치나 김씨 가문에 대한 언급이 없다. Foreign Languages Publishing House, *Mt. Kumgang* (Pyongyang: Foreign Languages Publishing House, undated, probably 1990) 참조.

3장 식민지배와 김일성의 부상

1 일본의 식민지배에 관한 영어 문헌은 방대하다. 대표적인 저작으로는 Peter Duus, *The Abacus and the Sword: The Japanese Penetration of Korea 1895-1910* (Berkeley: University of California Press 1995); Carter J. Eckert, *Offspring of Empire: The Koch'ang Kims and the Colonial Origins of Korean Capitalism, 1876-1945* (Seattle: University of Washington Press 2003); Yoshihisa Tak Matsusaka, *The Making of Japanese Manchuria, 1904-1932* (Cambridge, MA: Harvard University Asia Center 2003); Ramon H. Myers and Mark R. Peattie (eds.), *The Japanese Colonial Empire, 1895-1945* (Princeton University Press 1984); Andre Schmid, *Korea Between Empires 1895-1919* (New York: Columbia University Press 2002); Gi-Wook Shin and Michael Robinson (eds.), *Colonial Modernity in Korea* (Cambridge, MA: Harvard University Asia Center 1999); Soon-Won Park, *Colonial Industrialization and Labor in Korea: The Onoda Cement Factory* (London: Harvard University Press 1999).

2 김일성의 초기 이력에 대한 상세한 설명으로는 Robert A. Scalapino and Chong-Sik Lee, *Communism in Korea: The Movement* (Berkeley: University of California Press 1972), 202~30면.

3 Andrew J. Grajdanzev, *Modern Korea* (New York: Institute of Pacific Relations/The John Day Company 1944), 43~45면.

4 같은 책 45면.

5 Andrew C. Nahm, *Korea: Tradition and Transformation* (Elizabeth, NJ/Seoul: Hollym 1996), 262~64면.

6 Grajdanzev, *Modern Korea*, 55면.

7 Nahm, *Korea: Tradition and Transformation*, 262~64면.

8 F. A. McKenzie, *Korea's Fight for Freedom* (New York: Fleming H. Revell Company 1920), 292~302면.

9 Grajdanzev, *Modern Korea*, 55면.

10 Henry Chung, *The Case of Korea* (New York: F. H. Revell Co. 1921), 161면. Grajdanzev, *Modern Korea*, 56면에 인용됨.

11 경찰력의 증대와 관련해서는 Carter J. Eckert, Ki-bail Lee, Young Ick Lew, Michael Robinson and Edward Wagner, *Korea Old and New: A History* (Cambridge, MA: Korea

Institute, Harvard University/Ilchokak 1990), 283~84면.

12 Chulwoo Lee, "Modernity, Legality, and Power in Korea under Japanese Rule," Gi-Wook Shin and Michael Robinson (eds.), *Colonial Modernity in Korea* (Cambridge, MA: Harvard University Press 1999), 21~51면.

13 Grajdanzev, Modern Korea, 257면; Eckert *et al.*, *Korea Old and New: A History*, 259~60면.

14 Grajdanzev, *Modern Korea*, 256면.

15 상세한 내용은 Lee, "Modernity, Legality, and Power," 37면; Ching-chih Chen, "Police and Community Control Systems in the Empire," Ramon H. Myers and Mark R. Peattie (eds.), *The Japanese Colonial Empire, 1895-1945* (Princeton University Press 1984), 213~39면.

16 같은 책 같은 면.

17 Eckert *et al.*, *Korea Old and New: A History*, 322면.

18 George Hicks, *The Comfort Women: Japan's Brutal Regime of Enforced Prostitution in the Second World War* (New York: W. W. Norton and Company 1997).

19 상세한 내용은 Grajdanzev, *Modern Korea*.

20 같은 책 295면.

21 같은 책 118면, 295면.

22 같은 책 119면.

23 같은 책 152면.

24 같은 책 148면.

25 같은 책 185~200면.

26 Nahm, *Korea: Tradition and Transformation*, 244~45면.

27 같은 책 245면.

28 Grajdanzev, *Modern Korea*, 152면.

29 Soon-Won Park, "Colonial Industrial Growth and the Emergence of the Korean Working Class," Gi-Wook Shin and Michael Robinson (eds.), *Colonial Modernity in Korea* (Cambridge, MA: Harvard University Press 1999), 133면, 135면.

30 같은 책 136면

31 같은 책 같은 면.

32 Grajdanzev, *Modern Korea*.

33 Eckert, *Offspring of Empire*.

34 Grajdanzev, *Modern Korea*, 184면.

35 같은 책 179~82면.

36 같은 책 183면.

37 같은 책 262면.

38 같은 책 같은 면.

39 같은 책 같은 면.

40 같은 책 263면.

41 같은 책 같은 면.

42 상세한 내용은 Park, "Colonial Industrial Growth," 146~49면.

43 Hyun Ok Park, *Two Dreams in One Bed: Empire, Social Life and the Origins of the North Korean Revolution in Manchuria* (Durham: Duke University Press 2005), 46면; Adam Cathcart, "Nationalism and Ethnic Identity in the Sino-Korean Border Region of Yanbian 1945-1950," *Korean Studies*, Vol. 34, 2010, 28~29면.

44 Park, "Colonial Industrial Growth," 144~45면.

45 같은 글 137면.

46 원래의 참고문헌은 "North and South Hamkyong provinces," *Nihon Kukusei Soran* (Tokyo 1934), vol. II, 316면에 '함경남북도'의 공식 등재기록으로 나와 있던 것이다. 이 참고문헌은 Chungnim Choi Han, "Social Organization of Upper Han Hamlet in Korea," doctoral dissertation (University of Michigan 1949.06), 26면에서 가져왔다.

47 Grajdanzev, *Modern Korea*, 80면.

48 같은 책 같은 면.

49 같은 책 같은 면.

50 같은 책 같은 면.

51 Park, "Colonial Industrial Growth," 141면. 저자는 이 수치가 1930년대 말에 33퍼센트로 감소했다는 점에 주목한다. 같은 책 141면 참조.

52 같은 책 같은 면.

53 1920년대와 1930년대 함경남도 북청의 농촌생활에 상세한 연구로는 Han, "Social Organization of Upper Han Hamlet in Korea." 남녀에게 기대하는 태도를 표현하는 '점잖해'와 '얌전해' 같은 말이 오늘날 북한의 젊은 남녀의 사회화를 묘사하는 데 사용될 수 있었다. 같은 책 66~71면.

54 Charles K. Armstrong, *The North Korean Revolution 1945-1950* (Ithaca, NY: Cornell University Press 2003), 119면.

55 Scalapino and Lee, *Communism in Korea*, 314면.

56 Eckert, *Offspring of Empire*, 83면, 281면, 주 64.

57 Grajdanzev, *Modern Korea*, 274~75면.

58 같은 책 275면.

59 같은 책 같은 면.

60 Don Baker, *Korean Spirituality* (Honolulu: University of Hawai'i Press 2008), 74면.

61 Park, "Colonial Industrial Growth," 155면.

62 같은 면; Nahm, *Korea: Tradition and Transformation*, 281면.

63 Park, "Colonial Industrial Growth," 155면; Nahm, *Korea: Tradition and Transformation*, 281면.

64 Armstrong, *The North Korean Revolution*, 16~23면; Nahm, *Korea: Tradition and Transformation*, 281면.

65 Erik Esselstrom, *Crossing Empire's Edge: Foreign Ministry Police and Japanese Expansionism in Northeast Asia* (Honolulu: University of Hawai'i Press 2009).

66 Scalapino and Lee, *Communism in Korea*, 211~32면.

67 일본 자료를 사용해 1944년에 쓴 글에서 한 저자는 1938년에만 20만명 이상의 조선인 혁명가들이 국경 지역에서 활동했다고 주장했다. Grajdanzev, *Modern Korea*, 257면. 다른 저자는 1936년 '살인적인 탄압'으로 그 수가 2000명까지 줄어들었다고 주장한다. Bruce Cumings, *The Origins of the Korean War, Vol. I: Liberation and the Emergence of Separate Regimes 1945-1947* (Seoul: Yuksabipyungsa 2002), 35면.

68 같은 책 같은 면.

69 Scalapino and Lee, *Communism in Korea*, 203면.

70 같은 책 227~28면.

71 Compilation Committee of Kim Il Sung Encyclopaedia, *Kim Il Sung Encyclopaedia Volume One* (New Delhi: Vishwanath 1992), 39면.

72 Dae-Sook Suh, *Kim Il Sung: The North Korean Leader* (New York: Columbia University Press 1988), 5~6면.

73 같은 책 5면.

74 같은 책 34~36면.

75 같은 책 47~52면.

76 같은 책 47~52면.

77 김일성의 직계가족에 대한 북한의 공식 기록은 Bong Baik, *Kim Il Sung: Biography (1)*

(Beirut: Dar Al-Talia 1973) 참조.

78 김일성의 공식적인 전기 작가인 백봉(白峰)이 이러한 주장의 근거로 인용된다. Genaro Carnero Checa, *Korea: Rice and Steel* (Pyongyang: Foreign Languages Publishing House 1977) 28면에 인용됨.

79 같은 책 같은 면.

80 Scalapino and Lee, *Communism in Korea*, 227~28면.

81 '와일드 이스트'의 배경을 만주의 항일 운동으로, 상상력을 발휘하여 재미있게 개념화한 작품은 김지운 감독의 2008년 영화 「좋은 놈, 나쁜 놈, 이상한 놈」이 있다. 영어 자막이 포함된 DVD로 볼 수 있다.

82 Armstrong, *The North Korean Revolution*, 38~47면.

83 Anna Louise Strong, *In North Korea: First Eye-Witness Report* (New York: Soviet Russia Today 1949), www.marxists.org/reference/archive/strong-anna-louise/1949/in-north-korea/index.htm (2013.10.12 검색).

84 Cumings, *The Origins of the Korean War*, 120~22면.

85 John N. Washburn, "Russia Looks at Northern Korea," *Pacific Affairs*, Vol. 20, No. 2, 1947.06, 152~60면.

86 Scalapino and Lee, *Communism in Korea*, 314~16면.

87 Armstrong, *The North Korean Revolution*, 55면.

88 같은 책 119~23면.

89 같은 책 119~20면.

90 Scalapino and Lee, *Communism in Korea*, 314~16면.

91 Armstrong, *The North Korean Revolution*, 58~59면.

92 같은 책 69면.

93 같은 책 66면.

94 Scalapino and Lee, *Communism in Korea*, 374면.

95 Sung Chul Yang, *The North and South Korean Political Systems: A Comparative Analysis, revised edition* (Elizabeth, NJ: Hollym 1999), 270면.

96 Scalapino and Lee, *Communism in Korea*, 374면, 391면.

97 같은 책 391면.

98 같은 책 336~40면.

99 상세한 내용은 Armstrong, *The North Korean Revolution*, 55~56면, 116~23면.

100 Scalapino and Lee, *Communism in Korea*, 340면.

101 Hwan Ju Pang, *Korean Review* (Pyongyang: Foreign Languages Publishing House 1987), 83면.

102 Armstrong, *The North Korean Revolution*, 125~33면.

103 Scalapino and Lee, *Communism in Korea*, 74~76면.

104 사회·국가 통제에 관한 상세한 설명으로는 Armstrong, *The North Korean Revolution*, 91~214면 참조.

105 1945년에서 1947년 사이에 남으로 이주한 사람들의 수치에 대해서는 Cumings, *The Origins of the Korean War, Vol. I*, 60면 참조.

106 Ellen Brun and Jacques Hersh, *Socialist Korea: A Case Study in the Strategy of Economic Development* (London and New York: Monthly Review Press 1976), 131면.

107 같은 책 같은 면.

108 같은 책 132면.

109 Joseph Sang-hoon Chung, *The North Korean Economy: Structure and Development* (Stanford: Hoover Institution Press 1974), 10~14면; Suk Lee, "Food Shortages and Economic Institutions in the Democratic People's Republic of Korea," doctoral dissertation (Department of Economics, University of Warwick 2003.01), 69~70면.

110 국가의 지원 없이 자급자족할 수 있는 농업가구와 전체 인구 중 농업가구의 비율은, 각각 같은 책 75면, 79면.

111 같은 책 59~72면.

112 Hazel Smith, *WFP DPRK Programmes and Activities: A Gender Perspective* (Pyongyang: WFP 1999.12); Armstrong, *The North Korean Revolution*, 92~98면.

113 '북한의 성평등법'을 옮겨놓은 Jon Halliday, "Women in North Korea: An Interview with the Korean Democratic Women's Union," *Bulletin of Concerned Asian Scholars*, Vol. 17, No. 3, 1985.07~09, 56면의 부록 참조.

114 Yung-Chung Kim (ed.), *Women of Korea: A History from Ancient Times to 1945* (Seoul: Ewha Womans University Press 1977), 267~70면.

115 Suzy Kim, *Everyday Life in the North Korean Revolution 1945-1950* (Ithaca, NY: Cornell University Press 2013), 200면.

116 Armstrong, *The North Korean Revolution*, 호적에 관해서는 98면, 아들의 법적 지위에 관해서는 95면.

117 Scalapino and Lee, *Communism in Korea*, 384~85면.

118 같은 책 38면.

119 Armstrong, *The North Korean Revolution*, 385면.

120 Cumings, *The Origins of the Korean War, Vol. I*, 53~61면. 특히 156면의 "1940년 지역 간 이주"(Interprovincial Migration, 1940)라는 제목이 붙은 도표 참조.

4장 국가 건설로서 전쟁

1 한국전쟁에 관한 문헌은 방대하다. 대표적으로 Bruce Cumings, *The Origins of the Korean War, Vol. I: Liberation and the Emergence of Separate Regimes 1945-1947* (Seoul: Yuksabipyungsa 2002); Max Hastings, *The Korean War* (London: Michael Joseph 1987); William Stueck, *The Korean War: An International History* (Princeton University Press 1995). 짧지만 삽화가 들어간 유용한 설명으로는 Tom McGowen, *The Korean War* (New York: Franklin Watts 1992). 북한의 포로가 된 미국 장성의 직접적인 경험을 기록한 책 은 William F. Dean as told to William L. Worden, *General Dean's Story* (New York: The Viking Press 1954). 미국인·한국인·중국인 참전자들의 구술 기록으로는 Richard Peters and Xiaobing Li, *Voices from the Korean War: Personal Stories of American, Korean and Chinese Soldiers* (Lexington: The University Press of Kentucky 2005). 미국인 참전자의 잘 기록된 사려 깊은 증언은 James Brady, *The Coldest War: A Memoir of Korea* (New York: Thomas Dunne Books 1990). 삽화가 들어간 Jon Halliday and Bruce Cumings, *Korea: The Unknown War* (New York: Pantheon Books 1988)도 참조. 이 마지막 책은 템즈 텔레비 전(Thames Television)의 탁월한 6부작 시리즈에 딸린 책이다. 이 시리즈는 모든 전쟁 당 사자들의 영상과 인터뷰와 논평이 들어있고, 냉전 직후에 오랜 적들 간에 이뤄졌던 짧은 협력의 기회를 활용한 것이다. 북한의 시각에 관해서는 Ho Jong Ho, Sok Hui Kang and Thae Ho Pak, *The US Imperialists Started the Korean War* (Pyongyang: Foreign Languages Publishing House 1993); *Democratic People's Republic of Korea Editorial Board, Echoes of the Korean War* (Pyongyang: Foreign Languages Publishing House 1996).

2 북한의 글에는 김일성의 자질을 묘사할 때 '영웅적인' '강철같은 의지를 지닌' '위대한' '존경받는' 등 많은 존칭어구가 붙는다. 오직 김일성만이 정확한 결정을 내릴 능력을 갖추 고 있음을 강조하기 위해 김일성 앞에는 반복적으로 '현명한'이라는 말이 사용된다. 평양 에서 판매 승인된 책에 등장하는 '현명한 지도력'이라는 말의 용례로는 Bong Baik, *Kim Il Sung Biography (1)* (Beirut: Dar Al-Talia 1973), 570면 참조.

3 관례적인 지칭에 관해서는 Han Gil Kim, *Modern History of Korea* (Pyongyang: Foreign Languages Publishing House 1979) 참조. 두 명칭을 번갈아 쓴 예는 Ho *et al.*, *The US Imperialists Started the Korean War*.

4 전쟁의 기원에 관한 논의는 Halliday and Cumings, *Korea: The Unknown War*, 71~94면 참조. 북한의 인식을 반영하는 설명은 Ellen Brun and Jacques Hersh, *Socialist Korea: A Case Study in the Strategy of Economic Development* (London and New York: Monthly Review Press 1976), 88~98면; I. F. Stone, *The Hidden History of the Korean War* (Boston: Little, Brown and Company 1988); Ho *et al.*, *The US Imperialists Started the Korean War*도 참조.

5 유엔 당사자 관점에서 유엔의 개입을 논의한 설명은 Callum MacDonald, *Britain and the Korean War* (Oxford: Basil Blackwell 1990) 참조.

6 한국전쟁에서 군사적으로 개입한 국가의 명단은 Andrew C. Nahm, *An Introduction to Korean History and Culture* (Elizabeth, NJ/Seoul: Hollym 1997), 248면 참조.

7 사상자 수치는 다른 기록에서는 다르게 나타나지만, 모든 기록이 3년 동안의 전쟁에서 수백만명의 인명 손실을 있었음을 나타낸다. 이 문단과 다음 문단에 사용된 수치의 출처는 Halliday and Cumings, *Korea: The Unknown War*, 200면; Sung Chul Yang, *The North and South Korean Political Systems: A Comparative Analysis, revised edition* (Elizabeth, NJ: Hollym 1999), 153~54면; Bruce Cumings, *The Korean War: A History* (New York: Modern Library 2010), 35면.

8 Wayne Thompson and Bernard C. Nalty, *Within Limits: The US Air Force and the Korean War* (Washington, DC: Air Force Historical Studies Office, AF/HO, 1190 Air Force Pentagon 1996), 49면, www.dtic.mil/cgi-bin/GetTRDoc?AD=ADA440095Location=U2doc=GetTRDoc.pdf (2014.11.08 검색).

9 Halliday and Cumings, *Korea: The Unknown War*, 200면. 양성철은 남한 사상자 수가 130만명, 북한 사상자 수가 150~200만명이라고 본다. 양성철은 '사상자'라는 말을 쓰지만, 그는 이 말을 사망자+부상자가 아니라 '사망자'로 이해하고 있는 듯하다. Yang, *The North and South Korean Political Systems*, 13~14면 참조. 에이드리언 부조는 북한의 군인 사상자가 30만명, 민간인 사상자가 40만명이었다고 언급하는데, 여기에서도 사상자는 사망자를 의미하는 듯하다. Adrian Buzo, *The Guerilla Dynasty: Politics and Leadership in North Korea* (Boulder, CO: Westview 1999), 23면 참조.

10 Halliday and Cumings, *Korea: The Unknown War*, 172면; Carter J. Eckert, Ki-bail Lee, Young Ick Lew, Michael Robinson and Edward Wagner, *Korea Old and New: A History* (Cambridge, MA: Korea Institute, Harvard University/Ilchokak 1990), 345면.

11 존 할리데이의 보고에 따르면, 1951년 맥아더 청문회에서 스테니스 상원의원은 오도넬 장군에게 다음과 같이 물었다. "북한이 거의 파괴되었죠, 그렇죠?" 오노넬은 이렇게 대답

했다. "예, 그렇습니다. 어쨌든 나중에 보니 우리가 그렇게 전부 파괴했습니다 (…) 제가 말하고 싶은 것은 한반도 전체, 거의 전체가 완전히 엉망진창이라는 겁니다. 모든 것이 파괴되어서 유명무실했습니다." 이어지는 할리데이의 보고에 따르면, 한국전쟁 동안 전략공군 사령관이었던 커티스 르메이는 국방부에 북한의 5개 대도시를 "불태워버리는 것"을 허락해달라고 요청했는데, "그건 너무 끔찍하다"라는 말을 들었다고 후에 회상했다. 하지만 르메이는, "3년 정도의 기간에 걸쳐 (…) 우리는 북한의 모든 마을을 모조리 불태워버렸습니다 (…) 그러니까 3년의 기간에 걸쳐 용인되었던 겁니다." (프린스턴대학 존 포스터 덜레스 문서에 수록된 르메이 구술 역사자료, John Foster Dulles papers, Princeton University, cited in Bruce Cumings, "Korea-the New Nuclear Flashpoint," *The Nation* 1984.04.07, 416면에 인용됨) Jon Halliday, "Anti-Communism and the Korean War (1950-1953)," *Socialist Register 1984: The Uses of Anti-Communism*, Vol. 21, 130~63면 참조, http://socialistregister.com/index.php/srv/article/view/5509/2407 (2014.11.08 검색).

12 Hastings, *The Korean War*, 324~27면.

13 같은 책 같은 면; Halliday and Cumings, *Korea: The Unknown War*, 187~89면.

14 같은 책 182~86면.

15 같은 책 172면; Robert A. Scalapino and Chong-Sik Lee, *Communism in Korea: The Movement* (Berkeley: University of California Press 1972), 430~32면.

16 한국전쟁은 물론 다른 전쟁의 전시 피난민 수치는 믿을 수 없다는 것은 주지의 사실이다. 하지만 수백만이라고 해도 크게 논란이 되지는 않는다. 양성철은 북한 출신인지 남한 출신인지 구체적으로 언급하지는 않지만, 한국전쟁 결과 총 250만명의 피난민이 발생했다고 말한다. Yang, *The North and South Korean Political Systems*, 154면 참조.

17 얼마나 많은 아이들이 남겨지거나 다른 나라로 보내졌는지는 알 수 없다. 루마니아와 동독으로 보내진 아이들에 관한 언급으로는 Charles K. Armstrong, "'Fraternal Socialism': The International Reconstruction of North Korea, 1953-62," *Cold War History*, Vol. 5, No. 2, 2005.06, 164면 참조.

18 오도넬 소장이 1951년 6월 25일 미 상원 군사외교위원회 맥아더 청문회에서 증언한 내용. *Military Situation in the Far East: Hearings to Conduct an Inquiry into the Military Situation in the Far East and Facts Surrounding the Relief of General of the Army Douglas MacArthur from His Assignments in That Area*, 82nd Congress, 1st Session, 1951, Vol. 4, 3063면, Halliday, "Anti-Communism and the Korean War," 145~46면에 인용됨.

19 '적대감이 가장 강렬했고, 주민의 대다수가 정착지를 상실했던' '1950년에서 1951년 사이에 북한 인구의 자연증가'가 1000명당 7명으로 줄어들었다는 언급은 전쟁이 북한에 미

친 심각한 영향을 인정하는 것이라 할 수 있다. Office of Public Information of the Republic of Korea, "Population Survey of Korea," *Korean Survey*, Vol. 6, No. 6, 1957,06~07, 11면.

20 같은 책 같은 면. 이 남한 정부 문서에서는 '북한'의 1955년 인구가 겨우 386만 8200명이었다고 주장한다. "'믿을 만한 소식통에 따르면' 북한에서 옛 소련으로 추방된 사람이 250만 명이었기 때문"이라는 것이다. 보고서의 수치는 전후에 한반도에서 계속된 극단적인 이념 대결의 맥락에서 날조된 듯 보인다. 북한 지도층은 아이들과 동원 노력에 도움이 안 되는 사람들을 국외로 보내는 정책을 폈지만, 많은 이들이 전쟁이 끝날 무렵 돌아왔기 때문에 '추방되다'라는 말이 가장 적절한 말은 아닌 듯싶다. 850만명이라는 수치에 관해서는 Suk Lee, "Food Shortages and Economic Institutions in the Democratic People's Republic of Korea," doctoral dissertation (Department of Economics, University of Warwick 2003.01), 78면.

21 Kim, *Modern History of Korea*, 330~34면.

22 같은 책 330~31면.

23 Brun and Hersh, *Socialist Korea*, 165면.

24 같은 면.

25 Party History Research Institute, *History of Revolutionary Activities of the Great Leader Comrade Kim Il Sung* (Pyongyang: Foreign Languages Publishing House 1983), 341면.

26 같은 책 같은 면.

27 Kim, *Modern History of Korea*, 331면.

28 전쟁 기간 김일성 정책에서 반관료주의가 갖는 중요성과 중심성에 관해서는 Party History Research Institute, *History of Revolutionary Activities*, 325~26면 참조. 또한 Compilation Committee of Kim Il Sung Encyclopaedia, *Kim Il Sung Encyclopaedia Volume One* (New Delhi: Vishwanath 1992), 513~14면도 참조. 자세한 진술은 '관료제 근절에 관한' 김일성의 1955년 4월 연설 참조. 같은 책 519~20면.

29 Party History Research Institute, *History of Revolutionary Activities*, 328면.

30 Scalapino and Lee, *Communism in Korea*, 414~22면.

31 Party History Research Institute, *History of Revolutionary Activities*, 330면.

32 같은 책 331면.

33 같은 책 329면.

34 Kim, *Modern History of Korea*, 332면.

35 Lee, "Food Shortages," 75~76면.

36 Scalapino and Lee, *Communism in Korea*, 422~26면.

37 같은 책 424면.

38 Party History Research Institute, *History of Revolutionary Activities*, 328면.

39 Scalapino and Lee, *Communism in Korea*, 419~22면.

40 Party History Research Institute, *History of Revolutionary Activities*, 340~44면.

41 같은 책 313면.

42 유엔군이 개입했던 악명 높은 사례로는 Charles J. Hanley, Sang-Hun Choe and Martha Mendoza, *The Bridge at No Gun Ri* (New York: Henry Holt and Company 2001) 참조. 전쟁 기간 양측의 잔혹성에 대한 광범위한 논의로는 Halliday and Cumings, *Korea: The Unknown War* 참조.

43 Kim, *Modern History of Korea*, 316면.

44 같은 책 317면.

45 Dae-Sook Suh, *Kim Il Sung: The North Korean Leader* (New York: Columbia University Press 1988), 126~34면.

46 Kim, *Modern History of Korea*, 44~48면; Buzo, *The Guerilla Dynasty*, 20~21면.

47 Suh, *Kim Il Sung*, 126~36면.

48 Suh, *Kim Il Sung*, 134면.

49 Donald N. Clark, *Living Dangerously in Korea: The Western Experience 1900-1950* (Norwalk, CT: Eastbridge 2003), 301~304면.

50 같은 책 387~96면.

51 Hazel Smith, "The Disintegration and Reconstitution of the State in the DPRK," Simon Chesterman, Michael Ignatieff and Ramesh Thakur (eds.), *Making States Work* (Tokyo: United Nations Press 2005), 167~92면.

52 Brun and Hersh, *Socialist Korea*, 172면.

53 Kim, *Modern History of Korea*, 389~94면.

54 부조는 북한의 핵심 목적이 '효과적인 전쟁 수행'이었다고 주장한다. Buzo, *The Guerilla Dynasty*, 78면 참조.

55 이 양식은 김일성과 김정일의 찬양 전기를 썼던 시리아 언론인의 책에 드러난다. 북한에서 인가한 이 찬양 전기들은 북한의 외국어 출판사에 의해 번역되고 출판되었다. Hani Al Suma, *The Ever-Shining Star of Korea* (Pyongyang: Foreign Languages Publishing House 1986).

5장 '우리식 사회주의'

1 북한의 학문은 이러한 목적에 맞춘 참고문헌으로 가득하다. 예컨대 Compilation Committee of Kim Il Sung Encyclopaedia, *Kim Il Sung Encyclopaedia Volume One* (New Delhi: Vishwanath 1992); Chang-gon Pak, "Conversion from a Colonial Agricultural State into a Socialist Industrial State," Ken'ichiro Hirano (ed.), *The State and Cultural Transformation: Perspectives from East Asia* (Tokyo: United Nations Press 1993), 299~314면.

2 Compilation Committee, *Kim Il Sung Encyclopaedia Volume One*, 332~33면.

3 Party History Research Institute, *History of Revolutionary Activities of the Great Leader Comrade Kim Il Sung* (Pyongyang: Foreign Languages Publishing House 1983), 428~40면. 1991년 8월 나는 18명의 쟁쟁한 학자 대표단을 이끌고 북한에 갔다. 북한 사회의 가능한 측면들을 조사하고 북한 학계와 대화를 나누기 위해서였다. 우리가 집단적으로 수행한 인터뷰 상대 중 한명이 황장엽(黃長燁)이었는데, 그는 당시 조선사회과학자협회 고위 관료이자 주체사상의 설계자로 알려져 있었다. 당시의 내 메모에는 '혁명교육'이라는 이름으로 국가가 통제하는 정보 이외의 다른 정보에 인민들이 접근하는 것에 명백히 반대한다는 점, '민주주의'를 공공연하게 경멸한다는 점, 혁명교육을 포기하는 치명적인 실수를 저지른 것으로 (이름을 명시하지 않지만) 소련 지도부를 일축한다는 점이 드러나 있다. 나의 메모에는 지독한 이데올로기적 열정 때문에 '그는 완전히 미쳤다'라는 논평이 적혀 있었다. 그러나 황장엽은 결국 1997년 북한 최고위급 망명자가 되었다. 그가 자신이 1991년에 했던 말, 즉 당시에도 자신이 믿을 수 없는 인물로 비쳐져 약점을 잡힐까 걱정해서 과장되게 했던 말을 믿고 있었는지, 나는 결코 알 수 없을 것이다. 황장엽은 2010년 서울에서 사망했다.

4 Compilation Committee, *Kim Il Sung Encyclopaedia Volume One*, 217면, 330면.

5 국가 내부의 다양한 권력관계에 관하여 정교한 경험적 분석을 시도한 작업은 Patrick McEachern, "Inside the Red Box: North Korea's Post-Totalitarian Politics," doctoral dissertation (Louisiana State University and Agricultural and Mechanical College 2009.05) 참조.

6 Hwan Ju Pang, *Korean Review* (Pyongyang: Foreign Languages Publishing House 1987), 83~84면.

7 한국전쟁 이후에 재조직화된 당-군 구조를 보여주는 조직도는 Joseph S. Bermudez, *North Korean Special Forces*, second edition (Annapolis: Naval Institute Press, 1998), 59면 참조.

8 Takashi Sakai, "The Power Base of Kim Jong Il: Focusing on its Formation Process," Park Han S. (ed.), *North Korea: Ideology, Politics, Economy* (Englewood Cliffs: Prentice Hall

1996), 116~19면.

9 같은 책 119면.

10 Compilation Committee, *Kim Il Sung Encyclopaedia Volume One*, 331면.

11 같은 책 같은 면.

12 Dae-Kyu Yoon, "The Constitution of North Korea: Its Changes and Implications," *Fordham International Law Journal*, Vol. 27, No. 4, 2004, 1289~305면, http://ir.lawnet. fordham.edu/cgi/viewcontent.cgi?article=1934context=ilj (2014.02.09 검색).

13 Sung Chul Yang, *The North and South Korean Political Systems: A Comparative Analysis, revised edition* (Elizabeth, NJ: Hollym 1999), 287~90면, 236~37면.

14 Suzy Kim, *Everyday Life in the North Korean Revolution 1945-1950* (Ithaca, NY: Cornell University Press 2013), 247면.

15 서대숙은 '당에서 국가로의 이동'이 1972년에 일어났다고 주장한다. 내 견해는 헌법이 수령으로서의 김일성의 지배를 공식화했을 뿐 아니라, 사후 인과설정 방식으로 적어도 1960년대 초 이후로, 그리고 주장하건대 김일성이 새로운 국가의 첫 내각을 이끌었던 1948년 이후로, 국가 건설 활동을 감독하기 위해 내각을 활용했다는 사실을 인정했다는 것이다. 그것이 북한의 사회·경제·정치에서 일어난 사실상의 변화 이후 헌법과 법률상의 변화가 반영되는 마지막은 아닐 터였다. 기근으로 인해 북한에 시장이 도입된 지 몇년 지나 1998년 헌법과 2002년 경제개혁을 통해 국가 이외의 재산 소유권과 시장관계를 인정했다. Dae-Sook Suh, *Kim Il Sung: The North Korean Leader* (New York: Columbia University Press 1988), 269~76면. 고난의 행군 시기 변화에 관해서는 Hazel Smith, *Hungry for Peace: International Security, Humanitarian Assistance and Social Change in North Korea* (Washington, DC: United States Institute of Peace Press 2005) 참조. 양성철 역시 1948년 이후부터 김일성이 내각을 '절대적으로' 통제했다고 지적한다. Yang, *The North and South Korean Political Systems*, 289면 참조.

16 1955년 수치는 김일성이 언급한 수치이고 Robert A. Scalapino and Chong-Sik Lee, *Communism in Korea: The Movement* (Berkeley: University of California Press 1972), 469면에 기록된 수치이다. 1975년 수치는 Chong-Sik Lee, *The Korean Workers' Party: A Short History* (Stanford, CA: Hoover Institution Press 1978), 114면, 300만명은 Pang, *Korean Review*, 82면에 인용된 수치이다. 한 분석가는 1990년을 기준으로 당원 수가 전체 인구의 17퍼센트에 달한다고 추산했다. Yang, *The North and South Korean Political Systems*, 278면 참조.

17 Party History Research Institute, *History of Revolutionary Activities*, 430면.

18 같은 책 같은 면.

꼭

19 Ellen Brun and Jacques Hersh, *Socialist Korea: A Case Study in the Strategy of Economic Development* (London and New York: Monthly Review Press 1976), 204면.

20 같은 책 212~14면.

21 같은 책 201면.

22 UNDP and DPRK government, *Report of the First Thematic Roundtable on Agricultural Recovery and Environmental Protection in DPR Korea* (Geneva: UNDP 1998.05.28~29), 12면.

23 김일성의 계획에 동조하는 서구 경제학자들인 브런과 허시도 농민들이 협동농장 가입을 '마뜩해하지 않았음'을 인정했다. Brun and Hersh, *Socialist Korea*, 201면 참조.

24 Party History Research Institute, *History of Revolutionary Activities*, 433면.

25 같은 책 429면.

26 같은 책 433면.

27 같은 책 428~40면.

28 반관료주의 모델의 기원에 관한 설명은 Lee, *The Korean Workers' Party*, 101면 참조. 북한의 공식적인 관점으로는 Compilation Committee, *Kim Il Sung Encyclopaedia Volume One* 1992, 254면 참조.

29 Scalapino and Lee, *Communism in Korea*, 467~71면.

30 Party History Research Institute, *History of Revolutionary Activities*, 435~36면.

31 같은 책 615면.

32 같은 책 같은 면.

33 Kim Il Sung, *On Improving and Strengthening the Training of Party Cadres* (Pyongyang: Foreign Languages Publishing House 1975), 23~32면.

34 Balázs Szalontai, "The Four Horsemen of the Apocalypse in North Korea," Chris Springer (ed.), *North Korea Caught in Time: Images of War and Reconstruction* (Reading: Garnet Publishing 2010), xxiv~xxv면.

35 같은 책 519면.

36 같은 책 521면.

37 같은 책 같은 면.

38 같은 책 612~13면.

39 Suh, *Kim Il Sung*, 276~86면.

40 Party History Research Institute, *History of Revolutionary Activities*, 612~13면.

41 Compilation Committee, *Kim Il Sung Encyclopaedia Volume One*, 90면.

42 Kim Il Sung, *Tasks of the People's Government in Modelling the Whole of Society on the Juche Idea* (Pyongyang: Foreign Languages Publishing House 1982).

43 제6회 조선로동당 중앙위원회 21차 총회 김일성 연설. Kim Il Sung, "On the Direction of Socialist Economic Construction for the Immediate Period Ahead," Kim Il Sung, *Works*, Vol. 44 (Pyongyang: Foreign Languages Publishing House 1999), 251면 참조.

44 같은 책 같은 면.

45 이 문단의 정보는 1990년대 이후 북한을 정기적으로 방문하고 특히 1998년에서 2001년 사이에 북한 주민들과 함께 일하며 얻은 직접적인 관찰로부터 온 것이다. 또한 북한에 거주하는 다른 외국인 및 북한 주민과의 수백차례 대화를 통해 얻은 간접적인 관찰의 결과물이기도 하다.

46 이는 명시적인 정책이었다. Chang-sik Sok, "Experiences of State-building in the Democratic People's Republic of Korea," Ken'ichiro Hirano (ed.), *The State and Cultural Transformation: Perspectives from East Asia* (Tokyo: United Nations Press 1993), 340면 참조.

47 에이드리언 부조는 김일성 왕조의 전개 과정을 설명하면서 항일유격대의 유산이 정치 운영 방식에서 끼친 중요한 영향을 강조한다. 내 견해는 이 과정이 어떻게 이루어졌는지 역시 중요하다는 것이다. 다시 말해서 이런 유산은 매우 특정하고 역사적인 방식으로 국가와 사회의 조직화 양식을 구성하는 요소인 것이다. Adrian Buzo, *The Guerilla Dynasty: Politics and Leadership in North Korea* (Boulder, CO: Westview Press 1999).

48 Han Gil Kim, *Modern History of Korea* (Pyongyang: Foreign Languages Publishing House 1979), 389~91면.

49 Suh, *Kim Il Sung*, 301면.

50 같은 책 308면.

51 A. W. Singham and Shirley Hune, *Non-alignment in an Age of Alignments* (London: Zed 1986).

52 Kim Jong Il, *On the Juche Idea of our Party* (Pyongyang: Foreign Languages Publishing House 1985).

53 Compilation Committee, *Kim Il Sung Encyclopaedia Volume One*, 109면, 332~33면.

54 Compilation Committee of Kim Il Sung Encyclopaedia, "Revolutionary Outlook on the Organisation," 같은 책 112면.

55 예컨대, Party History Research Institute, *History of Revolutionary Activities* 참조.

56 같은 책 29~34면, 372~83면.

57 Jiangcheng He, "Educational Reforms," Han S. Park (ed.), *North Korea: Ideology,*

Politics, Economy (Englewood Cliffs: Prentice Hall 1996), 33~50면; Pang, *Korean Review*, 159~92면.

58 Compilation Committee, *Kim Il Sung Encyclopaedia Volume One*, 277~302면.

59 National EFA 2000 Assessment Group, Democratic People's Republic of Korea, National EFA Assessment Report: The Implementation of the 'World Declaration on Education for All' (Pyongyang: National EFA 2000 Assessment Group 1999), 26면, 28면; He, "Educational Reforms," 40면.

60 같은 책 42~43면.

61 같은 책 33~50면.

62 Yong-Bok Li, *Education in the Democratic People's Republic of Korea* (Pyongyang: Foreign Languages Publishing House 1986), 74면; Soon-Hee Lim, *Value Changes of the North Korean New Generation and Prospects* (Seoul: Korea Institute for National Unification 2007), 5면; Jiangcheng He, "Educational Reforms," Han S. Park (ed.), *North Korea: Ideology, Politics, Economy* (Englewood Cliffs: Prentice Hall 1996), 43면.

63 Yong-Bok Li, *Education in the Democratic People's Republic of Korea* (Pyongyang: Foreign Languages Publishing House 1986), 75면.

64 UNICEF, *Draft Situation Analysis DPR Korea 1997*, revised and edited (Pyongyang: UNICEF 1997), 23면.

65 같은 책 13면.

66 Sakai, "The Power Base of Kim Jong Il," 105~22면.

67 Sung Chull Kim, *North Korea under Kim Jong Il: From Consolidation to Systemic Dissonance* (Albany: State University of New York Press 2006), 39~40면.

68 Keith Howard, "*Juche* and Culture: What's New?," Hazel Smith, Chris Rhodes, Diana Pritchard and Kevin Magill (eds.), *North Korea in the New World Order* (London: Macmillan Press 1996), 169~95면.

69 Steven Chung, "The Split Screen: Sin Sang-ok in North Korea," Sonia Ryang (ed.), *North Korea: Toward a Better Understanding* (Lanham: Lexington Books 2009), 85~107면.

70 스티븐 정은 "북한 주민들은 세계의 어느 국민보다도 많은 영화를 보는 것 같다"라고 언급한다. 같은 책 87면 참조.

71 1990년에서 2011년 사이에 필자가 관찰한 것이다.

72 Vladimir Pucek, "The Impact of Juche upon Literature and Arts," Han S. Park (ed.), *North Korea: Ideology, Politics, Economy* (Englewood Cliffs: Prentice Hall 1996), 51~70면.

73 허용된 주제와 양식의 대표적인 표본은 *Korean Paintings of Today* (Pyongyang: Foreign Languages Publishing House 1980) 참조.

74 Kim, *Modern History of Korea*, 330~40면.

75 Brun and Hersh, *Socialist Korea*, 165면, 167면.

76 Kim Il Sung, "On Some Problems in Party Work and Economic Affairs," Kim Il Sung, *Works, Vol. 23, October 1968-May 1969* (Pyongyang: Foreign Languages Publishing House 1985), 257~62면.

77 1980년에 김일성은 농업에서 문제는 "우리 관료들이 책임감이 없기 때문에" 생기는 것이라고 언급했다. Kim, *On Improving and Strengthening the training of Party Cadres*, 20~21면; Kim Il Sung, *Works, Vol. 35* (Pyongyang: Foreign Languages Publishing House 1990), 239면 참조.

78 Kim Il Sung, *Historical Experience of Building the Workers' Party of Korea* (Pyongyang: Foreign Languages Publishing House 1986), 25~53면.

79 같은 책 42면.

80 Scalapino and Lee, *Communism in Korea*, 440면.

81 Suh, *Kim Il Sung*, 123~57면.

82 같은 책 191면, 228~32면, 238~42면.

83 같은 책 295~96면.

84 Vasily Mikheev, "Politics and Ideology in the post-Cold war era," Han S. Park (ed.), *North Korea: Ideology, Politics, Economy* (Englewood Cliffs: Prentice Hall 1996), 94~95면.

85 통계는 국제전략연구소(IISS)의 유용한 연간 간행물인 *The Military Balance*를 참조. 예컨대, IISS, *The Military Balance 2001-2002* (Oxford University Press 2001), 196~97면 참조.

86 북한의 형벌 제도에 대한 독립적인 설명을 얻는 것은 불가능하다. 주요 정보원은 북한 이탈주민이다. 그들의 일부 증언은 주의 깊게 취급해야 하지만, 수많은 증거들이 처벌 제도가 때때로 자의적임을, 또한 의심할 여지없이 형사 처분이 정체적 통제를 강제하는 수단으로 사용됨을 강력하게 시사한다. 북한이탈주민의 기술에 근거한 한 보고서로는 David R. Hawk, *The Hidden Gulag: Exposing North Korea's Prison Camps: Prisoners' Testimonies and Satellite Photographs* (Washington, DC: US Committee for Human Rights in North Korea 2003).

87 때때로 '법의 지배'와 구분해서 '법에 의한 지배' 체계라고 특징지어진 북한 법률 제도의 성격에 관한 문헌상의 논의가 있다. 이 구분에 관해서는 Marion P. Spina, Jr.,

"Brushes with the Law: North Korea and the Rule of Law," *Academic Series Papers on Korea* (Washington, DC: Korea Economic Institute 2008), 75~97면, www.keia.org/Publications/OnKorea/2008/08Spina.pdf (2014.02.09 검색).

88 Kook-shin Kim, Hyun-joon Cho, Keum-soon Lee, Soon-hee Lim, Kyu-chang Lee and Woo-taek Hong, *White Paper on Human Rights in North Korea 2011* (Seoul: Korea Institute for National Unification 2011), 134~44면.

89 Hawk, The Hidden Gulag; 이러한 노동교화소에 수용된 적이 있는 사람의 설명으로는 Chol Hwan Kang and Pierre Rigolout, translated by Yair Reiner, *Aquariums of Pyongyang: Ten Years in the North Korean Gulag* (New York: Basic Books 2001) 참조.

90 Human Rights Watch, "The Invisible Exodus: North Koreans in the People's Republic of China," *North Korea*, Vol. 145, No. 8, 2002.11. 관련 논의는 Kie-Duck Park and Sang-Jin Han (eds.), *Human Rights in North Korea* (Seoul: The Sejong Institute, 2007) 참조.

91 북한의 독립과 평등 개념에 관한 논의는 외교관계에서의 주권과 관계가 있다. Hazel Smith, "North Korean Foreign Policy in the 1990s: The Realist Approach," Hazel Smith, Chris Rhodes, Diana Pritchard and Kevin Magill (eds.), *North Korea in the New World Order* (London: Macmillan 1996), 93~113면 참조.

92 Fred Halliday, *The Making of the Second Cold War*, second edition (London: Verso 1986); Chae-Jin Lee, *A Troubled Peace: US Policy and the Two Koreas* (Baltimore, MD: The Johns Hopkins University Press 2006). 김일성이 어떻게 미국과 소련의 경쟁관계에서 기회를 최대한 활용했는지에 대한 상세한 설명은 Georgy Bulychev, "Korean Security Dilemmas: A Russian Perspective," Hazel Smith (ed.), *Reconstituting Korean Security: A Policy Primer* (Tokyo: United Nations Press 2007), 182~211면 참조.

93 Jian Chen, "Limits of the 'Lips and Teeth' Alliance: An Historical Review of Chinese-North Korean Relations," Timothy Hildebrandt (ed.), *Uneasy Allies: Fifty Years of China-North Korea Relations* (Washington, DC: Woodrow Wilson Center Asia Program Special Report 2003.09), 7면; Bulychev, "Korean Security Dilemmas," 185면.

94 James F. Person (ed.), *The Cuban Missile Crisis and the Origins of North Korea's Policy of Self-Reliance in National Defense, E-Dossier #12* (Washington, DC: Woodrow Wilson International Center for Scholars 2012), 2면, www.wilsoncenter.org/sites/default/files/NKIDP_eDossier_12_North_Korea_and_the_Cuban_Missile_Crisis_0.pdf (2013.12.29 검색).

95 Scalapino and Lee, *Communism in Korea*, 641면.

96 Kim Il Sung, *The Non-Aligned Movement is a Mighty Anti-imperialist Revolutionary*

Force of our Times (Pyongyang: Foreign Languages Publishing House 1986); Kim Il Sung, *The Non-Aligned Movement and South-South Cooperation* (Pyongyang: Foreign Languages Publishing House 1987).

97   www.ncnk.org/resources/briefing-papers/all-briefing-papers/dprk-diplomatic-relations (2012.06.07 검색).

98   "South-South Cooperation: Cause for Optimism," *The Pyongyang Times*, 1995.11.11, 8면.

99   Halliday, *The Making of the Second Cold War; Fred Halliday, Cold War, Third World: An Essay on Soviet-American Relations* (London: Hutchinson Radius 1989).

100   같은 책.

101   Mitchell B. Lerner, *The Pueblo Incident: A Spy Ship and the Failure of American Foreign Policy* (Lawrence, KS: University Press of Kansas 2002).

102   2002년 평양에서 김정일이 코이즈미 일본 총리와 만났을 때, 이러한 범죄 행위는 독자적으로 행동하는 정보기관 요원들이 저지른 것이라고 하면서 13명의 일본 민간인 납치에 대해 사과했다. 코이즈미도 일제강점기 일본이 조선 민중에게 고통을 안겨준 데 대해 사과했다. 관련 논의는 Gavan McCormack, "Japan and North Korea-The Quest for Normalcy," Hazel Smith (ed.), *Reconstituting Korean Security: A Policy Primer* (Tokyo: United Nations Press 2007), 162~81면 참조.

103   Scalapino and Lee, *Communism in Korea*, 651~52면.

104   Carter J. Eckert, Ki-bail Lee, Young Ick Lew, Michael Robinson and Edward Wagner, *Korea Old and New: A History* (Cambridge, MA: Korea Institute, Harvard University/Ilchokak, 1990), 370면; Lee, *A Troubled Peace*, 108면.

105   Loszek Cyrzyk, "Pyongyang's Reunification Policy," Han S. Park (ed.), *North Korea: Ideology, Politics, Economy* (Englewood Cliffs: Prentice Hall 1996), 205~19면.

106   Kim Il Sung, *On the Three Principles of National Reunification* (Pyongyang: Foreign Languages Publishing House 1982), 11면. 북한의 연방제 방안은 Kim Il Sung, *On the Proposal for Founding a Democratic Confederal Republic of Koryo* (Pyongyang: Foreign Languages Publishing House 1990)에 수록됨.

107   "National Salvation Struggle of the South Korean People," Kim, *Modern History of Korea*, 458~99면 참조.

108   Eckert *et al., Korea Old and New*, 367면.

109   Lee, *A Troubled Peace*, 119~20면.

110   비행기 폭파 책임을 시인한 북한 여성은 북한 요원임을 시인하기도 했다. 북한 정부

는 폭파와 어떤 관련도 없다고 주장했다. Natalya Bazhanova, "North Korea's Decision to Develop an Independent Nuclear Program," James Clay Moltz and Alexandre Y. Mansourov (eds.), *The North Korean Nuclear Program: Security, Strategy and New Perspectives from Russia* (London: Routledge 2000), 131면.

111 Charles K. Armstrong, "North Korea's South Korea Policy: Tactical Change, Strategic Consistency," Sung Chull Kim and David C. Kang (eds.), *Engagement with North Korea: A Viable Alternative* (Albany: SUNY Press 2009), 228~29면.

112 Smith, "North Korean Foreign Policy in the 1990s," 98~99면.

6장 시시포스 경제 모델

1 Un Hong Song, *Economic Development in the Democratic People's Republic of Korea, 18 April 1978* (Pyongyang: Foreign Languages Publishing House 1990), 26면. 1962년에 김일성은 군사적 '준비태세'와 민간경제에 동일한 비중이 주어져야 한다고 제시했다. Robert A. Scalapino and Chong-Sik Lee, *Communism in Korea: The Movement* (Berkeley: University of California Press 1972), 594면 참조.

2 Song, *Economic Development*.

3 1993년에, 김일성은 당 관료들에게 당시 소련의 바이칼 호에서 전기 공급을 해주겠다는 흐루쇼프의 제안을 거절했다고 말했다. '우리가 이 제안을 받아들인다면, 소련 사람들이 필요하다고 생각할 때마다, 전기 공급을 끊어버릴 수 있기' 때문이라는 것이다. Kim Il Sung, "On the Direction of Socialist Economic Construction for the Immediate Period Ahead," Kim Il Sung, *Works, Vol. 44* (Pyongyang: Foreign Languages Publishing House 1999), 252면.

4 북한 학자의 관점은 Chang-gon Pak, "Conversion from a Colonial Agricultural State into a Socialist Industrial State," Ken'ichiro Hirano (ed.), *The State and Cultural Transformation: Perspectives from East Asia* (Tokyo: United Nations Press 1993), 299~314면 참조.

5 국가상징에 관해서는 Foreign Languages Publishing House, *100 Questions and Answers: Do you Know about Korea?* (Pyongyang: Foreign Languages Publishing House 1989) 참조.

6 James F. Person (ed.), *The Cuban Missile Crisis and the Origins of North Korea's Policy of Self-Reliance in National Defense, E-Dossier #12* (Washington, DC: Woodrow Wilson International Center for Scholars 2012), www.wilsoncenter.org/sites/default/files/NKIDP_eDossier_12_North_Korea_and_the_Cuban_Missile_Crisis_0.pdf (2013.12.29 검색).

7 Soo-Young Choi, *A Study on the Structure of Industry in North Korea* (Seoul: Korea

Institute of National Unification 2006), 13면.

8 같은 책 9면.

9 같은 책 12면.

10 같은 책 같은 면.

11 Choong-Yong Ahn, *North Korea Development Report 2003/2004* (Seoul: Korea Institute for International Economic Policy 2003/2004), 172~73면.

12 같은 책 172면.

13 같은 책 같은 면.

14 같은 책 271면.

15 같은 책 266~68면.

16 같은 책 267면.

17 Hy-Sang Lee, *North Korea: A Strange Socialist Fortress* (London: Praeger 2001), 82~84면.

18 Sung Ung Kim (ed.), *Panorama of Korea* (Pyongyang: Foreign Languages Publishing House 1999), 1면.

19 Lee, *North Korea*, 94면; Tae-Jin Kwon, Young-Hoon Kim, Chung-Gil Chung and Hyoung-Jin Jeon, "Research on North Korean Agriculture Development Planning: Executive Summary," 날짜가 명기되지 않았지만 2002년으로 추정됨.

20 이런 한심한 작업 방식은 2014년에도 여전하다. 2000년에서 2001년 사이에 내가 유엔 세계식량계획의 공공 사업에서 대규모 식량을 관리·감독하고 있을 때, 방문 기술자들과 평가자들이 하는 가장 흔한 불평은 (기술이 없는 상태에서) 대규모 육체노동을 통해 만들어진 최종 결과물이 한반도 여름 날씨의 특징인 폭우 등 남북한의 통상적인 날씨 현상에도 견뎌내지 못한다는 것이다. 이러한 활동은 국제기구에 의해 일시적인 조치로 정당화되었지만, 북한 당국 입장에서 이러한 활동들은 토지이용관리의 핵심적 방법을 제공했다.

21 Choi, *A Study on the Structure of Industry*, 12면.

22 같은 면.

23 Lee, *North Korea*, 154면.

24 Suk Lee, "Food Shortages and Economic Institutions in the Democratic People's Republic of Korea," doctoral dissertation (Department of Economics, University of Warwick 2003.01), 114~15면.

25 엄밀히 말하면 9개의 도와 3개의 직할시(Cities under Central Authority)인 평양·개성·남포가 있다. 지방 행정기관 행정 관점에서, 북한은 직할시를 도와 거의 동의어로 취급하고 있다. 2004년에 도의 수를 10개로 축소하는 지방 행정기관 개편이 이뤄졌다. 여러번 군

단위 개편이 이뤄져 군의 수가 주기적으로 변했지만 크게 변하지는 않았다. 여기에 인용된 통계는 UNICEF, *DPRK Social Statistics* (Pyongyang: UNICEF 1998), 155면 참조. 이희상은 군이 209개라고 한다. Lee, *North Korea*, 155면 참조.

26 Lee, "Food Shortages," 110~11면.

27 같은 책 112면.

28 자강도의 군수공업에 관한 상세한 내용은 Ahn, *North Korea Development Report*, 173~77면 참조.

29 Lee, *North Korea*, 155면.

30 Lee, "Food Shortages," 108~109면.

31 1980년 연설에서, 김일성은 지역 공업 노동자의 봄철 동원을 언급했다. *Kim Il Sung, Works, Vol. 35* (Pyongyang: Foreign Languages Publishing House 1989), 161면. 김일성은 그 관행을 표준이라고 언급했다. Kim Il Sung, "On This Year's Experience in Farming and Next Year's Direction of Agricultural Work," Kim Il Sung, *Works, Vol. 35* (Pyongyang: Foreign Languages Publishing House 1989), 256~57면.

32 북한 학자의 관점으로는 Chang-sik Sok, "Experiences of State-building in the Democratic People's Republic of Korea," Ken'ichiro Hirano (ed.), *The State and Cultural Transformation: Perspectives from East Asia* (Tokyo: United Nations Press 1993), 328~43면 참조.

33 UNICEF, *An Analysis of the Situation of Children and Women in the Democratic People's Republic of Korea 2000* (Pyongyang: UNICEF 1999), 28면.

34 Compilation Committee of Kim Il Sung Encyclopaedia, *Kim Il Sung Encyclopaedia Volume One* (New Delhi: Vishwanath 1992), 55~56면.

35 Frederick Nixson and Paul Collins, "Economic Reform in North Korea," Hazel Smith, Chris Rhodes, Diana Pritchard and Kevin Magill (eds.), *North Korea in the New World Order* (London: Macmillan 1996), 167면.

36 브런과 허시는 천리마운동의 시작을 1956년 6월로, 정상훈은 1959년으로 잡고 있다. 1959년이라는 시기는 중국 '대약진운동'의 모방을 시사하는 듯하다. 1956년이라는 시기는 독자적 기원을 가진 정책임을 함축하는 듯하다. Ellen Brun and Jacques Hersh, *Socialist Korea: A Case Study in the Strategy of Economic Development* (London and New York: Monthly Review Press 1976), 186~89면; Joseph Sang-hoon Chung, *The North Korean Economy: Structure and Development* (Stanford: Hoover Institution Press 1974), 96면.

37 Han Gil Kim, *Modern History of Korea* (Pyongyang: Foreign Languages Publishing House 1979), 394~405면.

38   같은 책 413~15면.

39   Compilation Committee of Kim Il Sung Encyclopaedia, "On Improving the Guidance and Management of Industry to Fit the New Circumstances," Compilation Committee, *Kim Il Sung Encyclopaedia Volume One*, 538~39면.

40   Kim, *Modern History of Korea*, 413~15면; Chung, *The North Korean Economy*, 48~58면.

41   Foreign Languages Publishing House, *Do you Know about Korea? Questions and Answers* (Pyongyang: Foreign Languages Publishing House 1989), 92~119면.

42   Lee, "Food Shortages," 15면.

43   Chung, *The North Korean Economy*, 15면.

44   UNDP and DPRK government, *Report of the Thematic Roundtable on Agricultural Recovery and Environmental Protection in DPR Korea* (Geneva: UNDP 1998.05.28~29).

45   1950년대 말 이후 농업 관리 체계를 보여주는 도표는 Foreign Languages Publishing House, *Do you Know about Korea?*, 44면; "Chart VI," Brun and Hersh, *Socialist Korea*, 410면 참조.

46   Compilation Committee, *Kim Il Sung Encyclopaedia Volume One*, 56면.

47   Lee, "Food Shortages," 120~38면.

48   같은 글 125면.

49   Foreign Languages Publishing House, *Do you Know about Korea?*, 20~21면.

50   Adrian Buzo, *The Guerilla Dynasty: Politics and Leadership in North Korea* (Boulder, CO: Westview 1999), 109면.

51   Compilation Committee, *Kim Il Sung Encyclopaedia Volume One*, 56면.

52   Foreign Languages Publishing House, *Do you Know about Korea?*, 20~21면.

53   Sun Won Hong, *Analysis of 1993 Population Census Data DPR Korea* (Pyongyang: Population Center 1996), 91~92면.

54   1990년에서 2011년 사이에 이뤄진 필자의 관찰이다.

55   Economic and Social Council, "Implementation of the International Covenant on Economic, Social and Cultural Rights, Second Periodic Report submitted by State Parties under Articles 16 and 17 of the Covenant: Addendum, Democratic People's Republic of Korea, E/1990/6/Add.35," mimeo 2002.05.15, 25면. 또한 Hwan Ju Pang, *Korean Review* (Pyongyang: Foreign Languages Publishing House 1987), 187~90면; UNDP and DPRK government, *Thematic Roundtable*, 8면 참조.

56   Pang, *Korean Review*, 188면.

57 Kim Il Sung, "Let us Implement the Public Health Law to the Letter," Kim Il Sung, *Works, Vol. 35* (Pyongyang: Foreign Languages Publishing House 1989), 91~103면.

58 Foreign Languages Publishing House, *Korea Guidebook* (Pyongyang: Foreign Languages Publishing House 1989), 129면; Pang, *Korean Review*, 190면.

59 북한은 1999년, 국가들이 교육공약을 얼마나 잘 이행하고 있는지를 살펴보는 국제적 평가에 개진한 의견을 통해 1945년에 65퍼센트 이상의 학령 아동이 학교에 다니지 않았다고 지적했다. *National EFA 2000 Assessment Group, National EFA Assessment Report: The Implementation of the 'World Declaration on Education for All'* (Pyongyang: National EFA 2000 Assessment Group 1999), 4면.

60 National EFA 2000 Assessment Group, *National EFA Assessment Report* 참조.

61 UNICEF, *Situation Analysis of Women and Children in the DPRK* (Pyongyang: UNICEF 1999); Hazel Smith, *Hungry for Peace: International Security, Humanitarian Assistance and Social Change in North Korea* (Washington, DC: United States Institute of Peace Press 2005).

62 UNICEF, *Situation Analysis of Women and Children*, 49면.

63 National EFA 2000 Assessment Group, *National EFA Assessment Report*, 17면.

64 같은 책 12~14면.

65 같은 책 4면.

66 Jangcheng He, "Educational Reforms," Han S. Park (ed.), *North Korea: Ideology, Politics, Economy* (Englewood Cliffs: Prentice Hall 1996), 47~48면.

67 Economic and Social Council, "Implementation of the International Covenant on Economic, Social and Cultural Rights," 5면.

68 Foreign Languages Publishing House, *The Public Health Law of the Democratic People's Republic of Korea, 3 April 1980* (Pyongyang: Foreign Languages Publishing House 1988).

69 이 통계는 1998년에 공표된 것이나, 김일성 시대의 통계를 나타낸다. 27대 1이라는 수치가 인용된 곳은 UNICEF, "An Analysis of the Situation of Children and Women in The Democratic People's Republic of Korea," draft, Pyongyang 1998.05, 43면. 23대 1이라는 통계가 인용된 곳은 National EFA 2000 Assessment Group, "National EFA Assessment Report," 17면.

70 1998년과 2001년 사이에, 나는 자강도를 제외한 북한의 모든 도에서 과업을 수행하며 여행했고, 정기적으로 북한 이곳저곳을 자동차로 여행했다. 도시 풍경에 대한 언급은 이때와 1990년에서 2011년 사이의 다른 방문에서 얻은 관찰의 결과다.

71 Kim, "Let us Further Develop Local Industry," 159~69면.

72 Kim Il Sung, "Let us Increase the Standard of Living of the People Through the Development of the Textile, Food and Consumer Goods Industries," Kim Il Sung, *Works, Vol. 35* (Pyongyang: Foreign Languages Publishing House 1989), 77~78면.

73 Kim Il Sung, "Let us Further Develop Local Industry," Kim Il Sung, *Works Vol. 35* (Pyongyang: Foreign Languages Publishing House 1989), 165면.

74 같은 글 168면.

75 김일성은 1992년 한 연설에서 농업의 현대화를 주장했다. 연설에서 그는 '식량 문제'가 있음을 인정했지만, 그 해의 식량 부족 규모를 알지 못한 것처럼 보였고, 식량 경제에서의 심각한 구조적 문제를 망각하고 있었다. Kim Il Sung, "Officials Must Become True Servants of the People," Kim Il Sung, *Works, Vol. 44* (Pyongyang: Foreign Languages Publishing House 1999), 24면.

76 Lee, *North Korea*, 101면.

77 Lee, "Food Shortages."

78 같은 글 122면; Bong Dae Choi and Kab Woo Koo, "The Development of Farmers' Markets in North Korean Cities," Phillip H. Park (ed.), *The Dynamics of Change in North Korea: An Institutionalist Perspective* (Seoul: IFES Kyungnam University Press 2009), 97면.

79 Lee, "Food Shortages," 122면.

80 Choi and Koo, "The Development of Farmers' Markets," 110면.

81 같은 글 75~134면.

82 같은 글 같은 면; UNDP and DPRK government, "Thematic Roundtable Meeting on Agricultural Recovery," 20면.

83 Hyung-Min Joo, "Visualizing the Invisible Hands: The Shadow Economy in North Korea," *Economy and Society*, Vol. 39, No. 1, 2010.02, 110~45면. 1990년대 초 시장의 확산에 관한 논의는 Anthony R. Michell, "The Current North Korean Economy," Marcus Noland (ed.), *Economic Integration of the Korean Peninsula* (Washington, DC: Institute for International Economics 1998), 137~63면 참조.

84 Choi and Koo, "The Development of Farmers' Markets," 75~134면.

85 같은 글 111~13면.

86 같은 글 122~24면.

87 2000/2001년 세계식량계획에서 부여받은 내 임무의 일부는, 극한적인 겨울과 여름 기온 아래 최대 1만명가량의 도시 노동자들이 농촌에서 육체적으로 고된 노동에 종사하는 공공사업을 위해 식량을 개발하고 관리·감독하는 일이었다. 배급 카드를 관리·감독하고

현장 감독 기술자들과 의견을 주고받으며 알게 된 것은, 가구의 책임을 당연시하는 일이 만연해 가족 구성원 한명이 다른 사람의 작업 할당량을 대신할 수 있었다는 점이다.

88 북한 경제에 대한 유용한 자료는 Chung, *The North Korean Economy*; Sung Chul Yang, *The North and South Korean Political Systems: A Comparative Analysis*, revised edition (Elizabeth, NJ: Hollym, 1999); Lee, *North Korea*; Marina Ye Trigubenko, "Economic Characteristics and Prospect for Development: With Emphasis on Agriculture," Han S. Park (ed.), *North Korea: Ideology, Politics, Economy* (Englewood Cliffs: Prentice Hall 1996), 141~59면.

89 Yang, *The North and South Korean Political Systems*, 642면.

90 Chung, *The North Korean Economy*, 144면; Yang, *The North and South Korean Political Systems*, 610면.

91 가령 정상훈과 양성철 두 사람 모두 북한 경제에 관한 유용한 자료를 제공하지만 다른 기준을 사용한다. 정상훈은 성장을 평가하기 위해 북한의 인식이 반영된 국민소득이라는 기준을 사용한다. Chung, *The North Korean Economy*, 144면 참조; 양성철은 남한과의 비교가 가능하도록 국민총생산(GNP)이라는 기준을 끌어들인다. Yang, *The North and South Korean Political Systems*, 642~43면 참조.

92 Chung, *The North Korean Economy*, 145면. 대조적으로 양성철은 1963년에서 1970년까지 북한의 국민총생산 성장률이 높게는 1966년 36.7퍼센트에서, 낮게는 13.3퍼센트에 이른다고 추산했다. 같은 기간에 그는 남한의 국민총생산 성장률이 높게는 1969년 13.8퍼센트에서, 낮게는 1965년 5.8퍼센트에 이른다고 추산했다. Yang, *The North and South Korean Political Systems*, 642~43면 참조.

93 같은 책 같은 면.

94 Dianne E. Rennack, *North Korea: Legislative Basis for US Economic Sanctions* (Washington, DC: Congressional Research Service 2010).

95 고든 화이트는 1960년대와 1970년대를 언급하며 "지난 10년 동안 북한 경제 발전에서 원조는 중요한 요소가 (…) 아니다"라고 주장했다. 이러한 결론에 도달한 것은 개념적으로 외국 원조에 대한 이해를 금융상의 이전(financial transfer)으로 국한했기 때문이다. 화이트는, 무역 의존을 포함하여 의존을 북한과 그 주요 경제 상대국인 소련과 중국 간의 관계를 특징짓는 것으로 이해할 수 있다고 주장한다. Gordon White, "North Korean Chuch'e: The Political Economy of Independence," *Bulletin of Concerned Asian Scholars*, Vol. 7, No. 2, 50면. 전체 논의는 같은 글 44~54면 참조. 찰스 암스트롱 역시 사회주의 국가들의 '형제적인 원조'가 1962년 이후 급격히 줄어들었다고 주장한다. 화이트와 유

사하게 암스트롱은 기술 원조와 자본의 직접적인 이전에 초점을 맞추고 있다. Charles Armstrong, "'Fraternal Socialism': The International Reconstruction of North Korea, 1953~62," *Cold War History*, Vol. 5, No. 2, 2005.05, 162면. 하지만 북한 경제가 1962년 이후 자체적으로 생존할 수 있었던 것은, 상당 부분 북한이 사회주의 무역 블록에 옵서버 회원으로 참여하여 시장을 보호받고 무역 제도의 보조를 받았기 때문이었다.

96 Chung, *The North Korean Economy*, 96면.

97 Trigubenko, "Economic Characteristics," 148면.

98 정상훈은 1960년대 성장이 이전 10년에서 절반으로 줄어들어 1961년에서 1967년 사이에 8.9퍼센트가 되었다고 한다. Chung, *The North Korean Economy*, 96면.

99 같은 책 같은 면.

100 같은 책 같은 면.

101 같은 책 같은 면.

102 Yang, *The North and South Korean Political Systems*, 659면. 이러한 수치들은 1953~83년 수치를 제공하는 Choi, *A Study on the Structure of Industry*와는 다른 자료에서 가져온 것이다. 최수영의 책에서 산업의 구성은 양성철의 책보다 더 상세하게 기술되고, 따라서 두 책은 범주의 구성에서 미미한 차이가 있을 수 있다. 하지만 두 저자의 전체적인 경제적 구성 수치는 비교분석에 유용한 근거를 제공할 만큼 유사하다.

103 Georgy Toloraya, *The Economic Future of North Korea: Will the Market Rule?*, Academic Paper Series on North Korea: Vol. 2, No. 10 (Korea Economic Institute 2008), 35면, www. keia.org/sites/default/files/publications/toloraya.pdf (2014.11.08 검색). 베트남의 경제 성장과 쌀 무역에 대해서는 IFAD, *Enabling Poor Rural People to Overcome Poverty in Vietnam* (Rome: IFAD 2010), www.ifad.org/operations/projects/regions/Pi/factsheets/vn.pdf (2014.11.08 검색). Danny M. Leipziger, "Thinking about the World Bank and North Korea," Marcus Noland (ed.), *Economic Integration of the Korean Peninsula* (Washington, DC: Institute for International Economics 1998), 201~19면 참조.

104 Yang, *The North and South Korean Political Systems*, 709면.

105 김일성은 이 관행이 원칙이라고 언급했다. Kim, "On This Year's Experience," 256~57면.

106 Délégation générale de la RPD de Corée en France, "On the Measures Taken by the Government of the DPRK to Implement the Articles VI and VII of the Nuclear Non-Proliferation Treaty," *Bulletin d'information, No. 11/591* (Paris: Délégation générale de la RPD de Corée en France 1991.05.28), 2면.

107 Hong, *Analysis of 1993 Population Census Data*, 69~70면.

108 같은 책 같은 면.

109 같은 책 같은 면.

110 북한은 일본에서의 총련계 학교 설립을 재정적으로 지원했지만 총련에 자금을 대지 않았다. 재일조선인으로부터 북한 정부에 넘어간 보조금 액수에 대한 상세한 기록은 구할 수 없지만, 경제적 연계는 다른 식으로 이뤄졌다. 소니아 량의 총련에 관한 설명에서 북한 정부와 합작 설립한 '여러 공동관리 회사'가 언급된다. 총련은 자신의 무역 및 금융 사업체를 소유하고 있었고, 그 조직의 주요 활동은 기금을 조성하는 것이었다. 인용은 Sonia Ryang, *North Koreans in Japan: Language, Ideology and Entity* (Boulder, CO: Westview 1997), 4면 참조.

111 Nicholas Eberstadt, "International Trade in Capital Goods, 1970-1995: Indications from 'Mirror Statistics'," Nicholas Eberstadt, *The North Korean Economy: Between Crisis and Catastrophe* (New Brunswick: Transaction Publishers 2007), 75면.

112 같은 책 같은 면.

113 무역수지 적자에 관한 자료 참조. Ahn, *North Korea Development Report*, 31면.

114 Kim Il Sung, "On the Occasion of the 25th Anniversary of the Formation of the General Association of Korean Residents in Japan," Kim Il Sung, *Works, Vol. 35* (Pyongyang: Foreign Languages Publishing House 1989), 137면.

115 Anthony R. Michell, "The Current North Korean Economy," Marcus Noland (ed.), *Economic Integration of the Korean Peninsula* (Washington, DC: Institute for International Economics 1998), 147면; David F. Von Hippel and Peter Hayes, "North Korean Energy Sector: Current Status and Scenarios from 2000 and 2005," Marcus Noland (ed.), *Economic Integration of the Korean Peninsula* (Washington, DC: Institute for International Economics 1998), 77~117면.

116 같은 책 같은 면.

117 Brun and Hersh, *Socialist Korea*, 287면.

118 1946년에서 1969년 사이의 북한 해외 무역에 관한 정상훈의 분석에 따르면, 1967년까지 북한 무역의 85퍼센트 이상이 공산주의 국가들과 이뤄졌고, 1969년에 73퍼센트에 조금 못 미치는 정도로 감소했다. Chung, *The North Korean Economy*, 110~11면. 1953년에서 1963년 사이에 이뤄진 개별 사회주의 국가의 북한 원조에 관한 상세한 부록은 Karoly Fendler, "Economic Assistance from Socialist Countries to North Korea in the Postwar Years: 1953-1963," Han S. Park (ed.), *North Korea: Ideology, Politics, Economy* (Englewood Cliffs: Prentice Hall 1996), 161~73면 참조. 중국의 원조에 관해서는 "China and Korean

Reunification-A Neighbour's Concerns," Nicholas Eberstadt and Richard J. Ellings (eds.), *Korea's Future and the Great Powers* (Seattle: University of Washington Press 2001), 107~24면 참조. 러시아와 북한의 관계에 대한 러시아의 시각에 관해서는 탁월한 편저인 James Clay Moltz and Alexandre Y. Mansourov (eds.), *The North Korean Nuclear Program: Security, Strategy and New Perspectives from Russia* (New York: Routledge 2000) 참조.

119 Fendler, "Economic Assistance," 161~73면.

120 Nixson and Collins, "Economic Reform in North Korea," 157면.

121 북한의 자본재 무역에 관해서는 Eberstadt, "International Trade," 61~97면 참조. 코메콘에서 받은 혜택에 관해서는 Hazel Smith, "North Korean Foreign Policy in the 1990s: The Realist approach," Hazel Smith, Chris Rhodes, Diana Pritchard and Kevin Magill (eds.), *North Korea in the New World Order* (London: Macmillan 1996), 97~98면 참조.

122 Trigubenko, "Economic Characteristics," 149면.

123 Smith, "North Korean Foreign Policy in the 1990s," 97~8면.

124 Iuli Banchev, "Prerogatives of the New Foreign Economic Policy Making," Han S. Park (ed.), *North Korea: Ideology, Politics, Economy* (Englewood Cliffs: Prentice Hall 1996), 198~99면.

125 Callum MacDonald, "The Democratic People's Republic of Korea: An Historical Survey," Hazel Smith, Chris Rhodes, Diana Pritchard and Kevin Magill (eds.), *North Korea in the New World Order* (London: Macmillan Press 1996), 12면; 1989년 대외 채무에 관한 상세한 내용은 Soogil Young, Chang-Jae Lee and Hyoungsoo Zang, "Preparing for the Economic Integration of Two Koreas: Policy Challenges to South Korea," Marcus Noland (ed.), *Economic Integration of the Korean Peninsula* (Washington, DC: Institute for International Economics 1998), 254~57면 참조.

126 같은 글 257면.

127 Georgy Bulychev, "Korean Security Dilemmas: A Russian Perspective," Hazel Smith (ed.), *Reconstituting Korean Security: A Policy Primer* (Tokyo: United Nations Press 2007), 186면.

128 Young *et al.*, "Preparing for the Economic Integration of Two Koreas," 256면.

129 Trigubenko, "Economic Characteristics," 149면. 한국은행의 발표에 근거하여, 미첼은 1997년이 될 때까지, 1990년에 경제 성장률이 3.7퍼센트 하락하기 시작했고, 경제 성장의 마지막 해가 2.4퍼센트의 성장률을 보인 1989년이었다고 보고한다. 나는 소련 전문가들이 다른 이들보다 일반적으로 더 잘 알고 있다는 점에서, 그리고 1989년이든 1990년이든

냉전 종식 시점에 외부 원조의 삭감이 북한의 경제 쇠퇴와 붕괴를 이해하는 데 결정적인 변수라는 이 장과 이 책의 주요 논점에는 거의 차이가 없기 때문에, 나는 1989년 시점을 사용해왔다. Michell, "The Current North Korean Economy," 139면.

7장 노동자 국가의 계층 분화

1　북한 사회정책의 목표와 방법에 대해서는 그 결과에 관한 분석보다 훨씬 더 관심이 높다. 전자에 관해서는 Ellen Brun and Jacques Hersh, *Socialist Korea: A Case Study in the Strategy of Economic Development* (London and New York: Monthly Review Press 1976); Kongdan Oh and Ralph C. Hassig, *North Korea Through the Looking Glass* (Washington, DC: Brookings Institution Press 2000); Han S. Park (ed.), *North Korea: Ideology, Politics, Economy* (Englewood Cliffs: Prentice Hall 1996) 참조. 김일성주의로 북한 사회를 분석하려는 실질적 노력은 불리하다. 참고자료가 부족하고 북한이탈주민에게 무비판적으로 의존하며 공공연하게 정치적으로 편향되기 때문이다(그러한 분석은 원래 미국 중앙정보국의 브리핑을 위한 것이다). Helen-Louise Hunter, *Kim Il Song's North Korea* (Westport: Praeger 1999) 참조. 북한 사회를 엄격한 정부의 통제와 일상적인 인간애가 결합된 사회로 바라보는 시각은 북한에서 살았던 외국인들의 기록에서 뚜렷하게 나타난다. Michael Harrold, *Comrades and Strangers: Behind the Closed Doors of North Korea* (Chichester: John Wiley and Sons 2004); Charles Robert Jenkins with Jim Frederick, *The Reluctant Communist: My Desertion, Court-martial and Forty-year Imprisonment in North Korea* (Berkeley: University of California Press 2008). 국가의 사회 정책과 사회적 결과의 관계를 심문하려고 시도한 학술 작업의 예는 Sung Chull Kim, *North Korea under Kim Jong Il: From Consolidation to Systemic Dissonance* (Albany: State University of New York Press 2006).

2　Alexandre Y. Mansourov, "Inside North Korea's Black Box: Reversing the Optics," Kongdan Oh and Ralph Hassig (eds.), *North Korean Policy Elites* (Alexandria, VA: Institute for Defense Analyses 2004) 몇면인지 확인되지 않았지만 PDF 상 159~226면, www. nkeconwatch.com/nk-uploads/dprkpolicyelites.pdf (2014.11.02 검색).

3　1946년에서 1980년 사이에 누가 정치적 정점에 있던 사람들이었는지에 관한 상세한 내용은 Sung Chul Yang, *The North and South Korean Political Systems: A Comparative Analysis*, revised edition (Elizabeth, NJ: Hollym 1999), 325~58면 참조.

4　Richard Kagan, Matthew Oh and David Weissbrodt, *Human Rights in the Democratic People's Republic of Korea* (Minneapolis/Washington, DC: Minnesota Lawyers International

Human Rights Committee/Asia Watch 1988), 34~39면 및 Appendix 2, 1~12면.

5 같은 책 같은 면.

6 Kook-shin Kim, Hyun-joon Chon, Keum-soon Lee, Soon-hee Lim, Kyu-chang Lee and Woo-taek Hong, *White Paper on Human Rights in North Korea 2011* (Seoul: Korea Institute for National Unification 2011), 219~25면.

7 예컨대, Standing Committee of the Supreme People's Assembly, *The Criminal Law of the Democratic People's Republic of Korea* (Pyongyang: Foreign Languages Publishing House 1992); Standing Committee of the Supreme People's Assembly, *The Civil Law of the Democratic People's Republic of Korea* (Pyongyang: Foreign Languages Publishing House 1994) 참조.

8 Charles K. Armstrong, *The North Korean Revolution 1945-1950* (London: Cornell University Press 2003), Note 4, 73면. 1962년에 결혼과 관련하여 사회적 배경 때문에 한 가족에게 닥친 우여곡절을 보여줄 뿐 아니라, 사회적 배경이 조사되지만 (당시) 공민증에 자동적으로 기록되는 것은 아님을 시사하는 상세한 설명은 Mun Woong Lee, "Appendix 1: A Case Study of a Marriage," Mun Woong Lee, "Rural North Korea under Communism: A Study of Sociocultural Change," doctoral dissertation (Houston: Rice University 1975), 208~209면.

9 같은 글 144~47면.

10 Jon Halliday, "The North Korean Enigma," Gordon White, Robin Murray and Christine White (eds.), *Revolutionary Socialist Development in the Third World* (Lexington: University Press of Kentucky 1983), 37면.

11 Lee, "Rural North Korea Under Communism," 79~80면.

12 Lola Nathanail, *Food and Nutrition Assessment Democratic People's Republic of Korea, 16 March-24 April 1996* (Pyongyang: World Food Programme 1996), 24면.

13 사회적 분류 체계의 활용에 대한 몇몇 명확한 혐의가 제기되어왔다. 문제는 수많은 강력한 주장들에 대해 확증할 수 없다는 것이다. 하지만 모든 시민이 감시되고 '충성'의 견지에서 분류된다는 것은 안보중심국가의 일반적 성격이다. 사회적 감시가 동독 같은 사회주의 국가에서 실시되었다는 관련 근거가 많이 남아 있는데, 그런 역사를 고려할 때 가능성이 매우 높다고 할 수 있다. 북한의 사회적 분류를 언급하는 2차적 설명에 대한 1차 자료는 Kagan *et al., Human Rights*, 32~40면. 이 보고서는 겨우 3개의 출처에 의존하는데, 각각 '전직 요원' '전직 간첩' '전직 비행사'이다. 이 보고서는 시종일관 '처럼 보인다' '듯하다' '겉으로 보기에' 같은 유보적 표현을 사용한다. 이후로 많은 인권 보고서에서 이

런 주장을 되풀이해왔지만, 유보적 표현은 삼가고 있다. 사회적 분류 주장에 대해 종종 인용되는 출처는 남한 정부의 자금 지원을 받는 통일연구원에서 간행하는 연간 북한 인권 백서이다. 이 역시도 출처가 없거나 익명의 북한이탈주민에게서 나온 것이다. 예컨대 Korea Institute for National Unification, *White Papers on Human Rights in North Korea 2007* (Seoul: Korea Institute for National Unification 2007), 116~23면 참조.

14 Lee, "Rural North Korea under Communism," 111면.

15 같은 글 같은 면.

16 Un Hong Song, *Economic Development in the Democratic People's Republic of Korea, 18 April 1978* (Pyongyang: Foreign Languages Publishing House 1990), 16~17면.

17 1954년 북한을 방문한 헝가리 대표단은 (함경남도) 흥남 화학공장이 '간부들의 주요 공급원' 역할을 한다고 언급함. 인용은 Balázs Szalontai, "The Four Horsemen of the Apocalypse in North Korea," Chris Springer (ed.), *North Korea Caught in Time: Images of War and Reconstruction* (Reading: Garnet Publishing 2010), xxii면. 대체로 북동부 지역 공업 도시에 모여 사는 공업 노동자의 정치적 중요성은, 중앙당(중앙위원회)과 정부(최고인민회의) 조직에서 함경도 출신들이 수적으로 우세하다는 사실과 상관관계가 있다. Yang, *The North and South Korean Political Systems*, 278~86면 참조.

18 북한의 사회구조가 조선의 위계구조와 닮았다는 황경문의 논평 취지에는 동의하지만, 국가가 자신의 의지를 강제할 수 있는 역량이 최고조에 이르렀던 김일성 시기에도 북한 사회가 카스트 제도로 이해될 수 있다는 추론에는 동의하지 않는다. 항상 사회적 유동성이 어느정도 존재했고, 김일성의 발언을 포함하여 국가의 레토릭은 모순적이어서 어떨 때는 책임이 대물림된다는 것을 인정했고, 또 어떤 때는 이 문제에 지나친 관심을 갖는 것이 위험하다고 경고하기도 했다. 김일성 시대 이후는 이 장에서 보여주었듯이, 사회적 위계가 훨씬 유동적이게 되었다. Kyung Moon Hwang, "Nation, State and the Modern Transformation of Korean Social Structure in the Early Twentieth Century," *History Compass*, Vol. 5, No. 2, 2007, 330~46면.

19 Lee, "Rural North Korea under Communism," 65면.

20 같은 글 같은 면.

21 큰 기업도 공장 관리인들이 사회복지 기능을 수행하기 위해 지역 당국과 어떻게 협력했는지에 관한 상세한 내용은 Brun and Hersh, *Socialist Korea*, 356~57면.

22 Sun Won Hong, *Analysis of 1993 Population Census Data DPR Korea* (Pyongyang: Population Center 1996), 60면.

23 Foreign Languages Publishing House, *The Socialist Labour Law of the Democratic People's*

Republic of Korea, 18 April 1978 (Pyongyang: Foreign Languages Publishing House 1986).

24 DPRK Government, "Replies by the Government of the Democratic People's Republic of Korea to the List of Issues: Democratic People's Republic of Korea, 04/09/03," *Committee on Economic, Social and Cultural Rights, Thirty-first Session Item 6 of the Provisional Agenda* (Geneva: Office of the High Commissioner for Human Rights 2003.11.10~28), www. bayefsky.com/issuesresp/rokorea_hr_cescr_none_2003_1.pdf (2014.11.03 검색).

25 Foreign Languages Publishing House, *The Socialist Labour Law of the Democratic People's Republic of Korea, 18 April 1978* (Pyongyang: Foreign Languages Publishing House 1986). 전하는 바에 따르면, 취학률은 거의 100퍼센트에 이르렀다고 한다. UNICEF, *An Analysis of the Situation of Children and Women in the Democratic People's Republic of Korea 2000* (Pyongyang: UNICEF 1999), 78면 참조. 한 북한 보고서는 '학비와 집안의 경제적 이유 로 중퇴한 학생이 없다'고 언급했다. National EFA 2000 Assessment Group, Democratic People's Republic of Korea, *National EFA Assessment Report: The Implementation of the 'World Declaration on Education for All'* (Pyongyang: National EFA 2000 Assessment Group 1999), 18면 참조. 김일성 집권 시기 동안 학교에 출석하는 것이 국가정책이었기 때문에 출석률 이 높았다는 것은 틀림없다. 아동노동이 금지되었고, 학교는 정부를 위해 핵심적인 사회주 의화 공간을 제공했으며, 법을 집행하기 위한 효과적인 국가의 제재가 마련되어 있었다.

26 Hong, *Analysis of 1993 Population Census Data*, 75면.

27 같은 책 같은 면.

28 같은 책 같은 면.

29 같은 책 같은 면.

30 같은 책 70면.

31 Roberto Christen and Gamal M. Ahmed, *Agriculture in DPRK* (Pyongyang: FAO, undated but probably 2001), 1면.

32 Hong, *Analysis of 1993 Population Census Data*, 71면.

33 군인 수에 대해서는 Central Bureau of Statistics/UNDP, *Thematic Roundtable Meeting on Agricultural Recovery and Environmental Protection for the DPRK* (Pyongyang: UNDP 1998) 참조. 군인을 제외한 수에 대해서는 Hong, *Analysis of 1993 Population Census Data*, 64면 참조.

34 같은 책 70면.

35 Kim Il Sung, "The Role of Intellectuals in Building an Independent New Society," Kim Il Sung, *Works, Vol. 35* (Pyongyang: Foreign Languages Publishing House 1990), 222~31면.

36 Foreign Languages Publishing House, *Intellectuals should Become Fighters True to the Party and the Socialist Cause: Report to the Conference of Korean Intellectuals* (Pyongyang: Foreign Languages Publishing House 1992).

37 Kim, *North Korea under Kim Jong Il*, 165~91면.

38 Foreign Languages Publishing House, *Intellectuals should Become Fighters*.

39 같은 책.

40 1990년대에 붕괴되기 이전의 직업에 기반한 식량배급 제도에 관한 상세한 내용은 Nathanail, *Food and Nutrition Assessment* 참조.

41 Bong Dae Choi and Kab Woo Koo, "The Development of Farmers' Markets in North Korean Cities," Phillip H. Park (ed.), *The Dynamics of Change in North Korea: An Institutionalist Perspective* (Seoul: IFES KyungnamUniversity Press 2009), 90면, 98면.

42 Hyung-min Joo, "Visualizing the Invisible Hands: The Shadow Economy in North Korea," *Economy and Society*, Vol. 39, No 1, 2010.02, 112면.

43 식량 부족의 역사에 관해서는 Suk Lee, "Food Shortages and Economic Institutions in the Democratic People's Republic of Korea," doctoral dissertation (Department of Economics, University of Warwick 2003.01) 참조.

44 Nathanail, *Food and Nutrition Assessment*.

45 FAO/WFP, *Crop and Food Supply Assessment Mission to the Democratic People's Republic of Korea, Special Report* (Pyongyang, FAO/WFP 1996.12.06.), 10~11면; United Nations, *DPR Korea Common Country Assessment 2002* (Pyongyang: UNOCHA 2003.02), 16면.

46 Nathanail, *Food and Nutrition Assessment*, 24면.

47 하루에 최소 900그램을 받을 수 있었다는 점에 대해서는 문헌적으로 일치한다. Tae-Jin Kwon and Woon-Keun Kim, "Assessment of Food Supply in North Korea," *Journal of Rural Development*, Vol. 22, 1999년 겨울, 51면; Central Bureau of Statistics/UNDP, *Thematic Roundtable Meeting*, 19면 참조. 하지만 전자의 경우 '유치원' 연령 아동들의 할당량을 100그램이라고 언급하고 있는 반면, 유엔개발계획(UNDP)는 '아기들'의 할당량을 300그램이라고 언급한다. 여기에는 이중의 실수가 있는 것처럼 보인다. 더 나은 출처는 등급별 하루치 곡물 할당량에 대해서 영양학자가 쓴 보고서이다. 이에 따르면 3개월에서 7개월까지의 유아에게 50그램, 유치원 연령 아동(5~6세)에게 150그램, 초등학교 연령 아동에게 200그램이 할당된다는 것이다. Nathanail, *Food and Nutrition Assessment*, 26면.

48 같은 책 24~25면.

49 Lee, "Rural North Korea under Communism," 95~98면.

50 Christen and Ahmed, *Agriculture in DPRK*.

51 Nathanail, *Food and Nutrition Assessment*, 10~12면.

52 같은 책 25면.

53 Sung Ung Kim (ed.), *Panorama of Korea* (Pyongyang: Foreign Languages Publishing House 1999), 1면.

54 Sun Joo Kim (ed.), *The Northern Region of Korea: History, Identity and Culture* (Seattle: University of Washington Press 2010). 한국의 방언에 관한 상세한 논의는 Ross King, "Dialectical Variation in Korean," Ho-Min Sohn (ed.), *Korean Language in Culture and Society* (Honolulu: University of Hawai'i Press 2006), 264~80면 참조.

55 Central Bureau of Statistics, *Democratic People's Republic of Korea Preliminary Report of the National Nutrition Survey October 2012* (Pyongyang: Central Bureau of Statistics Pyongyang 2012), 5면.

56 역사적으로 한국에서 지역을 구성하는 것이 무엇이었는지에 대한 상이한 이해를 논의한 내용은 Shannon McCune, "Geographic Regions in Korea," *Geographical Review*, Vol. 39, No. 4, 1949, 658~60면 참조.

57 Hong, *Analysis of 1993 Population Census Data DPR Korea* (Pyongyang: Population Center 1996).

58 Lee, "Rural North Korea under Communism," 141면.

59 같은 글 142~44면; Suzy Kim, "Revolutionary Mothers: Women in the North Korean Revolution, 1945-1950," *Comparative Studies in Society and History*, Vol. 52, No. 4, 763면.

60 Lee, "Rural North Korea under Communism," 142면.

61 Compilation Committee of Kim Il Sung Encyclopaedia, *Kim Il Sung Encyclopaedia Volume One* (New Delhi: Vishwanath 1992), 577면.

62 Hazel Smith, *WFP DPRK Programmes and Activities: A Gender Perspective* (Pyongyang: WFP 1999), 38면.

63 UNDP and DPRK government, *Report of the Thematic Roundtable Meeting on Agricultural Recovery and Environmental Protection* (Geneva: UNDP 1998.05.28~29), 표 #8: Labour Force and Employment (면수 표시 없음).

64 같은 책 8면.

65 같은 책 Table #8: Labour Force and Employment (면수 표시 없음).

66 같은 표.

67 Hong, *Analysis of 1993 Population Census Data*, 69면. 이 문서는 영어로 쓰였고, 아마도

한국어에서 영어로 번역되었던 것으로 보인다. 부적절한 언어 표현이 일부 있지만, 이것이 의미와 이해에 영향을 미치는 것은 아니다.

68 같은 책 같은 면.

69 같은 책 같은 면.

70 같은 책 같은 면.

71 Young-Hee Shim, "Human Rights of Women in North Korea: Factors and Present State," Kie-Duck Park and Sang-Jin Han (eds.), *Human Rights in North Korea: Toward a Comprehensive Understanding* (Sungnam: The Sejong Institute 2007), 182~83면.

72 Compilation Committee, *Kim Il Sung Encyclopaedia Volume One*, 578면.

73 같은 책 같은 면.

74 National EFA 2000 Assessment Group, *Assessment Report*.

75 Economic and Social Council, "Implementation of the International Covenant on Economic, Social and Cultural Rights, Second Periodic Reports submitted by State Parties under Articles 16 and 17 of the Covenant: Addendum, Democratic People's Republic of Korea, E/1990/6/Add.35," mimeo 2002.05.15, 5면.

76 Kyung Ae Park, "Ideology and Women in North Korea," Han S. Park (ed.), *North Korea: Ideology, Politics, Economy* (Englewood Cliffs: Prentice Hall 1996), 76~77면.

77 이 문단은 다음을 참고함. Smith, *WFP DPRK Programmes and Activities*, 38면.

78 Kim Il Sung, "Let us Further Develop Local Industry," Kim Il Sung, *Works, Vol. 35* (Pyongyang: Foreign Languages Publishing House 1989), 166면; Compilation Committee, *Kim Il Sung Encyclopaedia Volume One*; Hwan Ju Pang, *Korean Review* (Pyongyang: Foreign Languages Publishing House 1987), 156~57면.

79 Song, *Economic Development in the DPRK*, 41면, 49면.

80 Foreign Languages Publishing House, *Korea Guidebook* (Pyongyang: Foreign Languages Publishing House 1989), 128면.

81 Masood Hyder, "The Status of Women in the DPRK' (Pyongyang: UNOCHA 2003.09.05), http://reliefweb.int/report/democratic-peoples-republickorea-status-women-dprk (2014.11.08 검색).

82 UNICEF, *Situation Analysis of Women and Children in the DPRK* (Pyongyang: UNICEF, 1999).

83 *Democratic People's Republic of Korea* Editorial Board, *Kim Jong Il: Short Biography* (Pyongyang: Foreign Languages Publishing House 2001), 190면.

84 Yong-Bok Li, *Education in the Democratic People's Republic of Korea* (Pyongyang: Foreign Languages Publishing House 1986), 74면; Soon-Hee Lim, *Value Changes of the North Korean New Generation and Prospects* (Seoul: Korea Institute for National Unification 2007), 5면.

85 Pang, *Korean Review*, 85면.

86 Kim Jong Il, *Let us Exalt the Brilliance of Comrade Kim Il Sung's Idea of the Youth Movement and the Achievements Made under his Leadership* (Pyongyang: Foreign Languages Publishing House 1996), 3면.

87 Li, *Education in the Democratic People's Republic of Korea.*

88 Compilation Committee, *Kim Il Sung Encyclopaedia Volume One.*

89 Foreign Languages Publishing House, *The Family Law of the Democratic People's Republic of Korea, 24 October 1990* (Pyongyang: Foreign Languages Publishing House 1994), 2면.

90 같은 책 1면.

91 Eun-Jung Lee, "Family Law and Inheritance Law in North Korea," *Journal of Korean Law*, Vol. 5, No. 1, 2005, 172~93면.

92 Kyung Moon Hwang, "Citizenship, Social Equality and Government Reform: Changes in the Household Registration System in Korea, 1894-1910," *Modern Asian Studies*, Vol. 38, No. 2, 2004, 355~87면.

93 Hong, *Analysis of 1993 Population Census Data*, 119면.

94 The DPRK Population Center offers a detailed discussion on what constituted a household in the DPRK; Hong, *Analysis of 1993 Population Census Data DPR*, 119~222면.

95 같은 책 같은 면.

96 UNICEF, *An Analysis of the Situation of Children and Women.*

97 같은 책.

98 Vasily Mikheev, "Politics and Ideology in the Post-Cold War Era," Han S. Park (ed.), *North Korea: Ideology, Politics, Economy* (Englewood Cliffs: Prentice Hall 1996), 87~104면.

8장 고난의 행군과 김일성주의의 종언

1 북한의 시각에 관해서는 Chol Nam Jon, *A Duel of Reason between Korea and US: Nuke, Missile and Artificial Satellite* (Pyongyang: Foreign Languages Publishing House 2000) 참조. 미국의 시각에 관해서는 Leon D. Sigal, *Disarming Strangers: Nuclear Diplomacy with North Korea* (Princeton University Press 1998); Joel S. Wit, Daniel B. Poneman and Robert L.

Gallucci, *Going Critical: The First North Korean Nuclear Crisis* (Washington, DC: Brookings Institution Press 2005) 참조.

2 기근의 원인과 맥락에 관한 가장 엄밀한 분석은 Suk Lee, "Food Shortages and Economic Institutions in the Democratic People's Republic of Korea," doctoral dissertation (Department of Economics, University of Warwick 2003.01) 참조. 또한 Daniel Goodkind and Loraine West, "The North Korean Famine and its Demographic Impact," *Population and Development Review*, Vol. 27, No. 2, 2001.06; Hazel Smith, *Hungry for Peace: International Security, Humanitarian Assistance and Social Change in North Korea* (Washington, DC: United States Institute of Peace Press 2005); Hazel Smith, "The Disintegration and Reconstitution of the State in the DPRK," Simon Chesterman, Michael Ignatieff and Ramesh Thakur (eds.), *Making States Work* (Tokyo: United Nations Press 2005), 167~92면; W. Courtland Robinson, Myung Ken Lee, Kenneth Hill and Gilbert M. Burnham, "Mortality in North Korean Migrant Households: A Retrospective Study," *The Lancet*, Vol. 354, No. 9175, 1999.07.24(토)도 참조. 정권의 도덕적 과오를 가장 중요한 요인이라고 주장하는 미국 저작은 Andrew S. Natsios, *The Great North Korean Famine: Famine, Politics and Foreign Policy* (Washington, DC: United States Institute of Peace Press 2001); Stephan Haggard, Marcus Noland, *Famine in North Korea: Markets, Aid and Reform* (New York: Columbia University Press 2007).

3 Georgy Bulychev, "Korean Security Dilemmas: A Russian Perspective," Hazel Smith (ed.), *Reconstituting Korean Security: A Policy Primer* (Tokyo: United Nations Press 2007), 187면; Xiao Ren, "Korean Security Dilemmas: Chinese Policies," Hazel Smith (ed.), *Reconstituting Korean Security: A Policy Primer* (Tokyo: United Nations Press 2007), 147면.

4 *Rodong Shinmun* (Pyongyang 1990.06.12.), 2면에서 발췌. Natalya Bazhanova, "North Korea's Decision to Develop an Independent Nuclear Program," James Clay Moltz and Alexandre Y. Mansourov (eds.), *The North Korean Nuclear Program: Security, Strategy and New Perspectives from Russia* (London: Routledge 2000), 130면에 인용.

5 Bulychev, "Korean Security Dilemmas." 냉전이 끝나는 시점에서 북한과 소련의 관계 악화의 맥락에서 1990년 셰바르드나제의 평양 방문을 다룬 글은 Jane Shapiro Zacek, "Russia in North Korean Foreign Policy," Samuel S. Kim, *North Korean Foreign Relations in the Post-Cold War Era* (Oxford University Press 1998), 80~83면.

6 Evgeniy P. Bazhanov, "Russian Views of the Agreed Framework and the Four-Party Talks," James Clay Moltz and Alexandre Y. Mansourov (eds.), *The North Korean Nuclear*

Program: Security, Strategy and New Perspectives from Russia (London: Routledge 2000), 197면.

7 같은 글 219면.

8 수치는 러시아어로 된 출처에서 가져온 것이다. James Clay Moltz, "The Renewal of Russian-North Korean Relations," James Clay Moltz and Alexandre Y. Mansourov (eds.), *The North Korean Nuclear Program: Security, Strategy and New Perspectives from Russia* (London: Routledge 2000), 219~20면에 전문이 인용됨.

9 Kim Jong Il, "Respecting Seniors in the Revolution is a Noble Moral Obligation of Revolutionaries," Délégation générale de la RPD de Corée en France, *Bulletin d'information, Special Issue* (Paris: Délégation générale de la RPD de Corée en France 1995.12.27), 1~4면.

10 Délégation générale de la RPD de Corée en France, "First-day Sitting of First North-South High-Level Talks," *Bulletin d'information, No. 11/990* (Paris: Délégation générale de la RPD de Corée en France 1990.09.07), 1~2면.

11 Nada Takashi, *Korea in Kim Jong Il's Era* (Pyongyang: Foreign Languages Publishing House 2000), 85~86면; Charles K. Armstrong, "North Korea's South Korea Policy: Tactical Change, Strategic Consistency," Sung Chull Kim and David C. Kang (eds.), *Engagement with North Korea: A Viable Alternative* (Albany: SUNY Press 2009), 231~32면.

12 Délégation générale de la RPD de Corée en France, "Keynote Speech of the Premier of the Administration Council of the DPRK at Third Inter-Korean High Talks," *Bulletin d'information, Special Issue* (Paris: Délégation générale de la RPD de Corée en France 1990.12.14), 9면.

13 Chung-in Moon and Sangkeun Lee, "Military Spending and the Arms Race on the Korean Peninsula," *Asian Perspective*, Vol. 33, No. 4, 2009, 81면.

14 Délégation générale de la RPD de Corée en France, *Communiqué of the Supreme Command of the Korean People's Army* (Paris: Délégation générale de la RPD de Corée en France 1991.02.26). 1991년 5월 28일에 발표된 정부 성명에 따르면, 25만명의 인민군 장교와 사병이 '평화로운 건설 현장'에 파견되었다고 한다. 25만명이 제대 군인인지 혹은 임시 파견 근무자인지는 확실하지 않다. Délégation générale de la RPD de Corée en France, *Bulletin d'information, No. 11/591* (Paris: Délégation générale de la RPD de Corée en France 1991.05.28.), 2면 참조.

15 Moon and Lee, "Military Spending," 82면.

16 Délégation générale de la RPD de Corée en France, *Communiqué of the Supreme*

Command.

17 Moon and Lee, "Military Spending," 74~81면. 원본의 일부 수치를 생략한 이 논문의 축 약본을 전제한 사이트는 www.japanfocus.org/-Sangkeun-Lee/3333 (2014.01.05 검색).

18 Délégation générale de la RPD de Corée en France, *Communiqué of the Supreme Command.*

19 Délégation générale de la RPD de Corée en France, "Statement of DPRK Foreign Ministry on the 'Team Spirit 91'," *Bulletin d'information, No. 2/191* (Paris: Délégation générale de la RPD de Corée en France 1991.01.28), 3면.

20 Joel S. Wit, Daniel B. Poneman and Robert L. Gallucci, *Going Critical: The First North Korean Nuclear Crisis* (Washington, DC: Brookings Institution Press 2005); Sigal, *Disarming Strangers.*

21 DPRK Ministry of Foreign Affairs, "Statement of the Ministry of Foreign Affairs of the DPR of Korea on the Question of Signing the Nuclear Safeguards Accord," Délégation générale de la RPD de Corée en France, *Bulletin d'information, Special Issue No. 26/1191* (Paris: Délégation générale de la RPD de Corée en France 1991.11.26), 1~2면.

22 Délégation générale de la RPD de Corée en France, "DPRK Welcomed President Bush's Announcement," *Bulletin d'information, Special Issue No. 22/1091* (Paris: Délégation générale de la RPD de Corée en France 1991.10.01), 5~6면. 조약 날짜에 대해서는 또 한 DPRK Ministry of Foreign Affairs, "On the Truth of Nuclear Inspection by IAEA in DPRK," Délégation générale de la RPD de Corée en France, *Bulletin d'information, No. 11/0393* (Paris: Délégation générale de la RPD de Corée en France 1993.03.05) 참조.

23 Takashi, *Korea in Kim Jong Il's Era*, 29면. Foreign Languages Publishing의 간행물로, 이 책은 실질적으로 정부의 입장이다.

24 같은 책 97면.

25 Ministry of Atomic Energy of the Democratic People's Republic of Korea, "Detailed Report of the Ministry of Atomic Energy of the Democratic People's Republic of Korea on Problems in Implementation of Safeguards Agreement, Pyongyang, 21 February 1993," Délégation générale de la RPD de Corée en France, *Bulletin d'information, No. 05/0293* (Paris: Délégation générale de la RPD de Corée en France 1993.02.22), 3면.

26 Ministry of Atomic Energy of the Democratic People's Republic of Korea, "Detailed Report of the Ministry of Atomic Energy of the Democratic People's Republic of Korea on Problems in Implementation of Safeguards Agreement, Pyongyang, 21 February 1993,"

Délégation générale de la RPD de Corée en France, *Bulletin d'information, No. 05/0293* (Paris: Délégation générale de la RPD de Corée en France 1993.02.22), 4면.

27 같은 글 같은 면.

28 같은 글 2~9면. 인용은 같은 글 5면.

29 같은 글 2~9면.

30 같은 글 7~9면.

31 Takashi, *Korea in Kim Jong Il's Era*, 26~34면; Sigal, *Disarming Strangers*, 17~51면.

32 Kim Jong Il, "Order of the Supreme Commander of the Korean People's Army," Délégation générale de la RPD de Corée en France, *Bulletin d'information, No. 09/0393* (Paris: Délégation générale de la RPD de Corée en France 1993.03.08).

33 DPRK Government, "Statement of DPRK Government on Withdrawal from NPT," Délégation générale de la RPD de Corée en France, *Bulletin d'information, No. 10/0393* (Paris: Délégation générale de la RPD de Corée en France 1993.03.12). 또한 Robert Carlin and John W. Lewis, *Negotiating with North Korea: 1993-2007* (Stanford: Center for International Security and Cooperation 2008.01)에 나오는 탁월한 분석을 참조.

34 Jon, *A Duel of Reason; Sigal, Disarming Strangers*; Wit *et al., Going Critical*.

35 Jon, *A Duel of Reason*, 113면; Takashi, *Korea in Kim Jong Il's Era*, 93면.

36 Carlin and Lewis, *Negotiating with North Korea*, 26~27면에 1993년 6월 11일 공동 합의 문이 전제되어 있다.

37 IAEA, *Fact Sheet on DPRK Nuclear Safeguards* (Vienna: IAEA, undated), www.iaea.org/newscenter/focus/iaeadprk/fact_sheet_may2003.shtml (2014.01.04 검색).

38 Wit *et al., Going Critical*; Sigal, *Disarming Strangers*.

39 Marion Creekmore, Jr., *A Moment of Crisis: Jimmy Carter, The Power of a Peacemaker, and North Korea's Nuclear Ambitions* (New York: Public Affairs 2006); Sigal, *Disarming Strangers*, 150~62면; Wit *et al., Going Critical*, 192~246면.

40 Sigal, *Disarming Strangers*; Wit *et al., Going Critical*; Gary L. Jones, *Nuclear Nonproliferation: Heavy Fuel Oil Delivered to North Korea under the Agreed Framework, GAO/T-RCED-00-20* (Washington, DC: General Accounting Office 1999), http://gao.gov/assets/110/108176.pdf (2012.09.24 검색). Carlin and Lewis, *Negotiating with North Korea*, 27~29면에 기본합의서 원문 전제.

41 한반도에너지개발기구의 조직·회원·재정에 관해서는 Korea Peninsula Energy Development Organization, *Annual Report 2001* (New York: KEDO 2001) 참조.

42 Sigal, *Disarming Strangers*; Wit *et al.*, *Going Critical*.

43 같은 책 423면.

44 Thomas F. McCarthy, "Managing Development Assistance in the DPRK," E. Kwan Choi, E. Han Kim and Yesook Merrill (eds.), *North Korea in the World Economy* (London: RoutledegeCurzon 2003), 74~79면.

45 Jon, *A Duel of Reason*, 171면.

46 같은 책 같은 면.

47 FAO/WFP, *Crop and Food Supply Assessment Mission to the Democratic People's Republic of Korea, Special Report* (Rome: FAO/WFP 1995.12.22), www.fao.org/docrep/004/w0051e/w0051e00.htm (2014.01.12 검색).

48 Wit *et al.*, *Going Critical*.

49 UNDP and DPRK government, *Report of the Thematic Roundtable Meeting on Agricultural Recovery and Environmental Protection* (Geneva: UNDP 1998.05.28~29), Table M: Gross Domestic Product 1992~6.

50 Jinwook Choi, "The North Korean Domestic Situation and its Impact on the Nuclear Crisis," *Ritsumeikan Annual Review of International Studies*, Vol. 5, 2006, 11면, 4면, www.ritsumei.ac.jp/acd/cg/ir/college/bulletin/e-vol.5/CHOI.pdf (2014.01.05 검색).

51 World Food Programme, *Full Report of the Evaluation of DPRK EMOPs 5959.00 and 5959.01 'Emergency Assistance to Vulnerable Groups' 20 March-10 April 2000* (Rome: WFP 2000), 4면.

52 북한의 집중적인 토지 개발 필요성에 대해서는 Roberto Christen and Gamal M. Ahmed, *Agriculture in DPRK* (Pyongyang: FAO, undated but probably 2001) 참조.

53 UNDP and DPRK government, *Thematic Roundtable Meeting*, 6면.

54 홍수 피해 정보에 관해서는 같은 면 참조. 유엔식량농업기구와 세계식량계획의 보고에 따르면, 곡물 비축분은 1995년에 이미 '무시해도 될 정도'의 수준으로 고갈되었다고 한다. FAO/WFP, *Crop and Food Supply Assessment Mission*, 4면 참조.

55 WFP/FAO/UNICEF/Save the Children Fund UK, *Nutritional Assessment Mission to the Democratic People's Republic of Korea* (Pyongyang/Rome: WFP 1997.11), 22면.

56 농업위원회 수치는 세계식량계획에 보고되었다. 그 수치에 대해서는 WFP, *Full Report of the Evaluation of DPRK EMOPs*, 5면 참조.

57 같은 책 같은 면.

58 Young-Hoon Kim, "AREP Program and Inter-Korean Agricultural Cooperation," *East*

Asian Review, Vol. 13, No. 4, 2001 겨울, 93~94면, www.ieas.or.kr/vol13_4/13_4_6.pdf. (2014.01.06 검색).

59 북한의 공식 소식통에 따르면, 1993년 4월 6일에 김일성은 '국가 경제의 다양한 부문에서 작업을 지도했다'고 한다. 이러한 짧은 보도는 더 잘하라는 일반적인 질책 말고는 다른 어떤 것도 시사하지 많지만, 농업 문제에 관한 암묵적인 언급을 포함하고 있었다. 조선중앙통신의 보도에 따르면, 김일성은 '특히 우리나라의 곡식 창고인 황해남도의 성공적인 영농에 노력을 집중시킬 필요가 있다고 지도했다'고 한다. Korea Central News Agency (KCNA), "On-the-spot Guidance of President Kim Il Sung," Délégation générale de la RPD de Corée en France, *Bulletin d'information, No. 15/0493* (Paris: Délégation générale de la RPD de Corée en France 1993.04.07), 4면.

60 Hazel Smith, *Hungry for Peace: International Security, Humanitarian Assistance and Social Change in North Korea* (Washington, DC: United States Institute of Peace Press 2005), 66면.

61 Délégation générale de la RPD de Corée en France, "President Kim Il Sung Gives Onthe-spot Guidance to Farms," *Bulletin d'information, No. 15/0493* (Paris: Délégation générale de la RPD de Corée en France 1993.09.27), 1면.

62 같은 글 같은 면.

63 Dae-Kyu Yoon, "The Constitution of North Korea: Its Changes and Implications," *Fordham International Law Journal*, Vol. 27, No 2004.04, 1299면, http://ir.lawnet.fordham. edu/cgi/viewcontent.cgi?article=1934context=ilj (2014.02.09 검색).

64 Foreign Languages Publishing House, *Socialist Constitution of The Democratic People's Republic of Korea* (Pyongyang: Foreign Languages Publishing House 1993); Alexandre Y. Mansourov, "Inside North Korea's Black Box: Reversing the Optics," Kongdan Oh Hassig (ed.), *North Korean Policy Elites* (Alexandria, VA: Institute for Defense Analyses 2004), 면수 표시가 없지만 PDF 상 159~226면에서 확인 가능, www.nkeconwatch.com/nkuploads/dprkpolicyelites.pdf (2014.11.02 검색).

65 Kim Jong Il, "Historical Lesson in Building Socialism and the General Line of our Party," Délégation générale de la RPD de Corée en France, *Bulletin d'information, No. 02/0292* (Paris: Délégation générale de la RPD de Corée en France 1992.02.04), 2면.

66 Kim Jong Il, "Our Socialism for the People will not Perish," Délégation générale de la RPD de Corée en France, *Bulletin d'information, No. 10/591* (Paris: Délégation générale de la RPD de Corée en France 1991.05.27), 1~17면.

67 New Focus International, "Exclusive: in Conversation with North Korea's Highest-ranking Military Defector," *New Focus International* 2014.01.04, http://newfocusintl. com/exclusive-conversation-north-koreas-highest-ranking-military-defector (2014.01.23 검색).

68   Reuters, "BC-Korea-Rice," 1995.09.27.

69   Associated Press (AP), "North-Korea-Diplomacy," 1995.09.19.

70   북한 문헌에서는 북한군이 1997년에 농사일에 참여했음을 언급하고, 이 기간 이후로 '탄광, 전력, 철도 운송'을 포함한 '핵심 사업'의 경제 재건에 참여한 북한군의 활동을 기술한다. Chol U Kim, *Songun Politics of Kim Jong Il* (Pyongyang: Foreign Languages Publishing House 2008), 66~70면.

71   Délégation générale de la RPD de Corée en France, "Monument to Party Foundation completed," *Bulletin d'information, No. 12/1195* (Paris: Délégation générale de la RPD de Corée en France 1995.11.17), 3~4면.

72   AFP, "North Korea Resumes Massive Military Drills," 1995.09.19(화).

73   매키천은 1992년에 반 김정일 쿠데타 시도가 있었다고 한다. 최진욱은 1996년 '수십명의 장성들'이 쿠데타를 시도했다고 한다. 만수로프는 1998년 고위 관료들이 김정일을 심각하게 비판했다고 한다. Patrick McEachearn, "Inside the Red Box: North Korea's Post-Totalitarian Politics," doctoral dissertation (Louisiana State University and Agricultural and Mechanical College 2009.05), 57면 참조; 1990년대 중반의 숙청에 관한 상세한 설명은 Choi, "The North Korean Domestic Situation," 11면; Mansourov, "Inside North Korea's Black Box," 28~29면 참조. 기근 이후의 민심 이반에 관해서는 Young-Tai Jeung, *Internal and External Perceptions of the North Korean Army* (Seoul: Korea Institute for National Unification 2008), 2~4면 참조.

74   Hazel Smith, "'Opening up' by Default: North Korea, the Humanitarian Community and the Crisis," *Pacific Review*, Vol. 12, No. 3, 1999, 453~78면; Hazel Smith, *Overcoming Humanitarian Dilemmas in the DPRK, Special Report No. 90* (Washington, DC: United States Institute of Peace 2002.07).

75   Smith, "'Opening up' by Default," 453~78면에서 필자는 국제원조기구들과의 초창기 접촉에 관해 논의했다.

76   UNDP and DPRK government, *Report of the First Thematic Round Table Conference for the Democratic People's Republic of Korea* (Geneva: UNDP 1998.05.28~29), 3면.

77   Don Oberdorfer, *The Two Koreas: A Contemporary History* (London: Warner Books 1997), 397면.

78 Délégation générale de la RPD de Corée en France, "Foreign Ministry Spokesman on Flood Damage in DPRK," *Bulletin d'information, No. 22/0896* (Paris: Délégation générale de la RPD de Corée en France 1996.08.16), 1~2면.

79 같은 글 같은 면.

80 '고난의 행군'과 '강요된 행군'에 관한 북한의 공식 언급은 "Editor's Note," Sung Un Kim (ed.), *Panorama of Korea* (Pyongyang: Foreign Languages Publishing House 1999), 면 수 표시 없음; 같은 책 43~48면 참조.

81 Délégation générale de la RPD de Corée en France, "Foreign Ministry Spokesman on Flood Damage," 1~2면.

82 Hazel Smith, *Hungry for Peace*에서 필자는 책 한권 분량으로 기근 문제를 다룬 바 있다.

83 Lee, "Food Shortages."

84 World Food Programme (WFP), *Report on the Nutrition Survey of the DPRK* (Pyongyang: WFP 1999), 8면.

85 북한에 상주한 국제 인도적 지원기구들은 평양의 기관들을 정기적으로 방문했다. 더 멀리 떨어진 지역을 방문하는 것보다 물류 보급이 용이했기 때문이었다. 세계식량계획의 보고에 따르면, 2001년에 평양의 수혜자들을 592회 방문했다고 기록한다. 평양 지역의 아동기관·가정·병원을 국제기구가 방문한 결과 광범위한 만성 영양실조가 꾸준하게 나타났다고 한다. 다만 2002년 영양 조사 전까지 평양 지역 전체를 포괄하는 영양실조 통계에 관한 구체적인 자료는 없다. 2002년 영양 조사에 따르면, 평양 아동의 4퍼센트가 심각한 영양실조 상태였다고 한다. WFP, *Pyongyang Province* (Pyongyang: WFP 2001) 참조.

86 WFP, "Emergency Operation DPR Korea No. 5710.00: Emergency Food Assistance for Flood Victims," WFP, *WFP Operations in DPR Korea as of 14 July 1999* (Rome: WFP 날짜 가 없으나 1999년으로 추정).

87 FAO/WFP, *Crop and Food Supply Assessment Mission to the Democratic People's Republic of Korea, Special Alert No. 275* (Rome: FAO/WFP 1997.06.03).

88 FAO/WFP, *Crop and Food Supply Assessment Mission to the Democratic People's Republic of Korea, Special Report* (Rome: FAO/WFP 1999.06.22), 10면.

89 Robinson *et al.*, "Mortality in North Korean Migrant Households."

90 Hazel Smith, "North Koreans in China: Sorting Fact from Fiction," Tsuneo Akaha and Anna Vassilieva (eds.), *Crossing National Borders: Human Migration Issues in Northeast Asia* (Tokyo: United Nations Press 2005), 175~78면.

91 이 조사는 '비무작위'(non-random) 조사였고, 따라서 더 엄밀한 방법론으로 뒷받침

된 나중의 조사보다 과학적 타당성이 낮았다. 그럼에도 이 조사 결과들은 정책과 국제 인도주의 기구에 영향을 미쳤고, 그 결론은 북한에 상주하는 국제 영양학자의 관측이라는 점에서 타당하다고 여겨졌다. WFP/FAO/UNICEF and Save the Children Fund UK, *Nutritional Assessment*, 2면.

92 같은 책 같은 면.

93 같은 책 3면.

94 같은 책 같은 면.

95 EU, UNICEF and WFP in partnership with the Government of DPRK, *Nutrition Survey of the Democratic People's Republic of Korea* (Rome/Pyongyang: WFP 1998).

96 UNICEF, *UNICEF Revised Funding Requirements: United Nations Consolidated Inter-Agency Appeal for the Democratic People's Republic of Korea: April 1997-March 1998* (Pyongyang: UNICEF, undated but 1998).

97 EU, UNICEF and WFP in partnership with the Government of DPRK, *Nutrition Survey*.

98 Hazel Smith, *WFP DPRK Programmes and Activities: A Gender Perspective* (Pyongyang: WFP 1999).

99 WFP, *Nutrition Survey*, 5면.

100 FAO/WFP, *Crop and Food Supply Assessment Mission*, 1998.06.25, 2면.

101 Choi, "The North Korean Domestic Situation," 8면.

102 FAO/WFP, *Crop and Food Supply Assessment Mission to the Democratic People's Republic of Korea* (Pyongyang: FAO/WFP 1996.12.06), 10면.

103 아마도 유엔개발계획/유엔여성개발기금(UNIFEM)을 위해 북한 관료가 작성한 한 기안문서에서는 "헌신적인 가계 관리를 통해 전체 가족을 건사하는 과정에서 여성들이 발휘한 부지런함은, 여성들이 지역사회 사안과 사업 및 정부 활동의 비상근 운영 참여와 의사결정에도 마찬가지로 부지런함을 발휘할 수 있다는 좋은 징표이다"라고 언급했다. No author, "Phase II DRK/92/WO1/A, Rationalizing Cottage Industry in Pyongyang," mimeo, 날짜가 없으나 2000년으로 추정.

104 Smith, *WFP DPRK Programmes and Activities*.

105 같은 책.

106 같은 책.

107 WFP/FAO/UNICEF and Save the Children Fund UK, *Nutritional Assessment Mission*, 22면.

108 같은 책 같은 면에서 다양한 대처 방안이 논의된다.

109 Hyung-Min Joo, "Visualizing the Invisible Hands: The Shadow Economy in North Korea," *Economy and Society*, Vol. 39, No. 1, 2010.02, 110~45면.

110 군과 도 차원에서의 지역 식량 자급자족 노력에 대한 논의는 Hy-Sang Lee, *North Korea: A Strange Socialist Fortress* (London: Praeger 2001).

111 가구의 혁신적인 대처 전략에 관해서는 FAO/WFP, *Crop and Food Supply Assessment Mission to the Democratic People's Republic of Korea, Special Report* (Rome: FAO/WFP 1998.12.12), 16면 참조.

112 대처 방안으로서의 중국 무역에 관한 보고는 FAO/WFP, *Crop and Food Supply Assessment Mission to the Democratic People's Republic of Korea, Special Alert, No. 267* (Rome: FAO/WFP 1996.05.16) 참조. 대처 방안들에 대한 상세한 논의는 FAO/WFP, *Crop and Food Supply Assessment Mission* 1996.12.06, 10면 참조.

113 Robinson *et al.*, "Mortality in North Korean Migrant Households," 1999.07.24.

| 3부 시장화와 군사통치 |

9장 아래로부터의 시장화

1 Hazel Smith, "La Corée du Nord vers l'économie de marché: faux et vrais dilemmas," *Critique Internationale*, No. 15, 2002.04, 6~14면에서 나는 북한 시장화의 시작을 상세히 논의했다. 다음 문헌도 참조할 것. Hazel Smith, *Hungry for Peace: International Security, Humanitarian Assistance and Social Change in North Korea* (Washington, DC: United States Institute of Peace Press 2005); Hazel Smith, "Crime and Economic Instability: The Real Security Threat from North Korea and What to Do about it," *International Relations of the Asia Pacific*, Vol. 5, No. 2, 2005, 235~49면; Hazel Smith, "North Korea: Market Opportunity, Poverty and the Provinces," *New Political Economy*, Vol. 14, No. 3, 2009.06, 231~56면; Anthony R. Michell, "The Current North Korean Economy," Marcus Noland (ed.), *Economic Integration of the Korean Peninsula* (Washington, DC: Institute for International Economics 1998), 137~63면; Hyung-Min Joo, "Visualizing the Invisible Hands: The Shadow Economy in North Korea," *Economy and Society*, Vol. 39, No. 1, 2010.02, 110~45면; Phillip H. Park (ed.), *The Dynamics of Change in North Korea: An Institutionalist Perspective* (Boulder, CO: Lynne Rienner Publishers 2009). 북한 시장화의 여러 측면에 관

한 유용한 연구는 남한의 통일연구원에서 나온 저작들을 참고할 것. 예컨대 Jeong-Ah Cho, *The Changes of Everyday Life in North Korea in the Aftermath of their Economic Difficulties* (Seoul: Korea Institute for National Unification 2007); Soo-Young Choi, *North Korea's Agricultural Reforms and Challenges in the Wake of the July 1 Measures* (Seoul: Korea Institute for National Unification 2007); Young-Yoon Kim, *A Study on the Reality and Prospect of Economic Reform in North Korea* (Seoul: Korea Institute for National Unification 2007); Jae-Jean Suh, *Economic Hardship and Regime Sustainability in North Korea* (Seoul: Korea Institute for National Unification 2008). 아래로부터의 시장화의 원인에 대한 유용한 요약은 Geir Helgeson and Nis Høyrup, *North Korea 2007: Assisting Development and Change* (Copenhagen: Nordic Institute of Asian Affairs 2007), 36~38면 참조.

2 1990년대와 2000년대에 대부분의 주민들에게 시장이 주요 식량 공급원으로서 보편화된 현상에 대한 북한 난민 대상 조사는 Byung-Yeon Kim and Dongho Song, "The Participation of North Korean Households in the Informal Economy: Size, Determinants, and Effect," *Seoul Journal of Economics*, Vol. 21, No. 2, 2008 여름, 361~85면; Stephan Haggard and Marcus Noland, *Witness to Transformation: Refugee Insights into North Korea* (Washington, DC: Peterson Institute for International Economics 2011).

3 Andrei Lankov and Seok-hyang Kim, "North Korean Market Vendors: The Rise of Grassroots Capitalists in a Post-Stalinist Society," *Pacific Affairs*, Vol. 81, No. 1, 2008 봄, 53~72면.

4 북한 여성의 젠더화된 역할에 관한 논의는 Kyungja Jung and Bronwen Dalton, "Rhetoric versus Reality for the Women of North Korea: Mothers of the Revolution," *Asian Survey*, Vol. 46, No. 5, 2006.09~10, 741~60면; Soon-Hee Lim, *The Food Crisis and Life of Women in North Korea* (Seoul: Korea Institute for National Unification 2005); Jin Woong Kang, "The Patriarchal State and Women's Status in Socialist North Korea," *Graduate Journal of Asia-Pacific Studies*, Vol. 6, No. 2, 2008, 55~70면, https://cdn.auckland.ac.nz/asserts/arts/Departments/asianstudies/gjaps/docs-vol6-no2/Kang-vol6.pdf (2014.11.08 검색); Kyung Ae Park, "Ideology and Women in North Korea," Han S. Park (ed.), *North Korea: Ideology, Politics, Economy* (Englewood Cliffs: Prentice Hall 1996), 71~85면; Kyung Ae Park, "Economic Crisis, Women's Changing Economic Roles, and their Implications for Women's Status in North Korea," *The Pacific Review*, Vol. 24, No. 2, 2011.05, 159~77면; Sonia Ryang, "Gender in Oblivion: Women in the Democratic People's Republic of Korea (North Korea)," *Journal of African and Asian Studies*, Vol. 35, No. 3, 2000.08, 323~49면;

Young-Hee Shim, "Human Rights of Women in North Korea: Factors and Present State," Kie-Duck Park and Sang-Jin Han (eds.), *Human Rights in North Korea: Toward a Comprehensive Understanding* (Sungnam: The Sejong Institute 2007), 171~208면; Eun-young Shin, "Ideology and Gender Equality: Women's Policies of North Korea and China," *East Asian Review*, Vol. 13, No. 3, 2001 가을, 81~104면, www.ieas.or.kr/vol13_3/13_3_5.pdf (2014.11.08 검색).

5 Soo-Young Choi, *A Study on the Structure of Industry in North Korea* (Seoul: Korea Institute for National Unification 2007), 33면; Smith, "La Corée du Nord vers l'économie de marché," 6~14면.

6 Park, "Economic Crisis," 165면.

7 작업장이 운영되지 않더라도, 작업장에 출근하지 않는 것은 남녀 모두에게 엄밀히 말해 불법이었다. 임순희는 이러한 규정이 남성에게 엄격히 적용되었다고 말한다. Lim, *The Food Crisis*, 38면 참조.

8 Lankov and Kim, "North Korean Market Vendors," 53~72면; John Everard, "The Markets of Pyongyang," *Korea Economic Institute: Academic Paper Series*, Vol. 6, No. 1, 2011.01, 1~7면, www.keia.org/Communications/Programs/Everard/Everard.pdf (2014.11.08 검색).

9 Hyeon-Sun Park, "A study on the Family System of Modern North Korea," doctoral dissertation (Ewha Womans University 1999), 148면. Soon-Hee Lim, "The Food Crisis and Life of Women in North Korea"라는 제목의 면수 표시가 없는 인쇄물에서 인용됨. 이 인쇄물의 수정판은 이 인쇄물에 대한 언급 없이 Lim, *The Food Crisis*라는 저작으로 출판됨.

10 같은 글 같은 면; Lankov and Kim, "North Korean Market Vendors," 53~72면.

11 Kim and Song, "The Participation of North Korean Households," 361~85면.

12 Smith, "North Korea: Market Opportunity," 231~56면.

13 Dae-Kyu Yoon, "Economic Reform and Institutional Transformation," Phillip H. Park (ed.), *The Dynamics of Change in North Korea* (Seoul: Institute for Far Eastern Studies 2009), 57면.

14 Joo, "Visualizing the Invisible Hands," 129면.

15 Suh, *Economic Hardship*, 23~26면.

16 Jasmine Barrett, "The North Korean Healthcare System: On the Fine Line Between Resilience and Vulnerability," *Resilience: Interdisciplinary Perspectives on Science and Humanitarianism*, Vol. 2, 2011.03, 59~60면.

17 New Focus International, "Education in North Korea is a Lucrative Industry," *New Focus*

International 2013.06.07, http://newfocusintl.com/education-in-northkorea (2014.02.07 검색).

18 *Chosun Ilbo*, "N. Korea's Underground Economy Booming," *Chosun Ilbo*, 2014.02.08, http://english.chosun.com/site/data/html_dir/2011/09/21/2011092101133.html (2014.02.07 검색).

19 Yoon, "Economic Reform," 57면.

20 중국산 제품에 관해서는 Joo, "Visualizing the Invisible Hands," 124면.

21 Choi, *North Korea's Agricultural Reforms*, 20면.

22 경제의 달러화에 관한 논의는 Smith, "La Corée du Nord vers l'économie de marché," 6~14면; John Ruwitch and Ju-min Park, "Insight: North Korean Economy Surrenders to Foreign Currency Invasion," Reuters, 2013.06.02, www.reuters.com/article/2013/06/03/us-korea-north-money-idUSBRE9510E720130603 (2013.02.07 검색).

23 Jinwook Choi, "The North Korean Domestic Situation and its Impact on the Nuclear Crisis," *Ritsumeikan Annual Review of International Studies*, Vol. 5 2006, 5면, www.ritsumei.ac.jp/acd/cg/ir/college/bulletin/e-vol.5/CHOI.pdf (2014.01.05 검색).

24 Hazel Smith, "North Koreans in China: Sorting Fact from Fiction," Tsuneo Akaha and Anna Vassilieva (eds.), *Crossing National Borders: Human Migration Issues in Northeast Asia* (Tokyo: United Nations Press 2005), 165~90면; Hazel Smith, "Brownback's Bill will not help North Koreans," *Jane's Intelligence Review* 2004.02, 42~45면; Hazel Smith, "Intelligence Matters: Improving Intelligence on North Korea," *Jane's Intelligence Review*, 2004.04, 48~51면.

25 Hazel Smith, "North Korean Migrants pose Long-term Challenge for China," *Jane's Intelligence Review*, 2005.06, 35면; Choi, North Korea's Agricultural Reforms, 29면; Soon-Hee Lim, *Value Changes of the North Korean New Generation and Prospects* (Seoul: Korea Institute for National Unification 2007), 43~44면; Suh, *Economic Hardship*, 33~36면; Joo, "Visualizing the Invisible Hands"; Kim and Song "The Participation of North Korean Households," 361~85면; Haggard and Noland, *Witness to Transformation*, 58~62면.

26 Cho, *The Changes of Everyday Life*, Note 26, 23~24면.

27 FAO/WFP, *Crop and Food Supply Assessment Mission to the Democratic People's Republic of Korea, Special Alert, No. 275* (Rome: FAO/WFP 1997.06.03), 4면.

28 농업 부문의 다양성은 인도주의 비정부기구가 계속해서 빈곤층 및 중소득층 농장의 농업 원조에 관여했다는 사실에서 입증된다. Caritas, *Caritas and the DPRK-Building on 10*

Years of Experience (Hong Kong and Rome: Caritas Hong Kong 2006) 참조.

29 Smith, "Crime and Economic Instability'; Suh, Economic Hardship; Joo, "Visualizing the Invisible Hands."

30 Suh, *Economic Hardship*, 23~26면.

31 Choi, "The North Korean Domestic Situation," 6면.

32 2000/2001년 평양에서 필자가 세계식량계획 물류 담당자와 나눈 인터뷰에 포함된 남포항 정보.

33 이 문단에 대한 정보는 2011년 8월 서울에서 필자가 북한이탈주민과 나눈 인터뷰에 포함. 다음 문헌도 참조. John S. Park, *North Korea, Inc*, working paper (Washington, DC: United States Institute of Peace 2009), www.usip.org/files/resources/North%20Korea,%20 INC.PDF (2013.02.15 검색); Suh, *Economic Hardship*, 33면.

34 *North Korea*, Inc.

35 Kyo-Duk Lee, Soon-Hee Lim, Jeong-Ah Cho, Gee-Dong Lee and Young-Hoon Lee, *Changes in North Korea as Revealed in the Testimonies of Saetomins* (Seoul: Korea Institute for National Unification 2008), 41~55면; Joo, "Visualizing the Invisible Hands"; Suh, *Economic Hardship*.

36 Frank Dikötter, *Mao's Great Famine* (London: Bloomsbury 2011).

37 Alexandre Y. Mansourov, "Inside North Korea's Black Box: Reversing the Optics," Kongdan Oh Hassig (ed.), *North Korean Policy Elites* (Alexandria, VA: Institute for Defense Analyses 2004), 31면.

38 Choi, *North Korea's Agricultural Reforms*, 19~20면.

39 Hazel Smith, "The Disintegration and Reconstitution of the State in the DPRK," Simon Chesterman, Michael Ignatieff and Ramesh Thakur (eds.), *Making States Work* (Tokyo: United Nations Press 2005), 167~92면.

40 Joo, "Visualizing the Invisible Hands."

41 Lee *et al., Changes in North Korea*, 55면.

42 Joo, "Visualizing the Invisible Hands"; Suh, *Economic Hardship*.

43 Jinwook Choi and Meredith Shaw, "The Rise of Kim Jong Eun and the Return of the Party," *International Journal of Korean Unification Studies*, Vol. 19, No. 2, 2010, 179면.

44 Suh, *Economic Hardship*, 33~37면.

45 당 관료들의 뇌물수수 만연과 그 이유에 대한 조사가 잘 이뤄진 이론적 틀을 갖춘 연구는 Byung-Yeon Kim, "Markets, Bribery, and Regime Stability in North Korea,"

working paper (Seoul: East Asia Institute Asia 2004.04), www.eai.or.kr/data/bbs/eng_report/2010040811122565.pdf (2014.11.08 검색).

46 Hyeong-Jung Park and Kyo-Duk Lee, *Continuities and Changes in the Power Structure and the Role of Party Organizations under Kim Jong Il's Reign* (Seoul: Korea Institute for National Unification 2005), 18~19면.

47 Joo, "Visualizing the Invisible Hands," 132~33면.

48 World Food Programme (WFP), *Nutritional Survey of the DPRK* (Rome: WFP 1999.01), 8면.

49 조선민주주의인민공화국 공식 웹페이지 참조. www.korea-dpr.com (2014.12.14 검색).

50 Mansourov, "Inside North Korea's Black Box," 11면.

51 Choi, "The North Korean Domestic Situation," 7면.

52 김씨 가문 찬양 전기의 한 예는 *Democratic People's Republic of Korea Editorial Board, Kim Jong Il: Short Biography* (Pyongyang: Foreign Languages Publishing House 2001).

53 Park and Lee, *Continuities and Changes*, 52~54면.

54 여성 단체의 역사에 관해서는 Kang, "The Patriarchal State," 55~70면. 여성 단체의 지역 조직력 와해에 관한 정보는 북한의 여성 당 관료와 2001년 평양에서 나눈 인터뷰에서 온 것이다.

55 Lee *et al.*, *Changes in North Korea*, 48면.

56 2011년 5월 평양에서 한 북한 관료가 나에게 "정부는 피라미드 모양의 류경호텔 유리 외관을 우리나라에서 만들었다고 말했습니다"라고 했다. 그는 이렇게 말을 이어갔다. "저는 그것이 사실이라고 생각하지 않습니다. 중국에서 수입한 것이 틀림없습니다."

57 당 간부들이 국가정책을 집행할 능력이 없었고, 인민들이 당 관료들에 대해 공개적으로 불신을 표했다는 사실에 관한 논의는 Jae-Jean Suh, "The Transformation of Class Structure and Class Conflict in North Korea," *International Journal of Korean Unification Studies*, Vol. 14, No. 2, 2005, 53~84면.

58 안보기관에 관한 유용한 논의는 Patrick McEachern, *Inside the Red Box: North Korea's Post Totalitarian Politics* (New York: Columbia University Press 2010), 93~97면.

59 북한 정권은 누가 어떻게 처벌되었는지 발표하지 않는다. 처형에 관한 사정은 북한을 떠난 북한 주민들의 진술에서 비롯한 것이다. 전혀 이해할 수 없는 처형 이유에 대한 이들의 설명은 진위 여부를 확인할 수 없다. 대체로 사정에 밝은 알렉산더 만수로프는 김정일 시기에 정치적인 '범죄'로 처형된 개인들에 관하여 상세히 설명한다. Mansourov, "Inside North Korea's Black Box" 참조.

60 Soo-Am Kim, Keum-Soon Lee, Kook-Shin Kim and Min Hong, *Relations between Corruption and Human Rights in North Korea* (Seoul: Korea Institute for National Unification 2013).

61 Choi and Shaw, "The Rise of Kim Jong Eun," 184면.

62 DPRK Government, "Second Periodic Reports of States Parties due in 1997: Democratic People's Republic of Korea, 05/11/2003, CRC/C/65/Add.24 (State Party Report)," *Committee on the Rights of the Child, Consideration of Reports Submitted by States Parties under Article 44 of the Convention* (Geneva: Office of the High Commissioner for Human Rights 2003.11.05), 15면, www.refworld.org/pdfid/403a10a44.pdf (2014.11.03 검색).

63 북한 징병 제도의 성격에 관해서는 문헌상 혼란이 있다. 정영태는 1998년 열렸던 10차 최고인민회의에서 징병법이 제정되었다고 한다. 2003년에 북한 정부는 강제 징병은 없다고 발표했다. 김일성 시기와 선군 시기에 모든 청년들은 국방과 국가 건설 활동에 참여하게끔 되었고, 국가 건설 활동의 일부는 '입대' 후에 군대에서 이뤄졌다. 김일성 시기에 군복무에 대한 보상이 더 많았고, 김일성 이후 시기에는 훨씬 적었다. 김일성 시기에, 청년들은 가족으로부터 미래를 확보하기 위해 입대하라는 압력을 더 많이 받았고, 그런 점에서 정부는 청년들의 입대를 강제할 필요성이 덜했다. 선군 시기에, 보상은 적은데도 가족과 떨어져 때때로 오랜 세월을 지내는 커다란 수고를 치러야 하는 마당에 제대후 어렵게 살아가야 하는 상황이 겹쳐졌음을 고려할 때, 매우 큰 규모의 상비군 입대는 그 관행을 징병으로 이해할 수 있을 정도로, 강제의 형태로 이뤄진 것임에 틀림없다고 보는 게 논리적이다. 또한 '자원' 입대는 피하기 매우 어려웠을 가능성이 높다. Young-Tai Jeung, *Internal and External Perceptions of the North Korean Army* (Seoul: Korea Institute for National Unification 2008), 35면, 40면; United Nations, *Committee on the Rights of the Child Consideration of Reports Submitted by States Parties under Article 44 of the Convention, Second Periodic Reports of States Parties due in 1997 Addendum Democratic People's Republic of Korea, 16 May 2003, CRC/C/65/Add.24* (United Nations: New York 2003.11.05), 15면, www.unhcr.org/refworld/country,,,STATEPARTIESREP, PRK,4562d8cf2,403a10a44,0. html (2012.01.27 검색); Coalition to Stop the Use of Child Soldiers, *Child Soldiers Global Report 2008* (London: Coalition to Stop the Use of Child Soldier 2008), 198~89면, www.childsoldiersglobalreport.org/files/country_pdfs/FINAL_2008_Global_Report.pdf (2012.01.27 검색).

64 DPRK Government, "Second Periodic Reports," 15면.

65 2008년 인구조사에서는 '민간 가구와 기관의 주거 시설과 군부대에 사는 개인' 전체를

포함한 북한의 총인구를 제시한다. 또한 '민간 가구와 기관의 주거 시설에 사는 모든 개인'을 포함한 보다 적은 인구수를 제시한다. 군부대에 사는 인구수는 전체 인구에서 더 적은 인구수를 뺀 수치임을 추론할 수 있다. Chang Su Kim, *DPR Korea 2008 Population Census National Report* (Pyongyang: Central Bureau of Statistics Pyongyang 2009), 14~22면.

66 군대에서의 굶주림과 영양실조에 관한 보고들이 있었다. Lee *et al.*, *Changes in North Korea*, 54~55면.

67 Suh, *Economic Hardship*, 21면.

68) Choi, "The North Korean Domestic Situation," 6면.

69 UNESCAP, "Report by the Delegation of the Democratic People's Republic of Korea," Economic and Social Commission for Asia and the Pacific, High-level Meeting on the Regional Review of the Madrid International Plan of Action on Ageing (MIPAA), 2007.10.09~11, 6면, http://globalaging.org/agingwatch/desa/aging/mipaa/Korea.pdf (2014.11.08 검색).

70 나는 2년 동안 북한에 체류했다. 이후 8년의 공백 끝에 2011년 5월 북한을 방문했다. 가장 놀라운 차이는 아동에 대한 통제가 확연히 줄어들었다는 점이었다. 수백명의 아이들이 평양 거리에서 가족을 동반하거나 가족을 동반하지 않은 채 자유롭게 놀며 돌아다니는 것을 볼 수 있었다. 1990년에서 2003년 사이에는 거리에서 동행자 없는 아이들을 보는 것이 드문 일이었다.

71 특히 북한 가구의 역할 변화에 관한 유용한 논의는 Kang, "The Patriarchal State."

72 정치적 충성도를 가구별로 국가가 분류한다는 점은 Suh, "The Transformation of Class Structure," 63~65면 참조.

73 Central Bureau of Statistics, "2008 Census of Population of DPRK: Key Findings," www.unfpa.org/webdav/site/global/shared/documents/news/2010/dprk08_censuskeyfinds.pdf (2014.07.22 검색); 1996 figures from UNICEF, *Situation Analysis of Women and Children in the DPRK* (Pyongyang: UNICEF 1999).

74 같은 책.

75 Central Bureau of Statistics, "2008 Census of Population of DPRK," 2면.

76 Sun Won Hong, *Analysis of 1993 Population Census Data DPR Korea* (Pyongyang: Population Center, DPRK 1996), 39면.

77 같은 책 같은 면.

78 Kang, "The Patriarchal State."

79 Hazel Smith, *WFP DPRK Programmes and Activities: A Gender Perspective* (Pyongyang:

WFP 1999); Lim, *The Food Crisis*.

80 같은 책 32~36면.

81 Helgeson and Høyrup, *North Korea 2007*, 36~38면.

82 Suh, *Economic Hardship*, 30~37면.

83 Lim, *Value Changes*.

84 Jae-Jean Suh, *North Korea's Market Economy Society from Below* (Seoul: Korea Institute for National Unification 2005), 55면; Suh, *Economic Hardship*, 11면; Lee *et al.*, *Changes in North Korea*, 48~51면.

85 Foreign Languages Publishing House, *The Family Law of the Democratic People's Republic of Korea* (Pyongyang: Foreign Languages Publishing House 1996), 2면; Committee on Economic, Social and Cultural Rights, Thirty-first Session, Item 6 of the Provisional Agenda, Implementation of the International Covenant on Economic, Social and Cultural Rights: Replies by the Government of the Democratic Republic of Korea (E/1990/6/Add. 35), HR/CESCR/NONE/2003/1 (Geneva: Committee on Economic, Social and Cultural Rights 2003.11.10~28), www.bayefsky.com/issuesresp/rokorea_hr_cescr_none_2003_1.pdf (2012.01.27 검색).

86 Hong, *Analysis of 1993 Population Census Data*, 39면.

87 Kim, *DPR Korea 2008 Population Census*.

88 같은 글.

89 같은 글 77면.

90 같은 글 같은 면.

91 Suh, *Economic Hardship*, 29~30면.

92 Joo, "Visualizing the Invisible Hands."

93 Smith, "North Koreans in China," 165~90면; Lim, *The Food Crisis*, 23~25면.

94 북한에서의 '배금주의' 부상에 관한 논의는 Kim, *Economic Reform in North Korea*, 26~28면.

10장 위로부터의 군사통치

1 Korea Today, "Songun Idea with Deep Roots," No. 4, 2011, 24~25면.

2 Chol U Kim, *Songun Politics of Kim Jong Il* (Pyongyang: Foreign Languages Publishing House 2008).

3 같은 책.

4 고난의 행군 시절 이후 군이 북한 국내정치에 어느 정도로 지배력을 행사하고 있었는지
   는 문헌상 논쟁이 있다. 하지만 국내정치에서 군으로 권력이 이동하고 있었다는 데에는
   이론이 없다. 가령 정영태는 그 구조가 여전이 '당에서 군으로의 명령하달'이라는 특징을
   유지하고 있다고 주장한다. Young-Tai Jeung, *North Korea's Civil-Military-Party Relations
   and Regime Stability* (Seoul: Korea Institute for National Unification 2007), 20면 참조. 나
   의 견해는 당이 시장화되어 김일성 시대와는 성격이 다른 기관이 되었다는 것이다. 당은
   여전히 예방접종 캠페인 실시 같은 국가 우선 정책을 위한 인전대로서 활동하지만, 당원
   들과 당 관료들의 경제적 관심 때문에 시장과 사회에 공식적인 제한 조치를 실행에 옮기
   는 국가/안보 기관으로서의 유효성이 떨어졌다. 이 책의 구성상 이 문제는 여기서 논의할
   필요가 없지만, 선군 시대에 군 권력이 국내정치에서 어느 정도였는지, 그리고 다양한 국
   가 기관들 간의 권력 균형이 시간이 흐르면서 어느 정도 변했는지에 관해서는 논쟁이 계
   속되었다는 점은 짚고 넘어갈 필요가 있다. Park and Lee, *Continuities and Changes*; Jeung,
   Internal and External Perceptions; Choi and Shaw, "The Rise of Kim Jong Eun"; Dongmin
   Lee, "The Role of the North Korean Military in the Power-Transition Period," Background
   Paper Series (Seoul: Ilmin International Relations Institute 2011.07); Lee *et al.*, *Changes
   in North Korea*; Ken E. Gause, *North Korean Civil-Military Trends: Military-First Politics
   to a Point* (Carlisle, PA: Strategic Studies Institute, US Army War College 2006), 면수 확
   인이 어려우나 PDF 상 59~110면, www.nkeconwatch.com/nk-uploads/dprkpolicyelites.
   pdf (2014.11.02 검색); Joseph S. Bermudez, "Information and the DPPK's Military and
   Power-holding Elite," Kongdan Oh Hassig (ed.), *DPRK Policy Elites* (Alexandria, VA:
   Institute for Defense Analyses 2004), 면수 확인이 어려우나 PDF 상 15~58면, www.
   nkeconwatch.com/nk-uploads/dprkpolicyelites.pdf (2014.11.02 검색).

5 Helgeson and Høyrup, *North Korea 2007*, 41~43면.

6 Kim, Songun Politics, 5면, 7면. 매키천은 선군정치 공표 시점을 1998년 8월 22일 『로동
   신문』 기사로 잡고 있다. McEachearn, *Inside the Red Box*, 62면. 하지만 '선군 개념' 도입은
   1997년으로 잡고 있다. 같은 책 71면 참조.

7 Délégation générale de la RPD de Corée en France, *Bulletin d'information, Special Issue
   No. 37/1097* (Paris: Délégation générale de la RPD de Corée en France 1991.01.28), 1~3면.

8 *New Focus International*, "Insider Perspective: The Removal of Jang Song Taek (Update),"
   2013.12.09, http://newfocusintl.com/insider-perspective-the-removal-ofjang-song-
   taek-update (2014.01.14 검색); *New Focus International*, "This is it: North Korea's Hidden
   Power System," 2013.12.31, http://newfocusintl.com/north-koreas-hidden-power-

system/#comments (2014.01.15 검색).

9 Choi, "The North Korean Domestic Situation," 11면.

10 Mansourov, "Inside North Korea's Black Box," 29면.

11 Kyo-duk Lee, Soon-Hee Lim, Jeong-Ah Cho and Joung-Ho Song, *Study on the Power Elite of the Kim Jong Un Regime* (Seoul: Korea Institute for National Unification 2013), 56~58면.

12 BBC News Asia Pacific, "North Korean Leader Kim Jong-Il's son 'made a general'," 2010.09.28, www.bbc.co.uk/news/world-asia-pacific-11417016 (2014.11.03 검색).

13 Lee *et al.*, *Study on the Power Elite*, 58~61면.

14 Kim, *Songun Politics of Kim Jong Il*, 7면.

15 Chun Gun Kim, "Principles in Songun revolution," *The Pyongyang Times*, 2011.10.01, 2면.

16 같은 글 같은 면; Hong Su Ri, "Songun Politics, Unique Mode of Politics," *The Pyongyang Times*, 2011.11.19, 3면.

17 관련 논의는 Dae-Kyu Yoon, "The Constitution of North Korea: Its Changes and Implications," *Fordham International Law Journal*, Vol. 27, No. 4, 2004.04, 1289~305면; Marion P. Spina, Jr., "Brushes with the Law: North Korea and the Rule of Law," *Academic Series Papers on Korea* (Washington, DC: Korea Economic Institute 2008), 75~97면, www.keia.org/Publications/OnKorea/2008/08Spina.pdf (2014.02.09 검색). 영어로 된 헌법 원문은 Foreign Languages Publishing House, *Socialist Constitution of The Democratic People's Republic of Korea* (Pyongyang: Foreign Languages Publishing House 1993) 참조; Supreme People's Assembly, *DPRK's Socialist Constitution* (전문), amended and supplemented Socialist Constitution of the DPRK, adopted on 1998.09.05 (Pyongyang: DPRK Government 1998), www.novexcn.com/dprk_constitution_98.html (2014.01.23 검색). '북한 정치를 전공하는 미국 분석가 팀'이 시도한 2009년 조선민주주의인민공화국 헌법의 비공인 번역본은 "NorthEast Asia Matters"라는 이름의 블로그 참조. http://asiamatters.blogspot.com/2009/10/north-korean-constitution-april-2009.html (2011.01.19 검색).

18 같은 사이트. 관련 논의는 Gause, *North Korean Civil-military Trends*.

19 Supreme People's Assembly, *DPRK's Socialist Constitution*. 관련 논의는 Gause, *North Korean Civil-military Trend*.

20 '북한 정치를 전문으로 하는 미국 분석가 팀'이 시도한 2009년 조선민주주의인민공화국 헌법의 비공인 번역본은 "NorthEast Asia Matters"라는 이름의 블로그 참조. http://asiamatters.blogspot.com/2009/10/north-korean-constitution-april-2009.html

(2011.01.19 검색).

21 Sung Ung Kim (ed.), *Panorama of Korea* (Pyongyang: Foreign Languages Publishing House 1999), 52면 참조.

22 인권 문제에 관한 세심한 분석은 Richard Kagan, Matthew Oh and David Weissbrodt, *Human Rights in the Democratic People's Republic of Korea* (Minneapolis/Washington, DC: Minnesota Lawyers International Human Rights Committee/Asia Watch 1988) 참조.

23 Human Rights Council, 'National Report Submitted in Accordance with Paragraph 15 (A) of the Annex to Human Rights Council Resolution 5/1: Democratic People's Republic of Korea," Geneva, 2009.11.30~12.11.

24 Patricia Goedde, "Law of "Our Own Style": The Evolution and Challenges of the North Korean Legal System," *Fordham International Law Journal*, Vol. 27, 2003/2004, 1265~88면; Spina, Jr., "Brushes with the Law."

25 In Sup Han, "The 2004 Revision of Criminal Law in North Korea: A Take-off?," *Santa Clara Journal of International Law*, Vol. 5, No. 1, 2006, 122~33면.

26 같은 글 125~26면.

27 지방 행정 조직에 관한 상세한 설명은 UNICEF, *Situation Analysis of Women and Children* 참조.

28 UNICEF, *DPRK at a Glance 2013* (Pyongyang: UNICEF 2013), www.unicef.org/dprk/DPRK_at_a_glance_April_2013.pdf (2014.02.07 검색).

29 Kim, *Songun Politics of Kim Jong Il*, 6면.

30 *Korea Today*, Editorial, "Make this a Year of Brilliant Victory," No. 3, 2004.

31 같은 글.

32 Editorial Board, "Creators of Happiness," *Democratic People's Republic of Korea*, No. 660, 2011.04, 15면.

33 1995년과 2005년 사이에 북한군이 건설한 사회 기반 시설 목록은 Park and Lee, *Continuities and Changes*, 21면 참조.

34 매스게임을 보기 위해 북한을 방문하고 여행하는 비용에 관해서는 www.koreadpr.com/travel.htm (2011.01.26 검색).

35 Supreme Command Korean People's Army, "Press statement," *The Pyongyang Times*, 2011.11.26, 1면.

36 같은 글 같은 면.

37 예컨대, Korean Central News Agency (KCNA), "Kim Jong Un inspects Command of

KPA Unit 534' 2014.01.12, www.kcna.co.jp/index-e.htm (2014.02.15 검색); KCNA, "Kim Jong Un Guides Night Exercise of KPA Paratroopers," 2014.01.20, www.kcna.co.jp/index-e.htm (2014.02.15 검색); KCNA, "Kim Jong Un Guides Tactical Exercise of KPA Unit 323," 2014.01.23, www.kcna.co.jp/index-e.htm (2014.02.15 검색).

38 Mansourov, "Inside North Korea's Black Box," VA, 28~29면.

39 온성 봉기에 대해서는 "Chinese Influence on the Rise in Pyongyang," *Sratfor.con Global Intelligence Update*, 1999.11.05, www2.gol.com/users/coynerhm/chinese_influence_on_pyongyang.htm; *NAPSNet Daily Report*, 1999.11.02, www.nautilus.org/napsnet/dr/9911/NOV02.html#item7; Bradley Martin, "The Koreas: Pyongyang Watch: The Riot Act?," 1999.11.03, www.atimes.com/koreas/AK03Dg01.html (2014.12.15 검색).

40 만수로프는 1998년에 고위 관료들이 김정일을 심각하게 비판했다고 한다. Mansourov, "Inside North Korea's Black Box," 28~29면. 기근 이후의 민심 이반에 대해서 Jeung, *Internal and External Perceptions*, 2~4면 참조.

41 Kim Jong Il, "The Juche Philosophy is an Original Revolutionary Philosophy," *Kulloja*, 1996.07.26 (in English) (Paris: Délégation générale de la RPD de Corée en France 1996) 10면.

42 Kim, *Songun Politics of Kim Jong Il*, 77~92면.

43 같은 책 7면.

44 같은 책 14~18면.

45 Supreme People's Assembly, *DPRK's Socialist Constitution*.

46 오늘날 한국에서 추석에 대한 논의는 Korea Today, "Chongmyong and Related Customs," Vol. 4, 2011, 41면 참조.

47 Joo, "Visualizing the Invisible Hands," 123면.

48 평양·남포·신의주 등 북한 비경제특구 사업 계획에서 대남 사업이 성공했다고 우호적으로 본 보고가 존재한다. "80 Percent Post Profits in Inter-Korea Trade," *Korea Now*, Seoul, 2002.08.24 참조. 이는 2005년 김영윤의 보다 냉정한 평가와 대조해볼 필요가 있다. 김영윤은 북한에서 운영 중인 한국 사업체의 65퍼센트가 "사업이 (…) 잘되지 않는다고 생각했다"라고 밝힌다. Young-Yoon Kim, *Evaluation of South-North Economic Cooperation and Task for Success* (Seoul: Korea Institute for National Unification 2005), 31면.

49 Moon-Young Huh (ed.), *Basic Reading on Korean Unification* (Seoul: Korea Institute for National Unification), 186면.

50 United Nations Statistics Division, "Per Capita GDP at Current Prices in US Dollars (all

Countries)," National Accounts Main Aggregates Database, http://unstats.un.org/unsd/
snaama/dnlList.asp (2014.02.15 검색).

51 Bank of Korea, *Gross Domestic Product of North Korea in 2009* (Seoul: Bank of Korea 2010),
www.nkeconwatch.com/nk-uploads/bok-dprk-gdp-2009.pdf (2011.04.30 검색), 3면.

52 United Nations Statistics Division, "Growth Rate of GDP/Breakdown at Constant 2005
Prices in Percent (all countries)," National Accounts Main Aggregates Database, http://
unstats.un.org/unsd/snaama/dnlList.asp (2014.02.15 검색).

53 같은 자료.

54 Helgesen and Høyrup, *North Korea 2007*; Bank of Korea, *Gross Domestic Product*.

55 같은 자료.

56 Kim, *Songun Politics of Kim Jong Il*, 10면.

57 Helgeson and Høyrup, *North Korea 2007*, 34~35면; Suh, *Economic Hardship*, 13면.

58 Gause, *North Korean Civil-Military Trends*.

59 대홍단군의 대규모 감자 사업을 포함하여 건설 및 농업 개발에 대한 군의 참여를 언급
한 곳은 Kim, *Songun Politics of Kim Jong Il*, 27~28면. 대홍단군은 기근 이전에 감자 생산
에 대한 성공적인 농업 투자로 유명했고, 2000년대 초기에는 다양한 원조국에 의한 국제
인도주의 원조의 대상이 되었다. Ryon Hui Yang, "Taehongdan County Integrated Farm
on Paektu Plateau," *The Pyongyang Times*, 1994.08.13, 4면 참조. 필자는 유엔식량계획에서
일할 때인 2000년 10월에 대홍단군 감자 사업 단지를 방문했다.

60 자강도를 제외하고 1990년에서 2001년 사이에 필자가 북한의 모든 도를 여행하면서
얻은 관찰이다.

61 Chung-in Moon and Sangkeun Lee, "Military Spending and the Arms Race on the
Korean Peninsula," *Asian Perspective*, Vol. 33, No. 4, 2009, 80~81면.

62 같은 글 같은 면.

63 같은 글 같은 면.

64 같은 글 같은 면.

65 International Institute of Strategic Studies (IISS), *The Military Balance 2011* (London:
Routledge 2011), 249면.

66 2011년 5월 평양에서 필자가 관찰과 인터뷰를 통해 얻은 정보다.

67 2002년 개혁에 관한 동시대의 분석은 유용한 자료를 제공할 뿐 아니라 그 의도가 가격
결정에 대한 정부의 통제력을 유지하기 위한 것임을 언급한다. Ihk-pyo Hong, "A Shift
toward Capitalism? Recent Economic Reforms in North Korea," *East Asian Review*, Vol. 14,

No. 4, 2002 겨울, 93~106면. 2002년 개혁을 정책에서의 결정적인 변화로 보는 긍정적인 견해는 Helgeson and Høyrup, *North Korea 2007*.

68 CNS, DPRK Report No. 15, 1998.11~12, http://cns.miis.edu/pubs/dprkrprt/98novdec. htm

69 Rodong Sinmun and Kulloja, "Reject Imperialists' Ideological and Cultural Poisoning," *Pyongyang Times*, 1999.06.12.

70 Yoon, "The Constitution of North Korea."

71 Kim, *Economic Reform in North Korea*, 17~24면; Choi, *Structure of Industry*, 31~32면.

72 Park, *North Korea, Inc.*

73 Kim, *Economic Reform in North Korea*, 19면.

74 Han, "Criminal Law in North Korea," 122~33면.

75 같은 글 122~33면.

76 Park, *North Korea, Inc.*

77 Soo-ho Lim, "North Korea's Currency Reform a Failure?," *SERI Quarterly* 2010.04, 115~19면.

78 FAO/WFP, *Crop and Food Supply Assessment Mission*, 2010.11.16, 6면.

79 United Nations, *DPR Korea Common Country Assessment 2002* (Pyongyang: UNOCHA 2003.02), 14면.

80 FAO/WFP, *Crop and Food Supply Assessment Mission*, 2012.11.12, 9면.

81 같은 책 9~10면.

82 Joo, "Visualizing the Invisible Hands, 117면.

83 FAO/WFP, *Crop and Food Supply Assessment Mission*, 2010.11.16, 12면. 텃밭에서 자란 옥수수가 협동농장의 옥수수보다 훨씬 더 효율적으로 재배되었다는 증거는 FAO/WFP, *Democratic People's Republic of Korea Joint WFP/FAO Rapid Food Security Assessment Mission* (Rome: FAO/WFP 2008.06.09~30) 참조.

84 Helgesen and Høyrup, *North Korea 2007*, 67~73면.

85 김정일 정권 초기 농업의 수요와 공급에 관한 논의는 Woon-Keun Kim, "Recent Changes in North Korean Agriculture Policies and Projected Impacts on the Food Shortage," *East Asian Review*, Vol. 3, No. 3, 1999 가을, 93~110면; Phillip Wonhyuk Lim, "North Korea's Food Crisis," *Korea and World Affairs*, 1997 겨울, 568~85면 참조. 북한 식량 자급자족 정책의 위험성에 관해서는 Tae-Jin Kwon and Wook-Keun Kim, "Assessment of Food Supply in North Korea," *Journal of Rural Development*, 22, 1999 겨울, 47~66면;

FAO/WFP, *Crop and Food Supply Assessment Mission*, 2010.11.16; United Nations, *DPR Korea Common Country Assessment 2002*, Pyongyang, mimeo 2003.02 참조.

86 United Nations, *Strategic Framework for Cooperation Between the United Nations and the Government of the Democratic People's Republic of Korea 2007-2009* (Pyongyang: United Nations 2006.09), 12면.

87 FAO/WFP, *Crop and Food Supply Assessment Mission*, 2012.11.12, 4면.

88 FAO/WFP, *Crop and Food Supply Assessment Mission*, 2013.11.28, 4면.

89 같은 책 같은 면.

90 *The Changes of Everyday Life*, 25~26면.

91 WFP/FAO/UNICEF, *Special Report: Rapid Food Security Assessment Mission to the Democratic People's Republic of Korea, 24 March 2011* (Rome: WFP 2011), 18면, http:// ko.wfp.org/sites/default/files/english_rfsa.pdf (2014.01.22 검색).

92 같은 책.

93 2000년대 북한 경제의 변화에 관해 정통한 논의는 Park (ed.), *The Dynamics of Change* 참조.

94 Jung-Chul Lee, "The Pseudo-Market Coordination Regime," Phillip H. Park (ed.), *The Dynamics of Change in North Korea: An Institutionalist Perspective* (Boulder, CO: Lynne Rienner Publishers 2009), 199~201면.

95 Délégation générale de la RPD de Corée en France, "Rajin-Sonbong Zone Appealing to Investor," *Bulletin d'information, 25/1096* (Paris: Délégation générale de la RPD de Corée en France 1996.10.07), 3면; Délégation générale de la RPD de Corée en France, 'Bright Future of "Golden Triangle"," *Bulletin d'information, 28/0197* (Paris: Délégation générale de la RPD de Corée en France 1997.01.26), 2~3면.

96 Tumen Secretariat, *Tumen Update No. 3* (Beijing: Tumen Secretariat 2000.10).

97 옌볜과학기술대에 근무하는 한국 출신 교수진은 라진-선봉에서 탁아소에 식량과 물품 을 제공한 일로 스파이 혐의를 받아 그중 두명이 체포되어 투옥되었다고 알려주었다.

98 Alexandre Y. Mansourov, "North Korea Stressed: Life on the Hamster Wheel," *International Journal of Korean Unification Studies*, Vol. 14, No. 2, 2005, 97면.

99 우즈베키스탄 소식통에 따르면, 우즈베키스탄 노동자의 월급이 겨우 110달러였다고 한다. http://uzland.freenet.uz/2001/march/19.htm 참조. 북한 노동자의 월급은 110달러 였고, 그들이 더 많은 돈을 요구하면 한반도에너지개발기구는 이를 거부하고 낮은 임금을 지불할 수 있는 우즈베키스탄 노동자들을 수입했다. 200달러라는 액수는 한반도에너지개

발기구 관료의 인터뷰에서 나온 것이다.

100 Hazel Smith, "Asymmetric Nuisance Value: The Border in China-Democratic People's Republic of Korea Relations," Timothy Hildebrandt (ed.), *Uneasy Allies: Fifty Years of China-North Korea Relations* (Washington, DC: Woodrow Wilson Center Asia Program Special Report 2003.09), 18~25면.

101 *China Daily*, "Tycoon Given 18 Years Behind Bars," 2003.07.15, "China Through a Lens," www.china.org.cn/english/2003/Jul/69917.htm (2014.11.15 검색).

102 특구 정책에 관한 논의는 필자가 출판한 연구결과물에서 온 것이다. Hazel Smith, "How South Korean Means Support North Korean Ends: Crossed Purposes in Inter-Korean Cooperation," *International Journal of Korean Unification Studies*, Vol. 14, No. 2, 2005, 21~51면.

103 2005년 임강택과 임성훈은 개성공단의 노무 관리에서 남한 사업체들이 과거보다 더 많은 자율성을 갖고 있었다고 주장했다. 이는 상대적인 관점에서는 사실일 수 있었지만, 이들도 인정하듯, 노동정책에 관한 모든 결정은 사실상 북한 정부를 의미하는 '개성 경제특구 노동자 대표들'과 협상을 통해 이뤄져야 했다. Kang-Taeg Lim and Sung-Hoon Lim, *Strategies for Development of a North Korean Special Economic Zone through Attracting Foreign Investment* (Seoul: Korea Institute for National Unification 2005), 47~48면. 2008년 금강산 관광객 피격 사건 이전에, 경제특구들에 대한 일반적이고 다소 낙관적인 분석에서 임강택과 임성훈은 금강산 관광 지구의 문제 중 하나가, '개별 관광객들에게 더 자유로운 활동'을 허용할 필요가 있다고 이들이 언급하듯이, 남한 관광객의 이동 자유 제한에 있음에 주목했다. 같은 책 38면.

104 Dick K. Nanto and Mark E. Manyin, *The Kaesong North-South Korean Industrial Complex* (Washington, DC: Congressional Research Service 2011.03.17).

105 Jonathan Watts, "South Korean Tourist Shot Dead in North Korea," *The Guardian* 2008.07.11, www.guardian.co.uk/world/2008/jul/11/korea (2014.07.22 검색).

106 Nanto and Manyin, *The Kaesong North-South Korean Industrial Complex*.

107 이 문단의 정보는 2000년에서 2001년 사이에 중국 단둥과 평양에 기반을 둔 중국 무역업자와 필자가 나눈 인터뷰에서 온 것이다.

108 혁명의 원인에 대하여 문헌상의 중요한 논쟁이 존재하지만, 개인과 가족과 공동체가 굶주림과 심각한 영양실조에 직면했을 때, 이것이 간헐적인 봉기의 조건을 만들어낼 수 있지만 조직화된 군대의 충성을 끌어낼 수 있는 국가에 대항하는 성공적인 정치적 동원의 최적 조건은 아니라는 점에 대해서는 이견이 거의 없다. 혁명에 관한 요약은 Fred

Halliday, *Revolution and World Politics: The Rise and Fall of the Sixth Great Power* (London: Macmillan 1999) 참조. 가난에 찌든 공동체와 봉기, 그리고 그러한 봉기를 진압하기 위한 군사력 사용에 관한 실증적 예는 Mike Davis, *Late Victorian Holocausts: El Niño Famines and the Making of the Third World* (London: Verso 2001) 참조.

109 200만 달러의 남한 투자에 관한 논의는 Young-Yoon Kim, *Evaluation of South-North Economic Cooperation and Task for Success* (Seoul: Korea Institute for National Unification 2005), 25면 참조.

110 Chung-in Moon and Sangkeun Lee, "Military Spending and the Arms Race on the Korean Peninsula," *Asian Perspective*, Vol. 33, No. 4, 2009.

111 Ministry of Defense, *2010 White Paper* (Seoul: Ministry of Defense 2010), 341면, www.nti.org/media/pdfs/2010WhitePaperAll_eng.pdf?_=1340662780 (2014.11.08 검색).

112 *The Military Balance 2011* IISS, 251면.

113 국민총소득 수치는 Ministry of Defense, *2010 White Paper*, 341면 참조. 국방비 지출 계산에 사용된 수치는 224억 달러이고, 이 수치가 언급된 곳은 IISS, The Military Balance 2011, 251면. 국방부와 국제전략연구소의 수치가 다르지만, 두 경우 모두 '국방비 지출'에 비해 '국방예산'이 더 높게 나타나 각각 245억 달러(국방부 백서), 225억 달러(국제전략연구소)이다. Ministry of Defense, 2010 White Paper, 339면; IISS, *The Military Balance 2011*, 251면.

11장 복지의 시장화

1 UNICEF, *The State of the World's Children 2013: Children with Disabilities* (Geneva: UNICEF 2013), 105~107면, www.unicef.org/sowc2013/files/SWCR2013_ENG_Lo_res_24_Apr_2013.pdf (2014.04.20 검색). 자료는 2007년에서 2011년 사이 기간 중 가장 최근 년도를 나타낸다. 인도가 제외된 것은 그 자료가 2005년에서 2006년 사이의 것이기 때문인 것으로 추측된다.

2 Central Bureau of Statistics, *Democratic People's Republic of Korea Preliminary Report of the National Nutrition Survey, October 2012* (Pyongyang: Central Bureau of Statistics 2012), 26면.

3 Central Bureau of Statistics, *Report on the DPRK Nutrition Assessment 2002* (Pyongyang: Central Bureau of Statistics 2002.11.20); Central Bureau of Statistics, *DPRK 2004 Nutrition Assessment* (Pyongyang: Central Bureau of Statistics, Institute of Child Nutrition 2005.02); Central Bureau of Statistics, *National Nutrition Survey, October 2012*, 26면, 29면.

4 Central Bureau of Statistics, *Nutrition Assessment 2002*; Central Bureau of Statistics, *DPRK 2004 Nutrition Assessment* (Pyongyang; Central Bureau of Statistics, Institute of Child Nutrition 2005.02); Central Bureau of Statistics, *National Nutrition Survey, October 2012*, 26면, 29면.

5 UNICEF, *The State of the World's Children*, 105~107면. 자료는 2007년에서 2011년 사이 기간 중 가장 최근 연도를 나타낸다. 인도가 제외된 것은 그 데이터가 2005년에서 2006년 사이의 것이기 때문인 것으로 추측된다.

6 Central Bureau of Statistics, *Nutrition Assessment 2002*; Central Bureau of Statistics, *2004 Nutrition Assessment*, 43면; Central Bureau of Statistics, *National Nutrition Survey, October 2012*; UNICEF, *The State of the World's Children*, 107면.

7 Central Bureau of Statistics, *DPRK 2004 Nutrition Assessment*.

8 Central Bureau of Statistics/UNICEF, *The Democratic People's Republic of Korea Multiple Indicator Cluster Survey Final Report 2009* (Pyongyang: CBS 2010), 31면; Central Bureau of Statistics, *National Nutrition Survey, October 2012*.

9 W. Courtland Robinson, Myung Ken Lee, Kenneth Hill, Edbert Hsu and Gilbert Burnham, "Demographic Methods to Assess Food Insecurity: A North Korean Case Study," *Prehospital and Disaster Medicine*, Vol. 15, No. 4, 2001, 286~93면.

10 Central Bureau of Statistics, *National Nutrition Survey, October 2012*; United Nations, *DPR Korea Common Country Assessment 2002* (Pyongyang: UNOCHA 2003.02); UNICEF, *Country Programme of Cooperation between the Government of the Democratic People's Republic of Korea and the United Nations Children's Fund 2004-2006 Strategy Document* (Pyongyang: UNICEF 2003.02); Hazel Smith, *WFP DPRK Programmes and Activities: A Gender Perspective* (Pyongyang: WFP 1999); Soon-Hee Lim, *The Food Crisis and Life of Women in North Korea* (Seoul: Korea Institute for National Unification 2005).

11 Central Bureau of Statistics/UNICEF, *The Democratic People's Republic of Korea Multiple Indicator Cluster Survey Final Report 2009* (Pyongyang: CBS 2010), 69면.

12 Soon-Hee Lim, *The Food Crisis and Life of Women in North Korea* (Seoul: Korea Institute for National Unification 2005), 26~27면.

13 Central Bureau of Statistics, *National Nutrition Survey, October 2012*, 23면.

14 유엔아동기금의 프로그램은 1987년부터 계속되고 있는 북한에서의 활동에서 '안전한 모성'에 초점을 맞추고 있다. 모성 영양실조와 모성 사망률의 원인을 규명한 보고서가 자주 제출되었다. 예컨대 UNICEF, *A Humanitarian Appeal for Children and Women*

(Pyongyang: UNICEF 2002), 12면 참조.

15 1993년과 2008년 수치의 출처는 Central Bureau of Statistics, "2008 Census of Population of DPRK: Key Findings," www.unfpa.org/webdav/site/global/shared/ documents/news/2010/dprk08_censuskeyfinds.pdf (2014.07.22 검색); 1996년 수치의 출처는 UNICEF, *An Analysis of the Situation of Children and Women in the Democratic People's Republic of Korea 2000* (Pyongyang: UNICEF 1999.12).

16 Central Bureau of Statistics, "2008 Census."

17 기근 시절 이후의 도별 영양 결과를 분석한 작업은 Hazel Smith, "North Korea: Market Opportunity, Poverty and the Provinces," *New Political Economy*, Vol. 14, No. 3, 2009.06, 231~56면 참조.

18 Central Bureau of Statistics/UNICEF, *Multiple Indicator Cluster Survey*, 31면.

19 도시의 식량 불안정에 관해서는 Central Bureau of Statistics, *National Nutrition Survey*, October 2012 참조.

20 UNICEF, *DPRK Social Statistics:* (Pyongyang: UNICEF 1999); UNICEF, *Children and Women*; EU, UNICEF and WFP in partnership with the Government of DPRK, *Nutrition Survey of the Democratic People's Republic of Korea* (Rome/Pyongyang: WFP 1998); Central Bureau of Statistics, *Nutrition Assessment 2002*; Central Bureau of Statistics, *DPRK 2004 Nutrition Assessment*.

21 World Food Programme (WFP), *Statistics of DPRK Population 2002* (Pyongyang: WFP 2003).

22 Central Bureau of Statistics/UNICEF, *Multiple Indicator Cluster Survey*, 31면; 평양 아동 인구 수치 출처는 Chang Su Kim, *DPR Korea 2008 Population Census National Report* (Pyongyang: Central Bureau of Statistics Pyongyang 2009).

23 Central Bureau of Statistics, *National Nutrition Survey*, October 2012, 17면; 아동 수의 출처는 Kim, *2008 Population Census*, 31면.

24 Central Bureau of Statistics, *Nutrition Assessment 2002*.

25 Smith, "North Korea: Market Opportunity," 231~56면.

26 같은 글 같은 면.

27 같은 글 같은 면.

28 Central Bureau of Statistics, *National Nutrition Survey*, October 2012, 26면; FAO/WFP, *Crop and Food Supply Assessment Mission to the Democratic People's Republic of Korea, Special Report* (Rome: FAO/WFP 2012.11.12).

29 Central Bureau of Statistics, *National Nutrition Survey, October 2012*, 26면.

30 같은 책 같은 면.

31 WFP, *Overview of Needs and Assistance in DPRK 2012* (Rome: World Food Programme 2012), 16면.

32 2008년 인구조사는 기대수명 수치를 제공하지 않는다. 이 수치는 전문가들이 추산한 수치로 다양한 매체를 통해 보도되었다. 하지만 2008년 인구조사를 후원하고 지도했던 유엔인구기금(UNFPA)는 여기에 인용된 기대수명수치를 자신의 웹페이지에 발표했다. 비록 '유엔인구기금은 독자적인 매체보도의 정확성과 내용을 책임지지 않으며, 단지 참고할 목적으로 게시했다'라는 관례적인 유보사항을 덧붙였지만 말이다. UNFPA in the News, "Democratic People's Republic of Korea: Census Finds Drop in Life Expectancy," 2010.02.21, http://inthenews.unfpa.org/?p=1005 (2014.12.15 검색).

33 Central Bureau of Statistics, "2008 Census."

34 같은 자료.

35 UNICEF, *The State of the World's Children*, 128~31면.

36 같은 책 같은 면.

37 같은 책 129면.

38 같은 책 128~31면.

39 유엔인구기금과 함께 북한이 간행한 연구결과물 요약본에 따르면, 피임이 출산율 감소의 한 이유라고 한다. 내 견해는, 유엔인구기금의 유엔 보고가 시사하듯이 피임이 광범위하게 이뤄지고 있다는 증거는 없다는 것이다. Central Bureau of Statistics, "2008 Census of Population," 낙태 수치는 UNOCHA, "Joint UNCT submission for the UN Compilation Report Universal Periodic Review-Democratic People's Republic of Korea (DPRK) 6th session (2009.11.30~12.11)" 참조, http://lib.ohchr.org/HRBodies/UPR/Documents/Session6/KP/UNCT_PRK_UPR_S06_2009.pdf (2014.06.22 검색).

40 같은 글 4면.

41 1990년에서 2011년 사이에 필자가 관찰한 것이다. World Health Organisation (WHO), *Democratic People's Republic of Korea: National Health System Profile* (Pyongyang: WHO 날짜가 없으나 2006년으로 추정). 이 책은 광범위한 북한 독자들에게 건강 증진에 관한 안내서 역할을 한다. 책 전체에서 흡연의 위험성을 경고하지만 삽화에는 남자만 담배를 피우고 있다.

42 World Health Organisation, *Democratic People's Republic of Korea: National Health System Profile* (Pyongyang: WHO, 날짜가 없으나 2006년으로 추정), 4면.

43 Young-Tai Jeung, *Internal and External Perceptions of the North Korean Army* (Seoul: Korea Institute for National Unification 2005), 35면.

44 수치의 출처는 Kim, *2008 Population Census*, 14~22면.

45 UNICEF, *The State of the World's children*, 100~103면.

46 WFP, *Overview of Needs*, 15면.

47 1990년과 1998년 수치는 Dilawar Ali Khan, *Improving the Quality of Basic Social Services for the Most Vulnerable Children and Women: Executive Summary* (Pyongyang: UNICEF 2001.04), 5면 참조. 2008년 수치는 WFP, *Overview of Needs*, 15면 참조.

48 UNICEF, *Nutrition Situation in DPR Korea* (Pyongyang: UNICEF 2000.11).

49 UNICEF, *An Analysis of the Situation of Women and Children in the Democratic People's Republic of Korea, Draft* (Pyongyang: UNICEF 1998.05), 20면; UNICEF, *Situation Analysis of Women and Children*.

50 Central Bureau of Statistics/UNICEF, *Multiple Indicator Cluster Survey*, 37~40면.

51 같은 책 36~52면.

52 UNICEF, *The State of the World's Children*, 100면.

53 같은 책 99면.

54 같은 책 같은 면.

55 같은 책 같은 면.

56 같은 책 95면.

57 WHO, *Global Tuberculosis Control: WHO Report 2011* (Geneva: World Health Organisation 2011), 215면.

58 WHO, *World Malaria Report 2010* (Geneva: World Health Organisation 2010), 41면.

59 같은 책 192면.

60 같은 책 50면.

61 같은 책 193면.

62 UNICEF/WHO, *Immunization Summary: A Statistical Reference Containing Data Through 2010* (New York: UNICEF/World Health Organisation 2012), 90~91면, www.childinfo.org/files/immunization_summary_en.pdf (2014.06.22 검색).

63 같은 책 같은 면.

64 같은 책 같은 면.

65 같은 책 같은 면.

66 같은 책 같은 면.

67 UNICEF, *DPRK Donor Update* (Pyongyang: UNICEF 2002.02.04), 2면.

68 같은 책 같은 면.

69 같은 책 같은 면.

70 DPRK Ministry of Education, *The Development of Education: National Report of the Democratic People's Republic of Korea* (Pyongyang: Ministry of Education, 2004), www.ibe. unesco.org/International/ICE47/English/Natreps/reports/dprkorea.pdf (2014.02.07 검색).

71 Kyu-won Kim, "North Korea Announces Education Reforms, Silent on Economy," *The Hankyoreh*, 2012.09.26, http://english.hani.co.kr/arti/english_edition/e_northkorea/553442.html (2012.02.27 검색).

72 National EFA 2000 Assessment Group, *Democratic People's Republic of Korea, National EFA Assessment Report: The Implementation of the 'World Declaration on Education for All'* (Pyongyang: National EFA 2000 Assessment Group 1999), 78면.

73 UNICEF, *Women and Children*, 49면.

74 WFP, "Protracted Relief and Recovery Operation-DPR Korea 6157.00," WFP, *Projects for Executive Board Approval, Agenda Item 7, 19-22 October 1999* (Rome: WFP 1999), 5면.

75 UNICEF, *Annual Report 2000 Democratic People's Republic of Korea* (Pyongyang: UNICEF 2000), 6면.

76 UNICEF, *A Humanitarian Appeal*, 3면.

77 UNICEF, *Women and Children*, 40면; Smith, *WFP DPRK Programmes and Activities*.

78 UNICEF, *Women and Children*, 84면.

79 북한 정부는 1991년 비준한 국제아동권리협약 준수 사항 이행의 진행 상황을 보고하면서, 무엇보다도 1990년대의 경제 위기가 교육의 질을 악화시켰다고 언급했다. "교과서와 다른 교육 및 학습 자료 공급이 원활치 않았기 때문이었다"라는 것이다. Democratic People's Republic of Korea, *National Report*, written for the 5th Ministerial Consultation for the East Asia and Pacific Region, mimeo 2000.05 참조. 학교와 교육기관의 피해에 대한 개괄적인 설명은 National EFA 2000 Assessment Group, *National Assessment Report*, 33~34면 참조.

80 Central Bureau of Statistics, "2008 Census."

81 Chang Su Kim, *2008 Population Census*.

82 Moosuk Min and Jehee Ahn, *A Study of Education for Women in North Korea* (Seoul: Korea Women's Development Institute 2001), www.kwdi.re.kr/data/02forum-4.pdf (2014.06.22 검색).

83 Central Bureau of Statistics, "2008 Census of Population".

84 Sun Won Hong, *Analysis of 1993 Population Census Data DPR Korea* (Pyongyang: Population Center, DPRK 1996); Kim, *2008 Population Census*, 16면; Central Bureau of Statistics, "2008 Census of Population," 2면, www.unfpa.org/webdav/site/global/shared/documents/news/2010/

85 Kim, *2008 Population Census*, 16~17면.

86 같은 책 16면.

87 Central Bureau of Statistics, "2008 Census of Population," 2면.

88 Kim, *2008 Population Census*, 33면.

89 UNESCAP, "Report by the Delegation of the Democratic People's Republic of Korea," Economic and Social Commission for Asia and the Pacific 2007.10.09~11, 3면.

90 같은 글 4면.

91 WFP, *Emergency Operation (EMOP 200266): Emergency Food Assistance to Vulnerable Groups in the Democratic People's Republic of Korea* (Rome: WFP, undated but 2011), 6면, http://reliefweb.int/sites/reliefweb.int/files/resources/Full_Report_454.pdf (2014.11.08 검색).

92 트라이앵글 웹페이지, www.trianglegh.org/English_TGH/html/Programmes/Missions Humanitaire/NorthKorea/NorthKoreaREA_gb.html (2011.11.30 검색).

93 Triangle Génération Humanitaire, *Annual Activity Report Year 2009*, 27면, www.trianglegh.org/ActionHumanitaire/PDF/PDF-Rapport-Activite/Rapport-TGH-2009-FR.pdf (2014.06.22 검색).

94 같은 책 같은 면.

95 UNICEF, *Draft Master Plan of Operations* (Pyongyang: UNICEF 1999), 38면.

96 UNICEF, *Situation Analysis of Women and Children*.

97 같은 책 74면.

98 같은 책 75면.

99 같은 책 76면.

100 WFP, *Emergency Operation* (EMOP 200266), 10면.

101 Hazel Smith, *Hungry for Peace*.

12장 사회구조의 시장화

1 새롭게 등장한 시장우선주의와 사회계급구조의 변모에 관한 논의는 Choong-Yong Ahn (ed.), *North Korea Development Report 2003/2004* (Seoul: Korea Institute for International

Economic Policy 2003/2004), 307~308면 참조. Jeong-Ah Cho, *The Changes of Everyday Life in North Korea in the Aftermath of their Economic Difficulties* (Seoul: Korea Institute for National Unification 2007); Jae-Jean Suh, *Economic Hardship and Regime Sustainability in North Korea* (Seoul: Korea Institute for National Unification 2008); Andrei Lankov, "North Korea in Transition: Changes in Internal Politics and the Logic of Survival," *International Journal of Korean Unification Studies*, Vol. 18, No 1, 2009 참조.

2 핵심 인물들 사이의 연결관계에 관한 설명은 Kyo-duk Lee, Soon-Hee Lee, Jeong-Ah Cho and Joung-Ho Song, *Study on the Power Elite of the Kim Jong Un Regime* (Seoul: Korea Institute for National Unification 2013). 또다른 정통한 분석은 Alexandre Y. Mansourov, "Inside North Korea's Black Box: Reversing the Optics," Kongdan Oh Hassig (ed.), *North Korean Policy Elites* (Alexandria, VA: Institute for Defense Analyses 2004) 면수 표시는 없지만 PDF 상 159~226면, www.nkeconwatch.com/nk-uploads/dprkpolicyelites.pdf (2014.11.02 검색).

3 Joseph S. Bermudez, "Information and the DPRK's Military and Power-holding Elite," in Kongdan Oh Hassig (ed.), *DPRK Policy Elites* (Alexandria, VA: Institute for Defense Analyses 2004), www.nkeconwatch.com/nkuploads/dprkpolicyelites.pdf, 면수는 알 수 없으나 PDF 상 1~2면 (2014.11.02 검색).

4 출처는 2011년 5월 필자가 평양에서 나눈 인터뷰.

5 Jae-Jean Suh, *Economic Hardship and Regime Sustainability in North Korea* (Seoul: Korea Institute for National Unification 2008), 15~17면.

6 군 엘리트들은 보안기관과 당을 포함한 민간 기관에서도 직책을 보유하고 있었다. Bermudez, "Information" 참조.

7 Kyo-duk Lee *et al.*, *Study on the Power Elite.*

8 김씨 가문의 혼인관계에 대한 요약은 Andre Lankov, *The Real North Korea: Life and Politics in the Failed StalinistUtopia* (OxfordUniversity Press 2013), 54~56면 참조.

9 *The Chosunilbo*, "Kim Jong-nam Says N. Korean Regime Won't Last Long," 2012.01.17, http://english.chosun.com/site/data/html_dir/2012/01/17/2012011701790.html (2014.01.25 검색).

10 Lankov, *The Real North Korea*, 132~35면.

11 Mansourov, "Inside North Korea's Black Box," 17면.

12 *New Focus International*, "Insider Perspective: The Removal of Jang Song Taek (Update)," 2013.12.09, http://newfocusintl.com/insider-perspective-the-removalof-jang-song-taek-

update (2014.01.14 검색).

13 Jinwook Choi and Meredith Shaw, "The Rise of Kim Jong Eun and the Return of the Party," *International Journal of Korean Unification Studies*, Vol. 19, No. 2, 2010, 175~202면.

14 Lee *et al.*, *Study on the Power Elite*, 34면. 최현 및 그와 김일성의 우애에 관해서는 Robert A. Scalapino and Chong-Sik Lee, *Communism in Korea: The Movement* (Berkeley: University of California Press 1972), 392면.

15 *New Focus International*, "Insider Perspective."

16 *New Focus International*, "We have Just Witnessed a Coup in North Korea," 2013.12.27, http://newfocusintl.com/just-witnessed-coup-north-korea (2012.01.14 검색).

17 Chang Su Kim, *DPR Korea 2008 Population Census National Report* (Pyongyang: Central Bureau of Statistics Pyongyang 2009), 8면.

18 같은 책 198면.

19 같은 책 같은 면.

20 같은 책 같은 면.

21 같은 책 같은 면.

22 같은 책 같은 면.

23 같은 책 같은 면.

24 같은 책 같은 면. 원문에서 'remediation'이 무슨 뜻인지는 불분명하지만 공업단지의 정화를 의미하는 것으로 보인다.

25 같은 책 201면.

26 같은 책 193면.

27 같은 책 195면; Sun Won Hong, *Analysis of 1993 Population Census Data DPR Korea* (Pyongyang: Population Center, DPRK 1996), 69면.

28 Kim, *DPR Korea 2008 Population Census*, 200면.

29 Central Bureau of Statistics, "2008 Census of Population of DPRK: Key Findings," www.unfpa.org/webdav/site/global/shared/documents/news/2010/dprk08_censuskeyfinds.pdf (2014.06.22 검색).

30 같은 글.

31 같은 글.

32 UNICEF, *A Humanitarian Appeal for Children and Women* (Pyongyang: UNICEF 2002), 1면.

33 Kim, *DPR Korea 2008 Population Census*, 201면; Author's observations, 1990-2011,

DPRK.

34 1993년 인구조사의 용어가 2008년의 인구조사와 똑같지는 않지만, 1993년 인구조사에 따르면, '준전문직'의 66퍼센트와 '전문직'의 42퍼센트가 여성이었는데, 이는 비숙련 직종에 여성이 상대적으로 집중되어 있음을 나타냈다. Hong, *Analysis of 1993 Population Census Data*, 116면 참조.

35 Committee on the Elimination of Discrimination against Women, *Written Replies by the Democratic People's Republic of Korea Concerning the Responses to the List of Issues and Questions. PSWG/ 2005/II/CRP.2/Add.3* (New York: UN Women 2005.04.15), 6면 참조, www.un.org/womenwatch/daw/cedaw/cedaw33/responses/kor/kor-E.pdf (2014.04.22 검색).

36 같은 책 같은 면.

37 같은 책 같은 면.

38 같은 책 9면.

39 같은 면.

40 FAO/WFP, *Crop and Food Supply Assessment Mission to the Democratic People's Republic of Korea, Special Report* (Rome: FAO/WFP 2008.12.08), 28면.

41 Cho, *The Changes of Everyday Life*, 45~46면.

42 FAO/WFP, *Crop and Food Supply Assessment Mission*, 2008.12.08, 28~29면.

43 교육 부문의 변화와 학부모가 교사에게 식량을 제공하는 관행에 대해서는 Kyo-Duk Lee, Soon-Hee Lim, Jeong-Ah Cho, Gee-Dong Lee and Young-Hoon Lee, *Changes in North Korea as Revealed in the Testimonies of Saetomins* (Seoul: Korea Institute for National Unification 2008), 57~71면 참조.

44 곡물 판매에 대한 국가 관리에 대해서는 FAO/WFP, *Crop and Food Supply Assessment Mission to the Democratic People's Republic of Korea, Special Report* (Rome: FAO/WFP 2010.11.16) 참조.

45 FAO/WFP, *Crop and Food Supply Assessment Mission to the Democratic People's Republic of Korea, Special Report* (Rome: FAO/WFP 2013.11.28), 35면.

46 Geir Helgeson and Nis Høyrup, *North Korea 2007: Assisting Development and Change* (Copenhagen: Nordic Institute of Asian Affairs 2007), 30면.

47 Soo-Young Choi, *A Study on the Structure of Industry in North Korea* (Seoul: Korea Institute for National Unification 2006), 34면.

48 Lee *et al.*, *Changes in North Korea*, 54~55면.

49 같은 면.

50 Colin Dürkop and Min-Il Yeo, "North Korea after Kim Jong Il: Political and Social Perspectives ahead of the Expected Change of Power," *KAS International Reports* 2011.08, www.kas.de/wf/doc/kas_23605-544-2-30.pdf?110811143245 (2011.08.29 검색); Hyung-min Joo, "Visualizing the Invisible Hands: The Shadow Economy in North Korea," *Economy and Society*, Vol. 39, No. 1, 2010.02, 110~45면; Lankov, "North Korea in Transition," 10~11면.

51 Suh, *Economic Hardship*, 30~32면.

52 Joo, "Visualizing the Invisible Hands."

53 Sonia Ryang, *North Koreans in Japan: Language, Ideology and Identity* (Boulder, CO: Westview 1997); Emma Chanlett-Avery, *North Korean Supporters in Japan: Issues for US Policy* (Washington, DC: Congressional Research Service 2003.11.07), www.ncnk.org/resources/publications/CRS_Chosen_Soren_2003_RL32137.pdf (2014.04.01 검색).

54 Joo, "Visualizing the Invisible Hands," 127~28면.

55 Suh, *Economic Hardship*, 20~23면.

56 Cho, *The Changes of Everyday Life*, 41~46면.

57 청년은 북한 연구에서 잘 다뤄지지 않는 주제다. 청년들의 삶에 나타난 몇몇 변화를 다룬 논의는 Jae-Jean Suh, *North Korea's Market Economy Society from Below* (Seoul: Korea Institute for National Unification 2005); Suh, *Economic Hardship*; Lee *et al.*, *Changes in North Korea*; Soon-Hee Lim, *Value Changes of the North Korean New Generation and Prospects* (Seoul: Korea Institute for National Unification 2007) 참조.

58 Lim, *Value Changes*, 7~9면.

59 2011년 5월 평양에서 필자가 한 인터뷰와 관찰로부터 온 것이다.

60 Délégation générale de la RPD de Corée en France, *Bulletin d'information, No. 14/0196* (Paris: Délégation générale de la RPD de Corée en France 1996.01.22), 3면.

61 같은 책 같은 면.

62 Kim Jong Il, *Let us Exalt the Brilliance of Comrade Kim Il Sung's Idea on the Youth Movement and the Achievements Made under his Leadership* (Pyongyang: Foreign Languages Publishing House 1996), 2면.

63 Kim Jong Il, "Let us Exalt the Brilliance of Comrade Kim Il Sung's Idea on the Youth Movement and the Achievements Made under his Leadership," Délégation générale de la RPD de Corée en France, *Bulletin d'information, Special Issue No. 23/0896* (Paris: Délégation générale de la RPD de Corée en France 1996.08.31), 4면.

64 Jin-Ha Kim, "On the Threshold of Power, 2011/12 Pyongyang's Politics of Transition," *International Journal of Korean Unification Studies*, Vol. 20, No. 2, 2011, 10면.

65 2011년 5월 평양 김일성대학에서 필자가 관찰한 것이다.

13장 핵무장

1 이 장은 필자가 이전에 발표한 북한 외교정책 관련 글에 의존한다. Hazel Smith, "North Korean Foreign Policy in the 1990s: The Realist Approach," Hazel Smith, Chris Rhodes, Diana Pritchard and Kevin Magill (eds.), *North Korea in the New World Order* (London: Macmillan 1996), 93~113면; Hazel Smith, "North Korea's Security Perspectives," Andrew T. H. Tan (ed.), *East and South-East Asia: International Relations and Security Perspectives* (London: Routledge 2013), 121~32면 참조.

2 2차 핵 위기와 관련된 문헌은 방대하며 주로 미국에서 나왔다. 하지만 가장 유용하고 정통한 설명은 미국인이 아닌 학자에 의해 이뤄졌다. Yoichi Funabashi, *The Peninsula Question: A Chronicle of the Second Korean Nuclear Crisis* (Washington, DC: Brookings Institution Press 2007). 또한 Chae-Jin Lee, *A Troubled Peace: US Policy and the Two Koreas* (Baltimore, MD: The Johns Hopkins Press 2006); Bruce Cumings, "Creating Korean Insecurity: The US Role," Hazel Smith (ed.), *Reconstituting Korean Security: A Policy Primer* (Tokyo: United Nations Press 2007), 21~42면; 2차 핵 위기 동안 북한 측과 협상했던 미국 관료이자 분석가의 견해는 Victor Cha, *The Impossible State: North Korea Past and Future* (London: The Bodley Head 2012) 참조.

3 김정은은 남한과의 협력을 통한 통일을 지속적으로 요청했다. Kim Jong Un, *Kim Jong Un Makes New Year Address* (Pyongyang: Korean Central News Agency 2013.01.01), www.kcna.kp/goHome.do?lang=eng (2013.01.03 검색).

4 Chol Nam Jon, *A Duel of Reason Between Korea and US: Nuke, Missile and Artificial Satellite* (Pyongyang: Foreign Languages Publishing House 2000), 185면.

5 미국 비정부기구와의 관계에 대한 논의는 Hazel Smith, *Overcoming Humanitarian Dilemmas in the DPRK, Special Report No. 90* (Washington, DC: United States Institute of Peace 2002.07) 참조.

6 Nada Takashi, *Korea in Kim Jong Il's Era* (Pyongyang: Foreign Languages Publishing House 2000), 98면.

7 같은 책 97~98면.

8 Mark E. Manyin, *US Assistance to North Korea: Fact Sheet* (Washington, DC:

Congressional Research Service 2005) 2006.10.11 업데이트, http://assets.opencrs.com/rpts/RS21834_20061011.pdf (2012.06.07 검색).

9   Takashi, *Korea in Kim Jong Il's Era*, 97면. 북한에 체류한 미국 군인들은 어려운 여건에서 생활했다. 그들은 물리적으로 외딴 지역에서 일했고 북한 쪽 담당자들은 그들을 의심하면서 대했다. 2001년 평양에서 행한 필자의 인터뷰에서 온 것이다.

10   Hazel Smith, *Hungry for Peace: International Security, Humanitarian Assistance and Social Change in North Korea* (Washington, DC: United States Institute of Peace Press 2005); Smith, *Overcoming Humanitarian Dilemmas*, 16면.

11   Mark E. Manyin and Ryun Jun, "US Assistance to North Korea: Fact Sheet," CRS Report for Congress (Washington, DC: Congressional Research Service 2003.03.17), 24면.

12   Mark Manyin and Mary Beth Nikitin, *Foreign Assistance to North Korea* (Washington, DC: Congressional Research Service 2012), 3면, www.fas.org/sgp/crs/row/R40095.pdf (2012.09.24 검색).

13   북한 쪽 설명은 *People's Korea*, "J. Kelly Failed to Produce 'Evidence' in Pyongyang; Framed Up Admission Story," 2003.01.19 참조, www.korea-np.co.jp/pk/188th_issue/2003013001.htm (2012.06.09 검색). 미국 쪽 시각은 Korea Now, "Peaceful Solutions First," 2002.11.30, 7면 참조.

14   Gary Samore and Adam Ward, "Living with Ambiguity: North Korea's Strategic Weapons Programmes," Hazel Smith (ed.), *Reconstituting Korean Security: A Policy Primer* (Tokyo: United Nations Press 2007), 43~64면; Cha, *The Impossible State*.

15   Adrei Lankov, "North Korea: The Logic of Survival," Christoph Bluth and Hazel Smith (eds.), "North Korea at the Crossroad," *Journal of International and Strategic Studies*, No. 5, 2012, 11면, http://ceris.be/fileadmin/library/Publications/Journal-NS-E.pdf (2014.11.02 검색).

16   같은 글 같은 면.

17   Emma Chanlett-Avery and Ian E. Rinehart, *North Korea: US Relations, Nuclear Diplomacy, and Internal Situation* (Washington, DC: Congressional Research Service, January 2014), www.fas.org/sgp/crs/nuke/R41259.pdf (2014.04.27 검색).

18   David C. Wright and Timur Kadyshev, "An Analayis of the North Korean Nodong Missile," *Science and Global Security*, Vol. 4, No. 2, 1994, 129~60면.

19   Christoph Bluth, "The North Korean Missile Program: Origins, Capabilities and Future Trajectories," mimeo (Leeds University 2011); Sang-Hun Choe, "New North

Korean Missile is Called into Question," *New York Times*, 2012.04.27, www.nytimes.com/2012/04/27/world/asia/new-north-korean-missile-is-called-into-question.html?_r=1ref=northkorea (2012.10.30 검색); Markus Schiller and Robert H. Schmucker, "A Dog and Pony Show: North Korea's New ICBM," 2012.04.18, http://lewis.armscontrolwonk.com/files/2012/04/KN-08_Analysis_Schiller_Schmucker.pdf (2012.10.30 검색).

20 Chanlett-Avery and Rinehart, *North Korea*, 14면.

21 같은 책 같은 면.

22 같은 책 8면.

23 Department of Public Information News and Media Division, *Resolution 1874 (2009) Strengthens Arms Embargo, Calls for Inspection of Cargo, Vessels if States have 'Reasonable Grounds' to Believe Contain Prohibited Items* (New York: United Nations Security Council SC/9679 2009), www.un.org/News/Press/docs/2009/sc9679.doc.htm (2013.01.03 검색).

24 Chris McGreal and Tania Branigan, "North Korea Pledges to Halt Nuclear Programme in Exchange for US Aid," *The Guardian*, 2012.02.29, www.guardian.co.uk/world/2012/feb/29/north-korea-moratorium-nuclear-programme (2013.06.07 검색).

25 서유럽 국가들을 향한 외교적 시도에 관한 북한 측 설명은 Jon, *A Duel of Reason*, 236~38면 참조.

26 Hazel Smith, *Hungry for Peace*, 181면.

27 같은 책 같은 면.

28 Smith, "North Korean Foreign Policy," 98~9면.

29 한 설명에 따르면, 1980년대에 북한의 무기 판매액이 연간 5억 달러를 초과했다고 한다. Marcus Noland, "Prospects for the North Korean 'Economy'," Dae-Sook Suh and Chae-Jin Lee (eds.), *North Korea after Kim Il Sung* (Boulder, CO: Lynne Rienner 1998), 34~45면.

30 이스라엘에 대해서는 YossiMelman, "How the Mossad Killed a Deal with Kim Il-sung," Haaretz 2006.06.27, www.haaretz.com/print-edition/features/how-the-mossad-killeda-deal-with-kim-il-sung-1.191489 (2014.11.08 검색); Oded Granot, "Background on North Korea-Iran Missile Deal," MA'ARIV 1996.04.14, www.fas.org/news/israel/tac95037.htm에 미국 외국 방송 청취기관(FBIS)에 의해 히브리어에서 영어로 번역되어 전제됨(2014.11.08 검색). 대만에 대해서는 Ilpyong J. Kim, "China in North Korean Foreign Policy," Samuel S. Kim, *North Korean Foreign Relations in the Post-Cold War Era* (Oxford University Press 1998), 108면; Jian Chen, "Limits of the 'Lips and Teeth'

Alliance: An Historical Review of Chinese-North Korean Relations," Timothy Hildebrandt (ed.), *Uneasy Allies: Fifty Years of China-North Korea Relations* (Washington, DC:Woodrow Wilson Center Asia Program Special Report 2003.09), 9면 참조.

31 Moon-Young Huh (ed.), *Basic Reading on Korean Unification* (Seoul: Korea Institute for National Unification 2012), 226면.

32 Smith, *Hungry for Peace*.

33 북한과 인도주의 기구의 접촉의 성격 변화에 관한 상세한 논의는 같은 책을 참조할 것.

34 Mark E. Manyin, *Foreign Assistance to North Korea* (Washington, DC: Congressional Research Service 2005.05.26), 24~28면, www.an.af.mil/an/awc/awcgate/crs/r131785.pdf (2012.11.05 검색).

35 필자는 그 이후, 1998년에서 2000년 사이에 북한에서 일상적으로 세계식량계획 일을 함께했던 북한 관료를 홍콩 영사관과 영국 대사관에서 우연히 만난 적이 있다. 국제기구에서의 북한 관료의 훈련은 (이 문제와 관련된 학술 작업에 대해 아는 바는 없지만) 그런 기구 내부에서 많이 논의된 사안이다.

36 Smith, *Overcoming Humanitarian Dilemmas*; Smith, *Hungry for Peace*.

37 필자는 1998년에서 2001년 사이에 세계식량계획과 유엔아동기금 사업에서 북한 관료들과 일했다. 이러한 기구들은 대체로 국제기구가 활동하는 모든 나라에서처럼 현지 관료를 직원으로 채용했기 때문이다. 관료들은 물론 직접적인 지시를 이행하는 것을 결코 거부하지는 않았지만, 일이 되도록 표준적인 보안 절차를 '피해가는' 상당한 융통성을 보여줬다. 남한 비정부기구 요원들이 알려준 바에 따르면, 북한 측 협상 상대들은 회담에서 당의 방침을 제시하지만 그들과 따로 있을 때에는 그 기회를 활용하여 북한에 식량을 보낼 수 있는 방법을 강구해달라고 비정부기구에 간청하곤 했다고 한다.

38 Gavan McCormack, "Japan and North Korea-The Quest for Normalcy," Hazel Smith (ed.), *Reconstituting Korean Security: A Policy Primer* (Tokyo: United Nations Press 2007), 162~81면.

39 Sonia Ryang, *North Koreans in Japan: Language, Ideology and Identity* (Boulder, CO: Westview Press 1997); Tessa Morris-Suzuki, *Exodus to North Korea: Shadows from Japan's Cold War* (Lanham: Rowman and Littlefield Publishers 2007).

40 Smith, *Hungry for Peace*, 206면.

41 2001년 평양에서 세계식량계획 요원들과 나눈 인터뷰에서 온 것이다.

42 Smith, *Hungry for Peace*, 205~11면.

43 Funabashi, *The Peninsula Question*, 8면.

44 정통한 한 일본 평자는 북한 관료들은 일본 국내의 반발을 예견했지만 일본 관료들은 그 가능성을 과소평가했다고 말한다. 이는 북한 관료들이 평양에서나 코이즈미와의 회담 이후에나 이 문제를 어떻게 다뤄야 할지를 몰랐다는 점을 그대로 보여준다. Funabashi, *The Peninsula Question*, 63~68면.

45 같은 책 1~92면; McCormack, "Japan and North Korea."

46 Dong-won Lim, *Peacemaker: Twenty Years of Inter-Korean Relations and the North Korean Nuclear Issue* (Stanford, CA: Walter H. Shorenstein Asia-Pacific Research Center 2012), 65면.

47 필자는 2000년에서 2001년 사이에 세계식량계획의 사업을 위해 자강도를 제외한 북한의 모든 도(12개 도 가운데 11개 도)에서 일했는데, 김정일과 김대중의 회담 사진이 내가 가는 곳마다 공공건물 로비에 영구적으로 전시되어 있었다. Pictorial Korea, "Historical Pyongyang Meeting and Inter-Korean Summit Talks," *Democratic People's Republic of Korea No. 8, August 2000* 참조.

48 Jon, *A Duel of Reason*, 213면.

49 Jon Van Dyke, "The Maritime Boundary between North and South Korea in the Yellow (West) Sea," *38 North* (US-Korea Institute, Johns Hopkins University School of Advanced International Studies 2010.07.29), www.38north.org/?p=1232 (2014.11.08 검색).

50 1998년 4월 평양에서 유엔아동기금 요원과 나눈 인터뷰와 필자의 관찰에서 온 것이다.

51 Georgy Bulychev, "Korean Security Dilemmas: A Russian Perspective," Hazel Smith (ed.), *Reconstituting Korean Security: A Policy Primer* (Tokyo: United Nations Press 2007), 186면.

52 Zachary Keck, "Eyeing Pipeline, Russia Forgives North Korean Debt," *The Diplomat*, 2014.04.22, http://thediplomat.com/2014/04/eyeing-pipeline-russiaforgives-north-korean-debt (2014.04.27 검색).

53 Byung-Kwang Park, "China-North Korea Economic Relations during the Hu Jintao Era," *International Journal of Korean Unification Studies*, Vol. 19, No. 2, 2010, 125~50면.

54 같은 글 138면.

55 Xiao Ren, "Korean Security Dilemmas: Chinese Policies," Hazel Smith (ed.), *Reconstituting Korean Security: A Policy Primer* (Tokyo: United Nations Press 2007), 146면.

56 Nathaniel Aden, "North Korean Trade with China as Reported in Chinese Customs Statistics: Energy Trends and Implications," *The Korean Journal of Defense Analysis*, Vol. 23, No. 2, 2011.06, 231~55면.

57 같은 글 243면.

58 Cha, *The Impossible State*, 329~32면.

59 미국의 입장은 전 국가안전보장회의 빅터 차에 의해 분명히 언급되었다. 같은 책 11면.

14장 전략적 인내, 전략적 마비

1 Robert S. Litwak, *Rogue States and US Foreign Policy: Containment after the Cold War* (Washington, DC: Woodrow Wilson Center Press 2000); Robert Litwak, *Outlier States: American Strategies to Change, Contain, or Engage Regimes* (Washington, DC: Woodrow Wilson Center Press/Johns Hopkins University Press 2012).

2 Georgy Bulychev, "Korean Security Dilemmas: A Russian Perspective," Hazel Smith (ed.), *Reconstituting Korean Security: A Policy Primer* (Tokyo: United Nations Press 2007); Xiao Ren, "Korean Security Dilemmas: Chinese Policies," 같은 책.

3 Hazel Smith (ed.), *Reconstituting Korean Security: A Policy Primer* (Tokyo: United Nations Press 2007). 북한에 대한 미국의 정책과 실천에 관한 유용한 개관은 Chae-Jin Lee, *A Troubled Peace: US Policy and the Two Koreas* (Baltimore, MD: The Johns Hopkins University Press 2006).

4 미국, 한국 그리고 다른 국가와 북한의 관계에 대한 문헌은 상당히 많다. 이들 중 상당수는 빡빡하게 서술되어 있고, 전직 외교관과 언론인에 의해 쓰였으며, 그 질이 천차만별이다. 가장 유용한 문헌은 Yoichi Funabashi, *The Peninsula Question: A Chronicle of the Second Korean Nuclear Crisis* (Washington, DC: Brookings Institution Press 2007). 미국 정책에 대한 중요한 설명으로는 Leon D. Sigal, *Disarming Strangers: Nuclear Diplomacy with North Korea* (Princeton University Press 1998); Joel S. Wit, Daniel B. Poneman and Robert L. Gallucci, *Going Critical: The First North Korean Nuclear Crisis* (Washington, DC: The Brookings Institution 2005); Charles L. Pritchard, *Failed Diplomacy: The Tragic Story of How North Korea Got the Bomb* (Washington, DC: Brookings Institution Press 2007) 등이 있다. 지역적·국제적 열강들의 이해관계에 대한 분석은 Smith (ed.), *Reconstituting Korean Security*.

5 존 케리는 콘돌리자 라이스 국무장관이 대통령 인권특사가 핵확산 회담에 참여하는 것을 막았다고 지적했다. John Kerry, *Executive session, Nomination of Christopher R. Hill to be Ambassador to Iraq, Congressional Record-Senate Vol. 155 Pr. 8* (Washington, DC: Congressional Record, Proceedings and Debates of the 111th Congress, First Session 2012), 10100면.

6 William Drennan, *A Comprehensive Resolution of the Korean War, Special Report* (Washington, DC: United States Institute of Peace 2003), www.usip.org/publications/

comprehensive-resolution-korean-war (2013.04.18 검색).

7 Emma Chanlett-Avery and Ian E. Rinehart, *North Korea: US Relations, Nuclear Diplomacy, and Internal Situation* (Washington, DC: Congressional Research Service, 2014.01), www. fas.org/sgp/crs/nuke/R41259.pdf (2014.04.27 검색).

8 Jim Walsh, "Three States, Three Stories: Comparing Iran, Syria and North Korea's Nuclear Programs," Jung-Ho Bae and Jae H. Ku (eds.), *Nuclear Security 2012: Challenges of Proliferation and Implication [sic] for the Korean Peninsula* (Seoul: Korea Institute for National Unification 2012), 123~49면.

9 이러한 주장의 대부분은 비료와 농약 생산이 폭발물과 무기 생산이라는 이중의 목적에 활용될 수 있는 가능성에 기반한 추측성 주장이었다. Gary Samore, *North Korea's Weapons Programmes: A Net Assessment* (London: Macmillan Palgrave 2004) 참조.

10 Wendy R. Sherman, "Talking to the North Koreans," *New York Times* 2001.03.07, www. nytimes.com/2001/03/07/opinion/07SHER.html (2013.04.19 검색).

11 Mark J. Valencia, "The Proliferation Security Initiative: A Glass Half-Full," *Arms Control Today* 2007.06, www.armscontrol.org/act/2007_06/Valencia (2014.11.08 검색). 미국 회계감사원은 예산이나 절차 그리고 명문화된 전략 등의 부재를 포함하여 대량살상무기확산방지구상의 여러 단점을 지적했다. Government Accountability Office, *Nonproliferation: US Agencies have Taken Some Steps, but More Effort is Needed to Strengthen and Expand the Proliferation Security Initiative, GAO-09-43* (Washington, DC: Government Accountability Office 2008.11) 참조.

12 Funabashi, *The Peninsula Question*, 266~68면.

13 같은 책 같은 면.

14 같은 책 275~78면.

15 Pritchard, *Failed Diplomacy*, 131면.

16 Jonathan D. Pollack, *No Exit: North Korea, Nuclear Weapons and International Security* (Abingdon/London: Routledge/International Institute for Strategic Studies 2011), 151~53면.

17 같은 책 154~55면.

18 Chanlett-Avery and Rinehart, *North Korea*.

19 Chung-in Moon, *The Sunshine Policy: In Defense of Engagement as a Path to Peace in Korea* (Seoul: Yonsei University Press 2012).

20 Andrei Lankov, "North Korea: The Logic of Survival," Christoph Bluth and Hazel Smith (eds.), "North Korea at the Crossroad," *Journal of International and Strategic Studies*, No. 5,

2012, 12면. 남한 정부는 북한군의 책임이라고 결론 난 천안함 사건의 국제적 조사를 후원했다. 러시아 분석가들이 공개적으로 회의적인 입장을 발표했지만, 모든 이들이 이에 수긍하는 것은 아니었다. Tim Page, "Russia's Northeast Asian Priorities: Where does North Korea fit in?," Christoph Bluth and Hazel Smith (eds.), "North Korea at the Crossroad," *Journal of International and Strategic Studies*, No. 5, 2012, 42면 참조. 국제 여론은 남한의 입장을 더 지지하는 편이었지만, 북한에 책임을 지우는 명백한 결론은 이 사건에 대한 유엔안전보장이사회 의장성명에서 지지받지 못했다. 관련 논의는 Kang Choi and Minsung Kim, "An Assessment of the Security Environment and Challenges in the Post-Cheonan Era: A South Korean Perspective," *International Journal of Korean Unification Studies*, Vol. 19, No. 2, 2010, 88~124면. 하지만 여기서 핵심은 대규모의 인명 손실을 수반한 이러한 사건임에도 갈등 해결을 위한 외교적 방안이 거의 없었다는 점이다.

21 Moon, *The Sunshine Policy*.

22 Gary L. Jones, *Nuclear Nonproliferation: Heavy Fuel Oil Delivered to North Korea under the Agreed Framework, GAO/T-RCED-00-20* (Washington, DC: General Accounting Office 1999), http://gao.gov/assets/110/108176.pdf (2012.09.24 검색).

23 같은 글; Mark Manyin and Mary Beth Nikitin, *Foreign Assistance to North Korea* (Washington, DC: Congressional Research Service 2012), www.fas.org/sgp/crs/row/R40095.pdf (2013.09.24 검색).

24 Mark Manyin, Foreign Assistance to North Korea (Washington, DC: Congressional Research Service 2005.05.26.), 18면, www.au.af.mil/au/awc/awcgate/crs/rl31785.pdf (2012.11.05 검색).

25 Hazel Smith, *Hungry for Peace: International Security, Humanitarian Assistance and Social Change in North Korea* (Washington, DC: United States Institute of Peace Press 2005)

26 2기 부시 행정부 정책에 대해서는 전직 국가안보회의의 빅터 차가 분명히 표현하고 강력하게 옹호했다. Victor Cha, *The Impossible State: North Korea Past and Future* (London: The Bodley Head 2012) 참조.

27 Manyin and Nikitin, *US Assistance to North Korea*, 4면.

28 Paul Richter, "No Free Launch, Obama tells North Korea," *Los Angeles Times*, http://latimesblogs.latimes.com/world_now/2012/03/obama-to-.html. (2012.09.30 검색).

29 Rhoda Margesson, Emma Chanlett-Avery and Andorra Bruno, *North Korean Refugees in China and Human Rights Issues: International Response and US Policy Options* (Washington, DC: Congressional Research Service 2007), 22~23면, www.dtic.mil/cgi-bin/GetTRDoc?L

ocation=U2doc=GetTRDoc.pdfAD=ADA473619 (2012.11.06 검색).

30 Richard Kagan, Matthew Oh and David Weissbrodt, *Human Rights in the Democratic People's Republic of Korea* (Minneapolis/Washington, DC: Minnesota Lawyers International Human Rights Committee/Asia Watch 1988). 이 책은 거의 인용되지 않고 그 연구 결과가 종종 부적절하게 활용되지만, 북한 인권에 관한 대부분의 논평들은 이 책에서 끌어낸 것들이다. 북한 인권 상황에 대한 평가보고서는 1996년 이후로 통일연구원에서 해마다 발간했다. 예컨대 Soo-am Kim, Kook-shin Kim, Soon-hee Lim, Hyun-joon Chon, Kyu-chang Lee and Jung-hyun Cho, *White Paper on Human Rights in North Korea 2012* (Seoul: Korea Institute for National Unification 2012) 참조. 이러한 백서들은 유용한 문건이지만, 신중하게 읽혀질 필요가 있다. 많은 부분이 입증되지 않았거나 광범위한 일반화의 근거로 개인들의 확인되지 않은 증언에 의존하고 있다. 얼마간 유용한 자료가 제공될 때조차도, 그것이 세심하게 도출되고 축적된 과학적 지식이 아니라 개인적 견해나 선입견의 산물로 제시된다는 점에서, 자료가 의미하는 바에 관해 섣부르게 주장하는 것은 대단히 문제적이다. 학술 연구 관점에서 이 영역의 격차를 메우려는 노력으로 '북한 인권 문제 재구성' 문제를 다룬 학술 작업은 Christine Hong and Hazel Smith (eds.), *Critical Asian Studies*, Vol. 45, No 4, 2013.12와 Christine Hong and Hazel Smith (eds.), *Critical Asian Studies*, Vol. 46, No 1, 2014.03 참조.

31 John Feffer, "Human Rights in North Korea and the US Strategy of Linkage," *The Asia-Pacific Journal: Japan Focus*, 2006.01.06, www.japanfocus.org/-John-Feffer/1805 (2014.11.08 검색).

32 Jin-Heon Jung, *State and Church in the Making of Post-division Subjectivity: North Korean Migrants in South Korea, MMG Working Paper 11-12* (Göttingen: Max Planck Institute for the Study of Religious and Ethnic Diversity 2011).

33 같은 책.

34 같은 책.

35 필자는 북한의 경제적 변모를 논의하기 위해 2012년 서울에서 여러 북한이탈주민들을 인터뷰했다. 이러한 인터뷰는 북한이탈주민 단체를 통해 마련되었다. 나는 인터뷰 건당 100달러 정도의 사례비를 제공해야 함을 알게 되었다. 남한에서는 조사 참여에 대해 사례비를 제공하는 것은 흔한 관행이고, 남한에 사는 북한이탈주민 다수는 잘살지 못했기 때문에, 이러한 사례비는 일반적인 관행으로 인식되었다. 내 생각에 인터뷰 댓가를 받을 수 있다는 점이 외국인과 면담을 하는 데 인센티브로 작용했지만, 미리 준비된 원고를 그대로 읽거나 내가 기대하는 대답을 하도록 인터뷰 대상자에게 압력을 가하는 일은 없었다.

36 Soo-am Kim, *The North Korean Penal Code, Criminal Procedures, and their Actual Applications* (Seoul: Korea Institute for National Unification 2006) 참조.

37 Human Rights Council, "Report of the Special Rapporteur on the Situation of Human Rights in the Democratic People's Republic of Korea, A/HRC/19/65," Human Rights Council, Nineteenth Session, Agenda Item 4, Human Rights Situations that Require the Council's Attention (Geneva: Human Rights Council 2012.02.13), 14면.

38 같은 면.

39 Human Rights Council, "Report of the Special Rapporteur on the Situation of Human Rights in the Democratic People's Republic of Korea, Marzuki Darusman, A/HRC/22/57," Human Rights Council, *Twenty-second Session, Agenda Item 4, in Human Rights Situations that Require the Council's Attention* (Geneva: Human Rights Council 2013.02.01).

40 Tom Miles and Stephanie Nebehay, "China Rejects N. Korean Crimes Report, Hits Chance of Prosecution," Reuters 2014.03.17, http://in.reuters.com/article/2014/03/17/korea-north-un-idINDEEA2G07N20140317 (2014.05.11 검색).

41 Kerry, Executive Session.

15장 변화를 이끄는 북한 주민들

1 통계의 출처는 Sun Won Hong, *Analysis of 1993 Population Census Data DPR Korea* (Pyongyang: Population Center, DPRK 1996); Chang Su Kim, *DPR Korea 2008 Population Census National Report* (Pyongyang: Central Bureau of Statistics Pyongyang 2009).

2 같은 책.

3 Hong, *Analysis of 1993 Population Census*, 135~36면.

4 통계 출처는 같은 책, 그리고 Kim, *DPR Korea 2008 Population Census*.

5 통계 출처는 Hong, *Analysis of 1993 Population Census*, 그리고 Kim, *DPR Korea 2008 Population Census*.

6 같은 책.

7 Brian Evans, "The Fatal Flaws of Texas Justice," *Amnesty International, Human Rights Now Blog*, 2012.10.31, http://blog.amnestyusa.org/us/the-fatal-flaws-of-texasjustice (2013.10.31 검색); Amnesty International, *Left in the Dark: The Use of Secret Evidence in the United Kingdom* (London: Amnesty International 2012), www.amnesty.org/en/news/uk-new-report-slams-secret-justice-ahead-debate-controversialbill-2012-10-15 (2012.10.31 검색).

Action Contre la Faim, *Nutritional Programme: North Hamgyong Province DPR of Korea*, November 1999, Pyongyang: Action Contre la Faim 1999.

Aden, Nathaniel, "North Korean Trade with China as Reported in Chinese Customs Statistics: Energy Trends and Implications," *The Korean Journal of Defense Analysis*. Vol. 23, No. 2. 2011.06, 231~55면.

AFP, "North Korea Resumes Massive Military Drills," 1995.09.19.

Ahn, Choong-Yong (ed.), *North Korea Development Report 2003/2004*, Seoul: Korea Institute for International Economic Policy 2003/4.

Al Suma, Hani, *The Ever-Shining Star of Korea*, Pyongyang: Foreign Languages Publishing House 1986.

Amnesty International, *Starving North Koreans Forced to Survive on Diet of Grass and Tree Bark*. London: Amnesty International 2010, www.amnesty.org/en/news-and-updates/ starving-north-koreans-forced-survivediet-grass-and-tree-bark-2010-07-14 2013.07.17 검색.

_____, *Left in the Dark: The Use of Secret Evidence in the United Kingdom*, London: Amnesty International 2012, www.amnesty.org/en/news/uknew-report-slams-secret- justice-ahead-debate-controversial-bill-2012-10-15 2012.10.31 검색.

_____, *North Korea: New Satellite Images show Blurring of Political Prison Camp and Villages in North Korea*, London: Amnesty International 2013, www.amnesty. org/en/news/north-korea-new-images-show-blurring-prisoncamps-and- villages-2013-03-07 2013.07.27 검색.

Anderson, Benedict, *Imagined Communities: Reflections on the Origin and Spread of*

Nationalism, London: Verso 1983.

Armstrong, Charles K., *The North Korean Revolution 1945-1950*, Ithaca, NY: Cornell University Press 2003.

_____, "'Fraternal Socialism': The International Reconstruction of North Korea, 1953~62," *Cold War History*, Vol. 5, No. 2, 2005.05, 161~87면.

_____, "North Korea's South Korea Policy: Tactical Change, Strategic Consistency," Sung Chull Kim and David C. Kang (eds.), *Engagement with North Korea: A Viable Alternative*, Albany: SUNY Press 2009, 225~44면.

Associated Press (AP), "North-Korea-Diplomacy," 1995.09.19.

Baik, Bong, *Kim Il Sung Biography (1)*, Beirut: Dar Al-Talia 1973.

Baker, Don, *Korean Spirituality*, Honolulu: University of Hawai'i Press 2008.

Banchev, Iuli, "Prerogatives of the New Foreign Economic Policy Making," Han S. Park (ed.), *North Korea: Ideology, Politics, Economy*, Englewood Cliffs: Prentice Hall 1996, 189~204면.

Bank of Korea, *Gross Domestic Product of North Korea in 2009*, Seoul: Bank of Korea 2010, www.nkeconwatch.com/nk-uploads/bok-dprkgdp-2009.pdf 2011.04.30 검색.

Barrett, Jasmine, "The North Korean Healthcare System: On the Fine Line Between Resilience and Vulnerability," *Resilience: Interdisciplinary Perspectives on Science and Humanitarianism*, Vol. 2, 2011.03, 52~65면.

Bazhanov, Evgeniy P., "Russian Views of the Agreed Framework and the Four-Party Talks," James Clay Moltz and Alexandre Y. Mansourov (eds.), *The North Korean Nuclear Program: Security, Strategy and New Perspectives from Russia*, London: Routledge 2000, 219~35면.

Bazhanova, Natalya, "North Korea's Decision to Develop an Independent Nuclear Program," James Clay Moltz and Alexandre Y. Mansourov (eds.), *The North Korean Nuclear Program: Security, Strategy and New Perspectives from Russia*, London: Routledge 2000, 60~75면.

BBC News, "N Korean Ship Seized with Cuban Weapons Returns to Cuba," 2014.02.15, www.bbc.co.uk/news/world-latin-america-26210187 2014.05.30 검색.

BBC News Asia Pacific, "North Korean Leader Kim Jong-Il's Son 'made a general'," 2010.09.28. www.bbc.co.uk/news/worldasia-pacific-11417016 2014.11.03 검색.

Bender, Klaus., "The Mystery of the Supernotes," 2007.01.11. Düsseldorfer Instituts für Außen-und Sicherheitspolitik (DIAS) 웹사이트에서 재인용, www.dias-online. org/65.0.html 2012.12.14 검색.

Bermudez, Joseph S., *North Korean Special Forces*, second edition, Annapolis: Naval Institute Press 1998.

_____, "Information and the DPRK's Military and Power-holding Elite," Kongdan Oh Hassig (ed.), *DPRK Policy Elites*, Alexandria, VA: Institute for Defense Analyses 2004, 면수는 확인할 수 없으나 PDF 상 15~58면, www.nkeconwatch.com/nk-uploads/ dprkpolicyelites.pdf 2014.11.02 검색.

Bluth, Christoph, "The North Korean Missile Program: Origins, Capabilities and Future Trajectories," mimeo, Leeds University 2011.

Brady, James, *The Coldest War: A Memoir of Korea*, New York: Thomas Dunne Books 1990.

Breen, Michael, *Kim Jong Il: North Korea's Dear Leader: Who he Is, What he Wants, What to Do about Him*, Chichester: John Wiley and Sons 2004.

Brun, Ellen and Hersh, Jacques, *Socialist Korea: A Case Study in the Strategy of Economic Development*, London and New York: Monthly Review Press 1976.

Bryman, Alan, *Social Research Methods*, fourth edition, Oxford University Press 2012.

Bulychev, Georgy, "Korean Security Dilemmas: A Russian Perspective," Hazel Smith (ed.), *Reconstituting Korean Security: A Policy Primer*, Tokyo: United Nations Press 2007, 82~212면.

Buzo, Adrian, *The Guerilla Dynasty: Politics and Leadership in North Korea*, Boulder, CO: Westview Press 1999.

Caritas, *Caritas and the DPRK: Building on 10 Years of Experience*, Hong Kong/Rome: Caritas Hong Kong 2006.

Carlin, Robert and Lewis, John W., *Negotiating with North Korea: 1993-2007*, Stanford: Center for International Security and Cooperation 2008.01.

Cathcart, Adam, "Nationalism and Ethnic Identity in the Sino-Korean Border Region of Yanbian 1945-1950," *Korean Studies*, Vol. 34, 2010, 25~53면.

Central Bureau of Statistics, *Report on the DPRK Nutrition Assessment 2002*, Pyongyang: Central Bureau of Statistics 2002.11.20.

_____, *DPRK 2004 Nutrition Assessment*, Pyongyang: Central Bureau of Statistics,

Institute of Child Nutrition 2005.02.

_____, "2008 Census of Population of DPRK: Key Findings," www.unfpa.org/webdav/ site/global/shared/documents/news/2010/dprk08_censuskeyfinds.pdf 2014.06.22 검색.

_____, *Democratic People's Republic of Korea Preliminary Report of the National Nutrition Survey, October 2012*, Pyongyang: Central Bureau of Statistics 2012.

Central Bureau of Statistics/UNDP, *Thematic Roundtable Meeting on Agricultural Recovery and Environmental Protection for the DPRK*, Pyongyang: UNDP 1998.

Central Bureau of Statistics/UNICEF, *The Democratic People's Republic of Korea Multiple Indicator Cluster Survey Final Report 2009*, Pyongyang: CBS 2010.

Cha, Victor, *The Impossible State: North Korea Past and Future*, London: The Bodley Head 2012.

Chanlett-Avery, Emma, *North Korean Supporters in Japan: Issues for US Policy*, Washington, DC: Congressional Research Service 2003.11.07, www.ncnk.org/resources/publications/ CRS_Chosen_Soren_2003_RL32137.pdf 2014.04.01 검색.

Chanlett-Avery, Emma and Rinehart, Ian E., *North Korea: US Relations, Nuclear Diplomacy, and Internal Situation*, Washington, DC: Congressional Research Service 2014.01, www. fas.org/sgp/crs/nuke/R41259.pdf 2014.04.27 검색.

Checa, Genaro Carnero, *Korea: Rice and Steel*, Pyongyang: Foreign Languages Publishing House 1977.

Chen, Ching-chih, "Police and Community Control Systems in the Empire," Ramon H. Myers and Mark R. Peattie (eds.), *The Japanese Colonial Empire, 1895-1945*, Princeton University Press 1984, 213~39면.

Chen, Jian, "Limits of the 'Lips and Teeth' Alliance: An Historical Review of Chinese~North Korean Relations," Timothy Hildebrandt (ed.), *Uneasy Allies: Fifty Years of China-North Korea Relations*, Washington, DC: Woodrow Wilson Center Asia Program Special Report 2003.09), 4~10면.

Chestnut, Sheena E., "The 'Soprano State'? North Korean Involvement in Criminal Activity and Implications for International Security," undergraduate dissertation, mimeo, Stanford University 2005.

_____, *China Daily*, "Tycoon Given 18 Years Behind Bars," 2003.07.15. 온라인 재인용 "China Through a Lens," www.china.org.cn/english/2003/Jul/69917.htm 2014.12.15 검색.

_____, "DPRK Students get in Sync with Technology," 2012.07.14. http://news. xinhuanet.com/english/culture/2012-07/14/c_131715635.htm 2014.03.30 검색.

Cho, Jeong-Ah, *The Changes of Everyday Life in North Korea in the Aftermath of their Economic Difficulties*, Seoul: Korea Institute for National Unification 2007.

Choe, Sang-Hun, "New North Korean Missile is Called Into Question," *New York Times*, 2012.04.27, www.nytimes.com/2012/04/27/world/asia/new-north-korean-missile-is-called-into-question.html?_r=1ref=northkorea 2012.10.30 검색.

Choe, Sang-Hun, Doherty, Jake, Fararo, Kim, Gladstone, Rick, Kannapell, Andrea, Landler, Mark, Marsh, Bill and Sanger, David E., "In Focus: North Korea's Nuclear Threats," *The New York Times*, 2013.04.16 업데이트, www.nytimes.com/interactive/2013/04/12/world/asia/north-korea-questions.html?_r=0 2013.09.15 검색.

Choe, Thae Sop, *Topics on Health*, English edition, Pyongyang: Korea Publications Exchange Association 1999.

Choi, Bong Dae and Koo, Kab Woo, "The Development of Farmers' Markets in North Korean Cities," Phillip H. Park (ed.), *The Dynamics of Change in North Korea: An Institutionalist Perspective*, Seoul: IFES Kyungnam University Press 2009, 75~134면.

Choi, Jinwook, "The North Korean Domestic Situation and its Impact on the Nuclear Crisis," *Ritsumeikan Annual Review of International Studies*, Vol. 5, 2006, 1~18면, www. ritsumei.ac.jp/acd/cg/ir/college/bulletin/e-vol.5/CHOI.pdf 2014.01.05 검색.

Choi, Jinwook and Shaw, Meredith, "The Rise of Kim Jong Eun and the Return of the Party," *International Journal of Korean Unification Studies*, Vol. 19, No. 2, 2010, 175~202면.

Choi, Kang and Kim, Minsung, "An Assessment of the Security Environment and Challenges in the Post-Cheonan Era: A South Korean Perspective," *International Journal of Korean Unification Studies*, Vol. 19, No. 2, 2010, 88~124면.

Choi, Soo-Young, *A Study on the Structure of Industry in North Korea*, Seoul: Korea Institute of National Unification 2006.

_____, *North Korea's Agricultural Reforms and Challenges in the Wake of the July 1 Measures*, Seoul: Korea Institute for National Unification 2007.

_____, "N. Korea's Underground Economy Booming," *Chosun Ilbo*, 2014.02.08, http://english.chosun.com/site/data/html_dir/2011/09/21/2011092101133.html 2014.02.07 검색.

Christen, Roberto and Ahmed, Gamal M., *Agriculture in DPRK*, Pyongyang: FAO 2001.

Chung, Henry, *The Case of Korea*, New York: F. H. Revell Co. 1921.

Chung, Joseph Sang-hoon, *The North Korean Economy: Structure and Development*, Stanford: Hoover Institution Press 1974.

Chung, Steven, "The Split Screen: Sin Sang-ok in North Korea," Sonia Ryang (ed.), *North Korea: Toward a Better Understanding*, Lanham: Lexington Books 2009, 85~107면.

Clark, Donald N., *Living Dangerously in Korea: The Western Experience 1900-1950*, Norwalk, CT: Eastbridge 2003.

Coalition to Stop the Use of Child Soldiers, *Child Soldiers Global Report 2008*, London: Coalition to Stop the Use of Child Soldiers 2008, www.childsoldiersglobalreport.org/files/country_pdfs/FINAL_2008_Global_Report.pdf 2012.01.27 검색.

Committee on Economic, Social and Cultural Rights, *Replies by the Government of the Democratic People's Republic of Korea to the List of Issues (E/C.12/Q/DPRK/1) to be taken up in Connection with the Consideration of the Second Periodic Reports of the Democratic People's Republic of Korea Concerning the Rights Referred to in Articles 1-15 of the International Covenant on Economic, Social and Cultural Rights (E/1990/6/Add. 35), HR/CESCR/NONE/2003/1*, Geneva: Committee on Economic, Social and Cultural Rights 2003.11.10~28.

Committee on the Elimination of Discrimination against Women, *Written Replies by the Democratic People's Republic of Korea Concerning the Responses to the List of Issues and Questions. PSWG/ 2005/II/CRP.2/Add.3*, New York: UN Women 2005.04.15, www.un.org/womenwatch/daw/cedaw/cedaw33/responses/kor/kor-E.pdf 2014.04.22 검색.

Compilation Committee of Kim Il Sung Encyclopaedia, "On Improving the Guidance and Management of Industry to Fit the New Circumstances," Compilation Committee of Kim Il Sung Encyclopaedia, *Kim Il Sung Encyclopaedia Volume One*, New Delhi: Vishwanath 1992, 538~39면.

_____, *Kim Il Sung Encyclopaedia Volume One*, New Delhi: Vishwanath 1992.

Cornell, Erik, *North Korea under Communism: Report of an Envoy to Paradise*, London: RoutledgeCurzon 2002.

Creekmore, Marion, Jr., *A Moment of Crisis: Jimmy Carter, the Power of a Peacemaker, and North Korea's Nuclear Ambitions*, New York: Public Affairs 2006.

Cultural Relics Publishing House, *Tomb of King Tangun*, Pyongyang: Cultural Relics Publishing House, 1995.

Cumings, Bruce, "Korea: the New Nuclear Flashpoint," *The Nation*, 1984.04.07.

_____, *The Origins of the Korean War, Vol. II: The Roaring of the Cataract 1947-1950*, Princeton, NJ/Oxford: Princeton University Press 1990.

_____, *The Origins of the Korean War, Vol. I: Liberation and the Emergence of Separate Regimes 1945-1947*, Seoul: Yuksabipyungsa 2002.

_____, "Creating Korean Insecurity: The US Role," Hazel Smith (ed.), *Reconstituting Korean Security: A Policy Primer*, Tokyo: United Nations Press 2007, 21~42면.

_____, *The Korean War: A History*, New York: Modern Library 2010.

Cyrzyk, Loszek, "Pyongyang's Reunification Policy," Han S. Park (ed.), *North Korea: Ideology, Politics, Economy*, Englewood Cliffs: Prentice Hall 1996, 205~19면.

Davis, Mike, *Late Victorian Holocausts: El Niño Famines and the Making of the Third World*, London: Verso 2001.

Délégation générale de la RPD de Corée en France, "First-day sitting of First North-South High-Level Talks," *Bulletin d'information, No. 11/990*, Paris: Délégation générale de la RPD de Corée en France 1990.09.07.

_____, "Keynote Speech of the Premier of the Administration Council of the DPRK at Third Inter-Korean High Talks," *Bulletin d'information, Special Issue*, Paris: Délégation générale de la RPD de Corée en France 1990.12.14.

_____, *Bulletin d'information, Special Issue No. 37/1097*, Paris: Délégation générale de la RPD de Corée en France 1991.01.28.

_____, "Statement of DPRK Foreign Ministry on the 'Team Spirit 91'," *Bulletin d'information, No. 2/191*, Paris: Délégation générale de la RPD de Corée en France 1991.01.28.

_____, *Communiqué of the Supreme Command of the Korean People's Army*, Paris: Délégation générale de la RPD de Corée en France 1991.02.26.

_____, *Bulletin d'information, No. 11/591*, Paris: Délégation générale de la RPD de Corée en France 1991.05.28.

_____, "On the Measures Taken by the Government of the DPRK to Implement the Articles VI and VII of the Nuclear Non-Proliferation Treaty," *Bulletin d'information, No. 11/591*, Paris: Délégation générale de la RPD de Corée en France 1991.05.28.

_____, "DPRK Welcomed President Bush's Announcement," *Bulletin d'information*,

Special Issue No. 22/1091, Paris: Délégation générale de la RPD de Corée en France 1991.10.01.

_____, "President Kim Il Sung Gives On-the-spot Guidance to Farms," *Bulletin d'information, No. 15/0493*, Paris: Délégation générale de la RPD de Corée en France 1993.09.27.

_____, "Monument to Party Foundation completed," *Bulletin d'information, No. 12/1195*, Paris: Délégation générale de la RPD de Corée en France 1995.11.17.

_____, *Bulletin d'information, No. 14/0196*, Paris: Délégation générale de la RPD de Corée en France 1996.01.22.

_____, "Foreign Ministry Spokesman on Flood Damage in DPRK," *Bulletin d'information, No. 22/0896*, Paris: Délégation générale de la RPD de Corée en France 1996.08.16.

_____, "Rajin-Sonbong Zone Appealing to Investor," *Bulletin d'information, 25/1096*, Paris: Délégation générale de la RPD de Corée en France 1996.10.07.

_____, "Bright Future of 'Golden Triangle'," *Bulletin d'information, 28/0197*, Paris: Délégation générale de la RPD de Corée en France 1997.01.26.

DeLisle, Guy, *Pyongyang: A Journey in North Korea*, Montreal: L"Association 2005.

Democratic People's Republic of Korea Editorial Board, *Echoes of the Korean War*, Pyongyang: Foreign Languages Publishing House 1996.

_____, *Kim Jong Il: Short Biography*, Pyongyang: Foreign Languages Publishing House 2001.

_____, "Creators of Happiness," *Democratic People's Republic of Korea*, No. 660, 2011.04.

Department of Public Information News and Media Division, *Resolution 1874 (2009) Strengthens Arms Embargo, Calls for Inspection of Cargo Vessels if States have "Reasonable Grounds" to Believe Contain Prohibited Items*, New York: United Nations Security Council SC/9679 2009, www.un.org/News/Press/docs/2009/sc9679.doc.htm 2013.01.03 검색.

Dikötter, Frank, *Mao's Great Famine*, London: Bloomsbury 2011.

DPRK Academy of Sciences, "Information on the Disinterment of the Tomb of Tangun," *Tangun Founder-King of Korea*, Pyongyang: Foreign Languages Publishing House 1994.

Tangun Founder-King of Korea, Pyongyang: Foreign Languages Publishing House 1994.

DPRK Government, "Statement of DPRK Government on Withdrawal from NPT," Délégation générale de la RPD de Corée en France, *Bulletin d'information, No. 10/0393*, Paris: Délégation générale de la RPD de Corée en France 1993.03.12.

_____, "Second Periodic Reports of States Parties due in 1997: Democratic People's Republic of Korea, 05/11/2003, CRC/C/65/Add.24 (State Party Report)," *Committee on the Rights of the Child, Consideration of Reports Submitted by States Parties under Article 44 of the Convention*, Geneva: Office of the High Commissioner for Human Rights 2003.11.05, www.refworld.org/pdfid/403a10a44.pdf 2014.11.03 검색.

_____, "Replies by the Government of the Democratic People's Republic of Korea to the List of Issues: Democratic People's Republic of Korea, 04/09/03," *Committee on Economic, Social and Cultural Rights, Thirty-first Session Item 6 of the Provisional Agenda*, Geneva: Office of the High Commissioner for Human Rights 2003.11.10~28, www.bayefsky.com/issuesresp/rokorea_hr_cescr_none_2003_1.pdf 2014.11.03 검색.

DPRK Ministry of Education, *The Development of Education: National Report of the Democratic People's Republic of Korea*, Pyongyang: Ministry of Education 2004, www.ibe.unesco.org/International/ICE47/English/Natreps/reports/dprkorea.pdf 2014.02.07 검색.

DPRK Ministry of Foreign Affairs, "Statement of the Ministry of Foreign Affairs of the DPR of Korea on the Question of Signing the Nuclear Safeguards Accord," in Délégation générale de la RPD de Corée en France, *Bulletin d'information, Special Issue No. 26/1191*, Paris: Délégation générale de la RPD de Corée en France, 1991.11.26.

_____, "On the Truth of Nuclear Inspection by IAEA in DPRK," in Délégation générale de la RPD de Corée en France, *Bulletin d'information, No. 11/0393*, Paris: Délégation générale de la RPD de Corée en France 1993.03.05.

DPRK official webpage, www.korea-dpr.com 2014.12.14. 검색.

Drennan, William, *A Comprehensive Resolution of the Korean War, Special Report*, Washington, DC: United States Institute of Peace 2003, www.usip.org/publications/comprehensive-resolution-korean-war 2013.04.18 검색.

Duncan, John. B., *"Hyanghwain*: Migration and Assimilation in Chosŏn Korea," *Acta Koreana*, Vol. 3, 2000.07, 1~15면.

Dürkop, Colin and Yeo, Min-Il, "North Korea after Kim Jong Il: Political and Social Perspectives ahead of the Expected Change of Power," *KAS International Reports* 2011.08, www.kas.de/wf/doc/kas_23605-544-2-30.pdf?110811143245 2011.08.29 검색.

Duus, Peter, *The Abacus and the Sword: The Japanese Penetration of Korea 1895-1910*, Berkeley: University of California Press 1995.

Ebertstadt, Nicholas, *The End of North Korea*, Washington, DC: The American Enterprise Institute (AEI) Press 1999.

_____, "International Trade in Capital Goods, 1970-1995: Indications from 'Mirror Statistics'," Nicholas Eberstadt, *The North Korean Economy: Between Crisis and Catastrophe*, New Brunswick: Transaction Publishers 2007, 61~97면.

Eberstadt, Nicholas and Banister, Judith, *The Population of North Korea*, Berkeley, CA: Institute of East Asian Studies 1992.

Eckert, Carter, *Offspring of Empire: The Koch"ang Kims and the Colonial Origins of Korean Capitalism 1876-1945*, Seattle: University of Washington Press 2003.

Eckert, Carter J., Lee, Ki-bail, Lew, Young Ick, Robinson, Michael and Wagner, Edward, *Korea Old and New: A History*, Cambridge, MA: Korea Institute, Harvard University/ Ilchokak 1990.

Economic and Social Council, "Implementation of the International Covenant on Economic, Social and Cultural Rights, Second Periodic Report submitted by State Parties under Articles 16 and 17 of the Covenant: Addendum, Democratic People's Republic of Korea, E/1990/6/Add.35," mimeo 2002.05.15.

_____, "Report of the Special Rapporteur on Contemporary Forms of Racism, Racial Discrimination, Xenophobia and Related Intolerance: Doudou Diène, Addendum, Mission to Japan," Commission on Human Rights, *Sixty-second Session Item 6 of the Provisional Agenda, E/CN.4/2006/16/Add.2*, Geneva: Economic and Social Council 2006.01.24, http://web.archive.org/web/20061214115324/http://imadr.org/geneva/2006/G0610396.pdf 2013.09.14 검색.

Em, Henry, "Nationalism, Post-Nationalism and Shin Ch'ae-ho," *Korea Journal*, 1999 여름, 283~428면.

_____, *The Great Enterprise: Sovereignty and Historiography in Modern Korea*, Durham: Duke University Press 2013.

_____, "Commentary on Kim Heung-kyu's 'A Community of Long Memories'," 저자 와 2014.03에 개별적으로 소통한 내용.

Esselstrom, Erik, *Crossing Empire's Edge: Foreign Ministry Police and Japanese Expansionism in Northeast Asia*, Honolulu: University of Hawai'i Press 2009.

EU, UNICEF and WFP in partnership with the Government of DPRK, *Nutrition Survey of the Democratic People's Republic of Korea*, Rome/Pyongyang: WFP 1998.

Evans, Brian, "The Fatal Flaws of Texas Justice," *Amnesty International, Human Rights Now Blog*, 2012.10.31, http://blog.amnestyusa.org/us/the-fatal-flaws-of-texas-justice 2012.10.31 검색.

Everard, John, *Only Beautiful, Please: A British Diplomat in North Korea*, Stanford, CA: Asia/ Pacific Research Center, Division of The Institute for International Studies 2012.

_____, "The Markets of Pyongyang," *Korea Economic Institute: Academic Paper Series*, Vol. 6, No. 1, 2011.01, 1~7면, www.keia.org/Communications/Programs/Everard/Everard. pdf 2014.11.08 검색.

FAO/WFP, *Crop and Food Supply Assessment Mission to the Democratic People's Republic of Korea, Special Report*, Rome: FAO/WFP 1995.12.22, www.fao.org/docrep/004/ w0051e/w0051e00.htm 2014.01.12.

_____, *Crop and Food Supply Assessment Mission to the Democratic People's Republic of Korea, Special Alert, No. 267*, Rome: FAO/WFP 1996.05.16, www.fao.org/docrep/004/ w1302e/w1302e00.htm 2014.11.08 검색.

_____, *Crop and Food Supply Assessment Mission to the Democratic People's Republic of Korea, Special Report*, Pyongyang, FAO/WFP 1996.12.06.

_____, *Crop and Food Supply Assessment Mission to the Democratic People's Republic of Korea, Special Alert, No. 275*, Rome: FAO/WFP 1997.06.03.

_____, *Crop and Food Supply Assessment Mission to the Democratic People's Republic of Korea*, Rome: FAO/WFP 1998.06.25.

_____, *Crop and Food Supply Assessment Mission to the Democratic People's Republic of Korea, Special Report*, Rome: FAO/WFP 1998.11.12.

_____, *Crop and Food Supply Assessment Mission to the Democratic People's Republic of Korea, Special Report*, Rome: FAO/WFP 1999.06.29.

_____, *Democratic People's Republic of Korea Joint WFP/FAO Rapid Food Security Assessment Mission*, Rome: FAO/WFP 2008.06.09~30.

_____, *Crop and Food Supply Assessment Mission to the Democratic People's Republic of Korea, Special Report*, Rome: FAO/WFP 2008.12.08.

_____, *Crop and Food Supply Assessment Mission to the Democratic People's Republic of Korea, Special Report*, Rome: FAO/WFP 2010.11.16.

_____, *Crop and Food Supply Assessment Mission to the Democratic People's Republic of*

Korea, Special Report, Rome: FAO/WFP 2012.11.12.

_____, *Crop and Food Supply Assessment Mission to the Democratic People's Republic of Korea Special Report*, Rome: FAO 2013.11.28.

Feffer, John, "Human Rights in North Korea and the US Strategy of Linkage," *The Asia-Pacific Journal: Japan Focus* 2006.01.06, www.japanfocus.org/-John-Feffer/1805 2014.11.08 검색.

_____, "The Right to Food: North Korea and the Politics of Famine and Human Rights," Kie-Duck Park and Sang-Jin Han, *Human Rights in North Korea*, Seoul: The Sejong Institute 2007, 67~115면.

Fendler, Karoly, "Economic Assistance from Socialist Countries to North Korea in the Postwar Years: 1953-1963," Han S. Park (ed.), *North Korea: Ideology, Politics, Economy*, Englewood Cliffs: Prentice Hall 1996, 161~73면.

Fisher, Max, "The Cannibals of North Korea," *The Washington Post*, 2013.02.05, www.washingtonpost.com/blogs/worldviews/wp/2013/02/05/the-cannibals-of-north-korea 2013.09.13 검색.

Foreign Languages Publishing House, *Korean Paintings of Today*, Pyongyang: Foreign Languages Publishing House 1980.

_____, *The Socialist Labour Law of the Democratic People's Republic of Korea, 18 April 1978*, Pyongyang: Foreign Languages Publishing House 1986.

_____, *The Public Health Law of the Democratic People's Republic of Korea, 3 April 1980*, Pyongyang: Foreign Languages Publishing House 1988.

_____, *100 Questions and Answers: Do you Know about Korea?*, Pyongyang: Foreign Languages Publishing House 1989.

_____, *Do you Know about Korea? Questions and Answers*, Pyongyang: Foreign Languages Publishing House 1989.

_____, *Korea Guidebook*, Pyongyang: Foreign Languages Publishing House 1989.

_____, Mt. Kumgang, Pyongyang: Foreign Languages Publishing House 날짜가 없으나 1990년으로 추정.

_____, *Intellectuals should Become Fighters True to the Party and the Socialist Cause: Report to the Conference of Korean Intellectuals*, Pyongyang: Foreign Languages Publishing House 1992.

_____, *Socialist Constitution of The Democratic People's Republic of Korea*, Pyongyang:

Foreign Languages Publishing House 1993.

_____, *The Family Law of the Democratic People's Republic of Korea, 24 October 1990,* Pyongyang: Foreign Languages Publishing House 1994.

_____, *The Family Law of the Democratic People's Republic of Korea,* Pyongyang: Foreign Languages Publishing House 1996.

Funabashi, Yoichi, *The Peninsula Question: A Chronicle of the Second Korean Nuclear Crisis,* Washington, DC: Brookings Institution Press 2007.

Gause, Ken E., *North Korean Civil-Military Trends: Military-First Politics to a Point,* Carlisle, PA: Strategic Studies Institute, US Army War College 2006, 면수는 확인할 수 없으나 PDF 상 59~110면, www.nkeconwatch.com/nk-uploads/dprkpolicyelites.pdf 2014.11.02 검색.

Gladstone, Rick and Sanger, David E., "Panama Seizes Korean Ship, and Sugar-Coated Arms Parts," *The New York Times,* 2013.07.16, www.nytimes.com/2013/07/17/world/americas/panama-seizes-north-koreaflagged-ship-for-weapons.html?pagewanted=all 2013.09.15 검색.

Goedde, Patricia, "Law of 'Our Own Style': The Evolution and Challenges of the North Korean Legal System," *Fordham International Law Journal,* Vol. 27, 2003~2004, 1265~88면.

Gomà, Daniel, "The Chinese-Korean Border Issue," *Asian Survey,* Vol. 46, No. 6, 2006, 867~80면.

Goodkind, Daniel and West, Loraine, "The North Korean Famine and its Demographic Impact," *Population and Development Review,* Vol. 27, No. 2, 2001.07, 219~38면.

Goodkind, Daniel, West, Loraine and Johnson, Peter, "A Reassessment of Mortality in North Korea, 1993-2008," Annual Meeting of the Population Association of America, 2011.03.31~04.02, Washington, DC, 2011.03.16.

Gottingen, Johannes Reckel, *Korea and Manchuria: The Historical Links between Korea and the Ancestors of the Modern Manchus,* Seoul: The Royal Asiatic Society: Korea Branch 2000.11.08, www.raskb.com/transactions/VOL76/VOL76.docx 2013.01.18 검색.

Government Accountability Office, *Nonproliferation: US Agencies have Taken Some Steps, but More Effort is Needed to Strengthen and Expand the Proliferation Security Initiative, GAO-09-43,* Washington, DC: Government Accountability Office 2008.11.

Grajdanzev, Andrew J., *Modern Korea*, New York: Institute of Pacific Relations/The John Day Company 1944.

Granot, 'Oded, "Background on North Korea-Iran Missile Deal," MA'ARIV, 1996.04.14, www.fas.org/news/israel/tac95037.htm 2014.11.08 검색.

Grayson, James Huntley, *Korea: A Religious History*, Abingdon: RoutledgeCurzon 2002.

Grinker, Roy Richard, *Korea and its Futures: Unification and the Unfinished War*, London: Macmillan 1998.

Haboush, Jahyun Kim (trans. and ed.), *The Memoirs of Lady Hyegyŏng*, Berkeley: University of California Press 1996.

Haboush, Jahyun Kim and Deuchler, Martina (eds.), *Culture and State in Late Chosŏn Korea*, Cambridge: Harvard University Press 1999.

Haggard, Stephan and Noland, Marcus, *Famine in North Korea: Markets, Aid and Reform*, New York: Columbia University Press 2007.

_____, *Witness to Transformation: Refugee Insights into North Korea*, Washington, DC: Peterson Institute for International Economics 2011.

Halliday, Fred, *The Making of the Second Cold War*, second edition, London: Verso 1986.

_____, *Cold War, Third World: An Essay on Soviet-American Relations*, London: Hutchinson Radius 1989.

_____, *Revolution and World Politics: the Rise and Fall of the Sixth Great Power*, London: Macmillan 1999.

Halliday, Jon, "The North Korean Enigma," Gordon White, Robin Murray and Christine White (eds.), *Revolutionary Socialist Development in the Third World*, Lexington: University Press of Kentucky 1983.

_____, "Anti-Communism and the Korean War (1950-1953)," *Socialist Register 1984: The Uses of Anti-Communism*, Vol. 21, 130~63면, http://socialistregister.com/index.php/srv/article/view/5509/2407 2014.11.08. 검색.

_____, "Women in North Korea: An Interview with the Korean Democratic Women's Union," *Bulletin of Concerned Asian Scholars*, Vol. 17, No. 3, 1985.07~09, 46~56면, http://criticalasianstudies.org/assets/files/bcas/v17n03.pdf 2014.11.03 검색.

Halliday, Jon and Cumings, Bruce, *Korea: The Unknown War*, New York: Pantheon Books 1988.

Han, Chungnim Choi, "Social Organization of Upper Han Hamlet in Korea," doctoral dissertation, University of Michigan 1949.06.

Han, In Sup, "The 2004 Revision of Criminal Law in North Korea: A Take-off?," *Santa Clara Journal of International Law*, Vol. 5, No. 1, 2006, 122~33면.

Hanley, Charles J., Choe, Sang-Hun, and Mendoza, Martha, *The Bridge at No Gun Ri*, New York: Henry Holt and Company 2001.

Harrold, Michael, *Comrades and Strangers: Behind the Closed Doors of North Korea*, Chichester: John Wiley and Sons 2004.

Hastings, Max, *The Korean War*, London: Michael Joseph 1987.

Hawk, David R., *The Hidden Gulag: Exposing North Korea's Prison Camps: Prisoners' Testimonies and Satellite Photographs*, Washington, DC: US Committee for Human Rights in North Korea 2003, www.hrnk.org/uploads/pdfs/The_Hidden_Gulag.pdf 2014.11.08 검색.

Hawkins, Harry, "Starving North Koreans are 'Forced to Eat their Children'," *The Sun*, 2013.01.28, www.thesun.co.uk/sol/homepage/news/4765653/north-korean-parents-eating-their-children.html 2013.07.17 검색.

He, Jiangcheng, "Educational Reforms," Han S. Park (ed.), *North Korea: Ideology, Politics, Economy*, Englewood Cliffs: Prentice Hall 1996, 33~50면.

Helgesen, Geir and Christensen, Nis Høyrup, *North Korea 2007: Assisting Development and Change*, Copenhagen: Nordic Institute of Asian Studies 2007.

Hicks, George, *The Comfort Women: Japan's Brutal Regime of Enforced Prostitution in the Second World War*, New York: W. W. Norton and Company 1997.

Ho, Jong Ho, Kang, Sok Hui, and Pak, Thae Ho, *The US Imperialists Started the Korean War*, Pyongyang: Foreign Languages Publishing House 1993.

Hoare, J. E. and Pares, Susan, *North Korea in the 21st Century: An Interpretative Guide*, Folkestone: Global Oriental 2005.

Hodgson, Geoffrey M., "What Are Institutions?," *Journal of Economic Issues*, Vol. 40, No. 1, 2006.03, 1~25면.

Hong, Christine and Smith, Hazel (eds.), *Critical Asian Studies*, Vol. 45, No 4, 2013.12.

_____, *Critical Asian Studies*, Vol. 46, No 1, 2014.03.

Hong, Ihk-pyo, "A Shift toward Capitalism? Recent Economic Reforms in North Korea," *East Asian Review*, Vol. 14, No. 4, 2002 겨울, 93~106면.

Hong, Sun Won, *Analysis of 1993 Population Census Data DPR Korea*, Pyongyang: Population

Center 1996.

Howard, Keith, "*Juche* and Culture: What's New?," Hazel Smith, Chris Rhodes, Diana Pritchard and Kevin Magill (eds.), *North Korea in the New World Order*, London: Macmillan Press 1996, 169~95면.

Huh, Moon-Young, (ed.), *Basic Reading on Korean Unification*, Seoul: Korea Institute for National Unification 2012.

Human Rights Council, "National Report Submitted in Accordance with Paragraph 15 (A) of the Annex to Human Rights Council Resolution 5/1: Democratic People's Republic of Korea," Geneva, 2009.11.30~12.11.

_____, "Report of the Special Rapporteur on the Situation of Human Rights in the Democratic People's Republic of Korea, A/HRC/19/65," *Human Rights Council, Nineteenth Session, Agenda Item 4, Human Rights Situations that Require the Council's Attention*, Geneva: Human Rights Counci 2012.02.13.

_____, "Report of the Special Rapporteur on the Situation of Human Rights in the Democratic People's Republic of Korea, Marzuki Darusman, A/HRC/22/57," in Human Rights Council, *Twenty-second Session, Agenda Item 4, Human Rights Situations that Require the Council's Attention*, Geneva: Human Rights Council 2013.02.01.

_____, "Situation of Human Rights in the Democratic People's Republic of Korea," in Human Rights Council, *Twenty-second Session, Agenda Item 4, Human Rights Situations that Require the Council's Attention*, Geneva: Human Rights Council 2013.04.09.

Human Rights Watch, "The Invisible Exodus: North Koreans in the People's Republic of China," *North Korea*, Vol. 145, No. 8, 2002.11, 1~37면.

Hunter, Helen-Louise, *Kim Il Song's North Korea*, Westport: Praeger 1999.

Hwang, Kyung Moon, "From the Dirt to Heaven: Northern Korea in the Chosŏn and Early Modern Eras," *Harvard Journal of Asiatic Studies*, Vol. 62, No. 1, 2002.06, 135~78면.

_____, *Beyond Birth: Social Status in the Emergence of Modern Korea*, Cambridge, MA: Harvard University Asia Center 2004.

_____, "Citizenship, Social Equality and Government Reform: Changes in the Household Registration System in Korea, 1894-1910," *Modern Asian Studies*, Vol. 38, No. 2, 2004, 355~87면.

_____, "Nation, State and the Modern Transformation of Korean Social Structure in the Early Twentieth Century," *History Compass*, Vol. 5, No. 2, 2007, 330~46면.

Hyder, Masood, "The Status of Women in the DPRK," Pyongyang: UN Office for the Coordination of Humanitarian Affairs, UNOCHA 2003.09.05, http://reliefweb.int/report/democratic-peoples-republickorea/status-women-dprk, 2014.11.08. 검색.

International Atomic Energy Agency (IAEA), *Fact Sheet on DPRK Nuclear Safeguards*, Vienna: IAEA 연도 없음, www.iaea.org/newscenter/focus/iaeadprk/fact_sheet_may2003.shtml 2014.01.04 검색.

International Fund for Agricultural Development (IFAD), *Upland Food Security Project, Report of Interim Evaluation Mission Agricultural Component*, Pyongyang: IFAD 2008.04.

_____, *Enabling Poor Rural People to Overcome Poverty in Vietnam*, Rome: IFAD 2010, www.ifad.org/operations/projects/regions/Pi/factsheets/vn.pdf 2014.11.08 검색.

International Institute of Strategic Studies (IISS), *The Military Balance 2001-2002*, Oxford University Press 2001.

_____, *The Military Balance 2011*, London: Routledge 2011.

Jenkins, Charles Robert with Frederick, Jim, *The Reluctant Communist: My Desertion, Court-martial and Forty-year Imprisonment in North Korea*, Berkeley: University of California Press 2008.

Jeung, Young-Tai, *North Korea's Civil-Military-Party Relations and Regime Stability*, Seoul: Korea Institute for National Unification 2007.

_____, *Internal and External Perceptions of the North Korean Army*, Seoul: Korea Institute for National Unification 2008.

Jin, Wenhua, "Sounds of Chinese Korean: A Variationist Approach," doctoral dissertation, University of Texas at Arlington 2008.05.

Jon, Chol Nam, *A Duel of Reason between Korea and US: Nuke, Missile and Artificial Satellite*, Pyongyang: Foreign Languages Publishing House 2000.

Jones, Gary L., *Nuclear Nonproliferation: Heavy Fuel Oil Delivered to North Korea under the Agreed Framework*, GAO/T-RCED-00-20, Washington, DC: General Accounting Office 1999, http://gao.gov/assets/110/108176.pdf 2012.09.24 검색.

Jong, Son Yong, "The Korea Nation: A Homogeneous Nation Whose Founding Father Is Tangun," DPRK Academy of Sciences (ed.), *Tangun: Founder-King of Korea*, Pyongyang: Foreign Languages Publishing House 1994, 132~40면.

Joo, Hyung-min, "Visualizing the Invisible Hands: The Shadow Economy in North Korea," *Economy and Society*, Vol. 39, No. 1, 2010.02, 110~45면.

Ju, Kwang Il and Jong, Song Ui, *Korea's Tourist Map*, Pyongyang: Korea International Travel Company 1995.

Jung, Jin-Heon, *State and Church in the Making of Post-division Subjectivity: North Korean Migrants in South Korea, MMG Working Paper 11-12*, Göttingen: Max Planck Institute for the Study of Religious and Ethnic Diversity 2011.

Jung, Kyungja and Dalton, Bronwen, "Rhetoric Versus Reality for the Women of North Korea: Mothers of the Revolution," *Asian Survey*, Vol. 46, No. 5, 2006.09/10, 741~60면.

Kagan, Richard, Oh, Matthew and Weissbrodt, David, *Human Rights in the Democratic People's Republic of Korea*, Minneapolis/Washington, DC: Minnesota Lawyers International Human Rights Committee/Asia Watch 1988.

Kallander, George L., *Salvation through Dissent: Tonghak Heterodoxy and Early Modern Korea*, Honolulu: University of Hawai'i Press 2013.

Kan, Paul Rexton, Bechtol, Bruce E., Jr. and Collins, Robert M., *Criminal Sovereignty: Understanding North Korea's Illicit International Activities*, Carlisle, PA: US Army War College 2010, www.strategicstudiesinstitute.army.mil/pdffiles/pub975.pdf 2014.11.02 검색.

Kang, Chol-Hwan and Rigoulot, Pierre, translated by Yair Reiner, *Aquariums of Pyongyang: Ten Years in the North Korean Gulag*, New York: Basic Books 2001.

Kang, Jin Woong, "The Patriarchal State and Women's Status in Socialist North Korea," *Graduate Journal of Asia-Pacific Studies*, Vol. 6, No. 2, 2008, 55~70면, https://cdn.auckland.ac.nz/assets/arts/Departments/asian-studies/gjaps/docs-vol6-no2/Kang-vol6.pdf 2014.11.08 검색.

Keck, Zachary, "Eyeing Pipeline, Russia Forgives North Korean Debt," *The Diplomat*, 2014.04.22, http://thediplomat.com/2014/04/eyeing-pipeline-russia-forgives-north-korean-debt 2014.04.27 검색

Kerry, John, *Executive Session, Nomination of Christopher R. Hill to be Ambassador to Iraq, Congressional Record: Senate Vol. 155 Pt. 8*, Washington, DC: Congressional Record, Proceedings and Debates of the 111th Congress, First Session 2012.

Khan, Dilawar Ali, *Improving the Quality of Basic Social Services for the Most Vulnerable Children and Women: Executive Summary*, Pyongyang: UNICEF 2001.04.

Kim, Byung-Yeon, "Markets, Bribery, and Regime Stability in North Korea," working paper, Seoul: East Asia Institute Asia 2004.04, www.eai.or.kr/data/bbs/eng_report/2010040811122565.pdf 2014.11.08 검색.

Kim, Byung-Yeon and Song, Dongho, "The Participation of North Korean Households in the Informal Economy: Size, Determinants, and Effect," *Seoul Journal of Economics*, Vol. 21, No. 2, 2008 여름, 361~85면.

Kim, Chang Su, *DPR Korea 2008 Population Census National Report*, Pyongyang: Central Bureau of Statistics Pyongyang 2009.

Kim, Chol U, *Songun Politics of Kim Jong Il*, Pyongyang: Foreign Languages Publishing House 2008.

Kim, Chun Gun, "Principles in Songun Revolution," *The Pyongyang Times*, 2011.10.07.

Kim, Han Gil, *Modern History of Korea*, Pyongyang: Foreign Languages Publishing House 1979.

Kim, Il Sung, *On Improving and Strengthening the Training of Party Cadres*, Pyongyang: Foreign Languages Publishing House 1975.

_____, *On the Three Principles of National Reunification*, Pyongyang: Foreign Languages Publishing House 1982.

_____, *Tasks of the People's Government in Modelling the Whole of Society on the Juche Idea*, Pyongyang: Foreign Languages Publishing House 1982.

_____, "On Some Problems in Party Work and Economic Affairs," Kim Il Sung, *Works*, *Vol. 23, 1968.10-1969.05*, Pyongyang: Foreign Languages Publishing House 1985, 255~92면.

_____, *Historical Experience of Building the Workers' Party of Korea*, Pyongyang: Foreign Languages Publishing House 1986.

_____, *The Non-Aligned Movement is a Mighty Anti-imperialist Revolutionary Force of our Times*, Pyongyang: Foreign Languages Publishing House 1986.

_____, *The Non-Aligned Movement and South-South Cooperation*, Pyongyang: Foreign Languages Publishing House 1987.

_____, "Let us Further Develop Local Industry," Kim Il Sung, *Works, Vol. 35*, Pyongyang: Foreign Languages Publishing House 1989, 159~69면.

_____, "Let us Implement the Public Health Law to the Letter," Kim Il Sung, *Works, Vol. 35*, Pyongyang: Foreign Languages Publishing House 1989, 91~103면.

_____, "Let us Increase the Standard of Living of the People Through the Development of the Textile, Food and Consumer Goods Industries," Kim Il Sung, *Works, Vol. 35*, Pyongyang: Foreign Languages Publishing House 1989, 77~90면.

_____, "On the Occasion of the 25th Anniversary of the Formation of the General Association of Korean Residents in Japan," Kim Il Sung, *Works, Vol. 35*, Pyongyang: Foreign Languages Publishing House 1989, 136~39면.

_____, "On This Year's Experience in Farming and Next Year's Direction of Agricultural Work," Kim Il Sung, *Works, Vol. 35*, Pyongyang: Foreign Languages Publishing House 1989, 232~68면.

_____, *On the Proposal for Founding a Democratic Confederal Republic of Koryo*, Pyongyang: Foreign Languages Publishing House 1990.

_____, "The Role of Intellectuals in Building an Independent New Society," Kim Il Sung, *Works, Vol. 35*, Pyongyang: Foreign Languages Publishing House 1990, 222~31면.

_____, *Works, Vol. 35*, Pyongyang: Foreign Languages Publishing House 1990.

_____, "Officials Must Become True Servants of the People," Kim Il Sung, *Works, Vol. 44*, Pyongyang: Foreign Languages Publishing House 1999, 19~33면.

_____, "On the Direction of Socialist Economic Construction for the Immediate Period Ahead," Kim Il Sung, *Works, Vol. 44*, Pyongyang: Foreign Languages Publishing House 1999, 248~65면.

Kim, Ilpyong J., "China in North Korean Foreign Policy," Samuel S. Kim, *North Korean Foreign Relations in the Post-Cold War Era*, Oxford University Press 1998, 742~67.

Kim, Jin-Ha, "On the Threshold of Power, 2011/12 Pyongyang's Politics of Transition," *International Journal of Korean Unification Studies*, Vol. 20, No. 2, 2011, 1~26면.

Kim, Jin Wung, *A History of Korea: From "Land of the Morning Calm" to States in Conflict*, Bloomington: Indiana University Press 2012.

Kim, Jong Il, *On the Juche Idea of our Party*, Pyongyang: Foreign Languages Publishing House 1985.

_____, "Our Socialism for the People will not Perish," Délégation générale de la RPD de Corée en France, *Bulletin d'information, No. 10/591*, Paris: Délégation générale de la RPD de Corée en France May 1991.05.27.

_____, "Historical Lesson in Building Socialism and the General Line of our Party," Délégation générale de la RPD de Corée en France, *Bulletin d'information, No. 02/0292*,

Paris: Délégation générale de la RPD de Corée en France 1992.02.04.

_____, "Order of the Supreme Commander of the Korean People's Army," Délégation générale de la RPD de Corée en France, *Bulletin d'information, No. 09/0393*, Paris: Délégation générale de la RPD de Corée en France 1993.03.08.

_____, "Respecting Seniors in the Revolution is a Noble Moral Obligation of Revolutionaries," Délégation générale de la RPD de Corée en France, *Bulletin d'information, Special Issue*, Paris: Délégation générale de la RPD de Corée en France 1995.12.27.

_____, "Let us Exalt the Brilliance of Comrade Kim Il Sung's Idea on the Youth Movement and the Achievements Made under his Leadership," Délégation générale de la RPD de Corée en France, *Bulletin d'information, Special Issue No. 23/0896*, Paris: Délégation générale de la RPD de Corée en France 1996.08.31.

_____, *Let us Exalt the Brilliance of Comrade Kim Il Sung's Idea of the Youth Movement and the Achievements Made under his Leadership*, Pyongyang: Foreign Languages Publishing House 1996.

_____, "The Juche Philosophy is an Original Revolutionary Philosophy," *Kulloja* 1996.07.26. (영어판), Paris: Délégation générale de la RPD de Corée en France 1996.

Kim, Jong Un, *Kim Jong Un Makes New Year Address*, Pyongyang: Korean Central News Agency, 1 January 2013.01.01, www.kcna.kp/goHome.do?lang=eng 2013.01.03 검색.

Kim, Kook-shin, Cho, Hyun-joon, Lee, Keum-soon, Lim, Soon-hee, Lee, Kyu-chang and Hong, Woo-taek, *White Paper on Human Rights in North Korea 2011*, Seoul: Korea Institute for National Unification 2011.

Kim, Kyu-won, "North Korea Announces Education Reforms, Silent on Economy," *The Hankyoreh* 2012.09.26, http://english.hani.co.kr/arti/english_edition/e_northkorea/553442.html 2012.02.27 검색.

Kim, Soo-am, *The North Korean Penal Code, Criminal Procedures, and their Actual Applications*, Seoul: Korea Institute for National Unification 2006.

Kim, Soo-am, Kim, Kook-shin, Lim, Soon-hee, Chon, Hyun-joon, Lee, Kyu-chang and Cho, Jung-hyun, *White Paper on Human Rights in North Korea 2012*, Seoul: Korea Institute for National Unification 2012.

Kim, Soo-am, Lee, Keum-Soon, Kim, Kook-Shin and Hong, Min, *Relations between Corruption and Human Rights in North Korea*, Seoul: Korea Institute for National Unification 2013.

Kim, Sun Joo (ed.), *The Northern Region of Korea: History, Identity and Culture*, Seattle: University of Washington Press 2010.

Kim, Sung Chull, *North Korea under Kim Jong Il: From Consolidation to Systemic Dissonance*, Albany: State University of New York Press 2006.

Kim, Sung Ung (ed.), *Panorama of Korea*, Pyongyang: Foreign Languages Publishing House 1999.

Kim, Suzy, "Revolutionary Mothers: Women in the North Korean Revolution, 1945-1950," *Comparative Studies in Society and History*, Vol. 52, No. 4, 2010, 742~67면.

_____, *Everyday Life in the North Korean Revolution 1945-1950*, Ithaca, NY: Cornell University Press 2013.

Kim, Woon-Keun, "Recent Changes in North Korean Agriculture Policies and Projected Impacts on the Food Shortage," *East Asian Review*, Vol. 3, No. 3, 1999 가을, 93~110면.

Kim, Young-Hoon, "AREP Program and Inter-Korean Agricultural Cooperation," *East Asian Review*, Vol. 13, No. 4, 2001 겨울, 93~111면, www.ieas.or.kr/vol13_4/13_4_6.pdf 2014.01.06 검색.

Kim, Young-Yoon, *Evaluation of South-North Economic Cooperation and Task for Success*, Seoul: Korea Institute for National Unification 2005.

_____, *A Study on the Reality and Prospect of Economic Reform in North Korea*, Seoul: Korea Institute for National Unification 2007.

Kim, Yung-Chung (ed.), *Women of Korea: A History from Ancient Times to 1945*, Seoul: Ewha Womans University Press 1977.

King, Ross, "Dialectical Variation in Korean," Ho-Min Sohn (ed.), *Korean Language in Culture and Society*, Honolulu: University of Hawai'i Press 2006, 264~80면.

Koo, John H., "Language," John H. Koo and Andrew Nahm (eds.), *An Introduction to Korean Culture*, Elizabeth, NJ/Seoul: Hollym 1997, 99~117면.

Koo, John H. and Nahm, Andrew (eds.), *An Introduction to Korean Culture*, Elizabeth, NJ: Seoul: Hollym 1997.

Korea Institute for National Unification, *White Paper on Human Rights in North Korea 2007*, Seoul: Korea Institute for National Unification 2007.

_____, *Korea Now*, "80 Percent Post Profits in Inter-Korea Trade," *Korea Now*, Seoul 2002.08.24.

_____, "Peaceful Solutions First," *Korea Now*, 30 November 2002.11.30.

Korea Peninsula Energy Development Organization (KEDO), *Annual Report 2001*, New York: KEDO 2001.

Korea Today, Editorial, "Make this a Year of Brilliant Victory," *Korea Today*, No. 3, 2004.

_____, "Chongmyong and Related Customs," *Korea Today*, No. 4, 2011, 41면.

_____, "Songun Idea with Deep Roots," *Korea Today*, No. 4, 2011, 24~25면.

Korean Central News Agency (KCNA), "On-the-spot Guidance of President Kim Il Sung," Délégation générale de la RPD de Corée en France, *Bulletin d'information, No. 15/0493*, Paris: Délégation générale de la RPD de Corée en France 1993.04.07.

_____, "Kim Jong Un Inspects Command of KPA Unit 534," 2014.01.12, www.kcna.co.jp/index-e.htm 2014.02.15 검색.

_____, "Kim Jong Un Guides Night Exercise of KPA Paratroopers," 2014.01.20, www.kcna.co.jp/index-e.htm 2014.02.15 검색.

_____, "Kim Jong Un Guides Tactical Exercise of KPA Unit 323," 2014.01.23, www.kcna.co.jp/index-e.htm 2014.02.15 검색.

Kuzio, Taras, "Transition in Post-Communist States: Triple or Quadruple?," *Politics*, Vol. 21, Issue 3, 2001, 168~77면.

Kwon, Heonik and Chung, Byung-ho, *North Korea: Beyond Charismatic Politics*, Lanham: Rowman and Littlefield Publishers 2012.

Kwon, Tae-Jin and Kim, Wook-Keun, "Assessment of Food Supply in North Korea," *Journal of Rural Development*, Vol. 22, 1999 겨울, 47~66면.

Kwon, Tae-Jin, Kim, Young-Hoon, Chung, Chung-Gil and Jeon, Hyoung-Jin, "Research on North Korean Agriculture Development Planning: Executive Summary," 날짜가 없으나 2002년으로 추정.

Kwon, Tai-Hwan, "Population Change and Development in Korea," *The Asia Society*, http://asiasociety.org/countries/population-change-anddevelopment-korea 2014.05.30 검색.

Lankov, Andrei, *North of the DMZ: Essays on Daily Life in North Korea*, Jefferson, MO: McFarland 2007.

_____, "North Korea in Transition: Changes in Internal Politics and the Logic of Survival," *International Journal of Korean Unification Studies*, Vol. 18, No. 1, 2009, 1~27면.

_____, "Narco-Capitalism Grips North Korea," *Asia Times*, 2011.03.18, www.atimes.com/atimes/Korea/MC18Dg02.html 2013.09.13 검색.

_____, "North Korea: The Logic of Survival," Christoph Bluth and Hazel Smith (eds.), "North Korea at the Crossroad," *Journal of International and Strategic Studies*, No. 5, 2012, 8~12면, http://ceris.be/fileadmin/library/Publications/Journal-N5-E.pdf 2014.11.02 검색.

_____, *The Real North Korea: Life and Politics in the Failed Stalinist Utopia*, Oxford University Press 2013.

Lankov, Andrei and Kim, Seok-hyang, "North Korean Market Vendors: The Rise of Grassroots Capitalists in a Post-Stalinist Society," *Pacific Affairs*, Vol. 81, No. 1, 2008 봄, 53~72면.

Larsen, Kirk W., *Tradition, Treaties, and Trade: Qing Imperialism and Chosŏn Korea, 1850–1910*, Cambridge, MA: Harvard University Press 2008.

Lee, Chae-Jin, *A Troubled Peace: US Policy and the Two Koreas*, Baltimore, MD: The Johns Hopkins University Press 2006.

Lee, Chong-Sik, *The Korean Workers' Party: A Short History*, Stanford, CA: Hoover Institution Press 1978.

Lee, Chulwoo, "Modernity, Legality, and Power in Korea under Japanese Rule," in Gi-Wook Shin and Michael Robinson (eds.), *Colonial Modernity in Korea*, Cambridge, MA: Harvard University Press 1999, 21~51면.

Lee, Dongmin, "The Role of the North Korean Military in the Power-Transition Period," Background Paper Series 04, Seoul: Ilmin International Relations Institute 2011.07.

Lee, Eun-Jung, "Family Law and Inheritance Law in North Korea," *Journal of Korean Law*, Vol. 5, No. 1, 2005, 172~93면.

Lee, Hy-Sang, *North Korea: A Strange Socialist Fortress*, London: Praeger 2001.

Lee, Jung-Chul, "The Pseudo-Market Coordination Regime," Phillip H. Park (ed.), *The Dynamics of Change in North Korea: An Institutionalist Perspective*, Boulder, CO: Lynne Rienner Publishers 2009, 181~213면.

Lee, Kyo-Duk, Lee, Soon-Hee, Cho, Jeong-Ah and Song, Joung-Ho, *Study on the Power Elite of the Kim Jong Un Regime*, Seoul: Korea Institute for National Unification 2013.

Lee, Kyo-Duk, Lim, Soon-Hee, Cho, Jeong-Ah, Lee, Gee-Dong and Lee, Young-Hoon, *Changes in North Korea as Revealed in the Testimonies of Saetomins*, Seoul: Korea Institute for National Unification 2008.

Lee, Mun Woong, "Rural North Korea under Communism: A Study of Sociocultural

Change," doctoral dissertation, Houston: Rice University 1975.

Lee, Peter W. and de Bary, Theodore Wm., *Sources of Korean Tradition Volume One: From Early Times Through the Sixteenth Century*, New York: Columbia University Press 1997.

Lee, Soon-ho, "Military Transformation on the Korean Peninsula: Technology versus Geography," doctoral dissertation, Department of Politics and International Studies, The University of Hull 2011, https://hydra.hull.ac.uk/catalog/hull:5360 2013.09.15 검색.

Lee, Suk, "Food Shortages and Economic Institutions in the Democratic People's Republic of Korea," doctoral dissertation, Department of Economics, University of Warwick 2003.01.

Lee, Woo Young and Seo, Jungmin, "'Cultural Pollution' from the South?," Kyung-Ae Park and Scott Snyder (eds.), *North Korea in Transition: Politics, Economy and Society*, Lanham: Rowman and Littlefield 2013, 195~207면.

Leipziger, Danny M., "Thinking about the World Bank and North Korea," Marcus Noland (ed.), *Economic Integration of the Korean Peninsula*, Washington, DC: Institute for International Economics 1998, 201~19면.

Lerner, Mitchell B., *The Pueblo Incident: A Spy Ship and the Failure of American Foreign Policy*, Lawrence, KS: University Press of Kansas 2002.

Li, Yong-Bok, *Education in the Democratic People's Republic of Korea*, Pyongyang: Foreign Languages Publishing House 1986.

Lim, Dong-won, *Peacemaker: Twenty Years of Inter-Korean Relations and the North Korean Nuclear Issue*, Stanford, CA: Walter H. Shorenstein Asia-Pacific Research Center 2012.

Lim, Kang-Taeg and Lim, Sung-Hoon, *Strategies for Development of a North Korean Special Economic Zone through Attracting Foreign Investment*, Seoul: Korea Institute for National Unification 2005.

Lim, Phillip Wonhyuk, "North Korea's Food Crisis," *Korea and World Affairs*, 1997 겨울, 568~85면.

Lim, Soo-ho, "North Korea's Currency Reform a Failure?," *SERI Quarterly* 2010.04, 115~19면.

Lim, Soon-Hee, *The Food Crisis and Life of Women in North Korea*, Seoul: Korea Institute for National Unification 2005.

_____, *Value Changes of the North Korean New Generation and Prospects*, Seoul: Korea Institute for National Unification 2007.

Litwak, Robert S., *Rogue States and US Foreign Policy: Containment after the Cold War*,

Washington, DC: Woodrow Wilson Center Press 2000.

_____, *Outlier States: American Strategies to Change, Contain, or Engage Regimes*, Washington, DC: Woodrow Wilson Center Press/Johns Hopkins University Press 2012.

MacDonald, Callum, *Britain and the Korean War*, Oxford: Basil Blackwell 1990.

_____, "The Democratic People's Republic of Korea: An Historical Survey," Hazel Smith, Chris Rhodes, Diana Pritchard and Kevin Magill (eds.), *North Korea in the New World Order*, London: Macmillan Press 1996, 1~16면.

Mansourov, Alexandre Y., "Inside North Korea's Black Box: Reversing the Optics," in Kongdan Oh and Ralph Hassig (eds.), North Korean Policy Elites, Alexandria, VA: Institute for Defense Analyses 2004, 면수는 알 수 없으나 PDF 상 159~226면, www.nkeconwatch.com/nk-uploads/dprkpolicyelites.pdf 2014.11.02.

_____, "North Korea Stressed: Life on the Hamster Wheel," *International Journal of Korean Unification Studies*, Vol. 14, No. 2, 2005, 85~114면.

Manyin, Mark, *Foreign Assistance to North Korea*, Washington, DC: Congressional Research Service 2005.05.26, www.au.af.mil/au/awc/awcgate/crs/rl31785.pdf 2012.11.05 검색.

_____, *US Assistance to North Korea: Fact Sheet*, Washington, DC: Congressional Research Service 2005, 2006.10.11 업데이트, http://assets.opencrs.com/rpts/RS21834_20061011.pdf 2012.06.07 검색.

_____, *North Korea: Back on the Terrorism List?*, Washington, DC: Congressional Research Service 2010.06.29, www.fas.org/sgp/crs/row/RL30613.pdf 2013.09.15 검색.

Manyin, Mark and Jun, Ryun, "US Assistance to North Korea: Fact Sheet," CRS Report for Congress, Washington, DC: Congressional Research Service 2003.03.17.

Manyin, Mark and Nikitin, Mary Beth, *Foreign Assistance to North Korea*, Washington, DC: Congressional Research Service 2012, www.fas.org/sgp/crs/row/R40095.pdf 2012.09.24 검색.

Margesson, Rhoda, Chanlett-Avery, Emma and Bruno, Andorra, *North Korean Refugees in China and Human Rights Issues: International Response and US Policy Options*, Washington, DC: Congressional Research Service 2007, www.dtic.mil/cgi-bin/GetTR Doc?Location=U2doc=GetTRDoc.pdfAD=ADA473619 2012.11.06 검색.

Martin, Bradley, "The Koreas: Pyongyang Watch: The Riot Act?," *Asia Times Online*, 1999.11.03, www.atimes.com/koreas/AK03Dg01.html, 2014.12.15 검색.

_____, *Under the Loving Care of the Fatherly Leader: North Korea and the Kim Dynasty*, New York: St. Martin's Press 2006.

Matsusaka, Yoshihisa Tak, *The Making of Japanese Manchuria, 1904-1932*, Cambridge, MA: Harvard University Asia Center 2003.

McCarthy, Thomas F., "Managing Development Assistance in the DPRK," E. Kwan Choi, E. Han Kim and Yesook Merrill (eds.), *North Korea in the World Economy*, London: RoutledegeCurzon 2003, 74~79면.

McCormack, Gavan, "Japan and North Korea: The Quest for Normalcy," in Hazel Smith (ed.), *Reconstituting Korean Security: A Policy Primer*, Tokyo: United Nations Press 2007, 162~81면.

McCune, Shannon, "Geographic Regions in Korea," *Geographical Review*, Vol. 39, No. 4, 1949, 658~60면.

McEachearn, Patrick, "Inside the Red Box: North Korea's Post-Totalitarian Politics," doctoral dissertation, Louisiana State University and Agricultural and Mechanical College 2009.05.

_____, *Inside the Red Box: North Korea's Post Totalitarian Politics*, New York: Columbia University Press 2010.

McGowen, Tom, *The Korean War*, New York: Franklin Watts 1992.

McGreal, Chris and Branigan, Tania, "North Korea Pledges to Halt Nuclear Programme in Exchange for US Aid," *The Guardian*, 2012.02.29, www.guardian.co.uk/world/2012/feb/29/north-koreamoratorium-nuclear-programme 2012.06.07 검색.

McKenzie, F. A., *Korea's Fight for Freedom*, New York: Fleming H. Revell Company 1920.

Melman, Yossi, "How the Mossad Killed a Deal with Kim Il-sung," *Haaretz* 2006.06.27, www.haaretz.com/print-edition/features/how-themossad-killed-a-deal-with-kim-il-sung-1.191489 2014.11.08 검색.

Michell, Anthony R., "The Current North Korean Economy," Marcus Noland (ed.), *Economic Integration of the Korean Peninsula*, Washington, DC: Institute for International Economics 1998, 137~63면.

Michishita, Narushige, *North Korea's Military-Diplomatic Campaigns, 1966-2008*, London: Routledge 2010.

Mikheev, Vasily, "Politics and Ideology in the post-Cold war era," Han S. Park (ed.), *North Korea: Ideology, Politics, Economy*, Englewood Cliffs: Prentice Hall 1996, 87~104면.

Miles, Tom and Nebehay, Stephanie, "China Rejects N. Korean Crimes Report, Hits Chance of Prosecution," *Reuters*, 2014.03.17, http://in.reuters.com/article/2014/03/17/korea-north-unidINDEEA2G07N20140317 2014.03.11 검색.

Min, Moosuk and Ahn, Jehee, *A Study of Education for Women in North Korea*, Seoul: Korea Women's Development Institute 2001, www.kwdi.re.kr/data/02forum-4.pdf 2014.06.22 검색.

Ministry of Atomic Energy of the Democratic People's Republic of Korea, "Detailed report of the Ministry of Atomic Energy of the Democratic People's Republic of Korea on Problems in Implementation of Safeguards Agreement, Pyongyang, 21 February 1993," Délégation générale de la RPD de Corée en France, *Bulletin d'information, No. 05/0293*, Paris: Délégation générale de la RPD de Corée en France 1993.02.22).

Ministry of Defense, *2010 White Paper*, Seoul: Ministry of Defense 2010, www.nti.org/media/pdfs/2010WhitePaperAll_eng.pdf?_=1340662780 2014.11.08 검색.

Moltz, James Clay, "The Renewal of Russian-North Korean Relations," James Clay Moltz and Alexandre Y. Mansourov (eds.), *The North Korean Nuclear Program: Security, Strategy and New Perspectives from Russia*, London: Routledge 2000, 197~209면.

Moltz, James Clay and Mansourov, Alexandre Y. (eds.), *The North Korean Nuclear Program: Security, Strategy and New Perspectives from Russia*, New York: Routledge 2000.

Moon, Chung-in, *The Sunshine Policy: In Defense of Engagement as a Path to Peace in Korea*, Seoul: Yonsei University Press 2012.

Moon, Chung-in and Lee, Sangkeun, "Military Spending and the Arms Race on the Korean Peninsula," *Asian Perspective*, Vol. 33, No. 4, 2009, 69~99면.

Morris-Suzuki, Tessa, *Exodus to North Korea: Shadows from Japan's Cold War*, Lanham: Rowman and Littlefield Publishers 2007.

Myers, Ramon H. and Peattie, Mark R. (eds.), *The Japanese Colonial Empire, 1895-1945*, Princeton University Press 1984.

Nahm, Andrew, *An Introduction to Korean History and Culture*, Elizabeth, NJ/Seoul: Hollym 1993.

_____, *Korea: Tradition and Transformation*, Elizabeth, NJ/Seoul: Hollym 1996.

_____, "History: Pre-modern Korea," in John H. Koo and Andrew Nahm (eds.), *An Introduction to Korean Culture*, Elizabeth, NJ/Seoul: Hollym 1997, 53~72면.

_____, *Introduction to Korean History and Culture*, Elizabeth, NJ/Seoul: Hollym 1997.

Nanchu with Hang, Xing, *In North Korea: An American Travels through an Imprisoned Nation*, London: McFarland and Company 2003.

Nanto, Dick K. and Manyin, Mark E., *The Kaesong North-South Korean Industrial Complex*, Washington, DC: Congressional Research Service 2011.03.17.

NAPSNet Daily Report, 1999.11.02.

Nathanail, Lola, *Food and Nutrition Assessment Democratic People's Republic of Korea, 16 March~24 April 1996*, Pyongyang: World Food Programme 1996.

National EFA 2000 Assessment Group, *Democratic People's Republic of Korea, National EFA Assessment Report: The Implementation of the 'World Declaration on Education for All'*, Pyongyang: National EFA 2000 Assessment Group 1999.

Natsios, Andrew S., *The Great North Korean Famine: Famine, Politics and Foreign Policy*, Washington, DC: United States Institute of Peace Press 2001.

Nelson, Christine M., " 'Opening' Pandora's Box: The Status of the Diplomatic Bag in International Relations," *Fordham International Law Journal*, Vol. 12, Issue 3, 1988, 494~520면.

New Focus International, "Education in North Korea is a Lucrative Industry," *New Focus International* 2013.06.07, http://newfocusintl.com/education-in-north-korea 2014.02.07 검색.

_____, "Insider Perspective: The Removal of Jang Song Taek (Update)," *New Focus International* 2013.12.09, http://newfocusintl.com/insiderperspective-the-removal-of-jang-song-taek-update 2014.01.14 검색.

_____, "We have Just Witnessed a Coup in North Korea," *New Focus International* 2013.12.27, http://newfocusintl.com/just-witnessedcoup-north-korea 2012.02.14 검색.

_____, "This is it: North Korea's Hidden Power System," *New Focus International* 2013.12.31, http://newfocusintl.com/north-koreashidden-power-system/#comments 2014.01.15 검색.

_____, "Exclusive: in Conversation with North Korea's Highest-ranking Military Defector," *New Focus International* 2014.01.04, http://newfocusintl.com/exclusive-conversation-north-koreas-highest-rankingmilitary-defector 2014.01.23 검색

Niksch, Larry A., *North Korea's Nuclear Weapons Development and Diplomacy*, Washington, DC: Congressional Research Service January 2010.01.05, www.fas.org/sgp/crs/nuke/

RL33590.pdf 2013.09.12 검색.

Nixson, Frederick and Collins, Paul, "Economic Reform in North Korea," Hazel Smith, Chris Rhodes, Diana Pritchard and Kevin Magill. (eds.), *North Korea in the New World Order*, London: Macmillan Press 1996, 154~68면.

No author, "Phase II DRK/92/WOI/A, Rationalizing Cottage Industry in Pyongyang," mimeo 날짜가 없으나 2000년으로 추정.

Noland, Marcus, "Prospects for the North Korean Economy," Dae-Sook Suh and Chae-Jin Lee (eds.), *North Korea after Kim Il Sung*, Boulder, CO: Lynne Rienner 1998, 34~45면.

North Korea Advisory Group, *Report to The Speaker, US House of Representatives*, Washington, DC: House of Representatives 1999, www.fas.org/nuke/guide/dprk/nkag-report.htm 2014.11.08 검색.

Norton, Rebecca and Wallace, Jane, *Refugee Nutrition Information System (RNIS), No. 22: Supplement: Report on the Nutrition Situation in the Democratic People's Republic of Korea*, Geneva: United Nations Administrative Committee on Coordination Sub-Committee on Nutrition 1997, www.unsystem.org/scn/archives/rnis22sup_nkorea/s5115e.10. htm#Js5115e.10 2014.11.08 검색.

O'Carroll, Chad, "North Korean Cargo of Gas Masks and Arms en-route to Syria," *NK**NewsPro 2013.08.27, www.nknews.org/2013/08/north-korean-arms-shipment-intercepted-en-route-to-syria 2013.09.15 검색.

Oberdorfer, Don, *The Two Koreas: A Contemporary History*, London: Warner Books 1997.

Office of Public Information of the Republic of Korea, "Population Survey of Korea," *Korean Survey*, Vol. 6, No. 6, 1957.06~07, 11면.

Oh, Kongdan and Hassig, Ralph C., *North Korea Through the Looking Glass*, Washington, DC: Brookings Institution Press 2000.

Oh, Soo-chang, "Economic Growth in P"yŏngan Province and the Development of Pyongyang in the Late Chosŏn Period', *Korean Studies*, Vol. 30, 2006, 3~22면.

Page, Tim, "Russia's Northeast Asian Priorities: Where does North Korea fit in?," Christoph Bluth and Hazel Smith (eds.), "North Korea at the Crossroad," *Journal of International and Strategic Studies*, No. 5, 2012 봄, 37~45면, http://ceris.be/fileadmin/library/Publications/Journal-N5-E.pdf 2014.11.02 검색.

496

Pai, Hyung Il, *Constructing "Korean" Origins: A Critical Review of Archaeology, Historiography, and Racial Myth in Korean State-Formation Theories*, Cambridge, MA: Harvard University 2000.

Pak, Chang-gon, "Conversion from a Colonial Agricultural State into a Socialist Industrial State," in Ken˭ichiro Hirano (ed.), *The State and Cultural Transformation: Perspectives from East Asia*, Tokyo: United Nations Press 1993, 299~314면.

Palais, James B., "A Search for Korean Uniqueness," *Harvard Journal of Asiatic Studies*, Vol. 55, No. 2, 1995.12, 409~25면.

Pang, Hwan Ju, *Korean Review*, Pyongyang: Foreign Languages Publishing House, 1987.

_____, *National Culture of Korea*, Pyongyang: Foreign Languages Publishing House 1988.

_____, *Korean Folk Customs*, Pyongyang: Foreign Languages Publishing House 1990.

Park, Byung-Kwang, "China~North Korea Economic Relations during the Hu Jintao Era," *International Journal of Korean Unification Studies*, Vol. 19, No. 2, 2010, 125~50면.

Park, Han S. (ed.), *North Korea: Ideology, Politics, Economy*, Englewood Cliffs: Prentice Hall 1996.

Park, Hyeon-Sun, "A Study on the Family System of Modern North Korea," doctoral dissertation, Ewha Womans University 1999.

Park, Hyeong-Jung and Lee, Kyo-Duk, *Continuities and Changes in the Power Structure and the Role of Party Organizations under Kim Jong Il's Reign*, Seoul: Korea Institute for National Unification 2005.

Park, Hyun Ok, *Two Dreams in One Bed: Empire, Social Life and the Origins of the North Korean Revolution in Manchuria*, Durham: Duke University Press 2005.

Park, John S., *North Korea, Inc.*, working paper, Washington, DC: United States Institute of Peace 2009, www.usip.org/files/resources/North%20Korea,%20Inc.PDF 2013.02.15 검색.

Park, Kie-Duck and Han, Sang-Jin (eds.), *Human Rights in North Korea*, Seoul: The Sejong Institute 2007.

Park, Kyung Ae, "Ideology and Women in North Korea," Han S. Park (ed.), North *Korea: Ideology, Politics, Economy*, Englewood Cliffs: Prentice Hall 1996, 71~85면.

_____, "Economic Crisis, Women's Changing Economic Roles, and their Implications for Women's Status in North Korea," *The Pacific Review*, Vol. 24, No. 2, 2011.05, 159~77면.

Park, Phillip H. (ed.), *The Dynamics of Change in North Korea: An Institutionalis Perspective*, Boulder, CO: Lynne Rienner Publishers 2009.

Park, Soon-Won, "Colonial Industrial Growth and the Emergence of the Korean Working Class," Gi-Wook Shin and Michael Robinson (eds.), *Colonial Modernity in Korea*, Cambridge, MA: Harvard University Press 1999, 128~60면.

_____, *Colonial Industrialization and Labor in Korea: The Onoda Cement Factory*, London: Harvard University Press 1999.

Party History Research Institute, *History of Revolutionary Activities of the Great Leader Comrade Kim Il Sung*, Pyongyang: Foreign Languages Publishing House 1983.

Peh, Kelvin S-H., "Wildlife Protection: Seize Diplomats Smuggling Ivory," *Nature*, Vol. 500, 2013.08.15, 276면.

Perl, Raphael S., *Drug Trafficking and North Korea: Issues for US Policy*, Washington, DC: Congressional Research Service 2003, http://fpc.state.gov/documents/organization/27529.pdf 2012.12.14 검색.

_____, Drug Trafficking and North Korea: Issues for US Policy, Washington, DC: Congressional Research Service 2005, http://digital.library.unt.edu/ark:/67531/metacrs6479 2012.12.14 검색.

_____, *Drug Trafficking and North Korea: Issues for US Policy*, Washington, DC: Congressional Research Service 2007, www.fas.org/sgp/crs/row/RL32167.pdf 2012.12.14 검색.

Perl, Raphael and Nanto, Dick, *North Korean Counterfeiting of US Currency*, Washington, DC: Congressional Research Service 2006, www.nkeconwatch.com/nk-uploads/2006-3-22-north-korea-counterfeitingus-currency.pdf 2012.12.14 검색.

Person, James F. (ed.), *The Cuban Missile Crisis and the Origins of North Korea's Policy of Self-Reliance in National Defense, E-Dossier #12*, Washington, DC: Woodrow Wilson International Center for Scholars 2012, www.wilsoncenter.org/sites/default/files/NKIDP_eDossier_12_North_ Korea_and_the_Cuban_Missile_Crisis_0.pdf 2013.12.29 검색.

Peters, Richard and Li, Xiaobing, *Voices from the Korean War: Personal Stories of American, Korean and Chinese Soldiers*, Lexington: The University Press of Kentucky 2005.

Pictorial Korea, "Historical Pyongyang Meeting and Inter-Korean Summit Talks," *Democratic People's Republic of Korea No. 8*, 2000.08.

Pollack, Jonathan D., *No Exit: North Korea, Nuclear Weapons and International Security*, Abingdon/London: Routledge/International Institute for Strategic Studies 2011.

Pratt, Keith, *Everlasting Flower: A History of Korea*, London: Reaktion Books 2006.

Pritchard, Charles L., *Failed Diplomacy: The Tragic Story of How North Korea Got the Bomb*, Washington, DC: Brookings Institution Press 2007.

Pucek, Vladimir, "The Impact of Juche upon Literature and Arts," Han S. Park (ed.), *North Korea: Ideology, Politics, Economy*, Englewood Cliffs: Prentice Hall 1996, 51~70면.

Puddington, Arch, *Freedom in the World 2012*, Washington, DC: Freedom House 2012), www.freedomhouse.org/sites/default/files/FIW%202012%20Booklet_0.pdf 2012.12.09 검색.

Ren, Xiao, "Korean Security Dilemmas: Chinese Policies," Hazel Smith (ed.), *Reconstituting Korean Security: A Policy Primer*, Tokyo: United Nations Press 2007, 145~61면.

Rennack, Dianne E., *North Korea: Legislative Basis for US Economic Sanctions*, Washington, DC: Congressional Research Service 2010.

Reuters, "BC-Korea-Rice," 1995.09.27.

Ri, Hong Su, "Songun Politics, Unique Mode of Politics," *The Pyongyang Times* 2011.11.19, 3면.

Richter, Paul, "No Free Launch, Obama tells North Korea," *Los Angeles Times*, http://latimesblogs.latimes.com/world_now/2012/03/obama-to-.html 2012.09.30 검색.

Robinson, W. Courtland, Lee, Myung Ken, Hill, Kenneth and Burnham, Gilbert M., "Mortality in North Korean Migrant Households: A Retrospective Study," *The Lancet*, Vol. 354, No. 9175, 1999.07.24, 291~95면.

Robinson, W. Courtland, Lee, Myung Ken, Hill, Kenneth, Hsu, Edbert and Burnham, Gilbert, "Demographic Methods to Assess Food Insecurity: A North Korean Case Study," *Prehospital and Disaster Medicine*, Vol. 15, No. 4, 2001, 286~92면.

Rodong Sinmun and *Kulloja*, "Reject Imperialists' Ideological and Cultural Poisoning', *The Pyongyang Times*, 1999.06.12.

Rose, David, "North Korea's Dollar Store," *Vanity Fair*, 2009.08.05, www.vanityfair.com/politics/features/2009/09/office-39-200909 2013.09.15 검색.

Rufford, Nick, "Iran Linked to Flood of Fake Dollars," *Sunday Times*, 1995.07.17.

Ruwitch, John and Park, Ju-min, "Insight: North Korean Economy Surrenders to Foreign

Currency Invasion," *Reuters*, 2013.06.02, www.reuters.com/article/2013/06/03/us-korea-north-moneyidUSBRE9510E720130603 2013.02.07 검색.

Ryang, Sonia, *North Koreans in Japan: Language, Ideology and Entity*, Boulder, CO: Westview 1997.

_____, "Gender in Oblivion: Women in the Democratic People's Republic of Korea (North Korea)," *Journal of African and Asian Studies*, Vol. 35, No. 3, 2000.08, 323~49면.

Ryohaengsa, *Mt. Paektu*, Pyongyang: Korea International Travel Company 연도 없음.

Sakai, Takashi, "The Power Base of Kim Jong Il: Focusing on its Formation Process," Han S. Park (ed.), *North Korea: Ideology, Politics, Economy*, Englewood Cliffs: Prentice Hall 1996, 105~22면.

Samore, Gary, *North Korea's Weapons Programmes: A Net Assessment*, London: Macmillan Palgrave 2004.

Samore, Gary and Ward, Adam, "Living with Ambiguity: North Korea's Strategic Weapons Programmes," Hazel Smith (ed.), *Reconstituting Korean Security: A Policy Primer*, Tokyo: United Nations Press 2007, 43~64면.

Scalapino, Robert A., "China andKorean Reunification~A Neighbour's Concerns," Nicholas Eberstadt and Richard J. Ellings (eds.), *Korea's Future and theGreat Powers*, Seattle: University of Washington Press 2001, 107~24면.

Scalapino, Robert A. and Lee, Chong-Sik, *Communism in Korea: The Movement*, Berkeley: University of California Press 1972.

Schiller, Markus and Schmucker, Robert H., "A Dog and Pony Show: North Korea's New ICBM" 2012.04.18, http://lewis.armscontrolwonk.com/files/2012/04/KN-08_Analysis_Schiller_Schmucker.pdf 2012.10.30 검색.

Schmid, Andre, *Korea Between Empires 1895-1919*, New York: Columbia University Press 2002.

Sharwood, Anthony, "Starved of Food, Starved of the Truth: How Kim Jong Un Suppresses his People" 2013.04.09, www.news.com.au/world-news/starved-of-food-starved-of-the-truth-how-kim-jong-unsuppresses-his-people/story-fndir2ev-1226616134393 2013.07.17 검색.

Sherman, Wendy R., "Talking to the North Koreans," *New York Times*, 2001.03.07, www.nytimes.com/2001/03/07/opinion/07SHER.html 2013.04.19 검색.

Shim, Young-Hee, "Human Rights of Women in North Korea: Factors and Present State," Kie-Duck Park and Sang-Jin Han (eds.), *Human Rights in North Korea: Toward a Comprehensive Understanding*, Sungnam: The Sejong Institute 2007, 171~208면.

Shin, Eun-young, "Ideology and Gender Equality: Women's Policies of North Korea and China," *East Asian Review*, Vol. 13, No. 3, 2001 가을, 81~104면. www.ieas.or.kr/vol13_3/13_3_5.pdf 2014.11.08 검색.

Shin, Gi-Wook, *Ethnic Nationalism in Korea: Genealogy, Politics, and Legacy*, Stanford University Press 2006.

Shin, Gi-Wook and Robinson, Michael (eds.), *Colonial Modernity in Korea*, Cambridge, MA: Harvard University Asia Center 1999.

Sigal, Leon D., *Disarming Strangers: Nuclear Diplomacy with North Korea*, Princeton University Press 1998.

Singham, A. W. and Hune, Shirley, *Non-alignment in an Age of Alignments*, London: Zed 1986.

Smith, Hazel, "North Korean Foreign Policy in the 1990s: The Realist Approach," Hazel Smith, Chris Rhodes, Diana Pritchard and Kevin Magill (eds.), *North Korea in the New World Order*, London: Macmillan 1996, 93~113면.

_____, "'Opening up' by Default: North Korea, the Humanitarian Community and the Crisis," *Pacific Review*, Vol. 12, No. 3, 1999, 453~78면.

_____, *WFP DPRK Programmes and Activities: A Gender Perspective*, Pyongyang: WFP 1999.12.

_____, "Bad, Mad, Sad or Rational Actor: Why the 'Securitisation' Paradigm makes for Poor Policy Analysis of North Korea," *International Affairs*, Vol. 76, No. 3, 2000.07, 593~617면.

_____, "La Corée du Nord vers l'économie de marché: faux et vrais dilemmas," *Critique Internationale*, No. 15, 2002.04, 6~14면.

_____, *Overcoming Humanitarian Dilemmas in the DPRK, Special Report No. 90*, Washington, DC: United States Institute of Peace 2002.07.

_____, "Asymmetric Nuisance Value: The Border in China~Democratic People's Republic of Korea Relations," Timothy Hildebrandt (ed.), *Uneasy Allies: Fifty Years of China- North Korea Relations*, Washington, DC: Woodrow Wilson Center Asia Program Special Report 2003.09, 18~25면.

_____, "Brownback's Bill will not Help North Koreans," *Jane's Intelligence Review*,

2004.02, 42~45면.

_____, "Intelligence Matters: Improving Intelligence on North Korea," *Jane's Intelligence Review*, 2004.04.

_____, "Crime and Economic Instability: The Real Security Threat from North Korea and What to Do about it," *International Relations of the Asia Pacific*, Vol. 5, No. 2, 2005, 235~49면.

_____, *Food Security and Agricultural Production*, Muscatine, IA/Berlin: Stanley Foundation/German Council on Foreign Relations 2005.06.

_____, "How South Korean Means Support North Korean Ends: Crossed Purposes in Inter-Korean Cooperation," *International Journal of Korean Unification Studies*, Vol. 14, No. 2, 2005, 21~51면.

_____, *Hungry for Peace: International Security, Humanitarian Assistance and Social Change in North Korea*, Washington, DC: United States Institute of Peace Press 2005.

_____, "North Koreans in China: Sorting Fact from Fiction," Tsuneo Akaha and Anna Vassilieva (eds.), *Crossing National Borders: Human Migration Issues in Northeast Asia*, Tokyo: United Nations Press 2005, 165~90면.

_____, "North Korean Migrants Pose Long-term Challenge for China," *Jane's Intelligence Review*, 2005.06, 35면.

_____, "The Disintegration and Reconstitution of the State in the DPRK," Simon Chesterman, Michael Ignatieff and Ramesh Thakur (eds.), *Making States Work*, Tokyo: United Nations Press 2005, 67~92면.

_____, "Analysing Change in the DPR Korea," working paper, Bern: Swiss Agency for Development and Cooperation: East Asia Division 2006.11.

_____, *Caritas and the DPRK: Building on 10 Years of Experience*, Hong Kong and Rome: Caritas 2006.

_____, (ed.), *Reconstituting Korean Security: A Policy Primer*, Tokyo: United Nations Press 2007.

_____, "North Korea as the Wicked Witch of the East: Social Science as Fairy Tale," *Asia Policy*, No. 5, 2008.01, 197~203면.

_____, "North Korean Shipping: A Potential for WMD Proliferation?," *Asia-Pacific Issues*, No. 87, 2009.02.

_____, "North Korea: Market Opportunity, Poverty and the Provinces," *New Political*

Economy, Vol. 14, No. 3, 2009.06, 231~56면.

_____, "North Korea's Security Perspectives," Andrew T. H. Tan (ed.), *East and South-East Asia: International Relations and Security Perspectives*, London: Routledge 2013, 121~32면.

_____, "Crimes Against Humanity? Unpacking the North Korean Human Rights Debate," in Christine Hong and Hazel Smith (eds.), *Critical Asian Studies, Reframing North Korean Human Rights*, Vol. 46, No. 1, 2014.03, 127~43면.

Snyder, Scott, *Negotiating on the Edge: North Korean Negotiating Behavior*, Washington, DC: United States Institute of Peace Press 1999.

Sok, Chang-sik, "Experiences of State-building in the Democratic People's Republic of Korea," Ken"ichiro Hirano (ed.), *The State and Cultural Transformation: Perspectives from East Asia*, Tokyo: United Nations Press 1993, 328~43면.

Song, Un Hong, *Economic Development in the Democratic People's Republic of Korea* 1978.04.18, Pyongyang: Foreign Languages Publishing House 1990.

Sorensen, Clark, "The Land, Climate, and People," John H. Koo and Andrew Nahm (eds.), *An Introduction to Korean Culture*, Elizabeth, NJ/Seoul: Hollym 1997, 17~37면.

Spina, Marion P., Jr., "Brushes with the Law: North Korea and the Rule of Law," *Academic Series Papers on Korea*, Washington, DC: Korea Economic Institute 2008, 75~97면, www.keia.org/Publications/OnKorea/2008/08Spina.pdf 2014.02.09 검색.

Stratfor.com Global Intelligence Update, "Chinese Influence on the Rise in Pyongyang," *Sratfor.con Global Intelligence Update*, 1999.11.05, www.stratfor.com/sample/analysis/chinese-influence-risepyongyang 2014.11.08 검색.

Standing Committee of the Supreme People's Assembly, *The Criminal Law of the Democratic People's Republic of Korea*, Pyongyang: Foreign Languages Publishing House 1992.

_____, *The Civil Law of the Democratic People's Republic of Korea*, Pyongyang: Foreign Languages Publishing House 1994.

Stone, I. F., *The Hidden History of the Korean War*, Boston: Little, Brown and Company 1988.

Strong, Anna Louise, *In North Korea: First Eye-Witness Report*, New York: Soviet Russia Today 1949, www.marxists.org/reference/archive/stronganna-louise/1949/in-north-korea/index.htm 2013.10.12 검색.

Stueck, William, *The Korean War: An International History*, Princeton University Press 1995.

Suh, Dae-Sook, *Kim Il Sung: The North Korean Leader*, New York: Columbia University Press

1988.

Suh, Jae-Jean, *North Korea's Market Economy Society from Below*, Seoul: Korea Institute for National Unification 2005.

_____, "The Transformation of Class Structure and Class Conflict in North Korea," *International Journal of Korean Unification Studies*, Vol. 14, No. 2, 2005, 53~84면.

_____, *Economic Hardship and Regime Sustainability in North Korea*, Seoul: Korea Institute for National Unification 2008.

Supreme Command Korean People's Army, "Press statement," *The Pyongyang Times*, 2011.11.26, 1면.

Supreme People's Assembly, *DPRK's Socialist Constitution* (전문), amended and supplemented Socialist Constitution of the DPRK, 1998.09.05, Pyongyang: DPRK Government 1998, www.novexcn.com/dprk_constitution_98.html, accessed 23 January 2014.01.23 검색.

Szalontai, Balázs, "The Four Horsemen of the Apocalypse in North Korea," Chris Springer (ed.), *North Korea Caught in Time: Images of War and Reconstruction*, Reading: Garnet Publishing 2010, ix~xxviii면.

Takashi, Nada, *Korea in Kim Jong Il's Era*, Pyongyang: Foreign Languages Publishing House 2000.

Taylor, Kathleen, "Has Kim Jong-Il Brainwashed North Koreans?" *The Guardian* 2011.12.20, www.theguardian.com/commentisfree/2011/dec/20/kim-jong-il-brainwashed-north-koreans 2013.09.13 검색.

The Chosunilbo, "Kim Jong-nam Says N. Korean Regime Won't Last Long," *The Chosunilbo*, 2012.01.17, http://english.chosun.com/site/data/html_dir/2012/01/17/2012011701790.html 2014.01.25 검색.

The Institute for Far Eastern Studies, *North Korea to Become Strong in Science and Technology by Year 2022*, Seoul: The Institute for Far Eastern Studies 2012.12.21, http://ifes.kyungnam.ac.kr/eng/FRM/FRM_0101V.aspx?code=FRM121221_0001 2013.09.13 검색.

_____, *A Review of the Last Five Years of People-to-People Exchanges and Inter-Korean Economic Cooperation under the Lee Myung-bak Government*, Seoul: The Institute for Far Eastern Studies 2013.01.23, http://ifes.kyungnam.ac.kr/eng/FRM/FRM_0101V.aspx?code=FRM130123_0001 2013.09.13 검색.

The People's Korea, "J. Kelly Failed to Produce 'Evidence' in Pyongyang; Framed Up Admission Story," *People's Korea*, 2003.01.19, www.korea-np.co.jp/pk/188th_issue/2003013001. htm 2012.06.09 검색.

_____, "North, South Commemorate Accession Day of Nation's Founder," 2002, www.1korea-np.co.jp/pk/185th_issue/2002103113.htm 2013.09.16 검색.

The Pyongyang Times, "South~South Cooperation: Cause for Optimism" 1995.11.11, 8면.

The World Bank, "Life Expectancy at Birth," http://data.worldbank.org/indicator/SP.DYN. LE00.IN/countries/KP?page=5order=wbapi_data_value_2009%20wbapi_data_value%20wbapi_data_valuefirstsort=ascdisplay=default 2014.03.30 검색.

Thompson, Wayne and Nalty, Bernard C., *Within Limits: The US Air Force and the Korean War*, Washington, DC: Air Force Historical Studies Office, AF/HO,1190 Air Force Pentagon 1996, www.dtic.mil/cgi-bin/GetTRDoc?AD=ADA440095Location=U2doc =GetTRDoc.pdf 2014.11.08 검색.

Timmerman, Kenneth R., "Iran and the Supernotes," Testimony on S.277 before Congressman Spencer Bachus Chairman, Subcommittee on General Oversight and Investigations of the Committee on Banking and Financial Services, 1996.02.27, www. iran.org/tib/krt/960227sbc.htm 재인용, 2014.11.08 검색.

Toloraya, Georgy, *The Economic Future of North Korea: Will the Market Rule?*, Academic Paper Series on North Korea: Vol. 2, No. 10, Korea Economic Institute 2008, www.keia.org/ sites/default/files/publications/toloraya.pdf 2014.11.08 검색.

Triangle Génération Humanitaire, *Annual Activity Report Year 2009*, www.trianglegh.org/ ActionHumanitaire/PDF/PDF-Rapport-Activite/Rapport-TGH-2009-FR.pdf 2014.06.22 검색.

Trigubenko, Marina Ye, "Economic Characteristics and Prospect for Development: With Emphasis on Agriculture," Han S. Park (ed.), *North Korea: Ideology, Politics, Economy*, Englewood Cliffs: Prentice Hall 1996, 141~59면.

Tumen Secretariat, *Tumen Update No. 3*, Beijing: Tumen Secretariat 2000.10.

Underwood, L. H., *Fifteen Years among the Top-Knots or Life in Korea, second edition, revised and enlarged*, Boston: American Tract Society 1908.

United Nations, *Committee on the Rights of the Child Consideration of Reports Submitted by States Parties under Article 44 of the Convention, Second Periodic Reports of States Parties*

due in 1997 Addendum Democratic People's Republic of Korea, 16 May 2003, CRC/
C/65/Add.24, United Nations: New York 2003.11.05, 15면, www.unhcr.org/refworld/
country,,,STATEPARTIESREP, PRK,4562d8cf2,403a10a44,0.html 2012.01.27 검색.

United Nations, *DPR Korea Common Country Assessment 2002*, Pyongyang: UNOCHA
2003.02.

_____, *Strategic Framework for Cooperation Between the United Nations and the Government
of the Democratic People's Republic of Korea 2007-2009*, Pyongyang: United Nations
2006.09).

United Nations Children's Fund (UNICEF), *Draft Situation Analysis DPR Korea 1997*,
revised and edited, Pyongyang: UNICEF 1997.

_____, *Background Situation Analysis on DPRK*, Pyongyang: UNICEF 1998.04.

_____, "An Analysis of the Situation of Children and Women in The Democratic
People's Republic of Korea," draft, Pyongyang 1998.05.

_____, *DPRK Social Statistics*, Pyongyang: UNICEF 1998.

_____, *UNICEF Revised Funding Requirements: United Nations Consolidated Inter-Agency
Appeal for the Democratic People's Republic of Korea: April 1997-March 1998*, Pyongyang:
UNICEF 날짜는 없으나 1998년으로 추정.

_____, *An Analysis of the Situation of Children and Women in the Democratic People's
Republic of Korea 2000*, Pyongyang: UNICEF 1999.

_____, *DPRK Social Statistics*, Pyongyang: UNICEF 1999.

_____, *Draft Master Plan of Operations*, Pyongyang: UNICEF 1999.

_____, *Situation Analysis of Women and Children in the DPRK*, Pyongyang: UNICEF
1999.

_____, *Annual Report 2000 Democratic People's Republic of Korea*, Pyongyang: UNICEF
2000.

_____, *Nutrition Situation in DPR Korea*, Pyongyang: UNICEF 2000.11.

_____, *A Humanitarian Appeal for Children and Women*, Pyongyang: UNICEF 2002.

_____, *DPRK Donor Update*, Pyongyang: UNICEF 2002.02.04.

_____, *Country Programme of Cooperation between the Government of the Democratic
People's Republic of Korea and the United Nations Children's Fund 2004-2006 Strategy
Document*, Pyongyang: UNICEF 2003.02.

_____, *DPRK at a Glance 2013*, Pyongyang: UNICEF 2013, www.unicef.org/dprk/

DPRK_at_a_glance_April_2013.pdf 2014.02.07 검색.

_____, *The State of the World's Children 2013: Children with Disabilities*, Geneva: UNICEF 2013, www.unicef.org/sowc2013/files/SWCR2013_ENG_Lo_res_24_Apr_2013.pdf 2014.04.20 검색.

United Nations Children's Fund (UNICEF)/World Health Organisation (WHO), *Immunization Summary: A Statistical Reference Containing Data Through 2010*, New York: UNICEF/World Health Organisation 2012, www.childinfo.org/files/immunization_summary_en.pdf 2014.06.22 검색.

United Nations Development Programme (UNDP), *Human Development Report 2004, Cultural Liberty in Today's Diverse World*, New York: UNDP 2004.

United Nations Development Programme (UNDP) and DPRK government, *Report of the Thematic Roundtable on Agricultural Recovery and Environmental Protection in DPR Korea*, Geneva: UNDP 1998.05.28~28.

_____, *Report of the First Thematic Round Table Conference for the Democratic People's Republic of Korea*, Geneva: UNDP 1998.05.18~29.

_____, Report of the Thematic Round Table Conference for the Democratic People's Republic of Korea, Geneva: UNDP 2000.06.

United Nations Economic and Social Commission for Asia and the Pacific (UNESCAP), "Report by the Delegation of the Democratic People's Republic of Korea," Economic and Social Commission for Asia and the Pacific 2007.10.09~11, http://globalaging.org/agingwatch/desa/aging/mipaa/Korea.pdf 2014.11.08 검색.

United Nations Office for the Coordination of Humanitarian Affairs (UNOCHA), *Report*, Pyongyang: UNOCHA 2002.08.06.

_____, "Joint UNCT submission for the UN Compilation Report Universal Periodic Review~Democratic People's Republic of Korea (DPRK) 6th session (2009.11.30~12.11)", http://lib.ohchr.org/HRBodies/UPR/Documents/Session6/KP/UNCT_PRK_UPR_S06_2009.pdf 2014.06.22 검색.

United Nations Population Fund (UNFPA) in the News, "Democratic People's Republic of Korea: Census Finds Drop in Life Expectancy", 2010.02.21, http://inthenews.unfpa.org/?p=1005 2014.11.08 검색.

United Nations Statistics Division, "Growth Rate of GDP/Breakdown at Constant 2005 Prices in Percent (all countries)," National Accounts Main Aggregates Database. http://

unstats.un.org/unsd/snaama/dnlList.asp 2014.02.15 검색.

_____, "Per Capita GDP at Current Prices in US Dollars (all countries)," National Accounts Main Aggregates Database, http://unstats.un.org/unsd/snaama/dnlList.asp 2014.02.15 검색.

_____, "Per Capita GNI at Current Prices in US Dollars (all countries)," National Accounts Main Aggregates Database, http://unstats.un.org/unsd/snaama/dnlList.asp 2014.03.30 검색.

United States Department of State, *Country Reports on Terrorism 2010*, Washington, DC: United States Department of State, Office of the Coordinator for Counterterrorism 2011.08), www.state.gov/documents/organization/170479.pdf 2013.09.15. 검색.

Valencia, Mark J., "The Proliferation Security Initiative: A Glass Half-Full," *Arms Control Today* 2007.06, www.armscontrol.org/act/2007_06/Valencia 2014.11.08 검색.

Van Dyke, Jon, "The Maritime Boundary between North and South Korea in the Yellow (West) Sea," *38 North* (US~Korea Institute, Johns Hopkins University School of Advanced International Studies 2010.07.29), www.38north.org/?p=1232 2014.11.08 검색.

Von Hippel, David F. and Hayes, Peter, "North Korean Energy Sector: Current Status and Scenarios from 2000 and 2005," Marcus Noland (ed.), *Economic Integration of the Korean Peninsula*, Washington, DC: Institute for International Economics 1998), 77~117면.

Walsh, Jim, "Three States, Three Stories: Comparing Iran, Syria and North Korea's Nuclear Programs," Jung-Ho Bae and Jae H. Ku (eds.), *Nuclear Security 2012: Challenges of Proliferation and Implication [sic] for the Korean Peninsula*, Seoul: Korea Institute for National Unification 2012, 123~49면.

Washburn, John N., "Russia Looks at Northern Korea," *Pacific Affairs*, Vol. 20, No. 2, 1947.06, 152~60면.

Watts, Jonathan, "South Korean Tourist Shot Dead in North Korea," *The Guardian* 2008.07.11, www.guardian.co.uk/world/2008/jul/11/korea 2014.06.22 검색.

White, Gordon, "North Korean *Chuch'e*: The Political Economy of Independence," *Bulletin of Concerned Asian Scholars*, Vol. 7, No. 2, 44~54면, http://criticalasianstudies.org/assets/files/bcas/v07n02.pdf 2014.11.08 검색.

Williams, Paul D. (ed.), *Security Studies: An Introduction*, London: Routledge 2008.

Wit, Joel S., Poneman, Daniel B. and Gallucci, Robert L., *Going Critical: The First North Korean Nuclear Crisis*, Washington, DC: Brookings Institution Press 2005.

Worden, William L., *General Dean's Story*, New York: The Viking Press 1954.

World Food Programme (WFP), "Emergency Operation DPR Korea No. 5710.00: Emergency Food Assistance for Flood Victims," WFP, *WFP Operations in DPR Korea as of 14 July 1999*, Rome: WFP 날짜는 없으나 1999년으로 추정.

_____, Nutritional Survey of the DPRK, Rome: WFP 1999.01.

_____, "Protracted Relief and Recovery Operation: DPR Korea 6157.00," WFP, *Projects for Executive Board Approval, Agenda Item 7, 19-22 October 1999*, Rome: WFP 1999.

_____, *Report on the Nutrition Survey of the DPRK*, Pyongyang: WFP 1999.

_____, "Emergency operation DPR Korea No. 5959.02, Emergency Assistance for Vulnerable Groups," Pyongyang: WFP 2000.

_____, *Full Report of the Evaluation of DPRK EMOPs 5959.00 and 5959.01 "Emergency Assistance to Vulnerable Groups" 20 March-10 April 2000*, Rome: WFP 2000.

_____, *Pyongyang Province*, Pyongyang: WFP 2001.

_____, *Statistics of DPRK Population 2002*, Pyongyang: WFP 2003.

_____, *Emergency Operation (EMOP 200266): Emergency Food Assistance to Vulnerable Groups in the Democratic People's Republic of Korea*, Rome: WFP 날짜는 없으나 2011년 으로 추정, http://reliefweb.int/sites/reliefweb.int/files/resources/Full_Report_454.pdf 2014.11.08 검색.

_____, *Overview of Needs and Assistance in DPRK 2012*, Rome: World Food Programme 2012.

WFP/FAO/UNICEF, *Special Report: Rapid Food Security Assessment Mission to the Democratic People's Republic of Korea, 24 March 2011*, Rome: WFP 2011, http://ko.wfp.org/sites/default/files/english_rfsa.pdf 2014.06.22 검색.

WFP/FAO/UNICEF/Save the Children Fund UK, *Nutritional Assessment Mission to the Democratic People's Republic of Korea*, Pyongyang/Rome: WFP 1997.11.

World Health Organisation (WHO), *Democratic People's Republic of Korea: National Health System Profile*, Pyongyang: WHO 날짜는 없으나 2006년으로 추정.

_____, *World Malaria Report 2010*, Geneva: World Health Organisation 2010.

_____, *Global Tuberculosis Control: WHO Report 2011*, Geneva: World Health

Organisation 2011.

Wright, David C. and Kadyshev, Timur, "An Analayis of the North Korean Nodong Missile," *Science and Global Security*, Vol. 4, No. 2, 1994, 129~60면.

Yang, Ryon Hui, "Taehongdan County Integrated Farm on Paektu Plateau," *The Pyongyang Times*, 1994.08.13.

Yang, Sung Chul, *The North and South Korean Political Systems: A Comparative Analysis*, revised edition, Elizabeth, NJ: Hollym 1999.

Yoon, Dae-Kyu, "Economic Reform and Institutional Transformation," Phillip H. Park (ed.), *The Dynamics of Change in North Korea*, Seoul: Institute for Far Eastern Studies 2009, 43~73면.

_____, "The Constitution of North Korea: Its Changes and Implications," *Fordham International Law Journal*, Vol. 27, No. 4, 2004.04, 1289~305면, http://ir.lawnet. fordham.edu/cgi/viewcontent.cgi?article=1934context=ilj 2014.02.09 검색.

Young, Soogil, Lee, Chang-Jae and Zang, Hyoungsoo, "Preparing for the Economic Integration of Two Koreas: Policy Challenges to South Korea," Marcus Noland (ed.), *Economic Integration of the Korean Peninsula*, Washington, DC: Institute for International Economics 1998, 251~71면.

Zacek, Jane Shapiro, "Russia in North Korean Foreign Policy," Samuel S. Kim, *North Korean Foreign Relations in the Post-Cold War Era*, Oxford University Press 1998, 75~93면.

Zhu, Jieming, "Urban Development under Ambiguous Property Rights: A Case of China's Transition Economy," *International Journal of Urban and Regional Research*, Vol. 26, Issue 1, 2002, 33~50면.

북한 핵무장은 어디에서 시작하여
어디로 가고 있는가

   2017년 현재 북한은 미사일 시험에 열을 올리고 있다. 대륙간탄도미사일(ICBM)의 성능이 고도화되고 핵탄두의 소형화에 성공했다는 소식까지 들린다. 북미 간 설전도 격화되는 양상이다. 북한 지도부는 괌을 미사일로 포위사격하겠다고 협박하고, 미국 내 대북 강경론자들은 선제적으로 북한의 군사 시설을 공격하거나 김정은을 제거하는 작전을 구상하고 있다고 공공연하게 밝히고 있다. 분위기만 보면 일촉즉발이지만 한국의 시민들은 의외로 평온하다. 반복적인 위협에 둔감해진 탓인지 아니면 언론을 통해 부풀려진 전쟁 위험을 차분하게 바라보는 성숙한 시민의식 때문인지는 좀더 시간을 가지고 따져볼 문제다. 분명한 것은 북한이 남한의 대화 제의를 일축하고 중국의 경고도 무시한 채, 정권안보를 위해 업그레이드된 '벼랑끝전술'을 구사하고 있다는 점이다.

   국제정세에서 갈등과 긴장을 유발하는 북한의 태도는 우리의 안위에 직접적인 영향을 미친다. 전쟁이 일어난다면 그 현장은 한반도가 될 것이며 피해의 규모는 상상하기 힘들다. 평화체제 구축과 한반도비핵화, 북미 외교 정상화 등 현안들이 일괄적으로 타결되는 외교적 도약이 필요한 시점이다. 하지만 지난 10년간 남북관계 및 북미관계는 악화일로였다. 금강산 관광 중단, 개성공단 폐쇄 등에서 드러나듯이 교류 협력의 상징이자 긴장과 충돌의 완충지대 역할을 했던 역사적 성과들이 무너져내렸다. 김대중·노무현 대통령과 김정일 국방위원장의 정상회담에서 도출된 합의사항의 이행은 고사하고, 합의사항의 내용이 무엇이었는지도 잊은 듯하다. 북미관계는 거의 20여년 뒤로 돌아갔다 해도 지나치지 않다. 최근의 상황은 미국의 클린턴 대통령이 북한의 영변 핵 시설을 폭파하려고 계획했으나, 남한 내 미국 민간인의 인명 손실에 대한 우려와 카터 전 대통령의 개입으로 그 계획을 접었던 1994년의 위기 국면을 떠올리게 한다. 대한민국의 새로운 대통령이 '통미봉남(通美封南)'의 경색 국면을 타개하면서 북한과 미국의 외교 정상화에서 주도적인 역할을 해야 할 시점이다.

이럴 때일수록 지난 20년간 북한에서 실제로 무슨 일이 일어났는지 알아야 할 필요가 있다. 남북 간 대화의 물꼬를 트기 위해서는 서로에 대한 충분한 이해를 바탕으로 공통의 관심사를 발견해야 하기 때문이다. 그 과정에서 현재의 긴장 국면이 북한의 돌출 행동에서 나온 것이 아니라 나름의 역사적 맥락을 가지고 있음이 드러날 것이다. 북한에 대한 이해는 북한 지도부의 정치적 의도나 외교안보 전략에 그쳐서는 안 된다. 대체로 언론매체를 통해 보도되는 내용들은 핵실험과 미사일 시험, 대외적인 성명 등 주로 북한 지도부의 정치적 결정과 행위를 중심으로 한다. 이는 일반인들에게 체제교체를 통하지 않고는 북한은 변화하기 힘들다는 생각을 하게끔 유도한다. 북한의 변화는 북한 주민의 새로운 사회에 대한 열망과 떼려야 뗄 수 없는 관계에 있다는 점에서, 북한의 일반 주민들 사이에서 무슨 일이 일어나는지를 알아야 그 변화의 성격과 방향을 제대로 이해할 수 있다.

북한 사회의 변화는 수많은 언론보도와 학술담론을 통해 조명된 바가 있지만, 헤이즐 스미스의 『장마당과 선군정치: '미지의 나라 북한'

이라는 신화에 도전한다』처럼 각종 자료와 통계수치를 분석하고 해석하여 변화의 실상을 사실에 입각해 전달하려고 노력한 저작은 드물었다. 이 책의 전반부는 민족정체성에 관한 남한과 북한의 인식 차이, 이러한 차이를 바탕으로 성립한 김일성주의의 성격과 문제점 등을 중심으로 북한의 국가 형성 과정을 주로 다룬다. 전반부에도 흥미로운 사실과 해석이 많지만 오늘의 현실과 관련하여 주목을 끄는 부분은, 북한 사회의 내부 변화가 정치 및 외교에서의 변화와 어떤 관련이 있는지를 섬세하게 추적하고 있는 후반부다. 특히 1990년대 중반, '고난의 행군'이라는 대기근 시기에 김정일을 위시한 북한 지도부가 왜 주민들에게 커다란 고통을 안겨주면서까지 선군정치에 집착하였는지를 명쾌하게 설명하고 있다. 또한 이러한 상상하기 힘든 국가적 위기의 시기에 북한 사회가 왜 내부로부터 붕괴되지 않았는지, 그 버팀목은 무엇이었는지를 상세하게 논한다. 후자는 그간 잘 알려지지 않은 이야기로, 저자는 북한 주민들의 자구 활동을 '자생적 시장화'라는 개념을 통해 바라본다.

선군정치와 관련해 저자는 그것이 정권 생존이라는 목적을 달성하기 위한 김정일의 불가피한 선택이었음을 강조한다. 정권 생존을 추구한 것은 김일성 시대부터였지만, 여기에 강박적으로 매달린 계기는 냉전 종식이었다. 북한은 국제적인 힘의 균형이 무너지면서 미국이 군사적으로 개입하여 정권교체를 시도하지 않을까 불안했다. 더욱이 냉전 종식과 함께 진행된 전지구적 자본주의화는 북한의 전통적인 우방이었던 소련과 중국으로 하여금, 자신들의 경제적 역량을 발전시키기 위해 이전에는 적성국이었던 국가들과 외교적 관계를 수립하도록 부추겼다. 이 두 국가의 군사적·경제적 지원에 의존했던 북한은 정권의 보호막이 사라지자 정권 생존에 큰 위기를 맞이하게 되었다. 북한은 군사적 취약성과 외교적 고립을 탈피하기 위해 남한과 외교적 접촉을 시도

했지만 남한의 국방비 증가와 정기적으로 열리는 한미 합동 군사훈련에 위기를 느낀 나머지 핵무기 개발로 군사적 취약성을 보완하려 했다는 것이다.

이 책에서 다루는 핵과 미사일을 둘러싼 북미 간의 대결과 협상, 협상 결렬과 관계 악화 과정은 현재 우리가 마주하고 있는 위기를 그대로 보여준다. 북한은 실험용 원자로 건설에 대한 원조의 댓가로 핵안전조치협정에 서명하는 과정에서 미국과 외교적 교섭을 시도해 국제원자력기구(IAEA)의 핵 사찰을 받아들였다. 북한은 국제원자력기구에 최대한 협조하고 양보했지만 돌아온 것은 추가적이고 철저한 검증 요구였다. 북한은 미국이 국제원자력기구에 압력을 넣었기 때문이라고 보았다. 전체적인 불신의 분위기와 군사적 취약성에 대한 두려움으로 북한은 핵확산금지조약을 탈퇴하겠다고 위협했고, 미국은 이를 핵무기 개발 의도를 천명하는 것으로 보았다. 북한과 미국은 초기에는 양자외교를 통해 핵확산금지조약 탈퇴를 보류하는 데 합의했다. 그러나 국제원자력기구 이사회가 북한이 핵안전조치 약속을 지키지 않았다고 기술적 원조를 중단한다는 결의문을 통과시키자 북한은 국제원자력기구를 탈퇴하겠다고 공표하면서 반발했다.

우리가 알고 있는 1994년 미국의 영변 핵 시설에 대한 폭격 계획은 이런 일련의 과정 속에서 일어났다. 북한은 군사적 취약성 때문에 정권안보에 비상이 걸리자 핵무기 개발 의도를 드러냈고, 미국을 중심으로 북한의 '야망'을 억제시키기 위해 당근과 채찍을 병행했지만 마침내 군사적 충돌로 이어질 위기에 처한 것이었다. '제1차 북핵 위기'가 제네바합의로 가까스로 수습되었지만, 북한과 미국의 외교 정상화는 이루어지지 않았다. 저자가 통찰하는 일련의 과정은 이렇다. 미국이 북한에 대한 장기간의 경제적 제재는 완화했지만 모든 제약을 철폐한 것은 아니었다. 부시 행정부에 이르러 핵 프로그램 폐기를 놓고 몇차례 북한과 외교적 협상을 벌였고 가시적인 성과도 있었지만, 부시 행정부 내의 강경파들은 북한 정권의 종말만이 북한 핵 문제의 최종적인 해결책이라고 주장함으로써 갈등의 수위는 가파르게 높아졌다. 그 이후 오바마 행정부의 국제정치에서 북한이 중동보다 후순위였기 때문에 북한이 핵무기와 미사일을 포기할 때까지 기다린다는 '전략적 인내' 정책을 내놓았다. 그러나 사실상 북한 문제에 대한 미국의 무관심과 소극적인 입장을 드러내줄 뿐이었다. 결과적으로 부시 행정부에서 오바마 행정부에 이르기까지 미국은 북한과의 관계에서 별다른 진전을 보지 못했다는 것이 북미관계에 대한 이 책의 일관된 주장이다.

저자는 북미관계의 경색을 풀고 정상화하는 데 남한의 역할이 매우 중요함을 암시한다. 북미관계에 진전이 보이지 않았을 때 남한이 주도권을 발휘했던 김대중-노무현 정부 기간 동안 남북관계에서 전례 없는 실질적 성과를 얻었다. 나아가 이러한 성과가 북미관계의 발전에 초석이 될 수 있었다. 하지만 그 이후 이명박 정부는 북한에 대한 지원을 축소하는 한편 실질적인 외교적·정치적·경제적 관계를 재개하기에 앞서 비핵화 약속을 이행하라는 상호주의를 표방할 뿐 남북 문제에 대해서 뚜렷한 정책을 내놓지 않았다. 이른바 '확성기 외교'가 남북관계를 대체해버렸다. 박근혜 정부에서는 이러한 경향이 더욱 강화되었다. 북한이 최근에 남한을 아예 무시하는 태도를 보이는 것은 이런 장기간에 걸친 남북 외교의 공백 상태가 빚어낸 결과라 하겠다. 남한이 한반도 문제에 주도권을 갖고 대처하기 위해서는 남북 간의 교류 협력을 재개할 수 있는 실마리를 찾아야 하고, 중국에 넘겨준 역할을 되찾아오는 것이 필요하다. 북한과의 대화 재개를 통해 상호신뢰를 구축하는 동시에 미국을 설득하여 새로운 협상 모델을 만들어야 한다. 여기에는 의제 설정을 비롯한 당사자들 간의 복잡한 이해관계의 충돌을 조정하고 해결할 수 있는 실천적 방안이 포함되어야 할 것이다.

신뢰 구축은 남북 모두의 정책 변화를 전제로 한다. 남한은 문재인 대통령이 '베를린 구상'을 통해 이전 정권과는 다른 전향적인 자세로 북한에 접근하고 있다. 하지만 아직 북한 지도부의 변화는 감지되지 않는다. 정상적인 사회라면 시민들이 나서서 정책의 변화를 정부에 요구하고, 정부는 시민들의 요구를 심각하게 받아들여 합리적 토론과 사회적 합의를 거쳐 정책을 수정해갈 것이다. 북한 주민들이 정권에 그런 요구를 할 가능성은 거의 없다. 그러나 이 책의 관점에 따르면 북한 주민들은 변하고 있다. 실제로 언젠가는 북한 주민들의 집단적인 요구가 정권의 변화를 촉진할 수도 있을 것이다. 저자의 이러한 인식은 북한 주민들의 위기 대처 능력과 자생력을 확인했기 때문에 가능했다. 북한 정권의 정책이 지난 10여년 동안 본질적으로 변하지 않았지만, 북한 주민이 내부적인 비상사태에 대응하는 과정에서 자기주도적인 시장화를 통해 북한 사회를 아래로부터, 안으로부터 변모시켰다는 것이다.

국가의 재원을 군사 부문에 집중시켰던 '위로부터의 군사통치'는 북한 경제를 위기로 몰고 갔다. 공공 배급 체계를 비롯한 국가의 기능이 무너진 상태에서 대홍수와 같은 자연재해 때문에 농업생산성은 악화되었고, 북한 주민들은 극심한 굶주림에 시달리게 되었다. 위기에 대한 주민들의 대응으로 '자생적인 시장화'가 아래로부터 시작되어 사회 전체에 확산되었다. 정부에서 허용하지 않는 민간 생산과 상업 거래가 활발해지면서 북한 정권안보의 핵심 기구인 당의 모습도 바뀌었다. 수많은 당 관료들이 자립적인 시장 활동에 참여함으로써 기존에 당이 수행하던 역할, 이를테면 사상교육과 혁명규율을 통해 지도자의 이념을 사회 전체에 전파하는 '인전대'로서 기능이 약화되었다. 따라서 사회구조가 전반적으로 시장화되어 김일성의 항일무장투쟁 시기 동지를 중심으로 형성된 구 엘리트가 붕괴했고, 개인들은 이데올로기와 제도의 구속에서 어느정도 벗어나 사적 이해관계를 더 중시하게 되었다. 집단적인 정권안보에 동참하기보다는 개인적인 실리를 추구하는 쪽으로 주민들의 성향이 변해가면서, 돈주가 생겨나 새로운 세대의 역할 모델이 되는 등 북한은 시장화된 사회로 이행 중이다. 이것이 이 책에서 그리는 북한 사회의 현재다.

북한 정권과의 일체감보다는 이질감을 느끼고 정권의 생존보다는 자신의 생존을 우선시하는 북한 주민들이 앞으로 어떤 사회를 만들어낼지 저자는 구체적으로 제시하지는 않는다. 지금 상황에서 북한을 연구하는 어느 누구도 섣부르게 북한의 미래를 이야기할 수 없을 것이다. 다만 저자는 북한 주민들을 바라볼 때 판에 박힌 상투적 인식으로 접근한다면 그들이 가져올 변화 자체를 상상할 수 없다는 점을 강조한다. 이 책에 등장하는 각종 지표나 수치들은 '사실'의 차원에서 북한 사회가 언론에 보도되는 상투형과는 거리가 있음을 상기시킨다. 이 책의 가장 큰 장점이다. 유엔 등에서 제공하는 자료를 차분히 분석하고 해석하며, 이념적 프리즘이 아닌 '과학적' 방법을 통해 북한의 실상을 전달함으로써 독자들이 북한 사회의 맨 얼굴을 직접 마주하도록 한다. 앞으로 북한 연구가 가야 할 한 방향을 제시했다는 점에서 관련 연구자들뿐 아니라 일반 독자에게도 의미가 크다.

이 책은 2015년 케임브리지대학 출판사에서 출간된 *North Korea: Markets and Military Rule*을 번역한 것이다. 영문으로 출간된 지 2년이 지난 시점에 번역 작업을 거쳐 국내에 소개하는 것임에도 책의 내용이 트럼프 행정부 출범 이후 북미관계의 향방을 예측해 보여주는 듯해 번역 과정에서 놀라움을 금치 못했다. 제목에 대해서는 부연이 필요할 듯하다. 원서의 제목을 그대로 번역하자면 '북한: 시장과 군사통치'라고 할 수 있겠지만, 출판사 편집진과 상의하여 '장마당과 선군정치'라는 용어를 제목으로 선택한 것은 나름의 이유가 있다. 국내 언론에서 북한 동향을 다룰 때 비공식적 시장은 '장마당'으로 군사통치는 '선군정치'라는 용어로 사용하고 있어 국내 독자들에게 더 쉽게 다가오리라는 점을 고려했다. 또한 아래로부터 진행된 북한 주민들의 자생적인 시장화, 그리고 군을 우선시하며 국가의 재원을 군사 부문에 집중하는 통치 전략을 '장마당과 선군정치'라는 제목이 분명하게 보여준다고 여겼기 때문이다.

끝으로 이 책을 번역·출판하는 과정에서 여러가지로 도움을 주신 창비 출판사 관계자들께 감사드린다.

2017년 9월

김재오

찾아보기

장마당과 선군정치
'미지의 나라 북한'이라는 신화에 도전한다

초판 1쇄 발행 / 2017년 9월 20일
초판 2쇄 발행 / 2018년 7월 9일

지은이 / 헤이즐 스미스
옮긴이 / 김재오
펴낸이 / 강일우
책임편집 / 김유경 권현준
조판 / 박아경
펴낸곳 / (주)창비
등록 / 1986년 8월 5일 제85호
주소 / 10881 경기도 파주시 회동길 184
전화 / 031-955-3333
팩시밀리 / 영업 031-955-3399 편집 031-955-3400
홈페이지 / www.changbi.com
전자우편 / human@changbi.com

한국어판 ⓒ (주)창비 2017
ISBN 978-89-364-8619-8 93300